Study Italian Dictionary

Megan Odoch
7W

Study Italian Dictionary

Second Edition

Dino Bressan and Patrick Glennan

OXFORD
UNIVERSITY PRESS

Oxford University Press is a department of the University of Oxford.
It furthers the University's objective of excellence in research,
scholarship, and education by publishing worldwide. Oxford is a registered
trademark of Oxford University Press in the UK and in certain other
countries.

Published in Australia by
Oxford University Press
253 Normanby Road, South Melbourne, Victoria 3205, Australia

© Oxford University Press 2006

The moral rights of the author have been asserted

First published 2001
Second edition 2006
Reprinted 2007, 2008, 2009, 2010 (twice), 2011

All rights reserved. No part of this publication may be reproduced, stored in a retrieval system,
or transmitted, in any form or by any means, without the prior permission in writing of Oxford
University Press, or as expressly permitted by law, by licence, or under terms agreed with the
reprographics rights organisation. Enquiries concerning reproduction outside the scope of the
above should be sent to the Rights Department, Oxford University Press, at the address above.

You must not circulate this work in any other form and you must impose this same condition on
any acquirer.

National Library of Australia Cataloguing-in-Publication data

Study Italian dictionary.

2nd ed.
Secondary school and tertiary students.

ISBN 978 0 19 555310 9.

1. Italian language—Dictionaries—English. 2. English
language—Dictionaries—Italian. I. Bressan, Dino. II.
Glennan, Patrick. III. Title.

453.21

Reproduction and communication for educational purposes

The Australian *Copyright Act 1968* (the Act) allows a maximum of one chapter
or 10% of the pages of this work, whichever is the greater, to be reproduced
and/or communicated by any educational institution for its educational purposes
provided that the educational institution (or the body that administers it) has
given a remuneration notice to Copyright Agency Limited (CAL) under the Act.

For details of the CAL licence for educational institutions contact:

Copyright Agency Limited
Level 15, 233 Castlereagh Street
Sydney NSW 2000
Telephone: (02) 9394 7600
Facsimile: (02) 9394 7601
Email: info@copyright.com.au

Typeset by Promptset Pty Ltd
Printed in Hong Kong by Sheck Wah Tong Printing Press Ltd

Links to third party websites are provided by Oxford in good faith and for information only.
Oxford disclaims any responsibility for the materials contained in any third party website
referenced in this work.

Contents

Introduction	vi
How a bilingual dictionary works	viii
A step-by-step guide to finding the translation you need	xi
Some tips on pronouncing words in Italian	xvi
Italian–English	1
Verb tables and forms	317
English–Italian	345
Appendix: Italian life and culture	681
1. Italian and world geography	682
2. Computer terms	690
3. Some important acronyms	693
4. Holidays and festivals	695
5. Education	698
6. Numerals and fractions	701
7. Names	703
8. What to say on the phone	705
9. Food and drink	707
10. Common Italian sayings	710
11. Sports and games	714
12. Maps	717

INTRODUCTION

Learning a new language is an exciting experience. At times, however, it can seem difficult and confusing. An essential tool in building a student's confidence is a clear and easy-to-use bilingual dictionary.

This dictionary is ideal for students preparing for exams, as well as for anyone wanting to learn or improve their Italian. We have adopted a simplified approach to the traditional bilingual format. Colour headwords make finding the right word even more simple than usual. And once you have found the desired word, its correct use is assured by the many signposts and practical examples given throughout the dictionary.

We have also tried to simplify the process of conjugating Italian verbs. When you come across a verb in the body of the dictionary you will notice that it is accompanied by a number in square brackets. This number refers you to one of the verb patterns listed in the verb tables located in the centre pages of the dictionary; simply follow the pattern you have been referred to and the correct conjugation of the verb in question will be assured.

As much as possible we have tried to use language that reflects the everyday use of contemporary Italian. We have therefore aimed for a generally informal style, with most examples using the *tu* form of verbs. Where polite forms are given, this is generally indicated by the word 'formal' in brackets. Similarly, we have, where possible, avoided the use of the subjunctive, a verb form in Italian that is used less and less in everyday situations.

At the back of the dictionary you will find a number of appendices containing useful and practical information on aspects of Italian language and culture. These include such things as cities and countries, as well as their inhabitants; computer terms; numbers; names and their equivalents in English; as well as many other topics. (Note that most of the terms in the appendices do not appear in the body of the dictionary.)

This dictionary will not only make learning Italian more enjoyable and easier, but will also provide you with dictionary skills that will help you as you progress to larger, more sophisticated dictionaries.

The authors would like to thank Mirna Cicioni, Maria Del Vecchio, John Lando and Giovanni Grescini for their comments on the original manuscript. Thanks also go to Luciana Bressan and Jacqueline Walters, without whose help this dictionary would be much the poorer.

> The Italian–English pages of this dictionary were compiled by Patrick Glennan. The English–Italian pages were compiled by Dino Bressan.

HOW A BILINGUAL DICTIONARY WORKS

A bilingual dictionary is one that has two languages in it. The languages in this dictionary are English and Italian. The dictionary is divided into two halves, separated by the green-edged pages in the middle. The first half of the dictionary gives Italian words followed by their English equivalents, while the second half lists English words followed by their Italian equivalents.

The words listed in green are called headwords because they occur at the head of an entry. The headwords are listed in alphabetical order from a to z. When you look up a headword on one side of the dictionary, you will find the word (or in some cases phrase) to which it corresponds in the other language. You will also find examples and other information that will help you use the word correctly.

The table on the next page shows the type of information you will find in entries in the dictionary.

headword	a word you look up in the dictionary
translation	the only things written in 'ordinary' type. These include translations of both headwords and example phrases
noun	part of speech: tells you what type of word you are looking at, i.e. a noun, a verb, an adjective, etc. One headword might fit into more than one category. For example, **speed** can be a noun (*how fast a vehicle is going*) and a verb (*to go very fast*)
(*signpost*)	helpful information: helps you choose the right translation of the word you have looked up, as well as giving you extra information about the headword or the translation
example	a short phrase or sentence that shows you how the headword is used
F	gender: appears after an Italian noun that is feminine
M	gender: appears after an Italian noun that is masculine
•	indicates a phrasal verb such as **to get off**
*	indicates an idiomatic expression such as **neck and neck**
[11]	verb number: tells you which verb pattern to refer to in the centre pages of the dictionary

Each dictionary entry is made up of a number of building blocks. In the entries below you can see how each of these building blocks helps you to understand both the meaning of a particular word and how to use it correctly.

ITALIAN–ENGLISH

- headword in green for easy reference
- verb numbers show you which verb pattern to refer to in the centre pages of the dictionary
- gender of word
- part of speech
- adjectives shown in both feminine and masculine forms
- underlining indicates where to place emphasis when pronouncing word
- helpful additional information
- helpful examples showing how to use headwords correctly
- both feminine and masculine forms of nouns given
- idiomatic expression
- translation of the headword

inv<u>e</u>stire *verb* [11] **1** to invest (*money*); **2** to run over (*with a car*); **è stato investito da una macchina** he was run over by a car.

inv<u>ia</u>re *verb* [1] to send; **inviare un pacco** to send a package.

inv<u>ia</u>ta/inv<u>ia</u>to *noun* F/M **1** correspondent; **2** television reporter.

inv<u>i</u>dia *noun* F envy; * **essere verde d'invidia** to be green with envy.

invid<u>io</u>sa/invid<u>io</u>so *adjective* envious, jealous.

x

A STEP-BY-STEP GUIDE TO FINDING THE TRANSLATION YOU NEED

Finding a word in the dictionary

This dictionary can be used in one of two ways:

1. to look up an Italian word or phrase to find out what it means in English
2. to look up an English word or phrase to find out how to say it in Italian

Finding out what an Italian word means

ITALIAN–ENGLISH

To find an Italian word you will need to look in the first half of the dictionary. The words in green in the top left-hand and top right-hand corners of the pages show the alphabetical range of the words on those pages. Use these words as a guide to locating the correct page. For example, if you want to find the word **drago**, by flicking through the dictionary you will discover that it lies between **dondolare** and **durevole** on pages 98 and 99.

> **dozzina** *noun* F dozen; **una dozzina di panini** a dozen rolls.
>
> **drago** *noun* M dragon.
>
> **dramma** *noun* M play, drama; **un dramma di Shakespeare** a Shakespeare play.
>
> **drammatica/drammatico** *adjective* dramatic.

You will see that **drago** means dragon. You will also see that it is a noun. Italian nouns can be either feminine, in which case they generally end in **-a** (shown with the letter F), or masculine, in which case they generally end in -o (shown with the capital letter M). In this dictionary we have attempted to list both forms of nouns. The two forms are listed in alphabetical order, with the result that in the majority of cases the feminine form appears first. For example, **poliziotta** comes before its masculine counterpart **poliziotto**.

> **poliziotta/poliziotto** *noun* F/M
> (*informal*) cop, copper.

On the other hand, **presentatore** precedes its feminine counterpart **presentatrice**.

> **presentatore/presentatrice**
> *noun* M/F television compere,
> television presenter.

In some instances feminine and masculine nouns may share the same ending (for example, **insegnante**, **atleta**, **ipocrita**, etc. can be both feminine and masculine). In cases such as these the designation F & M will be given, as you can see in the following example.

> **insegnante** *noun* F & M teacher.

Some Italian words have more than one meaning. For example, if you look up the word **domanda**, you will see that there are three translations given, numbered 1, 2 and 3; the word **domanda**, therefore, can mean either question, application or demand. It is important to read an entry carefully to find the exact meaning you are looking for. Often, as in the case of **domanda**, there are example phrases that will help you identify the right translation for your particular situation.

> **dom**a**nda** *noun* F **1** question;
> **fare una domanda** to ask a
> question; **2** application; **fare
> domanda di lavoro** to apply
> for a job; **3 domanda e offerta**
> supply and demand.

The majority of adjectives in Italian have feminine and masculine forms, and in this dictionary both forms are given. They are also listed in alphabetical order, so that the feminine form always appears first. Therefore, if you want to know the meaning of the adjective **ghiacci**a**to**, you will need to look for it under its feminine form **ghiacci**a**ta**.

> **ghiacci**a**ta/ghiacci**a**to**
> *adjective* frozen; **hai le mani
> ghiacciate** your hands are
> frozen.

A smaller group of Italian adjectives has one form only. An example of such an adjective is **v**e**rde**. When used in the singular, adjectives of this type do not change between the masculine and feminine (e.g. **bott**i**glia verde**, **n**a**stro verde**). In the plural this type of adjective ends in -**i**, so that in the plural the preceding examples become **bottiglie verdi** and **nastri verdi**.

When using this dictionary you will notice that some of the example phrases have a feminine subject while others are in the masculine. If you look up **gir**a**rsi**, for example, you will see that the example phrase has a feminine subject (we know this because **gir**a**ta** ends in -**a**). The subject is therefore translated in English as 'she'.

> **girarsi** *reflexive verb* [1] to turn around; **si è girata a guardarlo** she turned around to look at him.

If on the other hand you look up **dimenarsi**, you will see that the example phrase is in the masculine (i.e. **dimenato** ends in -**o**). The subject is therefore translated as 'he'.

> **dimenarsi** *reflexive verb* [1] to writhe about, to wriggle about; **si è dimenato per tutta la notte** he tossed and turned all night.

In other cases it may be possible to translate an example phrase with both a masculine or feminine subject, as in the case of the example given under **accertare**.

> **accertare** *verb* [1] to check, to confirm; **bisogna accertare la verità di quello che dice** you need to check the truthfulness of what s/he says.

Finding an English word and its equivalent in Italian

ENGLISH–ITALIAN

To find out how to say something in Italian you simply follow the same procedure used for finding the meaning of an Italian word in English. For example, if you want to know how to say **mask** in Italian, you look in the second half of the dictionary. Use the words in green in the top corners of each page to guide you to the correct place.

> **mask** *noun* maschera F.

In this case there is only one translation given. However, to use the word properly you need to know its gender. The F next to **maschera** tells you that it is a feminine noun.

Other entries provide much more detail. For example, if you look up **engaged**, you will not only find that it has two meanings, but much more information besides. Each of the two meanings has signposts (the additional information appearing in brackets), as well as examples of how to use the word in the correct context. In this way there is no possibility of confusing **fidanzata/fidanzato** (meaning to be engaged to someone) with **occupata/occupato** (used to talk about telephones or toilets being busy or occupied).

> **engaged** *adjective* **1** (*to be married*) fidanzata/fidanzato; **we're formally engaged** siamo fidanzati ufficialmente; **to get engaged** fidanzarsi [1]; **2** (*a telephone line*) occupata/occupato; **the line is engaged, try again later** la linea è occupata, riprova più tardi.

If you decide that you want to use the verb **fidanzarsi** (meaning 'to get engaged to someone') then you would be helped here by the number in square brackets, which refers you to the correct verb pattern in the centre pages of the dictionary.

SOME TIPS ON PRONOUNCING WORDS IN ITALIAN

As you use the dictionary you may notice that the majority of Italian headwords have one vowel underlined. This tells you where the emphasis should be placed when pronouncing the word. For example, if you look up the word **danza**, you will see that the first '**a**' is underlined, indicating that when pronouncing the word you should place the stress on the first syllable '**dan**', rather than the second syllable '**za**'.

In some cases, headwords will not have an underlined vowel (examples of these include words such as **perché**, **abilità**, etc.). The reason for this is that words like these, as you can see, are always written with an accented letter, thus making it clear where the emphasis needs to be placed (i.e. on the final syllables, being '**ché**' and '**tà**' respectively).

In the case of single syllable words such as **ma**, **di**, **in**, etc., no underlining or accent marks are needed (as there is only one possibility). And in many cases single syllable words (especially prepositions, articles and indirect pronouns) are never stressed, but rather 'lean' on the word that follows them. For example, '**le cugine di Giovanna**' is pronounced '**lecugine digiovanna**'

The sounds of the five vowels in Italian differ somewhat from their English counterparts. The Italian **a** roughly corresponds to the 'a' in the English word 'class'; the **e** to the 'e' of 'test'; the **i** to that of 'magazine'; the **o** to that of 'cost' and the **u** to that of 'intrude'.

The pronunciation of Italian consonants differs only slightly from English consonants. Most consonants produce a hard sound when followed by a vowel. The exceptions to this are when the vowels **e** and **i** follow the consonants **c** or **g**; in such cases these consonants have a soft sound. For example, in the word **cintura**, the '**c**' is similar to the 'ch' in the English word 'church'; similarly, the '**g**' of the Italian word **ge̲nte** is similar to the 'g' of the English 'general'. The soft sounds achieved in these combinations are hardened when an '**h**' is placed between the **c** or **g** and the **e** or **i**. For example, the '**ghe**' of **lunghe** has a hard sound (similar to the English 'get'), as too does the '**ghi**' of **paghi** (similar to the English 'gift'), etc.

Another thing to watch is the consonant combination **gl** when followed by an **i**; in such cases the **gl** is roughly pronounced like the 'll' in the English word 'million' (e.g. **fi̲glio**, **gli**, etc.); there are, however, a few exceptions to this, such as **negli̲gente** which is pronounced in a similar fashion to its English equivalent negligent. And finally, the combination **gn** is pronounced roughly like the 'ny' in the English 'canyon' (e.g. **signo̲ra**, **fo̲gna**, etc.).

ITALIAN–ENGLISH

A a

a *preposition* (*before a word beginning with a vowel* a *often becomes* ad; *note also that* a *combines with definite articles:* a + il *becomes* al, a + lo *becomes* allo, a + la *becomes* alla, a + l' *becomes* all', a + i *becomes* ai, a + gli *becomes* agli, a + le *becomes* alle) **1** to; **è andata a scuola** she's gone to school; **scrivo ai miei ogni settimana** I write to my family every week; **2** at; **sono a casa** they're at home; **3** in, at (*when talking about time*); **a luglio** in July; **a Natale** at Christmas; **4** at the age of; **ha cominciato a lavorare a quindici anni** s/he began work at the age of fifteen; **5** for; **allo scopo di arrivare presto** in order to arrive early; **6** by; **fatta/fatto a mano** handmade; **7** (*the way something is done*) at, in; **andare a venti chilometri all'ora** to travel at twenty kilometres per hour; **parlare a voce bassa** to speak softly; **8** (*to indicate the price of something*) at, for; **a dieci dollari al chilo** at/for ten dollars a kilo; **9** (*in sport*) **tre a tre** three all.

abbaglianti *plural noun* M high-beam lights.

abbagliare *verb* [8] to dazzle.

abbaiare *verb* [2] to bark; **il cane ha abbaiato tutta la notte** the dog barked all night.

abbandonare *verb* [1] to abandon, to desert; **il capitano ha abbandonato la nave all'ultimo momento** the captain abandoned ship at the last moment; **ha abbandonato gli studi** s/he has abandoned her/his studies; **abbandonare la famiglia** to desert your family.

abbandonarsi *reflexive verb* [1] to give in (to), to surrender yourself (to); **si è abbandonata alla stanchezza** she gave in to her exhaustion.

abbandono *noun* M abandonment, neglect.

abbassare *verb* [1] to lower; **abbassare le tendine** to lower the blinds; **ti dispiace se abbasso la radio?** do you mind if I turn down the radio?

abbasso *exclamation* down with!; **abbasso i tiranni!** down with tyrants!

abbastanza *adverb* **1** enough; **non ho mangiato abbastanza** I haven't eaten enough; **2** quite, fairly; **è abbastanza caro** it's quite expensive.

abbattere *verb* [9a] to knock down, to cut down; **abbattere un albero** to cut down a tree.

abbazia *noun* F abbey.

abbellire *verb* [12] to make beautiful, to beautify.

abbiente *adjective* well-off, affluent; **gente abbiente** well-off people.

abbigliamento

ITALIAN–ENGLISH

abbigliamento *noun* M clothing.

abbinare *verb* [1] to combine, to couple.

abbonamento *noun* M subscription; **ha deciso di non rinnovare l'abbonamento** s/he decided not to renew her/his subscription.

abbonarsi *reflexive verb* [1] to subscribe; **mi sono abbonata a *Time*** I've subscribed to *Time* (magazine).

abbondante *adjective* **1** plentiful, generous; **2** (*clothes*) loose-fitting; **pantaloni abbondanti** loose-fitting trousers.

abbondanza *noun* F abundance.

abbondare *verb* [1] to be plentiful; **quest'anno abbondano le arance** oranges are plentiful this year.

abbottonarsi *reflexive verb* [1] to button yourself up; **abbottonati la camicia!** do up your shirt!

abbozzo *noun* M sketch, outline.

abbracciare *verb* [5] to embrace, to hug; **abbracciami!** give me a hug!

abbracciarsi *reciprocal verb* [5] to embrace (each other); **padre e figlio si sono abbracciati** father and son embraced (each other).

abbraccio *noun* M hug; (*when signing letters*) (*informal*) **baci e abbracci** hugs and kisses.

abbreviazione *noun* F **1** abbreviation; **2 essere l'abbreviazione di** to stand for.

abbronzarsi *reflexive verb* [1] to get a tan.

abbronzata/abbronzato *adjective* tanned; **sei molto abbronzato** you're very tanned.

abbronzatura *noun* F suntan.

abdicare *verb* [3] to abdicate.

abete *noun* M fir tree.

abile *adjective* capable, skilful; **una dottoressa abile** a competent doctor.

abilità *noun* F skill, ability; **sa suonare la chitarra con molta abilità** s/he plays the guitar with great skill.

abisso *noun* M abyss.

abitare *verb* [1] (*in a house or town*) to live (in), to reside (in); **abitiamo in una casa grande** we live in a large house; **abitano in città** they live in the city.

abitata/abitato *adjective* inhabited; **è da molto tempo che la casa non è abitata** the house has been empty for a long time.

abito *noun* M **1** suit; dress; outfit; **abito da sera** evening dress, evening suit; **2 abiti** (*plural*) clothes; **abiti da uomo** menswear; **abiti sportivi** sportswear.

ITALIAN–ENGLISH

abituale *adjective* habitual, usual.

abituarsi *reflexive verb* [1] to get used to; **mi sono abituata ad alzarmi presto la mattina** I've got used to getting up early in the morning.

abituata/abituato *adjective* used to, accustomed to; **non è abituato ad aspettare** he's not used to waiting.

abitudine *noun* F **1** habit, custom; **ha l'abitudine di svegliarsi tardi** s/he's in the habit of waking up late; **2 d'abitudine** as a rule.

abolire *verb* [12] to abolish, to repeal; **abolire una tassa** to repeal a tax.

abominevole *adjective* abominable.

aborigena/aborigeno *adjective* aboriginal, (*of Australia*) Aboriginal. *noun* F/M aborigine, (*of Australia*) Aboriginal.

aborto procurato *noun* M abortion.

aborto spontaneo *noun* M miscarriage.

abusare *verb* [1] **1** to abuse, to misuse; **ha abusato della sua autorità** s/he abused her/his authority; **2** to use to excess; **abusare dei cibi** to overeat; **3** to take advantage of; **ha abusato della bontà altrui** s/he has taken advantage of people's kindness.

accarezzare

abusiva/abusivo *adjective* unauthorised, illegal.

abuso *noun* M misuse, abuse; **fare abuso di qualcosa** to misuse something, to use to excess.

a.C. (*short for* **avanti Cristo**) BC (*short for* before Christ); **Roma è stata fondata nel 753 a.C.** Rome was founded in 753 BC.

acacia australiana *noun* F wattle.

accademia *noun* F academy, college.

accademica/accademico *adjective* academic; **l'anno accademico** the academic year.

accadere *verb* [23] to happen, to occur; **è accaduto un incidente** an accident has happened; **ti dico ciò che mi è accaduto** I'll tell you what happened to me.

accalcarsi *reflexive verb* [3] to crowd into; **tutta una folla si è accalcata all'ingresso** a throng of people crowded at the entrance.

accanita/accanito *adjective* persistent, relentless; **un attacco accanito** a relentless attack.

accanto *adverb* next to, nearby; **la macelleria è accanto al negozio di frutta e verdura** the butcher is next to the greengrocer.

accappatoio *noun* M bathrobe.

accarezzare *verb* [1] to caress, to stroke.

accasciarsi *reflexive verb* [7] to collapse; **si è accasciata in poltrona** she collapsed into the armchair.

accecare *verb* [3] to blind; **era accecata dai fari** she was blinded by the headlights.

accedere *verb* [9a] to access; **accedere a un sito** to access a website.

accelerare *verb* [1] to accelerate, to speed up; **accelerare il passo** to quicken the pace.

acceleratore *noun* M accelerator.

accendere *verb* [60] to light, to ignite; **sei riuscita ad accendere il fuoco?** did you manage to get the fire started?

accendino *noun* M cigarette-lighter.

accennare *verb* [1] to point out, to allude to, to make a sign; **accennare a un argomento** to allude to a particular subject; **gli ha accennato di seguirla** she signalled to him to follow her.

accenno *noun* M hint, allusion; **fare un accenno a qualcosa** to make an allusion to something.

accento *noun* M **1** accent; **Marta parla con un leggero accento tedesco** Marta speaks with a slight German accent; **2** stress, emphasis; **l'accento cade sull'ultima sillaba** the stress falls on the last syllable.

accentuare *verb* [1] to stress, to emphasise; **accentuare la pronuncia di una parola** to emphasise the pronunciation of a word.

accertare *verb* [1] to check, to confirm; **bisogna accertare la verità di quello che dice** you need to check the truthfulness of what s/he says.

accesa/acceso *adjective* alight, burning; **per piacere, non lasciare le luci accese quando esci** please don't leave the lights on when you go out.

accessibile *adjective* accessible; **è un posto poco accessibile** it's not a very accessible place.

accesso *noun* M access, entry; **divieto d'accesso** no entry.

accessorio *noun* M accessory; **accessori per l'auto** car accessories.

accetta *noun* F hatchet.

accettabile *adjective* acceptable.

accettare *verb* [1] **1** to accept; **non ha accettato le mie scuse** s/he didn't accept my apologies; **accettare una carica** to accept an appointment (*job*); **accettare una sfida** to accept a challenge; **2** to admit; **la scuola ha accettato dieci nuovi studenti** the school admitted ten new students.

accettazione *noun* F (*in airports*) check-in.

ITALIAN–ENGLISH

acchiappare *verb* [1] to seize, to grab; **mi ha acchiappato per il collo** s/he grabbed me by the neck.

acciaio *noun* M steel; **acciaio inossidabile** stainless steel.

accidente *noun* M chance, accident; **per accidente** by chance; * **non ho capito un accidente** I didn't understand a thing; * **non me ne importa un accidente** I couldn't care less.

accidenti *exclamation* (*informal*) damn it!; **accidenti a te!** damn you!

acciuga *noun* F anchovy; * **stare strette/stretti come acciughe** to be packed in like sardines.

acclamare *verb* [1] to hail, to applaud.

acclimatarsi *reflexive verb* [1] to acclimatise.

accludere *verb* [25] to enclose; **ha accluso una foto di sé con la lettera** s/he enclosed a photo of herself/himself with the letter.

accoccolarsi *reflexive verb* [1] to squat down; **si è accoccolata per terra per vedere meglio l'insetto** she squatted down on the ground to see the insect better.

accogliente *adjective* cosy, comfortable; **una casa accogliente** a comfortable house.

accoglienza *noun* F reception, welcome; **un'accoglienza piuttosto fredda** a rather cold reception.

accogliere *verb* [76] to welcome; **ci hanno accolti con amicizia** they welcomed us warmly.

accoltellare *verb* [1] to knife, to stab; **l'hanno accoltellato davanti alla propria casa** they stabbed him in front of his own house.

accomodarsi *reflexive verb* [1] to make yourself comfortable, to make yourself at home; (*formal*) **s'accomodi** make yourself comfortable; (*informal*) **accomodati!** make yourself at home!

accompagnare *verb* [1] to accompany, to go with; **mi ha accompagnato a scuola** s/he took me to school.

acconciatura *noun* F hairstyle, hairdo.

acconsentire *verb* [11] to agree to; **ha acconsentito a dare una mano** s/he agreed to lend a hand.

accontentare *verb* [1] to satisfy, to please; **accontentare i desideri di qualcuna/qualcuno** to satisfy someone's wishes.

accontentarsi *reflexive verb* [1] to content yourself; **accontentarsi di qualcosa** to content yourself with something.

accoppiare *verb* [2] **1** to pair; **2** to couple, to join.

accorciare *verb* [5] to shorten; **accorciare un paio di**

accordarsi

pantaloni to shorten a pair of trousers.

accordarsi *reflexive verb* [1] to agree; **ci siamo accordati sul prezzo** we agreed on the price.

accordo *noun* M **1** agreement; **2 essere d'accordo** to be in agreement; **sei d'accordo o no?** do you agree or not?; **3 d'accordo** agreed, OK; **4 andare d'accordo** to get on with, to see eye to eye with; **non vado d'accordo con lui** I don't see eye to eye with him.

accorgersi *verb* [57] **1** to notice, to become aware of; **non si sono accorti dell'arrivo della professoressa** they didn't notice that the teacher had arrived; **2 non accorgersi (di)** to overlook.

accorpamento *noun* M merger.

accorta/accorto *adjective* wise, shrewd.

accostare *verb* [1] to bring near; **accostare la sedia alla TV** to move the chair nearer the TV.

accumulare *verb* [1] **1** to accumulate, to heap up; **ha accumulato molta esperienza** s/he has accumulated a lot of experience; **2** to hoard.

accurata/accurato *adjective* accurate, done with precision; **lavoro accurato** accurate work.

accuratezza *noun* F care, accuracy.

accusa *noun* F accusation, charge.

accusare *verb* [1] to accuse; **lo hanno accusato di disonestà** they accused him of dishonesty.

acerba/acerbo *adjective* sour, bitter.

acero *noun* M maple tree.

aceto *noun* M vinegar.

acida/acido *adjective* sour, acid; **latte acido** sour milk.

acido *noun* M acid.

acne *noun* F acne.

acqua *noun* F **1** water; **acqua potabile** drinking water; **2 acque navigabili** navigable waters; **3 acqua profonda** deep end (*of a pool*); **acque basse** shallow waters; **4** rain; **prendere acqua** to get wet (in the rain); *** è acqua passata** it's water under the bridge.

acquaforte *noun* F etching.

acquaio *noun* M (kitchen) sink.

acquaragia *noun* M turpentine.

acquario *noun* M **1** aquarium; **2** (*sign of the zodiac*) **Acquario** Aquarius.

acquattarsi *reflexive verb* [1] to squat down.

acquazzone *noun* F downpour.

acquerello *noun* M watercolour painting.

acquisire *verb* [12] to acquire.

acquistare *verb* [1] to acquire, to obtain, to buy; **ti faccio vedere ciò che ho acquistato** let me show you what I bought.

ITALIAN–ENGLISH

acquisto *noun* M purchase; **hai fatto qualche acquisto?** did you buy anything?; **acquisto d'occasione** a bargain.

acquolina *noun* F saliva; * **far venire l'acquolina in bocca** to make your mouth water.

acre *adjective* sharp (*of taste or smell*).

acrobata *noun* F & M acrobat.

acuta/acuto *adjective* **1** acute, sharp; **un dolore acuto** a sharp pain; **2** (*in grammar*) acute; **accento acuto** acute accent.

adagio *adverb* slowly; **camminare adagio** to walk slowly.

adatta/adatto *adjective* suitable, fit; **è un luogo adatto per riposarsi** it's a good place to relax.

adattabile *adjective* adaptable.

adattare *verb* [1] to adapt; **adattare la soffitta a studio** to turn the attic into a studio.

adattarsi *reflexive verb* [1] to adapt yourself; **si è adattata bene alle nuove circostanze** she adapted (herself) well to the changes.

addensarsi *reflexive verb* [1] to thicken, to become dense.

addestramento *noun* M training; **addestramento del personale** staff training.

addestrare *verb* [1] to train; **addestrare qualcuna/qualcuno**

addomesticare

alle armi to train someone to shoot.

addetta/addetto *adjective* employed in, responsible for; **personale addetto alla manutenzione** maintenance staff.
noun F/M coordinator, manager; **addetta/addetto agli acquisti** buyer.

addietro *adverb* ago, behind, back; **tempo addietro** some time back; **anni addietro** years ago.

addio *greeting* goodbye, farewell; **biglietto d'addio** suicide note.

addirittura *adverb* **1** straight, directly; **torniamo addirittura in ufficio** let's go straight back to the office; **2** actually, even; **dopo tutto quello che è successo mi ha addirittura chiesto un prestito** after everything that has happened s/he actually asked me for a loan.
exclamation really!

addizione *noun* F addition; **fare un'addizione** to add up.

addolorare *verb* [1] to pain, to sadden; **la notizia mi ha addolorato** the news saddened me.

addolorata/addolorato *adjective* sad, sorry.

addome *noun* M abdomen.

addomesticare *verb* [3] to tame, to train, to domesticate; **addomesticare un animale** to tame an animal.

addormentare

addormentare *verb* [1] to put to sleep; **addormentare i bambini con la ninnananna** to put the children to sleep with a lullaby.

addormentarsi *reflexive verb* [1] to fall asleep; **si è addormentata sul divano** she fell asleep on the couch.

addosso *adverb* **1** on, on your back; **non avevo denaro addosso** I had no money on me; **2 avere addosso** to be burdened with; **aveva addosso la famiglia** s/he was burdened by her/his family; **3 portare addosso** to wear; **portava addosso una giacca logora** s/he was wearing a threadbare jacket; * **avere molti anni addosso** to be very old; * **mettere le mani addosso a qualcuna/qualcuno** to rough someone up, to grope someone; * **saltare addosso a qualcuna/qualcuno** to attack someone.

adeguare *verb* [1] to adapt, to adjust; **devi adeguare il tuo comportamento alle diverse circostanze** you must adapt your behaviour to different situations.

adeguarsi *reflexive verb* [1] to adapt yourself; **non sapeva adeguarsi al nuovo orario** s/he couldn't adapt to the new timetable.

adeguata/adeguato *adjective* adequate.

adempiere *verb* [9a] to carry out, to fulfil; **adempiere a una promessa** to fulfil a promise.

aderente *adjective* close-fitting; **un vestito aderente** a close-fitting dress.

aderire *verb* [12] to stick to, to adhere to.

adescare *verb* [3] to lure, to entice; **adescare qualcuna/qualcuno con false promesse** to entice someone with false promises.

adesione *noun* F **1** membership; **adesione a un partito politico** membership of a political party; **2** agreement; **ha dato la sua adesione al progetto** s/he gave her/his agreement to the project.

adesiva/adesivo *adjective* adhesive.

adesivo *noun* M **1** glue; **2** sticker.

adesso *adverb* now, at this moment; **sono entrato proprio adesso** I just got in this minute.

adolescente *adjective* adolescent.
noun F & M adolescent, teenager.

adorabile *adjective* adorable.

adorare *verb* [1] to adore, to worship; **adorano i nipotini** they adore their grandchildren.

adornare *verb* [1] to adorn, to decorate.

adottare *verb* [1] to adopt; **hanno adottato due orfani** they adopted two orphans.

ITALIAN–ENGLISH

affidare

adottiva/adottivo *adjective* adopted; **un figlio adottivo** an adopted son.

adozione *noun* F adoption.

adulta/adulto *adjective* adult. *noun* F/M adult.

aerea/aereo *adjective* air, aerial; **posta aerea** airmail.

aereo *noun* M plane, aircraft.

aerobica *noun* F aerobics.

aeroporto *noun* M airport.

aerosol *noun* M (*never changes*) aerosol.

aerostazione *noun* F (airport) terminal.

affabile *adjective* friendly, affable.

affaccendata/affaccendato *adjective* busy; **mi sembri molto affaccendata** you seem pretty busy.

affacciarsi *reflexive verb* [5] to show yourself, to appear; **il Presidente si è affacciato al balcone** the President appeared on the balcony.

affamata/affamato *adjective* to be hungry; **quando si mangia? sono proprio affamata** when are we eating? I'm really starving.

affanno *noun* M breathlessness; **ho l'affanno** I'm out of breath.

affare *noun* M **1** matter, question, business; **è affare suo** it's her/his business; **2 affari** business; **donna d'affari** businesswoman; **uomo d'affari** businessman; **3 Ministero degli Affari Esteri** Ministry of Foreign Affairs, Foreign Office.

affascinante *adjective* fascinating, charming; **ha un sorriso affascinante** s/he has a charming smile.

affatto *adverb* (*preceded by a negation*) at all; **niente affatto** not at all; **non è affatto antipatica** she's not at all unpleasant.

affermare *verb* [1] to affirm, to assert; **devi affermare i tuoi diritti** you must assert your rights.

affermazione *noun* F statement.

afferrare *verb* [1] to grab, to seize; **bisogna afferrare le occasioni quando capitano** you must seize opportunities when they arise.

affettare *verb* [1] to cut into slices.

affetto *noun* M affection; (*when signing a letter*) **con affetto** with love.

affezionarsi *reflexive verb* [1] to grow fond of; **si è affezionata molto alla Spagna** she's grown very fond of Spain; **ci siamo affezionati a lui** we've grown fond of him.

affidare *verb* [1] to entrust; **affidare qualcosa a qualcuna/qualcuno** to entrust something to someone.

affidarsi *reflexive verb* [1] to trust, to place trust in, to rely on; **in questo affare mi affido alla tua esperienza** I'm relying on your experience in this.

affiggere *verb* [42] to put up, to stick up; **abbiamo affisso centinaia di manifesti** we put up hundreds of posters.

affilare *verb* [1] to sharpen; **il coltello va affilato** the knife needs sharpening.

affilata/affilato *adjective* sharp; **coltello affilato** sharp knife; * **avere la lingua affilata** to have a sharp tongue.

affinché *conjunction* so that, in order that; **te lo dico affinché tu faccia qualcosa** I'm telling you so that you'll do something.

affissa/affisso *adjective* attached, affixed.

affisso *noun* M poster, placard, bill.

affittare *verb* [1] **1** to rent; **2** to let; **affittare una casa** to let a house.

affitto *noun* M rent, rental; **prendere una casa in affitto** to rent a house; **dare in affitto** to rent out.

afflitta/afflitto *adjective* **1** upset; **sono ancora afflitta per la morte di mia nonna** I'm still upset over my grandma's death; **2** afflicted.

afflizione *noun* F affliction.

afflosciarsi *reflexive verb* [7] to droop.

affluente *noun* M tributary.

affollarsi *reflexive verb* [1] to crowd, to throng; **i giornalisti si affollavano intorno all'attore** journalists thronged around the actor.

affondare *verb* [1] to (cause to) sink; **affondare una nave nemica** to sink an enemy ship; **la nave è affondata a poca distanza dalla destinazione** the ship sank a short distance from its destination.

affresco *noun* M fresco.

affrettare *verb* [1] to hurry, to speed up; **affrettare il passo** to quicken the pace.

affrettarsi *reflexive verb* [1] to hurry; **Patrizia si è affrettata a tornare a casa prima delle nove** Patrizia hurried to make it home before nine.

affrontare *verb* [1] to confront, to face up to, to deal with; **affrontare le proprie paure** to face up to your fears; **cerca di affrontare i tuoi problemi** try to deal with your problems.

affronto *noun* M insult, outrage; **subire un affronto** to suffer an insult.

afosa/afoso *adjective* (*air*) stuffy, oppressive; **caldo afoso** oppressive heat.

agenda *noun* F diary.

ITALIAN–ENGLISH

agente *noun* F & M **1** agent; **2 agente di polizia** police officer.

agenzia *noun* F agency; **agenzia di viaggi** travel agency.

aggeggio *noun* M device, gadget.

aggettivo *noun* M adjective.

aggiornare *verb* [1] to bring up to date, to update; **aggiornare un vocabolario** to bring a dictionary up to date.

aggiornarsi *reflexive verb* [1] to keep yourself up to date.

aggirare *verb* [1] to bypass, to get around; **aggirare una difficoltà** to get around a difficulty.

aggiungere *verb* [61] to add; **bisogna aggiungere un po' di sale** you need to add a little salt.

aggiunta *noun* F addition; **in aggiunta** in addition.

aggiustare *verb* [1] to repair, to fix; **mi puoi aggiustare la bici?** can you fix my bike for me?

aggrapparsi *reflexive verb* [1] to seize, to grab; **si è aggrappato a un ramo** he grabbed onto a branch.

aggressiva/aggressivo *adjective* aggressive.

aggrottare *verb* [1] **aggrottare le sopracciglia** to frown.

agguato *noun* M trap, ambush.

agile *adjective* agile, nimble; **mani agili** agile hands; **mente agile** agile mind.

airbag

agio *noun* M ease; **sentirsi a proprio agio** to feel at ease; **era chiaro che non si sentiva a suo agio** it was obvious that s/he didn't feel at ease.

agire *verb* [12] to act, to take action, to take effect; **rifletti un po' prima di agire** think a bit before you act.

agitare *verb* [1] to shake, to wave about; **agitava un panno rosso** s/he waved about a piece of red cloth.

agitarsi *reflexive verb* [1] to be restless, to become agitated; **durante il discorso della preside gli studenti cominciavano ad agitarsi** during the principal's address the students began to get restless.

agitazione *noun* F unrest.

aglio *noun* M garlic.

agnello *noun* M lamb.

ago *noun* M needle; **la cruna dell'ago** the eye of the needle.

agonia *noun* F agony.

agopuntura *noun* F acupuncture.

agosto *noun* M August.

agricola/agricolo *adjective* agricultural.

agricoltura *noun* F (*also* **agricultura**) agriculture.

AIDS *noun* M (*never changes*) AIDS.

airbag *noun* M (*never changes*) air bag.

aiuola

aiuola noun F flower bed.

aiutare verb [1] **1** to help; **a volte la mamma mi aiuta a fare i compiti** occasionally Mum helps me with my homework; **2** to assist, to aid; **è vero che il vino aiuta la digestione?** is it true that wine helps digestion?

aiuto noun M help, aid; **dare aiuto a qualcuna/qualcuno** to help someone.

ala noun F (plural **le ali**) wing.

alba noun F dawn; **all'alba** at dawn.

albergo noun M hotel; **un albergo a cinque stelle** a five-star hotel.

albero noun M tree; **albero genealogico** family tree.

albero di Natale noun M Christmas tree.

albicocca noun F apricot.

albo noun M noticeboard.

album noun M album; **album di ritagli** scrapbook; **album per le foto** photo album.

albume noun M egg white.

alcol noun M alcohol.

alcolica/alcolico adjective alcoholic; **una bevanda alcolica** an alcoholic drink.

alcolizzata/alcolizzato
adjective alcoholic (when talking about people).
noun F/M alcoholic (person).

ITALIAN–ENGLISH

alcuna/alcuno adjective
1 (singular) any (usually used in a negative context) **non ho alcuna obiezione** I have no objection; **2** (plural) some; **alcuni libri** some books; **alcune foto** some photos.

alcune/alcuni plural pronoun some; **alcuni di loro sono poco fidati** some of them are not very reliable.

aleatoria/aleatorio adjective random.

alfabetica/alfabetico
adjective alphabetical; **in ordine alfabetico** in alphabetical order.

alfabeto noun M alphabet.

alfiere noun M (in chess) knight.

alga noun F seaweed plant; **alghe** seaweed.

aliante noun M glider.

alimentare verb [1] to feed, to nourish.

alimentazione noun F nourishment.

alito noun M breath; **avere l'alito cattivo** to have bad breath.

allacciare verb [5] to lace up; **allacciare le scarpe** to do up your shoes; **allacciare la cintura di sicurezza** to do up your seat belt.

allargare verb [4] to widen; **allargare un'aiuola** to widen a flower bed.

allargarsi reflexive verb [4] to become wider; **con l'alluvione**

il fiume si è allargato the river widened during the flood.

allarmarsi *reflexive verb* [1] to become alarmed about; **non allarmarti del fumo** don't get alarmed about the smoke.

allarme *noun* M alarm; **dare l'allarme** to give the alarm; **dispositivo d'allarme** alarm system; **un falso allarme** a false alarm; **allarme antifurto** burglar alarm.

allattare *verb* [1] to breastfeed; **allattare un bambino** to breastfeed a baby.

alleanza *noun* F alliance.

alleata/alleato *adjective* ally. *noun* F/M ally.

allegare *verb* [4] to enclose, to attach; **allego una copia del mio certificato di nascita** I enclose a copy of my birth certificate.

allegato *noun* M attachment.

alleggerire *verb* [12] to lighten; **alleggerire lo zaino di qualche chilo** to lighten your backpack by a few kilos.

allegra/allegro *adjective* cheerful, happy; **sei sempre così allegra?** are you always so cheerful?

allenare *verb* [1] to train, to coach; **allena la squadra di tennis** s/he coaches the tennis team.

allenarsi *reflexive verb* [1] to train, to coach; **si sta allenando per le gare olimpiche** s/he's training for the Olympics.

allenatore/allenatrice *noun* M/F trainer.

allergica/allergico *adjective* allergic; **sono allergica al latte** I'm allergic to milk.

allettante *adjective* tempting; **un'offerta allettante** a tempting offer.

allevare *verb* [1] to bring up; **allevare figli** to bring up children.

alleviare *verb* [1] to lighten, to ease; **alleviare un carico** to lighten a load; **alleviare le sofferenze di qualcuna/qualcuno** to ease someone's suffering.

allieva/allievo *noun* F/M student, pupil.

allineare *verb* [1] **1** to line up; **allineare le bottiglie** to line up the bottles; **2** (*text etc.*) to justify.

alloggio *noun* M accommodation.

allontanare *verb* [1] to move away; **allontanare i bambini dal fiume** to move the children away from the river bank.

allontanarsi *reflexive verb* [1] to go away, to distance yourself from; **loro due si sono allontanati dagli altri** the two of them distanced themselves from the others.

allora *adverb* **1** then, at that moment; **allora non ti**

alloro

conoscevo at that time I didn't know you; **2** then, in that case, well; **non si è fatto vedere? allora, chiamiamolo** he hasn't turned up? well then, let's give him a call.

alloro noun M **1** laurel; **2 foglia d'alloro** bay leaf; * **dormire sugli allori** to rest on your laurels.

alluce noun M big toe.

alluminio noun M aluminium.

allungare verb [4] **1** to lengthen, to extend; **abbiamo deciso di allungare il viaggio** we decided to lengthen our journey **2** to stretch out; **allungare le braccia** to stretch out your arms.

alluvione noun F flood.

almeno adverb at least; **dimmi almeno cosa ti prende** at least tell me what's bothering you.

alpina/alpino adjective alpine.

alta/alto adjective high, tall; **il muro è alto quattro metri** the wall is four metres high; **è più alta del fratello** she's taller than her brother.

altalena noun F **1** see-saw; **2** swing.

altare noun M altar.

alterare verb [1] to alter.

alterna/alterno adjective alternate; **a settimane alterne** in alternate weeks, every other week.

alternativa noun F alternative, choice; **considerare tutte le alternative** to consider all the alternatives.

altezza noun F height.

altitudine noun F altitude.

alto adverb high; **mirare alto** to aim high.
noun M height, high point; **guardare dall'alto** to look from above; **mani in alto!** (put your) hands up!

altoparlante noun M loudspeaker, speaker.

altra/altro adjective **1** another; **per favore, mi dai un'altra mela?** will you give me another apple please?; **2** other; **gli altri libri sono meno interessanti** the other books are less interesting; **3** more, further; **non ho altri consigli da darti** I have no further advice for you.
pronoun other, another; **gli altri non sono venuti** the others didn't come; **non conosco le altre** I don't know the others.

altrimenti adverb **1** otherwise, differently; **se lo avessi saputo avrei risposto altrimenti** if I'd known I would have responded differently; **2** or else, otherwise; **alzati, altrimenti farai tardi** get up, or else you'll be late.

altro pronoun (never changes) more, anything else; **non mi chiedere altro** ask nothing more of me; **e poi non ha detto altro** and then s/he said nothing more; **altro, signore?** anything else, sir?

altrove *adverb* elsewhere.

altrui *adjective* (*never changes*) someone else's, other people's; **proprietà altrui** other people's property.

alunna/alunno *noun* F/M pupil.

alveare *noun* F beehive.

alzare *verb* [1] to raise, to lift; **alza il braccio** raise your arm; **alzare la voce** to raise your voice; **alzare una bandiera** to hoist a flag.

alzarsi *verb* [1] to get up; **a che ora ti sei alzata oggi?** what time did you get up today?

amabile *adjective* lovable.

amante *noun* F & M lover.

amara/amaro *adjective* bitter.

amare *verb* [1] **1** to love, to be fond of; **mi ami o non mi ami?** do you love me or not? **2 amarsi** to love each other; **si amano da molti anni** they have loved each other for many years.

amareggiata/amareggiato *adjective* hurt (*feelings*).

amarsi *reciprocal verb* [1] to love each other; **si amano da molti anni** they have loved each other for many years.

ambasciata *noun* F **1** message, errand; **fare un'ambasciata** to run an errand; **2** embassy.

ambasciatore/ambasciatrice *noun* M/F ambassador.

ambedue *adjective* (*never changes*) both; **ambedue i concorrenti** both applicants. *pronoun* (*never changes*) both; **sono arrivati ambedue** they have both arrived.

ambiente *noun* M **1** surroundings, background, environment; **l'ambiente scolastico** the school environment; **2** environment, habitat; **l'ambiente naturale** the natural environment; **danni all'ambiente** environmental damage.

ambigua/ambiguo *adjective* ambiguous.

ambizione *noun* F ambition.

ambiziosa/ambizioso *adjective* ambitious.

americana/americano *noun* F/M American *adjective* American.

amica/amico *noun* F/M friend, mate.

amichevole *adjective* friendly.

amicizia *noun* F **1** friendship; **ho fatto amicizia con lei l'anno scorso** I made friends with her last year; **2 amicizie** (*plural*) friends; **ha molte amicizie** s/he has a lot of friends.

ammalarsi *reflexive verb* [1] to become ill; **si è ammalata gravemente** she fell seriously ill.

ammassare *verb* [1] to gather together, to pile up; **ho ammassato tutti i vecchi**

ammasso

giocattoli nell'armadio I piled up all the old toys in the wardrobe.

ammasso *noun* M pile, heap.

ammazzare *verb* [1] to kill, to slaughter.

ammettere *verb* [45] **1** to admit, to acknowledge; **ammetto che hai ragione** I admit you're right; **2** to allow in, to permit; **gli animali non sono ammessi** animals are not admitted.

ammiccare *verb* [3] to wink; **Gina ha ammiccato al ragazzo per incoraggiarlo** Gina winked at the boy to encourage him.

amministrare *verb* [1] to administer.

amministrazione *noun* F administration.

ammiraglio *noun* M admiral.

ammirare *verb* [1] to admire; **lo ammiro per la sua generosità** I admire him for his generosity.

ammirazione *noun* F admiration.

ammirevole *adjective* admirable; **la sua pazienza è ammirevole** her/his patience is admirable.

ammobiliare *verb* [2] to furnish; **ammobiliare un appartamento** to furnish a flat.

ammodernare *verb* [1] (*style, appearance, etc.*) to update, to modernise.

ammonimento *noun* M warning.

ITALIAN–ENGLISH

ammonire *verb* [12] to warn; **non ti ho ammonito contro la gelosia?** didn't I warn you about jealousy?

ammucchiare *verb* [2] to pile up; **ho ammucchiato i libri nell'armadio** I piled the books up in the cupboard.

ammuffita/ammuffito *adjective* mouldy.

ammutolita/ammutolito *adjective* speechless; **è rimasta ammutolita** she was left speechless.

amnesia *noun* F amnesia.

amnistia *noun* F amnesty.

amo *noun* M fish-hook; **prendere all'amo** to hook.

amore *noun* M **1** love; **amore non corrisposto** unrequited love; **2** love (*enthusiasm or liking for something*); **l'amore per il tennis** a love of tennis; **3** loved one, sweetheart; **amore mio** my love, my darling; **per amore di** for the sake of; **per amore di pace** for the sake of peace; **per l'amor del cielo** for heaven's sake; * **l'amore è cieco** love is blind.

amoreggiare *verb* [6] to flirt.

amorosa/amoroso *adjective* loving, affectionate.

ampia/ampio *adjective* wide, broad, spacious; **una strada ampia** a wide road.

amplificatore *noun* M amplifier.

amputazione noun F amputation.

anacardio noun M cashew nut.

analfabeta adjective illiterate. noun F & M illiterate person.

analisi noun F (*never changes*) analysis, testing; **analisi del sangue** blood test.

analizzare verb [1] to analyse.

ananas noun M (*never changes*) pineapple.

anatra noun F duck.

anca noun F hip; **protesi dell'anca** hip replacement.

anche conjunction **1** also, as well, too; **vengo anch'io** I'm coming as well; **anche lui?** him too?; **2** even; **potrebbe anche nevicare** it might even snow.

ancora adverb **1** still; **fa ancora buio** it's still dark; **2** (*when used in negative phrases*) yet, still; **non ha ancora telefonato** s/he hasn't called yet; **non è ancora arrivata** she still hasn't arrived; **3** some more, a bit longer, another, again; **vuoi ancora del succo d'arancia?** do you want some more orange juice?; **bisogna aspettare ancora un po'** we need to wait a bit longer; **mi dai ancora un biscotto?** will you give me another biscuit?

ancora noun F anchor; **gettare l'ancora** to drop anchor.

andare verb [17] **1** to go; **andiamo a casa** let's go home; **andare a cinquanta chilometri all'ora** to travel at fifty kilometres an hour; **andare via** to go away, to leave; **è già andata via?** has she already left?; **2** to go, to get along; **'come va?' – 'va bene, grazie'** 'how's it going?' – 'fine thanks'; **come va la mamma?** how's Mum doing?; **come va tua sorella all'università?** how's your sister getting along at uni?; **3** to lead to; **la strada va al mare** the road leads to the sea; **4 andare da qualcuna/qualcuno** to visit someone; **sabato andiamo da Anthony** on Saturday we're going to Anthony's; **5** to suit; to please; **ti va di uscire stasera?** do you feel like going out tonight?; **'dai, facciamo due passi' – 'no, non mi va'** 'come on, let's go for a walk' – 'no, I don't feel like it'; **6 andare per** to go by; **andare per mare** to go by sea; **andare per terra** to go by land; **7** (*when used in the compound tense*) to be; **il quadro è andato perduto** the painting has been lost; **8** (*when used as an auxiliary with a past participle means 'must' or 'to have to'*) **è un film che va visto** it's a film that must be seen; **quei vandali vanno puniti** those vandals must be punished; **9** (*when followed by the -ndo form, indicates the unfolding or repetition of an action*) **la febbre va peggiorando** the fever is getting worse; **andava chiedendo soldi a tutti** s/he went about asking everyone for money.

andarsene *reflexive verb* [17] to go away, to leave; **se n'è andato senza salutarmi** he left without saying goodbye to me; **me ne vado** I'm off.

andirivieni *noun* M (*never changes*) coming and going; **c'era un continuo andirivieni di persone** there was a continual coming and going of people.

androne *noun* M entrance hall.

aneddoto *noun* M anecdote.

anello *noun* M ring; **portare un anello** to wear a ring; **anello matrimoniale** wedding ring.

anemia *noun* F anemia.

anfiteatro *noun* M amphitheatre.

angelo *noun* M angel.

anglicana/anglicano *adjective* Anglican.
noun F/M Anglican.

angolo *noun* M **1** angle; **2** corner.

angoscia *noun* F anxiety, anguish.

anguilla *noun* F eel.

anima *noun* F soul; **corpo e anima** body and soul; **con tutta l'anima** with all your soul.

animale *noun* M **1** animal; **2 gli animali allo stato naturale** wildlife.

animo *noun* M **1** mind, thoughts; **stato d'animo** mood; **avere in animo di fare qualcosa** to have it in mind to do something; **2 avere un buon animo** to be kind hearted; **3 non aver l'animo di fare qualcosa** not to have the heart to do something.

annaffiare *verb* [2] to water; **annaffiare il giardino** to water the garden.

annata *noun* F crop, harvest.

annegare *verb* [4] to drown; **il bambino è annegato davanti ai genitori** the toddler drowned in front of his parents.

anniversario *noun* M anniversary.

anno *noun* M **1** year; **l'anno duemila** the year two thousand; **nell'anno millenovecentosessantotto** in nineteen sixty-eight; **l'anno scorso** last year; **l'anno prossimo** next year; **anno scolastico** school year; **anno bisestile** leap year; **anno luce** light year; **2 quanti anni hai?** how old are you?; **ho diciotto anni** I'm eighteen (years old); **3** (*used in the plural to indicate specific periods of time and decades of the twentieth century*) **gli anni Novanta** the nineties; **gli anni Venti** the twenties; **4 Buon Anno!** Happy New Year!

annoiare *verb* [2] **1** to bore; **quell'uomo mi annoia** that man bores me; **2** to annoy.

annoiarsi *reflexive verb* [2] to be bored; **a casa si annoia sempre** s/he's always bored at home.

annotare *verb* [1] to note, to jot down; **annotare qualcosa** to make a note of something.

ITALIAN–ENGLISH

annuale *adjective* annual.

annualmente *adverb* annually, every year.

annuire *verb* [12] to nod; **mi ha annuito** s/he nodded at me.

annullare *verb* [1] to cancel, to annul; **annullare un contratto** to cancel a contract.

annunciare *verb* [5] to announce; **ieri sera hanno annunciato il fidanzamento** last night they announced their engagement.

annuncio *noun* M **1** announcement; **2** newspaper advertisement; **annuncio di nascita** birth notice.

annusare *verb* [1] to smell, to sniff.

anonima/anonimo *adjective* anonymous.

anoressia *noun* F anorexia.

anormale *adjective* abnormal.

ansia *noun* F anxiousness; **sono in ansia per l'esame** I'm anxious about the exam.

ansietà *noun* F anxiety.

ansimare *verb* [1] to pant.

ansiosa/ansioso *adjective* **1** worried, anxious; **mi sembrava ansiosa** she seemed worried to me; **2** eager.

antenata/antenato *noun* F/M ancestor.

antenna *noun* F **1** antenna, aerial; **2 antenna parabolica** satellite dish.

antipatia

anteriore *adjective* front; **ci hanno rubato le ruote anteriori** our front wheels have been stolen.

antibiotico *noun* M (*plural* **antibiotici**) antibiotic.

antica/antico *adjective* antique, ancient; **all'antica** old-fashioned.

anticipare *verb* [1] **1** to bring forward; **abbiamo anticipato la data del ritorno** we've brought forward our return date; **2** (*a sum of money etc.*) to advance.

anticipo *noun* M **1** advance; **ha chiesto un anticipo sullo stipendio** s/he asked for an advance on her/his salary; **2 essere in anticipo** to be early.

anticoncezionale *noun* M contraceptive.

anticongelante *noun* M antifreeze.

antidoto *noun* M antidote.

antifurto *adjective* (*never changes*) burglar proof, anti-theft; **allarme antifurto** burglar alarm.

antilope *noun* F antelope.

antioraria/antiorario *adjective* **in senso antiorario** anticlockwise.

antipasto *noun* M appetiser, hors-d'oeuvre.

antipatia *noun* F dislike; **ha sempre nutrito una certa antipatia per il capo** s/he has always disliked the boss.

antipatica/antipatico *adjective* unpleasant; **una persona piuttosto antipatica** a fairly unpleasant person.

antipodi *plural noun* M Antipodes; **agli antipodi** down under (*informal*).

antiquata/antiquato *adjective* old-fashioned, obsolete.

antologia *noun* F anthology.

anzi *adverb* **1** rather, on the contrary; **non è stato bocciato agli esami, anzi** he didn't fail the exams, on the contrary (he did quite well); **non è scortese, anzi è gentilissima** she's not rude, on the contrary, she's most pleasant; **2** rather, better still; **chiederò a lui di passare a prenderlo, anzi ci passo io** I'll ask him to come by and get it, or better still I'll come myself.

anziana/anziano *adjective* elderly.
noun F/M elderly person.

anziché *adverb* rather than; **anziché prendere la macchina, perché non andiamo a piedi?** rather than taking the car, why don't we walk?

anzitutto *adverb* above all, first of all.

apatica/apatico *adjective* apathetic, indifferent; **è una persona apatica** s/he is an apathetic person.

ape *noun* F bee.

aperta/aperto *adjective* **1** open; **a braccia aperte** with open arms; **aperto al pubblico** open to the public; **2** all'aperto in the open, outdoor.

apertamente *adverb* openly.

apertura *noun* F **1** opening; **l'apertura di un nuovo museo** the opening of a new museum; **orario di apertura** opening hours; **2** gap, crack, hole; **un'apertura in un muro** a gap in a wall.

apice *noun* M peak, summit; **l'apice della sua carriera** the peak of her/his career.

apostolo *noun* M apostle.

apostrofo *noun* M apostrophe.

apparecchiare *verb* [2] to set the table; **ho apparecchiato per cinque persone** I set the table for five people.

apparecchio *noun* M instrument, device.

apparente *adjective* apparent, seeming.

apparentemente *adverb* apparently.

apparenza *noun* F appearance(s); * **l'apparenza inganna** appearances are deceptive.

apparire *verb* [85] to appear; **la luna è apparsa per un attimo solo** the moon appeared for just a moment.

ITALIAN–ENGLISH

appartamento *noun* M apartment, flat; unit.

appartenere *verb* [75] to belong to; **la casa appartiene a sua nonna** the house belongs to her/his grandmother.

appassionata/appassionato *adjective* passionate; **Sandra è appassionata di calcio** Sandra is really into soccer.

appello *noun* M roll-call.

appena *adverb* just, barely; **era appena arrivata** she had just arrived; **riuscivo appena a leggerlo** I could only just read it.

appendere *verb* [60] to hang; **ho appeso la foto di lui alla parete** I hung his photo on the wall.

appetito *noun* M appetite; **buon appetito!** enjoy your meal!

appiccicosa/appiccicoso *adjective* sticky.

appiglio *noun* M grip, hold.

appisolarsi *reflexive verb* [1] to doze off; **il babbo si è appisolato davanti alla TV** Dad nodded off in front of the TV.

applaudire *verb* [12] to clap, to applaud.

applauso *noun* M applause, clapping; **l'applauso è durato dieci minuti** the applause lasted ten minutes.

applicare *verb* [3] to stick on, to apply; **applicare un cerotto** to apply a Band-Aid.

approfittarsi

appoggiare *verb* [6] to lean, to rest; **ha appoggiato la testa sul tavolo** s/he rested her/his head on the table.

apposita/apposito *adjective* appropriate, proper; **metti le bottiglie vuote nell'apposito bidone** put the empty bottles in the proper bin.

apposta *adverb* **1** specially, especially; **sono venuta apposta per parlargli** I came specially to speak to him; **2** on purpose; **l'ha fatto apposta** s/he did it on purpose.

apprendista *noun* F & M apprentice.

apprezzabile *adjective* valuable.

apprezzare *verb* [1] to appreciate, to value; **apprezzo molto i tuoi sforzi** I really appreciate your efforts.

apprezzata/apprezzato *adjective* valued, popular.

approdare *verb* [1] to dock; **la nave approderà a Hong Kong** the ship will dock in Hong Kong.

approfittare *verb* [1] to take advantage of (*a situation*); **ho approfittato della sua presenza per chiederle un favore** I took advantage of her presence to ask her a favour.

approfittarsi *reflexive verb* [1] to take advantage of (someone), to exploit; **si è approfittato della generosità altrui** he has taken advantage of other people's generosity.

approssimativa/approssimativo

ITALIAN–ENGLISH

approssimativa/approssimativo *adjective* approximate.

approvare *verb* [1] to approve of; **i miei non approvano le mie amicizie** my parents don't approve of my friends.

approvazione *noun* F approval.

appuntamento *noun* M appointment, date; **fissare un appuntamento con qualcuna/qualcuno** to make a date with someone.

appunto *noun* M note; **prendere appunti** to take notes.

appunto *adverb* **1** precisely, exactly; **il problema è appunto questo** that's precisely the problem; **2** (*as an affirmative response*) that's right, exactly; **'siete qui per la partita?' – 'appunto'** 'are you here for the game?' – 'that's right'.

apribottiglie *noun* M (*never changes*) bottle-opener.

aprile *noun* M April; **nel mese di aprile** in April.

aprire *verb* [86] **1** to open; **aprire la porta** to open the door; **2** to turn on; **aprire il rubinetto** to turn on the tap; **3** to begin; **la professoressa ha aperto la discussione** the teacher opened the discussion; **4** to set up; **aprire un negozio** to set up (to open) a shop; * **apri bene gli occhi** keep your eyes peeled.

apriscatole *noun* M (*never changes*) can-opener.

aquila *noun* F eagle.

aquilone *noun* M kite.

arabo *noun* M Arabic (*language*).

aragosta *noun* F lobster.

arancia *noun* M orange (*the fruit*).

aranciata *noun* F orange juice, orange drink.

arancio *adjective* (*never changes*) orange (*colour*); **una camicia color arancio** an orange shirt. *noun* M orange tree.

arancione *adjective* (*never changes*) orange.

arazzo *noun* M tapestry.

arbitrio *noun* M will, liberty; **libero arbitrio** free will.

arbitro *noun* M referee, umpire.

archeologia *noun* F archaeology.

architetta/architetto *noun* F/M architect.

architettura *noun* F architecture.

archivio *noun* M archive.

arcipelago *noun* M archipelago.

arcobaleno *noun* M rainbow; **i colori dell'arcobaleno sono sette** there are seven colours of the rainbow.

ardente *adjective* bright, burning.

ardita/ardito *adjective* bold.

ardua/arduo *adjective* arduous, difficult.

ITALIAN–ENGLISH

area *noun* F **1** area, surface area; **l'area del quadrato** the area of a square; **2** zone, region.

arena *noun* F amphitheatre, arena.

arenarsi *reflexive verb* [1] **1** (*at sea*) to run aground; **2** to come to a standstill; **i lavori si sono arenati** work has come to a standstill.

argilla *noun* F clay.

argine *noun* M bank (*of a river*); **il fiume ha rotto gli argini** the river has broken its banks.

argomento *noun* M subject, topic; **l'argomento di un articolo** the subject of an article.

arguta/arguto *adjective* quick-witted, witty.

aria *noun* F **1** air; **aria fresca** fresh air; **2** air, look, demeanour; **hai l'aria preoccupata** you look worried; **darsi arie** to show off; **avere l'aria di capire** to seem to understand.

aria condizionata *noun* F air conditioning.

arida/arido *adjective* dry, barren.

ariete *noun* M **1** ram; **2** (*sign of the zodiac*) **Ariete** Aries.

aristocrazia *noun* F aristocracy, upper class.

arlecchino *noun* M clown; * **fare l'arlecchino** to act the clown.

arma *noun* F (*plural* **armi**) weapon, arm; **armi nucleari** nuclear weapons; **chiamare alle armi** to call up (*army*).

armadietto *noun* F locker (*in gyms*).

armadio *noun* M wardrobe, cupboard.

armata/armato *adjective* armed; **un ladro armato di pistola** a robber armed with a pistol.

armonia *noun* F **1** harmony; **2 armonia dei colori** colour scheme.

armonica *noun* F harmonica; **armonica a bocca** mouth organ.

armoniosa/armonioso *adjective* harmonious.

arnese *noun* M tool, implement.

aroma *noun* M (*plural* **aromi**) aroma, pleasant smell.

arpa *noun* F harp.

arrabbiarsi *reflexive verb* [2] to get angry; **si arrabbia per un nonnulla** s/he gets mad over nothing.

arrampicarsi *reflexive verb* [3] to climb up; **si è arrampicata su un albero** she climbed up a tree.

arrangiarsi *reflexive verb* [6] to make do, to make the best of; **si arrangiano** they make do; **arrangiatevi!** tough luck!/do the best you can!

arredatore/arredatrice *noun* M/F interior designer.

arredi *plural noun* M furnishings.

arrendersi

arrendersi *reflexive verb* [60] to surrender; **non mi arrenderò mai** I'll never give in.

arrestare *verb* [1] to arrest; **la polizia ha arrestato due persone sospette** the police arrested two suspects.

arresto *noun* M arrest.

arretrata/arretrato *adjective* backward; **lavoro arretrato** backlog.

arricchirsi *reflexive verb* [12] to get rich; **si è arricchita nel corso di pochi anni** she got rich in just a few years.

arrivare *verb* [1] **1** to arrive; **quando sono arrivati i tuoi?** when did your parents arrive?; **il volo arriva a mezzanotte** the flight arrives at midnight; **arrivare in orario** to arrive on time; **arrivare in ritardo** to arrive late; **2** to reach; **l'acqua è arrivata fino al primo piano** the water reached the first floor.

arrivederci *greeting (informal)* goodbye.

arrivederla *greeting (formal)* goodbye.

arrivo *noun* M arrival; **data d'arrivo** arrival date.

arrogante *adjective* arrogant.

arroganza *noun* F arrogance.

arrossire *reflexive verb* [12] to blush, to turn red; **sono arrossito per l'imbarazzo** I blushed with embarrassment.

ITALIAN–ENGLISH

arrosto *adjective (never changes)* roast; **pollo arrosto** roast chicken; **carne arrosto** roast meat.

arrotolare *verb* [1] to roll up; **arrotolare un manifesto** to roll up a poster.

arrugginirsi *reflexive verb* [12] to rust; **la grondaia si è arrugginita** the gutters have rusted.

arrugginita/arrugginito *adjective* rusty; **il mio tedesco è arrugginito** my German is rusty.

arsa/arso *adjective* **1** burnt *(by fire)*; **2** dry; **ho la gola arsa** my throat is dry.

arte *noun* F art; **la storia dell'arte** art history.

arteria *noun* F artery.

articolo *noun* M **1** article; **un articolo di prima pagina** a front page article; **2** clause *(i.e. of a constitution)*.

artigiana/artigiano *noun* F/M craftswoman/craftsman.

artista *noun* F & M artist.

artistica/artistico *adjective* artistic; **un ambiente artistico** an artistic environment.

artrite *noun* F arthritis.

ascella *noun* F armpit.

ascensore *noun* M lift, elevator; **prendiamo l'ascensore o le scale?** shall we take the elevator or the stairs?

ITALIAN–ENGLISH

ascia *noun* F axe, hatchet.

asciugabiancheria *noun* M (never changes) tumble-dryer, clothes-dryer.

asciugacapelli *noun* M (never changes) hairdryer.

asciugamano *noun* M towel.

asciugare *verb* [4] to dry; **asciugare i piatti** to dry dishes.

asciutta/asciutto *adjective* dry.

ascoltare *verb* [1] **1** to listen; **ascoltami bene** listen (to me) carefully; **2** to listen to; **ascoltare un CD** to listen to a CD; **ascoltare la radio** to listen to the radio.

asfalto *noun* M bitumen.

asfissiare *verb* [2] **1** to choke (*from smoke or fumes*); **2** to nag.

asilante *noun* F & M asylum seeker.

asilo *noun* M **1** Kinder(garten); **2** asylum; **asilo politico** political asylum.

asina/asino *noun* F/M donkey; **è testarda come un'asina** she's as stubborn as a mule.

asma *noun* F asthma; **soffre di asma** s/he suffers from asthma.

asparago *noun* M asparagus.

aspettare *verb* [1] **1** to wait; **aspettiamo ancora cinque minuti?** shall we wait another five minutes?; **2** to expect; **aspetto una risposta entro domani** I expect a reply by tomorrow; **aspettiamo un bambino** we're expecting a baby; **3** (*reflexive*) **non mi aspettavo così tanta gente** I didn't expect so many people.

aspettativa *noun* F **1** expectation; **i risultati non corrispondono alle nostre aspettative** the results fall short of our expectations; **2** unpaid leave; **il professore è in aspettativa** the teacher is on unpaid leave.

aspetto *noun* M aspect, appearance, look.

aspirapolvere *noun* M (*never changes*) **1** vacuum cleaner; **2 passare l'aspirapolvere** to vacuum.

aspirare *verb* [1] **1** to inhale; **2** to aspire; **aspirava alla fama** s/he aspired to fame.

aspra/aspro *adjective* **1** sour; **2** rasping, harsh; **una voce aspra** a rasping voice; **un'osservazione aspra** a harsh comment.

assaggiare *verb* [6] to taste; **assaggia questo succo di frutta** taste this fruit juice.

assaggio *noun* M taste.

assai *adjective* (*never changes*) a lot; **c'è assai gente** there is a lot of people.
adverb **1** very; **è assai ricca** she's very rich; **2** enough; **ho visto assai** I've seen enough; **3 m'importa assai** I couldn't care less.

assalto *noun* M attack; **dare l'assalto al nemico** to attack the enemy.

assassinare *verb* [1] to murder.

assassina/assassino *noun* F/M murderer.

assassinio *noun* M murder.

asse da stiro *noun* F ironing board.

assegnare *verb* [1] to assign, to allocate; **assegnare un compito a qualcuna/qualcuno** to assign someone a task.

assegno *noun* M cheque; **assegno turistico** traveller's cheque; **assegno sbarrato** not-negotiable cheque.

assente *adjective* absent, away; **è assente dalla scuola da una settimana** s/he's been away from school for a week.

assenza *noun* F absence.

assicurare *verb* [1] 1 to assure; **ti assicuro che non è così** I assure you it's not like that; 2 to ensure, to make sure; **assicurare il successo di un progetto** to ensure the success of a plan; 3 to insure; **assicurare la casa** to insure your house.

assicurazione *noun* F insurance; **polizza di assicurazione** insurance policy; **assicurazione contro il furto** theft insurance; **assicurazione responsabilità civile auto** third party motor insurance.

assiderata/assiderato *adjective* numb (*with cold*), frost-bitten.

assillare *verb* [1] to nag.

assistente *noun* F & M assistant.

assistente di volo *noun* F & M flight attendant.

assistenza *noun* F 1 aid; 2 **assistenza sociale** social security, welfare.

assistere *verb* [10] 1 to attend, to be present at; **hai assistito alla lezione?** did you attend the lesson?; 2 to assist, to help; **assistere un malato** to help a sick person.

asso *noun* M ace (*cards*).

associazione *noun* F association.

assolo *noun* M solo (*music*); **un assolo di chitarra** a guitar solo.

assoluta/assoluto *adjective* absolute.

assolutamente *adverb* absolutely; **hai assolutamente ragione** you're absolutely right.

assomigliare *verb* SEE **rassomigliare**.

assorbire *verb* [11] to absorb, to soak up; **la carta assorbe l'olio** the paper soaks up the oil.

assordante *adjective* deafening.

assumere *verb* [21] to take on, to hire, to adopt; **la ditta ha assunto dieci impiegati** the

ITALIAN–ENGLISH

company took on ten workers; **ha assunto un nuovo incarico** s/he's taken on a new job; **ha assunto un atteggiamento strano** s/he adopted a strange attitude.

assurda/assurdo *adjective* absurd; **una proposta assurda** an absurd suggestion.

asta *noun* F **1** staff, pole; **2** auction; **mettere una casa all'asta** to put a house up for auction.

astemia/astemio *adjective* teetotal; *noun* F/M teetotaller.

asterisco *noun* M asterisk.

astio *noun* M grudge, resentment; **è ancora piena di astio** she's still full of resentment.

astratta/astratto *adjective* abstract; **un quadro astratto** an abstract painting.

astrologia *noun* F astrology.

astronomia *noun* F astronomy.

astuccio *noun* M case, holder; **astuccio per gli occhiali** glasses case.

astuta/astuto *adjective* astute, cunning.

astuzia *noun* F cunning.

atlante *noun* M atlas.

atleta *noun* F & M athlete.

atletica/atletico *adjective* athletic; **è un tipo atletico** s/he's an athletic type; **gare atletiche** athletic events.

attenta/attento

atletica *noun* F athletics.

atmosfera *noun* F atmosphere.

atomica/atomico *adjective* atomic; **bomba atomica** atomic bomb; **energia atomica** atomic energy.

atomo *noun* M atom.

atrio *noun* M foyer, lobby (*hotel*).

attaccabrighe *noun* F & M (*never changes*) quarrelsome person.

attaccare *verb* [3] **1** to stick, to attach; **attaccare un cartello alla porta** to stick a sign on the door; **attaccare un bottone** to sew on a button; **2** to attack; **i ribelli hanno attaccato la caserma** the rebels attacked the barracks; **3** to begin; **attaccare discorso** to begin a conversation.

attacco *noun* M **1** attack, assault; **2** attack, fit; **un attacco di tosse** a coughing fit.

atteggiamento *noun* M attitude; **un atteggiamento antipatico** an unpleasant attitude.

attendere *verb* [60] to await, to wait for; **attendimi all'uscita** wait for me at the exit.

attenta/attento *adjective* **1** attentive, conscientious; **un pubblico attento** an attentive audience; **2** stare attenta/attento to pay attention, to be careful; **sta attenta/attento!** watch out!

attenzione

exclamation careful, beware; **attenti al cane** beware of the dog; **attento all'acqua calda** be careful of the hot water.

attenzione *noun* F attention, care; **fare attenzione** to pay attention; **fate attenzione** pay attention.
exclamation attention please, be careful; **attenzione, il treno per Roma è in partenza dal binario dieci** may I have your attention please, the train for Rome is now leaving from platform ten; **attenzione al fuoco** be careful of the fire.

atterraggio *noun* M **1** (*of a plane*) landing; **2 pista d'atterraggio** runway.

atterrare *verb* [1] to land (*a plane*).

attesa *noun* F wait, waiting; **avremo una lunga attesa** we've got a long wait; (*when signing a letter*) **in attesa della tua risposta** (*informal*) looking forward to your reply.

attimo *noun* M moment, **aspetta un attimo** wait a moment.

attirare *verb* [1] to attract, to appeal to; **la proposta non mi attira molto** the offer doesn't really appeal to me; **il concerto ha attirato un sacco di persone** the concert attracted lots of people.

attitudine *noun* F **1** aptitude; **2** attitude

attiva/attivo *adjective* active; **è una persona molto attiva** she's a very active person.

ITALIAN–ENGLISH

attività *noun* F **1 attività commerciale** business enterprise; **2** activity; **attività sportive** sporting activities.

atto *noun* M act, gesture; **un atto di amicizia** an act of friendship.

attonita/attonito *adjective* amazed; **sono rimasta attonita per le sue parole** I was amazed by her/his words.

attore/attrice *noun* M/F actor/actress.

attorno *adverb* round, around; **c'erano molte persone attorno** there were many people around; **aveva una sciarpa attorno alla testa** s/he had a scarf wrapped around her/his head.

attraccare *verb* [3] to moor (*a boat*).

attraente *adjective* attractive, interesting, fascinating, **un'idea attraente** a fascinating idea; **una persona attraente** an attractive person.

attrarre *verb* [78] **1** to attract; **il locale attrae molta gente** the nightclub attracts a lot of people; **2** to appeal to; **lo sci non mi attrae molto** skiing doesn't really appeal to me.

attraversare *verb* [1] to cross, to go across; **attraversare la strada** to cross the street; **attraversare il fiume** to cross the river.

attraverso *preposition* across, through; **abbiamo camminato**

ITALIAN–ENGLISH **automobile**

attraverso la foresta we walked through the forest; **attraverso gli anni** over the years.

attrazione noun F attraction.

attrezzare verb [1] to equip, to fit out; **attrezzare una bottega** to fit out a workshop.

attrezzeria noun F props.

attrezzo noun M **1** tool, utensil, apparatus; **2 attrezzi per la pesca** fishing tackle.

attribuire verb [12] to attribute; **non puoi attribuire il successo solo alla fortuna** you can't attribute success to chance alone.

attributo noun M attribute.

attuale adjective **1** current, existing; **2** topical; **un argomento attuale** a topical subject.

attualità noun F **1** current event; **2 le attualità** news, current affairs.

attualmente adverb currently, nowadays.

attuare verb [1] to carry out; **attuare un programma di educazione** to carry out an education program.

audiovisiva/audiovisivo adjective audiovisual.

augurare verb [1] to wish; **ci hanno augurato buon viaggio** they wished us a good trip.

augurarsi reflexive verb [1] to hope; **mi auguro che tu vinca** I hope you win.

augurio noun **1** wish; **tanti auguri** best wishes; **2** omen, sign; **un buon augurio** a good omen.

aula noun F classroom, lecture theatre.

aumentare verb [1] to increase; **i prezzi aumentano** prices are rising; **la temperatura sta aumentando** the temperature is rising; **il prezzo della benzina è aumentato del 400 per cento** the price of petrol has increased 400 per cent.

aumento noun M rise, increase.

aureola noun F halo.

autista noun F & M driver, chauffeur.

auto noun F (never changes) car.

autobiografia noun F autobiography.

autobus noun M (never changes) bus; **autobus a due piani** double-decker bus.

auto della volante noun F patrol car.

autodidatta noun F & M self-taught person.

autodromo noun M (for cars) racetrack.

autografo noun M autograph.

automatica/automatico adjective automatic.

automaticamente adverb automatically.

automobile noun F car.

automobilina *noun* F toy car.

autopsia *noun* F post-mortem, autopsy.

autore/autrice *noun* M/F author.

autoscontri *plural noun* M (*never changes*) dodgem cars.

autostop *noun* M (*never changes*) hitchhiking; **fare l'autostop** to hitchhike.

autostrada *noun* F tollway.

autunno *noun* M autumn; **d'autunno** in autumn.

avambraccio *noun* M forearm.

avanti *adverb* **1** in front; **mettiti avanti** sit up front; **2** forward, on, ahead; **va avanti, io vengo dopo** go ahead, I'll come later; **fare un passo avanti** to take a step forward (*also used figuratively*); **3 avanti!** come in!, come forward!
adjective (*never changes*) before; **il giorno avanti** the day before.

avanzamento rapido *noun* M fast forward.

avanzata/avanzato *adjective* advanced; **età avanzata** advanced age.

avanzo *noun* M **1** remnant; **2 avanzi** leftovers; **mangiare gli avanzi di ieri** to eat yesterday's leftovers.

avara/avaro *adjective* stingy, greedy.
noun F/M miser.

avarizia *noun* F greed.

avena *noun* F oats.

avere *verb* [15] **1** to have; **ha una nuova macchina** s/he's got a new car; **2** (*used to talk about states of being*) **ho mal di testa** I've got a headache; **ho fame** I'm hungry; **ho le mani gelate** my hands are freezing; **ho un raffreddore** I've got a cold; **3** (*used to talk about age*) **ho quindici anni** I'm fifteen (years old); **quanti anni hai?** how old are you?; **4** (*used with other verbs to form the past tense*) **avete visto Sandro?** have you seen Sandro?; **ho mangiato troppo** I've eaten too much; **che cosa hai detto?** what did you say?; **5** (*when followed by the preposition* **da**) to have to; **ho molto da fare** I've got a lot to do; * **avercela con qualcuna/qualcuno** to have something against someone; **ce l'hai con me?** have you got something against me?

averi *plural noun* M belongings; **tutti i suoi averi sono stati distrutti** all her/his belongings were destroyed.

aviazione *noun* F aviation; **aviazione militare** airforce.

avocado *noun* M (*never changes*) avocado.

avvelenare *verb* [1] to poison; **la fabbrica ha avvelenato il fiume** the factory poisoned the river.

ITALIAN–ENGLISH

avvenimento *noun* M event; **gli avvenimenti della settimana** the week's events.

avvenire *noun* M (*never changes*) future; **il nostro avvenire** our future.

avventata/avventato *adjective* rash, hasty; **fai sempre delle promesse avventate** you are always making rash promises.

avventura *noun* F adventure.

avventurosa/avventuroso *adjective* adventurous.

avverbio *noun* M adverb.

avversaria/avversario *noun* F/M opponent.

avvertenza *noun* F warning.

avvertire *verb* [11] to let know, to warn; **se cambi idea, avvertimi** let me know if you change your mind.

avviarsi *verb* [1] to set out, to head (for); **allora, ci avviamo verso casa** well, we're heading for home.

avvicinare *verb* [1] to bring nearer; **avvicinare la sedia al fuoco** to bring the chair nearer the fire.

avvicinarsi *reflexive verb* [1] to move closer; **si è avvicinata alla porta** she moved closer to the door; **il tuo compleanno si avvicina** your birthday is getting closer.

avvisare *verb* [1] to inform, to let know; **ma non hai avvisato gli altri?** but didn't you let the others know?

avviso *noun* M **1** notice, announcement; **2** opinion; **a mio avviso** … in my opinion …

avvocata/avvocato *noun* F/M (*in court*) barrister.

avvolgere *verb* [84] to wrap; **avvolgere un regalo nella carta velina** to wrap a present in tissue paper.

avvoltoio *noun* M vulture.

azienda *noun* F firm, business.

azione *noun* F **1** action; **2** deed.

azzardare *verb* [1] to risk.

azzurra/azzurro *adjective* light blue.

B b

babbo *noun* M dad, daddy.

baby-sitter *noun* F & M babysitter; **fare da baby-sitter a qualcuna/qualcuno** to babysit someone.

bacca *noun* F berry.

baccano *noun* M uproar; **fare baccano** to make an uproar.

bacchetta magica *noun* F magic wand.

bacheca *noun* F noticeboard.

baciare

baciare *verb* [5] to kiss; **l'ha baciata sulla guancia** s/he kissed her on the cheek.

baciarsi *reciprocal verb* [5] to kiss each other; **si sono baciati** they kissed each other.

bacino *noun* M basin, bowl.

bacio *noun* M kiss; **dare un bacio a qualcuna/qualcuno** to kiss someone; * **rubare un bacio a qualcuna/qualcuno** to steal a kiss from someone.

baco *noun* M **1** caterpillar; **2** (computer) bug; **questo programma ha un baco** this program has a bug.

badare *verb* [1] **1** to concern yourself with; **badare ai fatti propri** to mind your own business; **2** to look after; **badare ai bambini** to look after the children; **3** to be careful; **bada di non cadere** be careful not to fall; **bada al pavimento bagnato** be careful of the wet floor.

baffi *plural noun* M moustache; **portare i baffi** to have a moustache.

bagaglio *noun* M **1** luggage; **2 ritiro bagagli** baggage claim.

bagliore *noun* M flash, glow.

bagnare *verb* [1] to wet, to soak; **bagnare il pavimento** to wet the floor.

bagnarsi *reflexive verb* [1] to get wet; **si è bagnata sotto la pioggia** she got wet in the rain;

ITALIAN–ENGLISH

* **bagnarsi la gola** to wet your whistle.

bagnata/bagnato *adjective* wet.

bagnetto *noun* M quick dip.

bagno *noun* M **1** bath; **fare il bagno** to have a bath; **2** bathroom, toilet; **3 fare il bagno** to go for a swim.

baia *noun* F bay.

balbettare *verb* [1] **1** to stutter, to stammer; **ha balbettato qualche parola di spiegazione** s/he stammered a few words of explanation; **2** to babble (*said of babies*); **il bimbo balbettava qualche cosa di incomprensibile** the child babbled something incomprehensible.

balcone *noun* M balcony.

baldoria *noun* F a good time; **fare baldoria** to have a good time; to party.

balena *noun* F whale.

baleno *noun* M lightning flash; * **in un baleno** as quick as a flash.

balla *noun* F **1** bale; **balla di lana** bale of wool; **2** tall story; **raccontare balle** to tell tall stories.

ballare *verb* [1] to dance; **la sera vanno spesso a ballare** at night they often go out dancing.

ballerina/ballerino *noun* F dancer, ballet dancer.

ITALIAN–ENGLISH

balletto *noun* M ballet.

ballista *noun* F fibber.

ballo *noun* M dance, dancing.

balzare *verb* [1] to leap, to spring; **è balzata dal letto** she leaped out of bed; **balzare in sella** to leap into the saddle.

balzo *noun* M **1** bounce; **2** leap; **con un balzo** with a leap; **3 a balzi** hopping; **procedere a balzi** to hop along.

bambina/bambino *noun* M/F baby girl/baby boy, child; **aspettare un bambino** to be expecting a child; **hanno avuto un altro bambino l'anno scorso** they had another child last year.

bambinaia/bambinaio *noun* F/M childminder; nanny.

bambola *noun* F doll.

banale *adjective* banal, unimportant; **un commento banale** a banal comment.

banana *noun* F banana.

banca *noun* F bank; **andare in banca** to go to the bank; **fare un deposito in banca** to deposit money in the bank.

bancarella *noun* F stall, booth; **bancarella di libri** book stall.

banchetto *noun* M banquet.

banco *noun* M **1** seat, bench; **banco di chiesa** church pew; **2** (shop) counter, bench; **banco da lavoro** work bench.

barbiere

bancomat *noun* M (*never changes*) ATM.

banconota *noun* F banknote; **una banconota da cinquanta euro** a fifty euro note.

banda *noun* F **1** gang; **2** band (*music*).

bandiera *noun* F flag; **alzare una bandiera** to raise a flag; * **cambiare bandiera** to change sides.

bandita/bandito *noun* F/M bandit.

bar *noun* M (*never changes*) bar, cafe, coffee bar.

bara *noun* F coffin; * **avere un piede nella bara** to have one foot in the grave.

baracca *noun* F hut, hovel.

barattolo *noun* M jar; **un barattolo di marmellata** a jar of jam.

barba *noun* F beard; **portare la barba** to have a beard; **farsi la barba** to shave yourself; * **che barba!** what a bore!

barbabietola (rossa) *noun* F beetroot.

barbara/barbaro *adjective* cruel.

barbarica/barbarico *adjective* barbaric.
noun F/M barbarian.

barbarie *noun* F (*never changes*) brutality.

barbiere *noun* M barber.

barboncino *noun* M poodle.

barca *noun* F boat; **andare in barca** to go by boat; **barca a vela** sailing boat.

barcaiola/barcaiolo *noun* F/M boatman, ferryman, ferrywoman.

barcollare *verb* [1] to totter; **barcollava per la stanchezza** s/he staggered along from tiredness.

barella *noun* F stretcher.

barile *noun* M barrel.

barista *noun* F & M barista, bartender.

baritono *noun* M baritone.

barlume *noun* M glimmer, gleam; **il barlume di una candela** the glimmer of a candle; **un barlume di speranza** a glimmer of hope.

barometro *noun* M barometer.

barone/baronessa *noun* M/F baron/baroness.

barra *noun* F 1 bar, rod; 2 slash, forward slash.

barrare *verb* [1] to tick; **barrare un quadratino** to tick a box (*on a form, etc.*).

barricare *verb* [3] to barricade; **barricare una strada** to barricade a street.

barriera *noun* F barrier, obstacle.

baruffa *noun* F (*physical or verbal*) fight, scuffle; **fare baruffa** to fight.

barzelletta *noun* F joke; **raccontare una barzelletta** to tell a joke.

basarsi *reflexive verb* [1] to be based on; **l'accusa si basa su prove incerte** the accusation is based on doubtful evidence.

basata/basato *adjective* based; **sono basata a Melbourne** I'm based in Melbourne.

base *noun* F 1 base, basis; **la base di una colonna** the base of a pillar; 2 **a base di** based on; **un piatto a base di maiale** a pork dish; 3 **in base a** according to; **in base alle ultime notizie** according to the latest news; 4 **di base** basic; **conoscenza di base** basic knowledge.

basette *plural noun* F sideburns.

basilare *adjective* fundamental, basic; **principi basilari della matematica** fundamental principles of mathematics.

basilico *noun* M basil.

bassa/basso *adjective* 1 low; **una sedia bassa** a low chair; **di bassa stagione** low season; 2 short (in stature).

bassifondi *plural noun* M slums; **i bassifondi della città** the slums of the city.

basso *noun* M lower part; **il basso della colonna** the lower part of the column; * **guardare qualcuna/qualcuno dall'alto in basso** to look down on someone.

basta! *exclamation* that's enough!

ITALIAN–ENGLISH

bastarda/bastardo noun F/M
1 (*illegitimate child*) bastard;
2 (*insult*) bastard, mongrel.

bastare verb [1] to be enough; **i soldi non bastano** there's not enough money.

bastimento noun M ship.

bastonare verb [1] to beat (*with a stick*).

bastoncino noun M
1 chopstick; **2 bastoncini di pesce** fish fingers.

bastone noun M **1** stick, walking stick; * **mettere i bastoni fra le ruote** to put a spanner in the works; **2** club, stick; **bastone da golf** golf club.

battaglia noun F battle; **campo di battaglia** battlefield.

battaglione noun M battalion.

battello noun M boat; **battello a remi** rowboat.

battere verb [9a] **1** to beat, to hit; **battere un tamburo** to beat a drum; **battere le mani** to clap; **2** to defeat; **battere la concorrenza** to defeat the competition; **3** to bump; **ha battuto la testa contro la porta** s/he bumped her/his head on the door; **4 battere a macchina** to type; * **in un batter d'occhio** in the twinkling of an eye.

batteria noun F **1** (*in a car*) battery; **2** drum kit.

batterio noun M bacterium.

beccare

batterista noun F & M drummer.

battesimo noun M baptism.

battezzare verb [1] to baptise.

battibecco noun M squabble, quarrel.

batticuore noun M palpitation;
* **far venire il batticuore** to make anxious.

battito noun M **1** beat; **battito della pioggia** the sound of the rain; **battito irregolare** rattle; **2** (*medical*) palpitation; **battito del cuore** heartbeat.

battuta noun F **1** blow; **2** funny remark, quip.

bau *animal sound* M woof (*of a dog*).

bava noun F dribble (*saliva*).

bavero noun M lapel (*of coat*).

bazzecola noun F trifle (*unimportant thing*).

bazzicare verb [3] to associate with; **ti ho detto di non bazzicare quella gente** I told you not to associate with those people.

beata/beato adjective happy, blissful, blessed; **beato lui!** lucky man!; **beata te!** lucky you!

bebè noun M (*never changes*) baby.

beccare verb [3] **1** to peck; **le galline beccano il granturco** the hens are pecking at the corn;
2 to catch in the act; **lo hanno**

beccato they caught him in the act.

becco noun M beak; * **chiudi il becco!** shut up!

beffa noun F practical joke.

beffarsi reflexive verb [1] to scoff at, to laugh at; **si sono beffati di lui per la sua inettitudine** they laughed at him for his incompetence.

belare verb [1] to bleat (said of sheep and goats).

bella/bello adjective **1** beautiful, handsome; **un bel viso** a beautiful face; **un bell'uomo** a handsome man; **2** nice, good, pleasant; **fa bel tempo** the weather is nice; **3** considerable (in size or strength); **ha una bell'età** s/he's a ripe old age; * **ne ho viste delle belle** I've seen a few things in my time; * **bell'e fatta/bell'e fatto** all done; **fare bella figura** to make a good impression.
noun F/M sweetheart, darling.

bellezza noun F beauty, good looks.

bellica/bellico adjective relating to war.

belva noun F wild beast.

belvedere noun M lookout, viewing point.

benché conjunction even though, although; **benché siamo stanchi, abbiamo deciso di uscire** even though we're tired we've decided to go out.

benda noun F bandage.

bendare verb [1] to bandage; **il medico mi ha bendato la ferita** the doctor dressed my wound.

bene adverb **1** well; **ti sento bene** I hear you well; **2 stare bene** to be well; **sto molto bene** I'm very well; **3 per te va bene?** is that all right with you?; **4 stare bene a qualcuna/qualcuno** to suit well; **quelle scarpe ti stanno bene** those shoes really suit you; **quella camicia le sta bene** that shirt looks good on her.

beneducata/beneducato adjective well-mannered.

benedetta/benedetto adjective blessed, holy.

beneficenza noun F charity; **una serata di beneficenza** a charity night; **raccogliere denaro per beneficenza** to raise money for charity.

benessere noun M well-being.

benestante adjective comfortably off.

benfatta/benfatto adjective well-made.

benino adverb quite well, fairly well; **sto benino** I'm quite well.

benissimo adverb very well; **ha detto che la mamma sta benissimo** s/he said that her/his mother is very well.

bentornata/bentornato exclamation welcome back!

ITALIAN–ENGLISH

benven<u>u</u>ta/benven<u>u</u>to *exclamation* welcome!

benvol<u>u</u>ta/benvol<u>u</u>to *adjective* well-liked.

benz<u>i</u>na *noun* F petrol; **dobbiamo fare benzina** we need petrol; **benzina senza piombo** (*also* **benzina verde**) unleaded petrol; **rimanere senza benzina** to run out of petrol.

b<u>e</u>re *verb* [22] to drink; **beviamo un caffè?** shall we have a coffee?; **offrire da bere** to buy someone a drink; * **o bere o affogare** sink or swim.

bern<u>o</u>ccolo *noun* M **1** a bump on the head; **2** knack; **ha il bernoccolo della chimica** s/he has a knack for chemistry.

berr<u>e</u>tto *noun* M beret, cap; **berretto da baseball** baseball cap.

bers<u>a</u>glio *noun* M target; **colpire il bersaglio** to hit the target (or mark).

best<u>e</u>mmia *noun* F curse, blasphemy; **dire bestemmie** to curse.

bestemmi<u>a</u>re *verb* [2] to swear, to curse.

b<u>e</u>stia *noun* F beast; * **brutta bestia** a nasty thing; * **faticare come una bestia** to work like a dog.

besti<u>a</u>me *noun* M cattle, livestock.

bet<u>u</u>lla *noun* F birch tree.

bicicletta

bev<u>a</u>nda *noun* F drink.

bev<u>a</u>nda analc<u>o</u>lica *noun* F soft drink.

bev<u>i</u>bile *adjective* drinkable.

bi<u>a</u>nca/bi<u>a</u>nco *adjective* white; **un film in bianco e nero** a black and white film.

biancher<u>i</u>a *noun* F (table *or* bed) linen.

biancher<u>i</u>a <u>i</u>ntima *noun* F underwear.

bianch<u>e</u>tto *noun* M white-out, (*Australian*) Liquid Paper.

bi<u>a</u>nco *noun* M **1** white; **2 il bianco dell'uovo** the white of an egg; **3** blank; **un assegno in bianco** a blank cheque.

biasim<u>a</u>re *verb* [1] **1** to blame; **l'hanno biasimato per l'errore** they blamed him for the error; **2** to disapprove of; **biasimare i vizi di qualcuna/qualcuno** to disapprove of someone's vices.

B<u>i</u>bbia *noun* F the Bible.

b<u>i</u>bita *noun* F (soft) drink.

bibliot<u>e</u>ca *noun* F library; **andare in biblioteca** to go to the library.

bibliotec<u>a</u>ria/bibliotec<u>a</u>rio *noun* F/M librarian.

bicchi<u>e</u>re *noun* M glass, cup; **un bicchiere d'acqua ghiacciata** a glass of iced water.

biciel<u>e</u>tta *noun* F (*often abbreviated to* **bici**, *which never changes*) bicycle; **fare un giro in**

37

bicicletta to go for a bike ride; **sono venuta in bici** I came by bike.

bidone dei rifiuti *noun* M rubbish bin.

bietola *noun* F silverbeet.

bigliettaia/bigliettaio *noun* F/M conductor (*on a bus or tram*).

biglietteria *noun* F ticket office, box office.

biglietto *noun* M **1** ticket; **biglietto di andata e ritorno** a return ticket; **biglietto turistico** economy class ticket; **2** note; **le ho lasciato un biglietto alla porta** I left a note on the door for her; **3** card; **biglietto da visita** calling card, business card; **4** banknote; **un biglietto da cento euro** a one hundred euro note.

bilancia *noun* F **1** pair of scales; **2** (*sign of the zodiac*) **Bilancia** Libra; **Marco è della Bilancia** Marco is a Libran.

bilancio *noun* M budget.

biliardo *noun* M billiards, pool; **gioca bene a biliardo** s/he's good at pool.

bilingue *adjective* bilingual.

bimba/bimbo *noun* F/M baby, small child.

binario *noun* M train platform, track; **il treno per Roma è in partenza dal binario quindici** the train for Rome is leaving from platform fifteen.

binocolo *noun* M binoculars.

biografia *noun* F biography.

biologa/biologo *noun* F/M biologist.

biologica/biologico *adjective* (*often abbreviated to* **bio**, *which never changes*) organic (*food*).

bionda/biondo *adjective* blonde/blond.

biotecnologia *noun* M biotechnology.

birbante *noun* F/M scoundrel.

birillo *noun* M skittle; **giocare a birilli** to play skittles; **gioco dei dieci birilli** tenpin bowling.

biro *noun* F (*never changes*) biro, ballpoint pen.

birra *noun* F beer; **birra chiara** light ale.

bis *exclamation* encore! *noun* M **1** encore; **dare il bis** to give an encore; **2 fare il bis** to have a second helping (*of food for example*).

bisbigliare *verb* [8] to whisper.

biscotto *noun* M biscuit.

bisnonna/bisnonno *noun* F/M great-grandmother/great-grandfather.

bisognare *verb* [1] (*note that this verb is only used impersonally in the third person singular*) **1** to be necessary, to need to, must; **bisogna che arrivino prima delle nove** they need to arrive

ITALIAN–ENGLISH

bocciare

before nine o'clock; **2** should, ought to; **bisogna telefonare a casa** we should ring home.

bisogno *noun* M need, requirement; **avere bisogno di qualcosa** to need something; **hai bisogno di aiuto?** do you need help?; **i bisogni della vita** the necessities of life.

bisognosa/bisognoso *adjective* needing, in need.

bistecca *noun* F steak.

bisticciare *verb* [5] to quarrel, to have words; **recentemente ha bisticciato con tutti gli amici** recently s/he quarrelled with all her/his friends.

bisturi *noun* M (*never changes*) scalpel.

bizzarra/bizzarro *adjective* odd, bizarre; **un suggerimento bizzarro** a bizarre suggestion.

bizzarria *noun* F oddity.

bizzeffe *adverb* **a bizzeffe** stacks of; **hanno danaro a bizzeffe** they've got stacks of money.

blanda/blando *adjective* mild, gentle; **una punizione blanda** a mild punishment.

blaterare *verb* [1] to prattle, to blather.

blindata/blindato *adjective* armour-plated; **veicolo blindato** armoured vehicle.

bloccare *verb* [3] **1** to block; **la strada è bloccata a causa dell'incidente** the street is blocked by the accident; **2** to blockade; **i soldati hanno bloccato tutte le vie principali** the soldiers blockaded all the main roads; **3** to tackle (*sports*).

bloccarsi *reflexive verb* [3] to stop (working), to stick (*when referring to machines*); **la fotocopiatrice si è bloccata d'improvviso** the photocopier suddenly stopped (working).

blocco *noun* M **1** block, lump; **un blocco di cemento** a block of concrete; **2 blocco stradale** road block; **3** blockade; **4** note-pad.

bloc-notes *plural noun* M (*of paper*) pad.

blu *adjective* (*never changes*) blue; **calzini blu** blue socks.

boa *noun* F buoy; **boa di salvataggio** lifebuoy.

boato *noun* M roar, rumbling.

bobina *noun* F bobbin, spool.

bocca *noun* F mouth; **tenere la bocca chiusa** to keep your mouth shut; **restare a bocca aperta** to gape; **far venire l'acquolina in bocca** to make your mouth water; * **in bocca al lupo!** break a leg!, good luck! (*before an exam etc.*).

bocce *plural noun* F bocce, bowls; **giocare a bocce** to play bocce.

bocchetta *noun* F small opening, vent.

bocciare *verb* [5] to fail; **alcuni sono stati bocciati agli esami** a few people failed the exams.

bocconcino *noun* M **1** titbit; **2** small ball of mozzarella cheese.

boccone *noun* M mouthful.

bocconi *adverb* face down; **giacere bocconi** to lie face downwards.

boicottare *verb* [1] to boycott; **gli studenti boicottano la mensa** the students are boycotting the cafeteria.

bolide *noun* M meteor, anything travelling fast (*person, vehicle, etc.*); * **passare come un bolide** to flash by.

bolla *noun* F **1** bubble; **fare bolle di sapone** to blow soap bubbles; **2** blister.

bollente *adjective* boiling, piping hot; * **patata bollente** hot potato.

bolletta *noun* F bill, invoice; **bolletta del telefono** telephone bill.

bollire *verb* [11] to boil; **l'acqua sta bollendo** the water is boiling.

bollitore *noun* M kettle.

bollo *noun* M **1** seal, stamp; **2 bollo di circolazione** (*Australian*) car registration sticker.

bomba *noun* F bomb; **la bomba atomica** atomic bomb; **allarme alla bomba** bomb scare.

bombardamento *noun* M bombing.

bombardare *verb* [1] to bomb, to bombard.

bombola *noun* F gas cylinder.

bomboletta spray *noun* F spray can.

bonaria/bonario *adjective* good-natured, gentle.

bonificare *verb* [3] to reclaim land, to drain; **bonificare una palude** to drain a swamp.

bontà *noun* F (*never changes*) goodness, kindness; **è riconosciuta per la sua bontà** she is known for her kindness.

boom *noun* M boom.

borbottare *verb* [1] **1** to mutter, to mumble; **2** to grumble.

borchia *noun* F stud (*on a belt or jacket*).

bordare *verb* [1] to border, to edge, **bordare di fiori un foglio di carta** to edge a piece of paper with (designs of) flowers.

bordo *noun* M **1** edge, border; **2** ship's side, board; **a bordo** on board (*a ship or plane*).

borgata *noun* F village.

borgo *noun* M **1** village; **2** suburb.

borotalco *noun* M talcum powder.

borraccia *noun* M flask, drink bottle.

borsa *noun* F **1** purse, bag, briefcase; **2 borsa dell'acqua**

ITALIAN–ENGLISH — brava/bravo

calda hot water bottle; **3 borsa di studio** scholarship.

borsaiola/borsaiolo noun F/M pickpocket.

borsetta noun F handbag.

borsista noun F & M scholarship holder.

bosco noun M wood, woods; **nel bosco** in the woods.

botanica noun F botany.

botta noun F hit, blow; **dare botte a qualcuna/qualcuno** to beat someone up.

botte noun F barrel, cask.

bottega noun F **1** shop, store; **aprire bottega** to set up shop; **2** workshop.

bottegaia/bottegaio noun F/M shopkeeper.

bottiglia noun F bottle; **una bottiglia da vino** a wine bottle; **una bottiglia di vino** a bottle of wine; **bottiglia dell'acqua calda** hot water bottle.

bottiglieria noun F bottle shop.

bottone noun M **1** button; **2 attaccare un bottone** to sew on a button; * **ho incontrato Carlo e mi ha attaccato un bottone** I bumped into Carlo and I couldn't get away from him.

bozza noun F rough copy, draft; **correggere le bozze** to proofread.

bracciale noun M **1** bracelet, armband; **2** (*of a chair*) armrest.

braccialetto noun M bracelet, bangle.

bracciante noun M labourer.

bracciata noun F **1** armful; **2** stroke (*in swimming*).

braccio noun M (*plural* F **le braccia**) arm; **il braccio destro** the right arm; **a braccia aperte** with open arms; **a braccia conserte** with crossed arms; **gettare le braccia al collo di qualcuna/qualcuno** to throw your arms around someone's neck.

bracciolo noun M armrest (*of a chair*).

brace noun F hot coals, embers; * **cadere dalla padella nella brace** out of the frying pan into the fire.

braciola noun F chop; **braciola di maiale** pork chop.

branco noun M herd, pack, flock; **un branco di lupi** a pack of wolves.

branda noun F camp bed, camp stretcher.

brandello noun M scrap, shred; **un brandello di pane** a scrap of bread; **fare qualcosa a brandelli** to tear something to shreds.

brano noun M **1** shred, piece; **2** passage (*of text*); **leggiamo il brano un'altra volta** let's read the passage again.

brava/bravo adjective **1** clever, capable, good; **è un bravo cuoco**

he's a good cook; **è brava in matematica** she's good at maths; **2** good (*of character*), honest; **è una brava ragazza** she's a good girl.

bravura *noun* F **1** skill, ability; **2** courage.

bretelle *plural noun* F braces (*to hold up trousers*).

breve *adjective* brief, short; **un romanzo breve** a short novel.

brevità *noun* F brevity, concision.

brezza *noun* F breeze.

briciola *noun* F crumb; **è rimasta solo qualche briciola della torta** only a few crumbs of the cake are left.

briga *noun* F **1** trouble, difficulty; **2** to quarrel; **attaccare briga con qualcuna/qualcuno** to argue with someone.

brigata *noun* F group of people, group of friends.

briglia *noun* F (*of a horse*) reins, bridle.

brilla/brillo *adjective* a bit drunk, tipsy.

brillante *adjective* shining, bright, brilliant; **un rosso brillante** bright red.
noun M precious stone.

brillare *verb* [1] to shine, to glitter; **le stelle brillavano in cielo** the stars glittered in the sky.

brina *noun* F frost.

brindare *verb* [1] to toast, to drink to; **abbiamo brindato alla salute di tutti** we drank to everyone's health.

brindisi *noun* M (*never changes*) toast; **fare un brindisi a qualcuna/qualcuno** to toast (or drink to) someone.

brio *noun* M liveliness, zest; **fare qualcosa con brio** to do something with zest.

brivido *noun* M shiver, trembling; **ha i brividi** s/he's shivering.

brocca *noun* F jug.

broccolo *noun* M **1** (stem of) broccoli; **2** fool, blockhead.

brodo *noun* M broth, thin soup.

bronchite *noun* F bronchitis.

brontolare *verb* [1] to grumble, to mutter; **non ha fatto che brontolare per tutto il fine settimana** s/he did nothing but grumble the whole weekend.

brontolona/brontolone *noun* F/M grump, grumpy person.

bronzo *noun* M bronze; **una statua di bronzo** a bronze statue.

bruciapelo *adverb* point-blank; **sparare a bruciapelo** to shoot at point-blank range.

bruciare *verb* [5] to burn, to burn down; **bruciare la legna** to burn wood; * **bruciare i ponti** to burn your bridges.

ITALIAN–ENGLISH

bruciarsi *reflexive verb* [5] to burn yourself; **si è bruciato con il ferro da stiro** he burnt himself on the iron.

bruciata/bruciato *adjective* burnt; **bruciata/bruciato dal sole** sunburnt.

bruciatura *noun* F burning.

bruciore *noun* M burning sensation; **bruciore di stomaco** heartburn.

bruco *noun* M grub, caterpillar.

brufolo *noun* M pimple.

brughiera *noun* F **1** heath; **2** heather.

brulicare *verb* [3] to swarm; **i piatti sporchi brulicavano di formiche** the dirty dishes were swarming with ants.

brulla/brullo *adjective* bare, barren, bleak **campi brulli** bare fields.

bruna/bruno *adjective* dark, brown; **è bruna di carnagione** she has a dark complexion; **è bruno di capelli** he's got dark hair.

brushing *noun* M (*never changes*) blow-drying; **fare il brushing** to blow-dry your hair.

brusio *noun* M hum, buzz; **il brusio della strada** the hum of the street.

brutale *adjective* brutal, savage; **un atto brutale** a brutal act.

brutalità *noun* F brutality.

bruto *noun* M brute, beast.

buffa/buffo

brutta/brutto *adjective* **1** ugly; **un brutto quadro** an ugly painting; **2** bad, nasty, awful; **brutta notizia** bad news; **il tempo oggi è brutto** the weather today is awful; * **fare brutta figura** to make a fool of yourself.

bruttezza *noun* F ugliness, unpleasantness.

buca *noun* F **1** hole, opening; **buca delle lettere** letter box; **2 buca stradale** pothole.

bucare *verb* [3] **1** to make a hole, to punch a hole in; **il controllore non mi ha bucato il biglietto** the conductor didn't punch my ticket; **2** to puncture; **ha bucato una gomma** s/he got a flat tyre.

bucato *noun* M washing, laundry; **fare il bucato** to wash your clothes.

buccia *noun* F peel, skin; **buccia d'arancia** orange peel.

buco *noun* M hole; **buco della serratura** keyhole.

buddismo *noun* M Buddhism.

buddista *noun* F & M Buddhist.

budello *noun* M (*plural* F **le budella**) bowel, gut, intestine.

budino *noun* M pudding.

bue *noun* M (*plural* **i buoi**) ox.

bufalo *noun* M buffalo.

bufera *noun* F storm.

buffa/buffo *adjective* funny; **secondo me è un film molto**

buffo I think it's a very funny film; **che buffo!** that's funny!

buffet noun M (*never changes*) **1** buffet; **2** railway station cafeteria.

buffona/buffone noun F/M joker, buffoon.

bugia noun F lie; **non dire bugie!** don't tell lies!

bugiarda/bugiardo noun F/M liar.

bugigattolo noun M cubby-hole.

buia/buio adjective dark; **la stanza è troppo buia** the room is too dark.

buio noun M darkness; **essere al buio** to be in the dark.

bulbo noun M bulb (*that you plant*).

bullone noun M bolt.

buona/buono adjective (*abbreviated to* **buon** *before singular masculine nouns, except for those beginning with* s + *consonant,* gn, ps, z *and* x) **1** good, good-natured, kind; **una buona persona** a good person; **2** good, well-behaved; **sta buono** be good; **i bambini sono stati buoni** the children were good; **3** good, skilful, capable; **una buona dottoressa** a good doctor; **4** good, tasty, delicious; **un buon vino** a good wine; **che buona pizza** what a tasty pizza; **5** good to eat; **il pesce è ancora buono** the fish is still good (*to eat, i.e. not off*); **il latte non è buono** the milk is off; **6** good quality, fine; **un buon film** a fine film; **7** current, valid; **la mia carta di credito non è più buona** my credit card is no longer valid; **8** suitable, ideal, right; **la buona soluzione** the ideal solution; **9** good, happy, merry; **buon compleanno!** happy birthday!; **buona fortuna!** good luck!; **buon divertimento!** have a good time!; **10 a nulla buona/buono** good for nothing.

buonanotte greeting goodnight.

buonasera greeting good evening (*used from mid-afternoon*).

buongiorno greeting good morning (*used until mid-afternoon*); good afternoon (*from mid-afternoon*).

buono noun M **1** voucher, coupon; **2 buono-libri** book voucher.

buonsenso noun M common sense.

buonumore noun M good mood; **essere di buonumore** to be in a good mood.

buonuscita noun F golden handshake (*on retirement*).

burattino noun M puppet.

burbera/burbero adjective grumpy, gruff.

burla noun F prank, practical joke.

burlarsi reflexive verb [1] to make fun of; **si è sempre burlata di**

ITALIAN–ENGLISH

cadere

me she has always made fun of me.

burocrazia *noun* F bureaucracy, red tape.

burro *noun* M butter; **al burro** cooked in butter; **burro di arachidi** peanut butter.

burrone *noun* M gorge, ravine.

bussare *verb* [1] to knock; **bussare alla porta** to knock on the door.

bussola *noun* F compass; * **perdere la bussola** to lose the plot.

busta *noun* F envelope; **chiudere una busta** to seal an envelope.

busta paga *noun* F (*never changes*) pay packet.

bustarella *noun* F bribe.

buttafuori *noun* (*never changes*) F & M bouncer (*in a nightclub*).

buttare *verb* [1] **1** to throw; **ha buttato i vestiti dalla finestra** s/he threw the clothes out the window; **2 buttare via qualcosa** to throw something away, to waste; **buttare via i soldi** to waste money; **buttare via il tempo** to waste time; **3 buttare giù** to gulp down, to jot down, to knock down; **hanno buttato giù la cena in gran fretta** they quickly gulped down their dinner; **durante il suo discorso ho buttato giù qualche appunto** during her/his speech I jotted down a few notes.

buttarsi *reflexive verb* to throw yourself, to drop; **si è buttata sul divano** she threw herself on the couch.

bypass *noun* M (*never changes*) bypass (*surgical procedure*).

C c

cabina *noun* F cabin (*in a plane*); **cabina di pilotaggio** cockpit.

cabina telefonica *noun* F phone box.

cacao *noun* M cocoa.

cacatua *noun* M (*never changes*) cockatoo.

caccia *noun* F hunting; **andare a caccia** to hunt.

cacciare *verb* [5] **1** to drive out, to expel; **cacciare qualcuna/qualcuno di casa** to throw someone out of home; **2 cacciare di frodo** to poach (*steal*).

cacciatore/cacciatrice *noun* M/F hunter.

cacciavite *noun* M (*never changes*) screwdriver.

cactus *noun* M (*never changes*) cactus.

cadavere *noun* M dead body, corpse.

cadere *verb* [23] **1** to fall; **è caduta da cavallo** she fell off her horse; **gli è caduto di mano**

caduta

ITALIAN–ENGLISH

il portafoglio the wallet fell from his hand; **2** to be killed; **in quella battaglia sono caduti tre mila soldati** three thousand soldiers died in the battle; **3** to fall, to occur; **il mio compleanno quest'anno cade di sabato** this year my birthday falls on a Saturday.

caduta *noun* F fall, downfall.

caffè *noun* M **1** coffee; **fare il caffè** to make coffee; **caffè solubile** instant coffee; **prendere un caffè** to have a coffee; **2** cafe, coffee house.

caffeina *noun* F caffeine.

cagna *noun* F bitch (*dog*).

calamaro *noun* M squid.

calamita *noun* F magnet.

calare *verb* [1] to lower, to drop; **calare l'ancora** to lower the anchor.

calcagno *noun* M (*when used figuratively becomes* **calcagna** F *plural*) heel of shoe; * **avere qualcuna/qualcuno alle calcagna** to be pursued by someone.

calce *noun* F lime.

calcio *noun* M **1** kick; **dare un calcio a qualcuna/qualcuno** to kick someone; **2** football, soccer.

calcolare *verb* [1] **1** to calculate; **calcolare le spese del progetto** to calculate the costs of the project; **2** to consider; **calcolare le conseguenze delle proprie azioni** to consider the consequences of your actions.

calcolatrice *noun* F calculator.

calcolo *noun* M calculation.

calda/caldo *adjective* hot; **acqua calda** hot water.

caldaia *noun* F boiler.

caleidoscopio *noun* M kaleidoscope.

calendario *noun* M calendar.

calice *noun* M chalice, goblet.

calligrafia *noun* F handwriting; **brutta calligrafia** messy handwriting.

callo *noun* M corn, callus; * **ci ho fatto il callo** I'm used to it.

callosa/calloso *adjective* hardened.

calma *noun* F calm.

calma/calmo *adjective* calm, serene.

calmante *adjective* calming. *noun* M sedative.

calmare *verb* [1] to calm, to soothe; **quella musica mi calma i nervi** that music soothes my nerves.

calmarsi *reflexive verb* [1] to calm down; **calmati!** calm down!

calore *noun* M heat, warmth.

calpestare *verb* [1] to trample on; **il cane ha calpestato tutte le aiuole** the dog trampled all over the flower beds.

calva/calvo *adjective* bald.

ITALIAN–ENGLISH

calza *noun* F stocking; **un paio di calze** a pair of stockings; **calze velate** sheer tights; **calze da donna** women's stockings.

calzatura *noun* F footwear.

calzino *noun* M sock.

calzolaia/calzolaio *noun* F/M shoemaker.

calzoleria *noun* F shoe shop.

calzoni *plural noun* M trousers.

cambiare *verb* [2] **1** to change; **ha cambiato il lavoro ancora un'altra volta** s/he changed jobs yet again; **cambiare posto con qualcuna/qualcuno** to change places with someone; **cambiare la marcia** to change gear; **2** to exchange; **cambiare dollari in sterline** to exchange dollars for pounds sterling; **3 cambiare idea** to change your mind.

cambio *noun* M **1** change, exchange; **cambio della guardia** changing of the guard; **2** exchange rate; **qual è il cambio oggi?** what's the exchange rate today?

camera *noun* F **1** room; **camera da letto** bedroom; **2** hotel room; **una camera singola** single room; **una camera doppia** a double room; **3 Camera dei Deputati** (*Italian*) Lower House of Parliament; **Camera dei Rappresentanti** House of Representatives.

cameriera/cameriere *noun* F/M waitress/waiter.

campeggiare

camerino *noun* M changing room, fitting room.

camicetta *noun* F blouse.

camicia *noun* F shirt.

caminetto *noun* M fireplace.

camino *noun* M chimney.

camion *noun* M truck, lorry.

cammello *noun* M camel.

camminare *verb* [1] **1** to walk; **camminare a passo veloce** to walk quickly; **2** to go, to proceed; **il lavoro cammina troppo piano** the work is going too slowly; **3 camminare a quattro zampe** to crawl; * **camminare a testa alta** to walk with your head held high.

camminata *noun* F hike, walk.

camomilla *noun* F camomile (tea).

campagna *noun* F **1** countryside; **2** campaign; **campagna elettorale** election campaign.

campana *noun* F bell.

campanello *noun* M door bell.

campanile *noun* M bell tower.

campare *verb* [1] to make your living, to live; **campare d'elemosina** to live off charity; * **tirare a campare** to scrape by.

campeggiare *verb* [6] to camp; **abbiamo campeggiato sulla spiaggia** we camped on the beach.

campeggio noun M camp, camping site.

camper noun M (*never changes*) mobile home, campervan.

campionato noun M championship.

campione noun M **1** (*male*) champion; **2** sample; **campione gratuito** free sample.

campionessa noun F (*female*) champion.

campo noun M **1** field; **2** (*plural*) **campi** country; **vita dei campi** country life; **3** sports ground, playing field; **campo di calcio** football field; **campo di tennis** tennis court; **4** field of expertise; **questo è fuori del mio campo** this is outside my field; **5** camp, encampment; **campo di lavoro** work camp; **campo di sterminio** death camp; **6 campo di giochi** playground.

camposanto noun M cemetery.

camuffarsi *reflexive verb* [1] to disguise yourself, to dress yourself up; **si è camuffata da poliziotta** she disguised herself as a police officer.

canaglia noun F scoundrel, (*informal*) bastard; **si è dimostrato una vera canaglia** he showed himself to be a real bastard.

canale noun M **1** canal; **2 canale di scolo** gutter (*in the street*); **3 canale televisivo** television channel.

canapa noun F **1** hemp; **2** cannabis.

canarino noun M canary.

cancellare *verb* [1] **1** to cancel; **la festa è stata cancellata all'ultimo momento** the party was cancelled at the last minute; **2** to delete, to rub out; **cancellate le parole sbagliate!** delete the incorrect words!

cancellazione noun F cancellation.

cancelletto noun M hash key.

cancellino noun M **1** whiteboard eraser; **2** blackboard duster.

cancello noun M gate.

cancerosa/canceroso *adjective* cancerous.

cancrena noun F gangrene.

cancro noun M **1** (*illness*) cancer; **2** (*sign of the zodiac*) **Cancro** Cancer; **3 Tropico del Cancro** the Tropic of Cancer.

candela noun F **1** candle; **2** (*car*) spark plug.

candidata/candidato noun F/M candidate, applicant.

candore noun M whiteness, brightness.

cane noun M dog; **cane guida** guide dog; * **una vita da cani** a dog's life; * **non c'era un cane per strada** there wasn't a soul on the street.

ITALIAN–ENGLISH

canestro *noun* M basket.

canguro *noun* M kangaroo.

canina/canino *adjective* F canine; **denti canini** canine teeth.

canna *noun* F **1** reed; **2** rod, pole; **canna da pesca** fishing rod; **3** (*informal*) joint (*marijuana*); * **essere povera/povero in canna** to be as poor as a church mouse; **4** cane.

cannella *noun* F cinnamon.

cannibale *noun* F & M cannibal.

cannocchiale *noun* M telescope.

cannone *noun* M cannon.

cannuccia *noun* F (drinking) straw.

canoa *noun* F canoe; **andare in canoa** to canoe.

canotto *noun* M dinghy.

canovaccio *noun* M dishcloth, tea towel.

cantante *noun* F & M singer.

cantare *verb* [1] to sing; **cantare a orecchio** to sing by ear.

canticchiare *verb* [2] to sing softly, to hum.

cantiere *noun* M **1** yard, shipyard; **2 cantiere edile** building site.

cantilena *noun* F lullaby.

cantina *noun* F **1** cellar; **2** wine shop.

capigliatura

canto *noun* M **1** singing; **canto liturgico** religious singing; **2** singing (*of birds and insects*).

cantuccio *noun* M cubby hole, corner of a room.

canuta/canuto *adjective* white-haired.

canzonare *verb* [1] to make fun of; **lo hanno canzonato per tutta la serata** they made fun of him all night.

canzone *noun* F song.

caos *noun* M chaos.

caotica/caotico *adjective* chaotic.

capa/capo *noun* F/M boss, chief, leader.

capace *adjective* capable, able; **è una ragazza capace di fare molte cose** she's a girl capable of many things.

capacità *noun* F ability, skill.

capanna *noun* F hut, cabin.

caparra *noun* F deposit; **versare la caparra sul prezzo di un appartamento** to put down a deposit on an apartment.

capello *noun* M **1** hair; **2 capelli** hair (*head of hair*); **ha i capelli rossi** s/he has red hair.

capienza *noun* F capacity; **lo stadio ha una capienza di quarantamila persone** the stadium holds forty thousand people.

capigliatura *noun* F head of hair.

capire

ITALIAN–ENGLISH

capire *verb* [12] **1** to understand; **non capisce l'inglese** s/he doesn't understand English; **2** to realise; **alla fine ha capito che era meglio tacere** eventually s/he realised that it was better to say nothing.

capitale *noun* **1** F capital city; **quale è la capitale di Brasile?** what's the capital of Brazil? **2** M capital; **investire un capitale** to make a capital investment.

capitano *noun* M captain.

capitare *verb* [1] **1** to turn up, to arrive; **è capitata un martedì** she turned up one Tuesday; **2** to occur; **ogni tanto capita qualche disgrazia** every now and then some mishap occurs.

capitolo *noun* M chapter.

capo *noun* M **1** head; **da capo a piedi** from head to toe; **2** mind; **avevo altro per il capo** I had other things on my mind; **3** boss, leader, chief; **il suo capo** her/his boss; **capo produzione** production manager; **4** end; **il capo di una corda** the end of a piece of rope; **5 da capo** from the beginning; **6 andare a capo** to start a new paragraph; **7 capo di vestiario** item of clothing.

capobanda *noun* M ringleader.

capodanno *noun* M New Year, New Year's Day.

capolavoro *noun* M masterpiece.

capoluogo *noun* M regional capital.

capotreno *noun* M guard (*on a train*).

capovolgere *verb* [84] to turn upside down; **capovolgere una scatola** to turn a box upside down.

cappella *noun* F chapel.

cappellana/cappellano *noun* F/M chaplain.

cappello *noun* M hat.

cappuccino *noun* M cappuccino.

cappuccio *noun* M hood.

capra *noun* F nanny goat.

capriccio *noun* M **1** whim; **2** tantrum; **fare i capricci** to throw tantrums.

capricciosa/capriccioso *adjective* **1** whimsical; **2** whiny.

Capricorno *noun* M **1** (*sign of the zodiac*) Capricorn; **2 Tropico del Capricorno** Tropic of Capricorn.

caprifoglio *noun* M honeysuckle.

capriola *noun* F somersault; **fare capriole** to do somersaults.

capriolo *noun* M roe deer.

capro espiatorio *noun* M scapegoat.

caprone *noun* M billy goat.

captare *verb* [1] to pick up; **con tutto quel rumore non ho**

ITALIAN–ENGLISH   **carne**

captato le sue parole with all that noise I didn't pick up what s/he was saying.

cara/caro *adjective* **1** dear, expensive; **quelle scarpe sono troppo care** those shoes are too expensive; **2** dear, beloved, precious; **una cara amica** a dear friend.
noun F/M dear, beloved; **cara, vieni qua!** come here dear!

caraffa *noun* F carafe, jug.

caramella *noun* F lolly, sweet.

caramello *noun* M caramel.

carattere *noun* M **1** character (*of person*); **2** character (*letter*); **grossi caratteri** large print.

caratteristica *noun* F characteristic, feature.

caratteristica/caratteristico *adjective* characteristic, typical; **una casa caratteristica della zona** a typical house of the area.

caratterizzare *verb* [1] to characterise, to distinguish; **ha reagito con la calma che lo caratterizza** he reacted with his characteristic composure.

carbone *noun* M coal; * **nero come il carbone** pitch-black.

carburante *noun* M fuel.

carcere *noun* M prison.

carciofo *noun* M artichoke.

cardinale *noun* M cardinal.

cardine *noun* M hinge.

cardo *noun* M thistle.

carenza *noun* F lack, shortage; **carenza di manodopera** labour shortage.

carestia *noun* F famine.

carezza *noun* F caress.

carica *noun* F **1** office, position; **la carica di ministro degli affari esteri** the Office of the Minister of Foreign Affairs; **2** rank; **3** charge; **una carica esplosiva** an explosive charge.

carica/carico *adjective* **1** laden, loaded, **il treno è carico e pronto per la partenza** the train is loaded and ready to go; **2** loaded, charged; **sostiene che la pistola non era carica** s/he claims that the pistol wasn't loaded; **la batteria non è carica** the battery isn't charged.

caricatura *noun* F caricature.

carico *noun* M **1** weight; **2** burden.

carità *noun* F **1** charity; **2** kindness; **atto di carità** an act of kindness; * **per carità!** for heaven's sake!

caritatevole *adjective* charitable, compassionate.

carnagione *noun* F complexion; **avere la carnagione scura** to have a dark complexion.

carne *noun* F **1** meat; **carne di manzo** beef; **carne di maiale** pork; **2** flesh; **la resurrezione della carne** the resurrection of the flesh; * **in carne e ossa** in the flesh.

carnefice noun M executioner.

carnevale noun M carnival.

carnivora/carnivoro adjective carnivorous, meat-eating. noun F/M carnivore.

carnosa/carnoso adjective fleshy, meaty.

carogna noun F 1 carcass; 2 sleaze.

carota noun F carrot.

carovita noun M (never changes) the cost of living.

carponi adverb on all fours, crawling; **procedere carponi** to go along on all fours.

carrello noun M trolley; **carrello portabagagli** baggage trolley.

carriera noun F 1 career; **la carriera militare** a military career; 2 at full speed; **è scappata a gran carriera** she left in great haste; * **fare carriera** to get on (in a career).

carriola noun F wheelbarrow.

carro noun M cart, wagon, truck; **carro armato** tank.

carrozza noun F carriage, coach; **carrozza di seconda classe** second class (train) carriage; **carrozza ristorante** dining car; **carrozza letti** sleeping car.

carrozzella noun F 1 pram; 2 wheelchair.

carrozzeria noun F car body.

carrozzina noun F pram.

carrucola noun F pulley.

ITALIAN–ENGLISH

carta noun F 1 paper; **carta da lettere** writing-paper; **carta riciclata** recycled paper; **carta da regali** wrapping paper; **carta carbone** carbon paper; **carta da parati** wallpaper; 2 card, document; **carta d'identità** identity card; **carta di credito** credit card; **carta d'imbarco** boarding pass; 3 map, chart; **una carta stradale** a road map; **una carta politica** a political map; 4 card; **giocare a carte** to play cards; * **mettere le carte in tavola** to lay your cards on the table.

cartacea/cartaceo adjective made of paper; **copia cartacea** hard copy.

carta stagnola noun F aluminium foil.

cartella noun F 1 file, folder; 2 briefcase; 3 school bag.

cartello noun M sign, notice; **cartello pubblicitario** advertising sign; **cartello stradale** road sign.

cartilagine noun F cartilage.

cartoleria noun F stationery shop.

cartolina noun F card, postcard; **cartolina natalizia** Christmas card; **spedire una cartolina** to send a card.

cartolina illustrata noun F picture postcard

cartomante noun F & M tarot reader, fortune teller.

cartone noun M cardboard.

ITALIAN–ENGLISH

cartone animato noun M cartoon (*film*).

cartuccia noun F cartridge; **cartuccia da fucile** shotgun cartridge; **cartuccia per stampante** printer cartridge.

casa noun F **1** house; **una casa a tre piani** a three-storey house; **2** home; **andiamo a casa** let's go home; **sei sempre benvenuto in casa nostra** you are always welcome in our home; **3** institution, home, business; **casa di riposo** retirement home; **casa editrice** publishing house.

casalinga/casalingo noun F/M housewife/househusband. *adjective* domestic, home-made.

casamobile noun M (*never changes*) mobile home.

cascare verb [3] **1** to fall; **cascare a terra** to fall to the ground; **2** to collapse, to fall down; **cascare dalla fatica** to collapse from the effort; * **cascare bene** to land on your feet.

cascata noun F **1** fall, tumble; **2** waterfall.

cascatore/cascatrice noun M/F stuntman/stuntwoman.

cascina noun F dairy farm.

casco noun M helmet.

caseggiato noun M block of flats.

casella noun F **1** pigeon-hole, small compartment; **2 casella postale** mailbox (*computing*); **3** box (*on a form*).

caserma noun F barracks; **caserma dei pompieri** fire station.

cassetta

casino noun M (*informal*) **1** mess; **che casino!** what a mess!; **2** racket; **fare un casino** to make a racket.

casinò noun M casino.

caso noun M **1** chance, random; **per caso** by chance; **i nomi sono stati scelti a caso** the names were chosen at random; **2** incident, event; **un caso raro** a rare event; **3** case; **finora i casi della malattia sono stati cinque** so far there have been five cases of the illness; **in caso d'emergenza** in case of emergency; **4** alternative, possibility; **i casi sono tre ...** there are three possibilities ...; * **non ci ho fatto caso** I didn't pay much attention.

casolare noun M farmhouse.

cassa noun F **1** strongbox, chest, crate; **2** cash register, cash desk; **3** (*in a supermarket*) checkout.

cassaforte noun M safe, strongbox.

casseruola noun F saucepan, pot.

cassetta noun F **1** box; **la cassetta della posta** letter box; **2** drawer; **3** box-office takings; **4 cassetta degli attrezzi** tool box.

cassetta per bagagli *noun* F luggage locker (*train stations*).

cassetto *noun* M **1** drawer; **2 cassetto portaoggetti** glove box (*of a car*).

cassettone *noun* M chest of drawers.

cassiera/cassiere *noun* F/M cashier.

cassonetto *noun* M (*for garbage*) skip.

cast *noun* M (*never changes*) cast (*of a film*).

casta/casto *adjective* chaste.

castagna *noun* F chestnut.

castello *noun* M castle; **castello di sabbia** sandcastle.

castigare *verb* [4] to punish.

castigo *noun* M punishment.

castrare *verb* [1] to castrate.

casuale *adjective* chance; **incontro casuale** chance meeting.

catalogare *verb* [4] to catalogue.

catalogo *noun* M catalogue.

catapecchia *noun* F hovel.

catasta *noun* F wood pile.

catastrofe *noun* F catastrophe.

categoria *noun* F category.

catena *noun* F **1** chain; **2** mountain range.

catenaccio *noun* M bolt (*of a door*).

catinella *noun* F basin; * **piovere a catinelle** to rain cats and dogs.

catrame *noun* M tar.

cattedra *noun* F **1** teaching position, professorship; **2** teacher's desk.

cattedrale *noun* F cathedral; **la Cattedrale di Torino** Turian Cathedral.

cattiva/cattivo *adjective* **1** bad, evil; **non aveva intenzioni cattive** her/his intentions were not bad; **una persona cattiva** an evil person; **2** nasty; **non essere così cattivo con me!** don't be so nasty to me!; **3** incompetent; **4** poor (of quality); **una cattiva memoria** a bad memory; **5** off, bad; **questa carne è cattiva** this meat tastes awful; **6** stormy (weather).

cattivarsi *reflexive verb* [1] to win, to gain; **cattivarsi l'affetto di qualcuna/qualcuno** to win someone's affection.

cattiveria *noun* F nastiness, malice.

cattolica/cattolico *adjective* Roman Catholic; **la Chiesa Cattolica** the Roman Catholic Church.

cattolicesimo *noun* M Roman Catholicism.

cattura *noun* F capture.

causa *noun* F **1** cause, reason; **le sue istruzioni sono state la**

causa della confusione her/his instructions were the cause of the confusion; **2** law suit; **fare causa a qualcuna/qualcuno** to take someone to court, to sue someone; **3 a causa di** because of.

causare verb [1] to cause; **un corto circuito ha causato l'incendio** the fire was caused by a short circuit.

cauta/cauto adjective cautious.

cautela noun F caution, cautiousness.

cava noun F quarry.

cava/cavo adjective hollow.

cavalcare verb [3] to ride (*a horse*); **andare a cavalcare** to go horse riding.

cavalcavia noun M (*never changes*) overpass, flyover (*of roads*).

cavaliere noun M **1** (male) horse rider (*for feminine equivalent,* SEE **cavallerizza**); **2** knight.

cavalla noun F mare.

cavalleresca/cavalleresco adjective chivalrous.

cavallerizza noun F (female) horse rider (*for masculine equivalent,* SEE **cavaliere**)

cavalletto noun M **1** stand, support; **2** (*for a camera*) tripod; **3** easel.

cavallo noun M **1** horse; **cavallo da corsa** race horse; **cavallo a dondolo** rocking horse; **2** (*in chess*) knight.

cavare verb [1] **1** to extract; **cavare un dente a qualcuna/ qualcuno** to extract someone's tooth; **2 * cavarsela** to get by, to get out of something (*e.g. a difficult situation*); **con qualche aiuto se la cava** with a little help s/he gets by.

cavatappi noun M (*never changes*) corkscrew.

caverna noun F cavern, cave.

cavia noun F guinea pig.

caviglia noun F ankle.

cavità noun F cavity, recess.

cavo noun M cable; **TV via cavo** cable television.

cavolfiore noun M cauliflower.

cavolo noun M cabbage.

CD noun M (*never changes*) CD.

ce plural pronoun us (*a form of* ci *used before* lo, li, la, le, ne); **ce l'hanno detto ieri sera** they told us last night.

cece noun M chickpea.

cecità noun F blindness.

cedere verb [9a] **1** to surrender, to give in; **cedere al nemico** to surrender to the enemy; **2** to give up, to hand over; **il ragazzo ha ceduto il posto alla signora** the boy gave his seat up to the woman.

cedro noun M cedar.

cefalo noun M mullet.

ceffo *noun* M **1** snout; **2 brutto ceffo** ugly person, evil person.

celebre *adjective* famous.

celeste *adjective* **1** heavenly; **2** light blue.

celibe *adjective* unmarried (*used for men only, for feminine equivalent,* SEE **nubile**).

cella *noun* F cell, small room.

cellofan *noun* M (*never changes*) cellophane.

cellula *noun* F cell.

cellulare *noun* M mobile phone.

celtica/celtico *adjective* Celtic.

cementare *verb* [1] **1** to cement, to concrete; **cementare i mattoni** to cement the bricks; **2** to reinforce, to cement; **cementare un'amicizia** to cement a friendship.

cemento *noun* M cement, concrete.

cena *noun* F dinner; **ci hanno invitati a cena** they invited us to dinner.

cenare *verb* [1] to have dinner; **stasera ceniamo dai nonni** tonight we are having dinner at our grandparents' (house).

cencio *noun* M rag, cloth.

cenere *noun* F ash.

cenno *noun* M **1** gesture, sign; **ha fatto cenno di venire con la mano** s/he gave a sign with her/his hand to come; **2** hint, allusion; **ti prego di non fare cenno delle mie intenzioni** please don't give any hint of my intentions.

censura *noun* F censorship.

censurare *verb* [1] to censor.

centennale *noun* M centenary.

centesimo *noun* M **1** one one-hundredth; **2** cent.

centigrada/centigrado *adjective* centigrade.

centimetro *noun* M centimetre.

centinaio *noun* M (*plural* F **le centinaia**) approximately one hundred; **qualche centinaio di persone** a few hundred people.

centopiedi *noun* M centipede.

centrale *adjective* central; **la stazione centrale** central station.

centrale eolica *noun* F windfarm.

centralino (telefonico) *noun* M switchboard.

centrare *verb* [1] to hit in the centre; **centrare il bersaglio** to hit the bull's-eye.

centro *noun* M **1** middle; **il centro della terra** the centre of the earth; **2** city/town centre; **abitare in centro** to live in the centre of town; **3** centre (*of activity*); **centro commerciale** shopping centre; **4 centro cittadino** inner city; **5** (*for research and the like*) institute.

ceppo *noun* M **1** tree stump; **2** log; **3** chopping block.

ITALIAN–ENGLISH

cera *noun* F **1** wax; **2 cera per i mobili** furniture wax.

ceramica *noun* F pottery.

cerca *noun* F search; **essere in cerca di** to be in search of.

cercare *verb* [3] **1** to look for; **ho cercato le chiavi dappertutto** I looked everywhere for my keys; **tuo padre ti cercava** your father was looking for you; **2** to look up; **cercare una parola sul vocabolario** to look up a word in the dictionary; **3** to want; **che cosa cerchi da me?** what is it you want from me?

cerchiare *verb* [2] to circle; **cerchiare le risposte giuste** circle the correct answers.

cerchio *noun* M circle.

cereale *noun* M cereal.

cerimonia *noun* F ceremony, rite.

cerniera *noun* F zip.

cerotto *noun* M Band-Aid, sticking plaster.

certa/certo *adjective* certain, sure; **sono certo che non pioverà** I'm certain it won't rain.

certamente *adverb* certainly.

certezza *noun* F certainty.

certificato *noun* M certificate; **certificato di nascita** birth certificate.

certo *adverb* certainly, without doubt; **arriverà certo in ritardo** s/he will certainly arrive late.

cervello *noun* M brain.

cervo *noun* M deer.

cespuglio *noun* M bush.

cessare *verb* [1] to stop, to cease; **finalmente la neve è cessata** the snow has finally stopped.

cesta *noun* F basket; **la cesta del bucato** washing basket.

cestino *noun* M small basket, waste-paper basket.

cetriolo *noun* M cucumber.

chance *noun* F (*never changes*) chance, possibility; **abbiamo un'ottima chance di arrivare in orario** we've got a good chance of arriving on time.

che *conjunction* **1** that (*often left out in English*); **penso che sia troppo tardi** I think (that) it's too late; **2** than; **è più bello che intelligente** he's more handsome than intelligent; **3** until, till; **aspettiamo che smetta di piovere** let's wait until it stops raining; **4** only, other, but; **non fa altro che protestare** s/he does nothing but complain; **5 non c'è di che** don't mention it.
pronoun **1** that, which, who, whom (*often left out in English*); **la rivista che sta leggendo** the magazine (that) s/he is reading; **il giorno che mi ha vista** the day (that) s/he saw me; **l'uomo che è venuto in ritardo** the man who came late; **2** what; **che (cosa)?** what?; **che (cosa) hai detto?** what did you say?; **che (cosa) vuoi?** what do you want?

chi *pronoun* **1** who, whom; **chi l'ha detto?** who said that?; **chi è?** who is it?; **chi sa?** who knows?; **2** whoever; **uscirò con chi mi pare** I'll go out with whoever I like.

chiacchiera *noun* F (*normally plural*) gossip, idle chat.

chiacchierare *verb* [1] to chat, to prattle on; **hanno chiacchierato per delle ore intere** they chatted away for hours on end.

chiacchierata *noun* F chat.

chiacchierona/chiacchierone *noun* F/M chatterbox.

chiamare *verb* [1] **1** to call; **perché non mi rispondi quando ti chiamo?** why don't you reply when I call you?; **2** to telephone; **chiamami a casa stasera** call me at home tonight; **3** to send for; **bisogna chiamare il medico** we should send for the doctor.

chiamarsi *reflexive verb* [1] to be called; **mi chiamo Jane** my name is Jane; **come ti chiami?** what's your name?

chiamata *noun* F **1** phone call; **2** (*legal*) summons.

chiara/chiaro *adjective* **1** bright; **una luce chiara** a bright light; **2** pale; **blu chiaro** pale blue; **3** clear; **parla in modo semplice e chiaro** s/he speaks in a clear and simple way.

chiarezza *noun* F clarity.

chiarire *verb* [12] to make clear, to explain; **potresti chiarirmi una cosa?** could you clear something up for me?

chiarore *noun* M **1** gleam, glimmer of light; **2 il chiarore dell'alba** the first light of dawn.

chiasso *noun* M noise, din; **fare chiasso** to make a lot of noise.

chiassosa/chiassoso *adjective* noisy, loud.

chiatta *noun* F barge.

chiave *noun* F key; **chiudere a chiave** to lock.

chiave inglese *noun* F spanner.

chiazza *noun* F **1** stain, patch; **2 chiazza di colore** a splash of colour.

chicco *noun* M grain; **chicco di riso** grain of rice.

chiedere *verb* [24] **1** to ask; **chiedere l'ora** to ask the time; **2** to ask (for); **chiedere un favore** to ask a favour; **chiedere il conto** to ask for the bill; **3 chiedere informazioni** to enquire.

chiesa *noun* F church; **la Chiesa Anglicana** the Anglican Church; **andare in chiesa** to go to church.

chilo *noun* M kilo, kilogram; **due chili di banane** two kilos of bananas.

chilometro *noun* M kilometre.

chimica *noun* F chemistry.

ITALIAN–ENGLISH

china/chino *adjective* bent, bowed; **a capo chino** with bowed head.

chinare *verb* [1] to bend, to bow; **chinare la testa** to bow your head.

chinarsi *reflexive verb* [1] to bend; **si è chinata per parlare con il bambino** she bent down to talk to the child.

chiocciola *noun* F snail.

chiocciolina *noun* F at (*i.e.* @ in e-mail addresses).

chiodo *noun* M nail; * **avere un chiodo fisso** to have a bee in your bonnet.

chiosco *noun* M kiosk, stall.

chiostro *noun* M cloister.

chip *noun* M (*never changes*) (*computer*) chip.

chirurgia *noun* F surgery; **chirurgia plastica** plastic surgery.

chissà *adverb* who knows; **chissà se è vero o no** who knows if it is true or not.

chitarra *noun* F guitar; **suona molto bene la chitarra** s/he plays the guitar very well.

chiudere *verb* [25] **1** to shut, to close; **chiudere la porta** to close the door; **2** to turn off; **chiudere il rubinetto** to turn off the tap; **3 chiudere a chiave** to lock.

chiunque *pronoun* (*never changes*) whoever, anyone; **puoi dirlo a chiunque te lo chiede** you can tell anyone who asks.

chiusa/chiuso *adjective* **1** closed; **2** (turned) off.

chiusura *noun* F closing, closure; **l'ora di chiusura** closing time.

ci *adverb* **1** there, here; **ci fermiamo due settimane** we'll be staying (there/here) for two weeks; **non ci vado da anni** I haven't been there for years; **2 c'è** there is; **c'è molto da dire** there is a lot to say; **3 ci sono** there are; **ci sono molte possibilità** there are many possibilities.
pronoun (*NB: when combined with other pronouns* ci *becomes* ce: ce la, ce lo, ce le, ce li, ce ne) **1** us; **non ci hai visti?** didn't you see us?; **2** to us; **'avete comprato un nuovo televisore?' – 'no, ce l'hanno regalato i miei'** 'have you bought a new TV?' – 'no, my parents gave it to us'; **3** ourselves; **ci laviamo ogni giorno** we wash (ourselves) every day; **4** each other; **ci vediamo almeno una volta al mese** we see each other at least once a month; **5** about it; **non ci penso più** I no longer think about it; **puoi contarci** you can count on it.

ciabatta *noun* F **1** slipper; **2** (*type of bread*) ciabatta.

cianfrusaglie *plural noun* F odds and ends.

ciao *greeting* (*informal*) hi; bye.

ciarliera/ciarliero *adjective* talkative.

ciascuna/ciascuno *pronoun* each one, every one; **ciascuna/ciascuno di noi ha il proprio ruolo** each one of us has our own role; * **a ciascuno il suo** to each their own.

cibo *noun* M **1** food; **2 cibi da asporto** takeaway food; **3 cibo non sano** junk food.

cicala *noun* F cicada.

cicalino *noun* M beeper.

cicatrice *noun* F scar, scab.

cicca *noun* F (*informal*) cigarette butt.

ciccia *noun* F (*informal*) **1** meat; **2** fat, flesh (*human body*).

ciclica/ciclico *adjective* cyclical.

ciclista *noun* F & M cyclist.

ciclo *noun* M **1** cycle; **2 ciclo mestruale** menstrual cycle.

ciclone *noun* M cyclone.

cicogna *noun* F stork.

cieca/cieco *adjective* blind.

cielo *noun* M **1** sky; **2** heaven; * **per amor del cielo** for heaven's sake.

cifra *noun* F **1** amount, figure; **2** digit.

ciglio *noun* M (*plural* F **le ciglia**) **1** eyelash; * **senza batter ciglio** without batting an eyelid; **2 ciglio della strada** shoulder (of the road).

cigno *noun* M swan.

cigolare *verb* [1] to squeak, to creak; **quella porta cigola** that door squeaks.

cilecca *noun* M **fare cilecca** to flop.

ciliegia *noun* F cherry.

cilindro *noun* M cylinder.

cima *noun* F **1** top; **in cima a** at the top of; **2** summit; **la cima di un monte** mountain top, summit.

cimice *noun* F bedbug.

cimitero *noun* M cemetery.

cineasta *noun* F & M film-maker.

cinema *noun* M cinema.

cingere *verb* [73] to encircle, to encompass; **cingere la casa con uno steccato** to encircle a house with a fence.

cinghia *noun* F belt, strap.

cinghiale *noun* M wild boar.

cinguettare *verb* [1] to chirp; **la mattina gli uccelli cinguettano sempre** the birds always chirp in the morning.

cinica/cinico *adjective* cynical.

cinquantenne *adjective* fifty-year-old.
noun F & M fifty-year-old person.

cinquantina *noun* F about fifty.

cintura *noun* F belt.

cintura di sicurezza *noun* F safety belt; **allacciati la cintura**

ITALIAN–ENGLISH

cittadinanza

(di sicurezza)! put on your seatbelt!

ciò *pronoun* **1** that, this; **ciò non mi piace** I don't like this; **2 e con ciò?** so what?

cioccolata *noun* F chocolate, drinking chocolate; **tavoletta di cioccolata** chocolate bar.

cioccolatino *noun* M a chocolate.

cioè *adverb* that is, that is to say; **è arrivato alle nove, cioè troppo tardi** he arrived at nine, that is to say, too late.

ciondolare *verb* [1] to hang around; **Gianni passa il suo tempo libero ciondolando per strada** Gianni spends his spare time hanging around the streets.

ciotola *noun* F bowl.

ciottolo *noun* M pebble.

cipolla *noun* F onion.

cipolline *plural noun* F chives.

cipresso *noun* M cypress tree.

cipria *noun* F face powder.

circa *adverb* about, roughly; **è successo circa cent'anni fa** it happened about a hundred years ago.

circo *noun* M circus.

circolare *noun* F (*letter*) circular. *verb* [1] **1** to move about, to get about; **a causa del caldo era impossibile circolare** owing to the heat, it was impossible to move about; **2** to go around, to circulate; **molte dicerie circolano sul suo conto** there are a lot of rumours going around about her/him.

circolazione *noun* F circulation; **la circolazione del sangue** circulation of the blood.

circolo *noun* M **1** circle; **2** group, club, society; **circolo sportivo** sports club.

circondare *verb* [1] to surround, to encircle; **la folla ha circondato la macchina del presidente** the crowd surrounded the president's car.

circonvallazione *noun* F ring road.

circostante *adjective* nearby.

circostanza *noun* F circumstance; **date le circostanze** under the circumstances.

cisterna *noun* F water tank.

cistifellea *noun* F gall bladder.

citare *verb* [1] to quote; **citare Shakespeare** to quote Shakespeare

citofono *noun* M intercom.

città *noun* F (*never changes*) **1** city; **una città industriale** an industrial city; **2 di città** urban.

cittadina *noun* F small town.

cittadina/cittadino *adjective* urban.
noun F/M citizen.

cittadinanza *noun* F citizenship.

ciuccio noun M dummy (*for a baby*).

ciuffo noun M tuft of hair.

civettare verb [1] to flirt.

civile adjective **1** civil; **2** civilian; **abiti civili** civilian clothes; **3** civilised; **un popolo civile** a civilised people.

civiltà noun F civilisation.

clacson noun M (*never changes*) horn; **suonare il clacson** to sound the horn.

clamore noun M uproar, noise.

clamorosa/clamoroso adjective sensational.

clandestina/clandestino adjective secret, clandestine. noun F/M illegal immigrant.

clarinetto noun M clarinet.

classe noun F **1** social class; **la classe operaia** the working class; **2** class, category; **prima classe** first class; **3** grade, class; **che classe fai?** what grade are you in?

classica/classico adjective classic, classical.

classifica noun F **1** sports results; **2** league table, league ladder.

classificare verb [3] to classify; **classificare insetti** to classify insects.

classificazione noun F **1** classification; **2** grading (*of school results*).

clavicola noun F collarbone.

clemente adjective mild (*of weather*) **un inverno clemente** a mild winter.

clero noun M clergy.

cliente noun F & M customer, client.

clima noun M climate.

climatizzata/climatizzato adjective air conditioned.

clinica noun F private hospital.

clonare verb [1] **1** to clone; **clonare un animale** to clone an animal; **2 clonare una carta di credito** to clone a credit card (*illegally*).

clonazione noun F cloning.

cloro noun M chlorine.

club noun M club.

cobra noun M cobra.

cocaina noun F cocaine.

coccinella noun F ladybird.

cocciuta/cocciuto adjective stubborn.

coccodrillo noun M crocodile.

coccolare verb [1] **1** to cuddle; **2** to spoil.

cocomero noun M watermelon.

coda noun F **1** tail; **2** queue; **fare la coda** to queue up.

coda di cavallo noun F ponytail.

codice noun M **1** code; **il codice postale** postcode; **2** code (*of*

ITALIAN–ENGLISH — **colma/colmo**

behaviour); **il codice stradale** the highway code; **codice morale** moral code.

codice segreto noun M PIN.

codino noun M pigtail.

coerente adjective coherent, consistent.

coerenza noun F coherence, consistency.

cofano noun M bonnet (of a car).

cogliere verb [76] **1** to pick; **cogliere i fiori** to pick flowers; **2** to grab, to catch; **cogliere il pallone** to catch the ball; * **cogliere l'occasione** to take the opportunity of doing something.

cognata/cognato noun F/M sister-in-law/brother-in-law.

cognome noun M **1** surname **2 cognome di nascita** birth name, maiden name.

coincidenza noun F **1** coincidence; **2** connection (when catching a train etc.).

coinvolgere verb [84] to involve; **è coinvolta nello scandalo** she is involved in the scandal.

colapasta noun M colander.

colare verb [1] **1** to drain, to strain; **colare la pasta** to drain the pasta; **2** to drip; **mi cola il naso** my nose is running.

colazione noun F breakfast; **fare colazione** to have breakfast; **colazione all'inglese** English breakfast.

colf noun F & M (never changes) home help, domestic help.

colla noun F glue.

collana noun F necklace.

collant noun M (never changes) pantihose, tights.

collare noun M dog collar.

collega noun F & M colleague.

collegare verb [4] to connect, to link; **un lungo ponte collega le due isole** a long bridge connects the two islands; **collegare le idee** to link your ideas together.

collegiale noun F & M boarder (school).

collegio noun M boarding school, college.

collera noun F anger; **montare in collera** to get angry.

colletto noun M collar.

collezionare verb [1] to collect; **collezionare francobolli** to collect stamps.

collezione noun M collection; **collezione di monete** coin collection.

collina noun F hill.

collisione noun F collision.

collo noun M neck.

colloquiale adjective colloquial.

colloquio noun M talk, interview.

colma/colmo adjective full to the brim; **la secchia è colma d'acqua** the bucket is full to the brim with water.

colmo *noun* M **1** peak, climax; **il colmo della felicità** the height of happiness; **2** limit, end; * **è il colmo!** that's the limit!

colomba *noun* F dove.

colombo *noun* M pigeon.

colonia *noun* F colony.

colonna *noun* F column, pillar.

colonna sonora *noun* F soundtrack.

colonnella/colonnello *noun* F/M colonel.

colore *noun* M colour; **di color rosso** red in colour; * **farne di tutti i colori** to get up to all sorts of mischief.

colorire *verb* [12] to colour (in); **colorire un disegno** to colour (in) a picture.

colorito *noun* M complexion; **ha un colorito scuro** s/he has a dark complexion; **un colorito sano** a healthy complexion.

Colosseo (il) *noun* M the Colosseum.

colpa *noun* F fault, guilt; **è colpa nostra** it's our fault; **sentirsi in colpa** to feel guilty.

colpevole *adjective* guilty.

colpevolezza *noun* F guilt.

colpire *verb* [12] **1** to hit, to strike; **la palla lo ha colpito alla gamba** the ball struck him on the leg; **colpire il bersaglio** to hit the target; **2** to strike, to make an impression; **è la sua onestà che colpisce** it's her/his honesty that strikes you.

colpo *noun* M **1** hit, blow; **un colpo in testa** a blow on the head; **2** shot, bang; **un colpo di pistola** a pistol shot; **3** stroke (*medical*); **4 colpo di sole** sunstroke.

colta/colto *adjective* cultured, well-educated.

coltellata *noun* F a knife blow, stab; **è morto per una coltellata** he died from a knife wound.

coltello *noun* M knife; **affilare un coltello** to sharpen a knife.

coltivare *verb* [1] to cultivate, to till; **coltivare la terra** to cultivate the land.

coltivazione *noun* F growing, farming, cultivation; **la coltivazione del grano** wheat farming.

coltura *noun* F farming, cultivation; **la coltura del riso** rice farming.

coma *noun* M coma; **in coma** in a coma.

comandante *noun* F & M commander.

comandare *verb* [1] **1** to order; **ti comando di sederti** I order you to sit down; **2** to be in charge of; **comandare le truppe** to be in charge of the troops.

comando *noun* M **1** order, command; **2** headquarters; **3 comandi** controls (of a car, plane, etc.).

ITALIAN–ENGLISH

comare di battesimo *noun* F godmother.

combaciare *verb* [5] to fit together; **i due pezzi combaciano alla perfezione** the two pieces fit together perfectly.

combattere *verb* [9a] to fight, to struggle; **combattere una battaglia** to fight a battle; **hanno combattuto per il diritto di lavorare** they fought for the right to work.

combattimento *noun* M fighting, fight, conflict.

combinare *verb* [1] **1** to combine, to put together, to match; **non riesce mai a combinare la giacca con la camicia** s/he never manages to match (*to coordinate*) her/his jacket with her/his shirt; **2** to organise, to plan; **abbiamo combinato un ottimo affare** we've made an excellent deal; **3** to do, to get up to; **questa settimana non ho combinato molto** I haven't been up to much this week.

combinazione *noun* F **1** combination; **2** chance; **per combinazione** by chance.

combustibile *noun* M fuel. *adjective* combustible.

come *adverb* **1** how; **come stai?** how are you?; **2** like; **parla come un avvocato** s/he speaks like a lawyer; **3** as; **lavora come insegnante** s/he works as a teacher; **4** how; **come sei intelligente!** how clever you are!; **5** what?, sorry?; **come? non ho capito** sorry? I didn't catch that; **6 come mai?** how come, why?; **come mai non è venuta?** why didn't she come?

cometa *noun* F comet.

comica/comico *adjective* funny, comical.

cominciare *verb* [5] to begin, to start; **cominciamo con il secondo capitolo** let's begin with the second chapter.

comitato *noun* M committee.

comma *noun* M clause, section (e.g. in statute).

commedia *noun* F **1** comedy; **2** (*theatre production*) play.

commentatore/ commentatrice *noun* M/F (*television, sports*) commentator.

commento *noun* M comment, remark.

commerciale *adjective* commercial.

commercialista *noun* F & M accountant, tax agent.

commerciante *noun* F & M merchant.

commerciare *verb* [5] to trade, to deal in; **commerciare in mobili** to deal in furniture.

commercio *noun* M business, trade; **essere in commercio** to be in business; **commercio on-line** online trading.

commessa/commesso *noun* F/M shop assistant.

commestibile *adjective* edible.

commettere *verb* [45] to commit; **commettere un errore** to make a mistake.

commissaria/commissario *noun* F/M inspector (police).

commissione *noun* F
1 commission; **la banca ha trattenuto una commissione del tre per cento** the bank took a commission of three per cent;
2 errand; **potresti farmi una commissione?** could you run an errand for me?; 3 **commissione d'inchiesta** tribunal.

commossa/commosso *adjective* shaken, moved; **all'uscita dal cinema sembrava commossa** she seemed moved as she left the cinema.

commuovere *verb* [47] to move, to affect; **le sue parole mi hanno profondamente commosso** her/his words profoundly moved me.

commuoversi *reflexive verb* [47] to be moved, to be affected (by); **si è commosso fino alle lacrime** he was moved to tears.

comoda/comodo *adjective*
1 comfortable; **scarpe comode** comfortable shoes; 2 convenient; **non è un'ora comoda per me** it's not a convenient time for me;
3 snug (*fit*).

comodino *noun* M bedside table.

compagna/compagno *noun* F/M 1 partner, wife/husband;
2 friend; **compagna/compagno di classe** classmate; 3 comrade.

compagnia *noun* F
1 companionship; 2 company; **compagnia aerea** airline company.

compare di battesimo *noun* M godfather.

comparire *verb* [85] to appear; **d'improvviso è comparso davanti alla mamma** without warning he appeared in front of his mother.

comparsa *noun* F 1 appearance; **fare una comparsa** to put in an appearance; 2 (*in theatre or movies*) extra.

compassione *noun* F compassion.

compassionevole *adjective* compassionate.

compatire *verb* [12] to pity, to be sorry for; **compatisco quella donna per la sua lunga malattia** I pity that woman for her long illness.

compatta/compatto *adjective* compact.

compendio *noun* M digest.

compensare *verb* [1] to compensate, to make up for, to offset; **non è stata compensata per il danno subito** she hasn't been compensated for the damage suffered.

compenso *noun* F compensation.

competente *adjective* competent.

competere *verb* [9a] to compete; **competiamo per lo stesso posto di lavoro** we are competing for the same job.

compiacere *verb* [54] to please, to satisfy; **cercava sempre di compiacere i suoi genitori** s/he always tried to please her/his parents.

compiere *verb* [9a] **1** to carry out, to do, to finish; **compiere il proprio dovere** to do your duty; **finalmente ha compiuto gli studi** s/he finally finished her/his studies; **2** (*age*) to turn; **Federico ha appena compiuto sedici anni** Federico has just turned sixteen.

compilare *verb* [1] **1** to compile; **compilare un elenco** to compile a list; **2** to fill out; **compilare un modulo** to fill out a form.

compito *noun* M **1** task, duty; **compito ingrato** chore; **2 compiti per casa** homework; **fare i compiti** to do your homework; **3 compiti in classe** in-class tests.

compleanno *noun* M birthday; **buon compleanno!** happy birthday!

complessa/complesso *adjective* complex, complicated.

complessiva/complessivo *adjective* comprehensive.

complesso *noun* M **1** mass, group, unit; **un complesso di edifici** a group of buildings; **2** hang-up, complex.

completa/completo *adjective* complete, finished.

completo *noun* M **1** suit; **completo da sci** ski suit; **2 al completo** full-up; **l'albergo è al completo** the hotel is full-up.

complicare *verb* [3] to complicate; **invece di aiutare, non fa che complicare le cose** instead of helping s/he only complicates things.

complicata/complicato *adjective* complicated, complex.

complimento *noun* M **1** compliment; **2 complimenti** congratulations; * **non fare complimenti!** don't stand on ceremony!

complotto *noun* M plot, conspiracy; **un complotto contro il governo legittimo** a plot against the elected government.

comporre *verb* [58] to compose, to make up; **comporre una canzone** to compose a song.

comportamento *noun* M behaviour.

comportarsi *reflexive verb* [1] to behave, to act; **nei miei confronti si è comportata sempre bene** she has always behaved well towards me.

compositore/compositrice *noun* M/F composer.

composizione *noun* F composition.

composta/composto *adjective* 1 compound; **tempo composto** compound tense; 2 **composto di** composed of.

comprare *verb* [1] 1 to buy; **hai comprato il latte?** did you buy milk?; 2 **comprare qualcosa per corrispondenza** to buy something by mail order.

comprendere *verb* [60] 1 to include, to comprise (of); **l'elenco degli invitati comprende anche lui** he is also included on the guest list; 2 to understand; **non comprendo quello che dici** I don't understand what you are saying.

comprensibile *adjective* understandable.

comprensiva/comprensivo *adjective* sympathetic, understanding; **un insegnante comprensivo** an understanding teacher.

compresa/compreso *adjective* including, included; **nella somma è compresa anche la tassa** the total also includes tax.

compressa *noun* F tablet.

compressa/compresso *adjective* compressed.

comprimere *verb* [40] to squash, to compress; **comprimere i vestiti nella valigia** to squash your clothes into a suitcase.

compromesso *noun* M compromise, half-measure; **fare un compromesso** to compromise.

compromettere *verb* [45] to compromise, to put in jeopardy; **con le sue cattive decisioni ha compromesso il futuro della ditta** s/he has put the future of the company in jeopardy with her/his bad decisions.

computare *verb* [1] to calculate; **computare le spese** to calculate the expenses.

computer *noun* M (*never changes*) computer.

comunale *adjective* municipal, belonging to the municipality.

comune *adjective* common, ordinary, average; **un'opinione comune** a common opinion. *noun* M municipality, borough.

comunella *noun* F master key.

comunicare *verb* [3] to communicate, to pass on; **comunicare una notizia** to communicate some news.

comunicazione *noun* F communication.

comunione *noun* F communion.

comunismo *noun* M communism.

comunista *adjective* communist.

comunità *noun* F (*never changes*) community.

comunque *adverb* 1 anyway, all the same; **devo dirlo comunque** I must say it anyway; 2 however, nevertheless; **sembra**

ITALIAN–ENGLISH — concorrenza

improbabile, comunque si deve tentare it seems unlikely, nevertheless you should try. *conjunction* however, whatever; **comunque vadano le cose, non cambierò idea** however things go, I won't change my mind.

con *preposition* (*note that* con *sometimes joins with the definite article:* con + il *becomes* col, con + l' *becomes* coll', con + la *becomes* colla, *etc.*) **1** with; **abita con lo zio** s/he lives with her/his uncle; **con piacere** with pleasure; **pasta coi funghi** pasta with mushrooms; **vorrei venire con te** I'd like to come with you; **un uomo con i capelli neri** a man with black hair; **2** to, towards; **è sempre stata gentile con me** she has always been kind to me; **ho parlato con lei ieri sera** I spoke to her last night.

concava/concavo *adjective* concave, hollow.

concedere *verb* [26] to grant, to allow; **concedere un favore** to grant a favour.

concentramento *noun* M concentrating, concentration; **campo di concentramento** concentration camp.

concentrare *verb* [1] to concentrate; **concentrare l'attenzione sul problema** to concentrate your attention on the problem.

concentrarsi *reflexive verb* [1] to concentrate; **concentrarsi nello studio** to concentrate on your studies.

concentrazione *noun* F concentration; **mi manca la concentrazione** I've got no concentration.

concepita/concepito *adjective* **1** planned; **ben concepita/concepito** well-planned; **2** conceived.

concerto *noun* M concert.

concessionaria/concessionario *noun* F/M dealer.

concetto *noun* M concept, idea.

conchiglia *noun* F shell.

concime *noun* M manure, fertiliser.

concludere *verb* [25] **1** to finish, to bring to an end; **concludere la discussione** to finish the discussion; **2** to conclude, to come to a conclusion; **hanno concluso che era meglio andare in treno** they concluded that it was better to go by train.

conclusione *noun* F conclusion.

concordare *verb* [1] to agree; **bisogna concordare l'aggettivo con il nome** the adjective must agree with the noun.

concorrente *adjective* competing. *noun* F & M **1** applicant; **2** contestant.

concorrenza *noun* F competition, rivalry; **essere in**

concorrenza con qualcuna/qualcuno to be in competition with someone.

concorrere *verb* [29] to compete; **vuole concorrere nella gara** s/he wants to compete in the race.

concorso *noun* M contest, competition.

concreta/concreto *adjective* solid, well-founded, substantial; **ha fatto una proposta concreta** s/he made a solid proposal.

condanna *noun* F verdict, sentence; **condanna a morte** death sentence.

condannare *verb* [1] **1** to sentence, to convict; **il giudice l'ha condannato a vent'anni di carcere** the judge sentenced him to twenty years in prison; **2** to condemn; **è stata condannata da tutti per il suo comportamento** she was condemned by everyone for her behaviour.

condannata/condannato *adjective* condemned, blamed.

condimento *noun* M salad dressing, seasoning, flavouring.

condire *verb* [12] to dress a salad, to season; **hai già condito l'insalata?** have you already dressed the salad?

condividere *verb* [32] to share; **non condivido le loro idee** I don't share their views; **condivido l'appartamento con mia cugina** I share a flat with my cousin.

condizionale *adjective* conditional.

condizionare *verb* [1] to make conditional on (or to); **ha condizionato la sua venuta alla tua presenza** her coming was conditional on your being there.

condizione *noun* F **1** condition, state; **essere in buone condizioni** to be in good condition; **2** term, condition; **le condizioni di pagamento** terms of payment; **3 a condizione che** on condition that.

condoglianza *noun* F (*normally used in the plural*) sympathy, condolence; **mi ha fatto le condoglianze per la morte del nonno** s/he offered her/his sympathy for the death of my grandfather.

condotta *noun* F conduct, behaviour; **buona condotta** good behaviour.

conducente *noun* F & M driver; **conducente di tram** tram driver.

condurre *verb* [27] **1** to manage, to run; **condurre un'azienda** to manage a business; **2** to convey, to conduct, to transport; **un tubo che conduce il gas** a gas pipe; **3** to lead; **condurre una vita frenetica** to lead a busy life.

conferenza *noun* F public lecture, lecture.

conferenza stampa *noun* F press conference.

conferire *verb* [12] to award, to bestow; **conferire un premio** to award a prize.

conferma *noun* F confirmation; **lettera di conferma** letter of confirmation.

confermare *verb* [1] **1** to confirm; **confermare una prenotazione** to confirm a booking; **2** to endorse.

confessare *verb* [1] to confess; **confessare i propri peccati** to confess your sins.

confessione *noun* F confession.

confetti *plural noun* M sugared almonds.

confidenza *noun* F
1 familiarity, intimacy; **essere in confidenza con qualcuna/qualcuno** to be close to someone; **2** secret; **fare una confidenza a qualcuna/qualcuno** to tell someone a secret.

confinare *verb* [1] to border; **il Victoria confina il Nuovo Galles del Sud** Victoria borders NSW.

confine *noun* M border, boundary; **passare il confine** to cross the border.

conflitto *noun* M conflict, clash.

confondere *verb* [41] **1** to confuse, to mix up; **confondo sempre loro due** I always get those two mixed up; **2** to baffle, to confuse; **queste istruzioni d'uso mi confondono** these instructions confuse me.

confondersi *reflexive verb* [41] **1** to mix up; **le carte si sono confuse** the papers got all mixed up; **2** to become confused; **mi sono confusa e ho preso l'autobus sbagliato** I got confused and took the wrong bus.

conformare *verb* [1] to adapt; **conformare il proprio comportamento alla situazione** to adapt your behaviour to the situation.

conforme *adjective* similar, consistent (with); **il suo comportamento non è conforme alle sue idee** her/his behaviour is not consistent with her/his ideas.

conformista *adjective* conformist, conventional (*said of a person*).
noun F & M conformist.

confortare *verb* [1] to comfort; **confortare un amico** to comfort a friend.

confortevole *adjective* comfortable.

conforto *noun* M comfort, consolation.

confrontare *verb* [1] to compare; **confrontare due libri** to compare two books.

confronto *noun* M comparison.

confusa/confuso *adjective* confused; **avere le idee confuse** to be confused.

confusione *noun* F confusion.

congedare *verb* [1] **1** to dismiss; **2** to say good-bye; **congedare gli amici** to say good-bye to your friends.

congedarsi *reflexive verb* [1] to take leave of; **mi sono congedato presto dagli altri** I took leave early from the others.

congedo *noun* M leave; **essere in congedo** to be on leave (*for special purposes*); **congedo per malattia** sick leave.

congegno *noun* M device, mechanism.

congelare *verb* [1] to freeze; **congelare la carne** to freeze meat.

congiuntivo *noun* M subjunctive.

congiunzione *noun* F conjunction.

congiura *noun* F plot, conspiracy.

congratularsi *reflexive verb* [1] to congratulate; **si è congratulata con me per i voti** she congratulated me on my marks.

congregazione *noun* F gathering, community.

congresso *noun* M congress, conference.

coniare *verb* [2] to mint, to coin; **coniare una moneta** to mint a coin.

conigliera *noun* F (*rabbit*) hutch.

coniglio *noun* M rabbit.

coniugale *adjective* married, marital.

connessa/connesso *adjective* connected, linked.

cono *noun* M cone, ice cream cone.

conoscenza *noun* F **1** knowledge; **ho una discreta conoscenza del tedesco** I've got a fair knowledge of German; **2** acquaintance; **fare la conoscenza di qualcuna/qualcuno** to get to know someone.

conoscere *verb* [28] **1** to know, to be acquainted with; **non lo conosco bene** I don't know him very well; **conoscere una lingua straniera** to know a foreign language; **2** to meet; **li ho conosciuti l'anno scorso** I met them last year.

conquista *noun* F conquest.

conquistare *verb* [1] to conquer.

consapevole *adjective* aware, conscious of; **sono ben consapevole di ciò che faccio** I'm well aware of what I am doing.

consapevolezza *noun* F awareness.

consegna *noun* F delivery.

consegnare *verb* [1] **1** to deliver; **consegnare la merce** to deliver the goods; **2** to hand in (*or*

ITALIAN–ENGLISH **consumo**

over), to submit; **consegnare un tema** to hand in an assignment.

conseguenza *noun* F consequence.

consenso *noun* M **1** agreement, consent; **2** consensus.

conserva *noun* F preserve (*food*).

conservare *verb* [1] to preserve.

considerare *verb* [1] to consider, to contemplate; **considerare un problema** to contemplate a problem.

considerazione *noun* F consideration; **prendere in considerazione** to take into account.

considerevole *adjective* considerable.

consigliare *verb* [2] to advise, to recommend; **il medico mi ha consigliato di smettere di fumare** the doctor advised me to give up smoking.

consiglio *noun* M a piece of advice; **ho bisogno di un consiglio** I need some advice.

consistenza *noun* F substance, density.

consolante *adjective* comforting.

consolare *verb* [1] to console, to comfort; **consolare le vittime del delitto** to console the victims of the crime.

consolazione *noun* F consolation.

console *noun* F & M consul.

constatare *verb* [1] to verify, to ascertain; **constatare l'entità del danno** to ascertain the extent of the damage.

consueta/consueto *adjective* usual.

consuetudine *noun* F habit.

consulente *noun* F & M consultant.

consultare *verb* [1] to consult; **consultare un medico** to consult a doctor; **consultare un'enciclopedia** to consult an encyclopaedia.

consultazione *noun* F consultation; (*encyclopaedia, dictionary, etc.*) **opera di consultazione** reference work.

consultorio *noun* M health centre.

consumare *verb* [1] **1** to wear out; **consumare i propri vestiti** to wear out your clothes; **2** to eat or drink; **consumare una bibita** to have a drink; **consumare i pasti in casa** to eat your meals at home; **3** to consume.

consumarsi *reflexive verb* [1] to wear out; **le mie scarpe preferite si sono consumate** my favourite shoes have worn out.

consumazione *noun* F a drink (*in a bar etc.*).

consumismo *noun* M consumer culture.

consumo *noun* M consumption, use.

73

contachilometri *noun (never changes)* M odometer.

contadina/contadino *noun* F/M country woman/country man, peasant.

contaminazione *noun* F contamination.

contanti *plural noun* M cash; **mi ha pagato in contanti** s/he paid me in cash.

contare *verb* [1] **1** to count; **contare il denaro** to count your money; **2** to depend on; **puoi contare su di me** you can depend on me.

contatore *noun* M meter (*for gas or electricity*).

contatto *noun* M contact.

contea *noun* F county.

contegno *noun* M behaviour, conduct.

contemplare *verb* [1] to contemplate, to gaze at; **contemplare un panorama** to gaze at a view.

contemporanea/contemporaneo *adjective* contemporary.

contenere *verb* [75] to hold; **la piscina contiene diecimila litri d'acqua** the pool contains ten thousand litres of water.

contenta/contento *adjective* pleased, satisfied.

contentare *verb* SEE **accontentare**.

contentezza *noun* F satisfaction.

contenuto *noun* M contents; **il contenuto di una bottiglia** the contents of a bottle.

contestare *verb* [1] to contest, to challenge; **contestare una legge** to challenge a law.

contesto *noun* M context.

continente *noun* M continent.

continua/continuo *adjective* continuous, ongoing.

continuamente *adverb* all the time, continually.

continuare *verb* [1] to continue; **voleva continuare gli studi** s/he wanted to continue her/his studies.

continuazione *noun* F continuation; **in continuazione** continually, non-stop; **parla in continuazione** s/he speaks non-stop.

conto *noun* M **1** bill, account; **chiedere il conto** to ask for the bill; **fare i conti** to do the accounts; **2 conto in banca** bank account; **3 tenere conto di qualcosa** to take something into account, to bear in mind; **devi tenere conto della sua salute** you need to take her/his health into account; **4 rendersi conto di qualcosa** to be aware of something.

conto alla rovescia *noun* M countdown.

ITALIAN–ENGLISH — controllare

contorno *noun* M **1** outline, border; **2** side dish.

contorta/contorto *adjective* twisted, contorted.

contrabbando *noun* M smuggling.

contrabbasso *noun* M double bass.

contraddire *verb* [87] to contradict; **cerca sempre di contraddirmi** s/he is always trying to contradict me.

contraddittoria/contraddittorio *adjective* contradictory, inconsistent.

contraffatta/contraffatto *adjective* forged, counterfeit.

contraria/contrario *adjective* opposite; **opinioni contrarie** opposite opinions.

contrarre *verb* [78] to contract; **contrarre i muscoli del braccio** to contract the muscles in your arm; **contrarre una malattia** to contract an illness.

contrassegno *noun* M distinctive mark (e.g. a badge).

contrastare *verb* [1] to clash, to contrast with; **le nostre opinioni contrastano con le loro** our opinions clash with theirs.

contrasto *noun* M contrast.

contrattempo *noun* M hitch; **c'è stato un contrattempo** there's been a hitch.

contratto *noun* M contract, agreement; **contratto di vendita** sales contract.

contravveleno *noun* M antidote (*to a poison*).

contravvenire *verb* [92] to infringe, to break; **contravvenire alla legge** to break the law.

contravvenzione *noun* F fine; **contravvenzione per eccesso di velocità** speeding fine.

contribuente *noun* F & M taxpayer.

contribuire *verb* [12] to contribute; **contribuire alle spese** to contribute to the costs; **la sua presenza ha contribuito al successo della serata** her/his presence contributed to the success of the evening.

contributo *noun* M contribution.

contro *preposition* **1** towards, against; **non capisco cos'ha contro di me** I don't understand what s/he's got against me; **sbattere contro un muro** to crash against a wall; **2** versus (*sport*); **Italia contro Germania** Italy versus Germany.
noun con.

controcorrente *adverb* against the tide; * **andare controcorrente** to go against the tide.

controllare *verb* [1] to check; **controllare l'ora della partita** to check what time the match starts.

controllo *noun* M **1** check, inspection, check-up; **controllo dei biglietti** ticket check; **2** control, controls; **apparecchio di controllo** control mechanism; **3 essere in controllo della situazione** to be in control of the situation; **4 controllo dei passaporti** passport control.

controllora/controllore *noun* F/M (*on public transport*) ticket inspector.

controversa/controverso *adjective* controversial; **una dichiarazione controversa** a controversial statement.

controversia *noun* F controversy.

convalidare *verb* [1] to validate.

convegno *noun* M conference, convention.

convenevoli *plural noun* M pleasantries; **lascia stare i convenevoli** let's skip the pleasantries.

conveniente *adjective* fitting, opportune.

convenienza *noun* F convenience.

convenire *verb* [92] to be better, to be convenient; **conviene andare in treno** it's better to go by train.

convento *noun* M monastery, convent.

convenzionale *adjective* conventional.

conversazione *noun* F conversation.

conversione *noun* F conversion.

convertire *verb* [11] to convert.

convincente *adjective* convincing.

convincere *verb* [81] to convince; **mi ha convinto a rimandare la partenza** s/he convinced me to put off my departure.

convincersi *reflexive verb* [81] to become convinced; **non si convincerà mai di aver torto** s/he will never be convinced that s/he is wrong.

convinta/convinto *adjective* convinced; **non ne sono convinta** I'm not convinced.

convinzione *noun* F conviction.

convitto *noun* M boarding school.

convivere *verb* [82] **1** to live with; **convivere con i fratelli** to live with your siblings; **2** to live with someone (*in a de facto relationship*).

convocare *verb* [3] to call, to summon; **convocare una riunione** to call a meeting.

coordinamento *noun* M coordination.

coperchio *noun* M lid, cover.

coperta *noun* F blanket.

coperta/coperto *adjective* covered.

copertina noun F book cover, dust jacket.

coperto noun M **1** (*in a restaurant*) cover charge; **2 al coperto** indoors.

copia noun F **1** copy; **sono state vendute ventimila copie del CD** twenty thousand copies of the CD have been sold; **copia cartacea** hard copy; **copia carbone** carbon copy; **2 bella copia** final draft; **brutta copia** first draft.

copiare verb [2] to copy; **copiare un disegno** to copy a drawing.

copione noun M script, screenplay.

coppa noun F **1** goblet; **2** trophy; **3** (*soccer*) **Coppa del Mondo** World Cup; **4 coppa di gelato** ice cream in a cup.

coppia noun F couple, pair.

coprire verb [86] to cover; **coprire la testa** to cover your head; **coprire la pentola** to cover the pot.

coraggio noun M courage, boldness; **una persona piena di coraggio** a courageous person; **coraggio!** don't be afraid!

coraggiosa/coraggioso adjective courageous.

corallo noun M coral.

Corano (il) noun M the Koran.

corda noun F rope, cord.

cordiale adjective friendly, welcoming.

cordialmente adverb warmly; **ci hanno accolti cordialmente** they gave us a warm reception.

coriandoli plural noun M confetti.

coricare verb [3] to lay down, to put to bed; **lo hanno coricato sul tavolo** they laid him on the table.

coricarsi reflexive verb [3] to lie down; to go to bed; **si sono coricati presto** they went to bed early.

cornetto noun M croissant.

cornice noun M frame, picture frame.

corno noun M (*plural* F **le corna**) horn, antler; * **dire corna di qualcuna/qualcuno** to badmouth someone; * **fare le corna** to cross your fingers (*for luck*).

coro noun M **1** chorus; **2** choir.

corona noun F crown.

corpo noun M **1** body; **2** physique; **3** dead body; **4** staff, corps; **corpo diplomatico** diplomatic corps.

corredo noun M trousseau, (*Australian*) glory box.

correggere verb [44] to correct, to rectify; **correggere gli esercizi di grammatica** to correct the grammar exercises.

corrente adjective **1** flowing; **acqua corrente** running water; **2** current, present; **il mese**

corrente (*often abbreviated to* **c.m.** *in business letters*) the current month.
noun F **1** (*of water*) current, stream; **Corrente del Golfo** Gulf Stream; **2** air current, draught; **3** electricity; **è andata via la corrente** the power has failed.

correntemente *adverb*
fluently; **parla correntemente lo spagnolo** s/he speaks Spanish fluently.

correre *verb* [29] **1** to run, to speed; **non correre nel corridoio!** don't run in the hallway; **il treno correva a duecento chilometri all'ora** the train sped along at two hundred kilometres an hour; **2** to hurry; **correre dietro a qualcuna/qualcuno** to hurry after someone; * to court, to hassle.

corretta/corretto *adjective*
correct.

correttamente *adverb*
correctly.

correttore automatico *noun* M spellcheck (*computing*).

correzione *noun* F correction.

corridoio *noun* M **1** corridor, hall; **2** (*in a plane etc.*) aisle.

corriera *noun* F local or country bus.

corriere espresso *noun* M courier; **abbiamo spedito il pacco per corriere espresso** we sent the package by courier.

corrispondere *verb* [49]
1 to correspond, to coincide, to agree; **i miei desideri non corrispondono ai tuoi** my wishes don't coincide with yours; **2** to communicate with, to correspond; **da due anni corrispondo con una ragazza canadese** I have been corresponding with a Canadian girl for two years.

corrompere *verb* [64] to corrupt; **corrompere un politico** to bribe a politician.

corrotta/corrotto *adjective*
corrupt; **funzionari corrotti** corrupt officials.

corruzione *noun* F corruption.

corsa *noun* F **1** race; **corsa a staffetta** relay race; **2** trip; **il bus fa dieci corse al giorno** the bus makes ten trips a day; **3 le corse** (horse) races; **andare alle corse** to go to the races.

corsaro *noun* M pirate.

corsia *noun* F **1** aisle, passageway; **2** lane (*on a highway etc.*); **3** parking bay (*bus*); **4** public ward (*hospital*).

corsivo *noun* M italics; **in corsivo** in italics.

corso *noun* M **1** course; **un corso di storia** a history course; **corso intensivo** crash course; **2** course, progress; **il corso di una malattia** the course of an illness; **essere in corso** to be in progress; **lavori in corso** work in progress; **3** flow(ing); **il corso di un fiume** the flow of a river.

ITALIAN–ENGLISH

corta/corto *adjective* **1** short; **Susanna porta spesso le gonne corte** Susanna often wears short skirts; **2 essere a corto di qualcosa** to be short of something.

corte *noun* F **1** court; **2** courting; **fare la corte a qualcuna/qualcuno** to court someone.

corteccia *noun* F bark (*of a tree*).

corteo *noun* M procession.

cortese *adjective* polite.

cortile *noun* M courtyard.

corvo *noun* M crow.

cosa *noun* F **1** thing, something; **devo dirti una cosa** I must tell you something; **qualche cosa** something; **2 qualche cosa** (*see* **qualcosa**); **3** object; **ti prego di non lasciare le tue cose in giro** would you mind not leaving your things lying around; * **da cosa nasce cosa** one thing leads to another; * **cose da pazzi!** incredible!
pronoun what; **(che) cosa vuoi?** what do you want?; **(che) cosa hai?** what's up with you?

coscia *noun* F thigh.

cosciente *adjective* conscious, aware.

coscienza *noun* F **1** conscience; **ho la coscienza pulita** I've got a clear conscience; **2** consciousness, awareness; **3 senza coscienza** unconscious.

costituire

coscienziosa/coscienzioso *adjective* conscientious.

così *adverb* **1** so; **Roberta è così alta!** Roberta is so tall!; **ma è così presto!** but it's so early!; **sei così intelligente** you're so intelligent; **2 basta così!** that's enough!; **3 così così**, so so; **così colà** not bad; **'come stai?' – 'così così'** 'how are you going?' – 'so so'.

cosiddetta/cosiddetto *adjective* so-called.

cosmetici *plural noun* M cosmetics.

coso *noun* M (*informal*) thingumabob, what's-its-name; **passami quel coso** hand me that thingumabob.

cospicua/cospicuo *adjective* considerable.

costa *noun* F coast; **una costa rocciosa** a rocky coast.

costante *adjective* constant.

costare *verb* [1] to cost; **quanto costano queste mele?** how much do these apples cost?; **costare poco** to cost very little; * **costare un occhio della testa** to cost an arm and a leg.

costipata/costipato *adjective* stuffed up with a cold.

costituire *verb* [12] **1** to form, to constitute; **costituire una società** to form a company; **2** to constitute, to be; **la sua comparsa costituiva un'offesa** her/his appearance constituted an insult.

costituzione *noun* F constitution (*of a nation*).

costo *noun* M cost, expense.

costola *noun* F rib; * **avere qualcuna/qualcuno alle costole** to be bugged by someone.

costosa/costoso *adjective* expensive.

costretta/costretto *adjective* forced, obliged.

costringere *verb* [74] to force, to oblige; **costringere qualcuna/qualcuno a fare qualcosa** to force someone to do something.

costruire *verb* [12] to construct, to build; **costruire una casa** to build a house.

costruttore edile/costruttrice edile *noun* M/F builder.

costruzione *noun* F construction, building.

costume *noun* M **1** custom, habit; **costumi popolari** popular customs; **2** costume; **costume nazionale** national dress.

costume da bagno *noun* M bathing costume, swimming trunks, (*Australian*) bathers.

cotoletta *noun* F cutlet.

cotone *noun* M cotton.

cotone idrofilo *noun* M cotton wool.

cottura *noun* F cooking; **trenta minuti di cottura** cook for thirty minutes.

covare *verb* [1] **1** to sit on, to hatch; **covare le uova** to sit on eggs; **2** (*fire*) to smoulder * **gatta ci cova** there's something fishy.

covo *noun* M **1** den, lair; **2** hide-out.

cracker *noun* M **1** cracker, dry biscuit; **2** (computer) hacker

crampo *noun* M cramp; **ho un crampo al polpaccio** I've got a cramp in my calf.

cratere *noun* M crater.

cravatta *noun* F tie.

cravatta a farfalla *noun* F bow tie.

creare *verb* [1] to create; **creare una nuova ricetta** to create a new recipe.

creativa/creativo *adjective* creative.

creatura *noun* F creature.

creazione *noun* F creation.

credenza *noun* F **1** belief; **2** sideboard, buffet.

credere *verb* [9a] **1** to believe; **non mi credono** they don't believe me; **2 credere in** to believe in; **credere in Dio** to believe in God; **3** to think, to believe; **non credo che sia una buon'idea** I don't think it's a good idea.

credibile *adjective* believable.

credito *noun* M **1** credit; **comprare a credito** to buy on credit; **2** belief; **dare credito a**

ITALIAN–ENGLISH

qualcuna/ qualcuno to believe in someone.

crema depilatoria *noun* F hair remover.

crema pasticcera *noun* F custard.

crema per calzature *noun* F shoe polish.

crepa *noun* F crack, split.

crepare *verb* [1] **1** to split; **il piatto è crepato** the plate is cracked; **2** (*informal*) to croak it; *** crepare dalle risate** to split your sides laughing.

crepitare *verb* [1] to crackle, to rattle; **la pioggia crepitava sul tetto** the rain rattled down on the roof.

crepuscolo *noun* M dusk, twilight.

crescente *adjective* growing.

crescere *verb* [30] **1** to grow; **ma come sei cresciuto!** how you've grown!; **2** to grow up; **sono cresciuta con lei** I grew up with her.

crescita *noun* F growth; **crescita dell'economia** economic growth.

cresciuta/cresciuto *adjective* grown.

cresta *noun* F **1** crest (*of a bird*); **2** ridge, crest (*of a mountain*).

cretina/cretino *adjective* foolish.
noun F/M fool.

criceto *noun* M hamster.

crollare

cricket *noun* M (*never changes*) (*sport*) cricket; **una squadra di cricket** a cricket eleven.

criminale *adjective* criminal.
noun F & M criminal, offender.

crisi *noun* F (*never changes*) **1** crisis; **2 crisi economica** recession; **3 crisi di nervi** attack of nerves.

cristallo *noun* M crystal.

cristiana/cristiano *adjective* Christian.

cristianità *noun* M Christianity.

Cristo *noun* M Christ.

critica/critico *noun* F/M **1** critic; **2 la critica** criticism, the critics.

criticare *verb* [3] to criticise; **criticare qualcuna/qualcuno** to criticise someone.

croccante *adjective* crisp, crunchy.

croce *noun* F cross.

Croce Rossa *noun* F the Red Cross.

crocetta *noun* F cross, tick; **mettere la crocetta in una casella** to tick a box (*on a form etc.*).

crociata *noun* F crusade.

crociera *noun* F cruise; **fare una crociera** to go on a cruise.

crocifisso *noun* M crucifix.

crollare *verb* [1] **1** to collapse, to fall; **il tetto è crollato sotto**

il peso della neve the roof collapsed under the weight of the snow; **2** to fall, to slump; **i prezzi sono crollati** prices have fallen.

crollo *noun* M collapse, slump; **crollo di mercato** market slump.

cronaca *noun* F **1** account; **2** news, news item; **cronaca nera** crime reports.

cronometro *noun* M stopwatch.

crosta *noun* F crust, scab.

crostata *noun* F tart; **crostata di albicocche** apricot tart.

cruciale *adjective* crucial.

cruciverba *noun* M (*never changes*) crossword puzzle.

cruda/crudo *adjective* raw, uncooked.

crudele *adjective* cruel, harsh.

crudeltà *noun* F (*never changes*) cruelty.

crumira/crumiro *noun* F/M (*informal*) scab (*worker*).

cruna *noun* F eye of a needle.

crusca *noun* F chaff.

cruscotto *noun* M dashboard.

cubo *noun* M cube.

cuccetta *noun* F sleeping berth, couchette (*trains, ferries, etc.*).

cucchiaiata *noun* F spoonful; **una cucchiaiata di miele** a spoonful of honey.

cucchiaino *noun* M teaspoon.

cucchiaio *noun* M spoon.

cucciola/cucciolo *noun* F/M puppy.

cucina *noun* F **1** kitchen; **2** cuisine; **la cucina italiana** Italian food.

cucinare *verb* [1] to cook; **se sono solo, non cucino quasi mai** I hardly ever cook when I'm alone.

cucire *verb* [13] **1** to sew; **cucire un vestito** to make a dress; **2** to staple (*paper*).

cuculo *noun* M cuckoo.

cuffia *noun* F **1** headphones; **2** bonnet; **3** swimming cap.

cuffietta *noun* F swimming cap.

cugina/cugino *noun* F/M cousin.

cui *pronoun* **1** (*often not translated*) that, which; **il motivo per cui sono venuta** the reason (that) I came; **il film di cui tutti parlano** the film that everyone is talking about; **2** whose; **la donna il cui figlio ho conosciuto l'anno scorso** the woman whose son I met last year.

culla *noun* F cradle, cot; **dalla culla alla tomba** from the cradle to the grave.

culmine *noun* M peak, highest point.

culto *noun* M **1** cult, worship; **il culto dei santi** the worship of Saints; **il culto dell'individuo** the cult of the individual;

2 religion, faith; **il culto musulmano** the Islamic faith.

cultura *noun* F **1** culture; **la cultura italiana** Italian culture; **la cultura giovanile** youth culture; **2** learning, education; **una persona di cultura** an educated person; **3** cultivation, farming.

culturismo *noun* M bodybuilding.

cuocere *verb* [31] to cook; **cuocere la pasta** to cook pasta; **questa carne non è cotta** this meat isn't cooked.

cuoca/cuoco *noun* F/M cook, chef.

cuoio *noun* M leather.

cuore *noun* M **1** heart; **mal di cuore** heart trouble; **di buon cuore** good-hearted; **senza cuore** heartless; **2** core, middle; **nel cuor della notte** in the dead of night.

cuori *plural noun* M (*in cards*) hearts; **l'asso di cuori** the ace of hearts.

cupa/cupo *adjective* dark, gloomy.

cupida/cupido *adjective* greedy.

cupidità *noun* F greed.

cupola *noun* F dome.

cura *noun* F **1** care; **2** treatment.

curabile *adjective* treatable.

curare *verb* [1] **1** to take care of; **curare qualcuna/qualcuno** to take care of someone; **curare i propri interessi** to look after your interests; **2** to treat; **il medico mi cura con una medicina nuova** the doctor is treating me with a new drug; **3** to edit; **curare un libro** to edit a book.

curatore/curatrice *noun* M/F editor (*of books*).

curiosa/curioso *adjective* curious.

curiosare *verb* [1] to browse; **curiosare in una libreria** to browse in a bookshop.

curiosità *noun* F curiosity.

curricolo *noun* M curriculum.

cursore *noun* M cursor.

curva/curvo *adjective* bent, curved.

curva *noun* F bend, curve; **una curva a destra** a right-hand bend.

cuscino *noun* M cushion, pillow.

custode *noun* F & M guardian, custodian; **angelo custode** guardian angel.

custodia *noun* F case, holder (*for CDs, tapes, etc.*); **custodia degli occhiali** glasses case.

custodire *verb* [12] to look after, to take care of; **custodire una casa nell'assenza di qualcuna/qualcuno** to look after a house in someone's absence.

Cyclette *noun* F (*never changes*) exercise bike.

D d

da *preposition* (*note that* da *combines with definite articles*: da + il *becomes* dal, da + lo *becomes* dallo, da + la *becomes* dalla, da + l' *becomes* dall', da + i *becomes* dai, da + gli *becomes* dagli, da + le *becomes* dalle) **1** by; **è ammirata da tutti** she's admired by everyone; **il film è stato diretto da Quentin Tarantino** the film was directed by Quentin Tarantino; **2** from; **viene da Berlino** s/he's from Berlin; **non è ancora tornato dal lavoro** he hasn't got home from work yet; **da qui si vede tutto** from here you can see everything; **la casa è a venti chilometri da qui** the house is twenty kilometres from here; **3** through, by; **passiamo da Londra** we'll be passing through London; **sono passati da qui?** have they passed by here?; **4** (*with names of people*) to; **domani andrò da Tom** I'm going to Tom's tomorrow; **finalmente è andato dal dottore** he finally went to the doctor; **5** with; **abita dai Martini** s/he lives with the Martinis; **6** for (*a length of time*); **studio l'italiano da due anni** I've been studying Italian for two years; **dorme da quattro ore** s/he's been sleeping for four hours; **7** (*to indicate the purpose of a particular thing*); **abiti da inverno** winter clothes; **camera da letto** bedroom; **8** from (*as a result of*); **tremava dal freddo** s/he was shivering from the cold; **9** from, (*by means of*); **ti riconosco dalla voce** I recognise you from your voice; **10** like; **si è comportato da gentiluomo** he behaved like a gentleman; **11** as, when; **da bambino mangiavo molto** as a child I ate a lot; **12** to (*for the purpose of*) (*used with an infinitive verb but not translated into English*) **dammi qualcosa da mangiare** give me something to eat; **hai qualcosa da leggere?** have you got anything to read?; **13** since, from; **da allora** since then; **da domani in poi** from tomorrow onwards.

daccapo *adverb* again, once more; **abbiamo dovuto ricominciare daccapo** we had to start all over again.

dado *noun* M **1** dice; **tirare i dadi** to throw the dice; * **il dado è tratto** the die is cast; **2** nut (*as in nut and bolt*); **3** dado (da brodo) stock cube.

daltonica/daltonico *adjective* colour-blind.

dama *noun* F draughts; **giocare a dama** to play draughts.

damigella d'onore *noun* F bridesmaid.

danneggiare *verb* [6] **1** to damage; **la grandine ha danneggiato la macchina** the hail damaged the car; **2** to vandalise.

danno *noun* M **1** damage; **il temporale ha causato danni considerevoli** the storm caused considerable damage; **2 a danno di** at the expense of, to the detriment of; **a danno dell'ambiente** at the expense of the environment.

danza *noun* F dance; **danza popolare** folk dancing.

danza classica *noun* F ballet; **studiare danza classica** to study ballet.

danzare *verb* [1] to dance.

dappertutto *adverb* everywhere; **abbiamo cercato il cane dappertutto** we searched everywhere for the dog.

dappoco *adjective* (*never changes*) worthless, unimportant; **sono cose dappoco** these things aren't important.

dapprincipio *adverb* from the beginning.

dare *verb* [18] **1** to give; **te lo do domani** I'll give it to you tomorrow; **mi hanno dato il primo premio** they gave me first prize; **le hanno dato due anni di carcere** they gave her two years in prison; **2** to wish, to say; **dare la buonanotte a qualcuna/ qualcuno** to wish someone goodnight; **dare il benvenuto a qualcuna/ qualcuno** to welcome someone; **3** to look onto, to face (*used with regards to windows, doors, etc.*); **le finestre del salotto danno sul giardino** the living room windows look onto the garden; **4 dare una notizia** to break some news; * **dare una mano a qualcuna/qualcuno** to lend someone a hand.

darsi *reflexive verb* [18] to dedicate yourself, to abandon yourself; **si è data allo studio** she dedicated herself to study.

data *noun* F date; **la data del concerto** the date of the concert; **data di scadenza** use-by date.

dattero *noun* M (*fruit*) date.

dattiloscritto *noun* M typed manuscript.

davanti *adverb* in front, up front; **mettiti davanti** go up front. *preposition* **davanti a** in front of; **ci vediamo davanti a casa tua** we'll meet in front of your house.

davanzale *noun* M window sill.

davvero *adverb* really; **è davvero arrogante** s/he really is arrogant.

d.C. (*short for* **dopo Cristo**) AD (after Christ).

dea *noun* F goddess.

debito *noun* M debt; **avere molti debiti** to have a lot of debts.

debole *adjective* **1** weak, frail, feeble; **è ancora debole dopo la malattia** s/he's still weak following her illness; **carattere debole** weak character; **polso debole** weak pulse; **2** * **avere un debole per qualcuna/ qualcuno** to have a soft spot for someone.

decaffeinata/decaffeinato *adjective* decaffeinated, decaf; **un cappuccino decaffeinato** a decaffeinated cappuccino.

decappottabile *noun* F convertible (*car*).

decenne *adjective* ten-year old. *noun* F & M ten-year old girl/boy.

decennio *noun* M decade.

decente *adjective* **1** decent, respectable; **un abito decente** decent clothing; **2** decent, fairly good; **una proposta decente** a fairly good offer.

decidere *verb* [32] **1** to decide (on); **non hanno ancora deciso la data della festa** they still haven't decided on a day for the party; **2** to settle; **abbiamo deciso la questione** we've settled the issue.

decidersi *reflexive verb* [32] to decide, to make up your mind; **mi sono deciso a partire subito** I've decided to leave immediately.

decifrare *verb* [1] to decipher, to make out; **riesci a decifrare la mia calligrafia?** can you decipher my handwriting?

decimale *adjective* decimal.

decina *noun* F about ten; **una decina di persone** about ten people.

decisa/deciso *adjective* determined.

decisione *noun* F decision; **prendere una decisione** to make a decision; **una decisione inaccettabile** an unacceptable decision.

decisiva/decisivo *adjective* critical, important; **è stato uno dei momenti decisivi della mia vita** it was one of the defining moments of my life.

decollare *verb* [1] to take off (*planes*).

decorare *verb* [1] to decorate; **hanno decorato l'albero di Natale senza di me** they decorated the Christmas tree without me.

decorazione *noun* F decoration.

decrepita/decrepito *adjective* very old.

dedurre *verb* [27] **1** to infer, to conclude; **che cosa devo dedurre dal tuo silenzio?** what should I infer from your silence?; **2** to deduct; **ho dedotto le spese dal reddito** I subtracted expenses from my income.

definire *verb* [12] to define; **definire i limiti di una discussione** to define the limits of a discussion; **mi puoi definire questa parola?** can you define this word for me?

definizione *noun* F definition.

deformare *verb* [1] to deform.

deformarsi *reflexive verb* [1] to become deformed, to become distorted.

defunta/defunto *noun* F/M deceased.

degna/degno *adjective* worthy.

degustare *verb* [1] to taste; **abbiamo degustato tanti vini** we tasted a lot of wines.

delfino *noun* M dolphin.

delicata/delicato *adjective* delicate; **sapore delicato** delicate taste; **salute delicata** delicate health.

delinquente minorile *noun* F & M juvenile delinquent.

delitto *noun* M crime.

delizia *noun* F delight.

deliziosa/delizioso *adjective* delightful, delicious; **questa torta è deliziosa** this cake is delicious.

deltaplano *noun* M hang-glider; **praticare il deltaplano** to hang-glide.

delusa/deluso *adjective* disappointed; **è rimasta delusa** she was disappointed.

delusione *noun* F disappointment.

demarcazione *noun* F demarcation; **linea di demarcazione** demarcation line.

democratica/democratico *adjective* democratic.

democrazia *noun* F democracy.

demolire *verb* [12] to demolish, to destroy; **hanno demolito il vecchio ospedale** they demolished the old hospital.

demonio *noun* M demon, devil.

denaro *noun* M (*also* **danaro**) money.

densa/denso *adjective* dense, thick; **nebbia densa** thick fog; **olio denso** thick oil.

dente *noun* M tooth; **lavarsi i denti** to brush your teeth; **mal di denti** toothache; **dente del giudizio** wisdom tooth; **denti finti** false teeth.

dentiera *noun* F false teeth.

dentifricio *noun* M toothpaste.

dentista *noun* F & M dentist.

dentro *adverb* inside, in; **andiamo dentro** let's go inside. *preposition* into, inside; **l'ha portato dentro casa** s/he took him inside.

denuncia *noun* F declaration, reporting; **fare la denuncia di un delitto** to report a crime.

denunciare *verb* [5] to report (*a crime*); **perché non hai denunciato il furto?** why didn't you report the theft?

depennare *verb* [1] to cross out; **depenna il suo nome dall'elenco** cross her/his name off the list.

deposito *noun* M deposit, storage; **fare un deposito in banca** to make a bank deposit.

deposito bagagli *noun* M (*at a railway station, airport, etc.*) left-luggage.

depressa/depresso *adjective* depressed.

depressione

depressione *noun* F **1** hollow, dip; **2** depression.

deprimente *adjective* depressing.

deprimere *verb* [40] to depress; **la notizia mi deprime** the news depresses me.

deputata/deputato *noun* F/M Member of Parliament (*in the Italian Lower House*).

deridere *verb* [32] to mock, to make fun of; **tutti l'hanno deriso** everyone mocked him.

derisione *noun* F mockery.

descrivere *verb* [67] to describe; **Angela ci ha descritto la prima scena del film** Angela described the opening scene of the film to us.

deserta/deserto *adjective* deserted.

deserto *noun* M desert.

desiderare *verb* [1] to want; **desidero tornare presto** I want to come back soon; (*a waiter to customers*) **desiderate?** what would you like?

desiderio *noun* M desire, wish; **desiderio di pace** desire for peace.

desiderosa/desideroso *adjective* eager, longing; **è desiderosa di fama** she longs for fame.

desolazione *noun* F desolation.

destare *verb* [1] to rouse, to arouse; **destare la curiosità di un bambino** to arouse a child's curiosity.

ITALIAN–ENGLISH

destinare *verb* [1] to destine, to reserve, to assign; **questi posti sono destinati agli organizzatori** these seats are reserved for the organisers.

destinataria/destinatario *noun* F/M addressee.

destinazione *noun* F destination.

destino *noun* M destiny.

destra *noun* F **1** right; **a destra** on the right, to the right; **2 di destra** right-wing.

destra/destro *adjective* right, right-hand; **gamba destra** right leg.

destrezza *noun* F skill, dexterity.

destrimana/destrimano *adjective* right-handed.

detenere *verb* [75] to hold; **detiene il primato dei cento metri** s/he holds the hundred metres record.

determinare *verb* [1] to determine, to define, to fix; **determinare la data** to fix the date.

detersivo per piatti *noun* M washing-up liquid.

detestare *verb* [1] to detest, to loathe; **detesto quel programma** I loathe that show.

detrarre *verb* [78] to take off, to deduct; **hanno detratto dieci**

per cento dal prezzo they deducted ten per cent from the price.

dettaglio noun M detail.

dettato noun M dictation.

deviazione noun F diversion, detour.

devota/devoto adjective devoted, devout.

di preposition (note that di may be apostrophised before words beginning with vowels; it also combines with definite articles: di + il becomes del, di + lo becomes dello, di + la becomes della, di + l' becomes dell', di + i becomes dei, di + gli becomes degli, di + le becomes delle) **1** of; **un pezzo di torta** a piece of cake; **la macchina del babbo** Dad's car; **il rumore della strada** the noise of the street; **è colpevole di furto** s/he's guilty of theft; **un uomo di trent'anni** a thirty-year-old man; **è morta di fame** she died of hunger; **è debole d'udito** s/he's hard of hearing; **2** some, any; **avete del pane?** have you got any bread?; **c'è del latte?** is there any milk?; **3** than; **mio fratello è più alto di me** my brother is taller than me; **4** about; **abbiamo parlato di te** we talked about you; **5** from (where you live or come from); **siamo di Canberra** we're from Canberra; **6** in; **una miniera ricca d'oro** a mine rich in gold; **una persona povera d'idee** a person lacking in ideas; **d'inverno** in winter; **7** (often used with infinitive verbs but with no corresponding form in English) **penso di venire** I think I'll come; **mi ha detto di farlo subito** s/he told me to do it immediately.

diabete noun M diabetes.

diabetica/diabetico adjective diabetic.

diagnosi noun F (never changes) diagnosis; **la diagnosi di una malattia** the diagnosis of an illness.

diagonale adjective diagonal.

diagramma noun M diagram, graph.

dialetto noun M dialect.

dialogo noun M conversation, dialogue.

diamante noun M diamond.

diametro noun M diameter; **il diametro di un cerchio** the diameter of a circle.

diario noun M diary, journal.

diarrea noun F diarrhoea.

diavolo noun M devil; * **va al diavolo!** go to hell!; * **povero diavolo** poor devil.

dibattito noun M debate, discussion.

dicembre noun M December.

diceria noun F rumour.

dichiarare verb [1] to declare, to state; **Gianni ha dichiarato di non saper niente di**

dichiararsi

quell'incidente Gianni stated that he knew nothing about the accident; **l'hanno dichiarata innocente** they declared her innocent; **dichiarare guerra a** to declare war on.

dichiararsi *reflexive verb* [1] **1** to declare yourself; **2 dichiararsi omosessuale** to come out (*as gay*).

diciottenne *adjective* eighteen-year old.
noun F & M eighteen-year-old.

didascalia *noun* F caption (*explaining a photo etc.*).

dieta *noun* F diet; **stare a dieta** to be on a diet; **dieta base** staple diet.

dietro *adverb* behind, at the back; **venivano dietro** they followed behind; **siediti qui dietro** sit here at the back.
preposition behind; **si è nascosta dietro la porta** she hid behind the door; * **stare dietro a qualcuna/qualcuno** to keep an eye on someone.

difendere *verb* [60] to defend; **Gino difende sempre il fratellino** Gino always defends his little brother.

difesa *noun* F defence.

difetto *noun* M defect, fault; **Alberto non riconosce i propri difetti** Alberto can't see his own faults; * **con tutti i difetti** warts and all.

difettosa/difettoso *adjective* defective.

ITALIAN–ENGLISH

differente *adjective* different.

differenza *noun* F difference.

difficile *adjective* difficult; **non è difficile** it's not difficult.

difficoltà *noun* F (*never changes*) difficulty; **difficoltà finanziarie** financial difficulties; **si trova in difficoltà** s/he's in a difficult situation.

diffidente *adjective* suspicious, mistrustful.

diffondere *verb* [41] to give out, to shed, to diffuse; **l'incendio diffondeva luce per tutto il campo** the fire lit up the whole field; **diffondere una notizia** to spread (a piece of) news.

diffusa/diffuso *adjective* common, widespread; **un'abitudine diffusa** a common habit; **un mito diffuso** a popular myth.

diga *noun* F **1** dam; **2** dyke, breakwater.

digerire *verb* [12] to digest.

digestione *noun* F digestion.

digiuno *noun* M **1** fast; **2 a digiuno** on an empty stomach; **sono a digiuno** I haven't eaten, I'm fasting.

dignità *noun* F dignity.

digrignare *verb* [1] to gnash, to grind; **digrignare i denti** to grind your teeth.

dilemma *noun* M dilemma; **è un dilemma insolubile** it's an unresolvable dilemma.

ITALIAN–ENGLISH

dilettante *noun* F & M amateur, novice.

diligente *adjective* hard-working.

diluire *verb* [12] to dilute.

diluvio *noun* M downpour, flood.

dimagrire *verb* [12] to lose weight; **è molto dimagrito** he's lost a lot of weight.

dimenare *verb* [1] to wave about, to wiggle; **dimenare le dita dei piedi** to wiggle your toes.

dimenarsi *reflexive verb* [1] to writhe about, to wriggle about; **si è dimenato per tutta la notte** he tossed and turned all night.

dimensione *noun* F dimension; **le dimensioni della stanza** the dimensions of the room.

dimenticare *verb* [3] to forget (something); **ho dimenticato il portafoglio a casa** I left my wallet at home.

dimenticarsi *reflexive verb* [3] to forget; **si è dimenticata di telefonarci** she forgot to call us.

diminuire *verb* [12] **1** to reduce, to lower; **diminuire i prezzi** to lower prices; **2** to become lower; **la popolazione è diminuita** the population has decreased.

dimora *noun* F residence, dwelling.

dimostrare *verb* [1] **1** to show, to display; **ha sempre dimostrato un grande affetto per i nipotini** s/he always showed great affection for her/his grandchildren; **2** to demonstrate, to prove; **ha cercato invano di dimostrare la sua teoria** s/he tried in vain to prove her/his theory.

dinamica/dinamico *adjective* dynamic, lively.

dinamite *noun* F dynamite.

dinastia *noun* F dynasty.

dinosauro *noun* M dinosaur.

dintorni *plural noun* M outskirts; **nei dintorni di Roma** on the outskirts of Rome.

di nuovo *adverb* again, **Alessandra ha cominciato a lavorare di nuovo** Alessandra has begun working again.

dio *noun* M **1** god (*plural* **gli dei**) god; **2 Dio** God; **credere in Dio** to believe in God.

dipartimento *noun* M (*within a university*) department.

dipendente *adjective* dependent. *noun* F & M **1** employee, subordinate; **2 dipendenti** staff, personnel; **dipendenti dello stato** public servants; **dipendente interinale** temp, temporary worker.

dipendere *verb* [60] **1** to depend (on), to hang (on); **tutto dipende dalla sua decisione** it all hangs on her/his decision; **2** 'accetterai il posto?' – 'dipende' 'are you going to accept the job?' – 'it depends'.

dipingere *verb* [73] to paint (*a picture*); **ha dipinto un bel**

diploma

ritratto s/he painted a wonderful portrait.

diploma *noun* M diploma.

diplomata/diplomato *adjective* holder of a diploma.

diplomatica/diplomatico *noun* F/M diplomat.

diplomazia *noun* F diplomacy.

dire *verb* [87] **1** to say; **non ha detto una parola** s/he didn't say a word; **e lei, che ne dice?** and what does she have to say about it?; **come si dice questo in tedesco?** how do you say this in German?; **2** to tell; **dimmi cosa vuoi** tell me what you want; **3** to assert, to maintain; **Katherine dice che non è stato lui** Katherine maintains it wasn't him; **4 voler dire** to mean; **che cosa vuol(e) dire questo?** what does this mean?; * **a chi lo dici!** tell me about it!

diretta/diretto *adjective* **1** on the way to, headed for; **era diretta a casa quando l'ho incontrata** she was on her way home when I ran into her; **2** (*broadcast*) **in diretta** live; **siamo in diretta dalle Olimpiadi** we are coming to you live from the Olympics.

direttamente *adverb* straight; **sono andata direttamente a casa** I went straight home.

direttiva *noun* F instruction, directive.

direttore/direttrice *noun* M/F **1** manager, person in charge;

ITALIAN-ENGLISH

2 direttore/direttrice di un giornale newspaper editor.

direzione *noun* F **1** direction; **è andata in quella direzione lì** she went in that direction; **2** management; **3 direzione centrale** head office.

dirigente *noun* F & M executive, manager.

dirigere *verb* [33] **1** to manage, to run; **dirigere un'azienda** to run a company; **2** to turn, to direct; **ha diretto l'attenzione della giuria sull'alibi dell'imputata** s/he directed the jury's attention to the accused's alibi.

dirigersi *reflexive verb* [33] to turn (yourself), to head for; **si sono diretti verso l'aeroporto** they headed for the airport.

dirimpetto *adjective* (*never changes*) opposite; **la casa dirimpetto** the house opposite.

diritta/diritto *adjective* straight; **la via è diritta** the road is straight.

diritto *adverb* straight; **vai diritto fino all'incrocio** go straight ahead until you get to the intersection.
noun M **1** right; **il diritto di voto** the right to vote; **diritti umani** human rights; **2** (*subject of study*) law; **diritto civile** civil law; **3 diritti d'autore** copyright.

dirottare *verb* [1] to hijack (*a plane*).

ITALIAN–ENGLISH

disabile *adjective* disabled. *noun* F/M disabled person.

disabilità *noun* F disability.

disabitata/disabitato *adjective* uninhabited; **una casa disabitata** an uninhabited house.

disadattata/disadattato *noun* F/M misfit.

disagio *noun* M discomfort; **senso di disagio** an uncomfortable feeling; **sentirsi a disagio** to feel uneasy.

disapprovare *verb* [1] to disapprove.

disarmare *verb* [1] to disarm; **la polizia ha disarmato i terroristi** the police disarmed the terrorists.

disastro *noun* M disaster; **che disastro!** what a disaster!

discente *noun* F & M learner.

discepola/discepolo *noun* F/M disciple.

discesa *noun* F descent.

dischetto *noun* M floppy disk (*computers*).

disciplina *noun* F discipline.

disciplinare *verb* [1] to discipline.

disco *noun* M disc; **disco rigido** hard disk (*computers*).

discopatia *noun* F slipped disc.

discorso *noun* M **1** conversation; **2** speech, remarks; **3** argument, reasoning; **4 cambiare discorso** to change the topic.

discoteca *noun* F **1** record library; **2** disco, dance club; **andare in discoteca** to go to a disco/club.

discreta/discreto *adjective* **1** quite good, fair; **il tempo è discreto** the weather is fair; **un pasto discreto** not a bad meal; **2** reasonable, quite a lot; **una discreta somma di denaro** a reasonable sum of money.

discretamente *adverb* quite well; **parla discretamente l'italiano** s/he speaks Italian quite well.

discriminazione *noun* F discrimination; **discriminazione razziale** racial discrimination.

discussione *noun* F discussion.

discutere *verb* [34] to discuss; **abbiamo discusso la questione a lungo** we discussed the matter at length; **discutere di musica** to talk about music.

discutibile *adjective* debatable, questionable.

disdire *verb* [87] **1** to retract, to take back, **ha disdetto ciò che aveva detto** s/he took back what s/he had said; **2** to cancel; **disdire un appuntamento** to cancel an appointment.

disegnare *verb* [1] to draw, to sketch; **disegnare la testa di un vecchio** to sketch an old man's head.

disegno

disegno *noun* M drawing, sketch.

disertare *verb* [1] to desert; **molti hanno disertato** many have deserted.

disertore/disertrice *noun* M/F deserter.

disfare *verb* [19] **1** to undo, to pull apart; **disfare un nodo** to undo a knot; **disfare un pacco** to open a package; **2 disfare la valigia** to unpack.

disfatta *noun* F defeat.

disgelo *noun* M thaw.

disgrazia *noun* F bad luck, misfortune, accident; **che disgrazia!** what bad luck!; **ha la disgrazia di essere povero** he has the misfortune of being poor; **è successa una disgrazia** there's been an accident.

disinfettante *noun* M disinfectant.

disinfettare *verb* [1] to disinfect; **devi disinfettare quella ferita** you need to disinfect that wound.

disinteresse *noun* M indifference.

dislessia *noun* F dyslexia.

dislivello *noun* M difference, gap; **tra le due case c'è un dislivello di cinque metri** there is a difference in height of five metres between the two houses; **il dislivello tra gli abbienti e i non abbienti** the gap between the haves and the have-nots.

ITALIAN–ENGLISH

disoccupata/disoccupato *adjective* unemployed.

disoccupazione *noun* F unemployment.

disonestà *noun* F dishonesty.

disonesta/disonesto *adjective* dishonest; **gente disonesta** dishonest people.

disopra *adverb* **1** above, on top; **i libri più interessanti sono disopra** the most interesting books are on top; **2** upstairs; **i bambini sono andati disopra** the kids have gone upstairs.

disordine *noun* M disorder, mess.

dispari *adjective* (*never changes*) uneven; **numeri dispari** odd numbers.

dispensa *noun* F pantry.

disperazione *noun* F desperation, despair.

disperdere *verb* [52] to disperse, to scatter; **il vento ha disperso le foglie** the wind scattered the leaves; **la polizia ha disperso i manifestanti** the police dispersed the demonstrators.

dispetto *noun* M spite; **l'ha fatto per dispetto** s/he did it out of spite.

dispiacere *verb* [54] to be sorry, to be afraid (*to regret*); **mi dispiace che non sia venuta** I'm sorry she didn't come; **mi dispiace di non poter venire con voi** I'm afraid I can't come with you.

disponibile *adjective*
1 available; **non ci sono posti disponibili** there aren't any seats available; **denaro disponibile** available funds; **2** (*when talking about people*) helpful.

disponibilità *noun* F availability.

disporre *verb* [58] **1** to arrange (in a certain order), to place; **disporre i libri sulla scrivania** to arrange the books on the desk; **2** to have at your disposal; **disporre di molti soldi** to have a lot of money at your disposal.

disprezzare *verb* [1] **1** to despise; **disprezza le persone pigre** s/he detests lazy people; **2** to disregard, to ignore; **disprezza il pericolo** s/he ignores danger.

disputa *noun* F dispute.

dissenso *noun* M disagreement, disapproval; **dissenso tra madre e figlia** disagreement between mother and daughter.

dissestata/dissestato *adjective* bumpy (*road*).

dissimile *adjective* different.

dissuadere *verb* [53] to deter, to convince against doing something; **l'abbiamo dissuasa dal partire** we convinced her not to leave.

distacco *noun* M detachment (*indifference*).

distante *adjective* distant, far from; **la casa è poco distante dal paese** the house is not far from the town.

distanza *noun* F distance.

distesa *noun* F stretch, expanse; **distesa d'acqua** expanse of water.

distillare *verb* [1] to distil.

distinguere *verb* [35] to distinguish; **non sa distinguere tra il bene e il male** s/he can't tell the difference between good and bad.

distinta/distinto *adjective* distinct.

distintivo *noun* M badge (*of a group or military rank*).

distrarre *verb* [78] **1** to distract; **il bel tempo lo distrae dallo studio** the good weather distracts him from his studies; **2** to amuse; **ci distraeva con le barzellette** s/he amused us with jokes.

distratta/distratto *adjective* absent-minded; **mi sembri distratto** you seem a bit absent-minded.

distrazione *noun* F distraction.

distretto *noun* M district.

distribuire *verb* [12] **1** to distribute, to give out, to hand out; **distribuire volantini** to hand out fliers; **2 distribuire le carte** to deal the cards.

distributore di benzina *noun* M service station, petrol station.

distribuzione

distribuzione *noun* F distribution.

distruggere *verb* [36] to destroy; **la bomba ha distrutto il negozio** the bomb destroyed the shop.

distruzione *noun* F destruction.

disturbare *verb* [1] to disturb, to bother; **non vuole essere disturbata** she doesn't want to be bothered; **ti disturbo se accendo la radio?** does it bother you if I switch on the radio?

disubbidienza *noun* F disobedience.

disubbidire *verb* [12] to disobey; **non disubbidiscono mai ai nonni** they never disobey their grandparents.

disuguaglianza *noun* F inequality.

disuguale *adjective* unequal.

disumana/disumano *adjective* inhuman.

dito *noun* M (*plural* F **le dita**) finger.

dito del piede *noun* M (*plural* F **le dita del piede**) toe.

ditta *noun* F company, firm.

dittatore/dittatrice *noun* M/F dictator.

dittatura *noun* F dictatorship.

diva/divo *noun* F/M film star, stage star.

divano *noun* M couch.

ITALIAN–ENGLISH

diventare *verb* [1] to become; **la carne è diventata rancida** the meat has become rancid; **diventerà avvocato** he's going to become a lawyer; **è diventata famosa** she's become famous.

diversa/diverso *adjective* **1** different, diverse; **le sue opinioni sono diverse dalle mie** her/his opinions are different from mine; **2** various; **ci sono diverse alternative** there are various options.

diversità *noun* F diversity.

divertente *adjective* entertaining, enjoyable; **è stata una serata veramente divertente** it was a really enjoyable evening.

divertimento *noun* M fun, amusement; **buon divertimento!** enjoy yourselves!; **che divertimento!** what fun!

divertire *verb* [11] to amuse, to entertain; **ci divertiva con i racconti dei suoi viaggi** s/he entertained us with stories of her/his travels.

divertirsi *reflexive verb* [11] **1** to enjoy yourself; **vi siete divertite ieri sera?** did you enjoy yourselves last night?; **2** to like to do something; **si diverte a cucinare** s/he likes to cook.

dividere *verb* [32] **1** to divide; **l'insegnante ha diviso la classe in quattro gruppi** the teacher divided the class into four groups; **2** to share out; **ha diviso i cioccolatini fra tutti**

s/he shared the chocolates with everyone; **3 dividere venti per cinque** to divide twenty by five.

divieto *noun* M prohibition; **divieto di sosta** no parking.

divina/divino *adjective* divine.

divinità *noun* F divinity, god.

divisa *noun* F uniform; **in divisa** in uniform.

divisione *noun* F division.

divorziare *verb* [2] to divorce; **ha divorziato dal marito** she divorced her husband.

divorzio *noun* M divorce.

dizionario *noun* M dictionary.

doccia *noun* F shower; **fare la doccia** to have a shower.

docente *noun* F & M lecturer (*at a university or similar*).

documentario *noun* M documentary.

documento *noun* M document.

dogana *noun* F customs; **passare la dogana** to go through customs.

dolce *adjective* **1** sweet; **2** kind, gentle; **una persona dolce** a gentle person.
noun M sweet, dessert, cake.

dolcezza *noun* F sweetness.

dollaro *noun* M dollar, buck.

dolore *noun* M pain, ache.

domanda *noun* F **1** question; **fare una domanda** to ask a question; **2** application; **fare domanda di lavoro** to apply for a job; **3 domanda e offerta** supply and demand.

domandare *verb* [1] to ask; **ha domandato il prezzo della camicia** s/he asked the price of the shirt; **domandare di qualcuna/qualcuno** to ask after someone.

domandarsi *reflexive verb* [1] to wonder; **mi domando perché l'abbia detto** I wonder why s/he said it.

domani *adverb* tomorrow; **domani vai dal dottore?** are you going to the doctor tomorrow?; **a domani!** see you tomorrow!

domattina *adverb* tomorrow morning.

domenica *noun* F Sunday; **la domenica/di domenica** on Sundays.

domestica/domestico *adjective* **1** domestic, household; **lavori domestici** house work; **2 animale domestico** pet.

domicilio *noun* M place of residence.

dominare *verb* [1] to dominate.

domino *noun* M (*never changes*) dominoes; **effetto domino** domino effect.

donatore/donatrice di sangue *noun* M/F blood donor.

donazione *noun* F donation; **fare una donazione** to make a donation.

dondolare

dondolare *verb* [1] to rock, to swing; **la barca dondolava sul mare** the boat rocked on the sea.

donna *noun* F **1** woman; **2 da donna** women's; **abiti da donna** women's clothing.

dono *noun* M gift; **ricevere qualcosa in dono** to receive something as a gift.

dopo *adverb, preposition* after, later; **ci vediamo dopo** see you later; **dopo di lui** after him; **dopo aver pranzato sono andata al cinema** after having lunch I went to the movies. *conjunction* **dopo che** after; **dopo che ho finito il tema possiamo giocare** we can play after I've finished my essay.

dopodomani *adverb* the day after tomorrow.

doppia/doppio *adjective* double; **doppio mento** double chin; * **doppio gioco** double-cross.

doppiare *verb* [2] to dub; **il film è stato doppiato** the film has been dubbed.

doppio *noun* M double, twice as much; **ha pagato il doppio** s/he paid twice as much.

doppivetri *plural noun* M double-glazed windows.

dormire *verb* [11] to sleep; **hai dormito bene?** did you sleep well?; **stanotte ho dormito poco** I didn't get much sleep last night; **dormire all'addiaccio** to sleep rough; **fare dormire** to make sleep, to put to sleep; * **dormire come un sasso** to sleep like a log.

dormitorio *noun* M dormitory.

dormiveglia *noun* F drowsiness.

dorsale *adjective* back; **spina dorsale** backbone.

dorso *noun* M back.

dose *noun* F dose (*of medicine*).

dosso di rallentamento *noun* M speed bump (*roads*).

dotata/dotato *adjective* **1** endowed, gifted; **non sono dotato di buona memoria** I don't have a very good memory; **2** equipped; **ogni camera è dotata di bagno con doccia** every room has a bathroom with shower.

dotta/dotto *adjective* learned.

dottore *noun* M **1** doctor; **2** male graduate (*of a university*); **dottore in lettere** Bachelor of Arts.

dottoressa *noun* F **1** female doctor of medicine; **2** female graduate (*of a university*); **dottoressa in legge** Bachelor of Laws.

dottrina *noun* F doctrine.

dove *adverb* where; **dove abiti?** where do you live?; **dov'è andata la mamma?** where has Mum gone?

dovere *verb* [37] **1** to have to, must; **dobbiamo partire subito**

we have to leave immediately; **domani devo alzarmi alle sei** tomorrow I have to get up at six o'clock; **non si deve fare così** you shouldn't behave like that/do that; **2** should have, ought to have; **doveva telefonare** s/he was supposed to have rung; **3** to owe; **mi deve cinquanta dollari** s/he owes me fifty dollars.

dovunque *adverb* everywhere, all over the place.

dozzina *noun* F dozen; **una dozzina di panini** a dozen rolls.

drago *noun* M dragon.

dramma *noun* M play, drama; **un dramma di Shakespeare** a Shakespeare play.

drammatica/drammatico *adjective* dramatic.

drappo *noun* M cloth, drape.

dritta/dritto *adjective* SEE **diritta/diritto**.

dritto *adverb* SEE **diritto**.

droga *noun* F drugs; **la lotta contro la droga** the fight against drugs.

drogata/drogato *noun* F/M drug addict.

drogheria *noun* F grocer's shop, delicatessen.

dubbio *noun* M doubt, uncertainty; **non c'è dubbio** there's no doubt; **senza dubbio** without doubt; **ho qualche dubbio** I have doubts.

dubitare *verb* [1] to doubt; **dubiti della mia parola?** do you doubt my word?

duca *noun* M (*plural* **duchi**) duke.

duello *noun* M duel.

duna *noun* F dune.

dunque *conjunction* **1** therefore; **non è venuto, dunque siamo solo noi due** he hasn't come, so there are just the two of us; **2** then, well then; **dunque, ti sei decisa?** well then, have you made up your mind?

duomo *noun* M cathedral, main church; **il duomo di Milano** Milan Cathedral.

duplice *adjective* double; **un duplice effetto** a double effect.

dura/duro *adjective* **1** hard, tough; **tempi duri** hard times; **2** stern, tough; **quell'insegnante è sempre stato duro con lui** that teacher has always been tough on him; **3** stubborn; * **che testa dura!** how stubborn!

durare *verb* [1] to last, to go on, to continue; **lo spettacolo è durato più di tre ore** the show went on for more than three hours; **spero che questo tempo non duri troppo** I hope this weather doesn't go on too long.

durata *noun* F **1** duration, length of time; **2 di lunga durata** long lasting.

durevole *adjective* durable.

E e

e *conjunction* **1** and; **2** well, then; **hai sete? e bevi** you're thirsty? then drink; **3 tutte e due/tutti e due** both (of them); **tutte e tre/tutti e tre** all three (of them).

ebbene *conjunction* well; **vuoi che io venga? ebbene vengo** you want me to come? well I'll come then.

ebraica/ebraico *adjective* Jewish; **il popolo ebraico** the Jewish people. *noun* M Hebrew (*language*).

ebrea/ebreo *noun* F/M Jewess, Jew.

ecc. (*short for* **eccetera**) *adverb* etc., et cetera, and so on.

eccellente *adjective* excellent; **è un giocatore eccellente** he's an excellent player.

eccentrica/eccentrico *adjective* eccentric, odd; **un'attrice eccentrica** an eccentric actress.

eccessiva/eccessivo *adjective* excessive; **temperature eccessive** excessive temperatures.

eccesso *noun* M **1** excess, surplus; **eccesso di peso** overweight; **2 eccesso di velocità** speeding.

eccetto *preposition* except, excepting; **ce l'abbiamo in tutti i colori eccetto il blu** we've got it in every colour except blue.

eccezionale *adjective* exceptional, extraordinary; **in casi eccezionali** in exceptional cases.

eccezione *noun* F **1** exception; **fare un'eccezione** to make an exception; **a eccezione di** with the exception of; **2 essere l'eccezione** to be the odd one out; * **l'eccezione conferma la regola** the exception proves the rule.

eccitante *adjective* exciting, stimulating.

eccitarsi *reflexive verb* [1] to get excited; **si sta eccitando molto per la gita** s/he's very excited about the trip.

ecco *adverb* here, there, here is, there is, here are, there are; **'mi passi il pane, per favore?' – 'ecco'** 'will you pass me the bread please?' – 'here you are'; **vuoi il giornale? eccolo** do you want the paper? here it is; **eccoli qua** here they are.

echeggiare *verb* [6] to echo.

eclissi *noun* F (*never changes*) eclipse.

eco *noun* F or M (*plural* M **gli echi**) echo.

economia *noun* F **1** economy; **2** economics.

economica/economico *adjective* **1** economic; **le condizioni economiche del**

ITALIAN–ENGLISH

paese the country's economic conditions; **2** cheap, economical; **ristorante economico** cheap restaurant.

eczema noun M (*never changes*) eczema.

edera noun F ivy.

edicola noun F news stand.

edificio noun M building.

editore/editrice noun M/F publisher.

edizione noun F edition.

educando noun M girls' boarding school, convent school.

educata/educato adjective polite, well-mannered.

educazione noun F **1** upbringing, good manners; **2** education; **educazione fisica** physical education.

effettivamente adverb actually; **effettivamente, hai ragione tu** actually, you're right.

effetti sonori plural noun M sound effects.

effetto noun M **1** effect; **causa ed effetto** cause and effect; **la medicina non ha avuto alcun effetto** the medicine had no effect whatsoever; **effetto collaterale** side effect; **effetto serra** greenhouse effect; **2 in effetti** actually.

efficace adjective effective.

efficiente adjective efficient.

egoismo noun M selfishness.

elettricista

egoista noun F & M selfish person.

elastica/elastico adjective flexible, elastic; **piani elastici** flexible plans.

elastico noun M rubber band.

elefante noun M elephant.

elegante adjective elegant, smartly dressed; **è una persona elegante** s/he's a snappy dresser.

eleganza noun F elegance.

eleggere verb [44] to elect; **eleggere un nuovo deputato** to elect a new Member of Parliament.

elementare adjective **1** elementary, basic; **2 scuola elementare** primary school.

elemento noun M element, component; **elemento chimico** chemical element; **gli elementi di un racconto** the elements of a story.

elemosina noun F charity; **chiedere l'elemosina** to beg.

elencare verb [3] to list; **ha elencato tutti i suoi problemi** s/he listed all her/his problems.

elenco noun M **1** list; **2 elenco telefonico** phone book; **3 essere fuori elenco** to have a silent phone number.

elettrica/elettrico adjective electric, electrical; **luce elettrica** electric light.

elettricista noun F & M electrician.

elettricità *noun* F electricity.

elettrodomestici *plural noun* M household appliances.

elevare *verb* [1] to raise, to elevate; **elevare gli occhi verso il cielo** to raise your eyes towards the sky.

elezione *noun* F election.

elica *noun* F propeller.

elicottero *noun* M helicopter.

eliminare *verb* [1] to eliminate, to remove; **eliminare tutti i concorrenti** to eliminate all other competitors.

elmo *noun* M helmet.

e-mail *noun* (*never changes*) **1** (*the system*) F e-mail; **2** (*an individual message*) F or M e-mail; **hai ricevuto il mio e-mail?** did you get my e-mail?

embrionale *adjective* embryonic.

embrione *noun* M embryo.

emendare *verb* [1] to amend.

emergenza *noun* F emergency; **in caso di emergenza** in case of emergency; **misure di emergenza** emergency procedures.

emettere *verb* [45] **1** to emit, to utter, to let out; **non ha emesso neanche un suono** s/he didn't make a sound; **2** to issue; **emettere azioni** to issue shares.

emigrante *noun* F & M emigrant.

emigrare *verb* [1] to emigrate; **sono emigrati in America trent'anni fa** they emigrated to America thirty years ago.

emozionante *adjective* exciting.

emozionata/emozionato *adjective* moved, emotional.

emozione *noun* F emotion.

enciclopedia *noun* F encyclopaedia.

energia *noun* F energy; **energia solare** solar energy; **mi manca l'energia** I've got no energy.

energica/energico *adjective* energetic; **è una tipa energica** she's the energetic type.

ennesima/ennesimo *adjective* umpteenth; **mi ha raccontato per l'ennesima volta del suo viaggio** s/he told me for the umpteenth time about her/his trip.

enorme *adjective* enormous; **una piscina enorme** an enormous pool; **avere un successo enorme** to have an enormous success.

enoteca *noun* F wine shop.

ente *noun* M organisation, corporation, authority.

ente assistenziale *noun* M charity organisation.

entrambe/entrambi *plural adjective* both; **entrambi i ragazzi hanno giocato bene** both boys played well.

entrare *verb* [1] **1** to enter, to go in(to); **sono entrati nella cucina tutti insieme** they all entered the kitchen together; **il ladro è entrato dalla finestra** the thief got in through the window; **2 entrare in** to begin to do something; **entrare in argomento** to begin talking about something.

entrata *noun* F **1** entrance; **l'entrata principale** the main entrance; **2 le entrate** earnings, income; **entrate e uscite** income and expenditure.

entro *preposition* within; **entro una settimana** within a week; by; **voglio partire entro la fine dell'anno** I want to leave by the end of the year.

entusiasmare *verb* [1] to thrill, to excite; **il suo discorso ha entusiasmato il pubblico** her/his speech thrilled the crowd.

entusiasmo *noun* M enthusiasm; **studia con molto entusiasmo** s/he studies with great enthusiasm.

entusiasta *noun* F & M enthusiastic, very pleased; **sembra entusiasta del nuovo lavoro** s/he seems enthusiastic about her/his new job.

entusiastica/entusiastico *adjective* enthusiastic; **la reazione al film è stata entusiastica** reaction to the film has been enthusiastic.

enunciare *verb* [5] to utter.

epidemia *noun* F epidemic; **un'epidemia di influenza** a flu epidemic.

epilessia *noun* F epilepsy.

epilettica/epilettico *adjective* epileptic.

episodio *noun* M episode.

epoca *noun* F time, era; **all'epoca dei romani** at the time of the Romans.

eppure *conjunction* and yet, nevertheless; **non mi ha restituito i soldi, eppure sa che ne ho bisogno** s/he hasn't given me back the money, and yet s/he knows that I need it.

equatore *noun* M equator.

equazione *noun* F equation.

equilibrio *noun* M balance.

equinozio *noun* M equinox.

equipaggio *noun* M cabin crew.

équipe *noun* F (*work or sports*) team; **un'équipe di fisici** a team of physicists.

equivalere *verb* [79] to be equivalent to; **il suo silenzio equivale a un no** her/his silence is equivalent to a no.

erba *noun* F **1** grass; **filo d'erba** blade of grass; **tagliare l'erba** to mow the lawn; **2** (*informal*) pot, marijuana.

erbicida *noun* M weedkiller.

erede *noun* F & M heiress, heir; **unico erede** sole heir.

eredità *noun* F inheritance; **ricevere qualcosa in eredità** to inherit something.

ernia *noun* M hernia.

eroe/eroina *noun* M/F hero/heroine; **gli eroi dei nostri tempi** the heroes of our time.

eroina F (*drug*) heroin.

errore *noun* M error; **il testo è pieno di errori** the text is full of errors; **è stato un errore venire qua** it was a mistake coming here.

eruzione *noun* F eruption.

esagerare *verb* [1] to exaggerate, to overdo; **cerca di non esagerare** try not to overdo it; **esagerare nel mangiare** to overeat.

esaltazione *noun* F glorification.

esame *noun* M exam; **esame di storia** history exam; **dare un esame** to take an exam; **tutti sono stati promossi agli esami** everyone passed the exams; **esame di guida** driving test.

esaminare *verb* [1] to examine, to check, to test; **ha esaminato a lungo il quadro** s/he spent a long time examining the painting.

esasperante *adjective* infuriating.

esatta/esatto *adjective* **1** exact; **puoi dirmi l'ora esatta?** can you tell me the exact time?; **2** correct; **la tua risposta purtroppo non è esatta** unfortunately your answer isn't correct; **3** (*as a response*) **esatto!** exactly!

esattamente *adverb* exactly; **è esattamente la stessa cosa** it's exactly the same thing.

esaurimento *noun* M **1** using up, consumption; **l'esaurimento delle provviste** the using up of the (food) supplies; **2** burn-out; **esaurimento nervoso** nervous breakdown.

esaurire *verb* [12] **1** to exhaust, to use up; **ho esaurito la pazienza** I've exhausted my patience; **2** to sell out; **il giornale è esaurito** the paper is sold out.

esaurita/esaurito *adjective* burnt-out; **sono completamente esaurita** I'm absolutely burnt-out.

esca *noun* F bait (*for fishing*).

esclamare *verb* [1] to exclaim, to cry out.

esclamazione *noun* F cry, exclamation; **esclamazione di sorpresa** cry of surprise.

escludere *verb* [25] to exclude, to bar; **è stato escluso dalla gara** he's been barred from the race.

esclusa/escluso *adjective* **1** excluded; **si sentiva esclusa dal gruppo** she felt excluded from the group; **2** except (for), excluding; **c'erano tutti esclusa**

ITALIAN–ENGLISH

lei everyone was there except her; **il pasto costa quindici dollari escluse le bibite** the meal costs fifteen dollars, excluding drinks.

esclusione *noun* F exclusion.

escursionista *noun* F & M hiker.

eseguire *verb* [11] to carry out, to follow; **non hanno eseguito le istruzioni** they didn't follow the instructions.

esempio *noun* M example; **per esempio** for example; **dare il buon esempio** to set a good example; **dare il cattivo esempio** to set a bad example.

esemplare *adjective* exemplary; **comportamento esemplare** exemplary behaviour.

esente *adjective* exempt, free from; **esente da tasse** tax-free.

esercitare *verb* [1] **1** to exercise; **esercitare la mente** to exercise your mind; **2** to practise; **esercitare una professione** to practise a profession.

esercito *noun* M army.

Esercito della Salvezza *noun* M Salvation Army.

esercizio *noun* M **1** exercise; **esercizi di giapponese** Japanese (language) exercises; **esercizi ginnici** physical exercises; **2** practice (*of a profession*); **l'esercizio della medicina** the practice of medicine.

esperienza

esibizionista *noun* F & M show-off.

esigente *adjective* demanding; **lo trovo piuttosto esigente** I find him quite demanding.

esile *adjective* slim, slender.

esiliata/esiliato *adjective* F/M exiled.

esilio *noun* M exile; **è morta in esilio** she died in exile.

esistenza *noun* F existence.

esistere *verb* [10] to exist, to be; **non esistono altre alternative** there are no other alternatives.

esitare *verb* [1] to hesitate; **non esitare a rispondere** don't hesitate to answer.

esito *noun* M outcome, result; **è stato un buon esito** it was a good outcome.

esotica/esotico *adjective* exotic.

espandere *verb* [70, *with past participle* **espansa/espanso**] to expand.

espediente *noun* M ploy.

espellere *verb* [38] to expel; **sono stati espulsi dalla scuola due studenti** two students were expelled from the school.

esperienza *noun* F **1** experience; **è un'esperienza che non dimenticherò mai** it's an experience I'll never forget; **2 fare esperienza** to gain experience.

esperimento

esperimento noun M experiment.

esperta/esperto noun F/M expert; **è un'esperta di diritto** she's a legal expert.

esplodere verb [39] **1** to explode **la bomba è esplosa a mezzanotte** the bomb exploded at midnight; **2 fare esplodere qualcosa** to blow something up; **hanno fatto esplodere la stazione** they blew up the station.

esplorare verb [1] to explore; **abbiamo esplorato la costa dell'isola** we explored the island's coast.

esplosione noun F explosion.

esporre verb [58] to display, to expose; **abbiamo esposto le foto in salotto** we displayed the photos in the living room.

espressa/espresso adjective rapid; **treno espresso** fast train.

espressione noun F expression.

espresso noun M (*coffee*) espresso, (*Australian*) short black.

esprimersi reflexive verb [40] to express yourself; **a volte non riesco ad esprimermi bene** sometimes I don't manage to express myself well.

essenza noun F essence.

essere verb [16] **1** to be; **chi è?** who is it?; **è un film divertente** it's an enjoyable film; **2** to happen; **quando è stato?** when did it happen?; **3** to be from, to come from; **sono di Canberra** I'm from Canberra; **4** (*used as an auxiliary verb to form the past tense*) **non sono ancora arrivati** they haven't arrived yet; **sono salita sul treno alle otto precise** I got on the train at exactly eight o'clock; **ti è piaciuta la serata?** did you enjoy the evening?; **5** to cost; **quant'è?** how much is it?; **6 esserci** to be (there is/there are); **c'è troppo rumore qua** there's too much noise here; **ci sono due possibilità** there are two possibilities; **che cosa c'è?** what's the matter?; **7 c'era una volta ...** once upon a time there was ...
noun M being; **essere umano** human being.

est noun M east; **verso est** eastward.

establishment noun M (*never changes*) establishment (*those in power*).

estate noun F summer; **d'estate** in summer; **estate di San Martino** Indian summer.

estatica/estatico adjective ecstatic.

esterna/esterno adjective external, exterior.

esterno noun M outside **l'esterno della casa è ricoperto d'edera** the outside of the house is covered in ivy; **dall'esterno** from the outside.

ITALIAN–ENGLISH

estero *noun* M overseas, abroad; **andare all'estero** to go overseas.

estesa/esteso *adjective* large, extensive; **Londra è una città molto estesa** London is a very large city.

estinta/estinto *adjective* F/M extinct.

estinzione *noun* F extinction; **l'estinzione dei dinosauri** the extinction of the dinosaurs.

estiva/estivo *adjective* summer; **abiti estivi** summer clothes.

estranea/estraneo *adjective* **1** outside, foreign; **2 essere estranea/estraneo a qualcosa** to have nothing to do with something.

estrarre *verb* [78] to extract, to pull out; **estrarre una scheggia di legno dal dito** to extract a splinter from your finger.

estratto conto *noun* M bank statement.

estratto di pomodoro *noun* M tomato paste, tomato purée.

estrazione *noun* F draw, drawing (*of a lottery or raffle*).

estrema/estremo *adjective* **1** extreme, farthest; **i limiti estremi dell'universo** the farthest points of the universe; **2 Estremo Oriente** Far East.

estremità *noun* F end, tip, furthest point; **l'estremità della canna da pesca** the tip of the fishing rod.

evento

esubero *noun* M (*in workplace*) **in esubero** surplus to requirement, redundant.

esule *noun* F & M exile (*person*).

età *noun* F **1** age; **all'età di trent'anni** at thirty years of age; **di mezza età** middle-aged; **2** age, era; **l'età del bronzo** the Bronze Age.

eterna/eterno *adjective* eternal, everlasting.

eternità *noun* F eternity.

eterosessuale *adjective* heterosexual.

etichetta *noun* F **1** label; **l'etichetta della bottiglia** bottle label; **2** price tag; **3 etichetta autoadesiva** sticker.

etilometro *noun* M breathalyser.

etnica/etnico *adjective* ethnic; **i vari gruppi etnici del paese** the country's various ethnic groups.

ettaro *noun* M hectare.

eucalipto *noun* M eucalypt, gum tree; **olio di eucalipto** eucalyptus oil.

euro *noun* M (*never changes*) euro (*European currency unit*).

eutanasia *noun* F euthanasia.

evadere *verb* [53] to escape; **sono evasi dalla prigione dieci uomini** ten men escaped from the jail.

evento *noun* M event; **gli eventi principali del festival** the main festival events.

eventuale *adjective* possible; **eventuali difficoltà** possible difficulties.

eventualmente *adverb* if necessary, in case; **eventualmente potresti dormire da me** if necessary you could sleep at my house.

evidente *adjective* evident, obvious; **la soluzione mi sembra evidente** the solution seems obvious to me.

evidenziatore *noun* M highlighter (*pen*).

evitare *verb* [1] to avoid; **cerchiamo di evitare i malintesi** let's try to avoid misunderstandings.

evoluzione *noun* F evolution.

evviva *exclamation* hurray, long live; **evviva la Repubblica!** long live the Republic!

ex *preposition* ex-, former; **l'ex presidente degli Stati Uniti** the former president of the United States.

extra *adjective* (*never changes*) additional; **spese extra** additional expenses.

extraterrestre *adjective* extraterrestrial.
noun F & M extraterrestrial.

F f

fa *adverb* ago; **l'ho visto un mese fa** I saw him a month ago.

fabbrica *noun* F factory; **fabbrica di mobili** furniture factory; **lavorare in fabbrica** to work in a factory.

fabbricare *verb* [3] to manufacture, to make; **una ditta che fabbrica motori** a company that manufactures motors.

faccenda *noun* F **1** matter, thing; **c'è una faccenda che devo sbrigare** there's something I have to attend to; **2 le faccende domestiche** housework.

facchina/facchino *noun* F/M porter.

faccia *noun* F face; **hai la faccia pallida** your face is pale; **ridere in faccia a qualcuna/qualcuno** to laugh in someone's face; **faccia a faccia** face to face; * **che faccia tosta!** what cheek!

facciata *noun* F facade.

facile *adjective* simple, easy; **non è una domanda facile** it's not an easy question; **di facile impiego** user-friendly; * **avere la parola facile** to have the gift of the gab.

facoltà *noun* F **1** faculty, capacity; **le facoltà umane** human faculties (*abilities*); **2** university faculty; **facoltà di lettere** arts faculty.

fagiolo *noun* M bean.

fagotto *noun* M bundle.

fai da te *noun* M (*never changes*) DIY, do-it-yourself.

ITALIAN–ENGLISH

falciare *verb* [5] to mow; **falciare l'erba** to mow the grass.

falco *noun* M hawk.

falegname *noun* F & M carpenter, cabinet maker.

falena *noun* F moth.

fallimento *noun* M **1** failure; **la serata è stata un fallimento** the evening was a failure; **2** bankruptcy.

fallire *verb* [12] **1** to fail; **tutti i nostri tentativi sono falliti** all our efforts have failed; **2** to go bankrupt; **la compagnia è fallita** the company went bankrupt.

fallo *noun* M **1** error, mistake; **2** (*soccer*) foul; (*tennis*) fault.

falò *noun* M (*never changes*) bonfire.

falsa/falso *adjective* **1** false, untrue; **ha dato un nome falso** s/he gave a false name; **falso allarme** false alarm; **2** forged, counterfeit; **firma falsa** forged signature.

falsificare *verb* [3] **1** to forge, to counterfeit; **falsificare una firma** to forge a signature; **2** to distort; **falsificare i fatti** to distort the facts.

fama *noun* F **1** fame; **è il film con il quale si è conquistata la fama** it's the film that made her famous; **2** reputation; **lo conosco di fama** I know him by reputation; **una buona fama** a good reputation; **3 avere cattiva fama** to be notorious.

fame *noun* F hunger; **avere fame** to be hungry; * **brutta/brutto come la fame** as ugly as sin.

famigerata/famigerato *adjective* F/M infamous.

famiglia *noun* F **1** family; **è senza famiglia** s/he has no family; **farsi una famiglia** to start a family; **2 in famiglia** at home; **vivo sempre in famiglia** I still live at home; **3 famiglia monoparentale** single-parent family.

familiare *adjective* **1** family; **vita familiare** family life; **2 nucleo familiare** household; **3** familiar; **4** (*language*) colloquial.
noun F & M relative, family member.

familiarità *noun* F familiarity, closeness; **avere familiarità con qualcosa** to be familiar with something.

famosa/famoso *adjective* famous.

fan *noun* F & M (*never changes*) fan; **la strada era piena dei fan dell'attore** the street was full of the actor's fans.

fanale *noun* M lamp, lantern; **fanale anteriore** front light (*car*); **fanale posteriore** rear light (*car*).

fanalino di coda *noun* M tail light (*of a car*).

fan̲atica/fan̲atico *adjective* **1** fanatical; **un tifoso fanatico** a fanatical supporter; **2** mad about, wild about; **è fanatica della pallacanestro** she's mad about basketball; **3** bigot.

fanat̲ismo *noun* M fanaticism.

fanci̲ulla/fanci̲ullo *noun* F/M young girl/young boy.

fa̲ngo *noun* M mud.

fannull̲ona/fannull̲one *noun* F & M (*informal*) bludger.

fantasci̲enza *noun* F science fiction; **film di fantascienza** science fiction film.

fantasi̲a *noun* F **1** imagination; **ha molta fantasia** s/he has a lot of imagination; **2** whim, fancy; **le è venuta la fantasia di andare a vivere in un altro paese** she's got it into her head to go and live in another country; **3 essere piena/pieno di fantasia** imaginative; **è piena di fantasia** she's imaginative.

fant̲asma *noun* M ghost; **credi ai fantasmi?** do you believe in ghosts?

fant̲astica/fant̲astico *adjective* **1** imaginary, unreal, untrue; **racconto fantastico** imaginary tale; **2** fantastic, wonderful; **è un film fantastico** it's a fantastic film.

fantastic̲are *verb* [3] to dream up, to daydream; **sta sempre fantasticando qualcosa** s/he is always dreaming up something.

fant̲astico *exclamation* fantastic, great; **vengono anche loro? fantastico!** they're coming as well? fantastic!

f̲ante *noun* M **1** foot soldier; **2** (*in cards*) jack; **il fante di picche** the jack of spades.

fanteri̲a *noun* F infantry.

fant̲occia/fant̲occio *noun* F/M doll, puppet.

fard̲ello *noun* M bundle, load.

f̲are *verb* [19] **1** to do, to make; **posso fare qualcosa?** is there anything I can do?; **fare il letto** to make your bed; **fa come se fossi a casa tua** make yourself at home; **2** to cook, to prepare food; **mi ha fatto la minestra** s/he cooked me soup; **3** to be (*when referring to professions*); **da grande vuole fare la poliziotta** when she grows up she wants to be a policewoman; **4** to do, to practise; **faccio molto sport** I do a lot of sport; **5** to act (*in a certain way*), to be; **non fare la scema/lo scemo** don't be a fool; **6** to make, to come to (*when referring to numbers*) **dieci più cinque fa quindici** ten plus five makes fifteen; **7** to spend (*time*) **dove farai le vacanze quest'anno?** where are you spending the holidays this year?; **8** to show (*a film*); to put on (*a play*); **stasera al Capitol fanno *Ben Hur*** *Ben Hur* is showing tonight at the Capitol; **9** to be able; **come fai a dire questo?** how can you say that?; **10** to be (*when referring to the weather*);

ITALIAN–ENGLISH **fatica**

oggi fa bel tempo it's a nice day today; **domani farà trenta gradi** tomorrow it's going to be thirty degrees; **11 fare bene** to do good, to be good for; **hai fatto bene a telefonare** you did well to call; **ti farà bene uscire** it will do you good to get out for a bit; **12 far male** to hurt, to be harmful; **mi fa male un piede** my foot hurts; **il tabacco fa male alla salute** tobacco is harmful to health; **13** to permit, to cause to happen; **far fare qualcosa** to get someone else to do/make something; **fatemi passare, per favore** let me through please; **mi fai entrare o no?** are you going to let me in or not?; **fare tacere qualcuna/qualcuno** to make someone keep quiet; **14 fare vedere qualcosa a qualcuna/qualcuno** to show someone something; **ti faccio vedere il mio nuovo videogioco** I'll show you my new video game; **15 fare a meno di qualcuna/qualcuno** (*or* **qualcosa**) to be able to do without someone (*or* something); **non posso fare senza di lei** I can't manage without her; **16 fare la pace** to make up (*with someone*); **ho finalmente fatto la pace con lui** I finally made up with him.

farfalla *noun* F butterfly.

farfugliare *verb* [8] to slur (*words*).

farina *noun* F flour.

farmacia *noun* F chemist shop, pharmacy.

farmaco *noun* M drug, medicine.

faro *noun* M **1** lighthouse; **2** headlight (*of a car*).

farsi *reflexive verb* [19] **1** to become; **come si è fatta grande!** how big she's got!; **2** to get yourself, to acquire; **mi sono fatto un nuovo computer** I got myself a new computer; **3** to shoot up (*drugs*).

fascia *noun* F **1** band, strip; **2** bandage.

fascino *noun* M **1** fascination, attraction; **2 avere fascino** to be fascinating; **ha un notevole fascino** s/he is charismatic.

fascismo *noun* M fascism.

fascista *noun* F & M fascist.

fase *noun* F stage, phase.

fastidio *noun* M annoyance, tediousness; **dare fastidio a qualcuna/qualcuno** to annoy someone; **quella donna mi dà fastidio** that woman annoys me.

fastidiosa/fastidioso *adjective* annoying.

fasulla/fasullo *adjective* false, phoney.

fata *noun* F fairy; **racconti di fate** fairy tales.

fatica *noun* F **1** effort, toil; **è tutto grazie alle vostre fatiche** it's all thanks to your efforts; **2 a fatica** with difficulty; **riusciva a fatica a parlare** s/he managed to speak with difficulty.

faticare *verb* [3] **1** to toil, to labour; **faticavano sette giorni alla settimana** they toiled seven days a week; **2** to have difficulty, to struggle; **Alex faticava a portare la scatola da solo** Alex had trouble carrying the box by himself.

faticosa/faticoso *adjective* exhausting.

fato *noun* M fate.

fatta/fatto *adjective* **1** made, done; **ben fatta/fatto** well-made; **2 essere fatta/fatto per qualcosa** to be made (*cut out*) for something; **è fatto per essere maestro** he was made to be a teacher.

fatto *noun* M **1** event, occurrence; **i fatti degli ultimi mesi** the events of recent months; **fatto di cronaca** news item; **2** fact; **il fatto è che non volevo venire** the fact is I didn't want to come; **3** (*informal*) **bada ai fatti tuoi!** mind your own business!

fattore *noun* M factor.

fattoria *noun* F farm.

fattura *noun* F invoice, bill.

fatturato *noun* M turnover.

fauci *plural noun* F jaws (*of an animal*).

fauna *noun* F fauna, animal life.

fava *noun* F broad bean.

favola *noun* F **1** fairy tale; **2** fable.

favore *noun* M **1** favour; **potresti farmi un favore?** could you do me a favour?; **2** approval, favour; **gode il favore della preside** s/he enjoys the principal's favour.

favorevole *adjective* favourable; **circostanze favorevoli** favourable circumstances.

favorire *verb* [12] **1** to favour, to help; **spesso la sorte lo favorisce** luck often favours him; **favorisco il secondo concorrente** I prefer the second candidate; **2** to foster, to encourage; **favorire le piccole imprese** to encourage small businesses.

faxare *verb* [1] to send a fax.

fazzoletto *noun* M handkerchief.

fazzoletto di carta *noun* M (facial) tissue.

febbraio *noun* M February; **la lettera è del 5 febbraio** the letter is dated 5 February.

febbre *noun* F temperature, fever; **ha la febbre alta** s/he has a high temperature.

febbre da fieno *noun* SEE **raffreddore da fieno**.

feconda/fecondo *adjective* fertile.

fede *noun* F **1** faith, belief, **la fede religiosa** religious faith; **2** wedding ring; **3 giurare fede a qualcuna/qualcuno** to pledge loyalty to someone.

fedele *adjective* loyal; **amici fedeli** loyal friends.

fedeltà *noun* F loyalty.

federa *noun* F pillowcase.

federale *adjective* federal; **governo federale** federal government.

federazione *noun* F commonwealth, federation.

fedina *noun* F police record; **avere la fedina sporca** to have a police record.

fegato *noun* M liver; * **avere il fegato di fare qualcosa** to have the guts to do something.

felce *noun* F fern.

felice *adjective* happy; **un bambino felice** a happy child; **ero felice di vederla** I was happy to see her.

felicità *noun* F happiness.

felicitazioni *exclamation* congratulations!

feltro *noun* M felt.

femmina *noun* F female.

femminile *adjective* female.

femminismo *noun* M feminism.

femminista *noun* F & M feminist.

fenicottero *noun* M flamingo.

fenomeno *noun* M
1 phenomenon; **fenomeni naturali** natural phenomena;
2 amazing person, exceptional person; **è un fenomeno** s/he is amazing.

feriale *adjective* week, work; **giorni feriali** weekdays/workdays; **orario feriale** weekday timetable.

ferie *plural noun* F holidays, leave (from work) **essere in ferie** to be on leave; **passiamo le ferie in Francia** we're spending the holidays in France.

ferire *verb* [12] **1** to injure, to wound; **è rimasta ferita in un incidente stradale** she was injured in a car accident; **2** to hurt, to offend; **le sue parole ti hanno ferito?** were you offended by what s/he said?; **ferire qualcuna/qualcuno** to hurt someone's feelings.

ferita *noun* F wound, injury; **è una ferita non molto grave** it's not a very serious wound.

ferma/fermo *adjective* **1** still, motionless; **state fermi!** keep still!; **acqua ferma** still water; **2** fixed, resolute; **è ferma nella sua opinione** she's fixed in her opinion.

fermaglio *noun* M **1** brooch; **2** paper clip.

fermare *verb* [1] to stop, to bring to a stop; **questo treno non ferma a tutte le stazioni** this train doesn't stop at all stations; **l'hanno fermata all'uscita** they stopped her at the exit.

fermarsi *reflexive verb* [1] **1** to stop, to come to a stop; **il**

tassì si è fermato davanti all'albergo the taxi stopped in front of the hotel; **2** to stay, to remain; **quanto tempo ti fermi a Sydney?** how long are you staying in Sydney?

fermata noun F stop; **fermata dell'autobus** bus stop; **scendo alla prossima fermata** I'm getting off at the next stop.

feroce adjective ferocious.

ferro noun M **1** iron; **2** knitting needle; **lavorare ai ferri** to knit; **3 ferro da stiro** iron (for clothes); * **tocca ferro!** touch wood!

ferrovia noun F railway.

fertile adjective fertile.

fertilità noun F fertility.

fessa/fesso adjective foolish. noun F/M fool, jerk.

fessacchiotta/ fessacchiotto noun F/M dope, dimwit.

fesseria noun F nonsense, (informal) bull; **che fesseria!** what nonsense!

fessura noun F split, crack; **una fessura nel muro** a crack in the wall.

festa noun F **1** holiday, feast day; **festa civile** public holiday; **la festa di San Patrizio** St Patrick's Day; **2** party; **sei stata alla festa?** did you go to the party?; **3 la Festa della Mamma** Mother's Day; **la Festa del Papà** Father's Day; **4 festa d'addio al celibato** stag party; **festa d'addio al nubilato** hens' night.

festeggiare verb [6] to celebrate; **abbiamo festeggiato il compleanno di Anna** we celebrated Anna's birthday.

festiva/festivo adjective holiday; **orario festivo** holiday timetable; **abiti festivi** Sunday best.

feticcio noun M fetish.

feto noun M foetus.

fetta noun F slice; **una grossa fetta di pane** a thick slice of bread.

fiaba noun F story, fairytale.

fiamma noun F flame; **la fiamma dell'accendino** the flame of the cigarette-lighter.

fiammifero noun M match; **scatola di fiammiferi** matchbox.

fiamminga/fiammingo adjective Flemish.

fianco noun M **1** side; **correvamo fianco a fianco** we ran along side by side; **2** hip.

fiasco noun M flask; **un fiasco di vino** a flask of wine.

fiato noun M breath; * **non sprecare il fiato** don't waste your breath.

fibbia noun F buckle.

fibra noun F fibre; **un pasto ricco di fibre** a high-fibre meal.

ficcare *verb* [3] to hammer (in), to drive (in); **ficcare un chiodo** to hammer in a nail; * **non ficcare il naso nelle faccende altrui** don't stick your nose into other people's business.

fico *noun* M **1** fig; **2** fig tree.

fidanzamento *noun* M engagement.

fidanzarsi *reciprocal verb* [1] to get engaged; **Angela si è fidanzata con un ex compagno di scuola** Angela got engaged to an old school friend.

fidanzata/fidanzato *adjective* engaged.
noun F/M fiancée/fiancé.

fidarsi *reflexive verb* [1] to trust; **ma perché non ti fidi di me?** why don't you trust me?; **non mi fido di ciò che dice** I don't trust what s/he says.

fido bancario *noun* M bank overdraft.

fiducia *noun* F **1** trust, confidence; **ha abusato della mia fiducia** s/he has abused my trust; **abbi fiducia in me** trust me; **2 avere fiducia in se stessa/stesso** to be confident (in yourself).

fieno *noun* M hay.

fiera *noun* F fair; **fiera commerciale** trade fair.

fiera/fiero *adjective* proud; **sono molto fiera di voi due** I'm really proud of both of you.

figlia *noun* F daughter; **la loro figlia minore** their youngest daughter.

figliastra *noun* F step-daughter.

figlio *noun* M **1** son; **figlio maggiore** eldest son; **2** child; **aspettano un figlio** they're expecting a child; **i nostri figli sono già grandi** our children are grown up now.

figlioccia/figlioccio *noun* F/M goddaughter, godson.

figura *noun* F **1** figure, shape; **Adam ha una figura snella** Adam has a slender figure; **2** figure, character; **è una figura importante** s/he is an important figure; **3** impression, figure; **fare bella figura** to make a good impression; **fare brutta figura** to make a fool of yourself.

fila *noun* F row, line; **fare la fila** to stand in line; **in fila indiana** in single file.

filastrocca *noun* F nursery rhyme.

file *noun* M file (*computing*).

filetto *noun* M **1** fine thread; **2** fillet; **filetto di pesce** fish fillet.

film *noun* M (*never changes*) film, movie; **film di azione** action film; **i film di avventura** adventure films; **proiettare un film** to screen a film; **girare un film** to shoot a film.

filmare *verb* [1] to film, to turn into a film.

filo *noun* M **1** thread, wire; **filo di cottone** cotton thread; **filo elettrico** electric wire; **2 filo interdentale** dental floss; **3** blade; **filo d'erba** blade of grass; **4** edge (*of a knife*).

filosofia *noun* F philosophy.

filtrare *verb* [1] to filter; **bisogna filtrare quest'acqua prima di berla** you need to filter this water before drinking it.

filtro *noun* M filter.

finale *adjective* last, final; **la scena finale del film** the last scene of the film.
*noun*¹ F final (*sport etc.*); **la finale della Coppa del Mondo** the World Cup final.
*noun*² M finale, last scene.

finalmente *adverb* finally; **finalmente sono arrivati** finally they arrived.

finanza *noun* F finance; **le mie finanze personali** my personal finances; **il ministro delle finanze** the Minister of Finance.

finché *conjunction* **1** as long as; **lavorerò finché posso** I'll work as long as I can; **2** until; **non muoverti di qui finché non torno** don't move from here until I get back.

fine *adjective* **1** thin, fine, **corda fine** thin rope; **2** fine, refined, distinguished; **lineamenti fini** fine features.
*noun*¹ F **1** (*NB: sometimes masculine*) end, ending, conclusion; **la fine della storia** the ending of the story; **un lieto fine** a happy ending; **2 alla fine** finally; * **in fin dei conti** when all is said and done.
*noun*² M end, aim; **un secondo fine** an ulterior motive.

finestra *noun* F window; **affacciarsi alla finestra** to appear at the window; * **buttare i soldi dalla finestra** to throw money down the drain.

finestrino *noun* M window (*of a car, train, etc.*).

fingere *verb* [73] to pretend.

fingersi *reflexive verb* [73] to pretend to be, to make out; **si finge ricco** he makes out that he's rich.

finire *verb* [12] to finish, to end; **hai finito la minestra?** have you finished your soup?; **finire la conversazione** to end the conversation; **abbiamo finito di mangiare a mezzanotte** we finished eating at midnight; **non è ancora finito di piovere** it still hasn't stopped raining; **2** to run out of, to use up; **abbiamo finito il latte** we've run out of milk.

finita/finito *adjective* finished.

fino *preposition* **1** as far as, until; **mi ha accompagnato fino all'entrata** he accompanied me as far as the entrance; **2** since; **fin dall'inizio** since the beginning, all along.

finora *adverb* until now, up till now; **finora non ho ricevuto**

niente posta up till now I haven't received any mail.

finta noun F pretence; **fare finta** to pretend; **ho fatto finta di non vedere niente** I pretended not to see anything.

finta/finto adjective false, imitation; **finta pelliccia** imitation fur; **finta pelle** fake leather.

finzione noun F pretence, sham; **secondo me il suo mal di gamba è una finzione** I think her/his sore leg is a sham.

fioca/fioco adjective faint, dim; **lampadina fioca** a dim light bulb.

fiocco noun M **1** bow; **2** flake; **fiocco di neve** snowflake; **3 fiocchi di mais** cornflakes.

fionda noun F catapult, slingshot.

fioraia/fioraio noun F/M florist.

fiore noun M **1** flower; **un mazzo di fiori** a bunch of flowers; **2** bloom, blossom; **3** (*cards*) **fiori** clubs; **il fante di fiori** the jack of clubs.

fiorire verb [12] to flower, to bloom.

firma noun F signature; **bisogna mettere una firma qui sotto** you have to put your signature here at the bottom.

firmare verb [1] to sign; **firma qui** sign here.

fisarmonica noun F accordion.

fischiare verb [2] **1** to whistle; **fischiare una canzone** to whistle a tune; **2** to hiss, to boo; **la folla continuava a fischiare l'arbitro** the crowd continued to hiss at the umpire.

fischio noun M **1** whistle; **fare un fischio** to whistle; **il fischio dell'arbitro** the referee's whistle; **2** (*of birds*) whistle, singing.

fisica noun F physics.

fisica/fisico adjective physical. noun M body, physique; **avere un buon fisico** to have a good physique.

fisioterapista noun F & M physiotherapist.

fissare verb [1] **1** to fix, to pin up; **fissare il calendario degli esami all'albo** to pin the exam timetable on the noticeboard; **2** to stare at; **mi ha fissato a lungo** s/he stared at me for a long time; **3** to settle, to arrange; **fissare un appuntamento** to arrange an appointment.

fissatore per capelli noun M hairspray.

fitta noun F sharp pain; **sento una fitta al fianco** I've got a sharp pain in my side.

fitta/fitto adjective thick, dense; **una fitta nebbia** a thick fog.

fiume noun M river; **attraversare il fiume** to swim across the river.

flash noun M (*never changes*) flash (*of a camera*).

flauto noun M flute.

flessibile adjective flexible.

flippata/flippato adjective (*informal*) spaced out.

flirtare verb [1] to flirt.

floscia/floscio adjective limp, floppy.

flotta noun F fleet.

fluida/fluido adjective fluid.

flusso noun M flow; **il flusso dell'acqua nei tubi** the flow of water in the pipes.

fobia noun F **1** phobia; **2** aversion; **ha la fobia delle faccende di casa** s/he's got an aversion to housework.

foca noun F seal (*animal*).

focaccia noun F **1** focaccia (*type of Italian flat bread*); **2** a type of sponge cake.

focolare noun M hearth, fireplace.

fodera noun F lining (*of a garment*).

foggia noun F form, shape; **a foggia di** in the shape of.

foglia noun F leaf (*of plant*).

foglietto noun M **1** small piece of paper; **2** handout, photocopy.

foglio noun M **1** sheet of paper; **foglio a righe** sheet of lined paper; **2 foglio rosa** learner driver's permit.

foglio elettronico noun M spreadsheet (*computing*).

fogna noun F sewer, drain.

folla noun F crowd.

folle adjective **1** mad, crazy; **è un'idea folle** it's a crazy idea; **2 in folle** in neutral (*gears of a vehicle*).

follia noun F **1** madness; **2** foolishness.

folta/folto adjective thick, dense.

fondamento noun M (*plural* F **le fondamenta**) foundation; **le fondamenta della casa** the house's foundations.

fondare verb [1] to found, to establish; **fondare un istituto scientifico** to establish a science institute.

fondere verb [41] **1** to melt (*metal etc.*); **2** to join, to blend; **ho fuso i due colori** I blended the two colours.

fondista noun F & M long-distance runner.

fondo noun M **1** bottom; **il fondo del barattolo** the bottom of the jar; **il fondo del mare** the bottom of the sea; **2 in fondo** at the end, at the bottom; **la toilette è in fondo al corridoio** the toilet is at the end of the hall; * **andare fino in fondo a qualcosa** to get to the bottom of something; * **toccare il fondo** to reach rock bottom.

fontana noun F fountain.

fonte noun F **1** spring, source (*of water*); **2** source; **una fonte**

ITALIAN–ENGLISH

d'informazioni a source of information: **3** font.

forare *verb* [1] **1** to pierce, to make a hole in; **2** to punch; **il controllore non mi ha forato il biglietto** the conductor didn't punch my ticket.

forata/forato *adjective* pierced; **Antonio ha l'orecchio forato** Antonio has a pierced ear.

forbici *plural noun* F scissors; **un paio di forbici** a pair of scissors.

forca *noun* F pitchfork.

forchetta *noun* F fork.

forcina per capelli *noun* F hairpin.

foresta *noun* F forest; **foresta pluviale** rainforest.

forfora *noun* F dandruff.

forma *noun* F **1** form, shape; **a forma di** in the shape of; **2** condition, shape; **è in forma** s/he is in good shape; **3** mould, baking dish.

formaggio *noun* M cheese.

formale *adjective* formal.

formalista *adjective* pedantic. *noun* F & M stuffy person.

formare *verb* [1] to form, to make; **per favore ragazzi, formate un cerchio** children, make a circle please.

formazione *noun* F formation, training; **formazione di nuvole** cloud formation; **formazione professionale** vocational training.

formica *noun* F ant.

formicolare *verb* [1] **1** to swarm; **i tifosi formicolavano per la strada** the fans swarmed through the streets; **2** to have pins and needles; **mi formicola un piede** I've got pins and needles in my foot.

formidabile *adjective* formidable, remarkable.

formula *noun* F formula.

fornaia/fornaio *noun* F/M baker.

fornello *noun* M stove, cooker.

fornire *verb* [12] **1** to supply; **mi ha fornito di una somma considerevole di denaro** s/he supplied me with a considerable sum of money; **2** to equip; **il governo ha fornito le scuole di nuovi computer** the government equipped the schools with new computers.

forno *noun* M **1** oven; **2** bakery.

foro *noun* M hole.

forse *adverb* **1** perhaps, possibly; **forse si è dimenticata del nostro appuntamento** perhaps she forgot about our meeting; **2** by chance, perhaps; **non hai forse cambiato idea?** you haven't by any chance changed your mind?

forte *adjective* **1** strong; **ha le gambe forti** s/he has strong legs; **un forte mal di testa** an awful headache; **2** to be good at;

è forte in fisica s/he is good at physics.
adverb tightly, strongly; **tieni forte la racchetta** hold the racquet tightly.

fortezza *noun* F **1** strength, force; **2** fort, fortress.

fortuita/fortuito *adjective* accidental.

fortuna *noun* F **1** luck; **buona fortuna** good luck; **cattiva fortuna** bad luck; **buona fortuna!** good luck!; **2 avere fortuna** to be lucky; **ho avuto la fortuna di arrivare nel momento giusto** I was lucky enough to arrive at the right moment; **3 portare fortuna** to bring luck; **4 per fortuna** luckily; **per fortuna non è piovuto** luckily it didn't rain.

fortunata/fortunato *adjective* **1** lucky, fortunate; **sei davvero fortunata** you're really lucky; **2** successful.

fortunatamente *adverb* luckily.

foruncolo *noun* M pimple, boil.

foruncolosa/foruncoloso *adjective* (*skin*) spotty, pimply.

forza *noun* F **1** strength, force; **pian piano sta riacquistando le forze** s/he is slowly regaining her/his strength; **2** courage; **non ho avuto la forza di dire la verità** I didn't have the courage to tell the truth; **3** force, violence; **la polizia ha evitato l'uso della forza** the police avoided the use of force; **4** power; **la forza delle sue parole** the power of her/his words; **5 su, forza!** come on!; **6 forze armate** armed forces.

forzare *verb* [1] **1** to force; **forzare il tappo nella bottiglia** to force the cork into the bottle; **2** to force, to compel; **l'hanno forzata a rispondere** they forced her to answer; **3** to break open; **i ladri hanno forzato la serratura** the thieves forced the lock; * **forzare la mano a qualcuna/qualcuno** to force someone's hand.

fossa *noun* F **1** ditch; **2** grave; * **scavarsi la fossa** to dig your own grave.

fossetta *noun* F dimple.

fossile *noun* M fossil.

foto *noun* F (*never changes*) photo; **ha scattato centinaia di foto** s/he took hundreds of photos.

fotocopia *noun* F **1** photocopy; **2** handout.

fotocopiare *verb* [2] to photocopy.

fotocopiatrice *noun* F photocopier.

fotografa/fotografo *noun* F/M photographer.

fotografare *verb* [1] to photograph.

foulard *noun* M (*never changes*) scarf (*silky*).

fra *preposition* **1** between; **il forno sta fra la banca e la macelleria** the bakery is between the bank and the butcher's; **2** in, within; **partiamo fra una settimana** we're leaving in a week; **fra poco** in a little while; **3** of, among; **è la più alta fra di noi** she's the tallest of us all; * **essere fra la vita e la morte** to be hovering between life and death.

fracasso *noun* M crash, noise; **un fracasso di piatti rotti** a crash of breaking plates.

fradicia/fradicio *adjective* wet, soaked; **ho le scarpe fradice** my shoes are soaked.

fragile *adjective* fragile, delicate, brittle; **merce fragile** fragile goods.

fragola *noun* F strawberry.

fragrante *adjective* fragrant.

fraintendere *verb* [60] to misunderstand; **non mi fraintendere!** don't get me wrong!

frammento *noun* M fragment.

frana *noun* F landslide.

franchezza *noun* F frankness, openness.

franchigia *noun* **in franchigia** duty-free.

francobollo *noun* M (*may be shortened to* **bollo**) stamp.

frangia *noun* F fringe.

frappè *noun* M (*never changes*) milk shake, fruit smoothie.

frasario *noun* M (foreign language) phrase book.

frase *noun* F **1** sentence, phrase; **2 frase fatta** stock phrase.

frate *noun* M monk; **farsi frate** to become a monk.

fratello *noun* M brother.

fraterna/fraterno *adjective* brotherly; **amore fraterno** brotherly love.

frattura *noun* F fracture.

frazione *noun* F fraction.

freccetta *noun* F dart (*in the game of darts*).

freccia *noun* F **1** arrow; **2** indicator (*in a car*); **mettere la freccia** to indicate.

fredda/freddo *adjective* cold; **acqua fredda** cold water.

freddezza *noun* F coldness.

freddo *noun* M **1** cold; **oggi fa freddo** it's cold today; **2 avere freddo** to be cold.

freddolosa/freddoloso *adjective* sensitive to the cold; **sono molto freddolosa** I really feel the cold.

fregare *verb* [4] **1** to rub, to polish; **2** to cheat, to deceive; **3** (*informal*) to steal, to pinch; **mi hanno fregato la bici** they've pinched my bike; * **fregarsene** not to give a damn; **me ne frego dei suoi problemi** I don't give a damn about her/his problems.

fregatura noun F (*informal*) **1** disappointment; **2** rip-off.

frenare verb [1] to brake; **frenare la macchina** to brake (*in a vehicle*).

frenetica/frenetico adjective frenzied.

freno noun M brake; **azionare i freni** to apply the brakes; **freno a mano** handbrake.

frequentare verb [1] **1** to associate with, to frequent; **non frequenti più quella gente?** don't you see those people any more?; **2** to attend, to go to; **ho frequentato l'università per tre anni** I attended university for three years.

frequente adjective frequent.

frequenza noun F frequency.

fresca/fresco adjective **1** cool; **acqua fresca** cool water; **2** fresh; **pane fresco** fresh bread.

freschezza noun F freshness.

fretta noun F hurry; **avere fretta** to be in a hurry; **ho fretta di finire i miei studi** I'm in a hurry to finish my studies; **in fretta** in a hurry.

friggere verb [42] to fry.

frigo noun M fridge; **mettere il latte nel frigo** to put the milk in the fridge.

frigorifero noun M refrigerator.

fritta/fritto adjective fried; **patate fritte** chips, French fries.

frittata noun F omelette, frittata.

frittella noun F pancake.

frizione noun F **1** friction; **2** clutch (*in a car*).

frizzante adjective fizzy, sparkling; **vino frizzante** sparkling wine.

frode noun F fraud; **frode fiscale** tax evasion.

frontale adjective frontal; **attacco frontale** frontal attack.

fronte noun F **1** front; **2** forehead; **3 far fronte a** to face; **ha dovuto far fronte alle sue responsabilità** s/he had to face up to her/his responsibilities; **4** M front (*war*).

fronte-retro adjective (*never changes*) double-sided.

frontiera noun F border; **passare la frontiera** to cross the border.

frottola noun F tall story, lie; **raccontare delle frottole** to tell tall stories.

frugale adjective frugal, thrifty.

frugare verb [4] to rummage; **frugare fra le carte** to rummage through papers.

frullare verb [1] to whip, to whisk; **frullare un uovo** to beat an egg.

frullato noun M shake, smoothie; **frullato di frutta** fresh fruit drink.

frullatore noun M blender, food processor.

frumento noun M wheat.

frusta noun F whip.

frustare verb [1] to whip, to flog; **frustare un cavallo** to whip a horse.

frustrare verb [1] to thwart, to frustrate; **ha frustrato i miei tentativi d'aiuto** s/he thwarted my attempts to help.

frutta noun F fruit (*in the collective sense*); **frutta fresca** fresh fruit.

frutteto noun M orchard.

frutti di mare plural noun M seafood, shellfish.

fruttivendola/fruttivendolo noun F/M greengrocer, fruiterer.

frutto noun M **1** piece of fruit; **2** profit, fruit(s); **il frutto dei suoi lavori** the fruits of her/his labours.

fucile noun M rifle, shotgun.

fuga noun F escape; **la fuga del prigioniero** the prisoner's escape.

fuggente adjective fleeting; **attimo fuggente** fleeting moment.

fuggire verb [14] to run away, to escape; **è fuggita con il fidanzato** she ran away with her fiancé; **fuggire dal carcere** to escape from prison.

fulmine noun M lightning, thunderbolt; **è stato colpito da un fulmine** he was struck by lightning.

fumare verb [1] to smoke; **mio padre ha smesso di fumare l'anno scorso** my father stopped smoking last year; **vietato fumare** no smoking.

fumatore/fumatrice noun M/F smoker.

fumetto noun M comic, comic strip.

fumo noun M **1** smoke; **fumo di scarico** exhaust fumes; **2** smoking; **il fumo è nocivo alla salute** smoking harms your health; * **andare in fumo** to go up in smoke.

fune noun F cord, cable.

funerale noun M funeral.

fungo noun M **1** mushroom; **spaghetti ai funghi** spaghetti with mushrooms; **andare a funghi** to go mushrooming; **2 fungo velenoso** toadstool.

funivia noun F cablecar system; **cabina di funivia** cablecar.

funzionare verb [1] to work, to function; **il mio computer non funziona più** my computer doesn't work any more; **benché sia vecchia questa lavatrice funziona bene** even though it's old, this washing machine works well.

funzione noun F function, role.

fuoco noun M **1** fire; **spegnere il fuoco** to put out the fire; **la casa ha preso fuoco** the house caught fire; **2** fireplace, hearth;

fuori

3 focus; **mettere a fuoco** to focus (*camera etc.*).

fuori *adverb* 1 outside; **ti aspetto fuori** I'll wait for you outside; **Roberto è fuori** Roberto is outside; 2 out (*of the house, of town*) **ieri sera abbiamo cenato fuori** we ate out last night; **la mamma è fuori** Mum is out; 3 **tirare fuori qualcosa** to pull something out; **fuori moda** out of fashion; * **essere fuori di sé** to be beside yourself.

fuoribusta *noun* M (*never changes*) perk.

fuorigioco *adjective* (*sport*) offside.

fuorilegge *noun* F & M (*never changes*) outlaw.

fuoristrada *noun* F & M (*never changes*) four-wheel drive, all-wheel drive.

fuorviante *adjective* misleading.

fuorviare *verb* [1] to mislead; **fuorviare qualcuna/qualcuno** to mislead someone.

furba/furbo *adjective* cunning, shrewd.
noun F/M **fare la furba/il furbo** to try to be smart; **non fare il furbo!** don't be smart!

furbata *noun* F fast one; **fare una furbata (a qualcuna/qualcuno)** to pull a fast one (on someone).

furfante *noun* F & M rascal.

furgone *noun* M van.

furia *noun* F fury, anger.

furibonda/furibondo *adjective* angry; **dopo aver sentito la notizia è diventato furibondo** when he heard the news he became angry.

furiosa/furioso *adjective* furious; **Valeria soffre di un gelosia furiosa** Valeria is madly jealous.

furore *noun* M fury, rage; * **far furore** to be all the rage.

furtiva/furtivo *adjective* sneaky.

furtivamente *adverb* secretly, on the sly.

furto *noun* M theft; **furto con scasso** burglary, break-in.

fusa *plural noun* F **fare le fusa** to purr (*of cats*).

fusa/fuso *adjective* 1 melted; 2 (*informal*) knackered; 3 (*informal*) stoned.

fuso orario *noun* M time zone.

futile *adjective* futile, trivial.

futilità *noun* F futility.

futuro *adjective* future, coming; **i mesi futuri** the coming months.
noun M future; **pensi mai al futuro?** do you ever think about the future?

G g

gabbia *noun* F cage; **gabbia per uccelli** birdcage.

gabbiano *noun* M seagull.

ITALIAN–ENGLISH

gattina/gattino

gabinetto *noun* M toilet.

gagliarda/gagliardo *adjective* strong, hardy; **un giovane gagliardo** a strapping young lad.

galantuomo *noun* M gentleman.

galateo *noun* M etiquette.

galera *noun* F prison; **è stata condannata a cinque anni di galera** she was sentenced to five years in prison.

galla *noun* F **a galla** floating; **stare a galla** to be floating.

galleggiare *verb* [6] to float; **la zattera galleggiava sul fiume** the raft floated on the river.

galleria *noun* F **1** tunnel; **2** (shopping) arcade; **3 galleria d'arte** art gallery.

gallina *noun* F hen.

gallo *noun* M cock, rooster.

galoppare *verb* [1] to gallop.

gamba *noun* F leg; **mi fa male la gamba sinistra** my left leg hurts; **le tremavano le gambe** her legs were shaking; **sedere con le gambe incrociate** to sit cross-legged; **un tavolo a tre gambe** a three-legged table; * **essere un tipo in gamba** to be on the ball.

gamberetto *noun* M prawn, shrimp.

gambero *noun* M crayfish.

gambo *noun* M stem; **una rosa con il gambo lungo** a long-stemmed rose.

gancio *noun* M hook.

gangster *noun* F & M (*never changes*) gangster.

ganza/ganzo *adjective* (*informal*) cool; **questo gioco è davvero ganzo** this game is really cool.

gara *noun* F race, contest; **gara automobilistica** car race; **gara di nuoto** swimming race.

garage *noun* M (*never changes*) garage; **per favore, metti la macchina nel garage** please put the car in the garage.

garanzia *noun* F guarantee, warranty; **il computer ha la garanzia per sei mesi** the computer has a six-month guarantee.

gareggiare *verb* [6] to compete (*in sports*).

garofano *noun* M carnation.

gas *noun* M gas; **accendere il gas** to turn on the gas.

gasare *verb* [1] (*informal*) to excite, to turn on; **praticare il parapendio mi gasa tanto** paragliding really turns me on.

gastronomia *noun* F delicatessen.

gatta/gatto *noun* F/M cat; **gatto persiano** Persian cat; **gatto randagio** stray cat.

gattina/gattino *noun* F/M kitten.

gay

ITALIAN–ENGLISH

gay *adjective* (*never changes*) gay. *noun* F/M (*never changes*) gay person.

gazza *noun* F magpie.

gel (per i capelli) *noun* M (*never changes*) hair gel.

gelare *verb* [1] to freeze; **il freddo ha fatto gelare il fiume** the cold has frozen the river.

gelateria *noun* F ice cream shop.

gelato *noun* M ice cream; **prendiamo un gelato?** shall we go and get an ice cream?

gelida/gelido *adjective* icy, freezing; **che vento gelido!** what an icy wind!

gelo *noun* M frost.

gelone *noun* M frostbite.

gelosa/geloso *adjective* jealous; **è un tipo geloso** s/he's the jealous type.

gelosia *noun* F jealousy; **secondo me prova gelosia per la sorella** I think s/he is jealous of her/his sister.

gelsomino *noun* M jasmine (*plant*).

gemella/gemello *adjective* twin; **ti presento il mio fratello gemello** this is my twin brother; **letti gemelli** twin beds. *noun* F/M twin; **gemelle monozigotiche** identical twins (*girls*).

Gemelli *plural noun* M (*sign of the zodiac*) Gemini.

gemere *verb* [9a] to moan, to groan; **il paziente gemeva per il dolore** the patient groaned with pain.

gemma *noun* F **1** gemstone; **2** bud.

generale *adjective* general; **l'opinione generale** the general opinion; **cultura generale** general knowledge.

generale/generalessa *noun* M/F general (*military*).

generalmente *adverb* generally; **generalmente è cortese** s/he's generally polite.

generatore *noun* M generator.

generazione *noun* F generation.

generosa/generoso *adjective* generous.

generosità *noun* F generosity; **devo ringraziarti per la tua generosità** I must thank you for your generosity.

genetica *noun* F genetics.

gengive *plural noun* F gums; **mi sanguinano le gengive** my gums are bleeding.

genialata *noun* F brainwave; **Gianni ha avuto una genialata** Gianni had a brainwave.

geniale *adjective* clever, ingenious; **che idea geniale** what a clever idea.

genio *noun* M genius; **il genio di Michelangelo** the genius of Michelangelo; **è un genio** s/he is a genius.

ITALIAN–ENGLISH   ghiandola

genitori *plural noun* M parents; **ha perso entrambi i genitori da piccola** she lost both her parents as a child.

gennaio *noun* M January.

gente *noun* F people; **1 quanta gente!** what a lot of people!; **gente di città** city people; **2** guests; **stasera abbiamo gente in casa** we've got guests tonight.

gentile *adjective* kind, polite; **è una persona veramente gentile** s/he is a very kind person.

gentilezza *noun* F kindness, politeness.

genuina/genuino *adjective* genuine, authentic.

geografia *noun* F geography.

geranio *noun* M geranium.

gerarchia *noun* F hierarchy.

gergo *noun* M slang, jargon; **il gergo dei computer** computer jargon.

germe *noun* M seed.

gesso *noun* M **1** chalk; **2** plaster, plaster cast; **oggi mi levano il gesso alla gamba** today they are taking the cast off my leg.

gesticolare *verb* [1] to gesticulate, to wave your hands about; **quando Luigi parla gesticola sempre** when Luigi talks he always waves his hands about.

gestire *verb* [12] to manage, to run; **gestisce quell'azienda da molti anni** s/he's been running that business for many years.

gesto *noun* M **1** gesture, wave, nod; **con un gesto della mano** with a wave of the hand; **2** gesture, act; **è stato un gesto gentile** it was a kind gesture.

gestore/gestrice *noun* M/F manager; **è la gestrice del ristorante** she's the restaurant manager.

Gesù *noun* M Jesus.

gettare *verb* [1] to throw, to hurl; **non gettare oggetti dal finestrino** don't throw things out the window; * **gettare i soldi dalla finestra** to throw money down the drain.

gettarsi *reflexive verb* [1] to throw yourself; **si è gettata a terra** she threw herself to the ground.

getto *noun* M jet, spout; **un getto d'acqua** a jet of water.

ghiacciaio *noun* M glacier.

ghiacciare *verb* [5] to freeze; **il lago è ghiacciato** the lake is frozen.

ghiacciata/ghiacciato *adjective* frozen; **hai le mani ghiacciate** your hands are frozen.

ghiaccio *noun* M ice; **ghiaccio in cubetti** ice cubes; * **rompere il ghiaccio** to break the ice.

ghiaia *noun* F gravel.

ghiandola *noun* F gland.

ghirlanda

ghirlanda *noun* F wreath; **una ghirlanda di fiori** a floral wreath.

ghiro *noun* M dormouse; * **dormire come un ghiro** to sleep like a log.

già *adverb* **1** already; **hai già pranzato?** have you already had lunch?; **2** before, already; **ho già visto quella persona** I've seen that person before; **3** yes, that's right, indeed; **'è una persona in gamba' – 'già'** 's/he's on the ball' – 'yes, s/he is'.

giacca *noun* F jacket; **giacca di pelle** leather jacket.

giacere *verb* [54] to lie; **il ferito giaceva sul marciapiede** the injured man lay on the footpath.

gialla/giallo *adjective* yellow.

giallo *noun* M thriller, mystery story (*book or film*).

giardinaggio *noun* M gardening; **il suo unico passatempo è il giardinaggio** gardening is her/his only hobby.

giardiniera/giardiniere *noun* F/M gardener.

giardino *noun* M garden, yard; **il giardino di dietro** the back garden; **giardino all'inglese** English garden.

giavellotto *noun* M javelin.

gigante *adjective* gigantic, huge. *noun* F & M giant.

gigantesca/gigantesco *adjective* gigantic.

ITALIAN–ENGLISH

giglio *noun* M lily.

ginestra *noun* M gorse (*plant*).

ginnastica *noun* F **1** gymnastics; **2** exercise, training; **fare ginnastica** to exercise.

ginocchio *noun* M (*plural* F **le ginocchia**) knee; **in ginocchio** on your knees; **sulle mie ginocchia** on my lap.

giocare *verb* [3] to play; **giocare a tennis** to play tennis; **tu sai giocare a carte?** do you know how to play cards?; **si è divertita a giocare con i bambini** she amused herself playing with the kids.

giocatore/giocatrice *noun* M/F player.

giocattolo *noun* M toy.

gioco *noun* M **1** game; **gioco d'azzardo** game of chance, gambling; **gioco elettronico** computer game; **gioco di società** board game; **2 mettere in gioco** to bring into play; **3 fare il doppio gioco** to double-cross; **4 gioco di parole** pun.

gioia *noun* F joy, delight; **gioia di vivere** *joie de vivre*.

gioiello *noun* M jewel.

gioiosa/gioioso *adjective* joyful.

giornale *noun* M newspaper; **giornale della sera** evening paper.

ITALIAN–ENGLISH

giornalista *noun* F & M journalist.

giorno *noun* M **1** day; **l'altro giorno** the other day; **il giorno dopo** the day after; **giorno per giorno** day by day; **giorno feriale** weekday; **giorno festivo** holiday; **il giorno di Natale** Christmas Day; **2 oggi, che giorno è?** what's the date today?

giostra *noun* F merry-go-round, carousel.

giovane *adjective* youthful, young; **quando ero giovane ...** when I was young ...
noun F & M young woman, young man; **i giovani d'oggi** young people today.

giovane esploratore *noun* M boy scout.

giovanotto *noun* M young man.

giovare *verb* [1] to be of help, to be useful; **la sua presenza mi ha giovato molto** her/his presence helped me greatly.

Giove *noun* M Jupiter.

giovedì *noun* M (*never changes*) Thursday; **ogni giovedì** every Thursday; **ci vediamo giovedì prossimo** see you next Thursday.

*gioventù *noun* F youth.

giraffa *noun* F giraffe.

girare *verb* [1] **1** to turn; **girare la maniglia** to turn the handle; **girare l'angolo** to turn the corner; **2** to go around; to circle; **gli avvoltoi giravano intorno al bufalo** the vultures circled around the buffalo; **3** to travel around, to tour; **ha girato tutto il mondo** s/he has toured the world; **4** to wander around; **quella sera ho girato la città per delle ore** that night I wandered around the city for hours; **5** to film, to shoot; **il film è stato girato in Canada** the film was shot in Canada; **6 far girare** to run (*a computer program*); **7** to spin (*figurative*); **mi gira la testa** my head is spinning.

girarsi *reflexive verb* [1] to turn around; **si è girata a guardarlo** she turned around to look at him.

girasole *noun* M sunflower.

girino (d'anfibio) *noun* M tadpole.

giro *noun* M **1** turn; **dare un giro al volante** to give the steering wheel a turn; **2** stroll, walk; **perché non andiamo a fare un giro?** why don't we go for a stroll?; **3 in giro** to be around, in circulation; **non la vedo più in giro** I haven't seen her around; **i biglietti da un dollaro non si vedono più in giro** one-dollar bills are no longer in circulation; **4** (*in races*) **giro di pista** lap; **5 * prendere in giro qualcuna/qualcuno** to pull someone's leg.

gironzolare *verb* [1] to wander about; **gironzolare per la città** to wander around the city.

gita *noun* F trip, excursion; **gita turistica** sightseeing trip; **gita organizzata** organised tour.

giù

giù *adverb* **1** down; **è caduto giù** he fell down; **più in giù** further down; **2** downstairs; **aspettami giù** wait for me downstairs; **3 essere giù di morale** to be depressed.

giubbotto di salvataggio *noun* M life jacket.

giudicare *verb* [3] to judge, to consider; **tutti la giudicano generosa** everyone considers her generous.

giudice *noun* F & M judge.

giudizio *noun* M **1** judgment, verdict; **il giudizio del tribunale** the judgment of the court; **2** opinion; **non ho chiesto il tuo giudizio** I didn't ask for your opinion.

giugno *noun* M June; **parto il quindici giugno** I'm leaving on 15 June.

giungere *verb* [61] **1** to arrive; **giungeremo alla stazione poco prima della partenza del treno** we'll arrive at the station just before the train leaves; **2** to join; **giungere le mani** to join your hands.

giungla *noun* F jungle.

giuntura *noun* F joint (*of the body*).

giuramento *noun* M oath; **fare un giuramento** to take an oath; **sotto giuramento** under oath.

giurare *verb* [1] to swear, to take an oath; **ti giuro che non succederà mai più** I swear it will never happen again.

ITALIAN–ENGLISH

giusta/giusto *adjective* **1** right, just; **non è giusto che lei debba rimanere a casa** it's not right that she has to stay at home; **2** correct, right; **hai dato la risposta giusta** you gave the correct answer; **non è il momento giusto** it's not the right moment.

giustamente *adverb* rightly, correctly; **giustamente non ha risposto a quella domanda** quite rightly s/he didn't answer the question.

giusto *adverb* **1** correctly, justly; **spero di aver risposto giusto** I hope I replied correctly; **2** just, precisely; **stavo pensando giusto a te** I was just thinking about you; **sono arrivata giusto in tempo a fermarlo** I arrived just in time to stop him.

giustificare *verb* [3] to justify.

glassa *noun* F icing.

gli *plural article* M (*plural of* lo *and* l') the; **gli appartamenti** the apartments; **gli zoo** the zoos. *pronoun* (*NB: when combined with the pronouns* lo, la, li, le, ne, *becomes* glielo, gliela, glieli, gliele, gliene) **1** him, to him (*but sometimes also used instead of* le, *i.e. to mean her*); **non gli sfugge niente** nothing escapes him; **gli ho detto di venire alle cinque** I told him to come at five o'clock; **gliel'ho data ieri** I gave it to her/him yesterday; **2** them, to them; **gli ho detto di portare da mangiare** I asked them to bring something to eat.

ITALIAN–ENGLISH

gradire

gloria *noun* F glory.

gloriosa/glorioso *adjective* glorious.

glossario *noun* M glossary.

gobba/gobbo *adjective* hunchback.
noun F/M hunchback.

gobbo *noun* M teleprompter, autocue.

goccia *noun* F drop; **ho sentito qualche goccia di pioggia** I felt a few drops of rain; * **come una goccia nel mare** like a drop in the ocean.

gocciolare *verb* [1] to drip; **il rubinetto gocciola** the tap is dripping.

goffa/goffo *adjective* awkward; **ha un'andatura goffa** s/he walks awkwardly.

gol *noun* M (*never changes*) goal; **segnare un gol** to score a goal.

gola *noun* F **1** throat; **ho mal di gola** I've got a sore throat; **2** greed, gluttony; * **avere l'acqua alla gola** to be in deep water; **prendere qualcuna/qualcuno per la gola** to have someone where you want them.

golf *noun* M **1** cardigan, jumper; **2** golf; **campo di golf** golf course; **sai giocare a golf?** do you know how to play golf?

golfo *noun* M gulf; **Corrente del Golfo** Gulf Stream.

golosa/goloso *adjective* greedy, gluttonous.

gomito *noun* M **1** elbow; **appoggiare i gomiti sul tavolo** to rest your elbows on the table; **2** * **gomito a gomito** side by side.

gomma *noun* F **1** rubber; **di gomma** made of rubber; **2** rubber, eraser; **3** tyre; **avere una gomma a terra** to have a flat tyre; **4 gomma da masticare** chewing gum.

gomma piuma *noun* F foam rubber.

gondola *noun* F gondola.

gonfia/gonfio *adjective* swollen, inflated; **hai l'occhio gonfio** your eye is swollen.

gonfiare *verb* [2] to blow up, to pump up; **gonfiare un pallone** to blow up a football.

gonfiore *noun* M lump (*growth on the body*).

gonna *noun* F skirt; **gonna a pieghe** pleated skirt.

gorilla *noun* F gorilla.

governatore/governatrice *noun* M/F governor.

gracidare *verb* [1] to croak.

gracile *adjective* delicate, frail.

gradevole *adjective* pleasant; **sensazione gradevole** pleasant sensation.

gradino *noun* M step; **attenzione al gradino** mind the step.

gradire *verb* [12] **1** to enjoy, to like; **gradisco sempre la loro**

compagnia I always enjoy their company; **2** to like, to want; **gradisci un caffè?** would you like a coffee?

grado noun M **1** level, degree, rank; **2** degree; **un angolo di quarantacinque gradi** a forty-five degree angle; **3 essere in grado di fare qualcosa** to be capable of doing something.

graffetta noun F staple.

graffiare verb [2] to scratch; **il gatto mi ha graffiato la guancia** the cat scratched me on the cheek.

graffio noun M scratch.

grammatica noun F **1** grammar; **la grammatica italiana** Italian grammar; **2** grammar (book).

grammo noun M gram.

granata noun F (bomb) shell.

granchio noun M crab.

grande adjective (*NB: before words beginning with a vowel sometimes shortened to* grand'; *before words beginning with a consonant, except for* s + *consonant,* z, gn, ps *and* x, *usually shortened to* gran) **1** large, huge, big; **una grande casa** a large house; **un gran monte** a huge mountain; **2** grown up; **quando sarai grande** when you are grown up; **3** great, strong; **una gran gioia** a great joy; **4** important; **una grande scoperta** an important discovery; **5** great, distinguished; **il più grande interprete di Shakespeare ...** the greatest Shakespearean actor ...; **6** serious, considerable; **so che hai avuto delle grandi preoccupazioni** I know that you have had serious problems; **7** (*when used before another adjective*) very, extremely; **un gran bell'uomo** a very handsome man; **8** (*NB: used only in negative phrases*) **gran che** something special; **questo CD non è un gran che** this CD is nothing special.
noun F & M **1** grown-up, adult; **2** great person, illustrious person; **i grandi del cinema** the greats of the cinema.

grandezza noun F **1** size; **2** greatness, grandeur.

grandine noun F hail; **chicco di grandine** hailstone.

grandiosa/grandioso adjective grand, grandiose; **un'idea grandiosa** a grandiose idea.

grano noun M **1** wheat; **2** grain; **un grano di sabbia** a grain of sand.

granturco noun M corn, maize; **pannocchia di granturco** corn cob.

grassa/grasso adjective **1** fat; **non è grasso quanto lo era una volta** he's not as fat as he once was; **2** fatty; **carne grassa** fatty meat; **3** oily, greasy.

grasso noun M fat.

grata/grato *adjective* grateful; **ti siamo grati per il tuo aiuto** we're grateful for your help.

gratifica *noun* F bonus.

gratis *adjective* (*never changes*) free; **è gratis o bisogna pagare?** is it free or do you have to pay?

grattacielo *noun* M skyscraper.

grattugia *noun* F grater.

grattugiare *verb* [6] to grate; **grattugiare il formaggio** to grate cheese.

gratuita/gratuito *adjective* free; **ingresso gratuito** free entry.

grave *adjective* serious; **è stato un incidente poco grave** it wasn't a very serious accident.

gravità *noun* F seriousness; **non si rendono conto della gravità della situazione** they don't appreciate the seriousness of the situation.

grazia *noun* F **1** charm, grace; **è difficile resistere alle sue grazie** it's difficult to resist her/his charms; **2** grace; **la grazia di Dio** the grace of God.

grazie *exclamation* thanks, thank you; **grazie tante** many thanks; **mille grazie** many thanks; **grazie al cielo** thank heavens; **grazie ai suoi sforzi** thanks to her/his efforts.

graziosa/grazioso *adjective* charming; **che graziosa bambina!** what a charming little girl!

gregge *noun* M flock.

grembiule *noun* M apron, smock, overall.

grembo *noun* M **1** lap; **2** womb.

gridare *verb* [1] to shout, to yell; **gridare a squarciagola** to yell at the top of your voice.

grido *noun* M (*plural* F **le grida**) **1** yell, shout; **grido di gioia** cry of joy; **2 di grido** famous, well-known; **un giornalista di grido** a well-known journalist.

griffata/griffato *adjective* designer; **abiti griffati** designer clothes; **Gianni è un tipo griffato** Gianni is a (designer) label freak.

grigia/grigio *adjective* grey; **grigio scuro** dark grey.

griglia *noun* F **1** (*cooking*) grill; **pesce alla griglia** grilled fish; **2** grid, grating.

grigliare *verb* [8] to barbecue.

grigliata *noun* F barbecue.

grillo *noun* M cricket (*insect*).

grondaia *noun* F gutter (*of a roof*).

grossa/grosso *adjective* **1** large, huge; **un grosso stipendio** a large salary; **una grossa fabbrica** a huge factory; **2** unrefined, coarse; **sale grosso** rock salt, unrefined salt.

grossezza *noun* F largeness, thickness.

grossolana/grossolano

grossolana/grossolano *adjective* rough, coarse; **stoffa grossolana** coarse material.

grotta *noun* F grotto, cave.

groviglio *noun* M tangle; **un groviglio di corde** a tangle of rope.

gru *noun* F (*never changes*) **1** crane (*bird*); **2** crane (*mechanical*).

gruccia *noun* F **1** coathanger; **2** crutch; **dovrò camminare colle grucce per altri due mesi** I'll be on crutches for another two months.

grugnire *verb* [12] to grunt.

gruppo *noun* M group; **un gruppo di persone** a group of people; **un gruppo di studio** a study group; **gruppo di terroristi** terrorist group; **gruppo sanguigno** blood group.

guadagnare *verb* [1] to earn; **guadagnare bene** to earn a lot; **guadagnare poco** to earn very little; **quanto guadagni al mese?** how much do you earn a month?

guadagno *noun* M earnings, profit; **fare un bel guadagno** to make a nice profit; **guadagno lordo** gross profit; **guadagno netto** net profit.

guaina *noun* F sheath (*knife*).

guaio *noun* M **1** trouble, misfortune, **quello ha un sacco di guai** he's got a lot of problems; **il guaio è che non so come si chiama** the trouble is I don't know what her/his name is; **2 trovarsi nei guai** to be in trouble.

guancia *noun* F **1** cheek; **2 guancia a guancia** cheek to cheek.

guanciale *noun* M pillow.

guanto *noun* M glove; **guanti di gomma** rubber gloves.

guantoni *plural noun* M boxing gloves.

guardare *verb* [1] **1** to look at; **guardami quando ti parlo** look at me when I'm speaking to you; **2** to look; **guardare dal balcone** to look from the balcony; **guardare indietro** to look back; **3** to look and see; **potresti guardare se sono tornati?** would you mind having a look and see if they've returned?; **4** to watch; **guardare la televisione** to watch television; **5** to look after; **guardare i bambini** to look after the children; **6** to be interested in; **guarda solo ai soldi** s/he is only interested in money.

guardaroba *noun* M (*never changes*) cloakroom.

guardarsi *reflexive verb* [1] **1** to look at yourself; **l'uomo si è guardato nello specchio** the man looked at himself in the mirror; **2** beware, be careful of; **guardati da gente come lui** beware of people like him.

guardia *noun* F **1** guard, watchman/watchwoman;

ITALIAN–ENGLISH

gusto

guardia notturna night watchman/night watchwoman; **2** guard (*military*); **la guardia nazionale** the National Guard; **il cambio della guardia** the changing of the guard; **3 guardia forestale** forest ranger; **4 guardia del corpo** body guard.

guardiana/guardiano *noun* F/M caretaker, watchwoman/watchman; **guardiano notturno** night watchman.

guarigione *noun* F recovery; **ti auguro una pronta guarigione** I wish you a speedy recovery.

guarire *verb* [12] to get better; **sei guarita?** are you better?

guasta/guasto *adjective* broken, out of order; **l'ascensore è ancora guasto** the lift is still broken.

guastafeste *noun* F & M (*never changes*) killjoy, spoilsport.

guastare *verb* [1] to spoil, to damage; **la grandine ha guastato la frutta** the hail has ruined the fruit.

guasto *noun* M breakdown, **guasto al motore** engine failure.

guerra *noun* F war; **dichiarare guerra a** to declare war on; **andare in guerra** to leave for the front (*soldiers*); **zona di guerra** war zone; **la seconda guerra mondiale** the Second World War; **guerra nucleare** nuclear war.

gufo *noun* M owl.

guida *noun* F **1** guide; **guida turistica** tourist guide; **2** leader; **3** guidebook; **guida di Parigi** guidebook to Paris; **3** supervision, direction; **ha studiato sotto la guida di un illustre scienziato** s/he studied under the direction of a distinguished scientist; **4** driving; **scuola (di) guida** driving school; **5** girl guide.

guidare *verb* [1] **1** to drive (*a car, boat, etc.*); **sai guidare?** do you know how to drive?; **2** to guide, to lead; **guidare il gruppo** to lead the group.

guidatore/guidatrice *noun* M/F driver.

guinzaglio *noun* M lead, leash; **i cani vanno tenuti al guinzaglio** dogs should be kept on a leash.

guizzare *verb* [1] **1** to spurt, to dart; to wiggle; **i pesciolini guizzavano nel ruscello** the little fish darted about in the stream; **2** to flicker; **la candela guizza nella brezza** the candle is flickering in the breeze.

guscio dell'uovo *noun* M eggshell.

gustare *verb* [1] **1** to like, to please; **vi gusta questo formaggio?** do you like this cheese?; **2** to taste; **gustare una bibita** to taste a drink.

gusto *noun* M **1** taste, palate; **senso del gusto** sense of taste; **è una questione di gusto** it's a question of taste; **2** flavour;

herpes

ti offro un gelato – che gusti desideri? I'll buy you an ice cream – what flavours do you want?; **3** pleasure, taste; **trovare gusto in qualcosa** to find pleasure in something; **avere il gusto di viaggiare** to have a taste for travel; **4 prenderci gusto** to develop a liking for something.

H h

herpes noun F (*never changes*) shingles.

herpes labiale noun F (*never changes*) cold sore.

hippy noun F & M (*never changes*) hippy.

hobby noun M (*never changes*) hobby.

hockey noun M (*never changes*) hockey; **hockey su ghiaccio** ice hockey.

hostess noun F (*never changes*) female flight attendant.

hot dog noun M (*never changes*) hot dog.

hotel noun M (*never changes*) hotel.

I i

i *plural article* M (*plural of* **il**) the; **i piatti** the plates; **i fiori** the flowers.

ITALIAN–ENGLISH

idea noun F **1** notion, idea; **l'idea della non-violenza** the notion of non-violence; **2** idea, thought; **mi è venuta un'idea** I've got an idea; **3** mind, opinion; **ha cambiato idea** s/he changed her/his mind; **4 idea fissa** obsession.

ideale *adjective* ideal; **in un mondo ideale …** in an ideal world …
noun M ideal; **l'ideale sarebbe di partire stasera** the ideal (solution) would be to leave tonight.

identica/identico *adjective* identical.

idiota noun F & M idiot.

idolo noun M idol.

idraulica/idraulico noun F/M plumber.

idrofobia noun F rabies.

idrogeno noun M hydrogen.

iena noun F **1** hyena; **2** (*figurative*) cruel person.

ieri noun M yesterday; **l'altro ieri** the day before yesterday.

igiene noun F hygiene, sanitation.

ignorante *adjective* **1** ignorant, uneducated; **2 essere ignorante di qualcosa** to know nothing about a particular thing; **sono ignorante di tennis** I know nothing about tennis.

ignota/ignoto *adjective* unknown; **una persona ignota** an unknown person.

ITALIAN–ENGLISH — **imitare**

il *article* M (*plural* **i**; *used before masculine singular nouns beginning with a consonant, except for those beginning with* gn, pn, ps, s + *consonant,* x, z) the; **il televisore** the television set; **il marciapiede** the footpath.

illecita/illecito *adjective* unlawful; **attività illecite** unlawful activities.

illegale *adjective* illegal; **atto illegale** illegal act.

illuminare *verb* [1] to illuminate, to light; **la stanza era illuminata dalla luna** the room was lit by the light of the moon.

illusione *noun* F **1** illusion; **illusione ottica** optical illusion; **2** delusion; **3** false hope; **non farti illusioni** don't cling to false hopes.

illustrazione *noun* F illustration.

illustrare *verb* [1] **1** to illustrate; **2** to explain.

illustre *adjective* illustrious, renowned; **personaggio illustre** renowned person.

imam *noun* M (*Islamic*) imam.

imballare *verb* [1] to wrap up, to pack into crates.

imbarazzo *noun* M embarrassment; **mettere qualcuna/qualcuno in imbarazzo** to embarrass someone.

imbarcarsi *reflexive verb* [3] to embark, to take a ship; **si è imbarcata sulla prima nave che partiva** she took the first ship that was leaving.

imbattersi *reflexive verb* [9a] to meet, to bump into; **ieri mi sono imbattuta in una vecchia compagna di scuola** yesterday I bumped into an old school friend.

imbecille *noun* F & M idiot.

imbianchina/imbianchino *noun* F/M house painter.

imboccare *verb* [3] **1** to put to your mouth/to your lips; **imboccare il flauto** to put the flute to your lips; **2** to enter; **avevamo appena imboccata la piazza quando ...** we had just entered the square when ...

imbottire *verb* [12] to stuff; **imbottire un cuscino** to stuff a cushion.

imbrattare *verb* [1] to smear, to dirty.

imbrogliare *verb* [8] **1** to tangle; **imbrogliare le corde** to tangle up the rope; **2** to swindle, to deceive; **è riuscito a imbrogliare tutti quanti** he managed to deceive everyone.

imbroglio *noun* M **1** tangle; **2** trick, fraud.

imbrogliona/imbroglione *noun* F/M cheat, swindler.

imbuto *noun* M funnel.

imitare *verb* [1] to imitate, to copy; **imita sempre il fratello più grande** s/he is always imitating her/his big brother;

immaginare

imitare l'esempio di qualcuna/qualcuno to follow someone's example.

immaginare *verb* [1]
1 to imagine; **non posso immaginare una vacanza senza di loro** I can't imagine a holiday without them; **2** to imagine, to think; **immagino che sarai stanco** I imagine you must be tired.

immagine *noun* F **1** image; ∗ **Marco è l'immagine sputata del babbo** Marco is the spitting image of his dad; **2** figure, picture; **ha disegnato l'immagine di un cavallo** s/he drew a picture of a horse; **3** image, symbol; **immagine sacra** sacred image.

immediata/immediato *adjective* immediate.

immediatamente *adverb* immediately.

immensa/immenso *adjective* immense, enormous; **c'era una folla immensa** there was an enormous crowd.

immergere *verb* [43] to immerse.

immersione *noun* F immersion.

immigrata/immigrato *noun* F/M immigrant; **sono molti gli immigrati italiani in America** there are many Italian immigrants in America.

immigrazione *noun* F immigration.

immobile *adjective* **1** still, motionless; **2 beni immobili** property, real estate.

immondizie *plural noun* F rubbish, garbage.

immorale *adjective* immoral.

immortale *adjective* immortal.

impacciata/impacciato *adjective* self-conscious.

imparare *verb* [1] to learn; **imparare a sciare** to learn how to ski; **imparare a memoria** to learn by heart; ∗ **sbagliando si impara** you learn by your mistakes.

impatto *noun* M impact.

impaurita/impaurito *adjective* frightened.

impaziente *adjective* **1** impatient; **cerca di non essere così impaziente** try not to be so impatient; **2** eager.

impazzire *verb* [12] **1** to go mad, to lose your head; **è impazzita!** she's gone mad!; **2 fare impazzire** to drive mad; **lui mi fa impazzire** he drives me mad.

impedire *verb* [12] **1** to prevent; **il rumore mi ha impedito di dormire** the noise prevented me from sleeping; **2** to prevent, to obstruct; **la valanga ha impedito il passaggio alle macchine** the avalanche prevented cars from passing.

impegnata/impegnato *adjective* busy; **domani sei**

impegnata? are you busy tomorrow?

impegno *noun* M **1** commitment, engagement; **al momento ho molti impegni** I've got a lot of commitments at the moment; **2** effort, diligence; **studiano tutti e due con molto impegno** both of them put lots of effort into their study.

imperatore/imperatrice *noun* M/F emperor/empress.

imperfetta/imperfetto *adjective* faulty.

impermeabile *adjective* waterproof.
noun M raincoat.

impianto *noun* M system, plant; **impianto di riscaldamento** heating system; **impianto di amplificazione del suono** public address system.

impiastro *noun* M (*informal*) bore, annoying person.

impiccare *verb* [3] to hang.

impiccarsi *reflexive verb* [3] to hang yourself; **si è impiccato con la cintura** he hung himself with his belt.

impiegare *verb* [4] to use, to employ; **impiegare la propria intelligenza** to use your intelligence; **impiega bene il tempo** s/he uses her/his time well.

impiegata/impiegato *noun* F/M **1** employee; **2** office worker.

impiego *noun* M **1** use; **l'impiego di un computer** the use of a computer; **2** employment, job; **è in cerca di un impiego** s/he's looking for a job.

implicare *verb* [3] to involve; **mi hanno implicato nella vicenda** they involved me in the affair.

imporre *verb* [58] to impose; **mi hanno imposto questo obbligo** they imposed this obligation on me.

importante *adjective* important.

importanza *noun* F importance; **dare importanza a qualcosa** to attach importance to something; **è una faccenda di nessuna importanza** it's of no importance.

importare *verb* [1] to import.

impossibile *adjective* impossible; **non dico che è impossibile** I'm not saying it's impossible.

impossibilità *noun* F impossibility.

imposta *noun* F tax; **imposta indiretta** consumption tax.

impostare *verb* [1] to mail; **impostare una lettera** to post a letter.

impostazione *noun* F setting (*on a computer*).

impostura *noun* F deception.

impresa noun F **1** undertaking, enterprise; **2** business, firm; **piccola impresa** small business.

impresaria/impresario di pompe funebri noun F/M undertaker.

impressionante adjective impressive.

impressione noun F **1** impression, imprint; **l'impressione di una mano** a handprint; **2** impression, feeling; **ho l'impressione che non è una buon'idea** I've got the impression that it's not a good idea.

imprevista/imprevisto adjective unforeseen, unpredicted; **un avvenimento imprevisto** an unforeseen event.

imprigionare verb [1] to imprison; **l'hanno imprigionata senza processo** they imprisoned her without a trial.

improbabile adjective improbable, unlikely.

impronta noun F imprint, impression; **impronte digitali** fingerprints.

impropria/improprio adjective **1** inappropriate; **2** incorrect.

improvvisamente adverb suddenly, unexpectedly; **è arrivata improvvisamente** she arrived unexpectedly.

improvvisa/improvviso adjective sudden, unexpected; **una tempesta improvvisa** a freak storm.

impudente adjective impudent.

impura/impuro adjective impure, foul.

in preposition (NB: combines with definite articles: in + il becomes nel, in + lo becomes nello, in + la becomes nella, in + l' becomes nell', in + i becomes nei, in + gli becomes negli, in + le becomes nelle) **1** (with respect to location) in; **vivono in Francia** they live in France; **2** to, into; **quest'anno andiamo in Canada** this year we are going to Canada; **è andato in cucina** he went into the kitchen; **è andata in camera sua** she went to her bedroom; **3** in, around; **viaggiare in Australia** to travel around Australia; **4** into; **cambiare dollari in euro** to change dollars into euros; **5** (with respect to time) in; **nel 1999** in (the year) 1999; **in primavera** in spring; **6** (with respect to a way of doing something) in; **vivere in pace** to live in peace; **parlare in arabo** to speak (in) Arabic; **7** (with regard to a situation) in; **è morto in un incidente stradale** he died in a car crash; **8** by; **viaggio sempre in treno** I always travel by train; **9** (for numbers) of; **siamo in quattro** there are four of us; **10** at; **non sono in casa** they're not at home.

inaccettabile adjective unacceptable; **è una soluzione del tutto inaccettabile** it's a completely unacceptable solution.

inadatta/inadatto *adjective* unsuited.

inadeguata/inadeguato *adjective* inadequate.

inaffidabile *adjective* unreliable; **Marco è un po' troppo inaffidabile** Marco's a bit too unreliable.

inattendibile *adjective* unreliable (*with regard to truthfulness*).

inattesa/inatteso *adjective* unexpected.

incantevole *adjective* enchanting.

incapace *adjective* incapable; **è incapace di rispondere seriamente** you can never get a straight answer out of her.

incaricare *verb* [3] **1** to charge (*someone with doing something*), to entrust; **mi hanno incaricato di dare da mangiare al cane mentre erano via** they got me to feed their dog while they were away; **2** to tell, to instruct; **il direttore l'ha incaricata di sorvegliare gli altri** the boss told her to keep an eye on the others.

incartare *verb* [1] to wrap (*in paper*); **incartare un regalo** to wrap a present.

incassare *verb* [1] to collect (*e.g. money taken during a business activity, at a box office, etc.*); **hanno incassato duemila dollari** their takings were two thousand dollars.

incastrare *verb* [1] to frame (*someone for a crime*).

incastrarsi *reflexive verb* [1] to get stuck; **il CD si è incastrato nel computer** the CD got stuck in the computer.

incendio *noun* M fire.

incentivo *noun* M incentive.

incerta/incerto *adjective* **1** doubtful, dubious; **prove incerte** doubtful evidence; **2** undecided; **sono sempre incerta sul da farsi** I'm still undecided about what to do; **3** hesitant, uncertain; **ha fatto un gesto incerto** s/he made a hesitant gesture.

incertezza *noun* F uncertainty.

inchiesta *noun* F enquiry, investigation; **sotto inchiesta** under interrogation.

inchino *noun* M bow, curtsy.

inchiodare *verb* [1] to nail; **inchiodare una finestra** to nail up a window.

inchiostro *noun* M ink.

inciampare *verb* [1] to trip; **ho inciampato nel tappeto** I tripped on the rug.

incidente *noun* M accident; **incidente stradale** road accident; **c'è stato un incidente** there's been an accident; **le è successo un incidente** she's had an accident.

incidere *verb* [32] to etch.

incinta *adjective* (*NB: this adjective exists only in the feminine form*) pregnant; **è incinta di sei mesi** she's six months pregnant.

inclemente *adjective* harsh, unpleasant (*with reference to climate*).

includere *verb* [32] to include, to enclose; **ha anche incluso una foto nella lettera** s/he also included a photo in the letter.

incoerente *adjective* inconsistent; **spesso si comporta in modo incoerente** s/he often behaves in an inconsistent way.

incollare *verb* [1] to stick, to glue; **incollare un manifesto al muro** to stick a poster on the wall.

incolta/incolto *adjective* uneducated, ignorant.

incominciare *verb* [5] to begin, to start; **incominciare una nuova impresa** to begin a new enterprise.

incompetente *adjective* incompetent.

incompiuta/incompiuto *adjective* unfinished; **il libro è rimasto incompiuto** the book remained unfinished.

inconscia/inconscio *adjective* unconscious.

incontrare *verb* [1] **1** to meet; **ho incontrato sua sorella l'anno scorso** I met her/his sister last year; **2** (*reflexive verb*) to meet up with, to bump into; **ci siamo incontrati per caso** we bumped into each other by chance.

incontro *adverb* towards; **ci è venuta incontro** she came towards us.
noun M meeting, encounter; **un incontro piacevole** a pleasant meeting.

inconveniente *adjective* inconvenient.
noun M hitch, drawback.

incoraggiare *verb* [6] **1** to encourage; **2** to boost; **incoraggiare la produzione** to boost production.

incredibile *adjective* incredible.

incrementare *verb* [1] to enhance; **incrementare le vendite** to increase sales.

incrociare *verb* [5] to cross; **non incrociare le braccia** don't fold your arms; * **incrociare le braccia** to go on strike.

incrocio *noun* M intersection, crossroads.

incubo *noun* M nightmare.

indagare *verb* [4] to investigate, to look into; **indagare su un delitto** to investigate a crime.

indagine *noun* F inquiry, investigation; **le indagini della polizia** police inquiries.

indecente *adjective* indecent, foul; **parole indecenti** foul language.

indicare *verb* [3] to indicate, to show; **c'è un cartello che indica la porta giusta** there's a sign indicating the correct door; **indicami dove stanno gli altri** show me where the others are; **mi ha indicato la strada** s/he showed me the way.

indicazione *noun* F **1** instruction, direction; **le indicazioni per l'uso di un medicinale** the directions on the medicine bottle/packet; **2** information; **ci ha dato delle indicazioni sbagliate** s/he gave us the wrong information.

indice *noun* M **1** index finger; **2** index (*of a book*); **3** index (*maths*); **4** index, rate; **indice del costo della vita** cost of living index.

indietro *adverb* **1** back; **fa un passo indietro** take a step back; **non mi ha ancora dato indietro la videocassetta** s/he still hasn't given me back the video; **2 all'indietro** backwards; **camminare all'indietro** to walk backwards; **3 voltarsi indietro** to turn back; **4 fare marcia indietro** to backtrack; **5 più indietro** further back.

indigestione *noun* F indigestion.

indipendente *adjective* independent.

indirizzario *noun* M mailing list.

indirizzo *noun* M address; **com'è il suo indirizzo?** what's her/his address?

indisciplinata/indisciplinato *adjective* undisciplined.

indispensabile *adjective* indispensable; **il tuo aiuto è indispensabile** your help is indispensable.

indisposta/indisposto *adjective* off colour, crook.

individuo *noun* M individual.

indizio *noun* M **1** sign, indication; **c'è qualche indizio di cambiamento?** is there any sign of a change?; **2** clue; **la polizia non ha trovato nessun indizio** the police haven't found a single clue.

indolente *adjective* lazy.

indossare *verb* [1] **1** to put on; **ha indossato il golf** s/he put on her/his jumper; **2** to wear; **indossava una camicia blu** s/he was wearing a blue shirt.

indovina/indovino *noun* F/M fortune-teller.

Indù *noun* F & M Hindu.

indubbiamente *adverb* (*when giving an opinion*) definitely; **è indubbiamente una studentessa in gamba** she's definitely a smart student.

Induismo *noun* M Hinduism.

indurre *verb* [27] to induce.

infallibile *adjective* infallible.

infanzia noun F childhood; **ricordi d'infanzia** childhood memories.

infarinatura noun F smattering; **ha un'infarinatura di arabo** s/he has a smattering of Arabic.

infarto noun M coronary, heart attack.

infastidirsi reflexive verb [12] to get fed up, to become annoyed; **alla fine mi sono infastidita per il troppo rumore** eventually I got fed up with all the racket.

infatti conjunction sure enough, as a matter of fact; **aveva promesso di venire, e infatti è venuta** she'd promised to come and sure enough she came.

infelice adjective unhappy.

inferiore adjective 1 lower, below; **la parte inferiore della gamba** the lower part of the leg; **è inferiore alla media** it's below average; 2 inferior; **è di qualità inferiore** it's of inferior quality.

infermiera/infermiere noun F/M nurse.

inferno noun M hell; **va all'inferno!** go to hell!

infezione noun F infection.

infilare verb [1] to thread; **infilare un ago** to thread a needle.

infine adverb in the end, at last; **infine ha detto di sì** in the end s/he said yes.

infinita/infinito adjective 1 infinite, unending; **pazienza infinita** infinite patience; 2 countless; **infinite telefonate** countless phone calls.

infliggere verb [42] to inflict; **infliggere danno a qualcuna/qualcuno** to do harm to someone; **infliggere una punizione** to punish.

influenza noun F 1 influence; 2 flu.

influenzare verb [1] to influence; **è stata molto influenzata dalla zia** she has been greatly influenced by her aunt.

influire verb [12] to affect; **la sua presenza ha influito sul mio stato d'animo** her/his presence affected my state of mind.

informare verb [1] to inform, to tell; **mi ha informato del problema** s/he informed me of the problem.

informarsi reflexive verb [1] to make enquiries, to ask about; **ti sei informata poi dell'orario dei treni?** did you get around to enquiring about the train times?

informatica noun F information technology, computing; **tecnica/tecnico dell'informatica** computer engineer.

informazione noun F information; **chiedere un'informazione** to ask for information; **servizio informazioni** information

ITALIAN–ENGLISH

service; **ufficio informazioni** information office.

ingannare *verb* [1] to deceive, to cheat.

inganno *noun* M deception.

ingegnera/ingegnere *noun* F/M engineer.

ingenua/ingenuo *adjective* naive.

inghiottire *verb* [12] to swallow; * **inghiottire un rospo** to swallow a bitter pill.

inginocchiarsi *reflexive verb* [1] to kneel down.

ingozzare *verb* [1] to scoff.

ingrandimento *noun* M enlargement; **l'ingrandimento di una foto** the enlargement of a photo.

ingrassarsi *reflexive verb* [1] to put on weight; **mi sono ingrassato di due chili** I've put on two kilos.

ingresso *noun* M **1** entrance, entry; **vietato l'ingresso** no entry; **2** admission (price); **ingresso libero** free admission; **3** (*hotel*) foyer, lobby.

ingrosso *noun* M **all'ingrosso** wholesale.

iniezione *noun* F injection.

iniziare *verb* [2] to begin; **dopo l'università ha iniziato subito a lavorare** s/he began to work immediately after finishing university.

insegnante

iniziativa *noun* F initiative.

inizio *noun* M beginning; **l'inizio dell'anno scolastico** the beginning of the school year.

innamorarsi *reflexive verb* [1] to fall in love; **si sono innamorati a prima vista** they fell in love (with each other) at first sight.

innesto *noun* M graft.

inno *noun* M **1** hymn; **2** national anthem; **l'inno nazionale italiana è 'Fratelli d'Italia'** the national anthem of Italy is 'Fratelli d'Italia'.

innocente *adjective* innocent.

innocenza *noun* F innocence.

innumerevole *adjective* countless.

inoltrare *verb* [1] to forward (*mail*).

inoltre *conjunction* what's more, in addition.

inossidabile (*also* **inox**, *which never changes*) *adjective* stainless (*steel*).

inquilina/inquilino *noun* F/M tenant.

inquinamento *noun* M pollution; **inquinamento dell'aria** air pollution; **inquinamento industriale** industrial pollution.

insalata *noun* F salad; **insalata mista** mixed salad.

insegnante *noun* F & M teacher.

insegnare

insegnare *verb* [1] to teach; **insegnare la matematica** to teach maths; **insegna all'università** s/he teaches at university.

inserimento *noun* M insertion; **inserimento di dati** data entry, input.

inserzione *noun* F newspaper advertisement.

insetticida *noun* M fly spray.

insettifugo *noun* M insect repellent.

insetto *noun* M insect.

insieme *adverb* **1** together; **lavoriamo insieme** we work together; **mettere insieme tutti i soldi** to put all the money together; **stare insieme** to be together; **tutti insieme!** everyone together!; **2** at the same time; **il regalo è bello e insieme utile** the present is beautiful and useful as well; **3 insieme a/con** with, together with; **è uscito insieme con l'amico** he went out with his friend.

insinuazione *noun* F innuendo.

insomma *adverb* in short, in conclusion; **insomma, non abbiamo combinato niente** in short, we didn't get anything done. *exclamation* for heaven's sake; **insomma, vieni o no?** for heaven's sake, are you coming or not?

ITALIAN–ENGLISH

insufficiente *adjective* **1** inadequate, insufficient; **la paga era insufficiente** the pay was inadequate; **2** unsatisfactory; **voto insufficiente** unsatisfactory mark.

insultare *verb* [1] to insult, to abuse; **non fa altro che insultarmi** s/he does nothing but insult me.

insulto *noun* M insult, abuse.

intanto *adverb* while, in the meantime; **fa i compiti e io intanto lavo i piatti** do your homework while I do the dishes.

intelligente *adjective* intelligent.

intelligenza *noun* F intelligence.

intendere *verb* [60] **1** to intend; **non intendevo telefonare** I didn't intend to phone; **2** to mean; **e con ciò che intendi dire?** what do you mean by that?; **3** to understand; **mi intendi o no?** do you understand me or not?

intendersi *reciprocal verb* [60] to understand each other; **ci siamo intesi?** have we understood each other?

intensa/intenso *adjective* intense, acute; **è stata un'esperienza intensa** it was an intense experience; **un dolore intenso** an acute pain.

intenzione *noun* F intention; **ho intenzione di tornare l'anno prossimo** it's my intention to come back next year; **avere buone intenzioni** to have good intentions.

int<u>e</u>ra/int<u>e</u>ro *adjective* entire, whole; **ha mangiato l'intera torta** s/he ate the whole cake.

interatt<u>i</u>va/interatt<u>i</u>vo *adjective* interactive.

interess<u>a</u>re *verb* [1] **1** to interest; **le sue scuse non mi interessano** I'm not interested in her/his excuses; **2** to concern, to affect; **quello che ho da dire interesserà tutti** what I have to say will affect everyone.

interess<u>a</u>rsi *reflexive verb* [1] to take an interest, to be interested; **so che ti sei interessata alla sua situazione** I know that you have taken an interest in her/his situation.

inter<u>e</u>sse *noun* M **1** interest; **ha un forte interesse per il cinema** s/he's very interested in cinema; **ieri ho visto alla TV un programma di grande interesse** I saw a very interesting television program last night; **2** interest (*on money*); **tasso di interesse** interest rate.

interfer<u>e</u>nza *noun* F interference.

termin<u>a</u>bile *adjective* endless.

int<u>e</u>rna/int<u>e</u>rno *adjective* **1** interior, internal; **2 all'interno** inside.

internazion<u>a</u>le *adjective* international.

Internet *noun* F (*never changes*) Internet; **su Internet** on the Net.

int<u>e</u>rprete *noun* F & M interpreter.

interrog<u>a</u>re *verb* [4] to question, to interrogate; **la polizia lo ha interrogato intorno all'incidente** the police questioned him about the accident.

interrogazi<u>o</u>ne *noun* F **1** questioning, interrogation; **2** oral exam.

interr<u>o</u>mpere *verb* [64] to interrupt, to break off; **abbiamo dovuto interrompere il viaggio** we had to break off our journey.

interrutt<u>o</u>re *noun* M switch, light switch.

interruzi<u>o</u>ne *noun* F interruption.

interstat<u>a</u>le *noun* M interstate.

interv<u>a</u>llo *noun* M interval; **c'è un intervallo di venti minuti dopo il primo atto** there is a twenty-minute interval after the first act.

interv<u>e</u>nto *noun* F **1** intervention; **2** presentation, paper (*at a conference*).

interv<u>i</u>sta *noun* F interview; **intervista alla radio** radio interview.

intervist<u>a</u>re *verb* [1] to interview.

intervistat<u>o</u>re/ intervistatr<u>i</u>ce *noun* M/F interviewer.

intesa *noun* F understanding; **la nostra intesa non era questa** this wasn't our understanding.

intestino *noun* M intestine, bowels.

intima/intimo *adjective* intimate, personal; **vorrei conoscere i tuoi sentimenti più intimi** I would like to know your most private feelings.

intingere *verb* [73] to dip; **intingere un biscotto nel latte** to dip a biscuit in milk.

intonarsi *reflexive verb* [1] to match, to go with; **la tua camicia si intona con la cravatta** your tie matches your shirt.

intorno *adverb* **1** nearby, (a)round; **le case intorno** the houses around here; **guardarsi intorno** to look around; **2 intorno a** around; **ho girato intorno al palazzo** I walked around the building.

intransitiva/intransitivo *adjective* intransitive; **verbo intransitivo** intransitive verb.

introdurre *verb* [27] to insert, to put (in); **introdurre il dischetto nel computer** to insert the diskette into the computer.

introduzione *noun* F introduction.

inutile *adjective* useless.

invadere *verb* [53] to invade.

invasata/invasato *adjective* possessed.

invecchiare *verb* [2] to grow old, to age.

invece *adverb* **1** but; **volevo arrivare in anticipo e invece sono stata trattenuta al lavoro** I wanted to arrive early but I was held up at work; **2 invece di/invece che** instead of; **invece della mamma è venuto il papà** Dad came instead of Mum; **invece che al mare siamo andati in piscina** instead of going to the beach we went to the pool.

inventare *verb* [1] **1** to invent; **2** to think up; **inventare una nuova barzelletta** to think up a new joke.

invenzione *noun* F invention.

invernale *adjective* winter, wintry; **sport invernali** winter sports.

inverno *noun* M winter; **d'inverno** in winter.

inversione *noun* F **1** inversion; **2 inversione a U** U-turn; **fare un'inversione a U** to make a U-turn.

investire *verb* [11] **1** to invest (*money*); **2** to run over (*with a car*); **è stato investito da una macchina** he was run over by a car.

inviare *verb* [1] to send; **inviare un pacco** to send a package.

inviata/inviato *noun* F/M **1** correspondent; **2** television reporter.

ITALIAN–ENGLISH

istruzione

invidia *noun* F envy; * **essere verde d'invidia** to be green with envy.

invidiosa/invidioso *adjective* envious, jealous.

invitare *verb* [1] to invite, to ask; **mi hanno invitato a cena** they invited me to dinner.

invito *noun* M invitation.

io *singular pronoun* **1** (*NB: usually omitted in Italian, except when used for emphasis*) I; **(io) vorrei una nuova bicicletta** I'd like a new bike; **2** I, me; **io e mia sorella** my sister and I; **l'ho fatto io** I did it (*it was me*); **vengo anch'io** I'm coming as well; **anch'io** me too.

ipocrita *noun* F & M hypocrite.

ippodromo *noun* M racetrack (*for horses*).

ippopotamo *noun* M hippopotamus.

irascibile *adjective* bad-tempered.

iride *noun* F iris (*flower*).

irregolare *adjective* uneven, irregular.

iscriversi *reflexive verb* [67] to enrol; **si è iscritta all'università l'anno scorso** she enrolled at university last year.

isola *noun* F island; **isola spartitraffico** traffic island; **isola rotazionale** roundabout.

ispettore/ispettrice *noun* M/F inspector; **ispettore di polizia** police inspector.

ispezionare *verb* [1] to inspect; **le autorità sanitarie hanno ispezionato la fabbrica** the health authority inspected the factory.

ispezione *noun* F inspection.

ispirare *verb* [1] to inspire; **non mi ispira fiducia** s/he doesn't inspire me with confidence; **è ispirata dai cineasti degli anni settanta** she's inspired by the film-makers of the seventies.

istantanea *noun* F snapshot (*photo*).

istantanea/istantaneo *adjective* instantaneous, immediate; **la morte è stata istantanea** death was instantaneous.

istante *noun* M instant, moment; **in un istante** in an instant.

isterismo *noun* M hysteria.

istigare *verb* [4] to incite, to urge; **istigare qualcuna/qualcuno a fare qualcosa** to incite someone to do something.

istituto *noun* M institute; **istituto di ricerche** research institute.

istituzione *noun* F institution.

istrice *noun* M hedgehog.

istruzione *noun* F **1** education, training; **istruzione elementare** primary education; **istruzione secondaria** secondary education;

istruzione professionale vocational training; **2 istruzioni** instructions; **istruzioni per l'uso** user instructions, users' manual.

itterizia *noun* F jaundice.

J j

jazz *noun* M (*never changes*) jazz.

jogging *noun* M (*never changes*) jogging; **fare il jogging** to jog.

jolly *noun* M (*never changes*) joker (*in cards*).

juke-box *noun* M (*never changes*) jukebox.

K k

ketchup *noun* M (*never changes*) tomato sauce (*for pies and the like*).

killer *noun* F & M (*never changes*) hired killer.

kiwi *noun* M (*never changes*) kiwi fruit.

L l

la *article* F (*plural* **le**; *before singular nouns beginning with a vowel* **la** *becomes* **l'**) the; **la sedia** the chair; **l'uscita** the exit. *pronoun* F **1** her, it; **la vedi?** do you see her?; **l'ho vista** I saw her; **ti ho spedito una lettera – l'hai ricevuta?** I sent you a letter – did you get it?; **2** it, that, this; **se l'è presa male** s/he took it badly; **3 La** (*formal; sometimes written with a capital*) you; **spero di non disturbarLa** I hope I am not bothering you.

là *adverb* **1** there; **sarò là fra una settimana** I'll be there in a week; **chi va là?** who goes there?; **via di là!** get away from there!; **2 al di là** beyond; **al di là della siepe** beyond the hedge; (*figurative*) **al di là della politica** leaving politics aside; **3 più in là** later on.

labbro *noun* M (*plural* F **le labbra**) lip; **labbro superiore** top lip; **labbro inferiore** bottom lip; **mordersi le labbra** to bite your lips.

labirinto *noun* M labyrinth.

laboratorio *noun* M **1** laboratory; **2** workshop.

laccio *noun* M shoelace.

lacrima *noun* F tear; **Cristina aveva le lacrime agli occhi** Cristina had tears in her eyes; **lacrime di gioia** tears of joy.

ladra/ladro *noun* F/M thief, burglar; **ladra/ladro di automobili** car thief.

lago *noun* M lake; **lago artificiale** reservoir.

ITALIAN–ENGLISH

laguna *noun* F lagoon.

lamentarsi *reflexive verb* [1] to complain, **si lamentava sempre di qualcosa** s/he was always complaining about something.

lamento *noun* M complaint.

lametta (per la barba) *noun* F razor blade.

lampada *noun* F lamp.

lampadario *noun* M **1** light fitting; **2** chandelier.

lampadina *noun* F light bulb, (*Australian*) globe.

lampione *noun* M street light, lamp post.

lampo *noun* M **1** lightning; **2** flash, gleam; **il lampo di un fucile** the flash of a gun; **un lampo di genio** a flash of genius.

lampone *noun* M raspberry.

lana *noun* F wool; **una maglia di lana** a woollen jumper.

lancia *noun* F spear.

lanciare *verb* [5] **1** to throw, to hurl; **lanciare una palla** to throw a ball; **2** to bowl (*cricket*), to pitch (*baseball*); **3** to release, to launch; **hanno lanciato un nuovo prodotto** they've launched a new product; **lanciare bombe** to drop bombs; **4 lanciare un urlo** to let out a cry.

lancio *noun* M **1** throwing, hurling; **lancio di un sasso** throwing of a stone; **2** launch, dropping; **lancio di un satellite** satellite launch; **lancio di bombe** bombing.

lapide *noun* F **1** headstone; **2** memorial stone.

larga/largo *adjective* **1** wide; **è largo tre metri** it's three metres wide; **2 essere larga/largo di spalle** to be broad-shouldered; **3 fare largo** to make room; **fate largo per favore** make room please.

larghezza *noun* F width.

larva *noun* F grub.

lasagne *plural noun* F lasagne.

lasciare *verb* [7] **1** to leave; **ho lasciato l'Irlanda due anni fa** I left Ireland two years ago; **lasciare impronte sulla sabbia** to leave footprints in the sand; **le ho lasciato delle istruzioni** I left instructions for her; **hai lasciato la luce accesa** you left the light on; **2** to leave (*to forget*); **ho lasciato gli occhiali a casa** I left my glasses at home; **3** to let, to allow; **lasciami parlare** let me speak; **non lo lasciavano partire** they wouldn't let him leave; **perché non mi lasci vivere in pace?** why won't you let me live in peace?; **4 lasciare fare/lasciare stare** to leave things alone; **lasciamolo stare** let's leave him be; **5** (*reciprocal verb*) to say goodbye; **ci siamo lasciati alle undici** we said goodbye at eleven o'clock; **6** to split up; **si sono lasciati dopo due anni di fidanzamento** they split up after being engaged for two years.

lasciarsi *reflexive verb* [7] to allow yourself; **non si lascia convincere** s/he won't allow herself/himself to be convinced.

lassativo *noun* M laxative.

lassù *adverb* up there, up above; **vedi quell'uccello lassù?** do you see that bird up there?

lastra *noun* F slab, sheet; **lastra di cemento** concrete slab; **lastra di vetro** sheet of glass.

laterale *adjective* side; **ci ha chiesto di usare l'ingresso laterale** s/he asked us to use the side entrance.

latino *noun* M Latin; **è brava in latino** she's good at Latin.

lato *noun* M **1** side; **dal lato sinistro** on the left side; **2 dall'altro lato** on the other hand.

latte *noun* M milk; **latte fresco** fresh milk; **latte a lunga conservazione** long-life milk; **latte scremato** skimmed milk.

latte detergente *noun* M cleanser (*cosmetics*).

latte idratante *noun* M moisturiser (*cosmetics*).

latteria *noun* F **1** dairy; **2** milk bar.

latticini *plural noun* M dairy products.

lattina *noun* F can; **lattina di limonata** can of lemonade.

lattuga *noun* F lettuce.

laurea *noun* F degree; **prendere la laurea** to get a degree; **laurea in ingegneria** engineering degree; **conferimento delle lauree** graduation ceremony.

laurearsi *reflexive verb* [1] to graduate, to get a degree; **si è laureata in legge** she graduated in law.

lavagna *noun* F blackboard; **lavagna bianca** whiteboard.

lavagna luminosa *noun* F overhead projector.

lavanderia *noun* F laundry; **lavanderia automatica** laundrette.

lavandino *noun* M washbasin, sink.

lavapiatti *noun* F & M (*never changes*) dishwasher (*person*).

lavare *verb* [1] to wash; **lavare i panni** to do the washing (*clothes*); **lavare i piatti** to wash the dishes.

lavarsi *reflexive verb* [1] to wash (yourself); **vai a lavarti la faccia!** go and wash your face!; **non si è ancora lavato i denti** he still hasn't brushed his teeth; * **lavarsi le mani di qualcosa** to wash your hands of something; **mi sono lavata le mani di tutti i suoi problemi** I've washed my hands of all her/his problems.

lavata *noun* F wash, washing; * **dare una lavata di capo**

a qualcuna/qualcuno to tell someone off.

lavativa/lavativo noun F/M slacker.

lavastoviglie noun F (never changes) dishwasher (machine).

lavatrice noun F washing machine.

lavorare verb [1] **1** to work; **lavora in un ristorante** s/he works in a restaurant; **lavoro come commesso** I work as a shop assistant; **lavora con mio fratello** s/he works with my brother; **lavorare la terra** to work the land; **lavorare sodo** to work hard; **2 far lavorare qualcuna/qualcuno** to put someone to work, to keep someone busy; **ci fa lavorare** s/he keeps us busy.

lavoratore/lavoratrice noun M/F worker; **è un'ottima lavoratrice** she's a good worker.

lavoro noun M **1** work; **cerca lavoro** s/he is looking for work; **lavoro manuale** manual work; **condizioni di lavoro** working conditions; **lavoro a tempo parziale** part-time work; **lavoro a tempo pieno** full-time work; **2** place of work; **vado al lavoro** I'm going to work; **3** work, occupation; **che lavoro fai?** what do you do (for a job)?; **4** work, piece of work, work of art; **il suo ultimo lavoro non è un gran che** her/his latest work is not so great; **5 lavori pubblici** public works.

le plural article F (plural of **la** and **l'**) the; **le pentole** the saucepans; **le ostriche** the oysters.
pronoun **1** F (plural of **la**) them; **'hai visto le mie scarpe?' – 'sì, le ho messe in camera tua'** 'have you seen my shoes?' – 'yes, I put them in your bedroom'; **2** (NB: when combined with the pronouns lo, la, li, le, ne, becomes glielo, gliela, glieli, gliele, gliene) her, to her; **le ho detto di telefonarmi a casa** I told her to phone me at home; **'le hai restituito il libro?' – 'sì, gliel'ho restituito ieri'** 'have you given the book back to her?' – 'yes, I gave it back to her yesterday'; **le puoi dare questa rivista?** can you give this magazine to her?; **3** (formal; sometimes written with a capital: **Le**) you, to you; **signore, Le piace questo colore?** do you like this colour, sir?

leale adjective loyal.

lealtà noun F loyalty.

lebbrosa/lebbroso noun F/M leper.

lecca lecca noun M (never changes) lollipop.

leccare verb [3] to lick.

leccarsi reflexive verb [3] to lick; **leccarsi i baffi** to lick your fingers (usually figurative).

lecita/lecito adjective right, lawful; **atto lecito** lawful act.

legale adjective legal, lawful.

legame *noun* M tie, bond; **c'è un forte legame tra noi due** there's a strong bond between the two of us.

legare *verb* [4] to bind, to tie; **legare dei rametti** to tie up twigs (*in a bundle*); **legare le mani a qualcuna/qualcuno** to tie up someone's hands.

leggenda *noun* F legend.

leggera/leggero *adjective* light, slight, mild; **un pasto leggero** a light meal; **ho un leggero mal di testa** I've got a slight headache.

leggere *verb* [44] to read; **legge solo romanzi** s/he only reads novels; **imparare a leggere** to learn to read; **hai letto il giornale oggi?** have you read the paper today?

legione *noun* F legion.

legittima/legittimo *adjective* legitimate, proper.

legna *noun* F firewood.

legname *noun* M timber.

legno *noun* M wood, timber; **legno duro** hardwood; **tavola di legno** plank of wood.

lei *singular pronoun* **1** (*NB: usually omitted in Italian, except when used for emphasis*) she; **(lei) non vuole fare tardi** she doesn't want to be late; **2** her; **non è stata lei** it wasn't her; **3** (*formal; sometimes written with a capital:* **Lei**); you; **scusi signore, c'è una telefonata per Lei** excuse me sir, there is a phone call for you; **dare del Lei a qualcuna/qualcuno** to address someone formally.

lembo *noun* M **1** edge; **i lembi del tappeto** the edges of the rug; **2** hem (*of a dress*).

lenta/lento *adjective* slow; **processo lento** slow process; **a passo lento** at a slow pace.

lentamente *adverb* slowly; **il lavoro procede troppo lentamente** the work is progressing too slowly.

lente *noun* F **1** (*of a camera*) lens; **2 lente d'ingrandimento** magnifying glass.

lenti a contatto *plural noun* F contact lenses; **portare le lenti a contatto** to wear contact lenses.

lenticchia *noun* F lentil.

lentiggine *noun* F freckle.

lenzuolo *noun* M (*plural* F **le lenzuola**) sheet; **cambiare le lenzuola** to change the sheets.

leone *noun* M **1** lion; **2** (*sign of the zodiac*) **Leone** Leo.

leonessa *noun* F lioness.

leopardo *noun* M leopard.

lepre *noun* F hare.

lesbica/lesbico *adjective* lesbian.
noun F lesbian.

lesione *noun* F lesion.

lessa/lesso *adjective* boiled; **patate lesse** boiled potatoes.

ITALIAN–ENGLISH

lettera *noun* F **1** letter (*of the alphabet*); **lettera minuscola** lower-case letter; **lettera maiuscola** upper-case letter; **2** letter; **lettera d'amore** love letter; **lettera di raccomandazione** letter of recommendation, letter of reference.

lettiga *noun* F stretcher.

letto *noun* M bed; **letto matrimoniale** double bed; **letto a castello** bunk beds; **è ora di andare a letto** it's time to go to bed; **balzare dal letto** to leap out of bed; **hai rifatto il letto?** have you made your bed?

lettore/lettrice *noun* M/F **1** reader; **2** language tutor; **3 lettore CD** CD player; **lettore DVD** DVD player.

lettura *noun* F **1** reading; **dedica due ore al giorno alla lettura** s/he spends two hours a day reading; **a una prima lettura** on first reading; **2 essere in lettura** to be out (*library*); **3 lettura labiale** lip-reading.

leucemia *noun* F leukaemia.

leva *noun* F **1** lever; **manovrare una leva** to turn a lever; **2 leva del cambio** gear lever, gear stick; **3** (*for military service*) call up, conscription; **chiamare alla leva** to call up (*now abolished*).

leva di comando *noun* F joystick.

levare *verb* [1] **1** to raise, to lift (up); **levare l'ancora** to raise anchor; **2** to take away, to remove; **leviamo i bicchieri dal tavolo** let's clear the glasses from the table; **levare una macchia dalla camicia** to remove a stain from your shirt.

levarsi *reflexive verb* [1] to remove; **levati la giacca** take off your jacket.

levatrice *noun* F midwife.

levriero *noun* M greyhound.

lezione *noun* F **1** class, lesson, lecture; **fare una lezione** to give a lesson/lecture; **fare lezione** to teach; **sta facendo lezione** s/he is teaching (as we speak); **assistere a una lezione** to attend a lesson; **lezione di tennis** tennis lesson; **lezioni di guida** driving lessons; **lezioni private** private lessons; **2 servire da lezione** to be a lesson; **dare una buona lezione a qualcuna/qualcuno** to teach someone a lesson.

li *plural pronoun* M (*plural of* **lo**) them; **'conosci Matthew e Sarah?' – 'sì, li ho conosciuti quest'estate'** 'do you know Matthew and Sarah?' – 'yes, I met them last summer'.

lì *adverb* there; **ero lì stamattina** I was there this morning; **da lì** from there; **lì dentro** in there; **lì sopra** up there.

libbra *noun* F pound (*weight*).

libellula *noun* F dragonfly.

libera/libero *adjective* free; **tempo libero** free time; **mercato libero** free market.

liberale *adjective* liberal; **Partito Liberale** Liberal Party.

liberare *verb* [1] **1** to free, to set free; **è stato liberato dal carcere dopo due anni** he was released from prison after two years; **2** to vacate; **la stanza va liberata entro le undici** the room must be vacated by eleven o'clock.

libertà *noun* F freedom, liberty; **libertà di scelta** free choice; **libertà di parola** freedom of speech.

libreria *noun* F **1** bookshop; **2** bookcase.

libretto *noun* F **1** libretto (*of an opera*); **2** booklet; **3 libretto di assegni** cheque book.

libro *noun* M book; **libro di cucina** cook book; **libro illustrato** picture book.

libro paga *noun* M payroll.

licenza *noun* F **1** licence; **licenza di fabbricazione** manufacturing licence; **2** permission; **chiedere licenza di parlare** to ask for permission to speak; **3** school certificate; **licenza liceale** school leaving certificate (VCE, HSC).

licenziare *verb* [2] to fire; **l'hanno licenziata dopo vent'anni di servizio** they fired her after twenty years of service.

licenziarsi *reflexive verb* [2] to quit; **si è licenziato il primo giorno** he quit on the first day.

liceo *noun* M secondary school.

lido *noun* M beach, shore.

lieta/lieto *adjective* **1** happy, pleased; **lieto fine** happy ending; **2** (*when meeting someone for the first time*) **molto lieta/lieto** pleased to meet you.

lievito *noun* M yeast.

lifting *noun* M (*never changes*) face-lift.

lima per unghie *noun* F nail file.

limitare *verb* [1] to limit.

limite *noun* M **1** boundary; **limite del campo** the boundary of the field; **2** limit, **non avere limiti** to have no limits; **passare ogni limite** to exceed all limits; **limite di velocità** speed limit.

limonata *noun* F lemonade.

limone *noun* M lemon.

linea *noun* F **1** line; **linea curva** curved line; **linee parallele** parallel lines; **2 linea aerea** airline; **linea ferroviaria** railway line; **3** outline, shape; **la linea di un edificio** the shape of a building; **4** telephone line; **la linea è sempre occupata** the line is still busy; **5 linea di cambiamento di data** date line.

lingua *noun* F **1** tongue; **far vedere la lingua** to stick out your tongue; **2** language; **la lingua spagnola** the Spanish language; **conosci qualche lingua straniera?** do you know any foreign languages?; **lingue**

ITALIAN–ENGLISH

lontana/lontano

neolatine Romance languages;
* **avere qualcosa sulla punta della lingua** to have something on the tip of your tongue.

linguaggio noun M language (*referring to a style or a particular way of communicating*), jargon; **linguaggio poetico** poetic language; **linguaggio tecnico** technical language; **linguaggio sessuato** gender-inclusive language; **linguaggio dei segni** sign language.

linguista noun F/M linguist.

link noun M (*never changes*) link (*on websites*).

liquido noun M liquid, fluid.

liquirizia noun F liquorice.

liquore noun M liqueur.

lira noun F lira (*Italian currency unit replaced by the euro in 2002*); **una moneta da cinquecento lire** a five-hundred lira coin.

lisca noun F fishbone.

liscia/liscio adjective **1** smooth; **pelle liscia** smooth skin; **2** straight (*hair*).

lista noun F list; **lista dei prezzi** price list; **lista d'attesa** waiting list.

lite noun F argument, quarrel.

litigare verb [4] to argue, to quarrel; **ha litigato con quasi tutti i suoi colleghi** s/he has argued with almost all her/his workmates.

litigio noun M argument, quarrel.

livello noun M **1** level; **livello dell'acqua** water level; **2** standard; **livello di vita** standard of living.

livido noun M bruise.

lo article M (*plural* **gli**; *used before masculine nouns beginning with* z, s + *consonant*, gn, ps, pn *and* x) the; **lo stadio** the stadium; **lo zoo** the zoo.
pronoun M **1** him, it; **l'ho visto oggi a scuola** I saw him today at school; **'mi presti questi libri?'** – **'sì, a condizione che me li restituisci domani'** 'will you lend me these books?' – 'yes, providing you return them to me tomorrow'; **2 non lo so** I don't know.

locale adjective local.
noun M cafe; **locale notturno** nightclub.

località noun F **1** place, spot; **2 località di villeggiatura** holiday resort; **località balneare** seaside resort.

locomotiva noun F locomotive.

lodare verb [1] to praise; **la poliziotta l'ha lodato per la sua onestà** the policewoman praised him for his honesty.

lode noun F praise.

logica noun F logic.

lontana/lontano adjective **1** far, far-off, distant; **la fabbrica non è lontana da qui** the factory isn't far from here; **un paese lontano** a far-off land;

tempi lontani far-off times; **2** absent, far away; **amici lontani** absent friends.

lontano *adverb* far, a long way; **vivi lontano da qui?** do you live a long way from here?

loro *plural pronoun* F & M **1** they (*NB: normally omitted in Italian, except when used for emphasis*); **(loro) hanno detto di no** they said no; **l'hanno portato loro** they brought it; **2** them; **ho scelto loro, non voi** I chose them, not you; **è tornata con loro** she came back with them; **3** theirs; **'di chi è questo cane?' – 'è il loro'** 'whose dog is this?' – 'it's theirs'; **questi vestiti sono i nostri e quelli sono i loro** these clothes are ours and those are theirs; **4 a loro** to them; **lo darò a loro** I will give it to them.
adjective their; **il loro appartamento** their apartment; **le loro macchine** their cars.

losca/losco *adjective* shifty; **è un tipo losco** he's the shifty type.

lotta *noun* F **1** struggle, fight; **lotta per l'indipendenza** struggle for independence; **2** battle.

lotta libera *noun* F wrestling (*sport*).

lottare *verb* [1] to struggle, to fight; **lottare per la pace** to struggle for peace.

lotteria *noun* F lottery.

lotto *noun* M (*the Italian state lottery*) lottery; **vincere al lotto** to win the lottery.

lucchetto *noun* M padlock, lock; **mettere il lucchetto alla bicicletta** to lock up your bike.

lucciola *noun* F firefly.

luce *noun* F light; **accendere la luce** to turn on the light; **non hai spento la luce** you didn't turn off the light; **la luce del sole** sunlight; **la luce al neon** neon lighting.

lucertola *noun* F lizard.

lucida/lucido *adjective* **1** shiny, bright; **bottoni lucidi** shiny buttons; **2** lucid, clear; **avere la mente lucida** to have a clear head.

lucidare *verb* [1] to polish; **devo lucidare le scarpe** I need to clean my shoes.

lucido *noun* M **1** polish; **lucido da scarpe** shoe polish; **2** overhead transparency.

ludoteca *noun* M playgroup.

luglio *noun* M July; **è nata il quattro luglio** she was born on 4 July.

lui *singular pronoun* M **1** he (*NB: usually omitted in Italian, except when used for emphasis*); **(lui) non lo sapeva** he didn't know; **2** him; **cerchi lui?** are you looking for him?; **è alta quanto lui** she's as tall as him; **3 a lui** to him; **l'ho promesso a lui** I promised it to him.

ITALIAN–ENGLISH   **macabra/macabro**

lumaca *noun* F snail; * **andare a passo di lumaca** to move at a snail's pace.

lume *noun* M **1** light; **leggevo a lume di candela** I read by candlelight; **2** lamp; **lume a cherosene** kerosene lamp.

luminosa/luminoso *adjective* bright, shiny.

luna *noun* F **1** moon; **luna piena** full moon; **2 luna di miele** honeymoon.

luna park *noun* M (*never changes*) amusement park.

lunedì *noun* M (*never changes*) Monday.

lunga/lungo *adjective* long; **la catena è lunga due metri** the chain is two metres long; **è una lunga storia** it's a long story.

lunghezza *noun* F length.

lungo *preposition* along; **camminavamo lungo la spiaggia** we were walking along the beach.

luogo *noun* M **1** place, spot; **luogo di nascita** place of birth; **2 aver luogo** to take place; **la riunione ha avuto luogo a scuola** the meeting took place at school.

luogo comune *noun* M cliché.

lupa/lupo *noun* F/M she-wolf/wolf.

lupo mannaro *noun* M werewolf.

lurida/lurido *adjective* filthy, foul.

lusingare *verb* [4] to flatter; **le sue parole mi lusingano** I'm flattered by his words.

lussazione *noun* F sprain (*of a joint*).

lusso *noun* M luxury; **albergo di lusso** luxury hotel.

lutto *noun* M mourning; **essere in lutto per qualcuna/qualcuno** to be in mourning for someone.

M m

ma *conjunction* **1** but; **volevo venire, ma sono stato trattenuto** I wanted to come but I was held up; **è simpatica ma timida** she's nice but shy; (*sometimes not translated in English but replaced with another word*) **non è italiana ma spagnola** she's not Italian, she's Spanish; **2** actually, in fact; **'è ricca?'–'ma è ricchissima'** 'is she rich?'–'actually, she's filthy rich'; **3** (*sometimes used in expressions of exclamation*) for heaven's sake!; **ma smettila!** for heaven's sake stop it!; **ma insomma!** for heaven's sake!; **4 ma che!** (*also* **macché**) don't mention it!, not at all!

macabra/macabro *adjective* gruesome.

maccheroni — ITALIAN–ENGLISH

maccheroni *plural noun* M macaroni.

macchia *noun* F stain, spot; **macchia di olio** oil stain.

macchiare *verb* [2] to stain; **hai macchiato il divano di caffè** you've stained the couch with coffee.

macchina *noun* F **1** machine; **macchina per cucire** sewing machine; **macchina a gettoni** slot machine; **2** car; **siamo venuti in macchina** we came by car; **hai la macchina?** do you have a car?

macchina fotografica *noun* F camera.

macchinetta *noun* F **1** coffee machine; **2** braces (*for teeth*).

macellaia/macellaio *noun* F/M butcher.

macelleria *noun* F butcher's shop.

macello *noun* M abattoir.

macinare *verb* [1] to grind.

Madonna *noun* F (*Christian*) Our Lady.

madre *noun* F mother.

madrina *noun* F godmother.

maestra/maestro *noun* F/M primary schoolteacher.

Mafia *noun* F Mafia.

maga/mago *noun* F/M magician, sorceress/sorcerer.

magari *adverb* perhaps, maybe, even; **la vedrò presto, magari anche oggi** I'll be seeing her soon, perhaps even today. *conjunction* if only; **magari non fosse così** if only it weren't so. *exclamation* if only, I wish; **'ti piacerebbe fare il regista?' – 'magari!'** 'would you like to be a film director?' – 'I wish!'

magazzino *noun* M **1** warehouse; **2 grande magazzino** department store.

maggio *noun* M May; **il due maggio** the second of May.

maggioranza *noun* F majority; **la maggioranza delle persone** the majority of people.

maggiore *adjective* **1** greatest, biggest, **la maggior parte del pubblico** most of the audience; **2** elder, eldest; **la mia sorella maggiore** my eldest sister; **3** major, most important; **le opere maggiori di …** the major works of …; **4** (army) major.

magia *noun* F magic.

magica/magico *adjective* magic, magical.

maglia *noun* F **1** undershirt, lightweight jumper/pullover; **2** stitch; **lavorare a maglia** to knit.

maglietta *noun* F **1** lightweight jumper/pullover; **2** T-shirt.

maglione *noun* M sweater, (heavy) jumper/pullover.

magnate *noun* F & M tycoon.

magnifica/magnifico *adjective* wonderful, fantastic; **un tempo magnifico** fantastic weather.

magra/magro *adjective* thin, skinny; **è rimasto molto magro dopo la malattia** the illness left him very thin.

magrezza *noun* F thinness.

mai *adverb* 1 never, ever; **non sono mai stata ad Atene** I've never been to Athens; **hai mai visto Londra?** have you ever seen London?; **non si sa mai** you never know; **quasi mai** hardly ever; 2 * **mai e poi mai!** no way!

maiale *noun* M pig, pork.

mail *noun* F (*never changes*) e-mail; **ti mando una mail** I'll send you an e-mail.

mailare *verb* [1] to send an e-mail.

maionese *noun* F mayonnaise.

mais *noun* M (*never changes*) maize, corn.

maiuscola/maiuscolo *adjective* upper-case, capital (*letter*).

malaria *noun* F malaria.

malata/malato *adjective* sick; **è malato da una settimana** he's been sick for a week.

malattia *noun* F sickness, illness.

malaugurio *noun* M bad omen.

malavita *noun* F (*criminal*) underworld.

malavoglia *noun* F unwillingness.

malcontenta/malcontento *adjective* dissatisfied.

male *adverb* 1 badly; **si è comportata male** she behaved badly; **se l'è presa male** s/he took it badly; 2 wrongly, not properly; **ho capito male** I misunderstood; 3 **stare male** to be unwell; **suo fratello sta male** her/his brother isn't well; 4 **andare male** to go (*to fare*) badly, **le è andata male** she fared badly; **gli affari vanno male** business is bad; 5 **andare a male** to go off; **il burro è andato a male** the butter has gone off; * **parlare male di qualcuna/qualcuno** to speak badly of someone.
noun M 1 bad, wrong, harm, evil; **il bene e il male** good and evil; 2 ache, pain; **ho mal di schiena** I've got a backache; **hai sempre mal di denti?** do you still have a toothache?; **avere mal di gola** to have a sore throat; 3 **avere mal d'auto** to be carsick.

maledetta/maledetto *adjective* damned, cursed.

maledizione *exclamation* damn!

maleducata/maleducato *adjective* rude; **che donna maleducata!** what a rude woman!

malfamata/malfamato *adjective* infamous.

malgrado *preposition* in spite of; **malgrado la pioggia abbiamo giocato** we played in spite of the rain.

maligna/maligno *adjective* evil, malicious.

malinteso *noun* M misunderstanding; **c'è stato un malinteso tra loro due** there was a misunderstanding between the two of them.

maltempo *noun* M bad weather.

maltrattamento *noun* M abuse; **maltrattamenti in famiglia** domestic abuse.

maltrattare *verb* [1] to abuse, to mistreat.

malumore *noun* M bad mood; **è di malumore** s/he's in a bad mood.

mamma *noun* F mum, mummy; **mamma mia!** heavens above!

mammella *noun* F breast.

mammifero *noun* M mammal.

mancanza *noun* F **1** lack, shortage; **c'è una mancanza di lavoro** there is a shortage of jobs; **2** absence; **sentire la mancanza di qualcuna/qualcuno** to miss someone.

mancare *verb* [3] **1** to be lacking, to be missing; **è la voglia che manca** it's determination that's lacking; **manca di intelligenza** s/he lacks intelligence; **chi manca?** who is missing?, who are we missing?; **manca il latte** there's no milk; **2** (*used with an indirect pronoun*) to miss; **mi manchi** I miss you; **ci mancano** we miss them; **3** to be absent from; **cercherò di non mancare alla tua festa** I'll try not to miss your party; **4** to be left; **mancano dieci pagine** there are ten pages left; **mancano solo due giorni al tuo compleanno** there are only two days left until your birthday; * **ci mancherebbe altro!** that's all we need!

mancia *noun* F tip (*in a restaurant, hotel, etc.*); **lasciamo la mancia?** shall we leave a tip?

manciata *noun* F handful.

mancina/mancino *adjective* left-handed; **sei mancina, vero?** you're left-handed, aren't you?

mandare *verb* [1] **1** to send; **mandare un pacco** to send a parcel; **mi hanno mandato a Hong Kong per una settimana** they sent me to Hong Kong for a week; **2 mandare indietro** to rewind; * **mandare qualcuna/qualcuno al diavolo** to tell someone to go to hell.

mandarino *noun* M (*fruit*) mandarin.

mandorla *noun* F almond.

mandria *noun* F herd, flock; **una mandria di bufali** a herd of buffalo.

maneggiare *verb* [6] to handle, to use; **sa maneggiare la racchetta** s/he knows how to handle a racquet (*i.e. s/he uses it skilfully*).

ITALIAN–ENGLISH

manetta *noun* F **1** lever; **2 le manette** handcuffs.

mangiare *verb* [6] **1** to eat; **abbiamo già mangiato** we've already eaten; **ha mangiato tutta la pizza** s/he ate the entire pizza; **2 dare da mangiare a qualcuna/qualcuno** to feed (*a person or animal*); **3 mangiare le parole** to slur your words.

mangiatoia *noun* F trough (*for animal feed*).

mania *noun* F mania, fixation.

maniaca/maniaco *noun* F/M (M *plural* **maniaci**) obsessed person; **maniaca/maniaco della pulizia** compulsive cleaner; **maniaca/maniaco del computer** computer nerd.

manica *noun* F sleeve; **maniche corte** short sleeves; * **rimboccarsi le maniche** to roll up your sleeves.

manichino *noun* M mannequin.

manico *noun* M handle.

manicomio *noun* M psychiatric hospital (*now abolished*).

maniera *noun* F **1** manner, way, manner of behaviour; **alla maniera di** in the manner of; **2 le buone maniere** good manners; **le cattive maniere** bad manners.

manifestante *noun* F & M protester, demonstrator.

manifestazione *noun* F **1** demo, rally; **manifestazione di protesta** protest march;

mantenere

2 show, exhibition; **una manifestazione fotografica** a photography exhibition.

manifesto *noun* M poster, placard.

maniglia *noun* F handle.

mano *noun* F (*plural* **le mani**) **1** hand; **a mano** by hand; **di seconda mano** second-hand; **stringere la mano a qualcuna/qualcuno** to shake someone's hand; **ho stretto la mano al presidente** I shook the president's hand; **mani in alto!** hands up!; **2 avere in mano la situazione** to have the situation under control.

manodopera *noun* F labour, workers.

manoscritto *noun* M (handwritten) manuscript.

manovale *noun* F & M unskilled worker.

manovra *noun* F manoeuvre, move; **manovra strategica** strategic move.

manrovescio *noun* M backhander; **dare un manrovescio a qualcuna/qualcuno** to give someone a backhander.

mansueta/mansueto *adjective* meek, mild.

mantello *noun* M overcoat, wrap.

mantenere *verb* [75] **1** to maintain, to keep; **mantenere la parola data** to keep your

mantenersi

word; **non hai mantenuto la promessa** you didn't keep your promise; **2** to support; **deve mantenere due figli** s/he has two children to support.

mantenersi *reflexive verb* [75] **1** to keep (yourself); **si mantiene sana** she keeps herself healthy; **2** to support yourself (*financially*).

manuale *adjective* manual; **lavoro manuale** manual work. *noun* M handbook, manual.

manubrio *noun* M **1** handle; **2** handlebars (*of a bike*).

manutenzione *noun* F maintenance; **gli addetti alla manutenzione** maintenance workers.

manzo *noun* M beef.

Maometto *noun* M Mohammed.

mappa *noun* F map.

maratona *noun* F marathon (*race*).

marca *noun* F **1** mark, sign; **2** trademark, brand; **che marca è?** what brand is it?

marcare *verb* [3] to tackle (*in sport*).

marcia *noun* F **1** march; **essere in marcia** to be on the march; **2** gear (*of a car etc.*); **prima marcia** first gear; **le marce a mano** manual gears.

marcia/marcio *adjective* rotten, spoilt; **questa mela è marcia** this apple is rotten.

ITALIAN–ENGLISH

marciapiede *noun* M **1** footpath; **2** railway platform.

marciare *verb* [5] to march.

marcire *verb* [12] to go off, to go rotten; **le prugne sono marcite** the plums have gone off.

mare *noun* M **1** sea; **mare agitato** rough sea; **mare calmo** calm sea; **per mare** by sea; * **essere in alto mare** to be all at sea; **2** seaside, beach; **andare al mare** to go to the beach.

marea *noun* F tide; **alta marea** high tide; **bassa marea** low tide.

marescialla/maresciallo *noun* F/M **1** (*Carabinieri*) police sergeant; **2** (*army*) non-commissioned officer.

margherita *noun* F daisy.

marginale *adjective* marginal, secondary.

margine *noun* M **1** edge, border; **il margine della foresta** the edge of the forest; **2** margin; **margine di guadagno** profit margin.

marijuana *noun* F marijuana.

marina *noun* F **1** seashore; **2** navy.

marina/marino *adjective* marine, sea.

marinaia/marinaio *noun* F/M sailor.

marinare *verb* [1] **marinare la scuola** (*informal*) to wag school, to play truant.

marionetta *noun* F puppet.

marito *noun* M husband; **prendere marito** to get married; **avere marito** to be married.

marmellata *noun* F jam; **marmellata di albicocche** apricot jam; **marmellata di agrumi** marmalade.

marmitta *noun* F **1** pot; **2** muffler (*of a car*).

marmo *noun* M marble.

marrone *adjective* brown.

marsupiale *noun* M marsupial.

marsupio *noun* M pouch, bumbag (*for money*)

Marte *noun* M Mars.

martedì *noun* M (*never changes*) Tuesday; (*Christian*) **martedì grasso** Shrove Tuesday.

martello *noun* M hammer; **colpo di martello** blow of a hammer.

marzapane *noun* M marzipan.

marzo *noun* M March; **di marzo** in March.

mascalzona/mascalzone *noun* F/M scoundrel.

mascara *noun* F mascara.

mascella *noun* F jaw.

maschera *noun* F **1** mask; **ballo in maschera** masked ball (*fancy dress*); **maschera antigas** gas mask; **2** disguise.

mascherarsi *reflexive verb* [1] to dress up as, to disguise yourself; **si è mascherato da corsaro** he dressed up as a pirate.

maschile *adjective* male, masculine.

maschilista *adjective* sexist.

maschio *noun* M male (*to refer to both people and animals*).

massa *noun* F **1** mass, heap, lots of; **una massa di giornali** a heap of newspapers; **2 produzione in massa** mass production.

massacrare *verb* [1] to massacre, to slaughter.

massacro *noun* M massacre.

massaggio *noun* M massage.

massiccia/massiccio *adjective* **1** solid; **travi massicce** solid beams; **2** massive, enormous.

massima/massimo *adjective* maximum, most; **pressione massima** maximum pressure; **temperatura massima** maximum temperature. *noun* M **1** maximum, extreme, highest point; **il massimo della pena** the maximum sentence; **2 al massimo** at the most.

masterizzare *verb* [1] to burn (*i.e. a CD or DVD*).

masticare *verb* [3] to chew; **masticare gomma americana** to chew gum.

matematica *noun* F maths.

materasso *noun* M mattress.

materia *noun* F **1** matter, substance; **materia prima** raw material; **2** subject, field (*of study*); **quante materie studi quest'anno?** how many subjects are you doing this year?

materiale *adjective* material. *noun* M material, supplies; **materiali da costruzione** building materials; **materiali didattici** teaching materials.

materna/materno *adjective* maternal.

matita *noun* F pencil.

matricola *noun* F **1** register, list of names; **2 numero di matricola** enrolment number.

matrigna *noun* F stepmother.

matrimonio *noun* M marriage.

matta/matto *adjective* **1** mad, crazy; **2** odd, eccentric; * **andare matta/matto per qualcosa (o qualcuna/qualcuno)** to be mad (*enthusiastic*) about something (or someone).
noun F/M **1** mad person; **2** odd or eccentric person; * **roba da matti!** crazy stuff!

matterello *noun* M rolling pin.

mattina *noun* F morning; **di mattina** in the morning; **ieri mattina** yesterday morning.

mattinata *noun* F morning (*used when referring to the morning as a period of time*).

mattone *noun* M brick.

matura/maturo *adjective* mature, ripe; **banane mature** ripe bananas.

maturare *verb* [1] to mature, to ripen; **la frutta non è ancora maturata** the fruit hasn't ripened yet.

maturità *noun* F **1** maturity; **2** ripeness; **3 esame di maturità** school-leaving certificate examination.

mazza *noun* F **1** club, cudgel, sledgehammer; **2** (*sport*) club, bat; **mazza da baseball** baseball bat.

mazzo *noun* M bunch, bundle; **un mazzo di fiori** a bunch of flowers; **un mazzo di chiavi** a bunch of keys.

me *pronoun* **1** me; **è stato difficile per me** it was difficult for me; **2 povera me!** poor me!; **3 da me** by myself; **l'ho fatto da me** I did it by myself; **4** to me (*NB: this is the form that* mi *takes when combined with other pronouns:* mi + la *becomes* me la, mi + lo *becomes* me lo, *etc.*); **me l'ha dato ieri** s/he gave it to me yesterday.

meccanica *noun* F mechanics.

meccanica/meccanico *noun* F/M mechanic.

medaglia *noun* F medal.

medesima/medesimo *adjective* **1** same; **abbiamo fatto il medesimo corso** we did the same course; **2** -self; **l'ho visto io medesima** I saw it myself; **3** itself, personified; **è la generosità medesima** s/he is generosity personified.

ITALIAN–ENGLISH

media *noun* F average; **fare una media di cinquanta chilometri all'ora** to average fifty kilometres an hour; **superiore alla media** above average.

media/medio *adjective* average, medium; **sono di statura media** I'm of average height; **temperatura media** average temperature.

medica/medico *adjective* **1** medical; **2 ricetta medica** prescription (*for medicine*).

medicina *noun* F **1** medicine; **hai preso la medicina?** have you taken your medicine?; **2** the field of medicine.

medico *noun* M doctor (*for female doctor* SEE **dottoressa**); **medico di base** general practitioner.

mediconzola/mediconzolo *noun* F/M quack (*doctor*).

mediocre *adjective* mediocre.

meglio *adverb* better, more; **è meglio informata di me** she's better informed than me; **'come va adesso?' – 'meglio, grazie'** 'how's it going now?' – 'better thanks'.

mela *noun* F apple.

melagrana *noun* F pomegranate.

melanzana *noun* F eggplant, aubergine.

melodia *noun* F melody.

melone *noun* M melon.

membro *noun* M **1** member; **membro del personale** staff member; **2** limb.

memorabile *adjective* memorable.

memoria *noun* F **1** memory; **non ho una buona memoria** I don't have a good memory; **2 imparare a memoria** to learn by heart.

mendicante *noun* F & M beggar.

meningite *noun* F meningitis.

meno *adjective* (*never changes*) fewer, less; **ci sono meno concorrenti dell'anno scorso** there are fewer contestants than last year; **ho meno pazienza di lui** I've got less patience than him.
adverb **1** less; **devo dormire di meno** I need to sleep less; **2** not as; **sono meno ricco di te** I'm not as rich as you; **3** minus; **cinque meno due** five minus two; **fare a meno di qualcosa** to do without something; **più o meno** more or less.

mensa *noun* F cafeteria, canteen.

mensile *adjective* monthly.

menta *noun* F mint.

mentale *adjective* mental; **malattia mentale** mental illness; **elasticità mentale** lateral thinking.

mente *noun* F **1** mind, **mente aperta** open mind; **sana/sano di mente** healthy of mind; **venire**

in mente a qualcuna/qualcuno to come to mind; **2** intellect; **ragionare con la mente** to reason, to think rationally; **3** memory; **mi è sfuggito di mente** it slipped my mind.

mentire *verb* [11] to lie.

mento *noun* M chin.

mentre *conjunction* while; **l'ho vista mentre arrivava** I saw her as she was arriving.

menzogna *noun* F lie.

meraviglia *noun* F **1** wonder, amazing thing; **che meraviglia!** how amazing!; **2 fare le meraviglie** to show surprise; **3 il paese delle meraviglie** wonderland; **4 le sette meraviglie del mondo** the Seven Wonders of the World.

meravigliare *verb* [8] to amaze; **le tue proposte mi meravigliano** your suggestions amaze me.

mercante *noun* F & M merchant, trader.

mercato *noun* M market.

merce *noun* F **1** goods; **2 le merci** merchandise.

mercoledì *noun* M (*never changes*) Wednesday; (*Christian*) **Mercoledì delle Ceneri** Ash Wednesday.

Mercurio/mercurio *noun* M Mercury/mercury.

merenda *noun* F snack; **fare merenda** to have a snack.

meridionale *adjective* southern, south.

meringa *noun* F meringue.

meritare *verb* [1] to deserve; **non merita la tua fiducia** s/he doesn't deserve your trust.

merletto *noun* M lace (*material*).

merlo *noun* M blackbird.

merluzzo *noun* M cod.

meschina/meschino *adjective* **1** petty, scant; **2** mean, unkind; **sono stati meschini nei confronti del cugino** they were mean to their cousin; **3** wretched.

mescolare *verb* [1] to mix (together), to stir; **mescolare due liquidi** to mix together two liquids; **mescolare la zuppa** to stir the soup.

mese *noun* M month; **il mese di settembre** the month of September; **ai primi del mese** early in the month; **il prossimo mese** next month; **di mese in mese** from month to month.

messa *noun* F **1** (*Christian*) mass; **avete assistito alla messa di mezzanotte?** did you attend midnight mass?; **2** putting, placing; **messa in marcia** putting into gear; **messa in moto** starting up (*of a motor, car, etc.*).

messaggera/messaggero *noun* F/M messenger.

messaggio *noun* M message; **se non mi trovi, lasciami un**

ITALIAN–ENGLISH

messaggio if you can't find me, leave a message.

mestiere noun M trade, occupation; **esercitare un mestiere** to practise a trade; **il mestiere di falegname** the carpentry trade; * **imparare il mestiere** to learn the ropes.

mestolo noun M ladle.

mestruazioni plural noun F period (*menstruation*).

meta noun F aim, goal, destination.

metà noun F **1** half; **ho letto solo la metà del libro** I've read only half the book; **2 a metà** half, by half, halfway; **siamo a metà strada** we're halfway there; **fare a metà** to divide in half; **3 metà campo** end (*of a sports field*).

metallo noun M metal.

metodista adjective and noun F & M Methodist.

metodo noun M method.

metrica/metrico adjective metric; **sistema metrico** metric system.

metro noun M **1** metre; **2** ruler, tape measure.

metrò noun M (*never changes*) underground railway, subway.

mettere verb [45] **1** to put, to place; **ho messo il latte sul tavolo** I put the milk on the table; **mettere insieme** to put together; **2** to suppose; **mettiamo che non è colpevole ...** let's suppose that s/he's not guilty ... ; **3 mettere le mani in tasca** to put your hands in your pockets; **4 mettere radici** to put down roots (*also used figuratively*).

mettersi reflexive verb [45] **1** to put yourself, to sit yourself down; **mettiti su quella sedia** sit yourself down on that chair; **2** to begin; **si sono messe a lavorare** they began work.

mezza/mezzo adjective **1** half; **mezza banana** half a banana; **mezzo litro di acqua** half a litre of water; **2** middle; **è di mezza età** s/he's middle-aged.

mezzaluna noun F crescent.

mezzanotte noun F midnight; **a mezzanotte** at midnight.

mezzo noun M **1** half; **due e mezzo** two and a half; **un chilo e mezzo** a kilo and a half; **2** (*when indicating the half-hour*) **sono le sei e mezzo** (*or* **mezza**) it's six-thirty; **3 mettersi di mezzo** to intervene (*between two things or people*); **4** way, means; **tentare ogni mezzo** to try all ways; **5 mezzi pubblici** public transport.

mezzogiorno noun M midday; **a mezzogiorno e mezzo** at twelve-thirty (p.m.).

mi pronoun **1** me; **mi sentite?** can you hear me?; **2** (*NB: when combined with other pronouns becomes* me: me lo, me la, me li, me le, me ne) to me; **mi dai l'elenco telefonico per piacere?** will you pass me the phone book please?; **3** myself (*used with reflexive verbs*); **mi alzo alle sette** I get up at seven; **mi chiamo Lucy** my name is Lucy.

mia/mio *adjective* (*plural* **mie/miei**) my; **la mia macchina** my car; **il mio cane** my dog; **la mia mamma** my mum; **casa mia** my house/home; **l'ho sentito con le mie orecchie** I heard it with my own ears.
pronoun mine; **questo quaderno è mio** this exercise book is mine.

mica *adverb* **1** (*used to reinforce a negation*) certainly, at all; **non l'ho fatto mica io** I certainly didn't do it (*i.e. it must have been someone else*); **non è mica vero** it's not at all true; **2** by chance; **è mica passato il quindici?** has the number fifteen (bus) passed by, by any chance?

micidiale *adjective* deadly.

microbo *noun* M germ.

microfono *noun* M microphone.

microonde *noun* M (*never changes*) microwave oven.

miei *plural noun* M my family, my parents; **questo fine settimana vado dai miei** this weekend I'm going to visit my parents.

miele *noun* M honey.

mietere *verb* [9a] to harvest, to reap; **mietere il grano** to harvest wheat.

migliaio *noun* M (*plural* F **le migliaia**) thousand; **qualche migliaio di persone** a few thousand people; **c'erano migliaia di persone** there were thousands of people.

miglio *noun* M mile; **miglio marino** nautical mile.

migliorare *verb* [1] to improve; **migliorare le condizioni di lavoro** to improve working conditions; **vorrei migliorare il mio tedesco** I would like to improve my German.

migliore *adjective* **1** better; **come insegnante è migliore di lui** as a teacher s/he is better than he is; **2** best; **è il mio migliore amico** he's my best friend.
noun F & M best; **è la migliore di tutti** she's the best of them all.

mignolo *noun* M **1** little finger; **2** little toe.

milionaria/milionario *noun* F/M millionaire.

militare *adjective* military.
noun F & M soldier; **fare il militare** to serve in the army.

mina *noun* F landmine.

minaccia *noun* F threat.

minacciare *verb* [5] to threaten; **il preside lo ha minacciato di espulsione** the principal threatened him with expulsion.

minare *verb* [1] **1** to mine; **il campo è stato minato** the field has been mined; **2** to undermine; **hanno minato i nostri progetti** they have undermined our plans.

ITALIAN–ENGLISH

minchiona/minchione *noun* F/M (*informal*) fool, nitwit.

minerale *adjective* mineral; **acqua minerale** mineral water.

minestra *noun* F soup.

miniatura *noun* F miniature.

miniera *noun* F mine; **miniera d'oro** goldmine.

minima/minimo *adjective* minimum, least, small; **la temperatura minima** the minimum temperature.

minimo *noun* M minimum; **fare il minimo possibile** to do the least (amount) possible.

ministra/ministro *noun* F/M minister; **la ministra degli affari esteri** Minister of Foreign Affairs; **primo ministro** Prime minister, Premier.

minoranza *noun* F minority.

minore *adjective* less, lesser, smaller; **il costo è minore del previsto** the cost is less than anticipated; **opere minori** lesser works.

minorenne *adjective* under age; **suo figlio è ancora minorenne** her/his son is still under age. *noun* F & M minor, an under-age person.

minuscola/minuscolo *adjective* **1** miniscule, tiny; **2** lower-case.

minuta/minuto *adjective* tiny, minute.

minuto *noun* M minute.

miope *adjective* short-sighted.

mira *noun* F **1** aim, target; **prendere la mira** to take aim; **2** aim, goal; **mire politiche** political goals.

mirabile *adjective* admirable.

miracolo *noun* M miracle; **miracolo economico** economic miracle.

miracolosa/miracoloso *adjective* miraculous, amazing.

miscela *noun* F mixture.

mischiare *verb* [2] to blend, to mix; **mischiare le carte** to shuffle cards.

misera/misero *adjective* **1** poor, wretched; **2** sad, miserable.

miserabile *adjective* poor, destitute.

miseria *noun* F **1** poverty; **2** misery, unhappiness; (*informal*) * **porca miseria!** damn it!

misericordia *noun* F mercy, pity; **provare misericordia** to feel pity.

missile *noun* M missile.

missionaria/missionario *noun* F/M missionary.

missione *noun* F mission; **missione segreta** secret mission.

misteriosa/misterioso *adjective* mysterious.

mistero *noun* M mystery.

misura *noun* F **1** measure, measurements; **prendere le**

misurare

misure to measure; **2** size (*of shoes and clothing*); **che misura porti?** what size do you take?; **3** limits; **superare ogni misura** to exceed the limits.

misurare *verb* [1] to measure.

mite *adjective* gentle, mild, meek.

mitica/mitico *adjective* mythical.

mito *noun* M myth.

mittente *noun* F & M sender (*of a letter*).

mobile *adjective* **1** moving, movable; **scala mobile** escalator; **2** fickle, changeable (*when referring to people*).
noun M piece of furniture.

mocio *noun* M mop (*for washing the floor*).

moda *noun* F fashion; **la moda italiana** Italian fashion; **essere di moda** to be fashionable, to be in fashion; **l'ultima moda** the latest fashion.

modella/modello *noun* F/M fashion model.

modello *adjective* (*never changes*) model; **scuola modello** model school.
noun M model, pattern; **l'ultimo modello** the latest model; **copiare un modello** to follow a pattern.

moderata/moderato *adjective* moderate, not excessive.

moderna/moderno *adjective* modern.

ITALIAN–ENGLISH

modesta/modesto *adjective* modest, unpretentious, humble; **sei troppo modesto!** you're too modest!; **una casa modesta** a modest home.

modifica *noun* F alteration, modification.

modificare *verb* [3] **1** to modify; **2** to edit (*wordprocessing*).

modo *noun* M **1** way, method; **lasciarla fare a modo suo** to let her do it in her own way; **modo di agire** way of behaving; **modo di pagamento** method of payment; **2 per modo di dire** so to speak; **3 in qualche modo** somehow.

modulo *noun* M form, application form; **riempire un modulo** to fill in a form.

mogano *noun* M mahogany.

moglie *noun* F wife; **sua moglie** his wife; **prendere moglie** to get married.

molare *adjective* molar; **dente molare** molar (*tooth*).

molecola *noun* F molecule.

molestare *verb* [1] to harass, to pester, to hassle; **mi molestava con le sue continue lamentele** s/he pestered me with her/his relentless complaints.

molla *noun* F spring (*made of metal*).

mollare *verb* [1] **1** to release; **mollare l'ancora** to release the anchor; **2** to give in; **non mollare!** don't give in!

ITALIAN–ENGLISH

mollusco *noun* M mollusc, shellfish.

molo *noun* M pier, jetty.

molta/molto *adjective* a lot, many; **hai molti libri** you've got a lot of books; **c'è molto pane** there's a lot of bread.
pronoun **1** a lot, a great deal; **ho molto da fare** I've got a lot to do; **2** (*plural*) many; **molti di loro** many of them.

molteplice *adjective* many, multiple.

moltiplicare *verb* [3] **1** to increase; **abbiamo moltiplicato le entrate per tre** we've increased income threefold; **2** to multiply; **due moltiplicato per dieci fa venti** two multiplied by ten equals twenty.

moltiplicazione *noun* F multiplication.

moltitudine *noun* F multitude.

molto *adverb* **1** much, a lot; **lavora molto** s/he works a lot; **mi piace molto** I like it very much; **2** very; **canta molto bene** s/he sings very well.

momento *noun* M moment, minute; **cogliere il momento** to seize the moment; **fino a quel momento** until that moment; **allo stesso momento** at that moment; **all'ultimo momento** at the last moment; **un momento!** (wait) just a moment!

monaca/monaco *noun* F/M nun, monk.

montare

monarchia *noun* F monarchy.

monastero *noun* M monastery, convent.

mondiale *adjective* world; **la seconda guerra mondiale** the Second World War.

mondializzazione *noun* F globalisation.

mondo *noun* M **1** world; **tutto il mondo** the whole world; **il mondo orientale** the Eastern World, the East; **il mondo occidentale** the Western World, the West; **2 l'altro mondo** the afterlife.

moneta *noun* F **1** coin; **2** money; **carta moneta** paper money.

monitor *noun* M (*never changes*) (*computers*) monitor.

monopattino *noun* M scooter.

monotona/monotono *adjective* monotonous, dreary.

monouso *adjective* (*never changes*) disposable; **siringa monouso** disposable syringe.

monsone *noun* M monsoon.

montagna *noun* F mountain; **andare in montagna** to go to the mountains.

montagne russe *plural noun* F roller coaster, big dipper.

montare *verb* [1] **1** to mount, to get on; **montare in bicicletta** to get on a bike; **montare in treno** to get on the train; **2** to assemble, to set up; **montare una macchina** to assemble a machine; **3** to mount, to frame (*a picture or photo*); * **montare in collera** to get angry.

monte *noun* M **1** mountain; **2** (*in front of names*) Mt, Mount; **Monte Olimpo** Mount Olympus; **3** heap, pile; **un monte di soldi** a pile of money.

monumento *noun* M monument.

moquette *noun* F (wall-to-wall) carpet.

mora *noun* F blackberry.

morale *adjective* moral.
noun[1] F **1** morals; **la morale cristiana** Christian morals; **2** moral; **la morale della favola** the moral of the story.
noun[2] M morale; **il morale delle truppe** the morale of the troops.

moralità *noun* F morality.

morbida/morbido *adjective* soft, gentle, delicate.

morbosa/morboso *adjective* F/M morbid.

mordere *verb* [46] to bite; **mi ha morso il cane dei vicini** the neighbours' dog bit me.

morfina *noun* F morphine.

morire *verb* [88] to die; **è morto due anni fa** he died two years ago; **morire giovane** to die young; **morire di vecchiaia** to die of old age; **morire ammazzato** to be killed; **morire come un cane** to die like a dog; * **sono stanca da morire** I'm dead tired; * **muoio di sete** I'm dying of thirst.

mormorare *verb* [1] to murmur, to mutter.

morta/morto *adjective* dead. *noun* F/M dead person; **i morti sono cinque** there are five dead.

mortale *adjective* fatal.

morte *noun* F death; **pena di morte** death penalty.

mosca *noun* F fly; * **non farebbe male a una mosca** s/he wouldn't hurt a fly.

moscerino *noun* M midge, gnat.

moschea *noun* F mosque.

moschicida *noun* M flyspray.

mossa *noun* F **1** movement; **2** move (*in chess and games*).

mostra *noun* F show, display, exhibition; **una mostra d'arte** an art exhibition.

mostrare *verb* [1] to show, to display; **mostrare i documenti** to show your papers (*of identification*).

mostro *noun* M monster.

mostruosa/mostruoso *adjective* monstrous, horrible.

motivata/motivato *adjective* motivated.

motivazione *noun* F motivation.

motivo *noun* M **1** reason, cause; **per nessun motivo** for no reason; **2** design, pattern; **un motivo floreale** a floral pattern.

ITALIAN-ENGLISH — muta/muto

moto noun[1] M gesture, movement; **mettere in moto** to set in motion.
noun[2] F (*never changes*) *short for* **motocicletta** (*SEE BELOW*).

motocicletta noun F motorbike.

motore noun M motor, engine.

motoscafo noun M motorboat.

movimentata/movimentato adjective lively; **una strada movimentata** a lively street.

movimento noun M
1 movement, motion; **essere in movimento** to be moving;
2 movement; **movimento operaio** labour movement.

mozzafiato adjective (*never changes*) breathtaking.

mucca noun F cow.

mucchio noun M pile, heap; **un mucchio di piatti** a pile of plates.

muffa noun F mould (*i.e. fungal growth*).

mulino a vento noun M windmill.

mulo noun M mule.

multa noun F fine; **il controllore le ha dato la multa** the ticket inspector gave her a fine.

multicolore adjective multicoloured.

mungere verb [61] to milk (*a cow*).

municipio noun M town hall.

munire verb [12] to fit out with, to provide with; **munire qualcuna/qualcuno di denaro** to provide someone with money.

muovere verb [47] to move; **muovere la mano** to move your hand.

muoversi *reflexive verb* [47] to move; **dopo due ore il treno si è mosso** the train moved off after two hours.

mura plural noun F city walls.

muratore/muratrice noun M/F bricklayer.

muro noun M wall.

muscolo noun M muscle; **stirarsi un muscolo** to strain a muscle; **strapparsi un muscolo** to tear a muscle.

muscolosa/muscoloso adjective muscular.

museo noun M museum.

museruola noun F muzzle.

musica noun F music; **musica contemporanea** contemporary music; **musica classica** classical music.

musical noun M (*never changes*) musical.

musicale adjective musical.

musicista noun F & M musician.

muso noun M snout.

mus(s)ulmana/mus(s)ulmano adjective Muslim.
noun F/M Muslim.

muta/muto adjective mute.

mutande da uomo *plural noun* F men's underpants.

mutandine da donna/da ragazza *plural noun* F knickers, panties.

mutilare *verb* [1] to mutilate, to maim.

mutuo *noun* M housing loan, mortgage.

N n

nailon *noun* M nylon.

nana/nano *noun* F/M dwarf, midget.

narciso selvatico *noun* M daffodil.

narice *noun* F nostril.

narrativa *noun* F fiction.

nascere *verb* [48] **1** to be born; **sono nata a Sydney ma adesso vivo a Melbourne** I was born in Sydney but now live in Melbourne; **2 nascere da** to be due to, to come about through; **tutto è nato da un incontro casuale** it was all due to a chance meeting.

nascita *noun* F birth; **data di nascita** date of birth.

nascondere *verb* [49] to hide, to keep secret; **ha nascosto il regalo nel garage** s/he hid the present in the garage.

nascondersi *reflexive verb* [49] to hide yourself; **il gatto si era nascosto sotto la scala** the cat had hidden itself under the stairs.

nascondino *noun* M hide-and-seek; **giocare a nascondino** to play hide-and-seek.

nascosta/nascosto *adjective* **1** hidden; **2 di nascosto** secretly; **di nascosto da qualcuna/qualcuno** behind someone's back.

naso *noun* M nose; **soffiarsi il naso** to blow your nose; * **non vedere più in là del proprio naso** to be unable to see beyond the end of your nose; * **ficcare il naso nei fatti altrui** to stick your nose into other people's business.

nastro *noun* M **1** ribbon; **2** tape; **metro a nastro** tape measure; **registrare a nastro** to record (*on a tape recorder*); **3** (*airport*) **nastro trasportatore** luggage carousel.

nata/nato *adjective* born.

natale *adjective* native; **paese natale** native land.

Natale *noun* M Christmas; **il giorno di Natale** Christmas Day; **albero di Natale** Christmas tree; **Buon Natale!** Merry Christmas!; **Babbo Natale** Santa Claus.

natica *noun* F buttock.

nativa/nativo *adjective* native; **terra nativa** native land.

natura noun F **1** nature; **godersi la natura** to enjoy nature; **2** nature, character; **avere una natura pacifica** to have a peaceful nature; **natura umana** human nature.

naturale adjective **1** natural; **2 a grandezza naturale** life-size.

naturalmente adverb of course; **'sai chi era Cristoforo Colombo?' – 'naturalmente'** 'do you know who Christopher Columbus was?' – 'of course'.

naufragare verb [4] to be shipwrecked; **hanno naufragato al largo della costa della Tasmania** they were shipwrecked off the coast of Tasmania.

naufragio noun M shipwreck.

nausea noun F **1** nausea; **mi fa venire la nausea** it makes me feel sick; **2** disgust; * **fino alla nausea** ad nauseam.

navata centrale noun F aisle (of a church).

nave noun F ship; **nave da guerra** battleship; **nave a vapore** steamship.

navetta noun F shuttle; **navetta spaziale** space shuttle.

navigare verb [4] **1** to sail; **navigare i mari** to sail the seas; **2 navigare in rete** to surf the Net (Internet).

nazionale adjective **1** national; **2 la (squadra) nazionale** the national team.

nazione noun F nation, country.

naziskin noun F & M (never changes) neonazi.

ne pronoun (NB: sometimes ne is not translated) **1** any; **'avete del pane?' – 'mi dispiace, non ne abbiamo'** 'have you got any bread?' – 'I'm sorry, we don't have any'; **2** of it, with it; about it; **ecco il tuo libro – ne ho letto un paio di capitoli** here's your book – I read a few chapters (of it); **si è comprata un nuovo computer ma non ne è soddisfatta** she bought herself a new computer but she's not happy with it; **ne ho sentito parlare** I've heard about it.

né ... né conjunction neither ... nor; **non mangia né pesce né carne** s/he eats neither fish nor meat; **non parla né il francese né il tedesco** s/he speaks neither French nor German.

neanche conjunction not ... either, neither; **neanche loro sono venuti** they didn't come either; * **neanche per sogno** not on your life.

nebbia noun F fog.

nebbiosa/nebbioso adjective foggy, misty.

necessaria/necessario adjective necessary, essential; **è necessario che siamo puntuali** it's essential that we are punctual.

necessità noun F necessity.

necrologio noun M obituary.

negare *verb* [4] **1** to deny; **non nego che è stata lei** I don't deny that it was her; **2** to refuse; **gli hanno negato il permesso** they refused to give him permission.

negata/negato *adjective* hopeless; **sono negato per lo sport** I'm hopeless at sport.

negativa/negativo *adjective* negative; **una risposta negativa** a negative answer.

negoziante *noun* F & M shopkeeper.

negozio *noun* M shop; **negozio di abbigliamento** clothing shop.

nemica/nemico *noun* F/M enemy.

neo *noun* M mole, beauty spot.

neofita *noun* F & M convert (*person who has recently changed religion*).

neonata/neonato *noun* F/M newborn baby.

neppure *conjunction* not … either, neither; **non ho sentito il campanello neppure io** I didn't hear the doorbell either.

nera/nero *adjective* **1** black; **2 occhi nerissimi** jet-black eyes.

nero *noun* M black; **vestirsi di nero** to dress in black.

nervo *noun* M nerve; * **avere i nervi** to be irritable.

nervosa/nervoso *adjective* irritable.

nessuna/nessuno *adjective* no, any; **nessun problema** no problem; **non ho nessuna domanda da fare** I don't have any questions.
pronoun **1** no one; **non è passato nessuno** no one's been by; **non ha chiamato nessuno** no one called; **2** none; **'hai avuto qualche difficoltà?' – 'no, nessuna'** 'did you have any difficulties?' – 'no, none'.

Nettuno *noun* M Neptune.

neutra/neutro *adjective* neuter (*grammar*).

neutrale *adjective* neutral.

neve *noun* F snow; **fiocco di neve** snowflake; **palla di neve** snowball.

nevicare *verb* [3] to snow; **quest'anno non ha nevicato** it didn't snow this year.

nevicata *noun* F snowfall.

nevischio *noun* M sleet.

nevrotica/nevrotico *adjective* neurotic.

nicchia *noun* F recess, niche.

nido *noun* M nest.

niente *adjective* (*never changes*) no; **niente telefonate?** no calls?
pronoun nothing, anything; **non ha detto niente** s/he didn't say anything.

ninnananna *noun* F lullaby.

nipote *noun* F & M **1 nipote di zia/zio** niece, nephew; **2 nipote**

ITALIAN–ENGLISH

di nonna/nonno granddaughter, grandson.

nitida/nitido *adjective* bright, shining.

no *adverb* no; **no, grazie** no, thank you; **perché no?** why not?; **no di certo** certainly not; **credo di no** I think not; **come no!** of course!; **sembra di no** it seems not.
noun M (*never changes*) no; **i no** the noes.

nobile *adjective* noble, dignified.

nocca *noun* F knuckle.

nocciola *noun* F hazelnut.

nocciolina americana *noun* F peanut.

nocciolo *noun* M stone (*of fruit*); * **il nocciolo della questione** the main point.

noce *noun* 1 M walnut tree; 2 F walnut.

noce di cocco *noun* F coconut.

noce moscata *noun* F nutmeg.

nociva/nocivo *adjective* harmful.

nodo *noun* M knot; **sciogliere un nodo** to undo a knot.

no-global *adjective* anti-globalisation;
noun 1 anti-globalisation movement; 2 anti-globalisation activist.

noi *plural pronoun* F & M 1 (*NB: usually omitted in Italian, except when used for emphasis*) we; **(noi) siamo arrivati prima dei Levi** we arrived before the Levis; 2 us; **cercate noi?** are you looking for us?; 3 **da noi** in our/my country, where I come from; **da noi si mangia molto riso** where I come from we eat a lot of rice.

noia *noun* F 1 boredom; **che noia!** what a bore!; 2 annoyance; **dare noia a qualcuna/qualcuno** to annoy someone.

noiosa/noioso *adjective* 1 boring; **un film noioso** a boring film; 2 irritating; **quella è davvero noiosa** she's really irritating.

noleggiare *verb* [6] to hire, to rent; **noleggiare una macchina** to rent a car.

noleggio *noun* M 1 rental price; 2 **prendere a noleggio** to rent, to hire.

nome *noun* M 1 name; **come si scrive il tuo nome?** how do you spell your name?; 2 (*grammar*) noun.

nomignolo *noun* M nickname.

nomina *noun* F appointment (*to a position*).

nominare *verb* [1] to appoint; **è stata nominata direttrice delle vendite** she's been appointed sales manager.

non *adverb* not; **non ho potuto telefonare** I wasn't able to phone; **non è stato possibile** it wasn't possible; **non beve vino** s/he doesn't drink wine; **non ancora** not yet.

noncurante *adjective* careless.

nonna/nonno *noun* F/M grandmother/grandfather.

nonnina/nonnino *noun* F/M grandma/grandpa.

nonostante *conjunction* in spite of, even though; **siamo usciti nonostante faceva freddo** we went out in spite of the cold.

nord *noun* M (*never changes*) north; **a nord** to the north; **a nord di** north of.

nord-est *adjective* (*never changes*) north-east, north-eastern.
noun M north-east.

nord-ovest *adjective* (*never changes*) north-west, north-western.
noun M north-west.

norma *noun* F **1** standard, norm; **2** regulation, rule; **secondo le norme** according to the regulations; **norme di circolazione** traffic rules.

normale *adjective* normal, usual.

normalmente *adverb* normally.

nostalgia *noun* F homesickness, longing; **nelle prime settimane avevo molta nostalgia** I was very homesick for the first few weeks.

nostra/nostro *adjective* our; **il nostro paese** our country; **nostra sorella** our sister.
pronoun ours; **'di chi è questa macchina?'** – **'è la nostra'** 'who does this car belong to?' – 'it's ours'.

nota *noun* F note; **nota a pie' di pagina** footnote.

nota/noto *adjective* known, well-known; **un noto attore** a well-known actor.

notaia/notaio *noun* F/M solicitor.

notare *verb* [1] to notice; **il suo ritardo è stato notato da tutti** everyone noticed her/his lateness.

notevole *adjective* notable, considerable.

notizia *noun* F **1** news; **buona notizia** good news; **le ultime notizie** the latest news; **2 dare una notizia** to break some news.

notte *noun* F night; **buona notte!** good night!; **questa notte** tonight; **la notte scorsa** last night; **lavorare di notte** to work nights.

notturna/notturno *adjective* of the night; **guardiano notturno** night watchman.

novantenne *adjective* ninety-year-old.
noun F & M ninety-year-old.

novella *noun* F short story.

novembre *noun* M November; **ai primi di novembre** early in November.

novità *noun* F **1** newness, innovation; **2** news; **c'è qualche novità?** is there any news?, what's new?; **3** release; **le ultime novità cinematografiche** the latest film releases.

nozze *plural noun* F marriage, wedding; **celebrare le nozze** to celebrate a marriage; **viaggio di nozze** honeymoon.

nubile *adjective* unmarried (*used for women only, for masculine equivalent, SEE* **celibe**).

nuca *noun* F nape (*back of the neck*).

nucleare *adjective* nuclear; **centrale nucleare** nuclear powerplant.

nucleo *noun* M **1** nucleus, centre; **2** lump (*of matter*).

nuda/nudo *adjective* **1** nude, naked; **era mezzo nudo** he was half naked; **2** bare; * **nuda/nudo come un verme** in your birthday suit.

nulla *pronoun* nothing, anything; **non è nulla** it's nothing; **non aveva nulla da dirmi** s/he had nothing to say to me.

numero *noun* M number **il numero dieci** the number ten; **abitiamo al numero quindici** we live at number fifteen; **numero di telefono** telephone number; **numero di matricola** (student) enrolment number; **numero di targa** registration plate number.

numerosa/numeroso *adjective* numerous, many, large.

nuocere *verb* [50] to harm; **il fumo nuoce alla salute** smoking harms your health.

nuora *noun* F daughter-in-law.

nuotare *verb* [1] to swim; **sa nuotare bene** s/he swims well; * **nuotare come un pesce** to swim like a fish.

nuotata *noun* F swim; **abbiamo fatto una lunga nuotata** we went for a long swim.

nuotatore/nuotatrice *noun* M/F swimmer.

nuoto *noun* M swimming; **insegna il nuoto** s/he teaches swimming; **nuoto a rana** breaststroke.

nuova/nuovo *adjective* new; **scarpe nuove** new shoes; **abbiamo comprato una macchina nuova** we bought a new car; **ha trovato un nuovo lavoro** s/he's found a new job; * **niente di nuovo sotto il sole** there's nothing new under the sun.

nutrire *verb* [11] to feed, to nourish.

nutrirsi *reflexive verb* [11] to live on, to feed on; **i koala si nutrono di foglie di eucalipto** koalas live on eucalyptus leaves.

nuvola *noun* F cloud; * **quello vive con la testa fra le nuvole** he's got his head in the clouds.

nuvolosa/nuvoloso *adjective* cloudy; **un cielo nuvoloso** a cloudy sky.

O o

o *conjunction* **1** or; **preferisci il caffè o il tè?** do you prefer coffee or tea?; **2 o … o** either … or; **o domani o mai** either tomorrow or never.

oasi *noun* F (*never changes*) oasis; **oasi ornitologica** bird sanctuary.

obbediente *adjective* obedient.

obbedire *verb* [12] to obey; **tutti devono obbedire alle leggi** everyone must obey the law.

obbligare *verb* [4] to force; **nessuno ti obbliga a venire** no one is forcing you to come.

obbligata/obbligato *adjective* forced, obliged.

obbligatoria/obbligatorio *adjective* obligatory, compulsory; **l'istruzione è obbligatoria in Australia** schooling is compulsory in Australia.

obbligo *noun* M obligation; **gli obblighi di un genitore** a parent's obligations.

obesa/obeso *adjective* obese, fat.

obiettare *verb* [1] to object; **non ho nulla da obiettare su quello che dici** I have no objections to what you're saying.

obiettiva/obiettivo *adjective* objective.

obiettivo *noun* M objective, aim.

obiezione *noun* F objection.

obitorio *noun* M morgue.

obliqua/obliquo *adjective* slanting.

obliteratrice *noun* F (ticket) validator (*on public transport*).

oca *noun* F goose; **pelle d'oca** goose bumps.

occasione *noun* F **1** chance; **non ho avuto l'occasione di incontrarlo** I didn't have the chance to meet him; **2** bargain; **è un'occasione** it's a bargain.

occhiaia *noun* F **1** eye socket; **2 avere le occhiaie** to have rings under your eyes.

occhiali *plural noun* M glasses; **portare gli occhiali** to wear glasses; **occhiali da sole** sunglasses.

occhialini da piscina *plural noun* M goggles (*for swimming*).

occhiata *noun* F **1** look, glance; **hai dato un'occhiata al libro?** did you have a look at the book?; **2 dare un'occhiata in un negozio** to browse in a shop.

occhiello *noun* M buttonhole.

occhio *noun* M eye; **quell'uomo mi ha strizzato l'occhio** that man winked at me; **la scrittura è così piccola che non si può leggerla a occhio nudo** the writing is so small it can't be read with the naked eye;
* **occhio per occhio** an eye for an eye; * **a perdita d'occhio** as

far as the eye can see; * **in un batter d'occhio** in a jiffy.

occidentale *adjective* western.

occidente *noun* M **1** west; **il Portogallo è a occidente della Spagna** Portugal is to the west of Spain; **2 l'Occidente** the West.

occorrenza *noun* F circumstance; **quella donna è sempre pronta ad ogni occorrenza** that woman is always ready for every eventuality.

occorrere *verb* [29] to be necessary; **non occorre!** it's OK, thank you!

occulta/occulto *adjective* hidden.

occupare *verb* [1] **1** to occupy; **il parlamento è stato occupato dagli studenti** the Parliament was occupied by the students; **con i suoi libri ha occupato tutto il tavolo** s/he took up the whole table with her/his books; **2 occupare abusivamente** to squat.

occuparsi *reflexive verb* [1] **1** to occupy yourself with (*field of study, hobby, etc.*), to be interested in; **Cameron si occupa di cinema australiano** Cameron is interested in Australian cinema; **2** to deal with, to work in (*a particular area*); **Carla si occupa delle vendite all'estero** Carla is responsible for foreign sales.

occupata/occupato *adjective* occupied, taken, busy; **questo posto è occupato?** is this seat taken?; **sono molto occupata** I am very busy; **il bagno era occupato** the toilet was occupied; **la linea è occupata** the line is busy (*telephone*).

oceano *noun* M ocean.

oculista *noun* F & M optician.

odiare *verb* [2] to hate.

odio *noun* M hatred.

Odissea *noun* F (*Greek epic*) Odyssey (*also figuratively*).

odore *noun* M smell; **che buon odore!** what a nice smell!

offendere *verb* [60] **1** to insult; **la sua accusa mi ha offeso** her/his accusation offended me; **2** to take offence; **si offende per un nonnulla** s/he's easily offended.

offensiva *noun* F offensive; **prendere l'offensiva** to take the offensive.

offensiva/offensivo *adjective* offensive.

offerta *noun* F **1** offer; **un'offerta ragionevole** a reasonable offer; **2** bid; **3 domanda e offerta** supply and demand.

offesa *noun* F insult.

officina *noun* F workshop.

offrire *verb* [86] **1** to offer; **mi hanno offerto un buon lavoro** they offered me a good job; **2** to

offrirsi

pay for someone else; **ti offro il pranzo** I'll buy you lunch.

offrirsi *reflexive verb* [86] to volunteer, to offer yourself; **mi sono offerto di aiutarla** I offered to help her.

offuscare *verb* [3] to darken, to dim, to cover over; **una nuvola ha offuscato la luna** a cloud covered the moon.

oggettiva/oggettivo *adjective* objective.

oggetto *noun* M object.

oggi *adverb* today; **siamo arrivate oggi** we arrived today.

ogni *adjective* (*NB: always used with a singular noun*) **1** every; **ogni giorno** every day; **2 in ogni caso** in any case.

ognuna/ognuno *pronoun* each one, everyone; **ognuno ha un'opinione diversa** everyone has their own opinion.

olfatto *noun* M the sense of smell.

Olimpiadi *plural noun* F Olympic Games.

olio *noun* M oil; **olio d'oliva** olive oil.

oliva *noun* F olive.

olivo *noun* M olive tree.

olocausto *noun* M holocaust.

oltraggio *noun* M insult.

oltre *preposition* beyond; **oltre le Alpi** beyond the Alps; **oltre misura** beyond measure.

ITALIAN-ENGLISH

oltrepassare *verb* [1] to pass, to overtake; **la macchina ha oltrepassato il camion** the car overtook the truck; **oltrepassare i limiti** to overstep the limits.

omaggio *noun* M **1** homage, tribute; **lo studente ha reso omaggio alla sua professoressa** the student paid homage to his teacher; **2 dare in omaggio** to give as a present.

ombelico *noun* M navel.

ombra *noun* F shadow; **stare all'ombra** to be in the shade.

ombrello *noun* M umbrella.

omeopata *noun* F & M homoeopath.

omeopatica/omeopatico *adjective* homoeopathic.

omettere *verb* [45] to omit.

omicidio *noun* M **1** murder; **2 omicidio colposo** manslaughter.

omissione *noun* F omission; **è stata un'omissione involontaria** it was an accidental omission.

omogenea/omogeneo *adjective* homogeneous.

omosessuale *adjective* homosexual.
noun F/M homosexual.

onda *noun* F **1** wave; **2 l'onda della folla** Mexican wave.

ondata *noun* F wave; **ondata di caldo** heatwave.

ITALIAN–ENGLISH

ondeggiare *verb* [6] to wave, to sway.

onestà *noun* F honesty, integrity; **Giorgio è una persona di impeccabile onestà** Giorgio is a person of the utmost honesty.

onesta/onesto *adjective* honest.

onnipotente *adjective* all-powerful.

onomastico *noun* M (*Christian*) name day.

onorare *verb* [1] to honour; **è una società che onora i vecchi** it's a society that honours its elders.

onorarsi *reflexive verb* [1] to be proud; **mi onoro di essere stata scelta per la squadra** I'm proud to have been chosen for the team.

onore *noun* M honour.

onorevole *adjective* **1** honourable; **2 l'onorevole Gino Battisti** Gino Battisti, MP.

opaca/opaco *adjective* opaque.

opale *noun* M opal.

opera *noun* F **1** work; **opera d'arte** work of art; **le opere di Shakespeare** Shakespeare's works; **opera di consultazione** reference work; **2 opera lirica** opera.

operaia/operaio *noun* F/M worker, factory worker.

operare *verb* [1] **1** to do, to carry out; **ha operato molte riforme necessarie** s/he has carried out many necessary reforms; **2** to operate; **ha operato tre pazienti** s/he operated on three patients.

operazione *noun* F operation.

opinione *noun* F opinion; **formarsi un'opinione** to form an opinion; **l'opinione pubblica** public opinion.

oppio *noun* M opium.

opporsi *reflexive verb* [58] to be opposed to; **i dipendenti si sono opposti alle nuove direttive** the workers opposed the new rules.

opportuna/opportuno *adjective* opportune, convenient; **è un momento poco opportuno** it's not a very convenient moment.

opportunista *noun* F & M opportunist.

opportunità *noun* F opportunity; **è un'opportunità che non va persa** it is an opportunity that shouldn't be missed.

opposta/opposto *adjective* contrary.

opposto *noun* M contrary; **tutto l'opposto** the very opposite.

oppressa/oppresso *adjective* oppressed; **un popolo oppresso** an oppressed people.

opprimere *verb* [40] to oppress.

oppure *conjunction* or else, otherwise; **posso venire mercoledì mattina, oppure venerdì pomeriggio** I can come on Wednesday morning or else Friday afternoon.

opuscolo *noun* M brochure, pamphlet.

ora *noun* F **1** hour; **che ora è?** what time is it?; **di buon'ora** early; **mi pagano un tanto all'ora** they pay me by the hour; **ora di chiusura** closing time; **non vedere l'ora di tornare** to long to return; **ora di cena** dinner time; **2 ora legale** daylight saving time.
adverb now, at the moment; **non lo posso fare ora** I can't do it at the moment; **è arrivata proprio ora** she just arrived; **d'ora in poi** from now on.

orale *adjective* oral.

orario *noun* M **1** timetable; **essere in orario** to be on time; **orario delle corse** bus timetable; **orario ferroviario** train timetable; **2 in senso orario** clockwise.

oratore/oratrice *noun* M/F speaker (*person*).

orbita *noun* F orbit.

orchestra *noun* F orchestra.

ordinale *adjective* ordinal; **numero ordinale** ordinal number.

ordinare *verb* [1] to order; **ho già ordinato un caffè** I've already ordered a coffee; **la professoressa ha ordinato agli studenti di fare silenzio** the teacher told the pupils to be silent.

ordinaria/ordinario *adjective* ordinary, regular; **posta ordinaria** regular mail.

ordine *noun* M **1** order; **in ordine alfabetico** in alphabetical order; **2** order, command; **il comandante ha dato l'ordine di partire** the commanding officer gave the order to leave; **3 ordine del giorno** agenda.

orecchino *noun* M earring.

orecchio *noun* M (*plural* F **le orecchie** *or* M **gli orecchi**) ear; **sussurrare all'orecchio di qualcuna/qualcuno** to whisper in someone's ear; **avere mal d'orecchio** to have an earache; **avere orecchio per la musica** to have an ear for music; **mi fischiano le orecchie** my ears are ringing, (*also* *) my ears are burning; * **sono tutto orecchi** I'm all ears.

orecchioni *plural noun* M mumps.

orfana/orfano *noun* F/M orphan.

organizzare *verb* [1] to organise; **abbiamo organizzato una festa a sorpresa per lei** we organised a surprise party for her.

organizzazione *noun* F organisation.

ITALIAN–ENGLISH

organo *noun* M **1** organ; **Marco suona molto bene l'organo** Mark plays the organ very well; **2** organ (*of the body*).

orgoglio *noun* M pride; **è piena di orgoglio** she's very proud.

orientamento *noun* M **1** orientation, direction; **senso di orientamento** sense of direction; **perdere l'orientamento** to lose your bearings; **2** (*sport*) orienteering.

orientare *verb* [1] to direct, to steer; **la madre ha cercato di orientarla verso studi più pratici** her mother tried to steer her towards more practical studies.

oriente *noun* M east.

orifizio *noun* M opening.

origine *noun* F **1** origin, descent; **l'origine dell'universo** the beginning of the universe; **sei di origine irlandese?** are you of Irish descent?; **2** cause; **secondo me è questa l'origine del tuo problema** in my opinion this is the cause of your problem.

orizzonte *noun* M horizon.

orlo *noun* M **1** edge, hem; **2 orlo del marciapiede** kerb.

orma *noun* F footprint; **il ladro ha lasciato le orme sotto la finestra** the thief left footprints under the window; * **seguire le orme di qualcuna/qualcuno** to follow in someone's footsteps.

ormai *adverb* now, by now; then, by then; **ormai ci sono abituato** I'm used to it now; **ormai il ragazzo era diventato uomo** the boy had by now become a man.

oscillare

ornare *verb* [1] to adorn.

ornitorinco *noun* M platypus.

oro *noun* M gold.

orologio *noun* M clock; **orologio da polso** wristwatch; **il mio orologio è avanti** my watch is fast; **questo orologio è indietro** this clock is slow; **questo orologio va indietro** this clock is losing time.

oroscopo *noun* M horoscope.

orribile *adjective* horrible.

orrore *noun* M horror.

orsacchiotto *noun* M teddy bear.

orsa/orso *noun* F/M bear.

orticaria *noun* F rash; **le è venuta l'orticaria** she's come out in a rash.

orto *noun* M vegetable garden.

ortografia *noun* F spelling.

orzo *noun* M barley.

osare *verb* [1] to dare; **vorrei tentare, ma non oso** I'd like to try but I don't dare.

oscena/osceno *adjective* obscene.

oscillare *verb* [1] to swing, to vary; **l'albero oscillava al vento** the tree swayed in the wind; **il valore dell'oro oscilla**

ospedale

da un giorno all'altro the value of gold varies from one day to the next.

ospedale noun M hospital.

ospitare verb [1] to accommodate, to put up.

ospite noun F & M guest.

osservare verb [1] **1** to look at; **osservare un bel panorama** to look at a beautiful view; **2** to observe; **la poliziotta osservava il ladro** the policewoman was watching the thief; **3** to respect; **bisogna osservare le regole del gioco** you must respect the rules of the game.

ossessionata/ossessionato adjective obsessed; **è ossessionato dal calcio** he's obsessed with soccer.

ossessione noun F obsession.

ossigeno noun M oxygen.

osso noun M (plural F **le ossa**) bone.

ostacolare verb [1] to thwart.

ostacolo noun M obstacle; **ha dovuto affrontare molti ostacoli** s/he had to tackle many obstacles.

ostaggio noun M hostage.

ostello noun M hostel; **ostello della gioventù** youth hostel.

ostentazione noun F ostentation.

osteria noun F pub.

ITALIAN–ENGLISH

ostetrica/ostetrico noun **1** F midwife; **2** F/M obstetritian.

ostile adjective hostile.

ostrica noun F oyster.

ostruire verb [12] to obstruct, to block; **il camion rovesciato ha ostruito il traffico** the overturned truck blocked the traffic.

ottantenne adjective eighty-year-old.
noun F & M eighty-year-old.

ottenere verb [75] to obtain; **Margherita ha ottenuto un buon voto in tutte le materie** Margherita got good marks for all her subjects.

ottima/ottimo adjective excellent.

ottimista noun F & M optimist; **nonostante la sua sfortuna, rimane ottimista** in spite of her/his bad luck s/he remains an optimist.

ottobre noun M October.

ottone noun M **1** brass; **2 gli ottoni** brass section (of an orchestra).

otturata/otturato adjective **1** filled (of a tooth); **2** blocked; **lo scarico è otturato** the drain is blocked.

otturazione noun F filling (in a tooth).

ottusa/ottuso adjective dim-witted.

ovale adjective oval.

ovest noun M west; **il sentiero sta ad ovest del fiume** the path is to the west of the river.

ovvia/ovvio adjective obvious.

ozio noun M idleness.

oziosa/ozioso adjective idle.

ozono noun M (also **ozonosfera** F) ozone layer; **il buco dell'ozono** the hole in the ozone layer.

P p

pacchetto noun M packet, package.

pacco noun M parcel, package.

pace noun F peace; **la pace del mondo** world peace; **fare la pace con qualcuna/qualcuno** to make peace with someone.

pacifica/pacifico adjective peaceful, peace-loving.

pacifista noun F & M pacifist.

padella noun F frying pan; * **cadere dalla padella nella brace** out of the frying pan into the fire.

padiglione noun M pavilion.

padre noun M father.

padrino noun M godfather.

padrona/padrone noun F/M **1** owner, boss; **il padrone della vigna** the vineyard owner; **2** landlady/landlord.

paesaggio noun M landscape, scenery; **un paesaggio invernale** a winter landscape.

paesana/paesano noun F/M **1** villager; **2** countrywoman/countryman.

paese noun M **1** country; **i paesi industrializzati** the industrialised countries; **paese di origine** country of origin; **2** village; **un paese sul mare** a seaside village.

paga noun F pay, wages; **il giorno della paga** pay day; **la paga base** the basic wage.

pagaia noun F paddle (*for a canoe*).

pagamento noun M payment, pay; **pagamento alla consegna** cash on delivery.

pagare verb [4] **1** to pay; **pagare il conto** to pay the bill; **pagare l'idraulico** to pay the plumber; **2** to treat, to pay (for someone); **mi ha pagato da mangiare** s/he treated me to a meal.

pagella noun F school report (card).

paghetta noun F pocket money.

pagina noun F page; **in fondo a pagina cinque** at the bottom of page five; **in prima pagina** on the front page (*of a newspaper*).

paglia noun F straw.

pagliaccio noun M clown.

pagnotta noun F loaf of bread.

paio noun M (plural F **le paia**) pair; **un paio di scarpe** a pair of shoes.

pala noun F shovel.

palata noun F shovelful.

palato noun M palate.

palazzo noun M **1** building, apartment block; **2** palace.

palco noun M **1** platform, stage; **2** scaffolding (*for constructing buildings etc.*).

palcoscenico noun M stage; * **calcare il palcoscenico** to tread the boards.

palese adjective obvious, clear.

palestra noun F gym.

palestrata/palestrato noun F/M fitness nut, fitness fanatic.

palla noun F ball; **giocare a palla** to play ball; **palla di neve** snowball.

pallacanestro noun F basketball, netball.

pallavolo noun F volleyball.

palleggiare verb [6] to bounce (*a ball*); to kick around (*a ball*), to hit up.

pallida/pallido adjective pale; **avere la faccia pallida** to have a pale face.

pallina noun F scoop (*of ice cream*), scoopful.

palloncino noun M **1** balloon; **2** (*informal*) breathalyser.

ITALIAN–ENGLISH

pallone noun M football, soccer ball.

pallottola noun F bullet.

palma noun F **1** palm (*of hand*); **2** palm (tree).

palo noun M pole, post; (football) goalpost.

palpebra noun F eyelid; **battere le palpebre** to blink.

palpitare verb [1] to throb, to tremble.

palude noun F swamp.

panchina noun F bench, garden seat.

pancia noun F stomach, belly; **avere mal di pancia** to have a stomach-ache.

panciotto noun M waistcoat.

pan di Spagna noun M sponge cake.

pane noun M bread; **pane raffermo** stale bread; **pane all'aglio** garlic bread; * **essere buono come il pane** to have a heart of gold.

pane tostato noun M toast.

panetteria noun F bakery.

panfilo noun M yacht.

panico noun M panic; **essere presa/preso dal panico** to panic.

panificio noun M bakery.

panna noun F cream; **panna montata** whipped cream.

ITALIAN–ENGLISH — **parentesi**

panne *noun* F breakdown; **la macchina è in panne** the car has broken down.

pannello *noun* M panel.

panno *noun* M **1** cloth, rag; **2 panni** clothes; **lavare i panni** to wash your clothes.

panorama *noun* M view; **che magnifico panorama** what a beautiful view.

pantaloni *plural noun* M trousers; **un paio di pantaloni** a pair of trousers; **pantaloni da sci** ski pants.

pantofola *noun* F slipper; **in casa porta sempre le pantofole** s/he always wears slippers at home.

pantomima *noun* F pantomime.

papa *noun* M pope.

papà *noun* M (*never changes*) dad, daddy.

papavero *noun* M poppy; **semi di papavero** poppy seeds.

pappagallo *noun* M parrot.

parabrezza *noun* M (*never changes*) windscreen.

paracadute *noun* M (*never changes*) parachute.

paradiso *noun* M paradise.

parafango *noun* M mudguard.

parafulmine *noun* M (*never changes*) lightning conductor.

paragone *noun* M comparison; **fare un paragone fra due cose** to compare two things.

paragrafo *noun* M paragraph.

paralizzata/paralizzato *adjective* paralysed.

parallela/parallelo *adjective* parallel.

paralume *noun* M lampshade.

paraocchi *noun* M (*never changes*) **1** goggles, eye-shield; **2** blinkers (*for a horse*).

parapendio *noun* M paraglider.

parasole *noun* M sunshade, parasol.

parassita *noun* F & M parasite.

parata *noun* F parade.

paraurti *noun* M (*never changes*) bumper bar.

parcheggio *noun* M car park.

parco *noun* M park; **parco a tema** theme park; **parco nazionale** national park.

parecchia/parecchio *adjective* a lot of, many; **c'era parecchia gente** there were a lot of people.

pareggiare *verb* [6] **1** to level, to make even; **pareggiare un terreno** to level out a piece of land; **2** to draw, to tie; **i due concorrenti hanno pareggiato** the two contestants drew.

parente *noun* F & M relative; **parenti lontani** distant relatives; **parenti acquisiti** in-laws.

parentesi *noun* F (*never changes*) **1** bracket(s); **fra parentesi** in brackets; **2** pause, interval; * **aprire una parentesi** to make a digression.

parere *noun* M opinion; **a mio parere** in my opinion.
verb [51] **1** to seem, to appear; **pare una persona onesta** s/he seems like an honest person; **mi pare improbabile** it seems unlikely to me; **2** to think; **che te ne pare?** what do you think (of it)?

parete *noun* F wall (*inside a building*).

pari *adjective* (*never changes*) **1** equal, same; **di pari altezza** of the same height; **pari opportunità** equal opportunities; **2 numeri pari** even numbers; **3 ragazza alla pari/ragazzo alla pari** *noun* F/M au pair; * **trattare qualcuna/qualcuno alla pari** to treat someone as an equal.

parlamento *noun* M parliament.

parlare *verb* [1] to speak, to talk; **devo parlare col mio capo** I must speak with my boss; **sa parlare tre lingue** s/he speaks three languages; **quello parla troppo!** he talks too much!; **parlare bene di qualcuna/qualcuno** to praise someone; * **parlare al muro** to talk to a brick wall.

parola *noun* F **1** word; **il significato di una parola** the meaning of a word; **2** speech; **avere il dono della parola** to have the gift of speech; * **mi mancano le parole** I'm speechless; * **è una parola!** easier said than done!

parolaccia *noun* F swear word.

parola d'ordine *noun* F password.

parroco *noun* M parish priest.

parrucca *noun* F wig.

parrucchiera/parrucchiere *noun* F/M hairdresser.

parte *noun* F **1** part, piece; **le parti di una macchina** the pieces of a machine; **2** part, share; **voleva solo la sua parte dell'eredità, niente di più** s/he wanted nothing more than her/his share of the inheritance; **3** side; **la parte sinistra del divano** the left side of the couch; **4** place, parts; **che fai da queste parti?** what are you doing around here?; **5** direction, way; **da questa parte** this way; **6** part, role; **avere una piccola parte in un film** to have a small part in a film.

partecipante *noun* F & M participant.

partecipare *verb* [1] **1** to take part; **partecipare a una partita di calcio** to take part in a soccer game; **2** to attend; **partecipare a un concerto** to attend a concert.

partecipazione *noun* F participation.

partenza *noun* F departure, leaving; **hanno rimandato la partenza** they've postponed their departure.

ITALIAN–ENGLISH

particolare *adjective* special, peculiar.
noun M detail.

partire *verb* [11] to leave, to set off; **sono partiti la settimana scorsa** they left last week; **il treno parte alle diciotto** the train departs at 6 p.m.; **siamo partiti alle sette di mattina** we set off at 7 a.m.; * **partire bene** to make a good start.

partita *noun* F game (*of cards*), match; **una partita di calcio** a soccer match.

partito *noun* M (political) party.

partner *noun* F & M (*never changes*) partner (*boyfriend/ girlfriend, companion, etc.*).

parto *noun* M birth, delivery.

partorire *verb* [12] to give birth; **ha partorito alle quattro del mattino** she gave birth at four in the morning.

part-time *adjective* (*never changes*) part-time.

parziale *adjective* partial, incomplete.

parzialità *noun* F bias.

pascolo *noun* M pasture, meadow.

Pasqua *noun* F **1** (*Christian*) Easter; **le vacanze di Pasqua** the Easter break; **Buona Pasqua!** Happy Easter!; **2** (*Jewish*) **Pasqua ebraica** Passover.

passato

passabile *adjective* not bad, reasonable.

passaggio *noun* M **1** passing, passage; **il passaggio di una parata militare** the passing of a (military) parade; **2** passage, crossing; **passaggio pedonale** pedestrian crossing; **3** lift; **dare un passaggio a qualcuna/ qualcuno** to give someone a lift; * **essere di passaggio** to be passing through.

passaporto *noun* M passport.

passare *verb* [1] **1** to pass by; **ho visto passare sua sorella dieci minuti fa** I saw her/his sister go by ten minutes ago; **2** to call in; **è passato da me ieri sera** he dropped in on me last night; **3** to go by; **sono passati dieci anni** ten years have gone by; **4** to pass, to be over; **la pioggia è passata** the rain has passed; **5** to cross (over); **passare la frontiera** to cross the border; **6** to hand, to pass; **passami il sale, per favore** please pass me the salt; **7** to spend; **passare l'inverno in montagna** to spend the winter in the mountains; **8** passare per to come in through; **passare per la porta** to enter through the door; * **passare il limite** to overstep the mark; * **passare sopra a qualcosa** to overlook something.

passatempo *noun* M pastime, hobby; **il mio passatempo preferito** my favourite hobby.

passato *noun* M past; **nel passato** in the past.

passeggera/passeggero *noun* F/M passenger.

passeggiare *verb* [6] to go for a walk; **passeggiamo ogni sera** we go for a stroll every evening.

passeggiata *noun* F **1** walk, stroll; **2** drive, ride.

passeggino *noun* M pusher, stroller.

passe-partout *noun* M (*never changes*) master key.

passera/passero *noun* F/M sparrow.

passerella *noun* F **1** footbridge, gangplank; **2** (*fashion*) catwalk.

passione *noun* F passion.

passiva/passivo *adjective* passive.

passo *noun* M **1** step; **camminare a grandi passi** to walk with big steps; **un passo avanti** a step forward; **2** footprint; **3** mountain pass; * **fare due passi** to go for a short walk.

pasta *noun* F **1** pasta; **2** dough; **3** pastry, cake; **4** pastry; **pasta sfoglia** puff pastry.

pasticca *noun* F lozenge.

pasticceria *noun* F cake shop.

pasticciare *verb* [5] to mess up; **il modulo è tutto pasticciato** the form is all messed up.

pasticcio *noun* M mess, fix, tight spot; **che pasticcio!** what a mess!

pastiglia *noun* F tablet, pill.

pasto *noun* M meal.

pastora/pastore *noun* F/M **1** shepherd; **2** minister (*religious*).

pastorizzata/pastorizzato *adjective* pasteurised; **latte pastorizzato** pasteurised milk.

patata *noun* F potato; **purè di patate** mashed potatoes; **patate fritte** chips.

patatine *plural noun* F crisps, chips.

patente (di guida) *noun* F driving licence.

paterna/paterno *adjective* fatherly.

patetica/patetico *adjective* **1** pathetic; **2** sentimental.

patio *noun* M patio.

patita/patito *noun* addict; **è una patita dei videogiochi** she is a video game addict.

patria *noun* F homeland.

patrigno *noun* M stepfather.

patriota *noun* F & M patriot.

pattinaggio *noun* M skating; **pattinaggio su ghiaccio** ice skating.

pattino a rotelle *noun* M roller skate.

patto *noun* M agreement, pact; **venire a patti con qualcuna/ qualcuno** to come to an agreement with someone.

paura *noun* F fear, fright; **avere paura** to be afraid.

pausa *noun* F break, pause, rest; **fare una pausa** to have a break.

pavimento *noun* M floor; **pavimento di mattonelle** tiled floor.

pavone *noun* M peacock.

pavoneggiarsi *reflexive verb* [6] to strut around, to show off.

paziente *adjective* patient; **sei più paziente di me** you're more patient than me.
noun F & M (*medical*) patient; **paziente ricoverata/paziente ricoverato** in-patient (*in a hospital*); **paziente esterna/esterno** out-patient.

pazienza *noun* F patience; **avere pazienza** to be patient.

pazza/pazzo *adjective* **1** mad, insane, eccentric; **sei pazzo!** you're mad!; **2 andare pazza/pazzo per qualcosa** to be mad (*enthusiastic*) about something; **va pazzo per i videogiochi** he's crazy about video games.

pazzesca/pazzesco *adjective* crazy; **è una situazione pazzesca** it's a crazy situation.

peccato *noun* M **1** sin; **2 che peccato!** what a pity!

pecora *noun* F sheep.

pedaggio *noun* M toll (*on a road*).

pedale *noun* M pedal.

pedalino *noun* M pedal boat.

pedata *noun* F kick; **dare una pedata a qualcuna/qualcuno** to kick someone.

pedina *noun* F pawn (*in chess*).

pedona/pedone *noun* F/M pedestrian.

peggio *adverb* **1** worse; **il tempo oggi è peggio di ieri** the weather today is worse than yesterday; **2 tanto peggio!** tough luck!

peggiorare *verb* [1] to get worse **la situazione sta peggiorando** the situation is getting worse.

peggiore *adjective* **1** worse; **il tuo livido è peggiore del mio** your bruise is worse than mine; **2** worst; **le peggiori condizioni** the worst conditions; **nella peggiore delle ipotesi** if worst comes to worst.
noun F & M worst.

pelle *noun* F **1** skin; **avere la pelle liscia** to have smooth skin; **2** leather; **una giacca di pelle** a leather jacket; * **rischiare la pelle** to risk your life.

pelliccia *noun* F fur, fur coat.

pellicola *noun* F film.

pelo *noun* M hair (*not of head*); **strappare un pelo** to pull out a hair; * **non aver peli sulla lingua** to not mince words; * **abbiamo perso il treno per un pelo** we missed the train by a whisker.

pelosa/peloso *adjective* hairy.

peluche *noun* M (*never changes*) soft toy.

pena *noun* F **1** penalty, punishment; **la pena di morte** the death penalty; **2** pain, suffering; **3 fare pena** to be pitiful; **quell'uomo mi fa pena** I feel sorry for that man.

penale *adjective* criminal.

pendente *adjective* sloping, leaning; **la Torre Pendente di Pisa** the Leaning Tower of Pisa. *noun* M pendant.

pendere *verb* [9a] to hang down, to dangle; **i pipistrelli pendono dal ramo** the bats are hanging from the branch; * **pendere dalle labbra di qualcuna/qualcuno** to hang on someone's words.

pendio *noun* M slope.

pendolare *noun* F & M commuter; **fare il/la pendolare tra Geelong e Melbourne** to commute between Geelong and Melbourne.

pene *noun* M penis.

penetrare *verb* [1] **1** to penetrate; **la pallottola è penetrata nell'osso** the bullet penetrated the bone; **2** to penetrate, understand fully; **penetrare i misteri dell'universo** to penetrate the mysteries of the universe.

penisola *noun* F peninsula.

penna *noun* F **1** pen; **penna a sfera** ballpoint pen; **2** feather.

pennarello *noun* M felt-tip pen.

pennello *noun* M paintbrush.

penosa/penoso *adjective* **1** painful; **2** uncomfortable, awkward; **silenzio penoso** an awkward silence; **3** pathetic; **una situazione penosa** a pathetic situation.

pensare *verb* [1] **1** to think; to believe; **penso che è la cosa giusta** I think it's the right thing; **pensano che abbiamo colpa noi** they believe that we are at fault; **2** to think of; **non ci ho pensato** it didn't occur to me; **3** to take care of, to look after; **non ti preoccupare, ci penserò io** don't worry, I'll take care of it; **4** to intend; **non pensava di venire** s/he didn't intend to come; **5** to think about, to think over; **pensaci bene prima di rispondere** before you reply, think about it well.

pensiero *noun* M **1** thought; **un bel pensiero** a good thought; **2** worry, care; **ha troppi pensieri** s/he has a lot of worries.

pensione *noun* F **1** pension; **andare in pensione** to retire; **2** boarding house, bed and breakfast.

pensosa/pensoso *adjective* thoughtful (*deep in thought*).

pentagono *noun* M pentagon.

pentagramma *noun* M stave, staff (*music*).

ITALIAN–ENGLISH   **perdere**

Pentecoste *noun* F Whit Sunday (*Christian*).

pentimento *noun* M regret.

pentirsi *verb* [11] to repent, to regret; **se ne pentirà** s/he will regret it.

pentola *noun* F pot, saucepan.

pepe *noun* M pepper.

peperoncino *noun* M chilli.

peperone *noun* M pepper, capsicum.

per *preposition* 1 through, over; **passare per una foresta** to go through a forest; **passare per il ponte** to go over the bridge; 2 for; **il treno per Parigi** the train for Paris; **fallo per lei** do it for her; **lottare per la giustizia** to fight for justice; **me l'ha venduto per cento dollari** s/he sold it to me for one hundred dollars; **è matura per la sua età** she's mature for her age; 3 in, on; **ci siamo incontrati per strada** we met each other on the street; 4 by; **ora per ora** hour by hour; **per mare** by sea; 5 times; **quattro per quattro fa sedici** four times four makes sixteen.

pera *noun* F pear.

per cento *noun* M per cent; **dieci per cento** ten per cent.

percentuale *noun* F percentage.

percepire *verb* [12] to perceive, to notice; **percepire un rumore** to perceive a sound.

percettibilmente *adverb* noticeably, distinctly; **sei percettibilmente più pallida oggi** you're noticeably paler today.

percezione *noun* F perception.

perché *adverb* why; **perché hai detto questo?** why did you say that?
conjunction 1 because; **leggo perché non c'è niente alla televisione** I'm reading because there's nothing on television; 2 so that; **parla più forte perché ti senta** speak louder so I can hear you.

perciò *conjunction* therefore.

percorrere *verb* [29] to cross, to pass through; **percorrere la campagna** to cross the countryside.

percorso *noun* M 1 course, journey; 2 **percorso verde** nature trail.

percuotere *verb* [68] to beat, to hit (continuously); **lo ha percosso con la racchetta** s/he beat him with the racket.

perdere *verb* [52] 1 to lose; **ho perso le chiavi** I've lost my keys; **perdere la pazienza** to lose your patience; **perdere la partita** to lose the match; 2 to miss; **abbiamo perso il treno delle sette** we've missed the seven o'clock train; 3 to leak; **il vaso perde** the vase is leaking; 4 **perdersi** to get lost; **mi sono persa** I got lost; * **perdere la testa** to lose your head.

197

perdita

perdita *noun* F loss, leak; * **a perdita d'occhio** as far as the eye can see.

perdita di tempo *noun* F a waste of time.

perdonare *verb* [1] to forgive; **ti perdono tutto** I forgive you everything.

perdono *noun* M forgiveness.

perfetta/perfetto *adjective* perfect.

perfettamente *adverb* perfectly, completely.

perfezionare *verb* [1] to perfect; **vorrei perfezionare il mio italiano** I'd like to perfect my Italian.

perfezione *noun* F perfection.

perfino *adverb* even; **è venuta perfino la nonnina** even Grandma came.

pericolo *noun* M danger; **essere in pericolo** to be in danger; **essere fuori pericolo** to be out of danger.

pericolosa/pericoloso *adjective* dangerous.

periferia *noun* F outer suburbs; **abitare in periferia** to live in the outer suburbs.

periodica/periodico *adjective* periodic.

periodo *noun* M period (of time); **periodo di prova** trial period; **periodo di garanzia** guarantee period (*for consumer products*).

ITALIAN–ENGLISH

perire *verb* [12] to perish; **il cane è perito nell'incendio** the dog perished in the fire.

perla *noun* F pearl.

permalosa/permaloso *adjective* touchy, over-sensitive.

permanente *adjective* permanent.
noun F perm (*hair*).

permanenza *noun* F stay; **buona permanenza!** enjoy your stay!

permesso *noun* M **1** permission; **2** permit, licence; **3** (*when asking someone to let you by*) **permesso?** may I?, excuse me, may I come in?

permettere *verb* [45] to allow, to let; **mi permetti di parlare?** will you let me speak?

permettersi *reflexive verb* [45] to afford; **non posso permettermi un tale lusso** I cannot allow myself such a luxury.

pernacchia *noun* F (*sound made with lips*) raspberry; **fare pernacchie** to blow raspberries.

perno *noun* M pivot, hinge.

però *conjunction* however, but; **puoi venire con noi, però devi alzarti presto** you can come with us but you'll have to get up early; **Luisa è intelligente, però non si impegna** Luisa is clever but she doesn't apply herself.

perpetrare *verb* [1] to commit, to perpetrate.

ITALIAN–ENGLISH

perpetua/perpetuo *adjective* continuous, everlasting; **in perpetuo ricordo di** in everlasting memory of.

perseguire *verb* [11] to pursue; **perseguire uno scopo** to pursue an aim.

perseguitare *verb* [1] **1** to persecute; **2** to pester.

persona *noun* F person; **persona anziana** senior citizen.

personaggio *noun* M **1** character (*of a film, book etc.*); **2** odd or interesting person.

personale *adjective* personal. *noun* **1** M staff; **il personale insegnante** teaching staff; **2** F one-person show (*paintings, etc.*).

persuadere *verb* [53] to persuade, to convince; **le sue parole non mi hanno persuaso** her/his words failed to convince me.

pertosse *noun* F whooping cough.

perversa/perverso *adjective* wicked, depraved; **che persona perversa!** what a wicked person!

p. es. *abbreviation* (*short for* **per esempio**) e.g.

pesante *adjective* heavy.

pesare *verb* [1] to weigh; **la carne pesa due chili** the meat weighs two kilos.

pesca *noun* F **1** peach; **2** fishing.

pescanoce *noun* F nectarine.

pettinare

pescare *verb* [3] to fish; **pescare con la rete** to fish with a net.

pescatore/pescatrice *noun* M/F fisherman/fisherwoman.

pesce *noun* M fish.

pescecane *noun* M shark.

Pesci *plural noun* M (*sign of the zodiac*) Pisces.

pescivendola/pescivendolo *noun* F/M fishmonger.

peso *noun* M **1** weight; **2** burden.

pessimista *noun* F/M pessimist.

pessimistica/pessimistico *adjective* pessimistic.

pessima/pessimo *adjective* very poor (*in quality*).

pestare *verb* [1] to pound, to crush; **pestare il pepe** to crush pepper.

peste *noun* F plague.

petalo *noun* M petal.

pettegola/pettegolo *noun* F/M gossip (*person*); **è un pettegolo** he's a gossip.

pettegolare *verb* [1] to gossip; **non fa che pettegolare** s/he does nothing but gossip.

pettegolezzo *noun* M gossip (*piece of*); **fare pettegolezzi** to gossip.

pettinare *verb* [1] to comb; **pettinare i capelli a qualcuna/qualcuno** to comb someone's hair.

pettinarsi

pettinarsi *reflexive verb* [1] to comb your hair **si pettina davanti allo specchio** s/he combs her/his hair in front of the mirror.

pettinatura *noun* F hairstyle.

pettine *noun* M comb.

petto *noun* M breast, chest.

petulante *adjective* brash, arrogant.

pezza *noun* F patch (*on a piece of clothing, material etc.*).

pezzo *noun* M piece; **un pezzo di carta** a piece of paper; **fare a pezzi** to break into pieces; * **un pezzo grosso** a big shot.

piacere *noun* M **1** pleasure, enjoyment; **con piacere** with pleasure; **per piacere** please; **i piaceri della vita** the pleasures of life; **2 fare piacere** to please; **la tua presenza mi fa piacere** I'm glad you're here; **3** favour; **mi fai un piacere?** will you do me a favour?
verb [54] to like, to be pleasing; **mi piace molto il cinema** I really like the cinema; **quella ragazza non gli piace** he doesn't like that girl; **le piace nuotare** she likes swimming.

piacevole *adjective* pleasant, pleasing; **una serata piacevole** a pleasant evening.

piaciona/piacione *noun* F/M charmer.

piaga *noun* F sore, wound.

ITALIAN–ENGLISH

piagnisteo *noun* M continual whingeing; **ieri mi ha fatto il solito piagnisteo** yesterday s/he went on whingeing as usual.

piagnucolare *verb* [1] to complain, to whinge.

piagnucolona/piagnucolone *noun* F/M whinger.

piana/piano *adjective* (*of a surface, layer, etc.*) flat, level, even.

pianeta *noun* M planet.

piangere *verb* [55] to cry; **ha pianto per due ore** s/he cried for two hours; **far piangere qualcuna/qualcuno** to cause someone to cry; * **piangere sul latte versato** to cry over spilt milk.

piano *adverb* slowly, gently, softly; **andare piano** to go slowly; **pian piano** very gently, very slowly.
noun M **1** plane, level; **primo piano** close-up; **in primo piano** in the foreground; **2** floor, storey **abito al quinto piano** I live on the fifth floor; **3** top (*of a table*), shelf; **4** plan, design, drawing; **il piano dell'edificio** the plan of the building; **5** plan; **piano di lavoro** work plan; **che piani hai per il week-end?** what are your plans for the weekend?

pianoforte *noun* M piano.

pianta *noun* F **1** plant, bush; **2** map; **pianta stradale** road map.

ITALIAN–ENGLISH

piantare *verb* [1] **1** to plant; **piantare fagioli** to plant beans; **2** to put up, to pitch; **piantare una tenda** to pitch a tent; **3** to jilt, to stand (*someone*) up.

pianterreno *noun* M ground floor.

pianto *noun* M tears, crying.

pianura *noun* F plain.

piastrella *noun* F tile.

piatta/piatto *adjective* flat, even.

piattaforma *noun* F platform.

piatto *noun* M **1** plate, dish; **piatto fondo** soup bowl; **2** (*meals*) **primo piatto** first course; **secondo piatto** main course.

piazza *noun* F square; **piazza San Pietro** Saint Peter's Square; * **far piazza pulita** to sweep clean.

piazzola *noun* F campsite; **piazzola di sosta** rest area.

piccante *adjective* spicy.

picche *plural noun* F spades (*cards*); **regina di picche** queen of spades.

picchetto *noun* M **1** peg, stake; **2** (*during an industrial strike*) picket.

picchiare *verb* [2] to hit, to strike; **lo hanno picchiato a sangue** they hit him until he bled.

picchio *noun* M woodpecker.

pigliare

piccina/piccino *adjective* tiny. *noun* little girl/little boy.

piccione *noun* M pigeon.

piccola/piccolo *adjective* small, short.

pidocchio *noun* M louse.

piede *noun* M foot; **andare a piedi** to go on foot; **in punta di piedi** on tiptoe; **stare in piedi** to stand.

piega *noun* F fold, crease, pleat.

piegare *verb* [4] **1** to fold, to bend; **piegare un pezzo di carta** to fold a piece of paper; **piegare le lenzuola** to fold sheets; **2** to subdue; **piegare la resistenza di qualcuna/qualcuno** to break someone's will.

piena/pieno *adjective* full.

pietà *noun* F (*never changes*) pity, mercy; **senza pietà** without pity; **avere pietà di qualcuna/qualcuno** to take pity on someone.

pietosa/pietoso *adjective* compassionate, merciful.

pietra *noun* F stone.

pigiama *noun* M (*never changes*) pyjamas; **un pigiama** a pair of pyjamas.

pigiare *verb* [6] to press, to squeeze; **pigiare l'uva** to press grapes.

pigliare *verb* [8] to grab, to seize; **pigliare qualcuna/qualcuno**

per il braccio to grab someone by the arm.

pigna noun F pine cone.

pigra/pigro adjective lazy; **non è per niente pigra** she's by no means lazy.

pigrizia noun F laziness.

pila noun F battery; **a pila** battery-operated.

pillola noun F pill.

pilota noun F & M 1 pilot; **2 pilota automobilista** racing car driver.

pilotare verb [1] to pilot, to drive.

pinacoteca noun F picture gallery, art gallery.

ping-pong noun M (never changes) table tennis, ping-pong.

pinguino noun M penguin.

pino noun M pine tree.

pinza noun F pliers.

pioggia noun F rain; **pioggia dirotta** a downpour; **pioggia acida** acid rain.

piolo noun M stake, peg.

piombare (su) verb [1] to swoop.

piombo noun M lead (metal).

piovere verb [56] to rain; **visto che pioveva, abbiamo deciso di rimanere a casa** given that it was raining, we decided to stay home; * **piovere a catinelle** to rain cats and dogs.

piovra noun F octopus.

pipa noun F pipe (for smoking).

pipì noun F (informal) pee; **fare la pipì** to have a pee.

pipistrello noun M bat (animal).

piramide noun F pyramid.

pirata noun F & M pirate. adjective illegal, pirate; **copia pirata** pirated copy.

piroscafo noun M steamship.

piscina noun F swimming pool; **è andata in piscina** she's gone to the pool.

pisello noun M pea.

pisolino noun M nap; **fare un pisolino** to nap.

pista noun F 1 track, racetrack; 2 runway.

pistola noun F pistol.

pitone noun M python.

pittore/pittrice noun M/F painter.

pittura noun F painting, picture.

pitturare verb [1] to paint, to decorate; **al fine settimana abbiamo pitturato la cucina** we painted the kitchen over the weekend.

più adjective (never changes) 1 more; **hanno più animali di noi** they've got more animals than us; 2 most; **hai più amici di tutti** you've got the most friends of all.
adverb 1 more; **più bello** more beautiful; 2 most; **è il più alto di tutti i fratelli** he's the tallest

of all his brothers; **al più presto** as soon as possible; **3 mai più** never again; **4** plus; **due più due fa quattro** two plus two equals four.

piuma *noun* F **1** feather; **2** plumage.

piumino *noun* M eiderdown quilt, doona.

piuttosto *adverb* rather, instead; **mangerei piuttosto un gelato** I'd rather have an ice cream; **piuttosto che rischiare la salute, preferisco rinunciare al viaggio** rather than risking my health, I'd prefer to cancel the trip.

pizza *noun* F **1** pizza; **2** bore, boring thing; **Tomaso è proprio una pizza!** Tomaso is such a bore!

pizzicare *verb* [3] **1** to pinch; **smetti di pizzicarmi** stop pinching me; **2** to pluck (*a musical instrument*).

pizzico *noun* M pinch; **un pizzico di sale** a pinch of salt.

placca *noun* F plaque.

placida/placido *adjective* placid, calm; **avere un carattere placido** to have a placid nature.

plastica *noun* F plastic; **una bottiglia di plastica** a plastic bottle.

plastica/plastico *adjective* plastic.

platea *noun* F (*theatre*) the stalls.

plausibile *adjective* plausible, likely.

plenilunio *noun* M full moon.

plurale *adjective* plural. *noun* plural; **un nome al plurale** a plural noun.

Plutone *noun* M Pluto.

pneumatico *adjective* inflatable; **materasso pneumatico** inflatable mattress, air bed. *noun* M **1** tyre; **2** inflatable dinghy.

poca/poco *adjective* little, not much, a few; **c'è poco latte** there's not much milk; **sono venute poche persone** only a few people came; **hanno pochi soldi** they don't have much money.

poco *adverb* **1** little, not much, a bit; **ha mangiato poco** s/he didn't eat much; **è una persona poco fidata** s/he's not a very reliable person; **poco dopo** shortly after; **poco prima** a bit before; **2 poco … di**; not much (more), a little (more); **è poco più alta di me** she's not much taller than me; **3 a poco a poco** little by little; **4 un poco** (*or* **un po'**); a little (bit); **è meglio pensare un po' prima di parlare** it's better to think a little before speaking; **aspettiamo un po'** let's wait for a bit. *noun* M **un poco di** (*or* **un po' di**) a little, some; **aggiungiamo un po' di sale?** shall we add a bit of salt?

podere

pronoun M little, a few; **sono venuti in pochi** only a few came; **il film è piaciuto a pochi** only a few (people) liked the film.

podere *noun* M estate, large farm.

poema epico *noun* M epic poem.

poesia *noun* F **1** poem; **una poesia di Shakespeare** a poem by Shakespeare; **2** poetry.

poeta *noun* F & M poet.

poi *adverb* **1** then, next, later on; **mangiamo e poi andiamo** we'll eat and then we'll go; **2 in poi** onwards; **da lunedì in poi** from Monday onwards.

poiché *conjunction* since; **poiché ho mal di testa, non ci vado** since I've got a headache I'm not going.

politica *noun* F politics.

politica/politico *adjective* political.

politicamente corretta/ politicamente corretto *adjective* politically correct.

polizia *noun* F police.

poliziesca/poliziesco *adjective* police; **indagine poliziesca** police investigation.

poliziotta/poliziotto *noun* F/M (*informal*) cop, copper.

pollame *noun* M poultry.

pollice *noun* M **1** thumb; **2** inch.

pollo *noun* M chicken.

ITALIAN-ENGLISH

polmone *noun* M lung.

polo *noun* M pole.

polpetta *noun* F rissole, meatball.

polpo *noun* M octopus.

polso *noun* M wrist.

poltrona *noun* F armchair.

polvere *noun* F **1** dust; **2** powder; **3 polvere da sparo** gunpowder.

pomata *noun* F ointment.

pomeridiano *adjective* afternoon; **nelle ore pomeridiane** in the afternoon.

pomeriggio *noun* M afternoon.

pomodoro *noun* M tomato; **estratto di pomodoro** tomato purée; **succo di pomodoro** tomato juice; **salsa di pomodoro** tomato sauce (*for pasta dishes, etc.*).

pompa *noun* F pump.

pompelmo *noun* M grapefruit.

pompiera/pompiere *noun* F/M firefighter; **chiamare i pompieri** to call the fire brigade.

ponte *noun* M **1** bridge; **2** long weekend; **fare il ponte** to take a long weekend.

popolare *adjective* **1** popular; **una misura popolare** a popular measure; **2** common; **credenze popolari** common beliefs; **3** working class, of the people; **case popolari** housing commission flats.

popolazione *noun* F population.

ITALIAN–ENGLISH

popolo *noun* M people.

porcellino *noun* M piglet.

porcellino d'India *noun* M guinea pig.

porcheria *noun* F **1** junk food; **2** filth, muck.

porcile *noun* M pigsty.

porgere *verb* [57] to hand, to give; **le ho porto il giornale con l'articolo, ma non ha voluto leggerlo** I gave her the paper with the article in it, but she didn't want to read it.

porre *verb* [58] to put, to place, to set down; **porre i piatti sul tavolo** to put the plates on the table.

porridge *noun* M (*never changes*) porridge.

porro *noun* M leek.

porta *noun* F **1** door; **bussare alla porta** to knock on the door; **chiudere la porta in faccia a qualcuna/qualcuno** to slam the door in someone's face; **2** goal; **tirare in porta** to shoot a goal.

portabagagli *noun* M (*never changes*) **1** roof rack; **2** boot (*of a car*); **3** F & M luggage porter.

portacenere *noun* M (*never changes*) ashtray.

portafoglio *noun* M (*never changes*) wallet.

portapacchi *noun* M (*never changes*) pack rack.

portare *verb* [1] **1** to bring; **ci porti il conto per favore** please bring us the bill; **2** to carry; **ha portato la valigia fino all'albergo** s/he carried her/his case all the way to the hotel; **3** to wear; **portava una camicia rossa** s/he was wearing a red shirt; **4** to take (with you); **quando esco mi porto sempre il telefonino in tasca** when I go out I always have my mobile in my pocket; **5** to have, to bear; **porta sempre la cicatrice della ferita** s/he still bears scar from the wound; **6** to hold, to carry; **il pullman porta quaranta persone** the bus holds forty people.

portata/portato *adjective* **1** carried, borne; **portato dal vento** carried by the wind; **2** to be inclined towards, to have an ability for; **è portata per le lingue** she has an ability for languages.

portata *noun* F **1** course (of a meal); **pasto di tre portate** a three-course meal; **2 a portata di mano** within reach.

portatile *adjective* portable. *noun* M laptop computer; **ho un nuovo portatile** I've got a new laptop.

portico *noun* M porch.

portiera/portiere *noun* F/M **1** porter; **2** goalkeeper.

porto *noun* M **1** port, harbour; **entrare in porto** to enter port; **2** port (*wine*).

portone *noun* M main door, front door.

porzione *noun* F portion, serving; **dammi una mezza porzione, per favore** give me a half serve please.

posa *noun* F **1** pose, position; **una posa naturale** a natural pose; **una posa artificiale** an artificial pose; **2** exposure (*of a film*); **una pellicola da ventiquattro pose** a twenty-four exposure film.

posate *plural noun* F cutlery.

positiva/positivo *adjective* positive, definite.

posizione *noun* F position, location.

possedere *verb* [69a] to own, to possess; **possiedono una casa al mare** they own a house by the sea.

possesso *noun* M possession, ownership.

possibile *adjective* **1** possible; **non è possibile** it's not possible; **il più presto possibile** as soon as possible; **2** likely; **è possibile che loro vengono dopo cena** it's likely that they will come after dinner.

posta *noun* F **1** mail, post; **hanno spedito i libri per posta** they sent the books by mail; **posta non richiesta** junk mail, unsolicited mail; **posta prioritaria** air mail; **2 posta elettronica** e-mail, electronic mail; **3** post office; **4** (*money*) wager, stake.

postale *adjective* postal; **ufficio postale** post office.

posteriore *adjective* **1** rear, back, hind; **le zampe posteriori di un cavallo** the hind legs of a horse; **2** subsequent; **in un'epoca posteriore** in a subsequent era.
noun M bottom, behind.

postina/postino *noun* F/M postwoman/postman.

posto *noun* M **1** place; **bisogna mettere le cose nel posto giusto** you need to put things in their right place; **2** space; **nell'armadio non c'è più posto** there's no more room in the cupboard; **3** seat; **è libero questo posto?** is this seat taken?; **posto di guida** driver's seat; **un posto riservato** a reserved seat; **4** place; **occupa il secondo posto** s/he's in second place; **5** job; **è riuscita a trovare un buon posto** she managed to find a good job; **6** spot, place; **c'è un posto qui vicino dove si mangia bene** there's a really good little restaurant nearby; **7 mettere a posto** to tidy up.

postumi *plural noun* M **1** after-effects; **2 postumi di una sbornia** hangover.

potabile *adjective* drinkable; **acqua potabile** drinking-water.

potare *verb* [1] to prune (*a plant*).

potente *adjective* powerful.

potenza *noun* F strength, power.

potere *noun* M power, authority; **essere al potere** to be in power.
verb [59] **1** can, could, to be able

to; **puoi venire domani?** can you come tomorrow?; **posso dare un'occhiata al tuo giornale?** could I have a look at your newspaper?; **non poteva crederci** s/he couldn't believe it; **non ne posso più** I can't go on, I can't stand it any more; **2** may, might; **può essere anche vero** it may even be true; **3** to be allowed; **si può fumare qui?** can you smoke here?; **4 può darsi** it might be.

povera/povero *adjective* **1** poor; **gente povera** poor people; **2** simple, plain; **stile povero** plain style.
noun F/M poor person; **i poveri** the poor.

povertà *noun* F poverty.

pozza *noun* F puddle, pool.

pozzo *noun* M well (*for water*).

pranzare *verb* [1] to have lunch; **oggi abbiamo pranzato tardi** today we had a late lunch.

pranzo *noun* M lunch; **all'ora di pranzo** at lunchtime.

pratica *noun* F **1** practice; **per imparare uno strumento ci vuole molta pratica** to learn an instrument you need a lot of practice; **mi manca la pratica** I'm out of practice; **2** experience, skill (in); **avere pratica nel recitare** to have acting experience.

pratica/pratico *adjective* practical.

praticare *verb* [3] **1** to practise, to perform habitually; **praticare una professione** to practise a profession; **praticare uno sport** to play a sport; **praticare una religione** to practise a religion; **2** to carry out, to perform; **praticare la respirazione bocca a bocca** to carry out mouth-to-mouth resuscitation.

prato *noun* M meadow.

precauzione *noun* F precaution; **bisogna prendere le precauzioni necessarie** you need to take the necessary precautions.

precedente *adjective* previous, preceding, former.
noun M past record; **i precedenti di una persona** a person's background.

precedenza *noun* F **1** precedence, priority; **2** right of way; **dare la precedenza a una macchina** to give way to a car.

precedere *verb* [9a] to come before, to precede; **il lunedì precede il martedì** Monday comes before Tuesday.

precipitare *verb* [1] **1** to hasten, to hurry; **precipitare una decisione** to hurry a decision; **2** to plunge, to fall; **è precipitato dall'ultimo piano** he plunged from the top floor.

precipitarsi *reflexive verb* [1] to hurl yourself; **precipitarsi dal tetto** to throw yourself off the roof.

precisa/preciso *adjective* precise, accurate.

precisare *verb* [1] to specify; **precisare l'ora dell'appuntamento** to specify the time of the appointment.

precisione *noun* F accuracy; **con precisione** accurately.

preda *noun* F prey; **uccello da preda** bird of prey; **essere in preda a** to be prey to.

predica *noun* F sermon; * **fare una predica a qualcuna/qualcuno** to tell someone off.

predicare *verb* [3] **1** to preach (*to a congregation*); **2** to sermonise, to lecture (*people on how they should behave*); **non fa altro che predicare** s/he is always preaching.

predire *verb* [87] to predict; **predire un avvenimento** to predict an event.

prefazione *noun* F preface.

preferenza *noun* F preference.

preferibile *adjective* preferable.

preferire *verb* [12] to prefer; **preferisco la camicia blu** I prefer the blue shirt.

prefetta/prefetto *noun* F/M prefect.

prefisso *noun* M area code, dialling code (*telephone*).

pregare *verb* [4] **1** to pray; **pregare per qualcuna/qualcuno** to pray for someone; **pregare Dio** to pray to God; **2** to ask politely, to beg; **vi prego di sedervi** please sit down; **3** to request; **i passeggeri sono pregati di uscire dalla porta posteriore** passengers are requested to leave by the rear door.

pregevole *adjective* valuable.

preghiera *noun* F prayer; **dire le preghiere** to say your prayers.

pregiudizio *noun* M prejudice; **avere pregiudizi** to be prejudiced.

pregustare *verb* [1] to look forward to; **pregustare una villeggiatura al mare** to look forward to a holiday at the beach.

prelievo fiscale *noun* M levy.

preliminare *adjective* preliminary.

premere *verb* [9a] **1** to press; **premere il pulsante del campanello** to press the doorbell buzzer; **2** to weigh upon, to concern; **mi preme la sua presenza** her/his presence is important to me; **3 mi preme di cominciare** I'm itching to get started.

premiare *verb* [2] to give a prize to; **premiare il vincitore della gara** to give a prize to the race winner.

premio *noun* M prize, award.

premura *noun* F **1** care, kindness; **essere piena/pieno di premura per qualcuna/qualcuno** to be full of kindness

prendere *verb* [60] **1** to take; **abbiamo preso il treno** we took the train; **prendere la medicina** to take medicine; **2** to take, to bring; **ho preso un libro per il viaggio** I brought a book for the trip; **3** to seize, to grab, to catch; **prendere qualcuna/qualcuno per il braccio** to grab someone by the arm; **4** to pick up, to collect; **il padre è andato a prendere i bambini alla stazione** the father picked up the children from the station; **5** to have, to take; **che prendi? io prendo un caffè** what are you having? I'm having a coffee; * **prendere l'abitudine** to get into the habit; * **prendersela con qualcuna/qualcuno** to get mad with someone.

prenotare *verb* [1] to book; **prenotare un biglietto aereo** to book a plane ticket.

prenotazione *noun* F booking, reservation.

preoccupare *verb* [1] to worry; **la situazione mi preoccupa un po'** the situation worries me a bit.

preoccuparsi *reflexive verb* [1] to be anxious, to worry; **si preoccupa troppo per le cose senza importanza** s/he worries too much about unimportant things; **non ti preoccupare** don't worry.

preparare *verb* [1] to prepare; **preparare la cena** to prepare dinner.

presa *noun* F **1** seizing, taking, capture; **la presa di Roma** the taking of Rome; **2** power point; **presa multipla** double adaptor.

presa/preso *adjective* busy; **sei sempre presa?** are you still busy?

presentare *verb* [1] **1** to show, to present; **presentare i documenti** to show your papers; **2** to introduce; **ti presento mio fratello** let me introduce my brother to you.

presentatore/presentatrice *noun* M/F television compere, television presenter.

presente *adjective* present; **non ero presente alla riunione** I wasn't at the meeting; **tenere presente qualcosa** to keep something in mind.
noun M **1** present, present time; **2** present tense.

presenza *noun* F presence.

presepio *noun* M crib.

preservativo *noun* M condom.

preside *noun* F & M **1** principal, headmaster, headmistress; **2** dean of faculty (*in a university*).

presidente *noun* F & M **1** president; **2** chairperson (*of a company*).

pressione *noun* F pressure.

presso *preposition* **1** near; **stanno in un albergo presso il teatro** they are staying in a hotel near the theatre; **2** with; **abita presso i genitori** s/he lives with her/his parents; **3** care of; **puoi scrivermi presso i cugini** you can write to me care of my cousins.

prestare *verb* [1] to lend; **mi puoi prestare qualche dollaro?** could you lend me a few dollars?; * **prestare attenzione** to pay attention.

prestigio *noun* M prestige.

prestito *noun* M loan; **un prestito senza interesse** an interest-free loan; **prendere in prestito** to borrow; **dare in prestito** to lend.

presto *adverb* **1** soon; **a presto** see you soon, **al più presto possibile** as soon as possible; **2** quickly; **l'ha fatto presto** s/he did it quickly; **3** early; **mi alzo presto la mattina** I get up early in the morning.

presupporre *verb* [58] to assume, to suppose; **presupponevo che sarebbe venuta in macchina** I assumed that she would have come by car.

prete *noun* M priest.

pretesa *noun* F claim, pretence.

pretesto *noun* M pretext.

pretore *noun* M magistrate (*of lower courts*).

prevedere *verb* [80] to foresee; **non abbiamo previsto il risultato** we didn't foresee the result.

preventivo *noun* M estimate, quote (*on work to be done for someone*).

previdenza sociale *noun* F workers' compensation scheme.

preziosa/prezioso *adjective* precious, valuable.

prezzemolo *noun* M parsley.

prezzo *noun* M price, cost; **prezzo fisso** fixed price; **a buon prezzo** at a good price; **prezzi scontati** discount prices.

prigione *noun* F **1** prison, jail; **mettere qualcuna/qualcuno in prigione** to put someone in prison; **2** imprisonment; **scontare dieci anni di prigione** to serve ten years of imprisonment.

prigioniera/prigioniero *noun* F/M prisoner.

prima *noun* F **1** premiere (*of a play, film, etc.*); **2** first (gear); **ingranare la prima** to change into first gear.
adverb **1** before, beforehand, earlier; **perché non me l'hai detto prima?** why didn't you tell me before?; **2** first; **prima mettiamo le cose in ordine e poi possiamo rilassarci** first let's tidy up and then we can relax; **3** **prima o poi** sooner or later.

ITALIAN–ENGLISH

prima/primo *adjective* **1** first; **il primo giorno di ogni mese** the first day of every month; **2** early; **le prime ore del mattino** the early hours of the morning; **3** leading, best; **il primo avvocato della città** the leading lawyer of the city.

primaria/primario *noun* F/M consultant (*in a hospital*).

primavera *noun* F spring; **in primavera** in spring.

primo piano *noun* M close-up (*photography, etc*).

primula *noun* F primrose.

principale *adjective* principal, chief.

principe/principessa *noun* M/F prince/princess; **principe ereditario** crown prince.

principio *noun* M **1** start, beginning; **da principio** from the beginning; **2** principle; **per principio** on principle; **i principi della matematica** mathematical principles; **principio morale** moral principle.

priva/privo *adjective* lacking, to be without; **sono priva di notizie** I have no news.

privare *verb* [1] to deprive; **privare qualcuna/qualcuno di un diritto** to deprive someone of a right.

privata/privato *adjective* private; **un terreno privato** private land.

privatezza *noun* F privacy.

produrre

pro *noun* M (*never changes*) pro; **il pro e il contro** the pros and cons.

probabile *adjective* likely; **è probabile che la lettera arriverà domani** it's likely that the letter will arrive tomorrow; **è poco probabile** it's unlikely.

probabilmente *adverb* probably.

problema *noun* M problem; **un problema matematico** a mathematical problem; **ha problemi di lavoro** s/he's got work problems; **non è un problema serio** it's not a serious problem.

procedere *verb* [9a] to proceed; **il lavoro procede bene** the work is moving along well; *** procedere a velocità di lumaca** to go at (a) snail's pace.

processione *noun* F procession.

processo *noun* M **1** process; **2** trial; **un processo penale** a criminal trial.

proclama *noun* M announcement.

prodiga/prodigo *adjective* extravagant.

prodotto *noun* M product, produce; **prodotti di bellezza** beauty products; **prodotti artigianali** handicrafts; **prodotti alimentari** produce (*food*).

produrre *verb* [27] to produce; **la fabbrica produce automobili** the factory produces cars;

quest'anno il fico non ha prodotto frutti this year the fig tree didn't produce any fruit.

produttiva/produttivo *adjective* productive.

produttore/produttrice *noun* M/F producer; **è produttore di film** he's a film producer.

produzione *noun* F production; **la produzione agricola** agricultural production.

professione *noun* F profession, occupation; **qual è la professione di tua madre?** what is your mother's occupation?

professore/professoressa *noun* M/F **1** (*in a high school, grammar school*) teacher; **2** (*at a university*) lecturer, Professor; **il professor Procacci** Professor Procacci.

profilattico *noun* M condom.

profilo *noun* M profile, outline.

profitto *noun* M profit; **profitto netto** net profit; **ricavare un profitto** to make a profit.

profonda/profondo *adjective* deep, profound; **un pozzo profondo** a deep well; **un amore profondo** a deep love.

profuga/profugo *noun* F/M refugee.

profumo *noun* M **1** perfume; **2** pleasant smell; **che buon profumo!** what a pleasant smell!

progettare *verb* [1] **1** to plan; **progettare un viaggio in montagna** to plan a trip to the mountains; **2** to design; **progettare un ponte** to design a bridge.

progetto *noun* M **1** project, plan; **2** design, plan; **il progetto del nuovo ospedale** the plans for the new hospital; **3** plan, intention; **che progetti hai per l'estate?** what are your plans for the summer?

programma *noun* M **1** computer program; **2** program (*for a play or an event*); **3** schedule; **programma di lavoro** work schedule; **4** school syllabus, curriculum.

programmatore/programmatrice *noun* M/F computer programmer.

progredire *verb* [12] to proceed, to progress; **la costruzione progredisce bene** the construction is proceeding well.

progresso *noun* M progress; **fare dei progressi** to make progress.

proibire *verb* [12] to prohibit, to forbid; **ti proibisco di uscire** I forbid you to go out.

proibita/proibito *adjective* forbidden, prohibited; **scusate, ma qui è proibito fumare** sorry, you can't smoke here.

proiettare *verb* [1] to project, to cast; **proiettare un film**

ITALIAN–ENGLISH

to project a film; **proiettare un'ombra** to cast a shadow.

proiettile *noun* M bullet.

proiettore *noun* M projector.

pro loco *noun* F (*never changes*) local tourist information office.

prolunga *noun* F extension lead.

prolungare *verb* [4] to extend, to prolong; **prolungare una linea** to extend a line; **prolungare l'ora di apertura di un negozio** to extend the opening hours of a shop.

prolungarsi *reflexive verb* [4] to extend, to stretch out; **la foresta si prolunga a perdita d'occhio** the forest extends as far as the eye can see.

promessa *noun* F promise; **non mantenere una promessa** to break a promise.

promettere *verb* [45] to promise; **ti prometto che non succederà più** I promise you it won't happen again.

promuovere *verb* [47] **1** to promote; **è stata promossa** she was promoted; **2** to pass; **tutti sono stati promossi agli esami** everyone passed the exams.

pronome *noun* M pronoun.

pronta/pronto *adjective* **1** ready; **la cena è pronta** dinner is ready; **2** quick, prompt; **è pronta di mente** she's a quick thinker.

proprietà

pronto *exclamation* hello (*when talking on the phone*); **pronto! parla Luisa** hello! Luisa speaking.

pronto soccorso *noun* M **1** first aid; **2** emergency ward.

prontuario *noun* M handbook.

pronunciare *verb* [5] to pronounce.

propaganda *noun* F propaganda.

proporre *verb* [58] to propose, to suggest; **ha proposto di andare a cena e abbiamo accettato** s/he suggested dinner and we accepted.

proposito *noun* M **1** intention, aim; **è piena di buoni propositi** she's full of good intentions; **2 a proposito** by the way; **3 a proposito di …** with regards to …

proposizione *noun* F **1** proposition; **2** clause (*grammar*).

proposta *noun* F proposal, offer; **è una proposta interessante** it's an interesting offer.

propria/proprio *adjective* own; **hanno le proprie idee** they've got their own ideas; **con le proprie mani** with your own hands; **l'ha fatto con le proprie mani** s/he did it with her/his own (two) hands.

proprietà *noun* F (*never changes*) property, ownership; **proprietà privata** private property.

proprietaria/proprietario

proprietaria/proprietario *noun* F/M owner.

proprio *adverb* just, exactly, really; **ha detto proprio così** that's exactly what s/he said; **proprio così!** absolutely!

proroga *noun* F extension (*of time*); **posso avere una proroga per il tema di francese?** can I have an extension on my French essay?

prosa *noun* F prose.

prosciutto *noun* M ham.

prospera/prospero *adjective* flourishing, thriving.

prospettiva *noun* F 1 perspective; 2 outlook.

prossima/prossimo *adjective* 1 next; **l'anno prossimo** next year; **domenica prossima** next Sunday; 2 forthcoming; **nei prossimi mesi** in the forthcoming months.

prossimamente *adverb* soon; **prossimamente su questo schermo** coming soon to this cinema.

protagonista *noun* F & M protagonist, leading participant, leading actor.

proteggere *verb* [44] to protect; **il muro protegge le piante dal vento** the wall protects the plants from the wind; **è importante proteggere l'ambiente** it's important to protect the environment.

ITALIAN–ENGLISH

protesta *noun* F protest; **un grido di protesta** a cry of protest.

protestare *verb* [1] to protest; **la gente protesta contro l'ingiusta legge** the people are protesting against the unjust law.

protettivo solare *noun* M sunscreen, sunblock.

prova *noun* F 1 test; **una prova di fedeltà** a test of loyalty; 2 try, attempt; **dopo la terza prova è riuscita a superare l'esame** after the third attempt she managed to pass the exam; 3 proof, evidence; **non c'è prova della sua colpevolezza** there's no proof of her/his guilt; 4 competition, contest; **la prova dei millecinquecento metri** the fifteen hundred metre race; 5 **prova generale** dress rehearsal.

provare *verb* [1] 1 to try (out); **provare le scarpe** to try on shoes; **proviamo a farlo** let's try to do it; 2 to rehearse; 3 to feel; **non provo nessun dolore** I don't feel any pain; 4 to prove, to demonstrate; **provare un'ipotesi** to prove a hypothesis.

provenienza *noun* F place of origin; **non si sa la provenienza di questo tappeto** the origin of this rug is unknown.

provenire *verb* [92] to come from; **questo vino proviene dall'Australia** this wine comes from Australia.

proverbio *noun* M proverb, saying.

provincia *noun* F province, district.

provino *noun* M trailer (*film*), preview.

provocante *adjective* provoking, provocative.

provocare *verb* [3] to provoke, to excite, to incite; **provocare l'ira di qualcuna/qualcuno** to provoke someone's anger; **i ribelli hanno provocato il popolo alla ribellione** the rebels incited the people to riot.

provvedere *verb* [80] to provide; **i genitori provvedono ai bisogni dei figli** parents provide the necessities for their children.

provvista *noun* F **1** stock, provision, supply; **la provvista di benzina** fuel supplies; **fare provvista di qualcosa** to stock up on something; **2 provviste** food supplies.

prua *noun* F bow, front of a boat.

prudente *adjective* careful, prudent.

prugna *noun* F plum.

prugna secca *noun* F prune.

prurito *noun* M itch; **ho un prurito al naso** I've got an itchy nose.

pseudonimo *noun* M pseudonym.

psicanalista *noun* F & M psychoanalyst.

psicologa/psicologo *noun* F/M psychologist.

psicologia *noun* F psychology.

pubblica/pubblico *adjective* **1** public; **giardini pubblici** public gardens; **2** state; **scuole pubbliche** state schools.

pubblicare *verb* [3] to publish; **pubblicare un libro** to publish a book.

pubblicità *noun* F **1** advertising; **fare la pubblicità** to advertise; **2** advertisement; **piccola pubblicità** personal ads, classifieds.

pubblico *noun* M **1** public; **2** audience; **pare che lo spettacolo è piaciuto molto al pubblico** it seems the audience really liked the show.

puerile *adjective* childish.

pugile *noun* F & M boxer.

pugnalare *verb* [1] to stab; **è stato pugnalato da uno sconosciuto** he was stabbed by a stranger.

pugnale *noun* M dagger.

pugno *noun* M fist.

pulce *noun* F flea.

pulcino *noun* M chick.

pulire *verb* [12] to clean; **pulire il pavimento** to clean the floor.

pulirsi *reflexive verb* [12] to clean yourself, to wash yourself; **pulirsi le unghie** to clean your fingernails.

pulita/pulito *adjective* clean.

pulizia *noun* F cleaning; **fare la pulizia** to clean.

pullman *noun* M coach, bus.

pullover *noun* M jumper, pullover.

pulmino *noun* M minibus.

pungere *verb* [61] to sting; **mi ha punto una zanzara** I've been stung by a mosquito.

pungersi *verb* [61] to prick; **si è punto con uno spillo** he pricked himself with a pin.

punire *verb* [12] to punish; **punire i colpevoli** to punish the guilty.

punizione corporale *noun* F corporal punishment.

punta *noun* F **1** point; **la punta di spillo** the point of a pin; **2** peak, maximum; **la punta degli incidenti stradali si è verificata il mese scorso** car accidents reached a peak last month; **3 in punta di piedi** on tiptoe; **4 l'ora di punta** peak hour; * **la punta dell'iceberg** the tip of the iceberg.

puntare *verb* [1] **1** to point, to aim; **puntare una pistola su qualcuna/qualcuno** to aim a pistol at someone; **2** to bet; **puntare qualche dollaro su un cavallo** to bet a few dollars on a horse.

puntata *noun* F **1** stab, prick; **2** bet; **3** part, instalment, episode; **un programma a puntate** a serialised program.

punteggiatura *noun* F punctuation.

punteggio *noun* M score; **nonostante un buon punteggio abbiamo perso la partita** in spite of a good score we lost the game.

puntina da disegno *noun* F drawing pin.

punto *noun* M **1** point, spot; **da questo punto si vede tutto** from this spot you can see everything; **punto di partenza** starting point; **punto di vista** point of view; **punto di vendita** point of sale; **2** point; **il punto di un discorso** the point of an argument; **venire al punto** to come to the point; **punto d'onore** point of honour; **3** full stop; **4** point, moment; **a un certo punto ha perso completamente la pazienza** at a certain point s/he completely lost her/his temper; **punto di gelo** freezing point; **5 in punto** on the dot; **alle due in punto** on the dot of two (o'clock); **6 punto di domanda** question mark; **punto esclamativo** exclamation mark; **punto e virgola** semicolon; **punto fermo** full stop; **punto interrogativo** question mark; * **di punto in bianco** suddenly.

puntuale *adjective* punctual; **purtroppo non sono molto puntuale** unfortunately I'm not very punctual.

puntura *noun* F **1** prick; **2** sharp pain; **3** injection.

pura/puro *adjective* **1** pure, clean; **acqua pura** clean water; **2** honest, sincere; **avere intenzioni pure** to have honest intentions.

purché *conjunction* (*note that this is normally used with the subjunctive*) providing that; **purché non piova, verrò anch'io** providing it doesn't rain, I'll come as well.

pure *adverb* **1** also, as well; **sono venuti pure i ragazzi** the children came as well; **2** by all means, please; **venite pure voi** by all means come; **3** possibly; **potrebbero pure arrivare stasera** they might possibly arrive tonight.

purificare *verb* [3] to purify; **purificare l'anima** to purify the soul.

purtroppo *adverb* unfortunately; **purtroppo no** I'm afraid not.

pusillanime *adjective* cowardly.

pustoletta *noun* F pimple; **era ricoperta di pustolette** she was covered in pimples.

puzza *noun* F stench, bad smell.

puzzare *verb* [1] to stink; **quanto puzza quel concime!** that fertiliser really stinks!; * **c'è qualcosa che puzza** something stinks.

puzzolente *adjective* stinking, foul-smelling.

Q q

qua *adverb* here; **vieni qua** come here; **qua e là** here and there; **qua dietro** behind here.

quaderno *noun* M exercise book, notebook.

quadra/quadro *adjective* square; **una stanza di dodici metri quadri** a twelve-square-metre room.

quadrato *noun* M square.

quadri *plural noun* M (*in cards*) diamonds; **asso di quadri** ace of diamonds.

quadrifoglio *noun* M four-leaf clover.

quadro *noun* M painting, picture.

quadrupla/quadruplo *adjective* four times as much; **una cifra quadrupla** four times the amount.
noun M four times as much, four times the size; **guadagna il quadruplo di me** s/he earns four times as much as me.

quaggiù *adverb* down here; **puoi scendere quaggiù un attimo?** can you come down here for a moment?

quaglia *noun* F quail.

qualche *adjective* (*NB:* **qualche** *never changes and is always used with a singular noun*) **1** some, several, a few; **devo fare qualche telefonata** I need

qualcosa

to make a few calls; **2** any; **hai qualche notizia di loro?** have you got any news of them?; **3 qualche volta** sometimes; **ci incontriamo qualche volta per strada** we bump into each other sometimes in the street; **4 qualche cosa** something (SEE **qualcosa**).

qualcosa *pronoun* (*never changes*) something, anything; **vuoi qualcosa da leggere?** do you want something to read?; **c'è mica qualcosa da mangiare?** is there anything at all to eat?

qualcuna/qualcuno *pronoun* anybody, someone; **ti cercava qualcuna/qualcuno** someone was looking for you; **ha telefonato qualcuna/qualcuno?** did anyone call?

quale *adjective* **1** what; **quali film hai visto quest'estate?** what films have you seen this summer?; **2** which; **quale camicia preferisci, la blu o la gialla?** which shirt do you prefer, the blue one or the yellow one? *pronoun* which; **quali di questi CD preferisci?** which of these CDs do you prefer? *relative pronoun* (*when combined with a preposition and a definite article:* della quale, con il quale, *etc.*) that, who, whom; **la ragazza della quale abbiamo parlato** the girl about whom we have spoken; **le persone con le quali abbiamo pranzato** the people with whom we had lunch.

ITALIAN–ENGLISH

qualifica *noun* F qualification.

qualità *noun* F quality; **ottima qualità** top quality; **di cattiva qualità** of poor quality; **la qualità della vita** the quality of life.

qualsiasi *adjective* (*never changes*) **1** any; **chiamami a qualsiasi ora del giorno** call me at any time of the day; **2** whatever; **qualsiasi cosa accada, puoi contare su di me** whatever happens, you can count on me.

qualunque *adjective* (*never changes*) **1** whichever, whatever; **qualunque decisione tu prenda, andrà tutto bene** whatever decision you make, everything will be all right; **2** any (old), ordinary; **è una macchina qualunque** it's just any old car.

quando *adverb* **1** when; **quando siete arrivate?** when did you arrive?; **quando torno ti do un colpo di telefono** when I get back I'll give you a ring; **2 di quando in quando** now and then.
conjunction when; **l'ho conosciuta quando abitavo a Napoli** I met her when I was living in Naples.

quanta/quanto *adjective* **1** how much, how many; **quanto tempo avete?** how much time do you have?; **quante persone sono venute?** how many people came?; **2** what a lot of; **quanti problemi hai!** what a lot of problems you have!; **3** as much as, as many as;

prendi quanti libri vuoi take as many books as you like; **4 tanta/tanto … quanta/quanto** as … as; **ho tante idee quante ne ha lui** I've got as many ideas as him.
pronoun **1** how many; **quanti hanno risposto?** how many replied?; **2 quanti ne abbiamo oggi?** what's the date today?

quantità *noun* F **1** quantity, amount; **2 una quantità di …** a pile of … (*figurative*); **3 in grande quantità** in bulk.

quanto *adverb* **1** how much; **quanto avete speso?** how much did you spend?; **2** (*exclamation*) how much!?, what a lot!; **quanto è furbo!** how cunning he is!; **quanto è intelligente!** how intelligent s/he is!; **3** as; **non è così intelligente quanto sembra** s/he's not as clever as s/he seems; **4 tanto … quanto** as … as; **è tanto alta quanto suo padre** she is as tall as her father; **sono tanto contenta quanto te** I'm as pleased as you are.

quarantena *noun* F quarantine; **il nostro cane ha dovuto passare due mesi in quarantena** our dog had to spend two months in quarantine.

quarantenne *adjective* forty-year-old.
noun F & M forty-year-old.

quarantina *noun* F about forty; **una quarantina di persona** about forty people.

quaresima *noun* F Lent (*Christian*).

quarta *noun* F fourth (gear); **passare in quarta** to change into fourth gear.

quartiere *noun* M district, neighbourhood, suburb.

quartier generale *noun* M headquarters.

quarto *noun* M **1** quarter; **le sei meno un quarto** a quarter to six; **le dieci e un quarto** a quarter past ten; **2 quarto di finale** quarterfinal.

quasi *adverb* **1** almost, nearly; **non la vedo da quasi un anno** I haven't seen her for almost a year; **2 quasi quasi** to have half a mind; **quasi quasi gli chiederei un prestito** I've got half a mind to ask him for a loan.

quattrini *plural noun* M money; **ha fatto parecchi quattrini** s/he's earned quite a lot of money.

quella/quello *adjective* (*note these irregular forms of masculine plurals:* **quei, quegli**) that, those; **quel film** that film; **quegli uomini** those men; **quei discorsi non mi interessano** those subjects don't interest me.
pronoun that person, that thing; **quella non si fa vedere** she hasn't been seen for ages; **che ne pensi di quello che ha detto il professore?** what do you think about what the teacher said?

quercia *noun* F oak.

questa/questo

questa/questo *adjective* this, these; **di chi sono queste scarpe?** whose shoes are these?; **è libero questo posto?** is this seat free?
pronoun this thing, this person; **questo è il tuo?** is this yours?; **questo non va bene** this is no good; **questa è la mia mamma** this is my mum.

questione *noun* F matter, issue; **è una questione di principio** it's a matter of principle.

questore *noun* M chief of police in Italian provincial capitals.

questura *noun* F main police station in provincial capitals.

qui *adverb* here; **ti aspetto qui** I'll wait for you here; **da qui** from here; **qui vicino** near here, around here; **qui sopra** up here; **qui sotto** down here.

quindi *conjunction* therefore.

quindicenne *adjective* fifteen-year-old.
noun F/M fifteen-year-old girl/boy.

quinta *noun* F fifth (gear).

quintale *noun* M one hundred kilograms.

quintetto *noun* M quintet.

quisquilia *noun* F trifle.

quiz *noun* M (*never changes*) quiz, quiz show.

quota *noun* F **1** altitude; **2 quota sociale** subscription (fee).

ITALIAN–ENGLISH

quotidiana/quotidiano *adjective* daily; **il tran tran quotidiano** the daily routine.

quotidiano *noun* M daily newspaper.

R r

rabarbaro *noun* M rhubarb.

rabbia *noun* F **1** anger; **2** rabies.

rabbina/rabbino *noun* F/M rabbi.

rabbrividire *verb* [12] to shiver, to shudder; **rabbrividiva per il freddo** s/he was shivering with cold.

raccapricciante *adjective* appalling, bloodcurdling.

racchetta *noun* F racquet; **racchetta da tennis** tennis racquet.

raccogliere *verb* [76] **1** to pick up, **raccogliere una forchetta** to pick up a fork (*that has been dropped*); **2** gather, to harvest; **raccogliere patate** to gather potatoes; **3** to collect (together), to gather; **raccogliere francobolli** to collect stamps; **ha raccolto i libri in una scatola** s/he collected the books into a box; **devo raccogliere le mie idee** I need to gather my thoughts; **raccogliere denaro per beneficenza** to raise money for charity.

ITALIAN–ENGLISH

raccolta *noun* F **1** collection, collecting; **2** harvest, picking; **raccolta delle olive** olive picking.

raccomandare *verb* [1] **1** to recommend, **vi raccomando questo albergo** I can recommend this hotel to you; **raccomandare una persona per un posto di lavoro** to recommend someone for a job; **2** to urge; **ti raccomando la massima cautela** I urge you to take the greatest care; * **mi raccomando!** don't forget!

raccomandazione *noun* F recommendation, reference; **una lettera di raccomandazione** a letter of reference.

raccontare *verb* [1] to recount, to tell; **mi ha raccontato tutti i suoi problemi** s/he told me all her/his problems; * **raccontarne di tutti i colori** to tell tall stories.

racconto *noun* M **1** story, tale; **2** short story; **3 racconto sensazionale** mystery.

rada/rado *adjective* thin, thinly spaced; **di rado** rarely.

radar *noun* M (*never changes*) radar.

raddoppiare *verb* [2] to double; **mi hanno raddoppiato lo stipendio** they have doubled my salary.

raddrizzare *verb* [1] to straighten (up); **mi raddrizzi la cravatta?** will you straighten my tie for me?

radersi *reflexive verb* [53] to shave; **il mio babbo si rade ogni mattina** my dad shaves every morning.

radiatore *noun* M radiator.

radicchio *noun* M chicory.

radice *noun* F root.

radio *noun* F (*never changes*) radio; **ascoltare la radio** to listen to the radio.

radiografare *verb* [1] to X-ray.

radiosveglia *noun* F clock radio.

radunare *verb* [1] to assemble, to gather together; **abbiamo radunato tutti gli amici** we gathered all our friends together.

rafferma/raffermo *adjective* stale; **pane raffermo** stale bread.

raffica *noun* F **1** gust (*of wind*); **2** volley (*of bullets*).

raffinare *verb* [1] to refine.

rafforzare *verb* [1] to strengthen, to reinforce.

raffreddarsi *reflexive verb* [1] to cool; **la minestra si è raffreddata** the soup has cooled down.

raffreddata/raffreddato *adjective* affected with a cold; **sono un po' raffreddata** I've got a bit of a cold.

raffreddore *noun* M cold; **avere un raffreddore** to have a cold.

raffreddore da fieno
noun M hay fever; **soffrire di raffreddore da fieno** to suffer from hay fever.

raffrenare *verb* [1] to limit, to control; **non riusciva a raffrenare l'ira** s/he couldn't control her/his anger.

ragazza *noun* F **1** girl, young woman; **2** girlfriend; **la mia ragazza** my girlfriend.

ragazzina/ragazzino *noun* F/M kid.

ragazzo *noun* M **1** boy, young man; **è un bravo ragazzo** he's a good boy; **2** boyfriend; **hai il ragazzo?** do you have a boyfriend?

raggio *noun* M **1** ray; **i raggi del sole** the rays of the sun; **2** spoke (*of a wheel*) **3** radius (*of a circle*).

raggiungere *verb* [61] **1** to reach, to arrive; **raggiungere il traguardo** to reach the finishing line; **abbiamo raggiunto la città verso mezzanotte** we reached the city around midnight; **2** to catch up with; **vi raggiungerò al ristorante** I'll catch up with you at the restaurant.

ragionamento *noun* M reasoning.

ragionare *verb* [1] to reason, to think (rationally).

ragione *noun* F **1** reason, justification; **per quale ragione?** for what reason?; **per ragioni di salute** for health reasons; **per nessuna ragione** for no reason; **2** right; **avere ragione** to be right; **hai proprio ragione** you're exactly right; **3** reason, mind; **ha perso la ragione** s/he's lost her/his mind.

ragioneria *noun* F accounting, bookkeeping.

ragionevole *adjective* reasonable.

ragioniera/ragioniere *noun* F/M accountant.

ragnatela *noun* F (spider's) web.

ragno *noun* M spider.

rallentare *verb* [1] to slow (down), to reduce; **ha rallentato la velocità** s/he slowed down.

rame *noun* M copper (*metal*).

rammaricarsi *reflexive verb* [3] to regret; **mi rammarico di non essere venuta** I regret not having come.

rammendare *verb* [1] to mend, to darn; **rammendare calzini** to darn socks.

ramo *noun* M branch (*of a tree*).

rampa *noun* F ramp, flight of stairs.

rampicante *noun* M creeper.

rana *noun* F frog.

rancida/rancido *adjective* rancid, off (*food*).

rancore *noun* M grudge; **mi serba ancora rancore** s/he still bears me a grudge.

ITALIAN–ENGLISH

randagia/randagio *adjective* stray; **cane randagio** stray dog.

rango *noun* M rank (*armed forces*).

rapa *noun* F turnip.

raparsi *reflexive verb* [1] to shave your head.

rapida/rapido *adjective* fast, quick.

rapina *noun* F robbery; **rapina a mano armata** armed robbery.

rapire *verb* [12] to kidnap; **il loro figlio è stato rapito** their son was kidnapped.

rapporto *noun* M **1** report; **scrivere un rapporto** to write a report; **2** relationship; **ha un buon rapporto con tutti** s/he has a good relationship with everyone; **rapporto sessuale** sexual relationship; **3** ratio.

rappresaglia *noun* F reprisal.

rappresentare *verb* [1] **1** to depict, to portray; **il film rappresenta la vita familiare** the film depicts family life; **2** to represent, to act for; **rappresentare qualcuna/qualcuno** to act for someone; **3** to represent, to mean, **la sua assenza rappresenta un rifiuto da parte sua** her/his absence represents a refusal on her/his part; **4** to symbolise; **la colomba rappresenta la pace** the dove is a symbol of peace.

rappresentazione *noun* F representation.

razione

rara/raro *adjective* rare.

raschiare *verb* [2] to scrape.

rasoio *noun* M razor; **rasoio elettrico** electric razor.

rassegnarsi *reflexive verb* [1] to resign yourself; **si è rassegnata al suo destino** she resigned herself to her fate.

rassettare *verb* [1] to tidy up, to put in order; **ho rassettato il salotto** I cleaned up the lounge (room).

rassomiglianza *noun* F resemblance.

rassomigliare *verb* [8] to resemble, to look like; **rassomiglia più al papà che alla mamma** s/he looks more like her/his dad than her/his mum.

rastrellare *verb* [1] **1** to rake; **2** to round up (*people*).

rastrello *noun* M rake.

rata *noun* F instalment; **comprare a rate** to buy in instalments or on lay-by.

ratto *noun* M rat.

rattristare *verb* [1] to sadden; **la notizia mi ha profondamente rattristato** the news saddened me greatly.

rauca/rauco *adjective* husky (*voice*).

razionale *adjective* rational.

razione *noun* F ration.

razza *noun* F **1** race, breed; **la razza umana** the human race; **2** type, sort; **di ogni razza** of every type.

razziale *adjective* racial; **discriminazione razziale** racial discrimination.

razzismo *noun* M racism.

razzista *adjective* racist. *noun* F & M racist.

razzo *noun* M rocket (*spaceship*).

re *noun* M (*never changes*) king.

reagire *verb* [12] to react; **ascoltava senza reagire** s/he listened without reacting.

reale *adjective* **1** real, actual; **prezzo reale** the real price; **2** royal; **palazzo reale** royal palace.

realista *noun* F & M realist.

realistica/realistico *adjective* realistic.

realizzare *verb* [1] to achieve, to fulfil; **realizzare un sogno** to fulfil a dream.

realmente *adverb* really.

realtà *noun* F **1** reality; **2 in realtà** actually; **in realtà non è successo così** it didn't actually happen like that.

reato *noun* M crime, offence.

reazione *noun* F reaction.

recare *verb* [3] **1** to bring; **recare un dono a qualcuna/qualcuno** to bring someone a gift; **2** to cause; **la tempesta non ha recato danni** the storm didn't cause any damage.

recensione *noun* F review (*of a book or film*); **le recensioni del film sono state favorevoli** the film has had good reviews.

recente *adjective* **1** recent; **le notizie più recenti** the most recent news; **2 di recente** recently; **non l'ho vista di recente** I haven't seen her recently.

recentemente *adverb* recently.

reception *noun* F (*never changes*) (*in a hotel etc.*) reception (desk); **rivolgiti alla reception** ask at reception.

recessione *noun* F recession.

recinto *noun* M fence.

recipiente *noun* M container; **recipiente di plastica** plastic container.

reciproca/reciproco *adjective* mutual, reciprocal; **obblighi reciproci** mutual obligations.

recita *noun* F performance (*of a play*).

recitare *verb* [1] to act.

réclame *noun* F **1** advertising; **2** (*billboard, advertising poster, brochure etc.*) advertising material.

recluta *noun* F beginner, new recruit.

reclutamento *noun* M recruitment, hiring.

reclutare verb [1] to recruit, to hire.

record noun M (*never changes*) record; **detenere un record** to hold a record.

redattore/redattrice noun M/F **1** staff writer; **2** editor; **3** (*of a newspaper*) sub editor.

redditizia/redditizio adjective profitable.

reddito noun M income, profit; **reddito netto** net income.

redini plural noun F reins; * **lasciare le redini a qualcuna/qualcuno** to hand the reins over to someone.

reduce noun F & M veteran, survivor; **reduci di guerra** war veterans.

referenza noun F reference (*for a job application*).

regalare verb [1] to give (as a present), to make a present of; **mi ha regalato un libro** s/he gave me a book.

regalo noun M present; **fare un regalo a qualcuna/qualcuno** to give someone a present.

reggere verb [44] **1** to hold; **reggere qualcosa tra le braccia** to hold something in your arms; **2** to support; **queste colonne reggono il tetto** these columns are holding up the roof; **3** to steady; **mi reggi la scala?** will you hold the ladder (steady) for me?

reggiseno noun M bra.

regime noun M **1** regime; **2 regime alimentare** diet.

regina noun F queen; **la regina Elisabetta II** Queen Elizabeth II.

regionale adjective regional.

regione noun F region.

regista noun F & M director (*film, theatre etc.*).

registrare verb [1] to record; **registrare un programma televisivo** to record a television show.

registratore noun M cassette recorder.

registratore DVD noun M DVD recorder.

registro noun M register, record book, class register.

regno noun M **1** kingdom; **2** reign.

regola noun F rule; **bisogna osservare le regole** you have to obey the rules.

regolabile adjective adjustable.

regolamento noun M regulation, rule.

regolare verb [1] **1** to regulate, to control, to govern; **2** to adjust; **mi puoi regolare la temperatura del forno?** would you adjust the oven temperature for me?

relativa/relativo adjective relevant, relating; **documenti relativi** relevant documents.

relazione noun F **1** relationship, connection, relations; **essere**

in relazione con qualcuna/qualcuno to have a relationship with someone; **relazioni commerciali** business relations; **2** report, account; **ha fatto una relazione sull'azienda** s/he wrote a report on the company.

religione *noun* F religion.

religiosa/religioso *adjective* religious; **è una persona molto religiosa** s/he's a very religious person.

remo *noun* M oar; **barca a remi** row boat.

remota/remoto *adjective* distant, remote.

rendere *verb* [60] **1** to give back; **le ho reso la rivista che mi aveva prestato** I gave her back the magazine she lent me; **2** to give, to pay; **rendere omaggio a qualcuna/qualcuno** to pay homage to someone; **è un lavoro che rende bene** it's a job that pays well; **3** to make, to render; **l'esperienza mi ha reso forte** the experience has made me strong.

rendersi *reflexive verb* [60] **1** to make yourself; **rendersi utile** to make yourself useful; **2 rendersi conto di qualcosa** to realise something, to become aware of something; **si sono resi conto della serietà della situazione** they realised the gravity of the situation.

rendimento *noun* M performance.

rendita *noun* F income; **rendita fissa** fixed income.

rene *noun* M kidney (*human*).

reparto *noun* M **1** department, section; **reparto vendite** sales department; **2** ward; **reparto maternità** maternity ward; **reparto di rianimazione** intensive care unit.

repellente *adjective* repulsive.

replica *noun* F **1** repeat; **2** reply.

repressione *noun* F repression.

reprimere *verb* [40] to repress, to subdue; **è riuscita con difficoltà a reprimere la sua collera** she managed with difficulty to suppress her anger.

repubblica *noun* F republic.

repubblicana/repubblicano *adjective* republican.

reputazione *noun* F reputation; **gode di una buona reputazione** s/he has a good reputation.

resa *noun* F **1** surrender, surrendering; **la resa dell'esercito nemico** the surrender of the enemy army; **2** return, profit; **la resa di un affare** the profit on a business transaction; * **la resa dei conti** the moment of reckoning.

residente *adjective* resident, residing; **un americano residente in Germania** an American residing in Germany. *noun* F & M resident.

ITALIAN–ENGLISH

residenziale *adjective* residential.

residuo *noun* M remainder.

resistere *verb* [10] to resist, to endure; **un animale che resiste bene al freddo** an animal that endures the cold well.

resoconto *noun* M report, account.

respingere *verb* [73] **1** to drive, back, repel; **la polizia ha respinto la folla** the police drove back the crowd; **2** to reject; **respingere un consiglio** to reject someone's advice.

respirare *verb* [1] to breathe, to inhale; **respirare a pieni polmoni** to breathe deeply; **l'uomo non respira più** the man is no longer breathing.

respiro *noun* M breath, breathing.

responsabile *adjective* responsible; **sei responsabile delle tue azioni** you're responsible for your own actions.
noun F & M person in charge.

responsabilità *noun* F responsibility.

restare *verb* [1] **1** to stay, to remain; **quanto puoi restare?** how long can you stay?; **restare in piedi** to remain standing; **2** to be left (over); **è restato niente per me?** is there anything left for me?; **restano solo due giorni prima di Natale** there are only two days until Christmas; **3 restare a letto** to sleep in, to have a lie-in.

restaurare *verb* [1] to restore.

restituire *verb* [12] to give back, to return; **finalmente mi ha restituito la bici** s/he finally returned my bike to me.

resto *noun* M **1** rest, remainder; **sono libera per il resto della giornata** I'm free for the rest of the day; **2** change; **non mi hanno dato il resto giusto** they haven't given me the correct change.

restringere *verb* [74] (*with past participle:* **ristretta/ristretto**) **1** to limit, to reduce; **restringere le spese** to limit spending; **2** to shrink; **i miei pantaloni si sono ristretti** my pants have shrunk.

restringersi *reflexive verb* [74] (*with past participle:* **ristretta/ristretto**) to contract, to squeeze together; **restringiamoci per fare spazio agli altri** let's squeeze together to make room for the others.

restrizione *noun* F restriction.

rete *noun* F **1** net; **2** network; **3** net, goal (*in sports such as soccer*); **4 la rete** the Net (*Internet*).

reticella *noun* F luggage rack.

reticolo *noun* M grid, network.

retrospettiva/retrospettivo *adjective* retrospective; **leggi retrospettive** retrospective laws.

retta/retto

retta/retto *adjective* straight, upright.

rettangolare *adjective* rectangular.

rettangolo *noun* M rectangle.

rettile *noun* M reptile.

revisione *noun* F revision, review, overhaul.

riacquistare *verb* [1] to regain; **ha riacquistato le forze dopo la malattia** s/he has regained her/his strength after the illness.

riagganciare *verb* [5] to hang up (*the phone*).

rialzare *verb* [1] to raise, to increase; **hanno rialzato di nuovo il prezzo dei CD** they've put up the price of CDs yet again.

rialzo *noun* M rise; **rialzo dei prezzi** a price rise.

rianimare *verb* [1] to revive; **la dottoressa è riuscita a rianimarlo** the doctor managed to revive him.

riassumere *verb* [21] **1** to take on again; **2** to summarise; **mi puoi riassumere il capitolo** can you summarise the chapter for me?

riassunto *noun* M summary.

riavvolgere *verb* [84] to rewind.

ribattere *verb* [9a] **1** to strike repeatedly; **2** to return, to hit back; **ribattere la palla** to return the ball; **3** to refute, to rebut; **ha ribattuto le loro affermazioni** s/he rebutted their assertions.

ITALIAN–ENGLISH

ribellarsi *reflexive verb* [1] to rebel; **gli studenti si sono ribellati contro il governo** the students rebelled against the government.

ribelle *noun* F & M rebel.

ribellione *noun* F rebellion.

ribes *noun* M (*never changes*) currant.

ribobinare *verb* [1] to rewind (*a tape, video cassette, etc.*).

ricaduta *noun* F **1** relapse; **2** fall-out; **ricaduta radioattiva** radioactive fall-out.

ricamare *verb* [1] to embroider.

ricambio *noun* M **1** return, exchange; **il ricambio di auguri** the exchange of greetings; **2** replacement; **pezzo di ricambio** spare part; **3** metabolism.

ricapitolare *verb* [1] to recap.

ricattare *verb* [1] to blackmail.

ricatto *noun* M blackmail.

ricca/ricco *adjective* rich; **è gente ricca** they are rich people.

ricchezza *noun* F wealth.

riccia/riccio *adjective* curly (*hair*).

riccio *noun* M **1** curl, lock of hair; **2** hedgehog.

ricerca *noun* F **1** search; **2** research; **fare ricerche** to carry out research; **ricerca scientifica** academic research, scientific research.

ricercare *verb* [3] to search for; **stanno ricercando il cane dappertutto** they're searching everywhere for the dog; **ricercare una parola** to search for a word.

ricercatore/ricercatrice *noun* M/F researcher.

ricetta *noun* F **1** recipe; **2** medical prescription.

ricevere *verb* [9a] **1** to receive; **hai ricevuto la mia lettera?** did you get my letter?; **2** to receive, to welcome; **ci hanno ricevuti con cordialità** they gave us a warm welcome.

ricevimento *noun* M reception; **ricevimento di nozze** wedding reception.

ricevitore *noun* M receiver (*phone*).

ricevuta *noun* F receipt.

richiamare *verb* [1] **1** to call again; **l'ho richiamata ma non era ancora rientrata** I called her again but she still hadn't got back; **2** to call back; **scusami che non ti ho richiamato** sorry that I didn't call you back; **3** to attract; **richiamare l'attenzione di qualcuna/qualcuno** to attract someone's attention.

richiamo *noun* M **1** call, cry; **2** recall; **il richiamo di un prodotto** the recall of a product; **3** appeal, attraction; **il richiamo della pubblicità** the appeal of advertising.

richiedere *verb* [24] **1** to ask, to request; **ha richiesto altro aiuto** s/he asked for more help; **2** to require, to call for; **è un lavoro che richiede molta pazienza** it's a job that requires a lot of patience; **3** to apply for, to request; **richiedere un certificato di nascita** to request a birth certificate.

richiesta *noun* F **1** request; **richiesta di provviste** a request for supplies; **2** demand; **fa delle richieste eccessive** s/he makes excessive demands; **3** application (*to a company, government body, etc.*); **fare una richiesta** to make an application, to apply.

ricominciare *verb* [5] to begin again; **abbiamo ricominciato a lavorare alle sei** we began working again at six o'clock; **è ricominciato a nevicare** it's started snowing again.

ricompensa *noun* F reward, compensation.

ricomporre *verb* [58] to reassemble; **ricomporre i pezzi di una macchina** to put the pieces of a machine back together.

riconoscere *verb* [28] **1** to recognise; **non mi ha riconosciuta** s/he didn't recognise me; **2** to acknowledge, to admit; **non sa riconoscere i propri difetti** s/he's unable to acknowledge her/his own faults.

ricopiare *verb* [2] to copy out; **ricopiare un poesia** to copy out a poem.

ricoprire *verb* [86] to cover; **la terra è ricoperta di neve** the ground is covered with snow.

ricordare *verb* [1] **1** to recall, to remember; **non ricordo mai il suo nome** I can never remember her/his name; **2** to remind; **ricordami il tuo numero di telefono** remind me what your phone number is.

ricordino *noun* M souvenir.

ricordo *noun* M **1** memory, recollection; **ricordi d'infanzia** childhood memories; **2** souvenir; **è un ricordo della mia visita** it's a memento of my visit.

ricorrere *verb* [29] **1** to return, to run back; **sono ricorsa subito a casa** I ran straight back home; **2** to go to; **ricorrere al medico** to go to the doctor; **ricorrere a qualcuna/qualcuno per aiuto** to turn to someone for help.

ricostituire *verb* [12] to re-establish; **abbiamo ricostituito il circolo cinematografico** we've re-established the movie club.

ricostruire *verb* [12] to reconstruct; **dopo il terremoto hanno dovuto ricostruire la città** after the earthquake they had to rebuild the city.

ricotta *noun* F ricotta cheese.

ricoverare *verb* [1] to admit to hospital; **l'hanno ricoverato in ospedale** they admitted him to hospital.

ricovero *noun* F **1** admission (*to hospital*); **2 casa di ricovero** retirement home.

ricreare *verb* [1] to recreate.

ricreazione *noun* F (*at school*) morning or afternoon break.

ricuperare *verb* [1] to recover, to regain; **ricuperare una somma di denaro** to recover a sum of money; **ha ricuperato la salute** s/he has recovered (*from illness*).

ricupero *noun* M recovery, regaining.

ridacchiare *verb* [2] to giggle, to snigger.

ridere *verb* [32] **1** to laugh; **ridi sempre** you're always laughing; **mi fa ridere** s/he makes me laugh; **2 ridere di qualcuna/qualcuno** to laugh at someone; **tutti ridono di lui** everyone laughs at him; **3 da ridere** laughable; **una proposta da ridere** a laughable proposition; **4 fare qualcosa tanto per ridere** to do something just for laughs.

ridicola/ridicolo *adjective* ridiculous.

ridurre *verb* [27] **1** to reduce; **abbiamo ridotto il consumo d'elettricità** we've reduced our electricity consumption; **ridurre i prezzi** to reduce prices; **ridurre in polvere** to reduce to dust; **2** to abridge.

ITALIAN–ENGLISH   **righello**

ridursi *reflexive verb* [27] to be reduced; **si sono ridotti in povertà** they've been reduced to poverty.

riduzione *noun* F reduction; **biglietto a riduzione** concession ticket.

riempire *verb* [13] **1** to fill up; **puoi riempirmi il bicchiere, per favore?** would you mind filling my glass please?; **2** to fill in; **riempire un modulo** to fill in a form.

rientrare *verb* [1] **1** to go back in; **è rientrata in ufficio per prendere la borsetta** she went back to the office to get her bag; **2** to return home; **siamo rientrati tardi** we got home late.

rifare *verb* [19] **1** to redo, to repeat; **bisogna rifare gli inviti** we need to redo the invitations; **deve rifare l'esame** s/he has to resit the exam; **2** to rebuild, to reconstruct; **hanno rifatto tutta la casa** they've rebuilt the whole house.

riferirsi *reflexive verb* [12] to refer to; **mi riferisco alla sua telefonata di ieri sera** I'm referring to her/his phone call of last night.

rifiutare *verb* [1] to refuse, to decline, to deny; **hanno rifiutato ogni offerta di aiuto** they've refused every offer of help; **mi hanno rifiutato il rimborso** they refused to give me my money back.

rifiuto *noun* M **1** refusal; **2 rifiuti** (*plural*) waste, rubbish.

riflessione *noun* F reflection.

riflessiva/riflessivo *adjective* reflexive; **un verbo riflessivo** a reflexive verb.

riflettere *verb* [9a] **1** to reflect; **l'acqua del fiume riflette i raggi del sole** the river reflects the sun's rays; **2** to think about, to think over; **ha riflettuto a lungo sulle conseguenze delle sue azioni** s/he thought long and hard about the consequences of her/his actions.

riflettore *noun* M floodlight.

riforma *noun* F reform; **riforma delle leggi** law reform.

rifornire *verb* [12] to supply; **rifornire qualcuna/qualcuno di qualcosa** to supply someone with something.

rifugiarsi *reflexive verb* [6] to take refuge; **ci siamo rifugiati in una casa abbandonata** we took refuge in an abandoned house.

rifugio *noun* M refuge, shelter; **dare rifugio a qualcuna/qualcuno** to give shelter to someone; **rifugio alpino** mountain refuge, mountain hut.

riga *noun* F **1** line; **2** (*hair*) part; * **leggere fra le righe** to read between the lines.

rigattiera/rigattiere *noun* F/M junk seller.

righello *noun* M ruler.

rigida/rigido

rigida/rigido *adjective* rigid, stiff.

rigonfia/rigonfio *adjective* swollen, inflated.

rigore *noun* M **1** rigours, severity; **il rigore della legge** the severity of the law; **2** penalty kick (*sport*).

riguardare *verb* [1] **1** to look at again; **2** to regard, **la riguarda come una figlia** s/he regards her as a daughter; **3** to concern; **è una cosa che non ti riguarda** it's something that doesn't concern you.

riguardo *noun* M **1** care, consideration; **trattare qualcosa con riguardo** to treat something with care; **2** respect; **avere riguardo per qualcuna/ qualcuno** to treat someone with respect; **3 riguardo a** with regard to.

rilasciare *verb* [7] **1** to release, to set free; **hanno rilasciato tutti i prigionieri politici** they released all the political prisoners; **2** to issue; **il visto è stato rilasciato a Parigi** the visa was issued in Paris.

rilassante *adjective* relaxing; **musica rilassante** relaxing music.

rilassarsi *reflexive verb* [1] to relax; **cerca di rilassarti un po'** try to relax a bit.

rilievo *noun* M **1** rise, height; **c'è un leggero rilievo in questo pavimento** there's a slight rise in this floor; **2** importance; **mettere in rilievo** to emphasise something.

riluttante *adjective* reluctant; **è riluttante a dirlo** s/he's reluctant to say so.

rimanere *verb* [62] **1** to stay, to remain; **rimaniamo qua?** shall we stay here?; **la piscina rimarrà chiusa per tutto l'inverno** the pool will remain shut all winter; **rimanere in piedi** to remain standing; **2** to be left; **sono rimaste due banane** there are two bananas left; **3** to be, to become; **rimanere ferita/ferito** to be injured; **rimanere incinta** to become pregnant; **4 rimanere male** to be disappointed; **sono rimasto male** I was disappointed.

rimbalzare *verb* [1] **1** to bounce, to rebound; **fare rimbalzare una palla** to bounce a ball; **2** to bounce back (*e.g. an email*); **quella mail che ho mandato è rimbalzata** that email I sent bounced back.

rimboccare *verb* [3] to tuck in; **rimboccare le lenzuola** to tuck in the sheets.

rimboccarsi *reflexive verb* [3] to roll up; **rimboccarsi le maniche** to roll up your sleeves.

rimborso *noun* M reimbursement; **esigere un rimborso** to demand your money back.

rimediare *verb* [2] to remedy; to put right; **rimediare a**

ITALIAN–ENGLISH

rinuncia

una situazione to remedy a situation; **rimediare al tempo perduto** to make up for lost time.

rimedio *noun* M remedy.

rimestare *verb* [1] to poke.

rimettere *verb* [45] **1** to put back; **ho rimesso i libri sullo scaffale** I put the books back on the shelf; **2** to reset, to put right; **rimettere l'orologio** to (re)set the clock.

rimettersi *reflexive verb* [45] to recover; **ti sei rimessa dopo la malattia?** have you recovered from your illness?

rimorchiare *verb* [2] **1** to tow; **rimorchiare una roulotte** to tow a caravan; **2** to pick up (*someone at a party etc.*) (*informal*); **ha rimorchiato qualcuna/qualcuno** s/he picked someone up.

rimorso *noun* M remorse, regret; **avere rimorso di qualcosa** to regret something.

rimpiangere *verb* [55] to regret; **rimpiango il tempo sprecato** I regret the time I've wasted.

rimpiazzare *verb* [1] to replace; **abbiamo rimpiazzato i mobili** we replaced the furniture.

rimproverare *verb* [1] to reprimand, to rebuke; **il padre ha rimproverato la figlia per il suo comportamento** the father reprimanded his daughter for her behaviour.

rimprovero *noun* M reprimand, rebuke.

rimuovere *verb* [47] to tow away; **o no! i vigili mi hanno rimosso la macchina** oh no! the police have towed away my car.

Rinascimento *noun* M Renaissance.

rinforzare *verb* [1] to strengthen.

rinfrescante *adjective* refreshing; **una bevanda rinfrescante** a refreshing drink.

rinfrescare *verb* [3] **1** to cool; **rinfrescare l'acqua con il ghiaccio** to cool water with ice; **2** to redecorate; **abbiamo rinfrescato la stanza con una mano di colore** we redecorated the room with a coat of paint.

rinfreschi *plural noun* M refreshments.

ringhiare *verb* [2] to growl, to snarl.

ringhiera *noun* F handrail, banister.

ringraziare *verb* [2] to thank; **ti ringrazio del tuo aiuto** thanks for your help.

rinnovare *verb* [1] to renew, to restore; **non ho rinnovato l'abbonamento alla rivista** I didn't renew my magazine subscription.

rinnovo *noun* M renewal.

rinoceronte *noun* M rhinoceros.

rintocco *noun* M stroke, ring (*of a bell*).

rinuncia *noun* F giving up, rejection.

rinunciare verb [5] **1** to give up, to renounce; **ha rinunciato all'eredità** s/he renounced her/his inheritance; **2** to refrain from; **rinunciare ai piaceri della carne** to refrain from the pleasures of the flesh.

rinviare verb [1] **1** to send back; **abbiamo rinviato la lettera al mittente** we sent the letter back to the sender; **2** to postpone; **hanno rinviato il viaggio all'anno prossimo** they've postponed their trip until next year.

rinvio noun M **1** return, sending back; **2** postponement.

riordinare verb [1] to put in order, to tidy up; **ti chiedo per l'ultima volta di riordinare la tua camera** I'm asking you for the last time to clean up your room.

ripagare verb [4] **1** to pay for; **dobbiamo ripagare i bicchieri rotti** we have to pay for the broken glasses; **2** to repay; **mi ripaghi così?** is this how you repay me?

riparare verb [1] to repair, to fix; **mi ha riparato la bici** s/he fixed my bike for me; **riparare un torto** to right a wrong.

ripararsi reflexive verb [1] to shelter; **mi sono riparato dalla pioggia** I sheltered from the rain.

riparazione noun F fixing, mending.

riparo noun M shelter, cover.

ripasso noun M review, going over; **fare un ripasso della lezione** to review the lesson.

ripensamento noun M a change of mind.

ripensare verb [1] **1** to think over; **ripensaci un po'** think it over a bit; **2** to change your mind; **ci ho ripensato** I've changed my mind.

ripescare verb [3] to retrieve.

ripetere verb [9a] to repeat; **puoi ripetere la domanda?** would you mind repeating the question?; **deve ripetere l'esame** s/he has to resit the exam.

ripetizione noun F **1** repetition; **2** private lesson; **do ripetizioni a uno studente liceale** I give private lessons to a secondary school student.

ripida/ripido adjective steep; **una salita ripida** a steep ascent.

ripiena/ripieno adjective filled (with); **pasta ripiena di formaggio** cheese-filled pasta.

riportare verb [1] **1** to bring back, to return (something); **me lo riporti domani?** can you bring it back to me tomorrow?; **2** to suffer; **riportare gravi danni** to suffer serious damage; **3** to report, to carry (news); **il giornale non ha riportato la notizia dell'incidente** the paper carried no news of the accident.

ITALIAN–ENGLISH

rischio

riposarsi *reflexive verb* [1] to rest; **devo riposarmi una mezz'oretta** I need to rest for half an hour or so.

riposo *noun* M rest.

ripostiglio degli attrezzi *noun* M tool shed.

riprendere *verb* [60] **1** to take up, to pick up; **ha ripreso il giornale e se n'è andata** she picked up the newspaper and left; **2** to take back, to re-employ; **è stato ripreso dalla stessa azienda** he was re-employed by the same company; **3** to begin again; **ho ripreso a studiare** I've started studying again.

riprendersi *verb* [60] to recover, to bounce back; **ti sei ripresa?** have you recovered?

ripresa *noun* F **1** resumption, starting again; **2** shooting (*of film*); **3** (*in boxing*) round.

riprodurre *verb* [27] to reproduce, to copy; **hanno riprodotto i vestiti degli anni Venti** they've reproduced the clothes of the twenties.

riproduzione *noun* F reproduction, copy.

riprovare *verb* [1] to try again; **ho riprovato a telefonare alle sei** I tried phoning again at six.

ripudiare *verb* [2] to reject, to deny; **ripudiare gli errori di gioventù** to reject the errors of your youth.

ripudio *noun* M rejection, denial.

ripugnante *adjective* disgusting.

ripulire *verb* [12] to (re)clean, * **i ladri hanno ripulito la casa** the thieves cleaned out the house.

risaia *noun* F rice paddy.

risalire *verb* [89] **1** to go up again, to climb up again, to rise again; **risalire la scala** to climb the stairs again; **il prezzo del latte è risalito** the price of milk has gone up again; **2** to date from; **risale all'epoca del fascismo** it dates from the fascist era.

risaltare *verb* [1] to stick out, to stand out; **un colore che risalta** a colour that stands out.

risarcire *verb* [12] to compensate; **due anni dopo il terremoto non gli hanno ancora risarcito i danni** two years after the earthquake they still haven't been compensated.

risata *noun* F laugh, laughing.

riscaldamento *noun* M heating; **riscaldamento planetario** global warming.

riscaldare *verb* [1] to warm up, to (re)heat; **bisogna riscaldare un po' la stanza** the room needs heating up; **riscaldare un panino** to warm up a sandwich.

rischiare *verb* [2] to risk; **ha rischiato la vita per salvare il fratello** s/he risked her/his life to save her/his brother.

rischio *noun* M **1** risk; * **correre un rischio** to run a risk; **2** hazard.

risciacquare *verb* [1] to rinse.

riscossa *noun* F uprising, revolt.

riscossione *noun* F collection; **riscossione delle imposte** tax collection.

riscuotere *verb* [68] to collect (*money*); **riscuotere le tasse** to collect taxes.

risentimento *noun* M resentment, grudge; **serba ancora risentimento contro di me** s/he still holds a grudge against me.

risentirsi *reflexive verb* [11] to take offence; **ti risenti per ogni piccola cosa** you take offence at every little thing.

riserva *noun* F **1** supply, provision (*of food etc.*); **2** reservation, reluctance; **ha accettato il nuovo lavoro senza riserve** s/he accepted the job without reservation; **3** reserve; **una riserva indigena** an indigenous reserve; **riserva naturale** wildlife reserve.

risibile *adjective* laughable.

riso *noun* M **1** rice; **2** laughter.

risoluta/risoluto *adjective* adamant.

risoluzione *noun* F resolution.

risolvere *verb* [63] **1** to solve, to work out; **risolvere un problema** to solve a problem; **hai risolto l'indovinello?** have you solved the riddle?; **2** to decide; **hanno risolto di non tornare più** they decided to never return.

risorgere *verb* [57] to revive, to rise again; **è risorto in lui l'entusiasmo di una volta** his old enthusiasm enthused again.

risorgimento *noun* M **1** revival; **2 Risorgimento** the Italian unification movement (the Risorgimento).

risorsa *noun* F resource.

risparmiare *verb* [2] to save; **il mese scorso ho risparmiato duecento dollari** last month I saved two hundred dollars.

rispecchiare *verb* [2] to reflect; **il lago rispecchia gli alberi** the lake reflects the trees; **le sue parole rispecchiano il suo stato d'animo** her/his words reflect her/his state of mind.

rispettabile *adjective* respectable.

rispettare *verb* [1] to respect, to abide by; **ha imparato a rispettare le opinioni degli altri** s/he learnt to respect the opinions of others; **bisogna rispettare il regolamento** you must respect the rules.

rispetto *noun* M respect; **avere rispetto per gli altri** to respect others.

rispettosa/rispettoso *adjective* respectful.

risplendere *verb* [9a] to shine, to sparkle; **i suoi occhi risplendevano** her/his eyes shone.

rispondere *verb* [49] **1** to answer, to reply; **non sapevo**

ITALIAN–ENGLISH

che rispondere a una tale domanda I didn't know what to reply to such a question; **non ho ancora risposto alla sua mail** I still haven't replied to her/his e-mail; **2 rispondere al telefono** to answer the phone.

risposta noun F answer.

rissa noun F brawl, fight.

ristampa noun F reprint; **la terza ristampa di un libro** the third reprint of a book.

ristorante noun M restaurant.

ristretta/ristretto adjective narrow, confined.

risultare verb [1] **1** to result; **molte buone conclusioni sono risultate dalla discussione** many good things came from the discussion; **2** to be known, to appear; **risulta che non è colpa tua** it seems that it's not your fault; **3** to become clear, to emerge; **dall'indagine risulta che è stato ucciso** it emerged from the investigation that he was murdered; **4** to prove to be; **i nostri sospetti sono risultati sbagliati** our suspicions turned out to be wrong.

risultato noun M result.

risuonare verb [1] to echo, to resonate; **la casa risuonava delle urla dei bambini** the house echoed with the yells of the children.

risvegliare verb [8] to (re)awaken.

risveglio noun M awakening.

risvolto noun M lapel, cuff (*clothing*).

ritagliare verb [8] to cut out (*newspaper article etc.*)

ritaglio noun M cutting (*newspaper*).

ritardare verb [1] to be late; **per fortuna il treno ha ritardato di dieci minuti, sicché ce l'abbiamo fatta** luckily the train was ten minutes late, so we managed to catch it.

ritardata/ritardato adjective backward.

ritardo noun M **1** delay, lateness; **scusatemi il ritardo** sorry I'm late; **2 essere in ritardo** to be late; **sono arrivate in ritardo** they arrived late.

ritirare verb [1] **1** to withdraw, to pull back; **ritirare la mano dal fuoco** to withdraw your hand from the fire; **ritirare soldi in banca** to withdraw money from the bank; **2** to call back; **3** to collect; **ho ritirato il pacco all'ufficio postale** I collected the package from the post office.

ritirarsi reflexive verb [1] **1** to withdraw; **ritirarsi dal mondo** to retreat from the world; **2** to shrink; **la mia camicia si è ritirata** my shirt has shrunk.

ritirata noun F **1** retreat, withdrawal; **2** toilet (*on a train*).

ritiro noun M retreat, withdrawal.

ritiro bagagli noun M luggage claim (*airport*).

ritmo *noun* M rhythm.

rito *noun* M rite, custom.

ritoccare *verb* [3] to touch up.

ritornare *verb* [1] to return; **ritornare all'albergo** to return to the hotel.

ritornello *noun* M refrain (*of a song, poem, etc.*).

ritorno *noun* M return; **aspetto il suo ritorno** I await her/his return.

ritorta/ritorto *adjective* twisted.

ritrarre *verb* [78] **1** to withdraw, to retract; **ha ritratto la mano timorosamente** s/he drew her/his hand back in fear; **2** to photograph, to paint, **ritrarre qualcuna/qualcuno** to photograph (*or paint*) someone.

ritrattare *verb* [1] to retract; **ha ritrattato l'accusa** s/he retracted her/his accusation.

ritratto *noun* M portrait.

ritrovare *verb* [1] to find (again); **ho ritrovato la mia agenda** I found my diary.

ritrovo *noun* M meeting place.

ritta/ritto *adjective* upright, erect; **aveva i capelli ritti** her/his hair was standing on end.

rituale *adjective* ritual, usual.

riunione *noun* F meeting, gathering.

riunire *verb* [12] **1** to put together; **ho riunito tutti gli appunti delle lezioni** I put all my lecture notes together; **2** to gather together; **hanno riunito tutti gli amici per la festa** they gathered all their friends together for the party.

riuscire *verb* [91] **1** to succeed, to manage to do something; **è riuscita finalmente a trovare una soluzione al problema** she finally managed to find a solution to the problem; **2** to turn out; **riuscire bene** to turn out well; **riuscire male** to turn out badly; **il mio quadro è riuscito bene** my painting turned out well; **3** riuscire nuovo to be unfamiliar, unknown; **il suo nome mi riesce nuovo** her/his name is unfamiliar to me.

riuscita/riuscito *adjective* successful, well done; **un lavoro riuscito** a successful job.

riva *noun* F shore, bank (*of a lake, river, etc.*).

rivale *noun* F & M rival.

rivedere *verb* [80] to see again; **la rivedrò mercoledì** I'll see her again on Wednesday.

rivelare *verb* [1] to reveal; **rivelare la verità** to reveal the truth.

rivelazione *noun* F revelation.

rivendicazione *noun* F claim; **rivendicazione salariale** wage claim.

riverberare *verb* [1] to echo, to reverberate.

riviera *noun* F coast; **la Riviera Ligure** the Italian Riviera.

rivincita *noun* F **1** revenge; **si è presa la rivincita** she got her revenge; **2** return match.

rivista *noun* F magazine, journal.

rivolgere *verb* [84] to turn, to direct; **tutti hanno rivolto gli occhi verso di me** everyone turned to look at me; **rivolgere l'attenzione a qualcosa** to turn your attention to something.

rivolgersi *reflexive verb* [84] to turn towards; **mi sono rivolta a lui per aiuto** I turned to him for help.

rivolta *noun* F revolt, rebellion.

rivoltare *verb* [1] to turn (over); **rivoltare la pagina** to turn the page.

rivoltata/rivoltato *adjective* inside out; **hai la maglietta rivoltata** your T-shirt is inside out.

rivoltella *noun* F revolver.

rivoluzione *noun* F revolution.

roba *noun* F **1** stuff, possessions, property; **è roba tua questa?** is this your stuff?; **2** merchandise; **in questo periodo dell'anno i negozi sono pieni di roba** at this time of year the shops are full of merchandise. * **roba da matti** it's crazy; **è roba da poco** it's nothing.

robaccia *noun* F worthless stuff.

robot *noun* M (*never changes*) **1** robot; **2** food processor.

robusta/robusto *adjective* robust, sturdy; **un ragazzo robusto** a sturdy boy.

rocchetto *noun* M reel (*of cotton*).

roccia *noun* F rock.

rock *adjective* (*never changes*) rock; **musica rock** rock music; **concerto rock** rock concert.

rodere *verb* [39] to gnaw; **rodere un osso** to gnaw a bone.

rognone *noun* M kidney (*of an animal that you eat*).

rogo *noun* M pyre.

romantica/romantico *adjective* romantic.

romanziera/romanziere *noun* F/M novelist.

romanzo *noun* M novel; **romanzo giallo** detective novel.

rombare *verb* [1] to rumble, to roar; **passavano i camion rombando** trucks roared by.

rombo *noun* M roar, rumble; **il rombo dei cannoni** the roar of the cannons.

rompere *verb* [64] to break, to smash; **ho rotto un piatto** I broke a plate; **il silenzio è stato rotto dal grido** the silence was broken by the scream.

rompersi *reflexive verb* [64] to break; **si è rotta il braccio** she broke her arm.

rompiscatole *noun* F & M (*never changes; sometimes*

abbreviated to **rompi**) (*informal*) pest, pain; **che rompiscatole!** what a pest (s/he is)!; **è davvero un rompi** he really is a pain.

ronda *noun* F rounds, watch; **stasera è di ronda** s/he's on watch tonight.

rondine *noun* F swallow.

ronzare *verb* [1] to buzz, to hum, to drone; **le zanzare hanno ronzato tutta la notte** the mosquitoes buzzed all night.

ronzio *noun* M humming, buzzing.

rosa *adjective* (*never changes*) pink; **camicia rosa** pink shirt; **pantaloni rosa** pink trousers. *noun* F rose.

rosaio *noun* M rose bush.

rosicchiare *verb* [2] to gnaw, to nibble; **rosicchiare una carota** to gnaw on a carrot.

rosmarino *noun* M rosemary (*herb*).

rosolia *noun* F German measles.

rospo *noun* M toad; * **ingoiare un rospo** to swallow a bitter pill.

rossa/rosso *adjective* red.

rossetto *noun* M lipstick.

rosticceria *noun* F restaurant/take-away (*selling roast meats etc.*).

rotazione *noun* F turnover; **rotazione del personale** staff turnover.

rotolare *verb* [1] to roll; **rotolare la palla** to roll the ball.

rotolo *noun* M roll; **un rotolo di stagnola** a roll of aluminium foil.

rotolo asciugatutto *noun* M kitchen paper.

rotonda/rotondo *adjective* round.

rotta/rotto *adjective* broken; **una gamba rotta** a broken leg; **un bicchiere rotto** a broken glass.

rottame *noun* M fragments, scraps.

roulotte *noun* F (*plural* **roulottes**) caravan.

rovescia *noun* F **alla rovescia** upside down, back to front.

rovesciare *verb* [7] to overturn, to knock over; **ha rovesciato una tazza di caffè** s/he knocked over a cup of coffee.

rovescio *noun* M back, reverse side; **il rovescio del tappeto** the back of the rug.

rovina *noun* F **1** ruin; **la casa è in rovina** the house is in ruins; **2** collapse; **la rovina di un'azienda** the collapse of a business; **3 le rovine** (*plural*) ruins; **le rovine del castello** the ruins of the castle.

rovinare *verb* [1] to ruin; **l'alluvione ha rovinato il raccolto** the flood ruined the crop; **con quella scenata ha rovinato la festa** s/he ruined the party with her/his tantrum.

rovistare *verb* [1] to search, to rummage; **rovistare i cassetti** to search the drawers.

rozza/rozzo *adjective* **1** coarse, rough; **tessuto rozzo** coarse fabric; **2** uncouth, rough; **una persona rozza** an uncouth person.

rubare *verb* [1] to steal, to rob; **mi hanno rubato la bici** my bike's been stolen; * **rubare il cuore a qualcuna/qualcuno** to steal someone's heart.

rubinetto *noun* M tap; **non hai chiuso il rubinetto** you didn't turn off the tap.

rubrica *noun* F **1** address book, telephone book; **2** newspaper column.

rucola *noun* F rocket (*salad*).

rude *adjective* rough, coarse.

rudezza *noun* F roughness, coarseness.

ruga *noun* F wrinkle; **avere la fronte piena di rughe** to have a wrinkled brow.

rugby *noun* M rugby.

ruggine *noun* F rust.

rugiada *noun* F dew.

rugosa/rugoso *adjective* wrinkly; **faccia rugosa** wrinkly face.

rullino *noun* M roll (*of film*).

rum *noun* M (*never changes*) rum (*drink*).

rumore *noun* M noise.

rumorosa/rumoroso *adjective* noisy; **un ristorante rumoroso** a noisy restaurant.

ruolo *noun* M role; **ha un ruolo da protagonista in un nuovo film americano** s/he's got a starring role in a new American film; **che ruolo hai avuto in tutto questo?** what role have you played in all this?

ruota *noun* F wheel; **veicolo a quattro ruote** four-wheeled vehicle.

rupe *noun* F cliff.

rurale *adjective* rural.

ruscello *noun* M stream, creek.

russare *verb* [1] to snore; **il mio babbo russa sempre** my dad always snores.

rustica/rustico *adjective* rustic, of the country.

ruttare *verb* [1] to burp.

rutto *noun* M burp; **fare rutti** to burp.

ruvida/ruvido *adjective* rough; **ha la pelle ruvida** s/he's got rough skin.

S s

sabato *noun* M **1** Saturday; **2** (*Jewish*) Sabbath.

sabbia *noun* F sand; **sabbie mobili** (*plural*) quicksand.

sabotaggio *noun* M sabotage.

sacca *noun* F bag, satchel.

sacco *noun* M sack, bag; **sacco da montagna** rucksack; * **avere un sacco di problemi** to have a whole lot of problems; * **vuotare il sacco** to spill the beans.

sacco a pelo *noun* M sleeping bag.

sacerdote/sacerdotessa *noun* M/F priest/priestess.

sacra/sacro *adjective* sacred, holy.

sacramento *noun* M sacrament; **amministrare un sacramento** to administer a sacrament.

sacrificare *verb* [3] **1** to sacrifice; **sacrificare la propria vita** to sacrifice your life; **2** to give up, forego; **sacrificare il fine settimana per finire il lavoro** to give up the weekend to finish the job.

sacrificarsi *reflexive verb* [3] to sacrifice yourself; **si è sacrificato per il bene dei fratelli** he sacrificed himself for the good of his brothers.

sacrificio *noun* M sacrifice.

saggezza *noun* F wisdom.

saggia/saggio *adjective* wise; **una persona saggia** a wise person.
noun F/M wise person.

Sagittario *noun* M (*sign of the zodiac*) Sagittarius.

sagoma *noun* F outline, silhouette; **una sagoma armoniosa** a harmonious line; * **Giorgio è proprio una sagoma** Giorgio is a real character.

sala *noun* F room, hall; **sala da pranzo** dining room; **sala d'attesa** waiting room.

salame *noun* M salami.

salario *noun* M pay, wages; **salario base** base wage; **salario minimo** minimum wage.

salata/salato *adjective* salty.

salda/saldo *adjective* firm, solid.

saldare *verb* [1] **1** to join together; **saldare i frammenti di una statua** to join together the fragments of a statue; **2** to weld; **saldare due pezzi d'acciaio** to weld two pieces of steel; **3 saldare un conto** to settle an account.

saldo *noun* M **1** sale; **saldi di fine stagione** end-of-season sales; **2** bank balance; **saldo a credito** credit balance.

sale *noun* M salt; **un pizzico di sale** a pinch of salt; * **prendere qualcosa con un grano di sale** to take something with a grain of salt.

salice *noun* M willow; **salice piangente** weeping willow.

salire *verb* [89] **1** to ascend, to go up; **salire per le scale** to go upstairs; **2** to get on; **salire sull'autobus** to get on the bus;

ITALIAN–ENGLISH / salvadanaio

3 to rise; **i prezzi salgono** prices are rising.

salita *noun* F ascent; **una salita ripida** a steep ascent; **in salita** uphill.

saliva *noun* F saliva.

salmone *noun* M salmon.

salone *noun* M (*in a public building or hotel*) lounge.

salotto *noun* M living room, lounge room.

salsa *noun* F sauce; **salsa di pomodoro** tomato sauce.

salsiccia *noun* F sausage.

saltare *verb* [1] **1** to jump (over), to leap; **saltare giù dal letto** to jump out of bed; **saltare il muro** to leap (over) the wall; **2 saltare in mente** to come to mind; **3 far saltare in aria qualcosa** to blow up something; **hanno fatto saltare in aria la macchina** they blew up the car; **4** to skip; **saltare la cena** to skip dinner; **saltare un anno** (*at school*) to skip a year; * **saltare di palo in frasca** to lurch from one subject to another.

saltellare *verb* [1] to hop, to skip; **la ragazza andava per strada saltellando** the girl went skipping along the road.

salto *noun* M **1** jump, leap; **raggiungere un ramo con un salto** to jump up onto a branch; **2** (*sport*) **salto in alto** high jump; **salto in lungo** long jump; **3** * **fare un salto in centro** to pop into the city; * **fare un salto da qualcuna/qualcuno** to drop in on someone.

saltuaria/saltuario *adjective* casual; **un lavoro saltuario** a casual job.

salumi *plural noun* M smallgoods.

salutare *adjective* healthy; **un clima salutare** a healthy climate.
verb [1] **1** to greet, to say hello to, to say goodbye to; **salutare un amico** to say hello (*or goodbye*) to a friend; **2** to send your regards; **salutami la mamma** say hi to your mum for me; **3** (*reciprocal verb*) to greet one another; **prima di cominciare ci siamo salutati** we greeted each other before beginning.

salute *noun* F health; **badare alla salute** to take care of your health; **salute!** bless you! (*in response to a sneeze*); **bere alla salute di qualcuna/qualcuno** to drink to the health of someone.

saluto *noun* M **1** greeting; **fare un saluto a qualcuna/qualcuno** to greet someone; **2 tanti saluti a** kindest regards to; **3** (*at the end of a letter*) **cordiali saluti** best wishes; **distinti saluti** yours faithfully.

salva/salvo *adjective* safe; **la bambina che era in pericolo ora è salva** the girl who was in danger is now safe; **sana e salva/sano e salvo** safe and sound.

salvadanaio *noun* M piggy bank, money box.

salvagente *noun* M lifesaver, life preserver; **buttare il salvagente a qualcuna/qualcuno** to throw someone a lifesaver.

salve *greeting* hello, goodbye.

salvezza *noun* F safety **badare alla propria salvezza** to pay attention to your own safety.

salvia *noun* F sage (*herb*).

salvo *preposition* except; **ho parlato con tutti salvo lui** I spoke with everyone but him.
conjunction **salvo che** providing that, unless; **salvo che non piova, usciamo** providing it doesn't rain, we'll go out.

sana/sano *adjective* healthy, sound; **il neonato è sano** the newborn baby is healthy.

sandalo *noun* M sandal.

sangue *noun* M **1** blood; **una goccia di sangue** a drop of blood; **una trasfusione di sangue** a blood transfusion; **a sangue freddo** in cold blood; **un animale a sangue caldo** a warm-blooded animal; **2** lineage, family; **di sangue reale** of royal lineage.

sanguinaria/sanguinario *adjective* bloodthirsty.

sanguisuga *noun* F leech.

sanità *noun* F health; **ministero della sanità** ministry of health.

santa/santo *adjective* (*often shortened to* **san** *or* **sant'**) sainted, holy; **Santa Chiara** Saint Clare; **San Giuseppe** Saint Joseph; **Sant'Antonio** Saint Anthony; **Venerdì Santo** Good Friday.
noun F/M saint.

santità *noun* F holiness, saintliness; **Sua Santità** Your Holiness (*used for the Pope, the Dalai Lama, etc.*).

sapere *verb* [65] **1** to know; **sai a che ora arriva?** do you know what time s/he is arriving?; **sapere il tedesco** to know German; **sapere qualcosa a memoria** to know something by heart; **non lo so** I don't know; **2** to find out (about something); **l'ho saputo solo ieri** I only found out about it yesterday; **3** to know how to do something; **saper cucinare** to know how to cook; **saper parlare un'altra lingua** to know how to speak another language; **4** to smell or taste of; **le coperte sanno un po' di muffa** the blankets smell a bit musty.

sapone *noun* M soap.

sapore *noun* M flavour; **che buon sapore!** what a lovely taste!; * **lasciare un cattivo sapore in bocca** to leave a bitter taste in the mouth.

saporita/saporito *adjective* tasty; **un piatto molto saporito** a very tasty dish.

sarcasmo *noun* M sarcasm.

sarcastica/sarcastico *adjective* sarcastic; **una battuta sarcastica** a sarcastic remark.

ITALIAN–ENGLISH

sarta *noun* F dressmaker.

sarto *noun* M tailor.

sasso *noun* M stone, pebble; **tirare sassi** to throw stones.

sassofono *noun* M saxophone.

satellite *noun* M satellite; **satellite spia** spy satellite.

satira *noun* F satire.

Saturno *noun* M Saturn.

sbadata/sbadato *adjective* careless; **una persona sbadata** a careless person.

sbadigliare *verb* [8] to yawn.

sbadiglio *noun* M yawn.

sbagliare *verb* [8] to make a mistake or error; **sbagliare il numero (di telefono)** to dial a wrong number; **sbagliare strada** to lose your way.

sbagliata/sbagliato *adjective* wrong; **prendere una decisione sbagliata** to make a wrong decision.

sbaglio *noun* M mistake, error; **quella non commette mai sbagli** she never makes mistakes.

sbalordire *verb* [12] to shock, to astound, to amaze; **quella notizia imprevista li ha sbalorditi tutti** that unexpected news shocked everyone; **la sua risposta mi ha profondamente sbalordito** her/his reply really astounded me.

sbiadita/sbiadito

sbalordita/sbalordito *adjective* amazed, astonished; **è rimasta sbalordita dalla notizia** she was amazed by the news.

sbarcare *verb* [3] to go ashore; **i passeggeri sono sbarcati di notte** the passengers went ashore by night.

sbarco *noun* M landing; **lo sbarco della prima flotta** the landing of the First Fleet.

sbarra *noun* F bar, barrier; **le sbarre della prigione** prison bars.

sbarrare *verb* [1] to block, to barricade; **l'entrata era stata sbarrata dalla polizia** the entrance had been barricaded by the police.

sbattere *verb* [9a] **1** to beat; **sbattere un tappeto** to beat a carpet; **sbattere un uovo** to beat an egg; **2** to bang; **la porta sbatteva continuamente** the door banged continuously; **3** to slam; **sbattere la porta in faccia a qualcuna/qualcuno** to slam the door in someone's face.

sbattitore *noun* M electric mixer (*food*).

sbattiuova *noun* M (*never changes*) egg whisk.

sbavare *verb* [1] to dribble.

sbeccatura *noun* F chip (*on a plate etc.*).

sbiadita/sbiadito *adjective* faded.

sbilanciare *verb* [5] to throw off balance; **il mio programma è stato sbilanciato dall'arrivo di James** my plans were thrown out by James' arrival.

sbilanciata/sbilanciato *adjective* off balance.

sbloccare *verb* [3] to unblock; **sbloccare il lavandino** to unblock the sink.

sboccare *verb* [3] **1** (*of water*) to flow (into); **l'Arno sbocca nel Tirreno** the Arno flows into the Tyrrhenian Sea; **2** (*of a road*) to lead into, to open; **sei sicuro che via Cavour sbocca in piazza San Marco?** are you sure via Cavour leads to Saint Mark's Square?

sbocciare *verb* [5] to flower; **le rose sono sbocciate presto quest'anno** the roses flowered early this year.

sbornia *noun* F **1** drunkenness; **prendere una sbornia** to get drunk; **2 sbornia alla vigilia delle nozze** stag party.

sbottonare *verb* [1] to unbutton.

sbottonarsi *reflexive verb* [1] to unbutton yourself.

sbriciolare *verb* [1] to crumble; **sbriciolare il pane** to crumble bread.

sbrigare *verb* [4] to finish off; **sbrigare le faccende di casa** to get the housework done.

sbrigarsi *reflexive verb* [4] to hurry yourself up; **sbrigati!** hurry up!

sbrinare *verb* [1] to defrost; **sbrinare il frigorifero** to defrost the refrigerator.

sbucciare *verb* [5] to peel, to skin; **sbucciare un'arancia** to peel an orange.

sbuffare *verb* [1] to puff, to pant; **è arrivata di corsa sbuffando** she arrived in a rush, panting.

sbuffo *noun* M puff (*of smoke*).

scacchiera *noun* F chessboard.

scacco *noun* M **1** check, square; **una camicia a scacchi** a checked shirt; **2 scacchi** (*plural*) chess; **giocare a scacchi** to play chess.

scadenza *noun* F **1** expiry; **scadenza di un contratto** the expiration of a contract; **data di scadenza** expiry date, use-by date; **2** deadline.

scadere *verb* [23] to expire, to fall due; **il contratto scade l'anno prossimo** the contract expires next year.

scaffale *noun* M bookshelf, bookcase.

scala *noun* F **1** staircase, stairs; **scala mobile** escalator; **salire le scale** to climb the stairs; **scala a chiocciola** spiral staircase; **2** scale; **su scala nazionale** on a national scale; **su piccola scala** small scale; **3** musical scale; **fare le scale** to play scales.

scaldare *verb* [1] to heat up; **scaldare l'acqua** to heat up water.

ITALIAN-ENGLISH

scaldarsi *reflexive verb* [1] to warm yourself; **scaldarsi le mani davanti al caminetto** to warm your hands in front of the fire.

scalfire *verb* [12] to scratch; **la bambina ha scalfito il tavolo con la forchetta** the child scratched the table with the fork; * **scalfire la superficie** to scratch the surface.

scalino *noun* M **1** step; **è scivolato sull'ultimo scalino** he slipped on the last step; **2 scalino d'ingresso** doorstep.

scalo *noun* M stopover, port of call; **il volo fa scalo a Londra** the flight makes a stopover at London.

scalpello *noun* M chisel.

scalza/scalzo *adjective* barefoot; **era scalzo e trasandato** he was barefoot and shabby.

scambiare *verb* [2] **1** to mistake; **mi ha scambiata per un'altra** s/he mistook me for someone else; **2** to exchange one thing for another; **ho scambiato il mio libro per il suo** I exchanged my book for hers/his.

scambio *noun* M **1** mix-up, error; **c'è stato uno scambio di nomi** there's been a mix-up with the names; **2 scambio commerciale** trade (business); **3** exchange; **un libero scambio di opinioni** a frank exchange of opinions; **programma di scambio** exchange program.

scaricare

scampagnata *noun* F country trip; **fare una scampagnata** to go to the country.

scampo *noun* M **1** escape, way out; **non c'è scampo** there is no way out; **2** shrimp, prawn.

scandalo *noun* M scandal, disgrace; **fare scandalo** to cause a sensation; **dare scandalo** to cause a scandal.

scandalosa/scandaloso *adjective* scandalous.

scansafatiche *noun* F & M (*never changes*) (*informal*) bludger.

scansarsi *reflexive verb* [1] to dodge, to get out of the way.

scantinato *noun* M basement.

scapolo *noun* M bachelor.

scappare *verb* [1] **1** to run away; **scappare di casa** to run away from home; **2** to hurry away; **è scappata senza salutare** she hurried off without saying goodbye.

scarabeo *noun* M **1** beetle; **2 Scarabeo** Scrabble (*board game*).

scarabocchiare *verb* [2] to scrawl.

scarafaggio *noun* M cockroach.

scarica/scarico *adjective* empty, discharged; **una batteria scarica** a flat battery.

scaricare *verb* [3] **1** to unload; **scaricare un camion** to unload a truck; **2** to shoot (*a gun*);

scarna/scarno

scaricare una pistola to shoot a pistol; **3** to download (*computing*).

scarna/scarno *adjective* thin, lean; **una faccia scarna** a lean face.

scarpa *noun* F shoe; **un nuovo paio di scarpe** a new pair of shoes; **scarpe da tennis** runners, trainers.

scarpata *noun* F embankment.

scarsa/scarso *adjective* scarce, slight; **di scarsa importanza** of slight importance.

scassinare *verb* [1] to burgle, to break and enter.

scassinatore/scassinatrice *noun* M/F burglar.

scatola *noun* F **1** box; **una scatola di caramelle** a box of sweets; **2** tin; **una scatola di pomodori** a tin of tomatoes; (*informal*) * **rompere le scatole a qualcuna/qualcuno** to annoy someone; **non mi rompere le scatole!** stop annoying me!

scattare *verb* [1] **1** to release; to click; **fare scattare il grilletto** to release the trigger; **scattare una foto** to take a photo; **2** burst, to spring; **scattare in piedi** to spring to your feet.

scatto *noun* M **1** release, click; **lo scatto della cintura di sicurezza** the click of the seatbelt; **2** start, leap; **si è alzata con uno scatto** she got up with a start; **muoversi a scatti** to move in fits and starts.

ITALIAN–ENGLISH

scavare *verb* [1] to dig; **scavare una fossa** to dig a trench.

scavi archeologici *plural noun* M archaeological site, dig.

scegliere *verb* [66] to choose; **scegli il colore che preferisci** choose the colour you like best.

scelta *noun* F choice; **fare la scelta giusta** to make the right choice.

scema/scemo *noun* F/M fool; **che scemo!** what a fool!

scemenza *noun* F stupid act; **smetti di fare scemenze** stop messing about.

scena *noun* F **1** scene; **la scena più memorabile del film** the most memorable scene of the film; **2 fare delle scene** to make a scene.

scenata *noun* F scene; **fa sempre delle scenate** s/he is always making a scene.

scendere *verb* [60] **1** to go down, to descend; **2** to get off (*a bus etc.*); **scendere dall'autobus** to get off the bus; **scendo alla prossima fermata** I'm getting off at the next stop.

scettica/scettico *adjective* sceptical; **una persona scettica** a sceptical person.

scheda *noun* F **1** card, index card; **scheda telefonica** phone card; **2** form; **scheda elettorale** ballot paper.

scheggia *noun* F splinter, chip.

ITALIAN–ENGLISH

scheggiata/scheggiato *adjective* chipped.

scheletro *noun* M skeleton.

schema *noun* M plan, outline; **lo schema di un aeroporto** the plan of an airport; **lo schema d'attacco** the plan of attack.

schermo *noun* M screen; **un grande schermo** a big screen.

scherzare *verb* [1] to joke; **non si deve scherzare sulle disgrazie altrui** you shouldn't joke about other people's misfortunes.

scherzo *noun* M joke; **uno scherzo di cattivo gusto** a joke in bad taste.

schiacciare *verb* [5] to squash, to crush, to crack; **schiacciare una noce** to crack a walnut.

schiaffo *noun* M slap; **ha preso uno schiaffo in faccia** s/he got a slap in the face.

schiantare *verb* [1] to break, to smash; **l'urto della macchina ha schiantato lo steccato** the impact of the car smashed the fence.

schiantarsi *reflexive verb* [1] to crash; **il camion si è schiantato contro il pilone del ponte** the truck crashed into the bridge pylon.

schiava/schiavo *noun* F/M slave.

schiavitù *noun* F slavery.

sciacquare

schiena *noun* F spine, back; **mi fa male la schiena** I have an aching back.

schietta/schietto *adjective* frank, straightforward.

schifo *noun* M disgust; **la trippa mi fa schifo** I find tripe disgusting.

schifosa/schifoso *adjective* awful, disgusting, lousy; **un pasto veramente schifoso** a really disgusting meal.

schioccare *verb* [3] to snap, to crack, to click; **schioccare le dita** to snap your fingers; **schioccare una frusta** to crack a whip; **schioccare la lingua** to click your tongue.

schiuma *noun* F froth, foam, lather; **una bibita senza schiuma** a drink without froth; **la schiuma del mare** the sea's foam.

schizzinosa/schizzinoso *adjective* fussy; **è schizzinosa nel mangiare** she's a fussy eater.

sci *noun* M **1** skiing; **si divertiva a fare lo sci** s/he enjoyed skiing; **2 sci acquatico** water-skiing.

sciacallo *noun* M jackal.

sciacquare *verb* [1] to rinse; **dopo la lavatura bisogna sciacquare bene i piatti** after washing, the dishes should be rinsed well.

sciacquone *noun* M flushing (*of a toilet*); **tirare lo sciacquone** to flush the toilet.

sciagura *noun* F disaster, accident; **una sciagura stradale che ha lasciato tante persone ferite** a road accident that left many people injured.

scialuppa di salvataggio *noun* F lifeboat.

sciare *verb* [1] to ski; **andare a sciare** to go skiing.

sciarpa *noun* F scarf.

sciatore/sciatrice *noun* M/F skier.

sciattona/sciattone *noun* F/M slob.

scienza *noun* F science; **scienze naturali** natural sciences.

scimmia *noun* F monkey, ape.

scimmiottare *verb* [1] to ape.

scimpanzé *noun* M chimpanzee.

scintilla *noun* F 1 spark; **una scintilla ha provocato l'incendio** a spark started the fire; 2 **una scintilla di intelligenza** a spark of intelligence; **una scintilla di passione** a spark of passion.

sciocca/sciocco *adjective* foolish; **una ragazza sciocca** a foolish girl; **domanda sciocca** foolish question.

sciocchezza *noun* F 1 foolish thing or action; **è famoso per le sue sciocchezze** he is famous for doing silly things; 2 trifle; **è una sciocchezza** it really is of no importance.

sciogliere *verb* [76] 1 to undo, to loosen, **sciogliere un nodo** to untie a knot; 2 to melt; **il sole ha sciolto la neve** the sun has melted the snow.

sciopero *noun* M strike; **i lavoratori hanno fatto sciopero** the workers went on strike; **sciopero della fame** hunger strike.

sciovia *noun* F ski lift.

scippo *noun* M bag-snatching.

scippare *verb* [1] to bag-snatch.

sciroccata/sciroccato *adjective* dippy (*person*).

sciroppo *noun* M syrup; **sciroppo di lampone** raspberry syrup; **sciroppo per la tosse** cough mixture.

sciupare *verb* [1] 1 to ruin, to spoil; **sciupare una nuova camicia** to ruin a new shirt; 2 to waste; **sciupare soldi** to waste money.

sciuparsi *reflexive verb* [1] to wear out; **i pantaloni si sono sciupati** the trousers are worn out; **sciuparsi la vista** to ruin your eyesight.

scivolare *verb* [1] 1 to slide, to glide; **il pattinatore scivolava sul ghiaccio** the skater glided across the ice; 2 to slip; **sono scivolata sul marciapiede bagnato** I slipped on the wet footpath.

scivolo noun M (*in a pool or playground*) slide.

scivolosa/scivoloso adjective slippery; **una superficie scivolosa** a slippery surface.

sclerare verb [1] (*informal*) to lose the plot; **ha sclerato** s/he's lost the plot.

scocciare verb [5] to bother, to annoy; **ti scoccia se accendo la televisione?** would it annoy you if I turned the television on?

scocciatura noun F nuisance, hassle.

scodella noun F soup bowl, breakfast bowl.

scodinzolare verb [1] to wag (*tail*); **Fido scodinzola ogni volta che mi vede** Fido wags his tail every time he sees me.

scogliera noun F rocks, reef; **la nave ha sbattuto contro la scogliera** the ship hit the reef.

scoglio noun M rock (*jutting from the water*).

scoiattolo noun M squirrel.

scolara/scolaro noun F/M schoolgirl/schoolboy; **è la migliore scolara** she's the best student.

scolare verb [1] **1** to drain; **scolare i fagioli** to drain the beans; **2 scolarsi** to gulp down; **scolarsi una bottiglia di vino** to gulp down a bottle of wine.

scolastica/scolastico adjective relating to school; **l'anno scolastico** the school year.

scolorire verb [12] to (cause to) fade; **il sole ha scolorito l'ombrello** the sun has faded the umbrella.

scolorirsi reflexive verb [12] to lose colour, to fade; **le tende si scoloriscono con gli anni** the curtains fade over time.

scolorita/scolorito adjective faded; **una bandiera scolorita** a faded flag.

scolpire verb [12] to sculpt, to carve; **scolpire una statua** to carve a statue.

scombinare verb [1] to mess up; **scombinare gli appunti** to mess up the notes.

scommessa noun F bet.

scommettere verb [45] to bet; **scommettere su un cavallo** to bet on a horse; **scommetto che non verrà** I bet she won't come.

scomoda/scomodo adjective **1** uncomfortable; **quel divano è scomodo** that couch is uncomfortable; **2** inconvenient; **l'ora della riunione mi è scomoda** the meeting is at an inconvenient time for me.

scomparire verb [85] to disappear, to vanish; **il sole è scomparso dietro la montagna** the sun disappeared behind the mountain.

scomparsa noun F **1** disappearance; **la scomparsa**

scompartimento

dei dinosauri the disappearance of the dinosaurs; **2** death; **la sua scomparsa è avvenuta esattamente dieci anni fa** s/he passed away exactly ten years ago.

scompartimento *noun* M compartment, train compartment.

scompigliare *verb* [8] **1** to mess up; **scompigliare la camera** to mess up a room; **2** to ruffle hair; **il vento mi ha scompigliato i capelli** the wind has messed up my hair.

sconcertare *verb* [1] to disturb, to trouble; **il suo atteggiamento sconcertava tutti quanti** her/his manner troubled everyone.

sconclusionata/ sconclusionato *adjective* illogical, rambling; **un ragionamento sconclusionato** an illogical argument.

sconfitta *noun* F defeat; **la sconfitta di un esercito** the defeat of an army.

sconfortante *adjective* distressing, depressing; **una notizia sconfortante** distressing news.

scongelare *verb* [1] to defrost; **scongelare una bistecca** to defrost a steak.

sconosciuta/sconosciuto *adjective* unfamiliar, unknown; **una parola sconosciuta** an unfamiliar word.
noun F/M stranger.

ITALIAN-ENGLISH

sconsigliare *verb* [8] to advise against; **sconsigliare qualcuna/ qualcuno dal fare qualcosa** to advise someone against doing something.

sconsolante *adjective* discouraging; **una risposta sconsolante** a discouraging reply.

scontare *verb* [1] **1** to discount; **scontare il prezzo di un vestito** to discount the price of a suit; **2** to pay off; **scontare i propri debiti** to pay off your debts (in instalments); **3** to pay (a penalty); **scontare dieci anni di carcere** to serve ten years in prison.

scontenta/scontento *adjective* unhappy, dissatisfied; **è scontenta dei risultati** she is unhappy with the results.

sconto *noun* M discount; **uno sconto del cinquanta per cento** a fifty per cent discount.

scontro *noun* M **1** collision; **uno scontro tra due macchine** a collision between two cars; **2** battle; **uno scontro tra due eserciti** a battle between two armies; **3** clash, dispute; **uno scontro tra il governo e l'opposizione** a clash between the Government and the Opposition.

sconveniente *adjective* improper, indecent; **comportamento sconveniente** improper behaviour.

ITALIAN–ENGLISH

sconvolgente *adjective* disturbing; **una notizia sconvolgente** a disturbing piece of news.

sconvolgere *verb* [84] **1** to upset, **la sua scomparsa ha sconvolto tutti** her/his disappearance upset everyone; **2** to throw into confusion; **l'alluvione ha sconvolto il paese** the flood threw the country into confusion.

scopa *noun* M broom.

scoperta *noun* F discovery; **la scoperta di un nuovo pianeta** the discovery of a new planet.

scopetta *noun* F dishwashing brush.

scopo *noun* F purpose, aim; **a quale scopo?** for what purpose?; **allo scopo di** in order to; **raggiungere uno scopo** to fulfil an aim.

scoppiare *verb* [2] **1** to burst; **è scoppiato il palloncino** the balloon has burst; **2** to explode; **è scoppiata una bomba** a bomb has exploded; **3** to burst into; **scoppiare a ridere** to burst into laughter; **scoppiare in lacrime** to burst into tears; **4** to break out; **è scoppiata la guerra** war broke out.

scoppio *noun* M **1** bursting; **lo scoppio di un pneumatico** the bursting of a tyre; **2** explosion; **lo scoppio di una bomba** the explosion of a bomb; **3** outbreak; **lo scoppio della prima guerra mondiale** the outbreak of the First World War.

scoprire *verb* [86] **1** to uncover, to take the lid off; **scoprire la pentola** to take the lid off a saucepan; **2** to discover; **scoprire la verità** to discover the truth; * **scoprire l'America** to reinvent the wheel.

scoraggiare *verb* [5] to discourage; **i suoi commenti mi hanno scoraggiato** her/his comments discouraged me.

scoraggiarsi *reflexive verb* [5] to be put off, to become discouraged; **non mi sono scoraggiata** I wasn't put off.

scordarsi *reflexive verb* [1] to forget; **scordarsi di qualcosa** to forget about something; **mi sono completamente scordato della riunione** I completely forgot about the meeting.

scorno *noun* M humiliation; **subire uno scorno** to suffer a humiliation.

scorpione *noun* M **1** scorpion; **2** (*sign of the zodiac*) **Scorpione** Scorpio.

scorrere *verb* [29] **1** to flow; **l'acqua scorreva dentro i tubi** water flowed through the pipes; **2** to pass quickly; **il tempo scorre via** time passes quickly; **3** to skim, to glance over; **scorrere un libro** to skim (read) a book.

scorretta/scorretto *adjective* **1** wrong; **una risposta scorretta** a wrong answer; **2** improper;

un'osservazione scorretta an improper comment.

scorta noun F **1** escort, guide, guard; **fare da scorta a qualcuna/qualcuno** to act as an escort to someone; **2** stock, reserve; **avere una scorta di farina** to have a stock of flour; **3 di scorta** spare; **gomma di scorta** spare tyre.

scortese adjective rude; **una persona scortese** a rude person.

scorza noun F **1** bark; **la scorza di un albero** the bark of a tree; **2** peel, rind; **la scorza di un limone** the peel of a lemon.

scossa noun F **1** shake, jolt; **dare una scossa a qualcuna/qualcuno** to give someone a shake; **2** shock; **una scossa elettrica** an electric shock.

scossa/scosso adjective **1** shaken; **2** upset; **è rimasto scosso dalla notizia** he was very upset by the news.

scostumata/scostumato adjective immoral, indecent; **una vita scostumata** an immoral life.

scotch noun M (never changes) adhesive tape, Sellotape.

scottare verb [1] to burn, to scald; **il sole gli ha scottato le spalle** his shoulders were burnt in the sun.

scottarsi reflexive verb [1] to burn yourself; **mi sono scottata con il tè caldo** I burnt myself with the hot tea.

scottatura noun F burn.

screzio noun M rift (in a friendship); **tra noi due non c'è mai stato uno screzio** there has never been a rift between the two of us.

scribacchiare verb [2] to scribble.

scricchiolare verb [1] to squeak; **la sedia scricchiolava continuamente** the chair squeaked continuously.

scritta noun F writing, sign, inscription; **scritta pubblicitaria** advertising sign; **una scritta in greco** an inscription in Greek.

scritta/scritto adjective written; **un esame scritto** a written exam.

scritte murali plural noun F graffiti.

scritto noun M writing; **questo scritto è difficile da leggere** this writing is difficult to read.

scrittore/scrittrice noun M/F writer

scrivania noun F (writing) desk.

scrivere verb [67] **1** to write; **ha scritto un libro** s/he has written a book; **2** to spell; **come si scrive il tuo nome?** how do you spell your name?; **3 scrivere a tutte lettere** to write something out in full.

scrupolo noun M scruple.

scrutare verb [1] to examine; to scrutinise; **scrutare l'orizzonte** to examine the horizon.

scudo *noun* M shield.

sculacciare *verb* [5] to spank; **se non smetti di protestare ti sculaccio!** if you don't stop complaining I'll spank you!

scultore/scultrice *noun* M/F sculptor.

scuola *noun* F school; **andare a scuola** to go to school; **scuola dell'infanzia** primary school; **scuola secondaria di primo grado** middle school; **scuola secondaria di secondo grado** high school; **scuola statale** state school; **scuola mista** co-ed school; **scuola privata** private school.

scuotere *verb* [68] to shake; **scuotere un ramo di un albero** to shake the branch of a tree.

scura/scuro *adjective* dark; **una notte scura** a dark night; **rosso scuro** dark red; **occhi scuri** dark eyes.

scusa *noun* F **1** apology; **chiedere scusa** to apologise; **2** excuse; **avere una scusa sempre pronta** to always have an excuse ready.

sdegno *noun* M indignation, anger; **il discorso ha provocato lo sdegno dei presenti** the speech provoked an angry reaction amongst those present.

sdraiarsi *reflexive verb* [2] to lie down; **mi sono sdraiata una mezz'oretta** I lay down for half an hour or so.

sdraiata/sdraiato *adjective* lying down; **era sdraiato sul letto** he was lying on the bed.

sdraio *noun* F deckchair.

se *conjunction* if; **se volete** if you wish; **come se** as if; **anche se** even if; **se fossi in te** if I were you.

sé *reflexive pronoun* (*when used with* **stesso/stessa**, **sé** *becomes* **se**) herself, himself; **se stessa** herself; **se stesso** himself; **fare da sé** to do it yourself; **parlare fra sé** to talk to yourself.

sebbene *conjunction* even though; **sebbene è tardi usciamo** even though it's late we're going out.

secca/secco *adjective* **1** dry; **un clima secco** a dry climate; **un vino bianco secco** a dry white wine; **2** dried; **frutta secca** dried fruit; **3** brusque, rude; **una risposta secca** a brusque reply.

seccare *verb* [3] **1** to dry up; **il sole ha seccato le viti** the sun has dried up the grape vines; **2** to annoy; **quello mi secca con tutte quelle domande** he annoys me with all those questions of his.

seccarsi *reflexive verb* [3] to become dry; **il ruscello si è seccato** the creek has dried up.

seccatore/seccatrice *noun* M/F pest; **è una vera seccatrice** she's a real pest.

seccatura *noun* F nuisance, annoyance; **che seccatura!** what a nuisance!

secchiona/secchione *noun* F/M nerd.

secolo *noun* M century; **il XX secolo** (*read* **il ventesimo secolo**) the twentieth century.

seconda *noun* F second (gear).

secondina/secondino *noun* F/M prison guard.

secondo *preposition* **1** according to; **agire secondo le regole** to act according to the rules; **secondo il previsto** according to plan; **2** depending on; **secondo il tempo** depending on the weather; **3** in the opinion of; **secondo me** in my opinion.

sedano *noun* M celery.

sede *noun* F **1** seat, location; **la sede del governo** the seat of government. **2** residence; **cercare una nuova sede** to look for a new place of residence; **3** office; **la sede centrale è a Sydney** the head office is in Sydney; **4** venue; **sede di un congresso** conference venue.

sedere *noun* M bottom; **prendere qualcuna/qualcuno a calci nel sedere** to kick someone in the backside.
verb [69] to sit; **sedere a terra** to sit on the ground.

sedersi *reflexive verb* [69] to sit down; **mi sono seduta un attimo** I sat down for a moment; **siediti!** take a seat!

sedia *noun* F chair; **sedia di legno** wooden chair; **sedia a braccioli** armchair; **sedia a sdraio** deckchair; **sedia a rotelle** wheelchair.

sedile *noun* M seat; **i sedili del tram** tram seats; **sedile posteriore** back seat (*of a car*).

sedurre *verb* [27] **1** to seduce; **sedurre qualcuna/qualcuno** to seduce someone; **2** to entice; **si è lasciata sedurre da una promessa** she let herself be enticed by a promise.

seduta *noun* F **1** sitting; **una seduta del parlamento** a sitting of parliament; **2** meeting; **seduta straordinaria** extraordinary meeting.

sega *noun* M saw; **sega a mano** handsaw.

segale *noun* F rye.

segatura *noun* F sawdust.

seggiovia *noun* F chairlift.

segnalare *verb* [1] **1** to signal; **segnalare la fine della partita** to signal the end of the game; **2** to point out; **segnalare un fatto interessante a qualcuna/qualcuno** to point out an interesting fact to someone.

segnale *noun* M **1** signal; **dare il segnale di qualcosa** to give the sign for something; **aspettare il segnale** to wait for the signal; **segnale di pericolo** warning signal; **segnale d'allarme** alarm signal; **2** sign, signal; **segnali stradali** road signs; **segnali**

ITALIAN–ENGLISH

sempreverde

ferroviari railway signals; **3** (*telephone*) **segnale di linea occupata** busy signal; **segnale di linea libera** dial tone.

segnalibro *noun* M bookmark.

segnare *verb* [1] **1** to mark; **ha segnato i nomi degli assenti** s/he marked the names of those absent; **2** to note down; **segnare il numero di telefono di qualcuna/qualcuno** to note down someone's phone number.

segno *noun* M **1** mark; **i segni di scarpe fangose sul pavimento** the marks of muddy shoes on the floor; **2** sign, indication; **segno di affetto** sign of affection; **un segno di pazzia** a sign of madness.

segreta/segreto *adjective* secret; **servizi segreti** secret services.

segretaria/segretario *noun* F/M secretary.

segreto *noun* M secret; **tra noi non ci sono segreti** there are no secrets between us.

seguente *adjective* following; **la pagina seguente** the following page.

seguire *verb* [11] **1** to follow; **i turisti seguono la guida** the tourists follow the guide; **2** to proceed along, to follow; **seguire una strada** to proceed along a road; **3** to come afterwards; * **seguire le orme di qualcuna/qualcuno** to follow in someone's footsteps.

selezione *noun* F selection, choice; **una selezione di libri** a selection of books.

sella *noun* F saddle.

sellino *noun* M bicycle seat.

selvatica/selvatico *adjective* wild; **more selvatiche** wild berries.

selz *noun* M (*never changes*) tonic water.

semaforo *noun* M traffic lights; **girare al prossimo semaforo** turn at the next set of lights.

sembrare *verb* [1] **1** to seem, to appear; **sembrava una persona onesta** s/he seemed like an honest person; **2** to think; **mi sembra che sta per piovere** I think it's going to rain.

seme *noun* M pip, seed; **semi di mela** apple pips.

seminare *verb* [1] to sow; **seminare un campo** to sow a field.

semplice *adjective* **1** simple; **una tecnica semplice** a simple technique; **2** plain; **cucina semplice** plain cooking.

semplicemente *adverb* simply; **è semplicemente sbagliato** it is simply wrong.

sempre *adverb* **1** always; **arriva sempre in ritardo** s/he always arrives late; **2** still; **è sempre celibe?** is he still unmarried?

sempreverde *adjective* evergreen.

senape *noun* F mustard.

senato *noun* M senate.

senatore/senatrice *noun* M/F senator.

seno *noun* M breast.

sensata/sensato *adjective* sensible; **Giulia non è molto sensata** Giulia isn't very sensible.

sensibile *adjective* **1** sensitive; **una persona sensibile** a sensitive person; **2** susceptible; **è sensibile al caldo** s/he is susceptible to the heat.

senso *noun* M **1** sense; **i cinque sensi** the five senses; **2** meaning; **il senso della frase** the meaning of the sentence; **non avere senso** to not make sense; **3** sensation, feeling; **un senso di sollievo** a sense of relief; **4** direction, way; **nel senso opposto** in the opposite direction; **una strada a senso unico** a one-way street; **5 senso dell'umorismo** sense of humour.

sentenza *noun* F verdict, sentence; **la sentenza del giudice** the judge's verdict.

sentiero *noun* M path, walking track.

sentimentale *adjective* sentimental.

sentimento *noun* M feeling; **provare un sentimento di ammirazione per qualcuna/qualcuno** to have a feeling of admiration for someone.

sentire *verb* [11] **1** to feel; **sentire il caldo** to feel the heat; **2** to hear; **sentire il telefono** to hear the phone (ring); **3** to smell; **senti questo!** smell this!; **4** to taste; **sentire il vino** to taste the wine.

sentirsi *reflexive verb* [11] to feel; **sentirsi bene** to feel well; **sentirsi a disagio** to feel uncomfortable; **sentirsi in grado di fare qualcosa** to feel capable of doing something.

senza *preposition* without; **senza dubbio** without doubt; **senza speranza** without hope; **senza di lei** without her; **senza dire niente** without saying a word.

separare *verb* [1] to separate, to divide; **separare le giovani dalle donne anziane** to separate young women from the old.

seppellire *verb* [12] to bury.

sera *noun* F evening; **buonasera!** good evening!; **di sera** in the evening.

serata *noun* F **1** evening (*used when referring to the evening as a period of time*); **una serata molto mite** a very mild evening; **2** evening event; **una serata di beneficenza** a charity night.

serbare *verb* [1] to keep, to put aside; **ti ho serbato un panino** I kept a sandwich for you.

serbatoio (del carburante) *noun* M fuel tank.

serena/sereno *adjective* **1** (*when talking about the*

ITALIAN–ENGLISH — **settimanale**

weather) clear; **un cielo sereno** a clear sky; **2** serene, calm; **un'espressione serena** a serene expression.

sergente *noun* F & M sergeant.

seria/serio *adjective* **1** serious, important; **una questione seria** a serious question; **2** reliable, honest, virtuous; **una persona seria** a reliable person.

serie *noun* F (*never changes*) series, sequence; **una serie di domande** a series of questions.

serpente *noun* M snake.

serratura *noun* F lock; **il buco della serratura** keyhole.

servile *adjective* servile, slavish.

servire *verb* [11] **1** to serve; **servire la zuppa** to serve the soup; **2 a che cosa serve questo?** what's this for?

servirsi (di) *reflexive verb* [11] to make use of; **servirsi di un computer** to use a computer.

servizio *noun* M **1** service; **essere a servizio presso qualcuna/qualcuno** to be in the service of someone (*e.g. as a maid*); **2 servizio militare** military service; **3 servizio ferroviario** train service; **servizio di autobus** bus service; **4 fuori servizio** out of order; **5** service charge; **servizio compreso** service included; **6** service (*tennis*).

servosterzo *noun* M power steering.

sessantenne *adjective* sixty-year old.
noun F & M sixty-year-old.

sessione *noun* F session, meeting.

sessista *adjective* sexist; **un atteggiamento sessista** a sexist attitude.
noun F & M sexist.

sesso *noun* M sex; **fare sesso** to have sex; **sesso sicuro** safe sex.

sessuale *adjective* sexual; **educazione sessuale** sex education; **molestie sessuali** sexual harassment.

sesto *noun* M order; **mettere in sesto** to put something in order.

seta *noun* F silk.

sete *noun* F thirst; **avere sete** to be thirsty.

setola *noun* F bristle; **le setole di uno spazzolino** a toothbrush's bristles.

setta *noun* F sect, secret society.

settantenne *adjective* seventy-year old.
noun F & M seventy-year-old.

settembre *noun* M September; **a settembre** in September.

settimana *noun* F week; **due volte alla settimana** twice a week.

settimanale *adjective* weekly; **una rivista settimanale** a weekly magazine.

severa/severo *adjective* severe, strict; **un professore severo** a strict teacher.

sexy *adjective* (*never changes*) sexy.

sezione *noun* F division, subdivision; **le sezioni del tribunale** the divisions of the court.

sfacciata/sfacciato *adjective* shameless; **è stata tanto sfacciata che si è fatta vedere un'altra volta** she was shameless enough to show herself again.

sfarzosa/sfarzoso *adjective* luxurious, ostentatious.

sfasata/sfasato *adjective* jet-lagged; **essere sfasata/sfasato** to be jet-lagged.

sfasciare *verb* [7] **1** to unbandage; **sfasciare una ferita** to unbandage a wound; **2** to smash, to break up; **sfasciare la porta** to smash the door down.

sfera *noun* F sphere.

sferica/sferico *adjective* spherical.

sfiatata/sfiatato *adjective* breathless; **è arrivata sfiatata in cima alla scala** she got to the top of the stairs breathless.

sfida *noun* F challenge; **accettare una sfida** to accept a challenge.

sfidare *verb* [1] **1** to challenge; **sfidare qualcuna/qualcuno a una partita di tennis** to challenge someone to a game of tennis; **2** to defy; **sfidare qualcuna/qualcuno a provare il contrario** to defy someone to prove the contrary.

sfiducia *noun* F **1** mistrust; **avere sfiducia in qualcuna/qualcuno** to mistrust someone; **2** lack of self-confidence; **avere sfiducia in se stesso** to lack self-confidence.

sfilare *verb* [1] to march in a parade.

sfilata *noun* F parade; **una sfilata di moda** a fashion parade.

sfinge *noun* F sphinx.

sfinire *verb* [12] to wear out; **queste giornate calde l'hanno sfinita** these hot days have worn her out.

sfinirsi *reflexive verb* [12] to wear yourself out; **se lavori troppo ti sfinisci** if you work too much you'll wear yourself out.

sfiorare *verb* [1] to touch lightly, to caress, to graze; **sfiorare i capelli di qualcuna/qualcuno** to caress someone's hair; **ha appena sfiorato l'argomento** s/he only touched on the subject.

sfiorire *verb* [12] to fade; **la vernice è sfiorita** the paint has faded.

sfocata/sfocato *adjective* out of focus, dull.

ITALIAN–ENGLISH

sfogare *verb* [4] to let out, to give vent to; **sfogare la rabbia** to let out your anger.

sfogarsi *verb* [4] to unburden yourself; **sfogarsi con qualcuna/qualcuno** to unburden yourself to someone.

sfogliare *verb* [8] **1** to pull off leaves; **sfogliare un albero** to pull the leaves off a tree; **2** to flick through, to skim; **sfogliare un libro** to flick through a book.

sfogo *noun* M vent, outlet; **sfogo d'aria** air vent; **dare sfogo a qualcosa** to give vent to something.

sfollare *verb* [1] **1** to disperse (*of a crowd*) **il pubblico ha cominciato a sfollare** the crowd began to disperse; **2** to evacuate; **dopo il diluvio la gente è sfollata in montagna** after the flood the people were evacuated to the mountains.

sfondata/sfondato *adjective* **1** bottomless; **2** worn out.

sfondo *noun* M background, setting; **figure di sfondo** background figures; **un romanzo a sfondo storico** a novel with a historical setting.

sfornare *verb* [1] to take out of the oven; **sfornare la torta** to take the cake out of the oven.

sfortuna *noun* F bad luck; **avere sfortuna** to be unlucky; **che sfortuna!** what bad luck!

sfortunatamente *adverb* unfortunately.

sfuggire

sforzare *verb* [1] to force; **sforzare qualcuna/qualcuno a fare qualcosa** to force someone to do something.

sforzarsi *reflexive verb* [1] to try hard; **si è sforzata di stare zitta** she tried to remain silent.

sforzata/sforzato *adjective* forced, unnatural; **un gesto sforzato** a forced gesture.

sforzo *noun* M effort; **fare uno sforzo per alzarsi** to make an effort to get up.

sfrattare *verb* [1] to expel, to evict; **gli inquilini sono stati sfrattati** the tenants were evicted.

sfratto *noun* M eviction (notice); **dare lo sfratto a qualcuna/qualcuno** to evict someone.

sfrenata/sfrenato *adjective* unrestrained.

sfrontata/sfrontato *adjective* cheeky, impudent; **si comporta in modo sfrontato** s/he behaves in a cheeky way.

sfruttare *verb* [1] to exploit; to take advantage of; **sfruttare i lavoratori** to exploit the workers.

sfuggire *verb* [14] **1** to avoid; **sfuggire alle responsabilità** to avoid your responsibilities; **2** to elude, to escape; **sfuggire alla polizia** to elude the police; **sfuggire alla morte** to escape death; **non le sfugge niente** nothing escapes her.

sfumare

sfumare *verb* [1] **1** (*referring to colour*) to tone down, to fade, to shade off; **sfumare i colori** to tone down the colours; **2** (*of hair*) to taper.

sfumatura *noun* F **1** shading (*of colour*); **2** nuance, subtlety; **un discorso pieno di sfumature** a speech full of nuances.

sgabello *noun* M stool, footstool.

sgabuzzino *noun* M small storeroom.

sganciare *verb* [5] to unhook; **sganciare il rimorchio** to unhook the trailer.

sgarbata/sgarbato *adjective* rude; **un comportamento sgarbato** rude behaviour.

sgarbatezza *noun* F rudeness.

sgargiante *adjective* gaudy, showy, loud (*referring to colour*); **una camicia sgargiante** a gaudy shirt.

sghignazzare *verb* [1] to sneer, to laugh scornfully.

sgobbare *verb* [1] (*informal*) to swot (*for an exam*).

sgobbona/sgobbone *noun* F/M (*informal*) (*someone who studies a lot*) nerd.

sgomberare *verb* [1] **1** to clear (out), to empty (out); **sgomberare il tavolo** to clear the table; **sgomberare una stanza** to clear out a room; **2** to move out; **sgomberare l'appartamento** to move out of the apartment.

sgombro *noun* M mackerel.

sgommare *verb* [1] to screech (*car tyres*).

sgonfia/sgonfio *adjective* **un palloncino sgonfio** a deflated balloon.

sgonfiare *verb* [2] to deflate, to let the air out; **sgonfiare un pneumatico** to deflate a tyre.

sgonfiarsi *reflexive verb* [2] to go down, to flatten; **il palloncino si è sgonfiato** the balloon has gone down.

sgorgare *verb* [4] to gush, to spurt; **l'acqua sgorgava dal rubinetto** water gushed from the tap.

sgradevole *adjective* unpleasant, horrible.

sgranare *verb* [1] to shell, to hull; **sgranare i piselli** to shell peas; * **sgranare il rosario** to say the rosary; * **sgranare gli occhi** to open your eyes wide.

sgranchire *verb* [12] to stretch.

sgranchirsi *reflexive verb* [12] to stretch yourself.

sgridare *verb* [1] to tell off; **mia madre non fa altro che sgridarmi** my mother is always telling me off.

sgualcire *verb* [12] to crumple, to crease; **sgualcire una camicia** to crumple a shirt.

sguardo *noun* M look, glance, gaze; **al primo sguardo** at first glance; **evitare lo sguardo di**

qualcuna/qualcuno to avoid someone's gaze.

sguazzare *verb* [1] to splash about; **sguazzare nel ruscello** to splash about in the stream.

sgusciare *verb* [7] to shell, to hull; **sgusciare fagioli** to shell beans.

shampoo *noun* M shampoo.

shopping *noun* M (*never changes*) shopping; **fare lo shopping** to go shopping.

si *pronoun* **1** herself, himself, itself, oneself, themselves (*used with reflexive verbs*); **si guarda spesso nello specchio** s/he often looks at herself/himself in the mirror; **si pettina davanti allo specchio** s/he combs her/his hair in front of the mirror; **2** each other, one another; **si vedono ogni venerdì** they see each other every Friday; **3** you (*impersonal*), people, we, they; **non si sa mai ...** you never know ... ; **si dice che ...** they say that ... ; **qui si parla tedesco** German is spoken here.

sì *adverb* yes; **'hai fatto i compiti?' – 'sì'** 'have you done your homework?' – 'yes'; **sì, certo** yes, certainly; **rispondere di sì** to answer yes; **far cenno di sì** to nod; **credo di sì** I think so. *noun* M yes; **decidersi per il sì** to decide yes; **stare tra il sì e il no** to be undecided.

sia *conjunction* (*used with both* **sia** *and* **che**) **1** both ... and; **verremo sia io che la mia collega** both my colleague and I will be coming; **2** either ... or; **sia domani sia dopo domani, per me è uguale** either tomorrow or the day after, it makes no difference to me.

sibilare *verb* [1] to hiss, to whistle.

sicché *conjunction* so that, therefore; **la macchina non andava più, sicché abbiamo dovuto tornare a piedi** the car was no longer working, so we had to return on foot.

siccità *noun* F drought.

siccome *conjunction* since; **siccome pioveva, abbiamo deciso di rimandare il nostro picnic** since it was raining we decided to postpone our picnic.

sicomoro *noun* M sycamore.

sicura *noun* F safety catch.

sicura/sicuro *adjective* **1** safe; **qui sei sicuro**; you're safe here; **2** sure, certain; **di sicuro** surely; **sono sicura di aver dato la risposta giusta** I'm certain I gave the correct answer; **3** confident; **essere sicuro di sé** to be confident; **4** skilled, expert; **è sicura nel guidare la macchina** she's an expert driver; **5** assured, guaranteed, **il vostro successo è sicuro** your success is assured.

sicuramente *adverb* certainly.

sicurezza *noun* F **1** safety; **la sicurezza stradale** road safety; **cintura di sicurezza** safety belt;

sidro

uscita di sicurezza emergency exit; **margine di sicurezza** safety margin; **2** security; **la sicurezza economica** economic security; **3** ability, skill; **guidare con sicurezza** to drive skilfully; **4** confidence; **la sicurezza di sé** self-confidence; **Annalisa ha molta sicurezza di sé** Annalisa has a lot of self-confidence.

sidro *noun* M cider.

siepe *noun* F hedge.

sieronegativa/sieronegativo *adjective* HIV-negative.

sieropositiva/sieropositivo *adjective* HIV-positive.

siesta *noun* F afternoon nap.

sigaretta *noun* F cigarette.

sigaro *noun* M cigar.

sigillo *noun* M seal, stamp.

sigla *noun* F **1** initials, monogram; **2** abbreviation, acronym.

significare *verb* [3] to mean, to signify; **che cosa significa questa frase?** what does this sentence mean?

significativa/significativo *adjective* **1** meaningful, significant; **un'osservazione significativa** a significant observation; **2** important; **un significativo passo in avanti** a significant step forward.

significato *noun* M **1** meaning; **il significato di una parola** the meaning of a word; **2** importance; **il significato di un avvenimento storico** the importance of a historical event.

signora *noun* (*can be shortened to* sig.ra) F **1** lady, woman; **c'è una signora che aspetta fuori** there's a woman waiting outside; **signore e signori, buonasera** good evening ladies and gentlemen; **2** Mrs, Ms, Madam; **la signora Rossi** Mrs Rossi; **Signora, si accomodi!** Madam, make yourself comfortable; (*addressing a letter*) **Gentile signora** Dear Madam; **3** (*Christian*) **Nostra Signora** Our Lady.

signore *noun* (*can be shortened to* sig.) M **1** gentleman, man; **2** (*NB: before a proper noun abbreviated to* **signor**) Mr, Sir; **il signor Bianchi** Mr Bianchi; (*in formal letter writing*) **Egregio signore** Dear Sir; **3** (*Christian*) **Nostro Signore** Our Lord.

signoria *noun* F **1** authority, rule, **2** (*title*) Lordship, Ladyship; **Vostra Signoria** Your Lordship.

signorina *noun* (*can be shortened to* sig.na) F **1** young woman; **2** Miss.

silenzio *noun* M silence; **rompere il silenzio** to break the silence; **silenzio!** quiet!

sillaba *noun* F syllable; **dividere in sillabe** to divide into syllables.

silo *noun* M **1** grain silo; **2** multi-storey car park.

ITALIAN-ENGLISH

siluro *noun* M torpedo.

simboleggiare *verb* [6] to symbolise; **la colomba bianca simboleggia la pace** the white dove symbolises peace.

simbolica/simbolico *adjective* symbolic; **un personaggio simbolico** a symbolic character (*in a book or film*).

simbolo *noun* M symbol; **i simboli chimici** chemical symbols.

simile *adjective* like, alike, similar; **i due fratelli sono molto simili** the two siblings are very similar; **qualcosa di simile** something like that.

simmetrica/simmetrico *adjective* symmetrical.

simpatia *noun* F liking; **provare simpatia per qualcuna/qualcuno** to like someone.

simpatica/simpatico *adjective* nice, pleasant; **una persona simpatica** a nice person; **una giornata simpatica** a pleasant day; **riuscire simpatico** to be popular.

simultanea/simultaneo *adjective* simultaneous.

sinagoga *noun* F synagogue.

sincera/sincero *adjective* honest, true, sincere; **parlare in modo sincero** to speak honestly; **un'amica sincera** a true friend; **le mie più sincere condoglianze** my sincerest condolences.

singolare

sinceramente *adverb* sincerely.

sindaca/sindaco *noun* F/M mayor.

sindacalista *noun* F & M unionist.

sindacato *noun* M trade union.

sinfonia *noun* F symphony.

singhiozzare *verb* [1] **1** to sob; **mentre guardava quella triste scena ha cominciato a singhiozzare** watching that sad scene s/he began to sob; **2** to hiccup; **dopo aver mangiato troppo ha cominciato a singhiozzare** after having eaten too much s/he began to hiccup.

singhiozzo *noun* M **1** sob; **2** hiccup; **avere il singhiozzo** to have the hiccups; * **a singhiozzi** in fits and starts.

single *adjective* (*never changes*) single; **mia sorella vuole rimanere single** my sister wants to stay single.
noun F & M (*never changes*) single; **abbiamo fondato un'associazione per i single** we've started a club for singles.

singola/singolo *adjective* single, for one person; **una camera singola** a single room; **esaminare ogni singolo caso** to examine every single case.

singolare *adjective* **1** unique, singular; **un fenomeno singolare** a unique phenomenon; **2** peculiar; **avere un modo singolare di parlare** to have a

sinistra

strange way of speaking; **3** rare, uncommon; **una persona di singolare intelligenza** a person of rare intelligence.

sinistra noun F **1** left; **sulla sinistra** on the left; **girare a sinistra** to turn to the left; **2** left hand; **scrivo con la sinistra** I write with my left hand; **3** the political Left; **un partito di sinistra** a left-wing political party.

sinistra/sinistro adjective **1** left; **il braccio sinistro** the left arm; **il lato sinistro della strada** the left side of the road; **2** sinister; **parole sinistre** sinister words.

sinonima/sinonimo adjective synonymous (*having a similar meaning*).

sinonimo noun M synonym.

sintetica/sintetico adjective synthetic, man-made; **fibre sintetiche** synthetic fibres.

sintomo noun M symptom, sign.

sipario noun M stage curtain; **alzare il sipario** to raise the curtain.

sirena noun F mermaid.

siringa noun F syringe.

sistema noun M **1** system; **sistema solare** solar system; **2** method; **sistema di lavoro** working method; **sistema per studiare** study method; **sistema di pagamento** payment method.

sistema periodico noun M periodic table (*chemistry*).

sistemare verb [1] **1** to arrange, to put in order, to tidy (up); **sistemare i fogli** to put the papers in order; **sistemare la casa** to tidy up the house; **2** to find someone somewhere to stay; **li abbiamo sistemati in un albergo qui vicino** we put them up in a nearby hotel; **3** to resolve a matter; **sistemare una controversia** to resolve a controversy.

sistemarsi reflexive verb [1] **1** to get settled, to find somewhere to live; **mi sono sistemata in casa di un'amica** I've moved into a friend's house; **2** to find a job; **si è sistemato in un'agenzia di viaggi** he found a job in a travel agency.

sito noun M site; **sito turistico** tourist site; **sito Internet** Internet site.

situata/situato adjective placed, situated; **gli scaffali dei libri sono situati lungo il corridoio** the bookshelves are situated in the passage.

situazione noun F situation; **situazione delicata** tricky situation.

slacciarsi reflexive verb [5] to unlace, to undo; **slacciarsi le scarpe** to undo your shoes.

sleale adjective disloyal.

slegare verb [4] to untie, to undo; **slegare un nodo** to undo a knot.

slitta *noun* F sled, toboggan.

slogare *verb* [4] to dislocate; **afferrandolo con forza per il braccio gli hanno slogato il gomito** grabbing him firmly by the arm, they dislocated his elbow.

slogarsi *reflexive verb* [4] to dislocate; **slogarsi il ginocchio** to dislocate your knee.

smacchiare *verb* [2] to remove stains from.

smagliatura *noun* F ladder (*in stockings*).

smalto *noun* M enamel; **smalto per le unghie** nail polish.

smania *noun* F rage, frenzy.

smaniosa/smanioso *adjective* angry.

smarrire *verb* [12] **1** to lose, to mislay; **smarrire il portafoglio** to mislay your wallet; **smarrire la strada** to lose your way.

smarrirsi *reflexive verb* [12] to lose your way; **smarrirsi nella campagna** to get lost in the country.

smascherare *verb* [1] to unmask; **l'investigatore ha smascherato il colpevole** the detective unmasked the culprit.

smentire *verb* [12] **1** to deny, to contradict; **l'attore ha smentito le voci** the actor denied the rumours; **2** to retract, to take back; **smentire una confessione** to retract a confession.

smentirsi *reflexive verb* [12] to be inconsistent in your behaviour; **non si smentisce mai** s/he is always consistent.

smeraldo *noun* M emerald.

smettere *verb* [45] **1** to stop, to cease; **smettere di piangere** to stop crying; **smettere di piovere** to stop raining; **smettila!** stop it!; **2** to give up; **smettere di fumare** to give up smoking.

smilza/smilzo *adjective* thin.

smisurata/smisurato *adjective* enormous; **un terreno smisurato** an enormous plot of land.

smoderata/smoderato *adjective* excessive, exaggerated.

smoking *noun* M dinner jacket.

smontare *verb* [1] **1** to dismantle, to take to pieces; **smontare lo stereo** to take the stereo to bits; **2** to discourage; **quell'osservazione l'ha smontata** that comment dampened her enthusiasm.

smorfia *noun* F grimace; **fare una smorfia** to grimace.

snaturare *verb* [1] to distort the nature of; **snaturare l'idea originale** to distort the original idea.

snella/snello *adjective* **1** slim; **2** agile.

snob *adjective* (*never changes*) snobbish; **un tipo snob** a snobbish man.
noun F & M (*never changes*) snob.

snobismo *noun* M snobbery.

snodare *verb* [1] to untie; **snodare una corda** to untie a rope.

soave *adjective* **1** gentle, mild, sweet; **una voce soave** a gentle voice; **2** sweet, pleasant; **un soave ricordo** a pleasant memory.

sobbalzare *verb* [1] **1** to jolt, to bump; **sobbalzare sulla strada** to jolt along the road; **2** to jump, to give a start; **sobbalzare di meraviglia** to jump with surprise.

sobbalzo *noun* M jump, start; **procedere a sobbalzi** to move in fits and starts.

sobbollire *verb* [11] to simmer.

sobborgo *noun* M outlying suburb.

sobria/sobrio *adjective* simple, unpretentious; **una vita sobria** a simple life.

socchiusa/socchiuso *adjective* ajar; **la porta è socchiusa** the door is ajar.

soccorrere *verb* [29] to help, to aid; **soccorrere il ferito** to help the injured man.

soccorso *noun* M **1** assistance, aid; **soccorso stradale** road assistance; **mi hanno prestato soccorso** they came to my rescue; **2** (*in a hospital*) **pronto soccorso** emergency ward; first aid.

socia/socio *noun* F/M **1** associate, partner; **un socio d'affari** a business partner; **2** member (*of a club*); **socia a vita/socio a vita** a life member.

sociale *adjective* social; **doveri sociali** social obligations; **assistente sociale** social worker.

socialista *adjective* socialist. *noun* F & M socialist.

società *noun* F **1** society; **la società moderna** modern society; **2** association, club; **una società sportiva** a sporting club; **3** company; **una società finanziaria** a financial institution.

socievole *adjective* sociable.

sociologia *noun* F sociology.

soda/sodo *adjective* **1** firm, solid; **muscoli sodi** firm muscles; **2** hard; **un uovo sodo** a hard-boiled egg.

soddisfacente *adjective* satisfactory.

soddisfare *verb* [19] **1** to satisfy, to please; **soddisfare i clienti** to satisfy your customers; **2** to fulfil, to comply with; **soddisfare un dovere** to fulfil your duty.

sodo *adverb* hard; **lavorare sodo** to work hard.
noun M **venire al sodo** to come to the point.

sofà *noun* F couch, sofa.

sofferenza *noun* F suffering.

soffiare *verb* [2] **1** to blow; **soffiare sulle candele per spegnerle** to blow out the candles; **il vento soffiava continuamente** the wind blew relentlessly; **2** to puff, to pant; **è arrivata in cima alla scala soffiando** she arrived panting at the top of the stairs.

soffiarsi *reflexive verb* [2] to blow; **soffiarsi il naso** to blow your nose.

soffice *adjective* soft; **un letto soffice** a soft bed.

soffio *noun* M puff (*of wind*).

soffitta *noun* F attic.

soffitto *noun* M ceiling.

soffocare *verb* [3] **1** to suffocate, to choke; **2** to suppress, to stifle; **soffocare una ribellione** to suppress a rebellion.

soffrire *verb* [86] **1** to suffer; **soffre di emicrania** s/he suffers from migraines; **2** to stand, to put up with, **non può soffrire le persone ciarliere** s/he can't stand talkative people.

soggetta/soggetto *adjective* prone to, subject to; **soggetto a raffreddori** prone to colds.

soggettiva/soggettivo *adjective* subjective.

soggetto *noun* M **1** subject, topic; **cambiare il soggetto della discussione** to change the topic of conversation; **2** subject; **il soggetto della frase è 'loro'** the subject of the sentence is 'they' (*grammar*).

soggiorno *noun* M stay.

soglia *noun* F threshold.

sognare *verb* [1] **1** to dream; **sognare qualcosa** to dream something; **2** to dream of; **sognare una vita migliore** to dream of a better life; * **sognare ad occhi aperti** to daydream.

sogno *noun* M **1** dream; **fare un sogno** to have a dream; **2** wish; **vivere in campagna è un suo sogno** to live in the country is a dream of hers/his.

soia *noun* F soy; **latte di soia** soy milk.

sola/solo *adjective* **1** alone; **stare solo** to be alone; **2** single, mere; **basterebbe una sola parola** a single word would do; **3** lonely; **sentirsi solo** to feel lonely; * **solo come un cane** all alone.

solamente *adverb* only, just, merely.

solco *noun* M furrow, track; * **uscire dal solco** to leave the straight and narrow.

soldatessa/soldato *noun* F/M soldier.

soldo *noun* M **1** coin of low value; **2 soldi** money; **costare tanti soldi** to cost a lot of money; **essere senza soldi** to be broke.

sole *noun* M sun; **una giornata senza sole** a sunless day; **occhiali da sole** sunglasses.

solenne *adjective* solemn.

solennemente *adverb* solemnly.

solida/solido *adjective* solid, firm, sturdy; **mura solide** solid walls; **gambe solide** sturdy legs.

solita/solito *adjective* usual; **i soliti sospetti** the usual suspects.

solitaria/solitario *adjective* solitary, lonesome.

solito *noun* M the usual (thing); **prendo il solito** I'll have the usual.

solitudine *noun* F solitude, loneliness.

sollecitare *verb* [1] to urge, to press for; **sollecitare favori da qualcuna/qualcuno** to press someone for favours.

solletico *noun* M tickling; **fare il solletico a qualcuna/qualcuno** to tickle someone.

sollievo *noun* M relief; **dare sollievo a qualcuna/qualcuno** to comfort someone.

solo *adverb* only, just; **l'ho saputo solo ora** I only found out about it now.

soltanto *adverb* only, just; **voglio soltanto due minuti** I want only two minutes.

solubile *adjective* soluble.

soluzione *noun* F **1** solution; **soluzione antigelo** antifreeze solution (*for cars*); **2** answer, solution, explanation; **la soluzione di un indovinello** the answer to a riddle; **3** settlement, agreement; **una soluzione ragionevole dello sciopero** a sensible settlement to the strike.

solvente per smalto *noun* M nail polish remover.

somigliante *adjective* similar; **un ritratto somigliante** a good likeness.

somiglianza *noun* F resemblance.

somigliare *verb* [8] to resemble; **somiglia molto alla mamma** s/he looks a lot like her/his mother.

somma *noun* F **1** sum, addition; **segno della somma** plus sign; **2** amount; **una somma di denaro** an amount of money.

sommare *verb* [1] to add (*numbers*).

sommata/sommato *adjective* added up; * **tutto sommato** all in all.

sommergere *verb* [43] to submerge, to flood; **l'acquazzone ha sommerso tutta la vallata** the downpour flooded the entire valley.

sommergibile *noun* M submarine.

sonaglio *noun* M (baby's) rattle.

sondaggio *noun* M survey, poll.

sondare *verb* [1] to poll, to sample; **sondare l'opinione pubblica su una questione** to poll public opinion on an issue.

ITALIAN–ENGLISH

sonetto *noun* M sonnet.

sonnambula/sonnambulo *noun* F/M sleepwalker.

sonnecchiare *verb* [2] to doze, to nap.

sonnellino *noun* M nap; **fare un sonnellino** to have a nap.

sonnifero *noun* M sleeping pill.

sonno *noun* M sleep; **avere sonno** to be sleepy; **prendere sonno** to fall asleep.

sonnolenza *noun* F drowsiness.

sonora/sonoro *adjective* sonorous; **colonna sonora** soundtrack (*of a film*).

sopportare *verb* [1] **1** to bear, to sustain; **sopportare spese enormi** to sustain heavy expenses; **2** to tolerate, to stand; **non sopporto gente come lui** I can't stand people like him.

soppressa/soppresso *adjective* suppressed.

sopprimere *verb* [40] **1** to repeal, to abolish; **sopprimere una legge** to repeal a law; **2** to eliminate, to censor; **la censura ha soppresso certi paragrafi dell'articolo** the censor cut certain paragraphs from the article.

sopra *preposition* **1** on; **la bottiglia sta sopra il tavolo** the bottle is on the table; **2** over; **il ponte sopra il canale** the bridge over the canal; **3** above; **due chilometri sopra il livello del mare** two kilometres above sea level; **essere al di sopra di ogni sospetto** to be above every suspicion; * **stare sopra a qualcuna/qualcuno** to be superior to someone.
adverb **di sopra** above.

soprabito *noun* M overcoat.

sopracciglio *noun* M (*plural* F **le sopracciglia**) eyebrow.

sopraccoperta *noun* F dust jacket.

sopraddetta/sopraddetto *adjective* above-mentioned.

soprannaturale *adjective* supernatural.

soprannome *noun* M nickname.

soprappensiero *adverb* deep in thought; **essere soprappensiero** to be deep in thought, preoccupied.

soprattutto *adverb* above all.

sopravvivere *verb* [82] **1** to outlive; **è sopravvissuta ai figli** she has outlived her children; **2** to survive; **sopravvivere al terremoto** to survive an earthquake.

sorbire *verb* [12] to sip.

sorda/sordo *adjective* deaf.

sordomuta/sordomuto *adjective* deaf mute.

sorella *noun* F **1** sister; **2** nun.

sorgere *verb* [57] to rise; **il sole sorge ad est** the sun rises in the east.

sorpassare *verb* [1] **1** to overtake; **sorpassare un camion** to overtake a truck; **2** to overstep; * **sorpassare i limiti** to go too far.

sorprendente *adjective* surprising, amazing.

sorprendere *verb* [60] **1** to (take by) surprise; **essere sorpreso dalla pioggia** to be taken by surprise by the rain; **2** to amaze; **la notizia mi sorprende** the news amazes me.

sorpresa *noun* F surprise; **fare una sorpresa a qualcuna/qualcuno** to surprise someone.

sorreggere *verb* [44] to support, to hold up; **una colonna sola sorregge il tetto** a single pillar holds up the roof.

sorridente *adjective* smiling.

sorridere *verb* [32] to smile.

sorriso *noun* M smile.

sorseggiare *verb* [6] to sip; **sorseggiare il vino** to sip the wine.

sorso *noun* M sip; **a sorsi** in sips; **bere tutto d'un sorso** to drink all in one gulp.

sorta *noun* F kind, type; **di ogni sorta** of all kinds.

sorte *noun* F fate, destiny.

sorvegliare *verb* [8] **1** to watch over, to supervise; **sorvegliare i lavoratori** to supervise workers; **2** to watch; (*surveillance*); **la polizia sorveglia il palazzo** the police are watching the building.

sosia *noun* F & M (*never changes*) double, lookalike (*of a person*).

sospendere *verb* [60] **1** to suspend, to interrupt; **sospendere i lavori** to suspend work; **2** to cancel; **la conferenza è stata sospesa** the lecture was cancelled.

sospesa/sospeso *adjective* hanging, suspended.

sospetta/sospetto *adjective* suspicious; **una persona sospetta** a suspicious looking person.

sospettare *verb* [1] **1** to suspect; **sospettare qualcuna/qualcuno di un delitto** to suspect someone of a crime; **2** to be suspicious of; **sospettare di qualcuna/qualcuno** to distrust someone.

sospetto *noun* M suspicion; **avere dei sospetti su qualcuna/qualcuno** to suspect someone.

sospirare *verb* [1] to sigh.

sospiro *noun* M sigh; **mandare un sospiro di sollievo** to give a sigh of relief.

sosta *noun* F stop, pause.

sostanza *noun* F substance, essence.

sostanzialmente *adverb* basically; **sostanzialmente non m'interessa** basically I'm not interested.

ITALIAN–ENGLISH — spaccatura

sostegno *noun* M support; **fare da sostegno** to support.

sostenere *verb* [75] **1** to support; **il muro sostiene il soffitto** the wall supports the ceiling; **2** to assert; **sostenere di essere innocente** to assert your innocence.

sostituire *verb* [12] **1** to replace; **sostituire il parabrezza** to replace the windscreen; **2** to stand in for, to substitute; **sostituire qualcuna/qualcuno** to stand in for someone.

sottaceti *plural noun* M pickles.

sottana *noun* F skirt.

sotterranea/sotterraneo *adjective* underground.

sottile *adjective* **1** subtle; **2** thin.

sottintesa/sottinteso *adjective* implied.

sotto *preposition* **1** under, below; **sotto la sedia** under the chair; **è sotto zero** it's below zero (*temperature*); **2** at the foot of; **sotto le montagne** at the foot of the mountains; **3 sotto Natale** around Christmas time.

sottolineare *verb* [1] **1** to underline; **sottolineare una frase** to underline a sentence; **2** to emphasise; **sottolineare i problemi più gravi** to emphasise the most serious problems.

sottomessa/sottomesso *adjective* subdued, submissive.

sottomettere *verb* [45] to subdue, to suppress; **sottomettere i ribelli** to subdue the rebels.

sottopassaggio *noun* M underpass.

sottosopra *adverb* topsy-turvy, chaotic.

sottostimare *verb* [1] to underestimate.

sottotitolo *noun* M subtitle.

sottoveste *noun* F petticoat, slip.

sottovoce *adverb* in a low voice, softly; **parlare sotto voce** to speak softly.

sottrarre *verb* [78] **1** to subtract; **sottrarre cinque da dieci** to subtract five from ten; **2** to remove; **sottrarre qualcosa alla vista di qualcuna/qualcuno** to remove something from someone's sight; **3 sottrarre fondi** to embezzle money.

sovente *adverb* often.

sovraccaricare *verb* [3] to overload, to overburden.

sozza/sozzo *adjective* filthy; **avere i piedi sozzi** to have filthy feet.

spaccare *verb* [3] **1** to split; **spaccare la legna con l'accetta** to split the firewood with an axe; **2** to break; **spaccare il vetro con una pedata** to break the glass with a kick.

spaccatura *noun* F split, crack.

spacciatore/spacciatrice noun M/F drug dealer.

spada noun F sword.

spaghetti plural noun M spaghetti; **questi spaghetti sono freddi** this spaghetti is cold.

spago noun M string.

spalancare verb [3] to throw open; **spalancare le porte** to throw open the doors.

spalla noun F shoulder; **stringersi nelle spalle** to shrug your shoulders; **largo di spalle** broad-shouldered; * **dietro le spalle di qualcuna/qualcuno** behind someone's back.

spalmare verb [1] to spread; **spalmare la marmellata sul pane** to spread the bread with jam.

spandere verb [70] **1** to spread; **spandere la vernice sulla tela** to spread the paint on the canvas; **2** to spill; **spandere l'olio sulla tovaglia** to spill oil on the tablecloth; * **spendere e spandere** to throw money around.

sparare verb [1] to shoot; **sparare con un fucile** to shoot a rifle; **la polizia ha sparato sui manifestanti** the police fired on the demonstrators.

sparecchiare verb [2] to clear away (*dishes*); **sparecchiare la tavola** to clear the table.

spargere verb [71] **1** to scatter, to sow; **spargere semi** to sow seeds; **2** to spill; **spargere il latte sul pavimento** to spill milk on the floor; **3** to spread (*about*); **spargere notizie false** to spread false rumours.

sparire verb [85] to disappear; **sparire tra la folla** to disappear into the crowd.

sparlare verb [1] to speak badly of, to slander; **sparlare di qualcuna/qualcuno** to speak badly of someone.

sparo noun M shot (*of a gun*).

sparpagliare verb [8] to scatter; **sparpagliare libri sulla scrivania** to spread books all over the desk.

sparsa/sparso adjective scattered.

spartire verb [12] to divide, to separate; **spartire gli incassi** to split the takings.

spasso noun M fun, entertainment; * **andare a spasso** to wander around.

spassosa/spassoso adjective hilarious; **una situazione spassosa** a hilarious situation.

spavalda/spavaldo adjective arrogant.

spaventapasseri noun M (*never changes*) scarecrow.

spaventare verb [1] to frighten; **il clacson ha spaventato gli uccelli** the horn frightened the birds.

spavento *noun* M fear, fright.

spaventosa/spaventoso *adjective* frightening.

spazio *noun* M **1** space; **i primi viaggiatori nello spazio** the first space travellers; **2** room, space; **spazio pubblicitario** advertising space; **3** space; **a casa nostra manca lo spazio** at home there is a lack of space.

spazzare *verb* [1] to sweep; **spazzare il pavimento** to sweep the floor.

spazzatura *noun* F rubbish.

spazzola *noun* F brush; **spazzola per i capelli** hairbrush.

spazzolino *noun* M small brush; **spazzolino da denti** toothbrush.

specchietto retrovisore *noun* M rear-vision mirror.

specchio *noun* M mirror.

speciale *adjective* special, extraordinary.

specialista *noun* F & M specialist.

specializzarsi *reflexive verb* [1] to specialise; **si è specializzata in legge costituzionale** she specialised in constitutional law.

specialmente *adverb* specially, especially.

specie *noun* F (*never changes*) **1** kind, type; **ogni specie di bevanda** every kind of drink; **2** species; **l'origine delle specie** the origin of species.

specifica/specifico *adjective* specific, particular.

specificare *verb* [3] to specify; **specificare l'ora di partenza** to specify the departure time.

spedire *verb* [12] to send, to post; **spedire un pacco** to send a package.

spegnere *verb* [72] **1** to put out; **spegnere il fuoco** to put the fire out; **2** to switch off; **spegnere la radio** to turn off the radio.

spendere *verb* [60] to spend; **spendere troppi soldi** to spend too much money.

spennare *verb* [1] to fleece, to rip off; **in quel negozio spennano i clienti** that shop rips off its customers.

spensierata/spensierato *adjective* carefree.

speranza *noun* F hope.

sperare *verb* [1] **1** to hope; **speriamo che tutto va bene** let's hope that all goes well; **2** to hope (in), to trust (in); **sperare in tempi migliori** to hope for better times.

sperimentare *verb* [1] to test, to try out; **sperimentare una nuova medicina** to trial a new medicine.

spesa *noun* F expense; **fare la spesa** to do the shopping (*for food items*); **fare delle spese** to shop (*for non-daily items*).

spesso *adverb* often.

spettacolo

spettacolo *noun* M **1** show; **uno spettacolo musicale** a musical (show); **2 gli spettacoli** What's on (*entertainment guide*).

spettare *verb* [1] to be up to; **spetta a lui telefonare** it's up to him to phone.

spettatore/spettatrice *noun* M/F spectator, viewer.

spezie *plural noun* F (*never changes*) spices.

spezzare *verb* [1] to break into pieces.

spia *noun* F spy

spiacevole *adjective* unpleasant.

spiaggia *noun* F beach.

spiare *verb* [1] to spy.

spiazzo *noun* M open space.

spiccioli *plural noun* M small change.

spiegare *verb* [4] **1** to unfold; **spiegare una coperta** to unfold a blanket; **2** to explain; **spiegare il problema** to explain the problem.

spiegarsi *reflexive verb* [4] to explain yourself; **non si è spiegato bene** he didn't explain himself properly.

spietata/spietato *adjective* pitiless, cruel.

spigolo *noun* M corner, edge; **lo spigolo del tavolo** the edge of the table.

spilla *noun* F brooch, tiepin.

ITALIAN-ENGLISH

spillo *noun* M pin; **spillo di sicurezza** safety pin.

spilluzzicare *verb* [3] to nibble; **se continui a spilluzzicare ti passa l'appetito** if you keep nibbling you'll ruin your appetite.

spina *noun* F **1** thorn; **2** electrical plug; **3** tap; **birra alla spina** beer on tap.

spinaci *plural noun* M spinach.

spinata/spinato *adjective* thorny; **filo spinato** barbed wire.

spingere *verb* [73] **1** to push; **spingere la porta** to push (open) the door; **2** to urge; **spingere qualcuna/qualcuno a fare attenzione** to urge someone to pay attention.

spinta *noun* F **1** push; **2** inducement.

spiraglio *noun* M gap, crack.

spirale *noun* M spiral.

spirito *noun* M **1** spirit, soul; **2** ghost; **si dice che in quella casa ci sono gli spiriti** they say that house is haunted; **3** attitude; **spirito di tolleranza** a tolerant attitude; **4** liveliness, wit; **avere un grande spirito** to be a lively person; **povero di spirito** a dull person.

spiritosa/spiritoso *adjective* witty.

spirituale *adjective* spiritual.

spizzicare *verb* [3] SEE **spilluzzicare**.

ITALIAN–ENGLISH

spot pubblicitario

splendere *verb* [9a] to shine, to sparkle; **splendere come il sole** to shine like the sun.

splendida/splendido *adjective* bright, dazzling.

splendore *noun* M brightness.

spocchiosa/spocchioso *adjective* pompous.

spoglia/spoglio *adjective* bare, naked.

spogliare *verb* [8] to undress; **spoglia la bambina prima di lavarla** undress the baby before washing her.

spogliarsi *reflexive verb* [8] to get undressed; **spogliatevi e fate la doccia!** get undressed and have a shower!

spogliatoio *noun* M (*in a sports complex*) changing room.

spolverare *verb* [1] to dust.

sponda *noun* F **1** bank, embankment; **le sponde del fiume** the banks of the river; **2** edge, side; **le sponde del carro** the sides of the cart.

spontanea/spontaneo *adjective* spontaneous.

sporadica/sporadico *adjective* sporadic.

sporca/sporco *adjective* dirty.

sporcare *verb* [3] to dirty, to soil; **sporcare la camicia** to soil your shirt.

sporcarsi *reflexive verb* [3] to get (yourself) dirty; **si è sporcata nel fango** she got dirty in the mud.

sporcizia *noun* F filth.

sporgersi *reflexive verb* [57] to lean out; **è vietato sporgersi dal finestrino** it is forbidden to lean out the window.

sport *noun* M sport; **fare lo sport** to play sport; **qual è il tuo sport preferito?** what's your favourite sport?

sporta *noun* F basket, shopping bag.

sportello *noun* M **1** car door; **2** ticket window, cash desk.

sposa/sposo *noun* F/M bride/groom.

sposare *verb* [1] to marry; **l'ha sposato dopo un lungo fidanzamento** she married him after a long engagement.

sposarsi *reciprocal verb* [1] to get married; **si sposano l'anno prossimo** they are getting married next year.

spostare *verb* [1] to move, to rearrange; **spostare i mobili** to rearrange the furniture.

spostarsi *reflexive verb* [1] to move (over *or* along); **spostiamoci un po' per fare più spazio** let's move along a bit to make more room.

spostata/spostato *noun* F/M misfit.

spot pubblicitario *noun* M (*plural* **spot pubblicitari**) television commercial.

sprangare *verb* [4] to bolt (*a door*).

spray *noun* M (*never changes*) spray can, spray.

sprecare *verb* [3] to waste, to squander; **sprecare soldi** to squander your money; * **sprecare il fiato** to waste your breath (*words*).

spreco *noun* M waste; **uno spreco di tempo** a waste of time.

spregiativa/spregiativo *adjective* insulting, derogatory; **una parola spregiativa** an insulting word.

spremere *verb* [9a] to squeeze; **spremere un limone** to squeeze a lemon.

spremuta *noun* F freshly squeezed fruit juice; **spremuta d'arancia** freshly squeezed orange juice.

sprofondare *verb* [1] to sink; **sprofondare nella sabbia** to sink into the sand.

spruzzare *verb* [1] to spray.

spruzzata *noun* F sprinkling; **spruzzata di neve** a sprinkling of snow.

spruzzo *noun* M spray.

spudorata/spudorato *adjective* shameless.

spugna *noun* F sponge.

spugnetta *noun* F squeegee (*for washing floors, windows, etc.*).

spuntare *verb* [1] **1** to blunt; **spuntare una matita** to blunt a pencil; **2** to emerge, to appear; **sono spuntate foglie** new leaves have appeared.

spuntino *noun* M snack; **fare uno spuntino** to have a snack.

sputare *verb* [1] to spit; **vietato sputare** no spitting.

squadra *noun* F team, squad.

squalifica *noun* F (*sport*) foul, disqualification.

squallida/squallido *adjective* dismal.

squalo *noun* M shark; **carne di squalo** flake.

squarciare *verb* [5] to tear; **squarciare la carta** to tear paper.

squarcio *noun* M tear, rip.

squattrinata/squattrinato *adjective* penniless.

squilibrio *noun* M imbalance.

squillare *verb* [1] to ring; **ha squillato il telefono?** did the phone ring?

squillo *noun* M ring (*telephone*).

squisita/squisito *adjective* **1** delicious; **2** exquisite.

squittire *verb* [12] to squeak (*sound made by person or animal*).

sradicare *verb* [3] to uproot; **il temporale ha sradicato molti alberi** the storm uprooted many trees.

ITALIAN–ENGLISH

stabile *adjective* stable, steady. *noun* M building.

stabilimento *noun* M factory.

stabilire *verb* [12] to establish, to settle; **stabilire l'ora dell'appuntamento** to fix the appointment time.

stabilità *noun* F stability.

stacanovista *noun* F & M workaholic.

staccare *verb* [3] **1** to detach; **staccare un foglio da un quaderno** to detach a sheet from a pad; **2** to unplug; **staccare il televisore** to unplug the television.

staccarsi *reflexive verb* [3] to separate; **un bottone si è staccato dalla camicia** a button has come off the shirt.

staccata/staccato *adjective* detached, separate.

stadio *noun* M stadium.

stage *noun* M (*never changes*) training; **fare uno stage** to do training, to do work experience.

stagione *noun* F season; **le quattro stagioni** the four seasons; **alta stagione** high season (*tourism*).

stagno *noun* M **1** tin; **2** pond.

stalla *noun* F stable, barn.

stallone *noun* M stallion.

stampa *noun* F **1** printing; **la seconda stampa** reprint (*of a book*); **2 la stampa** the press; **3 stampe pubblicitarie** junk mail.

stampare *verb* [1] to print, to publish; **stampare un libro** to print a book.

stampella *noun* F crutch; **non riesce a camminare senza le stampelle** s/he can't walk without her/his crutches.

stanca/stanco *adjective* tired.

stancare *verb* [3] to tire; **il compito mi ha stancato** the job tired me out.

stancarsi *reflexive verb* [3] to become tired; **si è stancata subito** she became tired immediately.

stanchezza *noun* F fatigue, weariness.

stanga *noun* F bar, crossbar.

stanotte *adverb* **1** (*if said in morning*) last night; **2** (*if said later in the day*) tonight.

stanza *noun* F room.

stare *verb* [20] **1** to be (*referring to condition*); **'come stai?' – 'bene, grazie'** 'how are you?' – 'fine thanks'; **2** to be located; **il cinema sta a due minuti di qui** the cinema is two minutes from here; **3** to live; **sta a Tokio** s/he lives in Tokyo; **sta con i suoi** s/he lives with her/his parents; **4** to stay; **starà un anno a Roma** s/he's going to stay for a year in Rome; **stare al sole** to stay in the sun; **5 stare per** to be about to do something; **stiamo**

starnutire

per uscire we're about to go out; **6** (*combines with the verbal forms* -ando *and* -endo *to express ongoing actions*) **cosa stai facendo?** what are you doing?; **stavo mangiando quando Carla mi ha telefonato** I was eating when Carla phoned me.

starnutire *verb* [12] to sneeze.

starnuto *noun* M sneeze.

stasera *adverb* tonight; **arrivano stasera** they are arriving tonight.

statale *adjective* of the state, of the government; **scuola statale** state/government school.

stato *noun* M **1** condition, state; **in cattivo stato** in poor condition; **stato di salute** state of health; **stato d'animo** state of mind; **2** situation; **stato d'emergenza** state of emergency; **stato di guerra** state of war; **3** state, country; **lo Stato francese** the French State; **gli Stati Uniti** the United States (of America); **stato democratico** democratic state.

statua *noun* F statue.

statuto *noun* M constitution (*of a club, society, etc.*).

stazione *noun* F station; **stazione ferroviaria** train station; **stazione radio** radio station; **stazione di lavoro** workstation.

stecca *noun* F **1** bar, rod, stick; **2** billiard cue.

steccato *noun* M fence.

ITALIAN–ENGLISH

stella *noun* F star.

stendere *verb* [60] **1** to stretch (out); **stendere le gambe** to stretch out your legs; **2** to hang (out); **stendere i panni** to hang out the washing.

stendersi *reflexive verb* [60] to stretch out; **si è stesa sul divano** she stretched out on the couch.

stenografia *noun* F shorthand.

stento *noun* M suffering, hardship.

sterco *noun* M dung.

sterile *adjective* sterile, barren.

sterlina *noun* F pound (sterling).

sterminare *verb* [1] to exterminate; **sterminare scarafaggi** to exterminate cockroaches.

stesa/steso *adjective* stretched out.

stessa/stesso *adjective* **1** same; **gli stessi problemi di prima** the same problems as before; **sempre le stesse bugie** the same old lies; **2** (*with a personal pronoun*) myself, yourself, herself, himself, ourselves, yourselves, themselves; **io stessa** I myself; **loro stessi** they themselves.

stesso *adverb* anyway, all the same; **verrà lo stesso** s/he will come anyway.

stile *noun* M **1** manner, way; **stile di vita** lifestyle; **2** style, class; **avere stile** to have style; **3** (*swimming*) **stile libero** freestyle.

stima *noun* F respect.

stimare *verb* [1] to respect; **stimare molto qualcuna/qualcuno** to think highly of someone.

stimolante *adjective* stimulating.

stimolare *verb* [1] **1** to urge, to stimulate; **stimolare gli studenti a studiare** to urge the students to study; **2** to arouse; **odori che stimolano l'appetito** appetising smells.

stimolo *noun* M incentive.

stinco *noun* M shin.

stipendio *noun* M salary, pay.

stirare *verb* [1] **1** to stretch (out); **stirare le braccia** to stretch your arms; **2** to iron; **stirare una camicia** to iron a shirt.

stiro *noun* M ironing; **asse da stiro** ironing board.

stivale *noun* M boot.

stoffa *noun* F cloth, fabric; **stoffa di lana** woollen fabric; **stoffa scozzese** tartan.

stolta/stolto *adjective* foolish, silly.

stomaco *noun* M stomach.

stonare *verb* [1] to sing or play out of tune; **gli piace cantare ma stona sempre** he likes to sing but he's always out of tune.

stordire *verb* [12] to stun, to daze; **un panorama che stordisce** a stunning view.

storia *noun* F **1** history; **2** story.

storica/storico *adjective* **1** historical; **2** historic.

stormo *noun* M flock (*of birds*).

storpia/storpio *adjective* crippled;
noun F/M cripple.

storta/storto *adjective* crooked, twisted; **andare storto** to misfire.

stoviglie *plural noun* F crockery.

stracciare *verb* [5] to tear up, to rip; **stracciare un pezzo di stoffa** to tear up a piece of cloth.

straccio *noun* M **1** rag; **2 straccio per il pavimento** mop.

strada *noun* F road, street; **strada maestra** main road; **una strada asfaltata** a sealed road; **strada senza sbocco** no through road, dead end; * **mettersi sulla buona strada** to take the right path.

stradale *adjective* of the road.

strage *noun* F massacre.

strana/strano *adjective* strange.

stranezza *noun* F strangeness.

strangolare *verb* [1] to strangle.

straniera/straniero *adjective* foreign.
noun F/M foreigner.

straordinaria/straordinario *adjective* extraordinary.

straordinario *noun* M overtime; **fare lo straordinario** to do overtime.

strappalacrime *adjective* (*never changes*) tear-jerker.

strappare *verb* [1] **1** to tear; **strappare una pagina da un libro** to tear a page out of a book; **2** to tear (up) **strappare il giornale** to tear up the newspaper.

strato *noun* M layer, coating.

stravagante *adjective* eccentric.

strega *noun* F witch.

stregone *noun* M wizard.

stremata/stremato *adjective* exhausted.

stretta/stretto *adjective* tight, narrow; **una camicia stretta** a tight(-fitting) shirt.

strillare *verb* [1] to yell, to shriek; **non strillare!** don't yell!

stringa *noun* F shoelace.

stringere *verb* [74] **1** to clutch, to hold tightly; **la donna stringeva il bambino tra le braccia** the woman held the child tightly in her arms; **2 stringere la mano a qualcuna/qualcuno** to shake someone's hand.

strisce pedonali *plural noun* F zebra crossing.

striscia *noun* F **1** strip, stripe; **2 striscia di fumetti** comic strip.

strizzare *verb* [1] to wring out; **strizzare un panno** to wring out a cloth.

strofa *noun* F verse, stanza.

strofinaccio *noun* M dishcloth, tea towel.

strofinare *verb* [1] to rub, to polish; **strofinare i vetri con un panno** to polish the windows with a rag.

stroncare *verb* [3] to break off; **stroncare i rami secchi di un albero** to break the dead branches off a tree.

strumento *noun* M **1** tool, instrument; **2 strumento a fiato** wind instrument (*music*).

struttura *noun* F structure, framework.

struzzo *noun* M ostrich.

stucco *noun* M plaster filler (*used on walls*), putty (*used around the glass in windows*).

studente/studentessa *noun* M/F male student/female student.

studentesca/studentesco *adjective* student (*relating to students*).

studiare *verb* [2] to study; **studiare una lingua straniera** to study a foreign language.

studio *noun* M **1** study; **2** studio, office.

stufa *noun* F stove, oven.

stufa/stufo *adjective* to be sick of, to be fed up with.

ITALIAN–ENGLISH — successo

stufare *verb* [1] **1** to stew; **stufare la carne** to stew meat; **2** to tire out, to annoy; **le sue chiacchiere mi hanno proprio stufato** I'm really fed up with all her/his chatter.

stufarsi *reflexive verb* [1] to get sick of; **si è stufata di mangiare sempre riso** she got sick of always eating rice.

stupenda/stupendo *adjective* marvellous.

stupida/stupido *adjective* stupid.

stupire *verb* [12] to amaze; **il suo comportamento mi ha stupito** her/his behaviour amazed me.

stupirsi *reflexive verb* [12] to be amazed; **mi stupisco del suo forte ritardo** I'm amazed at his incredible lateness.

stupita/stupito *adjective* amazed.

stupro *noun* M rape.

stuzzicadenti *noun* M (*never changes*) toothpick.

stuzzicare *verb* [3] to pick, to poke at; **smetti di stuzzicarti i denti!** stop picking your teeth!

su *adverb* **1** up, above, overhead; **2** upstairs; **se mi cercano sono su** if anyone is looking for me I'll be upstairs; **vieni su!** come on up!
exclamation come on!
preposition (*note that* su *combines with definite articles*: su + il *becomes* sul, su + lo *becomes* sullo, su + la *becomes* sulla, su + l' *becomes* sull', su + i *becomes* sui, su + gli *becomes* sugli, su + le *becomes* sulle) **1** on; **il giornale è sul tavolino** the newspaper is on the coffee table; **2** above, over; **un ponte sul canale** a bridge over the canal; **3** about, on; **scrivete un tema sulle vostre vacanze estive** write an essay about your summer holidays.

sua/suo *adjective* (*plural*: **sue/suoi**) her, his, its; **la sua macchina** her/his car; **i suoi libri** her/his books; **suo padre** her/his father; **sua sorella** her/his sister.
pronoun hers, his, its; **questo quaderno è suo** this exercise book is hers/his.

subconscia/subconscio *adjective* subconscious.

subdola/subdolo *adjective* sly.

subire *verb* [12] **1** to suffer; **subire un'offesa** to suffer an insult; **2** to undergo, to experience; **subire un intervento chirurgico** to undergo an operation.

subito *adverb* immediately.

succedere *verb* [26] **1** to occur; **ch'è successo?** what's happening?; **2** to come after, succeed; **George W. Bush è successo a Bill Clinton** George W. Bush succeeded Bill Clinton.

successo *noun* M **1** success; **il film ha avuto grande successo** the film was a great success; **2** hit; **come si chiama**

succhiare

l'ultimo successo di Kylie? what's Kylie's latest hit called?

succhiare *verb* [2] **1** to suck (on); **succhiare una caramella** to suck on a sweet; **2** to absorb; **le radici succhiano i nutrienti dalla terra** the roots absorb nutrients from the ground.

succinta/succinto *adjective* succinct, brief.

succo *noun* M **1** juice; **succo di frutta** fruit juice; **2** gist; **il succo del discorso** the gist of the argument.

succursale *noun* F branch office.

sud *adjective* (*never changes*) south, southern; **il Polo sud** the South Pole.
noun M south.

sudare *verb* [1] to sweat; **sudare per il caldo** to sweat because of the heat.

sud-est *adjective* (*never changes*) south-east, south-eastern.
noun M south-east.

sudicia/sudicio *adjective* dirty, filthy.

sudore *noun* M sweat, perspiration.

sud-ovest *adjective* (*never changes*) south-west, south-western.
noun M south-west.

sufficiente *adjective*
1 sufficient, adequate;
2 condescending; **è un tipo sufficiente** s/he's the condescending type.

sufficienza *noun* F **1** (*in an exam, school subject, etc.*) pass; **ha preso la sufficienza in matematica** s/he got a pass in maths; **2** condescension.

suffisso *noun* M suffix.

suggerire *verb* [12] to suggest; **suggerire un'alternativa** to suggest an alternative.

sughero *noun* M cork.

sugo *noun* M sauce; **sugo di carne** gravy.

suicidarsi *reflexive verb* [1] to commit suicide, (*informal*) to top yourself; **i motivi per cui si è suicidata rimangono oscuri** the reasons for her suicide remain unclear.

suicidio *noun* M suicide.

sultana *noun* F **1** sultan's wife; **2** sultan's mother.

sultano *noun* M sultan.

suocera/suocero *noun* F/M mother-in-law/father-in-law.

suonare *verb* [1] to play (an instrument); **suono la chitarra** I play the guitar.

suono *noun* M sound.

suora *noun* F nun.

superalcolici *plural noun* M spirits (*alcohol*).

superare *verb* [1] **1** to exceed, to pass; **superare le aspettative** to exceed expectations; **superare**

ITALIAN–ENGLISH

l'esame to pass the exam; **2** to overcome; **superare tutti gli ostacoli** to overcome all obstacles.

superba/superbo *adjective* **1** proud; **2** superb.

superbia *noun* F pride.

superficiale *adjective* superficial.

superficie *noun* F (*never changes*) surface.

superflua/superfluo *adjective* superfluous.

superiore *adjective* **1** superior (*of quality*); **2** higher, advanced.

superstizione *noun* F superstition.

superstiziosa/superstizioso *adjective* superstitious.

supplemento *noun* M supplement, additional charge (*required when travelling on some Italian trains*).

supplicare *verb* [3] to beg; **supplicare qualcuna/qualcuno di fare qualcosa** to beg someone to do something.

supporre *verb* [58] to suppose, to assume; **supponiamo per un momento che non è stato lui ...** let's assume for a moment that it wasn't him ...

suprema/supremo *adjective* highest, greatest.

suscitare *verb* [1] to bring about, to arouse.

susino *noun* M plum tree.

svelta/svelto

sussidio *noun* M **1** subsidy, allowance; **2** grant.

sussurrare *verb* [1] to whisper; **sussurrava all'orecchio dell'amico** s/he whispered into her/his friend's ear.

svago *noun* M amusement, pastime.

svanire *verb* [12] to disappear, to fade away; **la nave svaniva sull'orizzonte** the ship disappeared over the horizon.

svantaggiata/svantaggiato *adjective* disadvantaged; **essere svantaggiata/svantaggiato** to be disadvantaged.

svantaggio *noun* M disadvantage, drawback.

sveglia *noun* F alarm clock.

sveglia/sveglio *adjective* awake.

svegliare *verb* [8] to wake; **la mamma sveglia i bambini ogni mattina alle otto** the mother wakes the kids at eight o'clock every morning.

svegliarsi *reflexive verb* [8] to wake up; **non riesce a svegliarsi presto** s/he can't manage to wake up early.

svelare *verb* [1] to reveal; **svelare un mistero** to reveal a mystery.

svelta/svelto *adjective* **1** fast, quick; **camminare a passo svelto** to walk quickly; **2** quick, quick-witted; **è una ragazza svelta nel capire** she is quick to understand.

svendita *noun* F sale.

svenire *verb* [92] to faint; **è svenuto per lo spavento** he fainted from fright.

sventola *noun* F (*informal*) whack; **dare una sventola a qualcuna/qualcuno** to whack someone.

sventura *noun* F **1** bad luck; **2** doom.

sviluppare *verb* [1] to develop; **sviluppare i muscoli** to develop your muscles; **sviluppare meglio l'argomento** to better develop the argument.

svilupparsi *reflexive verb* [1] to develop, to grow; **l'economia nazionale si è sviluppata rapidamente negli ultimi anni** the national economy has developed rapidly in the last few years.

sviluppata/sviluppato *adjective* **1** developed; **i paesi sviluppati** developed countries; **2** sturdy, strong; **un ragazzo sviluppato** a sturdy lad.

sviluppo *noun* M development.

svincolare *verb* [1] to release, to set free; **svincolare qualcuna/qualcuno da ogni obbligo** to release someone from all obligations.

svista *noun* F oversight; **è stata una svista da parte mia** it was an oversight on my part.

svitare *verb* [1] to unscrew, to undo; **svitare un bullone** to undo a bolt.

svolgere *verb* [84] **1** to unroll, to unwind; **svolgere il rotolo di carta** to unroll the roll of paper; **2** to develop; **svolgere un argomento** to develop an argument.

svolgersi *reflexive verb* [84] to occur, to take place; **i fatti si sono svolti in modo inaspettato** things occurred in a strange way.

svolta *noun* F **1** turning; **fare una svolta** to turn; **svolta a destra** right turn; **2** turning point; **una svolta nelle indagini** a turning point in the investigation.

svuotare *verb* [1] to empty; **svuotare una bottiglia d'un sorso** to empty a bottle in a single gulp.

T t

tabella *noun* F **1** table (*with data*); **2 tabella di marcia** program, schedule.

tabellone *noun* M noticeboard.

tabellone orario *noun* M departures/arrivals board.

taccheggiare *verb* [6] to shoplift.

taccheggiatore/taccheggiatrice *noun* M/F shoplifter.

taccheggio noun M shoplifting; **è stato condannato per taccheggio** he was convicted of shoplifting.

tacchino noun M turkey.

tacco noun M heel (of a shoe); **porta sempre scarpe con i tacchi alti** she always wears high-heeled shoes.

taccuino noun M notebook; **taccuino di indirizzi** address book.

tacere verb [54] to be silent, to fall silent; **è uno che non sa tacere** he's the type that doesn't know how to be quiet; **il campanello d'allarme d'improvviso ha taciuto** the alarm bell suddenly fell silent.

tachimetro noun M speedometer.

tacita/tacito adjective 1 quiet; 2 unspoken; **un tacito accordo** an unspoken agreement.

taciturna/taciturno adjective reserved, quiet; **una persona taciturna** a reserved person.

taglia noun F size (of clothes) **la camicia non è della sua taglia** the shirt isn't her/his size.

tagliando noun M coupon.

tagliare verb [8] 1 to cut, to cut off, to cut up; **tagliare una torta** to cut a cake; **tagliare l'acqua** to cut off the water; 2 **tagliare l'erba** to mow the lawn; * **tagliare la corda** to get away from somewhere; **tagliamo la corda!** let's get out of here!

tagliarsi reflexive verb [8] to cut yourself; **si è tagliata la mano col coltello** she cut her hand with the knife.

tagliente adjective cutting, sharp.

taglio noun M 1 cut, cutting; **il taglio di un bosco** the cutting down of a forest; 2 edge (of a knife etc.); **a doppio taglio** double-edged; 3 a piece of something; **un taglio di stoffa** a piece of material.

tale adjective & pronoun such, like this; **tale comportamento va punito** such behaviour should be punished; **non era pronto per una tale domanda** he wasn't ready for such a question; **in tal caso** in such a case.

talento noun M talent, ability; **talento artistico** artistic talent; **è una persona di talento** s/he's a talented person.

talmente adverb so; **era talmente contenta** she was so happy.

talpa noun F (animal) mole.

talvolta adverb sometimes.

tamarra/tamarro noun F/M bogan.

tamburo noun M drum; **battere il tamburo** to beat the drum.

tampinare verb [1] (informal) to harass.

tamponare verb [1] 1 to stop up, to plug up; 2 to run into (a car); **ha tamponato una macchina** s/he ran into a car.

tampone ITALIAN–ENGLISH

tampone *noun* M tampon.

tana *noun* F burrow, lair; **la tana della volpe** the fox's lair.

tandem *noun* M tandem bicycle.

tanfo *noun* M musty smell.

tangente *noun* F **1** tangent; **2** bribe.

tanica *noun* F can (*for petrol or oil*).

tanta/tanto *adjective* **1** much, many, a lot; **tante cose** many things; **tanta gente** a lot of people; **è tanto tempo che non ci vediamo** it's been ages since we saw each other; **2** so much, so many; **ha tanti pensieri che non riesce a dormire** s/he's got so many worries that s/he can't sleep.

tanto *adverb* **1** so, so much; **è tanto ricca che non deve lavorare** she's so rich she doesn't have to work; **mi piaci tanto** I like you so much; **2 tanto … quanto** as … as; **è tanto intelligente quanto bella** she's as intelligent as she is beautiful; **sono tanto alta quanto mio fratello** I'm as tall as my brother. *pronoun* (*never changes*) **1** so much, such a lot; **quell'errore mi è costato tanto** that mistake cost me so much; **2 ogni tanto** every now and then; **3 di tanto in tanto** from time to time.

tapis roulant *noun* M (*never changes*) passenger conveyor belt.

tappa *noun* F stop, stopover; **l'aereo fa tappa a Hong Kong** the plane has a stopover in Hong Kong.

tappabuchi *noun* M (*never changes*) (*informal*) stopgap.

tappare *verb* [1] to plug, to stop up, to cork; **tappare la bottiglia** to cork the bottle.

tappeto *noun* M carpet, rug (*not wall-to-wall*).

tappo *noun* M bottle top, cork.

tarchiata/tarchiato *adjective* sturdy, thickset (*said of a person*).

tarda/tardo *adjective* late; **a notte tarda** late at night.

tardare *verb* [1] to be late, to delay, to hold up; **ha tardato mezz'ora all'appuntamento** s/he was half an hour late for the appointment.

tardi *adverb* **1** late; **è tardi** it's late; **oggi mi sono alzata tardi** I got up late today; **2 fare tardi** to be late; **purtroppo faccio sempre tardi** unfortunately I'm always late; * **meglio tardi che mai** better late than never.

targa *noun* F number plate.

targata/targato *adjective* registered; **la mia macchina è targata Taranto** my car is registered in Taranto.

tariffa *noun* F **1** charge, rate, fee; **2 tariffa ordinaria** off-peak rate; **elettricità a tariffa ordinaria** off-peak electricity; **3 tariffa di punta** peak rate.

ITALIAN–ENGLISH

tarlo *noun* M woodworm.

tarma *noun* F moth.

taroccata/taroccato *adjective* fake; **un Rolex taroccato** a fake Rolex.

tartaruga *noun* F **1** tortoise; **2** turtle.

tasca *noun* F pocket; **la tasca posteriore** back pocket; **mettersi le mani in tasca** to put your hands in your pockets; * **conoscere qualcosa come le proprie tasche** to know something like the back of your hand.

tascabile *adjective* pocket-size.

tassa *noun* F **1** tax; **2** fee; **tasse universitarie** university fees.

tassì *noun* M (*never changes*) (*also* **taxi**) taxi; **chiamare un tassì** to call a taxi.

tassista *noun* F & M taxi driver.

tasso *noun* M rate; **tasso di interesse** interest rate.

tastare *verb* [1] to touch, to feel; **tastare il polso a qualcuna/qualcuno** to feel someone's pulse.

tastiera *noun* F keyboard.

tastierista *noun* F & M keyboard operator.

tasto *noun* M key (*of a keyboard*).

tastoni *adverb* (*always preceded by the preposition* **a**) by touch, gropingly; **andava a tastoni nel buio** s/he felt her/his way along in the dark.

tattica *noun* F tactics.

tatto *noun* M the sense of touch.

tatuaggio *noun* M tattoo.

taverna *noun* F tavern, country-style restaurant.

tavola *noun* F **1** table; **tavola da pranzo** dining table; **2** board, plank; **tavole di legno** planks of wood; **3** table, list (*of data or information*); **4 tavola rotonda** round table (discussion).

tavolino *noun* M small table, coffee table.

tavolo *noun* M table, writing table.

taxi *noun* M (*never changes*) SEE **tassì**.

tazza *noun* F cup, mug; **una tazza di tè** a cup of tea.

TBC (*short for* **tubercolosi**) *noun* F TB (tuberculosis).

te *pronoun* **1** you (*singular*); **si ricordava bene di te** s/he remembered you well; **2 beata te!** lucky you!; **3** to you (*NB: this is the form that* ti *takes when combined with other pronouns:* ti + la *becomes* te la, ti + lo *becomes* te lo, *etc.*); **te l'ha dato ieri** s/he gave it to you yesterday; **4 fallo da te!** do it by yourself!

tè (*also* **thè**) *noun* M (*never changes*) tea; **prendere il tè** to have tea.

teatro *noun* M theatre; **andare a teatro** to go to the theatre.

tecnica *noun* F technique, method.

tecnica/tecnico *adjective* technical.
noun F/M technician.

tecnofobica/tecnofobico *adjective* technophobic.

tecnologia *noun* F technology.

tegame *noun* M pan, saucepan.

tegola *noun* F roof tile.

teiera *noun* F teapot.

tela *noun* F **1** cloth; **2** canvas (*painting*).

telecomando *noun* M remote control (*for a television etc.*).

telefonare *verb* [1] to telephone; **telefonare a qualcuna/qualcuno** to phone someone; **telefonare a carico del ricevente** to call reverse charges.

telefonata *noun* F telephone call; **fare una telefonata** to make a phone call.

telefonino *noun* M mobile phone.

telefono *noun* M telephone; **telefono senza fili** cordless phone.

telegiornale *noun* M television news.

telegramma *noun* M telegram.

teleguidata/teleguidato *adjective* radio-controlled.

telenovela *noun* F (television) serial, soap opera.

telescopio *noun* M telescope.

telesorveglianza *noun* F video surveillance.

telespettatore/telespettatrice *noun* M/F television viewer.

televisione *noun* F television; **non c'è niente in televisione stasera** there's nothing on television tonight.

televisore *noun* M television set.

tema *noun* M **1** theme, subject; **il tema del discorso** the subject of the speech; **2** composition, essay; **gli studenti devono scrivere un tema di mille parole** the students have to write a thousand-word composition.

temere *verb* [9b] to fear, to be afraid (of); **temeva di perdere il treno** s/he was afraid of missing the train.

temperamatite *noun* M (*never changes*) pencil sharpener.

temperamento *noun* M temperament; **ha un temperamento nervoso** s/he has an irritable temperament; **un temperamento freddo** a cold temperament.

temperatura *noun* F temperature; **la temperatura massima di oggi** today's maximum temperature.

ITALIAN–ENGLISH

temperino *noun* M pocket-knife, pen knife.

tempesta *noun* F storm.

tempestosa/tempestoso *adjective* stormy; **un rapporto tempestoso** a stormy relationship.

tempia *noun* F temple (*of the head*).

tempio *noun* M (*plural* **templi**) temple (*place of worship*).

tempo *noun* M **1** time; **il tempo passa** time passes; **non la vedo da molto tempo** I haven't seen her for a long time; **quanto tempo ci vuole?** how long does it take?; **nei tempi antichi** in ancient times; **2 lavorare a tempo pieno** to work full time; **un posto a tempo definito** a part-time job; **3** weather; **che tempo fa oggi?** what's the weather like today?; **fa bel tempo oggi** it's a nice day today; **fa brutto tempo** the weather is bad; **4** (*sport*) **tempi supplementari** extra time.

temporale *noun* M storm.

temuta/temuto *adjective* feared.

tenaglie *plural noun* F pliers, pincers.

tenda *noun* F **1** tent; **2** curtain.

tendere *verb* [60] **1** to stretch, to tighten; **tendere un elastico** to stretch a rubber band; **2** to aim at, to aspire to; **tendere a uno scopo preciso** to aim for a particular end; **3** to be inclined to, to tend towards, to lean towards; **tendeva alla depressione** s/he was inclined towards depression; **tende a sinistra** s/he leans towards the Left (*politically*).

tendina *noun* F curtain.

tenebrosa/tenebroso *adjective* dark, gloomy.

tenente *noun* F & M lieutenant.

tenere *verb* [75] **1** to hold; **teneva in mano una forchetta** s/he held a fork in her/his hand; **tieni!** take this!; **2** to keep; **posso tenere questo libro?** can I keep this book?; **dove tieni la scopa?** where do you keep the broom?; **tenere un segreto** to keep a secret.

tenerezza *noun* F tenderness.

tennista *noun* F & M tennis player.

tensione *noun* F tension.

tentare *verb* [1] **1** to tempt; **2** to try, to attempt; **ho tentato almeno due volte di contattarla** I tried at least twice to contact her; * **tentare la fortuna** to try your luck.

tentativo *noun* M attempt, try.

tentazione *noun* F temptation.

tentoni *adverb* gropingly, blindly; **procedevano a tentoni** they proceeded blindly.

tenuta *noun* F farm, estate.

teoria

teoria noun F theory; **in teoria** in theory.

tepore noun M warmth.

teppista noun F & M hooligan.

terapia noun F therapy.

tergicristallo noun M windscreen wiper.

terme plural noun F hot springs.

terminale noun M computer terminal.

termite noun F termite.

termometro noun M thermometer.

terra noun F **1** earth, world; **2** land; **viaggiare via terra** to travel by land; **sbarcare a terra** to go ashore; **3** earth, soil; **terra fertile** fertile soil; **4** ground; **sdraiarsi per terra** to lie down on the ground.

terracotta noun F fired clay, terracotta.

terrazza noun F terrace, balcony.

terremoto noun M earthquake.

terreno noun M **1** land, country; **terreno arido** arid country; **2** earth, soil; **terreno poco fertile** not very fertile land; **3** piece of land, property; **è proprietaria di alcuni terreni** she owns several plots of land.

terrestre adjective of the earth; **la superficie terrestre** the earth's surface.

terribile adjective **1** terrifying, fearful; **minacce terribili**

ITALIAN–ENGLISH

terrifying threats; **2** cruel, pitiless; **un tiranno terribile** a cruel tyrant; **3** awful; **il caldo era terribile** the heat was awful.

terriccio noun M soil.

terrificante adjective terrifying; **parole terrificanti** terrifying words.

terrina noun F **1** oven dish; **2** serving bowl.

territorio noun M territory, district.

terrore noun M terror.

terza noun F third (gear).

tesa/teso adjective **1** tight, stretched; **2** tense; **mi sento un po' tesa** I feel a bit tense.

teschio noun M skull.

tesi noun F (never changes) thesis.

tesoro noun M **1** treasure; **2** (term of affection for both males and females) darling; **Francesca, sei un tesoro!** Francesca, you're a darling!

tessera noun F card, membership card; **tessera d'abbonamento** season ticket.

tessere verb [9a] to weave.

tessuto noun M cloth, fabric.

testa noun F **1** head; **mettersi il berretto in testa** to put your cap on your head; **2** head, tip, front; **in testa alla coda** at the head of the queue; **3** (tossing a coin) **testa o croce?** heads or tails?; * **essere una testa dura** to be stubborn; * **perdere la testa** to lose your head.

testarda/testardo *adjective* stubborn; **come sei testardo!** you're so stubborn!

testimone *noun* F & M witness.

testo *noun* M text; **testo scolastico** textbook.

tetra/tetro *adjective* gloomy.

tetto *noun* M roof; **una distesa di tetti** an urban sprawl.

tettuccio apribile *noun* M sunroof (*on a car*).

thè *noun* M (*never changes*) SEE **tè**.

ti *pronoun* **1** you (*singular*); **ti sento bene** I hear you fine; **non ti vedo da tanto tempo** I haven't seen you for ages; **2** to you (*singular*) (*NB: when combined with other pronouns becomes* te: te la, te lo, te le, te li, te ne) **ti ho dato i biglietti ieri** I gave you the tickets yesterday; **te li ho dati ieri** I gave them to you yesterday; **te l'ho già detto due volte**; I already told you twice; **3** yourself (*used with reflexive verbs*) **ti sei lavata le mani?** have you washed your hands?

tibia *noun* F shin bone.

ticchettio *noun* M ticking (*of a clock*).

tiepida/tiepido *adjective* warm, lukewarm; **acqua tiepida** lukewarm water.

tifo *noun* M (*sport*) fan; **fa il tifo per la Juventus** s/he is a Juventus fan.

tifone *noun* M typhoon.

tigre *noun* F tiger.

timida/timido *adjective* shy, diffident; **è una persona molto timida** s/he's a very shy person.

timidezza *noun* F shyness.

timore *noun* M fear; **il timore dei ragni** fear of spiders.

tingere *verb* [73] to dye, to stain; **ho tinto di nero il maglione** I dyed my jumper black.

tinozza *noun* F tub, washtub.

tinta *noun* F dye, colour.

tinta/tinto *adjective* dyed, stained; **capelli tinti** dyed hair.

tipica/tipico *adjective* typical.

tipo *noun* M **1** type, model; **si vedono animali di ogni tipo** you can see all types of animals; **2** character; **è un tipo strano** s/he's a strange character; **3** guy, bloke (*also* F **tipa**); **c'era un tipo che cercava te** there was a guy looking for you.

tip-tap *noun* M (*never changes*) tap-dancing.

tiranna/tiranno *noun* F/M tyrant.

tirannia *noun* F tyranny.

tirare *verb* [1] **1** to pull, to tug, to drag; **tirare una corda** to pull on a rope; **tirare la porta** to pull open the door; **2** to throw, to fling; **tirare una palla** to throw a ball; **3** to blow (*said of wind*); **oggi tira un forte vento** today there is a strong wind blowing; * **tirare sul prezzo** to bargain; * **tirare a campare** to get by; * **tirare gli orecchi a qualcuna/qualcuno** to tell someone off.

tirarsela *verb* [1] to be stuck up; **se la tira, quello** he's really stuck up.

tirata *noun* F **1** pull, tug; **una tirata di capelli** a pull of someone's hair; **2 tirata d'orecchi** reprimand.

tirchia/tirchio *adjective* mean (with money).

tiro *noun* M throw, shot (*of a gun*).

tirocinio *noun* M apprenticeship.

tiroide *noun* F thyroid.

tisi *noun* F (*never changes*) TB, tuberculosis.

titolare *noun* F & M owner, holder; **titolare di foglio rosa** learner driver.

titolo *noun* M **1** title, heading, headline (*of a newspaper article*); **conosci il titolo del suo più recente romanzo?** do you know the title of her/his most recent book?; **2 titolo di studio** qualification; **3** share, stock, bond.

toccare *verb* [3] **1** to touch; **non toccarmi, per favore** please don't touch me; **2** to touch, to feel; **toccare il polso a qualcuna/qualcuno** to feel someone's pulse; **3** to concern, to regard; **i loro problemi non mi toccano** their problems don't concern me; **4** to have to; **gli tocca badare alla sorella** he has to look after his sister; **5** to be the turn of; **a chi tocca?** whose turn is it?; **tocca a te?** is it your turn?; **6** (*referring to buying drinks*) **tocca offrire a te** it's your round, (*Australian*) it's your shout.

tocco *noun* M touch; **dare l'ultimo tocco a qualcosa** to put the finishing touches to something.

togliere *verb* [76] to remove, to take away; **togliere la giacca dall'attaccapanni** to remove your coat from the coat-rack; **togliere quattro da dieci** to take four away from ten.

togliersi *reflexive verb* [76] to take off; **si è tolta il cappello** she took off her hat.

tollerabile *adjective* bearable.

tollerante *adjective* tolerant.

tolleranza *noun* F tolerance; **tolleranza zero** zero tolerance.

tollerare *verb* [1] **1** to put up with, to tolerate; **non posso più tollerare la sua scortesia** I can't put up with her/his rudeness any longer; **2 non tollero le cipolle** onions don't agree with me.

tolta/tolto *adjective* taken away, removed.

tomba *noun* F tomb, grave.

tombola *noun* F bingo.

tonda/tondo *adjective* round.

tondo *adverb* clearly, plainly; **dillo chiaro e tondo** say it clearly.

tonfo *noun* M thud, bang; **è caduto con un tonfo** he fell with a thud.

tonnellata *noun* F ton.

tonno *noun* M tuna.

tono *noun* M tone (*of voice*); **parlare in tono scherzoso** to speak in a joking way.

tonsillite *noun* F tonsillitis.

tonta/tonto *adjective* stupid, thick (*said of a person*).

topo *noun* M mouse; * **topo di biblioteca** bookworm.

toppare *verb* [1] (*informal*) to stuff up; **'come è andato l'esame?' – 'male! ho toppato!'** 'how did the exam go?' – 'no good! I stuffed it up!'

torbida/torbido *adjective* cloudy, murky (*said of liquids*).

torcere *verb* [77] to twist, to wring (out); **torcere un panno** to wring out a cloth.

torcia elettrica *noun* F flashlight.

tormentare *verb* [1] to torment, to torture; **perché mi tormenti con tante domande?** why are you tormenting me with all these questions?

tormentata/tormentato *adjective* tormented, troubled; **è tormentata dalla morte del figlio** she's tormented by the death of her son.

tormento *noun* M torment, pain.

tornado *noun* M tornado.

tornare *verb* [1] **1** to return (to), to get back (to); **siamo tornati tardi** we got back late; **torna presto** come back soon; **tornare a casa** to return home; **torniamo al discorso** let's get back to the subject; **2** to go back, to start back; **torno a scuola lunedì** I'll be back at school on Monday; **3** to be right; **il conto non torna** the bill's not right.

torneo *noun* M tournament; **un torneo di tennis** a tennis tournament.

toro *noun* M **1** bull; **2** (*sign of the zodiac*) **Toro** Taurus.

torpida/torpido *adjective* dull, sluggish; **gambe torpide** sluggish legs.

torpore *noun* M sluggishness.

torre *noun* F **1** tower; **torre di controllo** control tower; **2** (*in chess*) castle.

torrente *noun* M stream.

torsolo *noun* M core (*of an apple*).

torta *noun* F cake, tart; **torta di mele** apple pie.

torto *noun* M wrong; **avere torto** to be wrong; **non hai mai torto** you're never wrong; **dare torto a qualcuna/qualcuno** to blame someone.

tortora *noun* F dove.

tortuosa/tortuoso *adjective* winding, crooked; **una strada tortuosa** a winding road.

tortura *noun* F torture, torment.

torturare *verb* [1] to torture.

torva/torvo *adjective* grim; **che espressione torva che hai** what a grim expression you have.

tosaerba *noun* M (*never changes*) lawnmower.

tosse *noun* F cough; **ha la tosse** s/he's got a cough.

tosse canina *noun* F whooping cough.

tossica/tossico *adjective* toxic, poisonous.
noun F/M (*informal*) SEE **tossicodipendente**.

tossicodipendente *noun* F & M drug addict.

tossicodipendenza *noun* F drug addiction.

tossire *verb* [12] to cough; **ha tossito per tutto il concerto** s/he coughed for the entire concert.

tostapane *noun* M (*never changes*) toaster.

tostare *verb* [1] to toast, to roast; **tostare il pane** to toast bread.

totale *adjective* total, utter; **le spese totali** total expenses; **sconfitta totale** utter defeat.
noun M total; **quant'è il totale?** how much is that altogether?

totalità *noun* F (*never changes*) totality, whole.

totalmente *adverb* totally, entirely; **la casa è stata totalmente distrutta** the house was completely destroyed.

Totocalcio *noun* M football pools.

tournée *noun* F (*never changes*) tour (*by a band or group*); **andare in tournée** to go on tour.

tovaglia *noun* F tablecloth.

tovagliolo *noun* M napkin, serviette.

tozza/tozzo *adjective* stocky (*said of people*).

tra *preposition* **1** between; **ci passerà domani tra l'una e le due** s/he will come by tomorrow between one and two o'clock; **2** among; **sono arrivati tra i primi** they were among the first to arrive; **3** in, within; **avrò finito tra un mese** in a month I will have finished.

traboccare *verb* [3] to overflow; **l'acqua trabocca dalla vasca da bagno** the bath is overflowing; * **la goccia che fa traboccare il vaso** the straw that breaks the camel's back.

traccia *noun* F **1** trace, mark; **2** footprint, tracks.

tracciare *verb* [5] to draw, to trace; **tracciare una linea** to draw a line.

tracolla *noun* F shoulder strap (*of a bag*).
adverb **a tracolla** slung over the shoulder.

tradimento *noun* M betrayal.

tradire *verb* [12] to betray; **non ha tradito i compagni** s/he didn't betray her/his companions.

traditore/traditrice *noun* M/F traitor.

tradizionale *adjective* traditional.

tradizione *noun* F tradition; **è una tradizione di famiglia** it's a family tradition.

traducibile *adjective* translatable.

tradurre *verb* [27] to translate; **ha tradotto un sacco di libri** s/he has translated a lot of books; **tradurre dall'italiano in inglese** to translate from Italian into English.

traduttore/traduttrice *noun* M/F translator.

traduzione *noun* F translation.

trafelata/trafelato *adjective* panting, breathless.

traffico *noun* M traffic; **c'è molto traffico oggi** there's a lot of traffic today.

tragedia *noun* F tragedy.

traghetto *noun* M ferry.

tragica/tragico *adjective* tragic.

tragitto *noun* M crossing (e.g. *on a ferry*).

traguardo *noun* M finish line, winning post; **ha tagliato per primo il traguardo** he crossed the finish line first.

trainare *verb* [1] to haul, to pull; **i cavalli trainano il carro** the horses pull the cart.

tralasciare *verb* [7] to omit, to leave out.

traliccio *noun* M **1** trellis; **2** electricity pylon.

tram *noun* M (*never changes*) tram; **andiamo in tram?** shall we go by tram?

trama *noun* F plot, storyline.

tramandare *verb* [1] to hand down; **tradizioni che vengono tramandate di generazione in generazione** traditions that are handed down from one generation to the next.

trambusto *noun* M confusion, turmoil.

tramezzino *noun* M sandwich; **un tramezzino al prosciutto e pomodoro** a ham and tomato sandwich.

tramezzo *noun* M partition, dividing wall.

tramite *preposition* by, by means of, through; **l'ho trovata tramite un conoscente** I found her through an acquaintance.

tramontana *noun* F north wind.

tramontare *verb* [1] to set, to go down (*used for the sun, planets, stars*).

tramonto *noun* M **1** sunset; **2** decline; **il tramonto**

trampoli

dell'impero romano the decline of the Roman Empire.

trampoli *plural noun* M stilts.

trampolino *noun* M diving board.

tranello *noun* M trap, snare; **cadere in un tranello** to fall into a trap.

tranne *preposition* except (for), excepting; **ci sono tutti tranne Jane** everyone except Jane is here.

tranquillante *adjective* calming, soothing.
noun M tranquilliser.

tranquillità *noun* F (*never changes*) tranquillity, peacefulness, silence.

tranquillizzare *verb* [1] to calm, to soothe, to reassure; **le tue parole non mi tranquillizzano** your words do little to reassure me.

transessuale *adjective* transexual.

transitiva/transitivo *adjective* F/M transitive.

transito *noun* M transit, crossing.

tran tran *noun* M (*never changes*) routine; **il solito tran tran** the same old routine.

tranvia *noun* F tram network.

trapano *noun* M drill.

trapelare *verb* [1] to leak out, to ooze out; **l'acqua trapelava dalle fessure del muro** the water leaked through the cracks in the wall.

trapiantare *verb* [1] to transplant; **trapiantare una pianta di rose** to transplant a rose bush.

trapianto *noun* M **1** transplant; **2** replanting.

trappola *noun* F trap, snare; **tendere una trappola a qualcuna/qualcuno** to set a trap for someone.

trapunta *noun* F quilt.

trarre *verb* [78] **1** to draw, to take; **il film è tratto da un romanzo** the film is taken from (*based on*) a novel; **2** to obtain; **trarre un vantaggio da una situazione** to obtain a benefit from a situation.

trasalire *verb* [89] to give a start, to jump, to leap; **l'esplosione mi ha fatto trasalire** the explosion made me jump.

trasandata/trasandato *adjective* shabby, unkempt, uncared for; **è piuttosto trasandata nel vestire** she dresses rather shabbily.

trascinare *verb* [1] to drag, to pull.

trascorrere *verb* [29] to pass (*time*); **abbiamo trascorso le vacanze in campagna** we passed the holidays in the countryside.

trascurabile *adjective* unimportant, negligible.

trascurare *verb* [1] to neglect, to overlook; **in questo periodo ha trascurato i suoi studi** s/he has neglected her/his studies lately.

trascuratezza *noun* F carelessness; **fare qualcosa con trascuratezza** to do something carelessly.

trasferimento *noun* M removal, transfer.

trasferire *verb* [12] to transfer, to shift; **la capitale tedesca è stata trasferita a Berlino** the German capital has been shifted to Berlin.

trasferirsi *reflexive verb* [12] to move; **l'anno prossimo ci trasferiamo a Parigi** next year we're moving to Paris.

trasformare *verb* [1] to transform, to convert; **hanno trasformato il vecchio monastero in un albergo** they converted the old monastery into a hotel.

trasfusione *noun* F transfusion.

trasgredire *verb* [12] to disobey, to infringe; **trasgredire una legge** to disobey a law.

traslocare *verb* [3] to move, to relocate (house); **quest'anno abbiamo traslocato tre volte** we've moved house three times this year.

trasloco *noun* M move (*house*).

trasmettere *verb* [45] **1** to transmit, to pass on; **trasmettere una malattia** to transmit an illness; **2** to transmit, to broadcast; **trasmettere un programma alla radio** to transmit a radio program.

trasmissione *noun* F transmission, broadcast; **una trasmissione radio** a radio broadcast.

trasognata/trasognato *adjective* dreamy, absent-minded.

trasparente *adjective* transparent.

trasportare *verb* [1] to transport, to carry, to convey; **trasportare le merci in treno** to transport the goods by train.

trattamento *noun* M treatment.

trattare *verb* [1] **1** to treat; **trattare bene qualcuna/qualcuno** to treat someone well; **trattare qualcuno da fratello** to treat someone like a brother; **2** to negotiate; **trattare un accordo** to negotiate an agreement; **3** to deal with, to discuss; **trattare una questione controversa** to deal with a controversial issue; **4** to be about; **il film tratta della guerra del Golfo** the film is about the Gulf War; * **trattare qualcuna/qualcuno coi guanti** to treat someone with kid gloves.

trattarsi *reflexive verb* [1] to be about, to be a matter of; **si tratta di trovare una soluzione giusta** it's a matter of finding a fair solution.

trattato *noun* M treaty.

trattenere *verb* [75] to keep back; **il capo lo ha trattenuto per due ore** the boss kept him back for two hours.

trattino *noun* M dash; **trattino d'unione** hyphen.

tratto *noun* M **1** stroke, line; **un tratto di penna** a stroke of a pen; **2** feature, trait; **3** piece, stretch; **un tratto di strada** a stretch of road.

trattore *noun* M tractor.

travaglio *noun* M toil, labour.

trave *noun* F beam, rafter.

traversa *noun* F **1** side street; **2** crossbar.

travestire *verb* [11] to dress up, to disguise; **hanno travestito la ragazza da fata** they dressed the little girl up as a fairy.

travolgere *verb* [84] **1** to carry away, to sweep away; **l'alluvione ha travolto il paese** the flood swept away the village; **2** to overwhelm; **è stata travolta dalla passione** she was overwhelmed by passion.

treccia *noun* F plait, pigtail.

tredicenne *adjective* thirteen-year-old.
noun F/M thirteen-year-old.

tregua *noun* F **1** (*military*) truce; **2** rest, respite; **abbiamo lavorato senza un attimo di tregua** we worked without a moment's rest.

trekker *noun* F & M (*never changes*) bushwalker.

tremare *verb* [1] to shake, to tremble; **tremavano per il freddo** they shook with cold.

tremenda/tremendo *adjective* awful, terrible; **che cosa tremenda!** what an awful thing!

tremito *noun* M trembling, shaking.

trenino elettrico *noun* M electric train set.

treno *noun* M train; **treno regionale** local train; **treno espresso** fast train; **prendere il treno** to take the train.

trentenne *adjective* thirty-year-old; **una donna trentenne** a thirty-year-old woman.
noun F & M thirty-year-old.

trentina *noun* F about thirty; **ha una trentina di anni** he's about thirty years old.

treppiede *noun* M tripod.

tresca *noun* F **1** intrigue, plot; **2** (illicit) affair.

triangolo *noun* M triangle.

tribù *noun* F (*never changes*) tribe.

tribunale *noun* M court.

tributo *noun* M tribute.

triciclo *noun* M tricycle.

trifoglio *noun* M clover.

trilogia *noun* F trilogy.

trimestre *noun* M (school) term.

trincea *noun* F trench; **guerra di trincea** trench warfare.

ITALIAN–ENGLISH

trionfo *noun* M triumph, victory.

tripla/triplo *adjective* triple, three times as much, threefold; **una quantità tripla** a threefold quantity.

trista/tristo *adjective* wicked, evil.

triste *adjective* sad; **oggi mi sembri un po' triste** you seem a bit sad to me today.

tritare *verb* [1] to mince, to chop up; **tritare la carne** to mince meat.

trofeo *noun* M trophy.

tromba *noun* F trumpet; **è brava a suonare la tromba** she's good at playing the trumpet.

trombone *noun* M trombone.

troncare *verb* [3] to cut off, to break off; **il babbo ha troncato i rami secchi** Dad cut off the dead branches; **ha troncato i rapporti con tutti i vecchi amici** s/he broke off relations with all her/his old friends.

tronco *noun* M tree trunk, log.

troncone *noun* M stump (*of a tree*).

trono *noun* M throne.

tropicale *adjective* tropical.

tropico *noun* M tropic.

troppa/troppo *adjective* too much, too many; **ci sono troppe persone** there are too many people.

troppo *adverb* **1** too much; **quelle scarpe sono troppo care** those shoes are too expensive; **2** too; **è troppo pigro** he's too lazy; **sei troppo gentile** you're too kind.

trota *noun* F trout.

trottare *verb* [1] to trot.

trotto *noun* M trot; **il trotto di un cavallo** the trot of a horse; **andare al trotto** to trot.

trottola *noun* F spinning top; **gioca per delle ore con la trottola** s/he plays for hours with the top.

trovare *verb* [1] **1** to find; **non riesco a trovare le chiavi** I can't find my keys; **ha trovato un buon lavoro** s/he found a great job; **2** to think, to be of the opinion; **non la trovo affatto antipatica** I don't think she's the least bit unfriendly; * **andare a trovare qualcuna/qualcuno** to visit someone.

trovarsi *reflexive verb* [1] **1** to find yourself somewhere; **mi trovavo di nuovo a Londra** once again I found myself in London; **2** to feel, to get on; **come ti trovi a scuola?** how are you getting on at school?; **trovarsi a proprio agio** to feel at ease; **3** to be located; **la villa si trova a due chilometri dalla strada principale** the villa is located two kilometres from the main road.

trovata *noun* F **1** great idea; **è stata una bella trovata** it was a great idea; **2** witty remark.

truccarsi *reflexive verb* [3] to put on make-up; **non esce mai senza truccarsi** she never goes out without putting on make-up.

trucco *noun* M **1** trick, deception; **2** make-up; **trucco per gli occhi** eye make-up.

truffa *noun* F fraud, swindle, robbery.

truffare *verb* [1] to cheat, to defraud; **mi hanno truffato mille dollari** they cheated me out of a thousand dollars.

truffatore/truffatrice *noun* M/F cheat.

truppa *noun* F **1** troop, gang; **2 le truppe** the troops.

tu *singular pronoun* you (*NB: usually omitted in Italian, except when used for emphasis; used for addressing friends, family etc.; otherwise use* lei); **(tu) pensi di venire?** do you think you'll come?; **e tu, che ne pensi?** and you, what do you think?; **dare del tu a qualcuna/qualcuno** to address someone in a familiar way.

tua/tuo *adjective* **1** your (*singular*); **la tua penna** your pen; **il tuo cane** your dog; **2 i tuoi** your family; **come stanno i tuoi?** how's your family?
pronoun yours; **questo quaderno è tuo** this exercise book is yours.

tuba *noun* F tuba.

tubatura *noun* F system of pipes.

tubo *noun* M pipe; **tubo di scarico** drain; **tubo di scappamento** exhaust pipe.

tuffarsi *reflexive verb* [1] to plunge (in), to dive (in); **si è tuffata nella piscina** she dived into the pool.

tuffo *noun* M dip, dive; **fare un tuffo nel mare** to go for a dip in the sea.

tugurio *noun* M hovel, hut.

tulipano *noun* M tulip.

tumore *noun* M tumour.

tumulto *noun* M unrest.

tunnel *noun* M (*never changes*) tunnel.

tuonare *verb* [1] to thunder, to boom; **pioveva e tuonava tutto il pomeriggio** it rained and thundered for the whole afternoon.

tuono *noun* M thunder, roar.

tuorlo *noun* M yolk (*of an egg*).

turare *verb* [1] to stop up, to plug (up); **turare un buco** to plug a hole.

turbamento *noun* M **1** disturbance; **2** emotional upset.

turbante *noun* M turban.

turbata/turbato *adjective* troubled, disturbed, upset; **era turbata dall'incidente** she was upset by the accident.

ITALIAN–ENGLISH

ufficiale

turbolenta/turbolento *adjective* turbulent, stormy, troubled; **tempi turbolenti** troubled times.

turchese *noun* M turquoise.

turismo *noun* M tourism.

turista *noun* F & M tourist.

turno *noun* M **1** turn; **è il suo turno** it's her/his turn; **2** shift; **è da anni che fa il turno di notte** s/he's been doing the night shift for years; **3 lista dei turni** roster.

turpe *adjective* filthy, indecent.

tuta *noun* F overalls, dungarees.

tutela *noun* F protection, guardianship; **la bambina è sotto la tutela dello zio** the child is under the guardianship of her uncle.

tutore/tutrice *noun* M/F **1** (*university*) tutor; **2** guardian, protector; **la nonna è stata nominata tutrice del nipote** the grandmother has been made guardian of her grandson.

tutta/tutto *adjective* all; **tutto il giorno** all day; **tutti i giorni** every day; **tutti gli amici** all the friends; **tutta sola** all alone. *pronoun* **1** all, everything; **hanno perso tutto** they've lost everything; **ti dirò tutto quello che mi ha detto** I'll tell you everything s/he said to me; **tutto quanto** the whole lot; **tutto o niente** all or nothing; **tutto sommato** all in all; **2 tutti (quanti)** everyone; **3 tutte/tutti e due** both; **hanno accettato tutti e due** both of them accepted; **4 in tutto** all up, all together.

tuttavia *adjective* nevertheless.

U u

ubbidiente *adjective* obedient.

ubbidire *verb* [12] to obey; **bisogna ubbidire alle leggi** you must obey the laws.

ubriaca/ubriaco *adjective* drunk.

ubriacarsi *reflexive verb* [3] to get drunk.

ubriacona/ubriacone *noun* F/M drunk, drunkard.

uccello *noun* M bird.

uccidere *verb* [32] to kill, to put to death; **è stata uccisa in un incidente stradale** she was killed in a car accident.

uccidersi *reflexive verb* [32] to kill yourself, to commit suicide.

uccisione *noun* F killing.

udire *verb* [90] to hear; **abbiamo udito un colpo di pistola** we heard a pistol shot.

udito *noun* M hearing.

uffa *exclamation* what a pain!, what a drag!

ufficiale *noun* F & M officer, official; **pubblico ufficiale**

public official; **ufficiale di marina** naval officer.

ufficio *noun* M office; **ufficio paga** pay office; **ufficio delle imposte** tax office; **ufficio degli oggetti ritrovati** lost property office.

ufficio postale *noun* M post office.

ufficiosa/ufficioso *adjective* informal, unofficial.

ufo *noun* M (*never changes*) UFO.

uguale *adjective* 1 equal, the same; **ha la bicicletta uguale alla mia** s/he's got the same bike as mine; 2 **per me è uguale** it makes no difference to me.

ugualmente *adverb* just the same, equally; **vinceremo ugualmente** we'll win just the same.

ulcera *noun* F ulcer.

uliva *noun* F olive.

ulivo *noun* M olive tree.

ulteriore *adjective* further; **per ulteriori informazioni rivolgersi ...** for further information contact ...

ultima/ultimo *adjective* 1 last, final; **l'ultimo giorno del mese** the last day of the month; **all'ultimo piano** on the top floor; 2 latest; **le ultime notizie** the latest news.
noun F/M the last; **è l'ultimo** he's the last (one).

ultimamente *adverb* recently, lately; **ultimamente non sono stata al cinema** I haven't been to the pictures recently.

ululare *verb* [1] to howl.

umana/umano *adjective* human; **il corpo umano** the human body.

umanità *noun* F humanity.

umanitaria/umanitario *adjective* humanitarian.

umida/umido *adjective* 1 damp, moist; 2 humid; **clima umido** humid climate.

umidità *noun* F dampness, humidity.

umile *adjective* humble; **gente umile** humble people.

umiliare *verb* [2] to put down, to humiliate; **le critiche degli altri lo hanno umiliato** he was humiliated by the others' criticism.

umiltà *noun* F humility, humbleness.

umore *noun* M mood; **essere di buon umore** to be in a good mood; **essere di cattivo umore** to be in a bad mood.

umorismo *noun* M humour; **senso dell'umorismo** sense of humour.

umoristica/umoristico *adjective* humorous.

una/uno *indefinite article* (*NB: before nouns beginning with a vowel or with a consonant other than* s + *consonant*, z *and* ps, uno *is shortened to* un; *the*

ITALIAN–ENGLISH

feminine form una *becomes* un' *before nouns beginning with a vowel*) a, an; **una sedia** a chair; **un'aranciata** an orange drink; **un tavolo** a table; **uno psicologo** a psychologist. *number* one; * **essere il/la numero uno** to be number one.

unanime *adjective* unanimous; **una decisione unanime** a unanimous decision.

uncino *noun* M hook; **appendi la giacca all'uncino** hang your coat on the hook.

ungere *verb* [61] to grease, to oil; * **ungere le ruote** to grease the wheels.

unghia *noun* F nail (*finger or toe*); **le unghie delle mani** fingernails; **le unghie dei piedi** toenails; **tagliarsi le unghie** to cut your nails; **limarsi le unghie** to file your nails; **mangiarsi le unghie** to bite your nails; * **cadere tra le unghie di qualcuna/qualcuno** to fall into someone's clutches.

unica/unico *adjective* **1** only, sole; **è figlia unica** she's an only child; **2** unique; **ha uno stile unico** s/he has a unique style.

unificare *verb* [3] to unify, to unite.

uniforme *adjective* even, same. *noun* F uniform (*school*).

unione *noun* F league, association, union; **l'Unione Europea (UE)** the European Union (EU).

urgente

unire *verb* [12] to join together, to unite; **unire due tavole di legno** to join two pieces of wood together; **ci unisce l'interesse per il calcio** we are united by our interest in soccer.

unità *noun* F unity.

universale *adjective* M universal.

università *noun* F **1** university; **frequentare l'università** to attend university; **l'Università di Adelaide** Adelaide University; **2 università popolare** continuing education.

universo *noun* M universe.

unta/unto *adjective* greasy, oily; **il tavolo è tutto unto** the table is all greasy.

uomo *noun* M (*plural* **uomini**) **1** man; **un brav'uomo** a good man; **un uomo di poche parole** a man of few words; **un uomo di talento** a talented man; **2 da uomo** men's; **vestiti da uomo** men's clothes.

uovo *noun* M (*plural* F **le uova**) egg; **uovo sodo** hard-boiled egg; **uova strapazzate** scrambled eggs; **uovo all'occhio di bue** fried egg; **uova di gallina ruspante** free-range eggs.

uragano *noun* M hurricane.

uranio *noun* M uranium.

Urano *noun* M Uranus.

urbana/urbano *adjective* city, town, urban.

urgente *adjective* urgent.

urlare *verb* [1] to howl, to shout; **i tifosi urlavano ininterrottamente** the fans yelled non-stop.

urlo *noun* M howl, roar.

urtare *verb* [1] **1** to knock, to bump; **cerca di non urtarmi** try not to bump me; **2 urtare contro, urtare in** to bump into; **ho urtato la gamba nella barra di rimorchio** I knocked my leg on the towbar; **ha urtato contro il muro** s/he bumped into the wall.

urto *noun* M **1** knock, blow; **2** collision.

usa e getta *adjective* (*never changes*) disposable; **piatti usa e getta** disposable plates.

usanza *noun* F custom; **le usanze delle antiche tribù** the customs of ancient tribes.

usare *verb* [1] to use, to make use of; **se ne hai bisogno, puoi usare il mio computer** if you need to, you can use my computer.

usata/usato *adjective* used, secondhand; **ha una macchina usata** s/he has a secondhand car.

uscio *noun* M doorway, entrance.

uscire *verb* [91] **1** to go out; **i miei sono già usciti** my parents have already gone out; **esco per un attimo** I'm just going out for a moment; **uscire di corsa** to rush out; **uscire di casa** to leave the house; **2** to go out (with someone) **sono uscita con lui un paio di volte** I went out with him a couple of times.

uscita *noun* F **1** exit; **uscita di sicurezza** emergency exit; **2** gate (*airport*); *** senza via d'uscita** no way out.

usignolo *noun* M nightingale.

uso *noun* M **1** use; **ha perso l'uso delle gambe** s/he's lost the use of her/his legs; **uso della forza** use of force; **2** consumption, use; **l'uso dei medicinali** the use of medicines; **3** custom; **gli usi dei giapponesi** the customs of the Japanese; **4** usage; **una parola di uso comune** an everyday word.

utensile *noun* M utensil, tool, implement.

utente *noun* F & M user, consumer; **utenti della strada** road users.

utero *noun* M womb.

utile *adjective* useful, helpful; **preferisco i regali utili** I prefer useful presents; **posso essere utile?** can I be of any help? *noun* M **1** benefit, advantage; **2** profit; **utile previsto** anticipated profit.

utopia *noun* F utopia.

uva *noun* F grapes.

uva passa *noun* F raisins.

ITALIAN–ENGLISH

V v

vacanza *noun* F **1** holiday; **andare in vacanza** to go on holiday(s); **essere in vacanza** to be on holiday(s); **2 vacanze** holidays; **hanno passato le vacanze all'estero** they spent the holidays overseas; **vacanze estive** summer holidays.

vacca *noun* F cow.

vaccinare *verb* [1] to vaccinate.

vaccinazione *noun* F vaccination.

vaga/vago *adjective* vague, indefinite.

vagabonda/vagabondo *adjective* vagabond, wandering. *noun* F/M vagabond, wanderer.

vagare *verb* [4] to wander; **vagare per la campagna** to wander around the countryside.

vagone *noun* M carriage, railway carriage; **vagone ristorante** dining car.

valere *verb* [79] **1** to be valid, to hold good; **una vecchia legge che vale tuttora** an old law that still holds good; **2** to be capable, to be good (at something); **è un medico che vale molto** he's a very good doctor; **3** to be useful; **i suoi suggerimenti valgono molto** her/his suggestions are very useful; **4** to equal, to be equivalent to; **un dollaro australiano vale meno di un euro** an Australian dollar is worth less than a euro; **5 valere la pena** to be worth it, to be worth the effort; **6** (*in games and sports*) **non vale!** it's not fair!

valida/valido *adjective* **1** valid; **tessera valida** valid membership card; **ragioni valide** valid reasons; **2** fine, good; **è una giornalista valida** she's a good journalist.

valigia *noun* F **1** suitcase; **2 fare le valigie** to pack (your cases).

valle *noun* F valley.

valore *noun* M **1** value; **valore approssimativo** approximate value; **valore affettivo** sentimental value; **2** valour, bravery.

valorosa/valoroso *adjective* brave.

valuta *noun* F currency.

valutazione *noun* F feedback.

valvola *noun* F **1** fuse; **è saltata una valvola** a fuse has blown; **2** valve.

valzer *noun* M waltz.

vampira/vampiro *noun* F/M vampire.

vandalismo *noun* M vandalism.

vanga *noun* F spade.

vaniglia *noun* F vanilla.

vanità *noun* F vanity.

vanitosa/vanitoso *adjective* vain, conceited; **una persona**

vanitosa a vain person. *noun* F/M vain person.

vano *noun* M room; **appartamento di quattro vani** a four-room apartment.

vano portaoggetti *noun* M (*in a vehicle*) glove compartment.

vantaggio *noun* M advantage; **i vantaggi di essere giovani** the advantages of being young.

vantarsi di *reflexive verb* [1] to boast about; **si vanta della propria intelligenza** s/he boasts about her/his intelligence.

vapore *noun* M steam.

varechina *noun* F bleach.

varia/vario *adjective* various, different; **gente di varie classi sociali** people from various social classes.

variabile *adjective* (*to describe weather*) variable, changeable.

varicella *noun* F chickenpox.

varietà *noun* F **1** variety, range; **Karl ha una varietà di interessi** Karl has a variety of interests; **2** difference, diversity; **varietà di opinioni** difference of opinions.

vasca *noun* F **1** basin, tub; **vasca da bagno** bath(tub); **2 vasca da idromassaggio** spa bath.

vaso *noun* M vase, pot; * **vaso di Pandora** Pandora's box.

vassoio *noun* M tray.

vasta/vasto *adjective* large; **una vasta piazza** a large square.

ve *plural pronoun* you (*a form of* vi *used before* lo, li, la, le, ne); **ve l'hanno detto ieri sera** they told you last night.

vecchia/vecchio *adjective* old; **sono più vecchia di lei** I am older than her; **un vecchio amico** an old friend; **un amico vecchio** a friend who is old. *noun* F/M elderly person.

vecchiaia *noun* F old age.

vedere *verb* [80] **1** to see; **vedi quell'aereo lassù?** do you see that plane up there?; **2** to see, to go to see; **avete visto la partita?** did you see the game?; **domenica ho visto una mostra interessante** on Sunday I saw an interesting exhibition; **3** to see, to understand; **non vedo il problema** I don't see the problem; **4** to decide; **non so che dirti – vedi un po' tu** I don't know what to say – you decide; **5 chi si vede!** look who's here!; **6 far vedere** to let see, to show; **fammi vedere il tuo nuovo CD** let me see your new CD; **ti faccio vedere il libro** I'll show you the book; **7 non vedere l'ora** to look forward to something; **non vedo l'ora di andare via** I can't wait to leave; **8 non posso vedere quell'individuo** I can't stand that guy.

vedersi *reciprocal verb* [80] to meet each other; **ci vediamo domani a mezzogiorno** we'll meet tomorrow at midday.

vedi retro please turn over (PTO).

vedova/vedovo *noun* F/M widow/widower.

veduta *noun* F view.

vegana/vegano *noun* F/M vegan.

vegetale *adjective* vegetable. *noun* M vegetable.

vegetariana/vegetariano *noun* F/M vegetarian.

veicolo *noun* M vehicle.

vela *noun* F sail; **barca a vela** sailboat.

velare *verb* [1] to cover, to veil.

veleno *noun* M poison.

velenosa/velenoso *adjective* poisonous.

velo *noun* M veil; **velo da sposa** bridal veil.

veloce *adjective* fast. *adverb* fast, quickly; **parli troppo veloce** you speak too quickly.

velocemente *adverb* quickly; **corre velocemente** s/he runs quickly.

velocista *noun* F & M sprinter (*sport*).

velocità *noun* F speed; **velocità massima** maximum speed; **velocità di crociera** cruising speed.

vena *noun* F vein.

vendere *verb* [9a] **1** to sell; **vendere la casa** to sell your house; **vendere all'asta** to sell at auction; **vendere a metà prezzo** to sell at half price; **2 vendesi** for sale; * **avere qualcosa da vendere** to have plenty of something; **hanno energia da vendere** they've got energy to burn.

vendetta *noun* F revenge.

vendita *noun* F sale, selling; **vendita al minuto** retail.

venerdì *noun* M (*never changes*) Friday.

Venere *noun* **1** M (*planet*) Venus; **2** F (*goddess*) Venus.

veneziana *noun* F Venetian blind.

venire *verb* [92] **1** to come; **vengo anch'io** I'm coming as well; **queste scarpe vengono dalla Tailandia** these shoes come from Thailand; **da dove vieni?** where are you from?; **2 venire in mente un'idea** to have an idea; **mi è venuta un'idea** I've had an idea; **3** to cost; **quanto vengono le arance?** how much do the oranges cost?; **4 venire fuori** to come out; **è venuto fuori che lui non voleva uscire** it came out that he didn't want to go out; **5 far venire** to send for; **perché mi hai fatto venire?** why did you send for me?

ventaglio *noun* M fan (*hand held*).

ventenne *adjective* twenty-year-old. *noun* F & M twenty-year-old.

ventilatore

ventilatore noun M fan; **ventilatore elettrico** electric fan.

ventina noun F about twenty; **era presente una ventina di persone** about twenty people were present.

vento noun M wind; **tira un leggero vento** there's a light wind blowing; **contro vento** against the wind; * **parlare al vento** to talk to a brick wall.

vera/vero adjective real, true; **gioielli veri** real jewels; **un vero piacere** a real pleasure; **per dire il vero …** to tell the truth … ; **fosse vero!** if only it were true!

veramente adverb **1** really; **è veramente fantastico** it's really fantastic; **2** actually; **veramente, si è licenziata** actually she quit (her job).

verbo noun M verb (grammar).

verde adjective green.
noun M **1** green; **2** (ecologists) **i Verdi** the Greens; * **essere al verde** to be flat broke.

verdetto noun M judgment, verdict.

verdura noun F vegetables.

vergine adjective virgin.
noun **1** F & M virgin; **2** F (sign of the zodiac) **Vergine** Virgo; **sono della Vergine** I'm a Virgo.

vergogna noun F shame; **avere vergogna** to be ashamed.

vergognarsi reflexive verb [1] to be ashamed; **mi vergogno di ammetterlo** I'm ashamed to admit it.

vergognosa/vergognoso adjective **1** ashamed; **2** shameful.

verificare verb [3] to check, to verify; **prima di pagarlo, ha verificato il conto** s/he checked the bill before paying.

verificarsi reflexive verb [3] to occur; **oggi si è verificato un fatto interessante** an interesting thing happened today.

verifiche periodiche plural noun F continuous assessment (school, university).

verità noun F truth; **cerca di dire la verità** try to tell the truth.

verme noun M worm.

vernice noun F **1** paint; **vernice fresca** wet paint; **2 vernice trasparente** varnish.

verniciare verb [5] to paint; **verniciare il tavolo** to paint the table.

versare verb [1] **1** to pour; **mi versi un bicchiere di vino?** will you pour me a glass of wine?; **2** to spill; **versare l'acqua sul tavolo** to spill the water on the table.

versione noun F version.

verso preposition **1** towards; **venivano verso di noi** they were coming towards us; **2** around, towards; **verrò verso le dieci** I'll come around ten o'clock.

ITALIAN–ENGLISH

noun M **1** line of poetry; **2** cry (*of an animal*).

verticale *adjective* vertical, upright.

vertigini *plural noun* F vertigo; **soffro di vertigini** I suffer from vertigo.

vescica *noun* F **1** blister; **2** bladder.

vespa *noun* F wasp.

vestaglia *noun* F dressing gown.

veste *noun* F **1** garment; **2 in veste di** in the capacity of; **nella mia veste di infermiere** in my capacity as nurse.

vestire *verb* [11] to dress; **vestire i bambini** to dress the kids.

vestirsi *reflexive verb* [11] **1** to get dressed; **mi vestirò subito prima di uscire** I'll get dressed just before I go out; **2** to dress; **si veste alla moda** s/he dresses fashionably.

vestita/vestito *adjective* dressed.

vestito *noun* M **1** garment; **2 vestito da uomo** men's suit; **3 vestito da donna** dress; **4 vestiti** clothes; **vestiti da donna** women's clothing.

veterana/veterano *noun* F/M veteran.

veterinaria/veterinario *noun* F/M veterinarian.

viaggiare

vetrina *noun* F shop window; **guardare le vetrine** to go window-shopping.

vetro *noun* M glass, window.

vettura *noun* F carriage, railway carriage.

vi *adverb* there; **vado a Londra e vi rimango due settimane** I'm going to London and I'll stay there for two weeks.
plural pronoun **1** you; **vi voglio portare nel mio ristorante preferito** I want to take you to my favourite restaurant; **2** (*NB: when combined with other pronouns becomes* ve: ve la, ve lo, ve le, ve li, ve ne) to you, you; **vi ho portato un mazzo di fiori** I brought you a bunch of flowers; **ve l'ho già detto due volte** I've already told you twice; **3** (*used with reflexive verbs*) **vi siete stancati** you've tired yourselves out.

via *adverb* **1** away; **venire via** to come away; **buttare via** to throw away; **2** come on; **via, non fare lo stupido** come on, don't be silly.
noun F **1** road, street; **abito in via Garibaldi 5** I live at via Garibaldi 5 (*5 Garibaldi St*); **2** way, route; **prendiamo la via più corta** let's take the shortest route.

viaggiare *verb* [6] **1** to travel; **vedo che hai viaggiato molto** I see that you've travelled a lot; **viaggiare in treno** to travel by train; **2** to travel, to go, to run; **il treno viaggia con venti minuti**

di ritardo the train is running twenty minutes late.

viaggiatore/viaggiatrice *noun* M/F traveller.

viaggio *noun* M **1** trip, journey; **Ann ha fatto un lungo viaggio in Europa** Ann went on a long trip in Europe; **viaggio d'affari** business trip; **2 buon viaggio!** *bon voyage!*, have a nice trip!; **3 viaggi** travels.

viale *noun* M avenue, boulevard.

vialetto *noun* M driveway.

vicenda *noun* F **1** happening, event; **una triste vicenda** a sad event; **2 a vicenda** in turn; **si lodavano a vicenda** they praised each other in turn.

vicina/vicino *adjective* close, near; **il fruttivendolo vicino a casa nostra** the fruit shop near our house; **l'autunno è vicino** autumn is near
noun F/M neighbour; **i nostri vicini di casa** our next-door neighbours.

vicinato *noun* M neighbourhood; **i bambini del vicinato** the neighbourhood kids.

vicino *adverb* near, nearby; **lavoro qui vicino** I work nearby.

vicolo *noun* M alley, lane.

videocamera *noun* F video camera.

videocassetta *noun* F video cassette.

videogioco *noun* M video game.

videoregistratore *noun* M video recorder, VCR.

videoscrittura *noun* F word processing.

videoteca *noun* F video shop, video store (*for hiring videos*).

vietare *verb* [1] to prohibit; **il medico mi ha vietato di bere alcolici** the doctor has forbidden me to drink alcohol.

vietata/vietato *adjective* forbidden, prohibited; **è vietato fumare** smoking is forbidden.

vigilante *noun* F & M (*plural* **vigilantes**) security guard.

vigile *noun* F & M municipal police officer.

vigile del fuoco *noun* F & M firefighter.

vigliacca/vigliacco *adjective* cowardly.
noun F/M coward.

vigna *noun* F vineyard, winery.

vile *adjective* **1** cowardly; **2** low, vile, base.

villa *noun* F villa, detached house.

villaggio *noun* M village; **villaggio turistico** holiday village.

villeggiatura *noun* F holiday (*especially in the mountains or at the sea*); **località di villeggiatura** holiday resort.

villetta *noun* F unit.

vincere *verb* [81] **1** to win; **chi ha vinto la partita?** who won the match?; **2** to beat, to defeat;

ha vinto sul suo rivale s/he beat her/his rival.

vincita *noun* F win, winning.

vincitore/vincitrice *noun* M/F winner.

vino *noun* M wine; **un buon vino bianco** a fine white wine.

viola *adjective* (*never changes*) purple.
noun M purple.

violenta/violento *adjective* violent.

violenza *noun* F violence.

violino *noun* M violin.

vipera *noun* F adder, small snake.

virgola *noun* F **1** comma; **2** (decimal) point; **venti virgola due** twenty point two.

virtù *noun* F virtue.

virtuale *adjective* virtual; **realtà virtuale** virtual reality.

vischio *noun* M mistletoe.

visibile *adjective* visible.

visione *noun* F **1** sight; **2** vision; **3 prima visione** first run (*film*); **4 visita medica** medical examination.

visita *noun* F **1** visit; **2 fare una visita a qualcuna/qualcuno** to visit someone.

visitare *verb* [1] to visit (*a place*); **visitare una pinacoteca** to visit an art gallery.

viso *noun* M face; **mi ha guardato in viso** s/he looked me in the face.

vista *noun* F **1** eyesight; **avere la vista buona** to have good eyesight; **2** sight; **a prima vista** at first sight; **3** view; **una vista del mare** a view of the sea; **4 punto di vista** point of view.

visto *noun* M visa (*for entering a country*).

vita *noun* F **1** life; **vita pubblica** public life; **vita studentesca** student life; **salvare la vita a qualcuna/qualcuno** to save someone's life; **tenore di vita** standard of living; **2** living, livelihood; **guadagnarsi la vita** to earn your living.

vite *noun* F **1** grapevine; **2** screw; **un tappo a vite** a screw top (*bottle top*); **vite destrorsa** right-hand screw.

vitello *noun* M **1** calf; **2** veal.

vitrea/vitreo *noun* F glazed.

vitto e alloggio *noun* M room and board.

vittoria *noun* F victory.

vittoriosa/vittorioso *adjective* victorious.

viva/vivo *adjective* **1** alive; **2 farsi viva/vivo** to turn up, to appear; **Luisa si è fatta viva l'altra sera** Luisa turned up the other night.

vivace *adjective* lively.

vivere *verb* [82] **1** to live (*when talking about the city or country where you live, the quality of life, etc.*) **vive a Londra** s/he lives in London; **vivere bene** to live well;

vivere in pace to live in peace; **Augusto ha vissuto duemila anni fa** Augustus lived two thousand years ago; **vivere alla giornata** to live from day to day; **2** to go through, to experience; **sto vivendo un momento difficile** I'm going through a difficult period.

viziare verb [2] to spoil; **i nonni lo viziano** his grandparents spoil him.

viziata/viziato adjective spoilt.

vizio noun M bad habit, vice; **è l'unico mio vizio** it's my only bad habit.

vocabolario noun M dictionary.

vocale noun M vowel.

voce noun F voice; **abbassa un po' la voce** lower your voice a bit; **ad alta voce** with a loud voice; **a bassa voce** with a soft voice.

voga noun F craze; **la voga dei monopattini** the scooter craze.

voglia noun F desire, wish; **avere voglia di qualcosa** to want something; **avere voglia di fare qualcosa** to want to do something; **ho voglia di mangiare una pizza** I want to eat some pizza.

voi plural pronoun F & M **1** (NB: usually omitted in Italian, except when used for emphasis) you; **(voi) avete fame?** are you hungry?; **voi non avete detto niente** you haven't said anything; **2** you; **hanno scelto voi** they've chosen you; **non posso fare a meno di voi** I can't get by without you; **voleva venire con voi** s/he wanted to come with you.

volante noun M steering wheel.

volare verb [1] to fly.

volata noun F sprint (sport).

volentieri adverb willingly, with pleasure; **verrei volentieri** I would love to come.

volere verb [83] **1** to want; **vuoi venire con me?** do you want to come with me?; **da grande voglio fare l'avvocato** when I'm grown up I want to be a lawyer; **2** to want, to charge; **quanto vuoi per questo televisore?** how much do you want for this television set?; **volerci** to need, to take; **per arrivare a Bendigo ci vuole un'ora** it takes an hour to get to Bendigo; **3 voler dire** to mean; **che cosa vuol dire questa parola?** what does this word mean?; **4 volere bene a qualcuna/qualcuno** to be very fond of someone, to love someone; **ti voglio bene** I love you; **5 senza volere** accidentally, unintentionally.

volo noun M flight; **il volo di un uccello** the flight of a bird; **volo diretto** non-stop flight; **volo di linea** scheduled flight.

volontà noun F will; **l'ho fatto contro la mia volontà** I did it against my will.

volontaria/volontario noun F/M volunteer.

ITALIAN–ENGLISH

volonterosa/volonteroso *adjective* keen, willing.

volpe *noun* F fox.

volta *noun* F time; **la prima volta che l'ho visto** the first time I saw him; **una volta** once; **due volte** twice; **un'altra volta** one more time; **una volta ogni due anni** once every two years; **qualche volta** sometimes.

voltare *verb* [1] to turn; **voltare la pagina** to turn the page.

voltarsi *reflexive verb* [1] to turn yourself; **si è voltata dall'altra parte** she turned the other way.

volto *noun* M face.

volume *noun* M volume; **alzare il volume** to raise the volume.

vomitare *verb* [1] to vomit.

vostra/vostro *adjective* your (*plural*); **la vostra casa** your house; **vostra figlia** your daughter.
pronoun yours (*plural*); **è vostra quella macchina?** is that car yours?

votare *verb* [1] to vote; **non ho votato per lei** I didn't vote for her.

voto *noun* M **1** vote; **2** (*at school*) mark, grade.

vulcano *noun* M volcano.

vuota/vuoto *adjective* empty.

vuotare *verb* [1] to empty; **perché non hai vuotato la vasca da bagno?** why didn't you empty the bath?

yogurt

W w

walkman *noun* M (*never changes*) Walkman.

watt *noun* M watt; **una lampadina da cento watt** a hundred-watt globe.

week-end *noun* M (*never changes*) weekend.

western *noun* M (*never changes*) western (*film*).

whisky *noun* M (*never changes*) whisky.

windsurf *noun* M (*never changes*) windsurfing; **fare il windsurf** to windsurf.

windsurfista *noun* F & M (*never changes*) windsurfer (*person*).

X x

xenofobia *noun* F xenophobia.

xilofono *noun* M xylophone.

Y y

yacht *noun* M (*never changes*) yacht.

yogurt *noun* M (*never changes*) yoghurt.

Z z

zaino *noun* M backpack, rucksack.

zampa *noun* F paw, (*of a horse*) hoof, (*of a bird*) claw, (*of an insect*) leg.

zanna *noun* F **1** tusk (*of an elephant*); **2** fang.

zanzara *noun* F mosquito.

zapping *noun* M **fare lo zapping** to channel surf.

zarra/zarro *noun* F/M bogan.

zattera *noun* F raft.

zavorra *noun* F **1** ballast; **2** padding, filler (*i.e. in a speech or document*).

zebra *noun* F zebra.

zecca *noun* F **1** mint (*for money*); * **essere nuova/nuovo di zecca** to be brand new; **2** tick (*insect*); **il nostro cane ha le zecche** our dog has ticks.

zeppa/zeppo *adjective* full; **pieno zeppo** chock-full. *noun* F filler (word).

zero *number* zero, nought; **sotto zero** below zero; * **ridursi a zero** to hit rock bottom.

zia/zio *noun* F/M aunt/uncle.

zigzag *noun* M zigzag; **andare a zigzag** to zigzag.

zitta/zitto *adjective* silent; **state zitti!** be quiet!

zoccolo *noun* M **1** (*of a horse*) hoof; **2** (*footwear*) clog.

zodiaco *noun* M zodiac; **i segni dello zodiaco** the signs of the zodiac.

zona *noun* F **1** zone; **zona industriale** industrial zone; **2** (*football*) **zona recupero** time on; **3 zona pericolosa** hot spot; **4 zona pedonale** pedestrian precinct.

zoo *noun* M (*never changes*) zoo.

zoologia *noun* F zoology.

zoom *noun* M (*never changes*) zoom lens.

zoosafari *noun* M (*never changes*) safari park.

zoppa/zoppo *adjective* lame.

zoppicare *verb* [3] to limp.

zucca *noun* F pumpkin.

zucchero *noun* M sugar; **zucchero greggio** brown sugar; **zucchero in zollette** sugar cubes; **zucchero in polvere** caster sugar; **zucchero a vela** icing sugar.

zucchero filato *noun* M fairy floss.

zuccona/zuccone *noun* F/M (*informal*) blockhead, duffer.

zuppa *noun* F soup; **zuppa di verdura** vegetable soup; * **è la solita zuppa riscaldata** it's the same old thing.

zuppa inglese *noun* F trifle.

zuppiera *noun* F (soup) tureen.

VERB TABLES AND FORMS

VERB TABLES AND FORMS

In the following pages you will find a list of verbs numbered from 1 to 92. Each number represents a different verb pattern. Every verb given in the body of the dictionary is followed by a number indicating the appropriate verb pattern for that verb.

Thus '**accendere** [60]' means that the verb **accendere** is conjugated in exactly the same way as verb number 60 in the verb table. If you look at number 60, you will see the verb **prendere**. This means that **accendere** is conjugated in the same way as **prendere**.

In Italian there are three main verb endings: *-are*, *-ere* and *-ire*. Of these, the first group (*-are*) is the most common and, with only a few exceptions, the most regular. The second group (*-ere*) contains many irregular verbs. The third group (*-ire*) has two different patterns (see patterns 11 and 12).

When you look at the verb tables you will notice that there are abbreviations alongside each of the conjugated forms of the verbs. For example, if you look at **parlare** [1], you will see that under the present tense the first item shown is *parlo* and that next to it is the abbreviation '1s' (short for 'first person singular'). Similarly, next to *parliamo*, is the abbreviation 1p (first person plural); next to *parlate* is 2p (second person plural), and so on. The English equivalents of these abbreviations are given in the table at the bottom of each page; there you will see that '1s' corresponds to the English 'I', 1p to the English 'we', etc. As such you can determine that *parlo* means 'I speak', *parliamo* 'we speak' and so on. The full list of abbreviations used is as follows:

1s = I (*io* in Italian)
2s = you (*singular*) (*tu* in Italian)
3s = he, she or it (*lui* or *lei* in Italian)

1p = we (*noi* in Italian)
2p = you (*plural*) (*voi* in Italian)
3p = they (*loro* in Italian)

1s = **I**, 1p = **we**; 2s = **you**, 2p = **you** (*plural*); 3s = **he/she**, 3p = **they**

VERB TABLES AND FORMS

Some tenses, known as 'compound tenses', are formed with the past participle preceded by another verb known as an 'auxiliary'. For example, in an English sentence like 'Norah has written', 'has' is an auxiliary.

The main auxiliaries in Italian are **avere** and **essere**. Sometimes, although not frequently, **venire** and **andare** also act as auxiliaries. The Italian translation of 'Norah has written' is *Norah ha scritto* (where **avere** is used).

If a verb has a direct object (in 'I have eaten an apple', 'an apple' is a direct object) the Italian auxiliary must always be **avere** (*ho mangiato una mela*). When a verb does not have a direct object, the auxiliary can be either **essere** or **avere**, depending on the verb. For example, to translate 'George has arrived', you would say *George è arrivato* (with **essere**); to translate 'George has called', you would say *George ha telefonato* (with **avere**).

We have tried to give examples of compound tenses throughout the dictionary to show which auxiliary is used with different verbs. Where the auxiliary is not shown you should consult a larger dictionary or simply ask your Italian teacher.

1s = **I**, 1p = **we**; 2s = **you**, 2p = **you** (*plural*); 3s = **he/she**, 3p = **they**

THE THREE REGULAR PATTERNS

A. First conjugation (-are)

Note that verb forms not included in the list of irregular verbs follow the regular verb pattern.

1 parlare		Imperative	Past participle
(to speak, to talk)		2s parla	parlata/parlato
		2p parlate	**Gerundio**
			parlando

Present indicative
1s parlo	1p parliamo
2s parli	2p parlate
3s parla	3p parlano

Future indicative
1s parlerò	1p parleremo
2s parlerai	2p parlerete
3s parlerà	3p parleranno

Past simple (*passato remoto*)
1s parlai	1p parlammo
2s parlasti	2p parlaste
3s parlò	3p parlarono

Imperfect indicative
1s parlavo	1p parlavamo
2s parlavi	2p parlavate
3s parlava	3p parlavano

Present subjunctive
1s parli	1p parliamo
2s parli	2p parliate
3s parli	3p parlino

Imperfect subjunctive
1s parlassi	1p parlassimo
2s parlassi	2p parlaste
3s parlasse	3p parlassero

1s = **I**, 1p = **we**; 2s = **you**, 2p = **you** (*plural*); 3s = **he/she**, 3p = **they**

THE THREE REGULAR PATTERNS

Conditional (simple)

1s parler**ei**	1p parler**emmo**
2s parler**esti**	2p parler**este**
3s parler**ebbe**	3p parler**ebbero**

Compound tenses:

Present perfect (*passato prossimo*)
ho parl<u>a</u>to etc.
Future perfect avrò parlato etc.
Pluperfect av<u>e</u>vo parlato etc.
Conditional avr<u>ei</u> parlato etc.

NB: Some first conjugation verbs undergo spelling changes. These are given below for forms that differ from the main pattern. In the case of the future and conditional (simple), only the first person singular is generally given since all other forms derive from it.

2 cambiare (to change): *present indicative* 1s c<u>a</u>mbio, 1p cambi<u>a</u>mo; 2s c<u>a</u>mbi (and not *cambii*), 2p cambi<u>a</u>te; 3s c<u>a</u>mbia, 3p c<u>a</u>mbia**no**
present subjunctive 1s, 2s, 3s c<u>a</u>mbi (and not *cambii*); 1p cambi<u>a</u>mo, 2p cambi<u>a</u>te, 3p c<u>a</u>mbino

3 giocare (to play): *present indicative* 1s gi<u>o</u>co, 1p giochi<u>a</u>mo; 2s gi<u>o</u>chi, 2p gioc<u>a</u>te; 3s gi<u>o</u>ca, 3p gi<u>o</u>cano
future 1s giocherò
present subjunctive 1s, 2s, 3s gi<u>o</u>chi; 1p giochi<u>a</u>mo, 2p giochi<u>a</u>te, 3p gi<u>o</u>chino
conditional (simple) 1s giocher<u>ei</u>

4 pagare (to pay): *present indicative* 1s pago, 1p paghi<u>a</u>mo; 2s p<u>a</u>ghi, 2p pag<u>a</u>te; 3s p<u>a</u>ga, 3p p<u>a</u>gano
future 1s pagherò
present subjunctive 1s, 2s, 3s p<u>a</u>ghi; 1p paghi<u>a</u>mo, 2p paghi<u>a</u>te, 3p p<u>a</u>ghino
conditional (simple) 1s pagher<u>ei</u>

1s = **I**, 1p = **we**; 2s = **you**, 2p = **you** (*plural*); 3s = **he/she**, 3p = **they**

THE THREE REGULAR PATTERNS

5 **baciare (to kiss):** *present indicative* 1s b<u>a</u>cio, 1p baci<u>a</u>mo; 2s b<u>a</u>ci, 2p baci<u>a</u>te; 3s b<u>a</u>cia, 3p b<u>a</u>ciano
future 1s bacerò
present subjunctive 1s, 2s, 3s b<u>a</u>ci; 1p baci<u>a</u>mo, 2p baci<u>a</u>te, 3p b<u>a</u>cino
conditional (simple) 1s bacer<u>e</u>i

6 **mangiare (to eat):** *present indicative* 1s m<u>a</u>ngio, 1p mangi<u>a</u>mo; 2s m<u>a</u>ngi, 2p mangi<u>a</u>te; 3s m<u>a</u>ngia, 3p m<u>a</u>ngiano.
future 1s mangerò
present subjunctive 1s, 2s, 3s m<u>a</u>ngi; 1p mangi<u>a</u>mo, 2p mangi<u>a</u>te, 3p m<u>a</u>ngino
conditional (simple) 1s manger<u>e</u>i

7 **lasciare (to leave):** *present indicative* 1s l<u>a</u>scio, 1p lasci<u>a</u>mo; 2s l<u>a</u>sci, 2p lasci<u>a</u>te; 3s l<u>a</u>scia, l<u>a</u>sciano
future 1s lascerò
present subjunctive 1s, 2s, 3s l<u>a</u>sci; 1p lasci<u>a</u>mo, 2p lasci<u>a</u>te, 3p l<u>a</u>scino
conditional (simple) 1s lascer<u>e</u>i

8 **tagliare (to cut):** *present indicative* 1s t<u>a</u>glio, 1p tagli<u>a</u>mo; 2s t<u>a</u>gli, 2p tagli<u>a</u>te; 3s t<u>a</u>glia, 3p t<u>a</u>gliano
future 1s taglierò
present subjunctive 1s, 2s 3s t<u>a</u>gli; 1p tagli<u>a</u>mo, 2p tagli<u>a</u>te, 3p t<u>a</u>glino
conditional (simple) 1s taglier<u>e</u>i

1s = **I**, 1p = **we**; 2s = **you**, 2p = **you** (*plural*); 3s = **he/she**, 3p = **they**

THE THREE REGULAR PATTERNS

B. Second conjugation (-ere)

Note that verb forms not included in the list of irregular verbs follow the regular verb pattern.

9a battere (to knock, to beat)	Imperative 2s batti 2p battete	Past participle battuta/battuto Gerundio battendo

Present indicative

1s batto	1p battiamo
2s batti	2p battete
3s batte	3p battono

Future indicative

1s batterò	1p batteremo
2s batterai	2p batterete
3s batterà	3p batteranno

Past simple (*passato remoto*)

1s battei/battetti	1p battemmo
2s battesti	2p batteste
3s battè/battette	3p batterono/3p battettero

Imperfect indicative

1s battevo	1p battevamo
2s battevi	2p battevate
3s batteva	3p battevano

Present subjunctive

1s batta	1p battiamo
2s batta	2p battiate
3s batta	3p battano

Imperfect subjunctive

1s battessi	1p battessimo
2s battessi	2p batteste
3s battesse	3p battessero

1s = **I**, 1p = **we**; 2s = **you**, 2p = **you** (*plural*); 3s = **he/she**, 3p = **they**

THE THREE REGULAR PATTERNS

Conditional (simple)

1s batter**ei**	1p batter**emmo**
2s batter**esti**	2p batter**este**
3s batter**ebbe**	3p batter**ebbero**

Compound tenses:

Present perfect (*passato prossimo*)
ho batt**u**to etc.
Future perfect avrò batt**u**to etc.
Pluperfect av**e**vo batt**u**to etc.
Conditional avr**ei** batt**u**to etc.

NB: In verbs ending in -iere, the second person singular of the present indicative loses one 'i'—thus, **compiere**: *2s* **compi** *(not* **compii***).*

9b **tem**e**re:** same as b**a**ttere, but with the main stress on the second-last syllable of the infinitive (tem**e**re)

10 es**i**stere: same as battere, but with the participle esist**ita**/esist**ito**

1s = **I**, 1p = **we**; 2s = **you**, 2p = **you** (*plural*); 3s = **he/she**, 3p = **they**

THE THREE REGULAR PATTERNS

C. Third conjugation (-ire), pattern one

Note that verb forms not included in the list of irregular verbs follow the regular verb pattern.

11 partire (to leave, to depart)		Imperative	Past participle
		2s parti	partita/partito
		2p partite	**Gerundio**
			partendo

Present indicative

1s parto	1p partiamo
2s parti	2p partite
3s parte	3p partono

Future indicative

1s partirò	1p partiremo
2s partirai	2p partirete
3s partirà	3p partiranno

Past simple (*passato remoto*)

1s partii	1p partimmo
2s partisti	2p partiste
3s partì	3p partirono

Imperfect indicative

1s partivo	1p partivamo
2s partivi	2p partivate
3s partiva	3p partivano

Present subjunctive

1s parta	1p partiamo
2s parta	2p partiate
3s parta	3p partano

Imperfect subjunctive

1s partissi	1p partissimo
2s partissi	2p partiste
3s partisse	3p partissero

1s = **I**, 1p = **we**; 2s = **you**, 2p = **you** (*plural*); 3s = **he/she**, 3p = **they**

THE THREE REGULAR PATTERNS

Conditional (simple)

1s partir**ei**	1p partir**emmo**
2s partir**esti**	2p partir**este**
3s partir**ebbe**	3p partir**ebbero**

Compound tenses:

Present perfect (*passato prossimo*)
sono partita/partito

Future perfect
sarò partita/partito

Pluperfect ero partita/partito

Conditional
sarei partita/partito.

1s = **I**, 1p = **we**; 2s = **you**, 2p = **you** (*plural*); 3s = **he/she**, 3p = **they**

THE THREE REGULAR PATTERNS

C. Third conjugation (-ire), pattern two
(same as 11 but with the insertion of -isc in some forms)

Note that verb forms not included in the list of irregular verbs follow the regular verb pattern.

12 finire	Imperative	Past participle
(to finish)	2s finisci	finita/finito
	2p finite	
		Gerundio
		finendo

Present indicative

1s finisco   1p finiamo
2s finisci   2p finite
3s finisce   3p finiscono

Present subjunctive

1s finisca   1p finiamo
2s finisca   2p finiate
3s finisca   3p finiscano

NB: Some third conjugation verbs also undergo spelling changes. These are given below for forms that differ from the main pattern.

13 cucire (to sew): *present indicative* 1s cucio, 1p cuciamo; 2s cuci, 2p cucite; 3s cuce, 3p cuciono
future 1s cucirò
present subjunctive 1s, 2s, 3s cucia; 1p cuciamo, 2p cuciate, 3p cuciano

14 fuggire (to escape): *present indicative* 1s fuggo, 1p fuggiamo; 2s fuggi, 2p fuggite; 3s fugge, 3p fuggono
present subjunctive 1s, 2s, 3s fugga; 1p fuggiamo, 2p fuggiate, 3p fuggano

---

1s = **I**, 1p = **we**; 2s = **you**, 2p = **you** (*plural*); 3s = **he/she**, 3p = **they**

MAIN AUXILIARY VERBS: AVERE, ESSERE

15 **av̱ere (to have):** *present indicative* 1s ho, 1p abbia̱mo; 2s ha̱i, 2p ave̱te; 3s ha, 3p ha̱nno
future 1s avrò
past simple 1s e̱bbi, 1p ave̱mmo; 2s ave̱sti, 2p ave̱ste; 3s e̱bbe 3p e̱bbero
imperfect indicative 1s ave̱vo
present subjunctive 1s, 2s, 3s a̱bbia; 1p abbia̱mo, 2p abbia̱te, 3p a̱bbiano
imperfect subjunctive 1s ave̱ssi, 1p ave̱ssimo; 2s ave̱ssi, 2p ave̱ste; 3s ave̱sse, 3p ave̱ssero
conditional (simple) 1s avre̱i
imperative 2s a̱bbi, 2p abbia̱te
past participle avu̱ta/avu̱to

16 **e̱ssere (to be):** *present indicative* 1s so̱no, 1p sia̱mo; 2s se̱i, 2p sie̱te; 3s è, 3p so̱no
future 1s sarò
past simple 1s fu̱i, 1p fu̱mmo; 2s fo̱sti, 2p fo̱ste; 3s fu, 3p fu̱rono
imperfect indicative 1s e̱ro, 1p erava̱mo; 2s e̱ri, 2p erava̱te; 3s e̱ra, 3p e̱rano
present subjunctive 1s, 2s, 3s si̱a; 1p sia̱mo, 2p sia̱te, 3p si̱ano
imperfect subjunctive 1s fo̱ssi, 1p fo̱ssimo; 2s fo̱ssi, 2p fo̱ste; 3s fo̱sse, 3p fo̱ssero
conditional (simple) 1s sare̱i
imperative 2s si̱i, 2p sia̱te
past participle sta̱ta/sta̱to

1s = **I**, 1p = **we**; 2s = **you**, 2p = **you** (*plural*); 3s = **he/she**, 3p = **they**

FORMS OF THE FOUR IRREGULAR FIRST CONJUGATION VERBS

17 andare (to go): *present indicative* 1s vado, 1p andiamo; 2s vai, 2p andate; 3s va, 3p vanno
future 1s andrò
past simple 1s andai
imperfect indicative 1s andavo
present subjunctive 1s, 2s, 3s vada; 1p andiamo, 2p andiate, 3p vadano
imperfect subjunctive 1s andassi
conditional (simple) 1s andrei
imperative 2s va, 2p andate
past participle andata/andato

18 dare (to give): *present indicative* 1s do, 1p diamo; 2s dai, 2p date; 3s dà, 3p danno
future 1s darò
past simple 1s diedi/detti, 1p demmo; 2s desti, 2p deste; 3s diede/dette, 3p diedero/dettero
imperfect indicative 1s davo
present subjunctive 1s, 2s, 3s dia; 1p diamo, 2p diate, 3p diano
imperfect subjunctive 1s dessi
conditional (simple) 1s darei
imperative 2s dà, 2p date
past participle data/dato

1s = **I**, 1p = **we**; 2s = **you**, 2p = **you** (*plural*); 3s = **he/she**, 3p = **they**

FORMS OF THE FOUR IRREGULAR FIRST CONJUGATION VERBS

19 f<u>a</u>re (to do, to make): *present indicative* 1s f<u>a</u>ccio, 1p facci<u>a</u>mo; 2s f<u>a</u>i, 2p f<u>a</u>te; 3s fa, 3p f<u>a</u>nno
future 1s farò
past simple 1s f<u>e</u>ci, 1p fac<u>e</u>mmo; 2s fac<u>e</u>sti, 2p fac<u>e</u>ste; 3s f<u>e</u>ce, 3p f<u>e</u>cero
imperfect indicative 1s fac<u>e</u>vo
present subjunctive 1s, 2s, 3s f<u>a</u>ccia; 1p facci<u>a</u>mo, 2p facci<u>a</u>te, 3p f<u>a</u>cciano
imperfect subjunctive 1s fac<u>e</u>ssi
conditional (simple) 1s far<u>e</u>i
imperative 1s fa, 2p f<u>a</u>te
past participle f<u>a</u>tta/f<u>a</u>tto

20 st<u>a</u>re (to stay): *present indicative* 1s sto, 1p sti<u>a</u>mo; 2s st<u>a</u>i, 2p st<u>a</u>te; 3s sta, 3p st<u>a</u>nno
future 1s starò
past simple 1s st<u>e</u>tti, 1p st<u>e</u>mmo; 2s st<u>e</u>sti, 2p st<u>e</u>ste; 3s st<u>e</u>tte, 3p st<u>e</u>ttero
imperfect indicative 1s st<u>a</u>vo
present subjunctive 1s, 2s, 3s st<u>i</u>a; 1p sti<u>a</u>mo, 2p sti<u>a</u>te, 3p st<u>i</u>ano
imperfect subjunctive 1s st<u>e</u>ssi
conditional (simple) 1s star<u>e</u>i
imperative 1s sta, 2p st<u>a</u>te
past participle st<u>a</u>ta/st<u>a</u>to

1s = **I**, 1p = **we**; 2s = **you**, 2p = **you** (*plural*); 3s = **he/she**, 3p = **they**

IRREGULAR FORMS OF SECOND CONJUGATION VERBS

*NB: In most cases only the first person singular and first person plural of the past simple (*passato remoto*) are shown.*

The first person singular provides the stem for 3s and 3p (thus: 1s n*a*cqui, 3s n*a*cque, 3p n*a*cquero). The first person plural provides the stem for 2s and 2p (thus: 1p nasc*e*mmo, 2s nasc*e*sti, 2p nasc*e*ste).

21 ass*u*mere (to appoint, to assume): *past simple* 1s assunsi, 1p assumemmo
past participle assunta/assunto

22 b*e*re (to drink): *present indicative* 1s bevo, 1p beviamo; 2s bevi, 2p bevete; 3s beve, 3p bevono
future 1s berrò
past simple 1s bevvi, 1p bevemmo; 2s bevesti, 2p beveste; 3s bevve, 3p bevvero
imperfect indicative 1s bevevo
present subjunctive 1s, 2s, 3s beva; 1p beviamo, 2p beviate, 3p bevano
imperfect subjunctive 1s bevessi
conditional (simple) 1s berrei
imperative 2s bevi, 2p bevete
past participle bevuta/bevuto
gerundio bevendo

23 cad*e*re (to fall): *future* 1s cadrò
past simple 1s caddi, 1p cademmo
conditional (simple) 1s cadrei

24 chi*e*dere (to ask): *past simple* 1s chiesi, 1p chiedemmo
past participle chiesta/chiesto

25 chi*u*dere (to shut): *past simple* 1s chiusi, 1p chiudemmo
past participle chiusa/chiuso

1s = **I**, 1p = **we**; 2s = **you**, 2p = **you** (*plural*); 3s = **he/she**, 3p = **they**

IRREGULAR FORMS OF SECOND CONJUGATION VERBS

26 concedere (to grant): *past simple* 1s concessi, 1p concedemmo
past participle concessa/concesso

27 condurre (to lead): *present indicative* 1s conduco,
1p conduciamo; 2s conduci, 2p conducete; 3s conduce,
3p conducono
future 1s condurrò
past simple 1s condussi, 1p conducemmo; 2s conducesti,
2p conduceste; 3s condusse, 3p condussero
imperfect indicative 1s conducevo
present subjunctive 1s, 2s, 3s conduca; 1p conduciamo,
2p conduciate, 3p conducano
imperfect subjunctive 1s conducessi
conditional (simple) 1s condurrei
imperative 2s conduci, 2p conducete
past participle condotta/condotto
gerundio conducendo

28 conoscere (to know): *present indicative* 1s conosco,
1p conosciamo; 2s conosci, 2p conoscete; 3s conosce,
3p conoscono
past simple 1s conobbi, 1p conoscemmo; 2s conoscesti,
2p conosceste; 3s conobbe, 3p conobbero
present subjunctive 1s, 2s, 3s conosca; 3p conoscano
past participle conosciuta/conosciuto

29 correre (to run): *past simple* 1s corsi, 1p corremmo
past participle corsa/corso

30 crescere (to grow): *present indicative* 1s cresco, 1p cresciamo;
2s cresci, 2p crescete; 3s cresce, 3p crescono
past simple 1s crebbi, 1p crescemmo
present subjunctive 1s, 2s, 3s cresca; 3p crescano
past participle cresciuta/cresciuto

1s = **I**, 1p = **we**; 2s = **you**, 2p = **you** (*plural*); 3s = **he/she**, 3p = **they**

IRREGULAR FORMS OF SECOND CONJUGATION VERBS

31 cuocere (to cook): *present indicative* 1s cuocio, 1p cuociamo; 2s cuoci, 2p cuocete; 3s cuoce, 3p cuociono
past simple 1s cossi, 1p cuocemmo
past participle cotta/cotto

32 decidere (to decide): *past simple* 1s decisi, 1p decidemmo
past participle decisa/deciso

33 dirigere (to head, to conduct): *present indicative* 1s dirigo, 1p dirigiamo; 2s dirigi, 2p dirigete; 3s dirige, 3p dirigono
past simple 1s diressi, 1p dirigemmo
present subjunctive 1s, 2s, 3s diriga; 3p dirigano
past participle diretta/diretto

34 discutere (to discuss): *past simple* 1s discussi, 1p discutemmo
past participle discussa/discusso

35 distinguere (to distinguish): *past simple* 1s distinsi, 1p distinguemmo
past participle distinta/distinto

36 distruggere (to destroy): *present indicative* 1s distruggo, 1p distruggiamo; 2s distruggi, 2p distruggete; 3s distrugge, 3p distruggono
past simple 1s distrussi, 1p distruggemmo
present subjunctive 1s, 2s, 3s distrugga; 3p distruggano
past participle distrutta/distrutto

37 dovere (to have to): *present indicative* 1s devo, 1p dobbiamo; 2s devi, 2p dovete; 3s deve, 3p devono
future 1s dovrò
present subjunctive 1s, 2s, 3s deva/debba; 1p dobbiamo, 2p dobbiate, 3p devano/debbano
conditional (simple) 1s dovrei

1s = **I**, 1p = **we**; 2s = **you**, 2p = **you** (*plural*); 3s = **he/she**, 3p = **they**

IRREGULAR FORMS OF SECOND CONJUGATION VERBS

38 espellere (to expel): *past simple* 1s espulsi, 1p espellemmo
past participle espulsa/espulso

39 esplodere (to explode): *past simple* 1s esplosi, 1p esplodemmo
past participle esplosa/esploso

40 esprimere (to express): *past simple* 1s espressi, 1p esprimemmo
past participle espressa/espresso

41 fondere (to melt): *past simple* 1s fusi, 1p fondemmo
past participle fusa/fuso

42 friggere (to fry): *present indicative* 1s friggo, 1p friggiamo; 2s friggi, 2p friggete; 3s frigge, 3p friggono
past simple 1s frissi, 1p friggemmo
past participle fritta/fritto

43 immergere (to immerse): *present indicative* 1s immergo, 1p immergiamo; 2s immergi, 2p immergete; 3s immerge, 3p immergono
past simple 1s immersi, 1p immergemmo
present subjunctive 1s, 2s, 3s immerga; 3p immergano
past participle immersa/immerso

44 leggere (to read): present indicative 1s leggo, 1p leggiamo; 2s leggi, 2p leggete; 3s legge, 3p leggono
past simple 1s lessi, 1p leggemmo
present subjunctive 1s, 2s, 3s legga; 3p leggano
past participle letta/letto

45 mettere (to put): *past simple* 1s misi, 1p mettemmo
past participle messa/messo

46 mordere (to bite): *past simple* 1s morsi, 1p mordemmo
past participle morsa/morso

1s = **I**, 1p = **we**; 2s = **you**, 2p = **you** (*plural*); 3s = **he/she**, 3p = **they**

IRREGULAR FORMS OF SECOND CONJUGATION VERBS

47 muovere (to move): *past simple* 1s mossi, 1p muovemmo
past participle mossa/mosso

48 nascere (to be born): *present indicative* 1s nasco,
1p nasciamo; 2s nasci, 2p nascete; 3s nasce, 3p nascono
past simple 1s nacqui, 1p nascemmo
present subjunctive 1s, 2s, 3s nasca; 3p nascano
past participle nata/nato

49 nascondere (to hide): *past simple* 1s nascosi,
1p nascondemmo
past participle nascosta/nascosto

50 nuocere (to harm): *present indicative* 1s nuoccio, 1p nuoci;
2s nuociamo, 2p nuocete; 3s nuoce, 3p nuocciono
past simple 1s nocqui, 1p nuocemmo
present subjunctive 1s, 2s, 3s nuoccia; 3p nuocciano
past participle nociuta/nociuto

51 parere (to seem): *present indicative* 1s paio, 1p paiamo;
2s pari, 2p parete, 3s pare, 3p paiono
future 1s parrò
past simple 1s parvi, 1p paremmo
present subjunctive 1s, 2s, 3s paia; 1p paiamo, 2p paiate,
3p paiano
conditional (simple) 1s parrei
past participle parsa/parso

52 perdere (to lose): *past simple* 1s persi, 1p perdemmo (*or as 9a*)
past participle persa/perso *or* perduta/perduto

53 persuadere (to persuade): *past simple* 1s persuasi,
1p persuademmo
past participle persuasa/persuaso

54 piacere (to appeal to): *present indicative* 1s piaccio,

1s = **I**, 1p = **we**; 2s = **you**, 2p = **you** (*plural*); 3s = **he/she**, 3p = **they**

IRREGULAR FORMS OF SECOND CONJUGATION VERBS

1p piacciamo; 2s piaci, 2p piacete; 3s piace, 3p piacciono
past simple 1s piacqui, 1p piacemmo
present subjunctive 1s, 2s, 3s piaccia; 1p piacciamo, 2p piacciate, 3p piacciano
past participle piaciuta/piaciuto

55 piangere (to weep): *present indicative* 1s piango, 1p piangiamo; 2s piangi, 2p piangete; 3s piange, 3p piangono
past simple 1s piansi, 1p piangemmo
present subjunctive 1s, 2s, 3s pianga; 3p piangano
past participle pianta/pianto

56 piovere (to rain): *past simple* 1s piovvi, 1p piovemmo

57 porgere (to hand to): *present indicative* 1s porgo, 1p porgiamo; 2s porgi, 2p porgete; 3s porge, 3p porgono
past simple 1s porsi, 1p porgemmo
present subjunctive 1s, 2s, 3s porga; 3p porgano
past participle porta/porto

58 porre (to place): *present indicative* 1s pongo, 1p poniamo; 2s poni, 2p ponete; 3s pone, 3p pongono
future 1s porrò
past simple 1s posi, 1p ponemmo
imperfect indicative 1s ponevo
present subjunctive 1s, 2s, 3s ponga; 1p poniamo, 2p poniate, 3p pongano
imperfect subjunctive 1s ponessi
conditional (simple) 1s porrei
imperative 2s poni, 2p ponete
past participle posta/posto
gerundio ponendo

59 potere (to be able to): *present indicative* 1s posso, 1p possiamo; 2s puoi, 2p potete; 3s può, 3p possono

---

1s = **I**, 1p = **we**; 2s = **you**, 2p = **you** (*plural*); 3s = **he/she**, 3p = **they**

IRREGULAR FORMS OF SECOND CONJUGATION VERBS

future 1s potrò
present subjunctive 1s, 2s, 3s possa; 1p possiamo, 2p possiate, 3p possano
conditional (simple) 1s potrei

60 prendere (to take): *past simple* 1s presi, 1p prendemmo
past participle presa/preso

61 pungere (to sting): *present indicative* 1s pungo, 1p pungiamo; 2s pungi, 2p pungete; 3s punge, 3p pungono
past simple 1s punsi, 1p pungemmo
present subjunctive 1s, 2s, 3s punga; 3p pungano
past participle punta/punto

62 rimanere (to remain): *present indicative* 1s rimango, 1p rimaniamo; 2s rimani, 2p rimanete; 3s rimane, 3p rimangono
future 1s rimarrò
past simple 1s rimasi, 1p rimanemmo
present subjunctive 1s, 2s, 3s rimanga; 3p rimangano
conditional (simple) 1s rimarrei
past participle rimasta/rimasto

(risiedere see 69b)

63 risolvere (to solve): *past simple* 1s risolsi, 1p risolvemmo
past participle risolta/risolto

64 rompere (to break): *past simple* 1s ruppi, 1p rompemmo
past participle rotta/rotto

65 sapere (to know): *present indicative* 1s so, 1p sappiamo; 2s sai, 2p sapete; 3s sa, 3p sanno
future 1s saprò
past simple 1s seppi, 1p sapemmo
present subjunctive 1s, 2s, 3s sappia; 1p sappiamo, 2p sappiate,

---
1s = **I**, 1p = **we**; 2s = **you**, 2p = **you** (*plural*); 3s = **he/she**, 3p = **they**

IRREGULAR FORMS OF SECOND CONJUGATION VERBS

    3p sappiano
conditional (simple) 1s saprei
imperative 2s sappi, 2p sappiate
past participle saputa/saputo

66 scegliere (to choose): *present indicative* 1s scelgo, 1p scegliamo; 2s scegli, 2p scegliete; 3s sceglie, 3p scelgono
past simple 1s scelsi, 1p scegliemmo
present subjunctive 1s, 2s, 3s scelga; 3p scelgano
past participle scelta/scelto

67 scrivere (to write): *past simple* 1s scrissi, 1p scrivemmo
past participle scritta/scritto

68 scuotere (to shake): *past simple* 1s scossi, 1p scuotemmo
past participle scossa/scosso

69a sedere (to sit): *present indicative* 1s siedo, 1p sediamo; 2s siedi, 2p sedete; 3s siede, 3p siedono
future siederò
present subjunctive 1s sieda, 1p sediamo; 2s sieda, 2p sediate; 3s sieda, 3p siedano
imperative 2s siedi, 2p sedete
conditional (simple) siederei

69b risiedere (to live, to reside): all forms, except the infinitive, as *sedere* [69a]

70 spandere (to spill): *past simple* 1s spansi, 1p spandemmo
past participle spanta/spanto

71 spargere (to scatter): *present indicative* 1s spargo, 1p spargiamo; 2s spargi, 2p spargete; 3s sparge, 3p spargono
past simple 1s sparsi, 1p spargemmo
present subjunctive 1s, 2s, 3s sparga; 3p spargano
past participle sparsa/sparso

1s = **I**, 1p = **we**; 2s = **you**, 2p = **you** (*plural*); 3s = **he/she**, 3p = **they**

IRREGULAR FORMS OF SECOND CONJUGATION VERBS

72 spegnere (to turn off, to extinguish): *present indicative* 1s spengo, 1p spegniamo; 2s spegni, 2p spegnete; 3s spegne, 3p spengono
past simple 1s spensi, 1p spegnemmo
present subjunctive 1s, 2s, 3s spenga; 1p spegniamo, 2p spegniate, 3p spengano
past participle spenta/spento

73 spingere (to push): *present indicative* 1s spingo, 1p spingiamo; 2s spingi, 2p spingete; 3s spinge, 3p spingono
past simple 1s spinsi, 1p spingemmo
present subjunctive 1s, 2s, 3s spinga; 1p spingiamo, 2p spingiate, 3p spingano
past participle spinta/spinto

74 stringere (to squeeze): *present indicative* 1s stringo, 1p stringiamo; 2s stringi, 2p stringete; 3s stringe, 3p stringono
past simple 1s strinsi, 1p stringemmo
present subjunctive 1s, 2s, 3s stringa; 1p stringiamo, 2p stringiate, 3p stringano
past participle stretta/stretto

75 tenere (to hold): *present indicative* 1s tengo, 1p teniamo; 2s tieni, 2p tenete; 3s tiene, 3p tengono
future 1s terrò
past simple 1s tenni, 1p tenemmo
present subjunctive 1s, 2s, 3s tenga; 1p teniamo, 2p teniate, 3p tengano
conditional (simple) 1s terrei
imperative 2s tieni, 2p tenete

76 togliere (to take off): *present indicative* 1s tolgo, 1p togliamo; 2s togli, 2p togliete; 3s toglie, 3p tolgono
future 1s toglierò

1s = **I**, 1p = **we**; 2s = **you**, 2p = **you** (*plural*); 3s = **he/she**, 3p = **they**

IRREGULAR FORMS OF SECOND CONJUGATION VERBS

past simple 1s tolsi, 1p togliemmo
present subjunctive 1s, 2s, 3s tolga; 1p togliamo, 2p togliate, 3p tolgano
conditional (simple) 1s toglierei
imperative 2s togli, 2p togliete
past participle tolta/tolto

77 torcere (to twist): *present indicative* 1s torco, 1p torciamo; 2s torci, 2p torcete; 3s torce, 3p torcono
past simple 1s torsi, 1p torcemmo
past participle torta/torto

78 trarre (to draw): *present indicative* 1s traggo, 1p traiamo; 2s trai, 2p traete; 3s trae, 3p traggono
future 1s trarrò
past simple 1s trassi, 1p traemmo
imperfect indicative 1s traevo
present subjunctive 1s, 2s, 3s tragga; 1p traiamo, 2p traiate, 3p traggano
imperfect subjunctive 1s traessi
conditional (simple) 1s trarrei
imperative 1s trai, 2p traete
past participle tratta/tratto
gerundio traendo

79 valere (to be worth): *present indicative* 1s valgo, 1p valiamo; 2s vali, 2p valete; 3s vale, 3p valgono
future 1s varrò
past simple 1s valsi, 1p valemmo
present subjunctive 1s, 2s, 3s valga; 1p valiamo, 2p valiate, 3p valgano
conditional (simple) 1s varrei
past participle valsa/valso

1s = **I**, 1p = **we**; 2s = **you**, 2p = **you** (*plural*); 3s = **he/she**, 3p = **they**

IRREGULAR FORMS OF SECOND CONJUGATION VERBS

80 vedere (to see): *future* 1s vedrò
past simple 1s vidi, 1p vedemmo
conditional (simple) 1s vedrei
past participle veduta/veduto *or* vista/visto

81 vincere (to win): *present indicative* 1s vinco, 1p vinciamo; 2s vinci, 2p vincete; 3s vince, 3p vincono
past simple 1s vinsi, 1p vincemmo
past participle vinta/vinto

82 vivere (to live): *future* 1s vivrò
past simple 1s vissi, 1p vivemmo
conditional (simple) 1s vivrei
past participle vissuta/vissuto

83 volere (to want): *present indicative* 1s voglio, 1p vogliamo; 2s vuoi, 2p volete; 3s vuole, 3p vogliono
future 1s vorrò
present subjunctive 1s, 2s, 3s voglia; 1p vogliamo, 2p vogliate, 3p vogliano
past simple 1s volli, 1p volesti
conditional (simple) 1s vorrei

84 volgere (to turn): *present indicative* 1s volgo, 1p volgiamo; 2s volgi, 2p volgete; 3s volge, 3p volgono
past simple 1s volsi, 1p volgemmo
present subjunctive 1s, 2s, 3s volga; 3p volgano
past participle volta/volto

1s = **I**, 1p = **we**; 2s = **you**, 2p = **you** (*plural*); 3s = **he/she**, 3p = **they**

IRREGULAR FORMS OF THIRD CONJUGATION VERBS

NB: As with the irregular second conjugation verbs (see above), in most cases only the first person singular and first person plural of the past simple (passato remoto) are shown. The first person singular provides the stem for 3s and 3p. The first person plural provides the stem for 2s and 2p.

85 apparire (appear): *present indicative* 1s appaio, 1p appariamo; 2s appari, 2p apparite; 3s appare, 3p appaiono
past simple 1s apparvi, 1p apparimmo
present subjunctive 1s, 2s, 3s appaia; 1p appariamo, 2p appariate, 3p appaiano
past participle apparsa/apparso

NB: The present indicative and present subjunctive of apparire also have regular forms as per 12 above: present indicative 1s apparisco etc., present subjunctive 1s apparisca etc.

86 aprire (to open): *past simple* 1s apersi, 1p aprimmo
(*NB: regular forms also exist, see 11*)
past participle aperta/aperto

87 dire (to say, to tell): *present indicative* 1s dico, 1p diciamo; 2s dici, 2p dite; 3s dice, 3p dicono
past simple 1s dissi, 1p dicesti
imperfect indicative 1s dicevo
present subjunctive 1s, 2s, 3s dica; 1p diciamo, 2p diciate, 3p dicano
imperfect subjunctive 1s dicessi, 1p dicessimo; 2s dicessi, 2p diceste; 3s dicesse, 3p dicessero
imperative 2s di', 2p dite
past participle detta/detto
gerundio dicendo

88 morire (to die): *present indicative* 1s muoio, 1p moriamo;

1s = **I**, 1p = **we**; 2s = **you**, 2p = **you** (*plural*); 3s = **he/she**, 3p = **they**

IRREGULAR FORMS OF THIRD CONJUGATION VERBS

2s muori, 2p morite; 3s muore, 3p muoiono
present subjunctive 1s, 2s, 3s muoia; 1p moriamo, 2p moriate, 3p muoiano
imperative 2s muori, 2p morite
past participle morta/morto

89 salire (to climb): *present indicative* 1s salgo, 1p saliamo; 2s sali, 2p salite; 3s sale, 3p salgono
present subjunctive 1s, 2s, 3s salga; 1p saliamo, 2p saliate, 3p salgano

90 udire (to hear): *present indicative* 1s odo, 1p udiamo; 2s odi, 2p udite; 3s ode, 3p odono
future udrò
present subjunctive 1s, 2s, 3s oda; 1p udiamo, 2p udiate, 3p odano
conditional (simple) udrei
imperative 2s odi, 2p udite

91 uscire (to go out): *present indicative* 1s esco, 1p usciamo; 2s esci, 2p uscite; 3s esce, 3p escono
imperative 2s esci, 2p uscite
present subjunctive 1s, 2s, 3s esca; 1s usciamo, 2p usciate, 3p escano

92 venire (to come): *present indicative* 1s vengo, 1p veniamo; 2s vieni, 2p venite; 3s viene, 3p vengono
future 1s verrò
past simple 1s venni, 1p venimmo
present subjunctive 1s, 2s, 3s venga; 1p veniamo, 2p veniate, 3p vengano
conditional (simple) 1s verrei
imperative 2s vieni, 2p venite
past participle venuta/venuto

1s = **I**, 1p = **we**; 2s = **you**, 2p = **you** (*plural*); 3s = **he/she**, 3p = **they**

ENGLISH–ITALIAN

A a

a, an *indefinite article* **1** (*before masculine nouns beginning with a vowel or single consonant*) un, (*before masculine nouns beginning with gn, ps, s + consonant or z*) uno; **a bed** un letto; **a mirror** uno specchio; **2** (*before feminine nouns*) una (*before feminine nouns beginning with a vowel*) un'; **an apple** una mela; **an island** un'isola; **3** (*when 'a' means 'each', it is translated with* a) **ten euros a kilo** dieci euro al chilo; **100 kilometres an hour** cento chilometri all'ora; **five times a week** cinque volte alla settimana.

aback *adverb* **taken aback** sconcertata/sconcertato.

abandon *verb* abbandonare [1].

abattoir *noun* macello M.

abbey *noun* abbazia F.

abbreviation *noun* abbreviazione F.

abdicate *verb* abdicare [3].

ability *noun* capacità F; **the ability to write** la capacità di scrivere.

able *adjective* **1** capace; **an able student** una studente capace/uno studente capace; **2 she was able to join us despite her illness** ha potuto raggiungerci nonostante la malattia; **I wasn't able to contact you** non sono riuscita a contattarti.

abnormal *adjective* anormale.

aboard *preposition* a bordo di, su; **aboard ship** a bordo della nave, sulla nave.

abolish *verb* abolire [12].

abortion *noun* aborto procurato M.

about *adverb* **1** (*approximately*) circa, pressappoco; **there were about fifteen guests** c'erano circa quindici ospiti; **at about four** alle quattro circa; (*Italian uses special endings for approximate numbers*) **about fifty** una cinquantina F; **about a hundred** un centinaio M; **2 to be about to** stare [20] per; **she's about to give birth** sta per partorire.
preposition **1** (*on the subject of*) su; **Emilio wrote an essay about the environment** Emilio ha scritto un tema sull'ambiente; **2** (*concerning or in relation to*) di; **I'd like to ask you about your holidays** vorrei chiederti delle tue vacanze; **what's she talking about?** di cosa sta parlando?; **3 to think about** pensare a; **I keep thinking about the accident** continuo a pensare all'incidente; **don't think about it!** non pensarci!; **4 to be about** (*with a stated subject*) trattare di [1]; **the documentary is about rainforests** il documentario tratta delle foreste pluviali; (*without a stated subject*) trattarsi

above

di; **what's it all about?** di cosa si tratta?

above *adverb* di sopra; **the apartment above** l'appartamento di sopra. *preposition* **1** sopra (a), al di sopra di; **above average** al di sopra della media; **2 above all** soprattutto.

abridge *verb* (*a book*) ridurre [27], adattare [1].

abroad *adverb* all'estero; **to go abroad** andare [17] all'estero; **to live abroad** vivere [82] all'estero.

absence *noun* assenza F.

absent *adjective* assente; **why were you absent from school yesterday?** perché ieri sei stata assente dalle lezioni?

absent-minded *adjective* distratta/distratto.

absolute *adjective* assoluta/assoluto.

absolutely *adverb* **1** assolutamente; **I'm absolutely disgusted** sono assolutamente disgustata; **2** perfettamente; **you're absolutely right** hai perfettamente ragione; **3** (*on its own, to express agreement*) proprio così.

absorb *verb* assorbire [11].

abstain *verb* (*from voting*) astenersi [75].

abstention *noun* astensione F.

abstract *adjective* astratta/astratto.

ENGLISH–ITALIAN

absurd *adjective* assurda/assurdo.

abuse *noun* **1 alcohol abuse** abuso (M) di alcol; **2** (*rough treatment of a person*) maltrattamento M; **3** (*insults*) insulti M *plural*. *verb* **to abuse children** usare [1] violenza su minori.

academic *adjective* accademica/accademico, scientifica/scientifico; **academic year** anno accademico; **academic research** ricerca scientifica.

accelerate *verb* accelerare [1].

accelerator *noun* acceleratore M.

accent *noun* accento M; **is that a Scottish accent you have?** è scozzese il tuo accento?

accept *verb* accettare [1]; **unfortunately I can't accept your invitation** mi rincresce di non poter accettare il tuo invito.

acceptable *adjective* accettabile.

access *noun* accesso M. *verb* **to access information** accedere [9a] a un'informazione.

accessory *noun* accessorio M.

accident *noun* **1** incidente M; **I believe she's had an accident** mi dicono che ha avuto un incidente; **a road accident** un incidente stradale; **2** (*chance*) caso M; **by accident** per caso; **I met her by sheer accident** l'ho incontrata per puro caso.

ENGLISH–ITALIAN

achievement

accidental *adjective* fortuita/fortuito; **an accidental discovery** una scoperta fortuita.

accidentally *adverb* **1** (*without meaning to*) senza volere; **I accidentally broke a window** ho rotto una finestra senza volere; **2** (*by chance*) per caso; **I accidentally discovered that ...** ho scoperto per caso che ...

accommodate *verb* ospitare [1]; **the youth hostel can accommodate fifty guests** l'ostello della gioventù può ospitare cinquanta persone.

accommodation *noun* alloggio M.

accompany *verb* accompagnare [1].

according to *preposition* secondo; **according to my cousin** secondo mia cugina.

accordion *noun* fisarmonica F.

account *noun* **1** (*in a bank, store or post office*) conto M; **a bank account** un conto in banca; **cheque account** conto corrente; **I've got a hundred dollars in my savings account** ho cento dollari sul mio libretto di risparmio; **2** (*a description of an event*) relazione F; **could you please give me a brief account of your trip?** potresti farmi una breve relazione sul tuo viaggio?; **3 to take something into account** tenere [75] conto di qualcosa; **I took her background into account** ho tenuto conto della sua situazione.

accountant *noun* **1** (*not specialised*) ragioniera F, ragioniere M; **2** (*tax agent*) commercialista F & M.

accurate *adjective* precisa/preciso.

accurately *adverb* con precisione.

accuse *verb* accusare [1]; **to accuse someone of having done something** accusare qualcuna/qualcuno di aver fatto qualcosa; **he accused his colleague of deceiving him** ha accusato il collega di averlo ingannato.

ace *noun* asso M; **the ace of spades** l'asso di picche.

ache *noun* dolore M; **I've got a stomach-ache** ho un dolore di pancia.
verb fare [19] male; **my head is aching** mi fa male la testa.

achieve *verb* realizzare [1]; **she's achieved a great deal** ha realizzato parecchio; **to achieve an aim** raggiungere [61] un obiettivo; **to achieve success** riuscire [91].

achievement *noun* successo M, realizzazione F; **this is some achievement** è un notevole successo; **a sense of achievement** un senso di soddisfazione.

acid *noun* acido M.
adjective acida/acido; **acid rain** *noun* pioggia acida F.

acknowledge *verb* riconoscere [28]; (*to greet*) salutare [1]; **to acknowledge receipt** accusare [1] ricevuta F.

acne *noun* acne F.

acquire *verb* acquisire [12].

acrobat *noun* acrobata F & M.

acronym *noun* sigla F.

across *preposition* 1 (*to the other side of; often translated with a verb in Italian*) **she swam across the river** ha attraversato il fiume a nuoto; **they walked across the park** hanno attraversato il parco a piedi; **he ran across the road** ha attraversato la strada di corsa; 2 (*on the other side of*) **the hospital across the park** l'ospedale di là dal parco; 3 **across from** dirimpetto a; **the noticeboard is across from the secretary's office** la bacheca si trova dirimpetto alla segreteria.

act *noun* atto M.
verb 1 (*in a play or film*) recitare [1]; **to act the part of** avere [15] il ruolo di; 2 (*to take action*) agire [12].

action *noun* azione F.

active *adjective* attiva/attivo.

activity *noun* attività F.

actor *noun* attore M, attrice F; **do you have a favourite actor?** hai un attore preferito?

actress *noun* SEE **actor**.

actual *adjective* reale, effettiva/effettivo; **the actual amount was less than we expected** la cifra reale era meno di quello che ci aspettavamo.

actually *adverb* 1 (*in fact, as it happens*) in effetti, in realtà; **actually, I don't know** in effetti, non lo so; 2 (*really and truly*) davvero; **did you actually do that?** l'hai fatto davvero?

acupuncture *noun* agopuntura F.

acute *adjective* 1 (*pain*) forte, intensa/intenso; **acute discomfort** forti disturbi; 2 (*illness*) acuta/acuto; **acute appendicitis** appendicite acuta; 3 (*grammar*) acuta/acuto; **an acute accent** un accento acuto.

AD *abbreviation* d.C. (*short for* dopo Cristo); **Columbus landed in America in AD 1492** Colombo è sbarcato in America nel 1492 d.C.

ad, advert, advertisement *noun* 1 pubblicità F; **there are just too many ads on TV** alla TV c'è veramente troppa pubblicità; 2 (*a single television advertisement*) spot pubblicitario M; 3 (*in a newspaper*) annuncio M, inserzione F; **4 personal ads** piccola pubblicità F.

adamant *adjective* risoluta/risoluto, inflessibile.

adapt *verb* 1 adattare [1]; **to adapt a book** adattare un libro; **2 to adapt to something** adattarsi a; **she has quickly adapted to her new environment** si è adattata rapidamente al nuovo ambiente.

add *verb* aggiungere [61]; (*in recipes*) **add flour and sugar** aggiungere farina e zucchero.
- **to add up** fare [19] un'addizione, sommare [1].

addict *noun* **1** (*drug addict*) tossicodipendente F & M; (*informal*) tossica F, tossico M; **2** (*informal*) patita F, patito M; **a TV addict** una patita della TV.

addicted *adjective* **to become addicted to drugs** diventare [1] tossicodipendente.

addiction *noun* **drug addiction** tossicodipendenza F.

addition *noun* **1** somma F, addizione F; **2 in addition** inoltre; **3 in addition to** in aggiunta a.

additive *noun* additivo M.

address *noun* indirizzo M; **would you mind giving me her address?** ti spiacerebbe darmi il suo indirizzo?; **to change address** cambiare [2] indirizzo.

address book *noun* taccuino (M) di indirizzi.

addressee *noun* destinataria F, destinatario M.

adequate *adjective* adeguata/ adeguato; **our stock seems more than adequate** le nostre provviste sembrano più che adeguate.

adhesive *adjective* adesiva/ adesivo.

adjective *noun* aggettivo M; **possessive adjective** aggettivo possessivo.

adjust *verb* **1** regolare [1]; **have you adjusted your watches?** avete regolato gli orologi?; **2 to adjust to something** adattarsi [1] a qualcosa; **has she adjusted to her new lifestyle?** si è adattata al nuovo stile di vita?

adjustable *adjective* regolabile.

administer *verb* amministrare [1].

administration *noun* amministrazione F.

admire *verb* ammirare [1].

admirer *noun* ammiratore M, ammiratrice F.

admission *noun* ingresso M; **free admission** ingresso libero; **no admission without a tie** vietato l'ingresso senza cravatta.

admit *verb* **1** (*confess*) riconoscere [28]; **he admitted to having been present** ha riconosciuto di essere stato presente; **2** (*agree*) ammettere [45]; **you must admit that ...** devi ammettere che ... ; **3** (*allow to enter*) permettere [45] l'ingresso a; **to admit someone to a military facility** permettere l'ingresso di qualcuna/qualcuno in una zona militare; **4** (*to receive*

adolescent

into a club etc.) accettare [1]; **Cecilia has been admitted to the tennis club** Cecilia è stata accettata nel circolo tennistico; **5 to be admitted to hospital** essere [16] ricoverata/ricoverato in ospedale.

adolescent *noun* adolescente F & M.

adopt *verb* adottare [1]; **1 our neighbours have adopted a little Vietnamese girl** i nostri vicini hanno adottato una bambina vietnamita; **2 our school has decided to adopt a non-smoking policy** la nostra scuola ha deciso di adottare una politica antifumo.

adopted *adjective* adottiva/adottivo; **an adopted daughter** una figlia adottiva.

adoption *noun* adozione F.

adorable *adjective* adorabile.

adore *verb* adorare [1].

adult *noun* adulta F, adulto M. *adjective* adulta/adulto; **an adult movie** un film per adulti.

adult education *noun* corsi (M *plural*) per adulti.

advance *noun* **1** progresso M; **scientific advances** progresso scientifico; **2** (*advance payment*) anticipo M.
verb **1** (*make progress*) progredire [12]; **2** (*move forward*) avanzare [1]; **3** (*pay money ahead of time*) anticipare [1].

ENGLISH–ITALIAN

advanced *adjective* avanzata/avanzato, superiore; **advanced level** (*study*) livello superiore.

advantage *noun* **1** vantaggio M; **is this decision to your advantage?** questa decisione torna a tuo vantaggio?; **2 to take advantage of someone** (*unfairly*) approfittare [1] di qualcuna/qualcuno; **3 to take advantage of something** approfittare di qualcosa; **I'm going to take advantage of the long weekend to visit Como** intendo approfittare del ponte per visitare Como.

adventure *noun* avventura F.

adventurous *adjective* avventurosa/avventuroso.

adverb *noun* avverbio M.

advert SEE **ad**.

advertise *verb* **1 to advertise something in the paper** (*in the classified ads*) mettere [45] un'inserzione sul giornale; **did you see that laser printer advertised in the *Corriere della sera*?** hai notato l'inserzione per una stampante laser sul *Corriere della sera*?; **2 to advertise a product** fare [19] la pubblicità per un prodotto.

advertisement *noun* SEE **ad**.

advertising *noun* pubblicità F.

advice *noun* consigli M *plural*; **to seek advice about a problem** chiedere [24] consigli riguardo a una questione; **a piece of advice** un consiglio M.

ENGLISH–ITALIAN   **aftershave**

advise *verb* consigliare [8]; **to advise someone to …** consigliare a qualcuna/qualcuno di … ; **we advised her to give up her claim** le abbiamo consigliato di rinunciare alle sue richieste; **what would you advise me to do?** cosa mi consiglieresti di fare?

aerial *noun* antenna F.

aerobics *noun* aerobica F; **to do aerobics** fare [19] aerobica.

aeroplane *noun* aereo M.

aerosol *noun* aerosol M; **aerosol can** bombola (F) di aerosol.

affair *noun* **1** (*event*) affare M; **Department of Foreign Affairs** Ministero degli Affari Esteri; **2 love affair** relazione amorosa F.

affect *verb* **1** (*to have influence on*) influire su [12]; **2** commuovere [47] **your kind words affected me deeply** le tue gentili parole mi hanno molto commosso.

affectionate *adjective* affettuosa/affettuoso.

afford *verb* permettersi di [45]; **I can't afford to be away for more than a week** non posso permettermi di restare via per più di una settimana; **surely she can afford a new kitchen!** certo che può permettersi una nuova cucina!; **I can't afford to send my sons to a private school** non ho i mezzi per far frequentare una scuola privata ai miei figli.

afraid *adjective* **1** (*fear*) **are you afraid of spiders?** hai paura dei ragni?; **don't be afraid of the boss!** non avere paura del capufficio!; **2** (*regret*) **I'm afraid I can't drive you to the station** mi dispiace di non poterti accompagnare alla stazione; **I'm afraid not** purtroppo no.

after *adverb* dopo; **soon after** poco dopo.
conjunction dopo, dopo che; **I'll give her a call after I've done my homework** dopo aver finito i compiti le telefonerò.
preposition dopo; **1 after breakfast** dopo colazione; **after school** dopo la scuola; **the day after tomorrow** dopodomani M; **2 to ask after someone** domandare [1] di qualcuna/qualcuno; **to run after someone** correre [29] dietro a qualcuna/qualcuno.

after all *adverb* dopotutto, tutto sommato; **after all, I never asked her to visit us** dopotutto, non le ho mai chiesto di venirci a trovare.

afternoon *noun* pomeriggio M, dopopranzo M; **this afternoon** oggi pomeriggio; **on Tuesday afternoon** martedì pomeriggio; **why don't you come by this afternoon?** perché non vieni dopopranzo?; **at five o'clock this afternoon** alle cinque di oggi pomeriggio; **every afternoon** ogni pomeriggio.

aftershave *noun* dopobarba M.

afterwards *adverb* dopo; **shortly afterwards** poco dopo.

again *adverb* 1 (*one more time*) ancora una volta; **tell me again** dimmelo ancora una volta; (*sometimes expressed by the prefix* ri- *before a verb*) **do it again!** rifallo!; **have you seen him again?** l'hai rivisto?; 2 (*once more*) di nuovo; **I've forgotten it again** l'ho dimenticato di nuovo; **she's absent again** è di nuovo assente; 3 **never again!** mai più!

against *preposition* 1 contro; **we must fight against prejudice** dobbiamo lottare contro i pregiudizi; **in 1939, Britain went to war against Germany** nel 1939, la Gran Bretagna è entrata in guerra contro la Germania; 2 **we're against Raymond's proposal** siamo contrari alla proposta di Raymond; **Emily was leaning against the tree** Emily era appoggiata all'albero.

age *noun* 1 età F; **at what age do you start school in Italy?** a che età si comincia ad andare a scuola in Italia?; **advanced age** età avanzata; **I think Jack is the same age as Miriam** credo che Jack ha la stessa età di Miriam; 2 **Lidia is still under age** Lidia è ancora minorenne; 3 **I haven't seen you for ages!** non ti vedo da un'eternità!
verb invecchiare [2]; **he has aged a lot** è invecchiato parecchio.

ENGLISH–ITALIAN

aged *adjective* **they're both aged twenty-five** hanno tutti e due venticinque anni.

agency *noun* agenzia F; **travel agency** agenzia di viaggi.

agenda *noun* (*in meetings*) ordine (M) del giorno.

agent *noun* agente F & M; **secret agent** agente segreta F, agente segreto M.

aggressive *adjective* aggressiva/aggressivo.

ago *adverb* fa; **two weeks ago** due settimane fa; **a long time ago** molto tempo fa; **how long ago did you graduate?** quanto tempo fa ti sei laureata?

agree *verb* 1 essere [16] d'accordo con; **do you agree with me?** sei d'accordo con me?; **I don't agree at all** non sono affatto d'accordo; 2 **I agree that ...** sono d'accordo che ... ; 3 **to agree to** acconsentire a [11]; **she's agreed to speak to me at last** finalmente ha acconsentito a parlarmi; 4 **yoghurt doesn't agree with Miriam** Miriam non tollera lo yogurt; 5 (*grammar*) concordare [1]; **in Italian, nouns and adjectives must agree in gender and number** in italiano i sostantivi e gli aggettivi devono concordare in genere e numero.

agreement *noun* accordo M, adesione F; **has she given her agreement to the plan?** ha dato la sua adesione al progetto?

ENGLISH–ITALIAN   **alike**

agricultural *adjective* agricola/agricolo.

agriculture *noun* agricoltura F.

ahead *adverb* avanti, dritto; **go ahead!** avanti!; **straight ahead, then turn left** sempre dritto quindi a sinistra; **Fiorentina is three points ahead of Juventus** la Fiorentina ha tre punti più della Juventus.

aid *noun* **1** assistenza F; **aid to developing countries** assistenza ai paesi in via di sviluppo; **2 in aid of** a vantaggio di; **what's all this in aid of?** a cosa serve tutto ciò?

aid agency *noun* agenzia umanitaria F.

AIDS *noun* Aids M; **an AIDS patient** una malata/un malato di Aids.

aim *noun* scopo M; **what's the aim of your project?** che scopo ha il tuo progetto?
verb **to aim to do** avere [15] intenzione di fare; **she aims to complete her project by next week** ha intenzione di completare il progetto la settimana prossima.

air *noun* **1** aria F; **in the open air** all'aria aperta; **let's get some fresh air** respiriamo un po' di aria fresca; **2 to travel by air** viaggiare [6] in aereo.

air bag *noun* airbag M.

air conditioned *adjective* climatizzata/climatizzato.

air conditioning *noun* aria condizionata F.

aircraft *noun* aereo M.

air force *noun* aviazione militare F.

air hostess *noun* SEE **flight attendant**.

airline *noun* compagnia aerea F.

air mail *noun* posta aerea F, posta prioritaria F; **to send a letter by air mail** inviare una lettera per posta aerea.

airport *noun* aeroporto M.

air steward *noun* SEE **flight attendant**.

aisle *noun* **1** (*in a church*) navata centrale F; **2** (*in a plane*) corridoio M.

ajar *adjective* socchiusa/socchiuso.

alarm *noun* allarme M; **fire alarm** allarme antincendio; **burglar alarm** allarme antifurto.

alarm clock *noun* sveglia F.

album *noun* album M.

alcohol *noun* alcol M.

alcoholic *adjective* alcolica/alcolico; **alcoholic drinks** bevande alcoliche.
noun alcolizzata F, alcolizzato M.

alike *adjective* **1** simile; **that writer's novels are all alike** i romanzi di quello scrittore sono tutti simili; **2 to look alike** (r)assomigliarsi [8]; **those**

alive

two look alike quei due si (r)assomigliano.

alive *adjective* viva/vivo.

all *adjective* **1** tutta/tutto; **all the magazines** tutte le riviste; **2 all the time** continuamente, sempre; **she reads all the time** legge continuamente; **all day** tutta la giornata.
adverb **not at all** niente affatto; **all in all** tutto sommato; **all the same** ciononostante; (*in sport*) **four all** quattro a quattro.
pronoun **1** tutta/tutto; **after all** dopo tutto; **they all came** sono venute tutte; **all alone** tutta sola/tutto solo; **he was left all alone** è rimasto tutto solo; **2** (*all that*) tutto quello che; **this is all I've heard** è tutto quello che ho sentito.

all along *adverb* fin dall'inizio; **I've suspected it all along** l'ho sospettato fin dall'inizio.

allergic *adjective* allergica/allergico; **to be allergic to something** essere [16] allergica/allergico a qualcosa.

alliance *noun* alleanza F.

allow *verb* lasciare [7], permettere [45]; **will your mum allow you to go camping?** tua mamma ti lascerà andare in campeggio?; **the teacher allowed us to go home an hour early** il professore ci ha permesso di andare a casa un'ora prima; **are you allowed to smoke at home?** ti permettono di fumare in casa?; **are you allowed to stay out after ten?** hai il permesso di restare fuori dopo le dieci?

allowance *noun* sussidio M; **family allowance** assegni familiari M *plural*.

all right *adverb* **1** (*yes*) d'accordo; **'let's meet in the usual cafe' – 'all right'** 'incontriamoci nel solito bar' – 'd'accordo'; **2** (*fine*) bene; **is everything all right?** tutto bene?; **he's all right now** ora sta bene; **it's all right by me** per me va bene; **3 is she all right?** come sta?; **4** (*not bad*) passabile, così così; **the film was all right** il film era così così; **5 is it all right to ... ?** si può ... ?; **is it all right to open the window?** si può aprire la finestra?

all-up *adverb* in tutto; **we had twenty-three visitors all-up** abbiamo avuto ventitré ospiti in tutto.

all-wheel drive *noun* fuoristrada M.

ally *noun* alleata F, alleato M.

almond *noun* mandorla F.

almost *adverb* quasi; **almost every day** quasi tutti i giorni; **almost everyone** quasi tutti; **he's almost ninety-five** ha quasi novantacinque anni.

alone *adjective* **1** sola/solo; **do you live alone?** vivi da sola?; **2 leave her alone!** lasciala in pace!; **3 leave this knife alone!**

ENGLISH–ITALIAN **amazed**

non toccare questo coltello!

along *preposition* **1** lungo; **we walked along the Arno** abbiamo camminato lungo l'Arno; **2** (*there is often no direct translation for 'along', so the sentence has to be expressed differently*) **her house is along the road from mine** abita più avanti di casa mia; **3 I'll be along later** vi raggiungo più tardi.

aloud *adverb* ad alta voce; **I used to read aloud to practise my pronunciation** avevo l'abitudine di leggere ad alta voce per far pratica di pronuncia.

alphabet *noun* alfabeto M.

alpine *adjective* alpina/alpino.

already *adverb* già; **she's already given up** ha già rinunciato; **are they back already?** sono già tornate?

Alsatian *noun* (*dog*) cane lupo M.

also *adverb* anche; **we've also asked Rebecca** lo abbiamo chiesto anche a Rebecca.

altar *noun* altare M.

alter *verb* modificare [3].

alternate *adjective* **on alternate days** un giorno sì e uno no; a giorni alterni.

alternative *noun* alternativa F; **how many alternatives are there?** quante alternative ci sono?; **there's no alternative** non c'è alternativa.

alternatively *adverb* altrimenti; **alternatively you could hire a minibus** altrimenti potresti noleggiare un pulmino.

alternative medicine *noun* medicina alternativa F.

although *conjunction* anche se; **although I'm very busy, I'll help you** anche se sono molto impegnata ti aiuterò.

altogether *adverb* **1** in tutto; **they made a hundred dollars altogether** in tutto hanno guadagnato cento dollari; **2** (*completely*) del tutto; **she was not altogether happy** non era del tutto soddisfatta.

aluminium *noun* alluminio M; **aluminium foil** carta stagnola F.

always *adverb* sempre (*normally follows a verb*); **you're always late!** sei sempre in ritardo!; **she always licks her fingers** si lecca sempre le dita.

a.m. *abbreviation* del mattino; **she arrived at 9 a.m.** è arrivata alle nove del mattino.

amateur *noun* dilettante F & M; **amateur sports** sport (M *plural*) per dilettanti.

amaze *verb* sorprendere [60]; **what amazes me is ...** ciò che mi sorprende è ...

amazed *adjective* stupefatta/stupefatto; **I was amazed by her revelations** sono rimasta stupefatta dalle sue rivelazioni.

amazing *adjective* 1 (*surprising*) sorprendente; **she made an amazing recovery** ha fatto una sorprendente guarigione; 2 (*terrific*) fantastica/fantastico; **her performance was quite amazing** la sua prestazione è stata fantastica; **what an amazing tale!** che storia straordinaria!

ambassador *noun* ambasciatore M, ambasciatrice F; **the Australian Ambassador to Italy** l'ambasciatore australiano in Italia.

ambition *noun* ambizione F.

ambitious *adjective* ambiziosa/ambizioso.

ambulance *noun* ambulanza F.

amend *verb* (*a proposal*) modificare [3]; (*a text*) correggere [44].

amenities *plural noun* servizi M *plural*; **do you have good amenities at your campsite?** ci sono buoni servizi nel vostro campeggio?

amnesia *noun* amnesia F.

amnesty *noun* amnistia F.

among, amongst *preposition* fra; **talk it over among yourselves** discutetelo fra di voi.

amount *noun* 1 quantità F; **a small amount of rice** una piccola quantità di riso; 2 (*of money*) somma; **a huge amount of cash** un'enorme somma in contanti.

amp *noun* 1 (*electricity*) ampère M; 2 SEE **amplifier**.

amphitheatre *noun* anfiteatro M, arena F.

amplifier (*noun; often shortened to* amp) amplificatore M.

amuse *verb* divertire [11]; **her antics did not amuse me** le sue bizzarrie non mi hanno divertita.

amusement arcade *noun* sala (F) giochi.

amusing *adjective* divertente.

an *article* SEE **a**.

anaemia *noun* anemia F.

anaesthetic *noun* anestetico M; **to administer an anaesthetic** somministrare [1] un anestetico.

analyse *verb* analizzare [1].

analysis *noun* analisi F.

ancestor *noun* antenata F, antenato M.

anchovy *noun* acciuga F.

ancient *adjective* 1 (*historic*) antica/antico; **an ancient temple** un tempio antico; **ancient Rome** Roma antica; 2 (*very old*) decrepita/decrepito; **this dress is ancient** questo vestito è decrepito.

and *conjunction* 1 e (ed *before a word beginning with* e); **you and I** tu e io; **Adam and Eve** Adamo ed Eva; **demand and supply** domanda e offerta; 2 **stronger and stronger** sempre più forte; **and/or** e/o.

ENGLISH–ITALIAN   **antelope**

anecdote *noun* aneddoto M.

angel *noun* angelo M (*also when referring to females*); **Giovanna, you're an angel** Giovanna sei un angelo.

anger *noun* collera F, rabbia F.

angle *noun* angolo M.

Anglican *noun, adjective* anglicana/anglicano; **the Anglican Church** la Chiesa anglicana.

angrily *adverb* rabbiosamente.

angry *adjective* **1** arrabbiata/arrabbiato; **why are you so angry?** perché sei così arrabbiata?; **2** (*sometimes expressed with a verb*) **don't be angry!** non arrabbiarti!; **to get angry** arrabbiarsi [2].

animal *noun* animale M.

ankle *noun* caviglia F; **how did you sprain your ankle?** come hai fatto a slogarti [4] la caviglia?

anniversary *noun* anniversario M; **wedding anniversary** anniversario delle nozze.

announce *verb* annunciare [5].

announcement *noun* annuncio M.

annoy *verb* **1** (*through irritating remarks*) irritare [1], seccare [3]; **stop annoying me!** smettila di seccarmi!; **2** (*through physical acts*) fare [19] dispetti M *plural*; **Mum, George is annoying me! he keeps pulling my hair!** mamma, George mi fa dispetti! continua a tirarmi i capelli!

annoying *adjective* seccante.

annual *adjective* annua/annuo.

anonymous *adjective* anonima/anonimo.

anorak *noun* eskimo M.

anorexia *noun* anoressia F.

another *adjective* **1** un'altra/un altro; **could I have another chocolate please?** mi passi un'altro cioccolatino per cortesia?; **would you mind using another room?** ti dispiace usare un'altra sala?; **2** ancora, altra/altro; **another few weeks** ancora qualche settimana; **I'd like another couple of watermelons** vorrei altri due cocomeri.

answer *noun* risposta F; **that was a wrong answer** era una risposta sbagliata.
verb **1** rispondere a [49]; **why didn't you answer my e-mail** perché non hai risposto alla mia mail?; **2 to answer the telephone** rispondere al telefono; **to answer the door** andare [17] ad aprire la porta; **my prayers have been answered** le mie preghiere sono state esaudite.

answering machine *noun* segreteria telefonica F.

ant *noun* formica F.

antelope *noun* antilope F.

anthem *noun* inno M; **the national anthem** l'inno nazionale.

anthology *noun* antologia F.

antibiotic *noun* antibiotico M (*usually plural,* antibiotici).

anthology *noun* antologia F.

anticlockwise *adverb* in senso antiorario.

antifreeze *noun* anticongelante M.

anti-globalisation activist *noun* no-global F & M.

antique *noun* oggetto (M) di antiquariato.

antique shop *noun* negozio (M) di antiquariato.

antiseptic *noun* antisettico M.

anxious *adjective* ansiosa/ansioso; **don't be so anxious** non essere tanto in ansia.

anxiously *adverb* ansiosamente.

any *adjective* **1** di (*combined with an article, but often omitted*); **do we have any sugar left?** abbiamo ancora dello zucchero?; **is there any salt?** c'è sale?; **do you have any jam?** hai della marmellata?; **2** (*not translated in negative sentences*) **we don't have any jam** non abbiamo marmellata; **doesn't she have any money left?** non ha più soldi?; **3 not … any more** non … più; **we don't watch TV any more** non guardiamo più la TV.

pronoun ne (*when* any *is used on its own without a noun*); **do you have any left?** ne hai ancora?

anybody, anyone *pronoun* **1** (*after* if) qualcuna (F)/qualcuno (M *and generic*); **if anyone is looking for me tell them I'm at home** se qualcuno mi cerca digli che sono a casa; **2** (*in questions*) nessuna (F)/nessuno (M *and generic*); **is anybody at home?** c'è nessuno in casa?; **does anybody want an ice cream?** nessuno vuole un gelato?; **3** (*absolutely anybody*) chiunque; **anybody can open a post office account** chiunque può aprire un conto in posta; **4 not … anybody** non … nessuno (nessuna *when specifically female*); **I didn't see anybody** non ho visto nessuno; **there isn't anybody here** qui non c'è nessuno.

anyhow *adverb* SEE **anyway**.

anyone *pronoun* SEE **anybody**.

anything *pronoun* **1** (*in questions*) qualcosa, niente; **do you need anything?** ti occorre niente?; **do you have anything to eat?** hai qualcosa da mangiare?; **2 not … anything** non … niente; **I didn't see anything** non ho visto niente; **3** (*anything at all*) **anything goes** qualsiasi cosa va bene; **you can do anything** sei brava in tutto.

anyway, anyhow *adverb* comunque, in ogni caso; **anyway, I prefer not to interfere**

ENGLISH–ITALIAN

in ogni caso, preferisco non intromettermi; **write to me anyway** scrivimi comunque.

anywhere *adverb* **1** (*in questions*) da qualche parte; **have you seen Pamela anywhere?** hai mica visto Pamela da qualche parte?; **are you going anywhere this afternoon?** vai da qualche parte oggi pomeriggio?; **2 not … anywhere** in nessun posto, da nessuna parte; **she hasn't been anywhere** non è andata da nessuna parte; **I'm not going anywhere** non vado in nessun posto; **3** (*absolutely anywhere*) dovunque, in qualsiasi posto; **please sit down anywhere** prego, siediti dovunque.

apart *adverb* **1** (*separately*) **they have decided to live apart** hanno deciso di separarsi; **2 to be ten metres apart** essere [16] a dieci metri di distanza l'uno dall'altro; **3 apart from** a parte; **apart from you and Stephen, everyone agrees** a parte te e Stephen, tutti sono d'accordo.

apartment *noun* appartamento M.

ape *noun* scimmia F (senza coda). *verb* scimmiottare [1].

apologise *verb* chiedere [24] scusa; **you'd better apologise to her** sarà meglio se le chiedi scusa.

apology *noun* scuse F *plural*.

apostrophe *noun* apostrofo M.

apple tree

appalling *adjective* raccapricciante, spaventosa/spaventoso.

apparatus *noun* **1** (*in a gym*) attrezzatura F; **2** (*in a lab*) apparato M.

apparent *adjective* evidente.

apparently *adverb* a quanto pare; **apparently those two don't get on** a quanto pare, quei due non vanno d'accordo.

appeal *noun* ricorso M, appello M.
verb **1 to appeal for** lanciare [5] un appello per; **2 to appeal to** tentare [1]; **those nectarines don't appeal to me** quelle peschenoci non mi tentano.

appear *verb* **1** comparire [85]; **she appeared from nowhere** è comparsa dal nulla; **2 to appear on TV** apparire [85] alla TV; **3** parere [51]; **it appears that Mark has changed his mind** pare che Mark abbia cambiato idea.

appendicitis *noun* appendicite F.

appetite *noun* appetito M; **this drink should whet your appetite** questa bibita dovrebbe stuzzicarti l'appetito.

applaud *verb* applaudire [11].

applause *noun* applauso M.

apple *noun* mela F; **apple core** torsolo (M) di mela.

apple tree *noun* melo M.

applicant *noun* candidata F, candidato M.

application *noun* **job application** domanda (F) d'impiego.

application form *noun* modulo (M) per domanda.

apply *verb* **1 to apply for a position** fare [19] domanda per un posto di lavoro; **2 to apply for a course** fare domanda di iscrizione a un corso; **3 to apply to** riguardare [1]; **these rules don't apply to you** questo regolamento non ti riguarda; **4 to apply yourself** applicarsi [3]; **if you apply yourself you will succeed** se ti applicherai riuscirai.

appoint *verb* (*to a position*) nominare [1]; **Richard has been appointed ambassador** Richard è stato nominato ambasciatore.

appointment *noun* **1** (*to a position*) nomina F; **her appointment hasn't been confirmed yet** la sua nomina non è stata ancora confermata; **2** (*proposed meeting*) **I've got an appointment at six** ho un appuntamento alle sei; **can you make an appointment with the dentist for me?** puoi fissarmi un appuntamento dal dentista?

appreciate *verb* apprezzare [1]; **I appreciate your concern** apprezzo il tuo interessamento; **I'd appreciate your cooperation** apprezzerei la tua collaborazione.

apprentice *noun* apprendista F & M.

apprenticeship *noun* apprendistato M.

approach *verb* (*come near to*) **1** avvicinarsi a [1]; **we are approaching Ancona** ci stiamo avvicinando ad Ancona; **2** (*to tackle a task or problem*) affrontare [1].

appropriate *adjective* opportuna/opportuno, adatta/adatto; **what's the most appropriate thing to do?** qual è la cosa più opportuna da fare?

approval *noun* approvazione F; **regretfully I can't give you my approval** mi rincresce di non poterti dare la mia approvazione.

approve *verb* **to approve of** approvare [1]; **we don't approve of your choice** non approviamo la tua scelta.

approximate *adjective* approssimativa/approssimativo.

approximately *adverb* circa, approssimativamente; **approximately two hundred children** circa duecento bambini.

apricot *noun* albicocca F.

April *noun* aprile M.

April Fool *noun* pesce (M) d'aprile; **April Fool's Day** il primo (M) di aprile.

apron *noun* grembiule M.

ENGLISH–ITALIAN   **arrival**

aptitude *noun* attitudine F; **aptitude test** esame attitudinale.

Aquarius *noun* (*sign of the zodiac*) Acquario M.

arch *noun* arco M.

archaeologist *noun* archeologa F, archeologo M.

archipelago *noun* arcipelago M.

architect *noun* **1** architetta F, architetto M; **2** ideatore M, ideatrice F; **she's the architect of this project** è l'ideatrice di questo progetto.

architecture *noun* architettura F.

archive *noun* archivio M.

are *verb* SEE **be**.

area *noun* **1** (*part of a town*) quartiere M; **a residential area** un quartiere residenziale; **a notorious area** un quartiere malfamato; **2** (*region*) zona F; **the Campobasso area** la zona di Campobasso.

argue *verb* discutere [34]; **what's the point of arguing?** vale la pena discutere?

argument *noun* **1** (*heated discussion*) disputa F, discussione F; **they had an argument** hanno litigato; **2** (*reasoning*) ragionamento M.

Aries *noun* (*sign of the zodiac*) Ariete M.

aristocracy *noun* aristocrazia F.

arithmetic *noun* aritmetica F.

arm *noun* braccio M (F *plural* braccia); **fold your arms!** incrociate le braccia!; **arm in arm** a braccetto.

armchair *noun* poltrona F.

armed *adjective* armata/armato.

armpit *noun* ascella F.

army *noun* esercito M; **to join the army** arruolarsi [1] nell'esercito.

around *adverb* **1** (*with time*) verso; **call me around five o'clock** telefonami verso le cinque; **2** (*with ages or amounts*) circa; **she's around twenty-five** ha circa venticinque anni; **I think the house will sell for around $500,000** a mio parere la casa verrà venduta per circa 500.000 dollari; **3** (*surrounding*) intorno a; **the area around Genoa** la zona intorno a Genova; **4 put a bandage around your arm** fasciati il braccio; **5** (*near*) **do you know if there's a bank around here?** mi sa dire (*formal*) se c'è una banca qui vicino?; **will you be around this evening?** sarai in giro stasera?; **6** per; **do you want to go for a walk around campus?** vuoi fare un giretto per il campus?

arrange *verb* organizzare [1]; **they arranged a meeting** hanno organizzato un incontro.

arrest *noun* **to be under arrest** essere [16] in stato di arresto. *verb* arrestare [1].

arrival *noun* arrivo M.

arrive

arrive *verb* arrivare [1]; **when will she arrive?** quando arriverà?

arrow *noun* freccia F.

art *noun* **1** arte F; **modern art** arte moderna; **2** (*school subject*) (*practical*) disegno M; (*historical*) storia (F) dell'arte.

artery *noun* arteria F.

art gallery *noun* pinacoteca F.

arthritis *noun* artrite F.

artichoke *noun* carciofo M.

article *noun* articolo M.

artificial *adjective* artificiale.

artist *noun* artista F & M.

artistic *adjective* artistica/artistico.

art school *noun* accademia (F) di belle arti.

as *adverb* **1 as … as** tanto … quanto; **she's as rich as her husband** è tanto ricca quanto suo marito; **I'm as interested as you are** sono tanto interessata quanto te; **he saw as many birds as we did** ha visto tanti uccelli quanti noi; **2 to work as** lavorare [1] come; **she worked as a soap packer for many years** ha lavorato come imballatrice di saponette per molti anni; **I worked as an au pair last year** l'anno scorso ho lavorato alla pari; **3 as soon as possible** non appena possibile. *conjunction* **1** come; **as I was telling you …** come ti dicevo … ;

ENGLISH–ITALIAN

as usual come al solito; **2** (*because*) siccome; **as we had no cash we had to walk** siccome non avevamo contanti abbiamo dovuto farla a piedi; **3** mentre; **they left as we were arriving** sono andate via mentre noi arrivavamo; **4 as long as** purché (*with subjunctive in formal language*); **I'll help you with your homework as long as you promise to work hard** ti aiuto a fare i compiti purché tu mi prometta di studiare assiduamente; **5 for as long as** finché; **you can stay for as long as you like** puoi rimanere finché vuoi; **6 not as … as** meno … di; **Pauline is not as clever as Maggie** Pauline è meno intelligente di Maggie.

ascertain *verb* constatare [1].

ash *noun* cenere F.

ashamed *adjective* **I feel ashamed** provo vergogna; **you should be ashamed of yourself!** dovresti vergognarti!

ashtray *noun* portacenere M.

ask *noun* **a big ask** (*Australian*) richiesta smodata F.
verb **1** (*a question etc.*) domandare [1], chiedere [24]; **let's ask that police officer the way to the market** domandiamo a quell'agente come si arriva al mercato; **I asked her what her name was** le ho chiesto come si chiamava; **2 ask for** chiedere; **she asked for a cool drink** ha chiesto

una bevanda fresca; **3** (*to ask someone a favour etc.*) pregare [4]; **both teams have asked me to be referee** entrambe le squadre mi hanno pregato di fare da arbitro; **could you ask your parents to let me stay the night?** potresti pregare i tuoi di lasciarmi passare la notte da voi?; **4** (*to invite*) **I've been asked to a function next Friday** sono stata invitata ad un ricevimento venerdì prossimo; **Gennaro asked Renata out but she refused** Gennaro ha invitato Renata a uscire con lui ma lei ha rifiutato.

asleep *adverb* **to be asleep** essere [16] addormentata/addormentato; **Alex is asleep** Alex è addormentato; **to fall asleep, to go to sleep** addormentarsi [1].

asparagus *noun* asparago M.

aspect *noun* aspetto M; **cheerful aspect** aspetto allegro.

aspirin *noun* aspirina F.

assault *noun* attacco M, aggressione F; (*sexual assault*) violenza carnale F.

assembly *noun* assemblea F.

assess *verb* valutare [1].

assignment *noun* (*at school*) compito M, tema M.

assist *verb* aiutare [1].

assistance *noun* aiuto M, assistenza F.

assistant *noun* **1** assistente F & M; **2 sales assistant** commessa F, commesso M.

associate *noun* socia F, socio M; **associate professor** professore associato M.

association *noun* società F, associazione F.

assorted *adjective* varia/vario.

assortment *noun* assortimento M.

assume *verb* supporre [58]; **I assume you will apologise to Fred** suppongo che chiederai scusa a Fred.

assure *verb* assicurare [1].

asterisk *noun* asterisco M.

asthma *noun* asma F; **he's an asthma sufferer** soffre di asma.

astrology *noun* astrologia F.

astronaut *noun* astronauta F & M.

astronomy *noun* astronomia F.

asylum *noun* asilo politico M; **asylum seeker** asilante F & M.

at *preposition* **1** a (*combines with articles to form* al, allo, all', alla, alle, ai, agli); **at home** a casa; **at the office** all'ufficio; **at the market** al mercato; **2** (*referring to people*) da; **I'm at my cousins' place** sono dalle cugine; **at the butcher's** dalla macellaia/dal macellaio; **at Francesco's place** da Francesco; **3** (*talking about time*) **at ten-thirty** alle dieci e mezzo; **at night** la sera; **at the**

weekend il week-end; **4 at last** finalmente; **they got married at last** finalmente si sono sposati; **5** (*in electronic addresses*) chiocciol(in)a F.

athlete *noun* atleta F & M.

athletic *adjective* atletica/atletico.

athletics *noun* atletica F.

atlas *noun* atlante M.

ATM *abbreviation* (*automatic teller machine*) bancomat M.

atmosphere *noun* atmosfera F.

atom *noun* atomo M.

atomic *adjective* atomica/atomico.

attach *verb* **1** (*to stick*) attaccare [3]; **2** (*to enclose*) allegare [4].

attached *adjective* **1** (*a document*) allegata/allegato; **2** (*fond of*) affezionata/affezionato; **I'm very attached to my old bike** sono molto affezionata alla mia vecchia bici.

attack *noun* attacco M.
verb attaccare [3].

attempt *noun* tentativo M; **at the first attempt** al primo tentativo.
verb **to attempt to** tentare di [1].

attend *verb* **1** (*a school or university*) frequentare [1]; **the years in which I attended primary school** gli anni in cui ho frequentato la scuola primaria; **2** (*a meeting etc.*) partecipare a [1], assistere a [10].

attention *noun* attenzione F; **to pay attention** fare [19] attenzione.

attic *noun* soffitta F.

attitude *noun* atteggiamento M, posizione F; **the Government's attitude to public education** la posizione del governo riguardo alla pubblica istruzione.

attract *verb* attirare [1].

attraction *noun* attrattiva F.

attractive *adjective* attraente.

auction *noun* asta F; **we bought that painting at an auction** abbiamo comprato quel quadro a un'asta.

audience *noun* (*in a theatre etc.*) pubblico M.

audiovisual *adjective* audiovisiva/audiovisivo; **audiovisual aids** sussidi audiovisivi M *plural*.

August *noun* agosto M.

aunt *noun* zia F.

auntie *noun* zietta F.

au pair *noun* ragazza (F)/ragazzo (M) alla pari; **I'm looking for a job as an au pair** cerco un lavoro alla pari.

author *noun* autore M, autrice F.

autobiography *noun* autobiografia F.

autocue *noun* gobbo M.

autograph *noun* autografo M.

ENGLISH–ITALIAN   awkward

automatic *adjective* automatica/automatico.

automatically *adverb* automaticamente.

automatic teller machine *noun* SEE **ATM**.

autumn *noun* autunno M; **in autumn** d'autunno.

availability *noun* disponibilità F.

available *adjective* disponibile.

avenue *noun* **1** (*lined by trees*) viale M; **2** (*lined by buildings in a city centre*) corso M.

average *adjective* media/medio; **the average height** la statura media.
noun media F; **on average** in media; **below average** al di sotto della media.

avocado *noun* avocado M.

avoid *verb* evitare [1]; **why are you avoiding me?** perché mi eviti?

awake *adjective* sveglia/sveglio; **I wasn't awake when you called** non ero sveglia quando hai telefonato; **are you still awake?** sei ancora sveglio?

award *noun* (*prize*) premio M; **to win an award** vincere [81] un premio; **a literary award** un premio letterario.

aware *adjective* **are you aware of what you've done?** ti rendi conto di quello che hai fatto?; **I wasn't aware that she had so many children** non sapevo che aveva tanti figli.

away *adverb* **1** via; **to be away** essere [16] via; **2 to go away** andare [17] via; **I wish they would go away!** magari se ne andassero!; **don't go away please!** non andar via per piacere!; **3 to run away** fuggire [14]; **the thieves ran away** i ladri sono fuggiti; **4 is your house far away?** è lontana casa tua?; **the village is only five kilometres away** il paese è a soli cinque chilometri di distanza; **5 to put something away** mettere [45] via qualcosa; **6 to give something away** (*to a specified person*) regalare [1] qualcosa; (*to no one specifically*) dare [18] via; **why did you give all your books away?** perché hai dato via tutti i tuoi libri?

away match *noun* partita (F) fuori casa.

awesome *adjective* straordinaria/straordinario, ganza/ganzo, stupenda/stupendo.

awful *adjective* **1** brutta/brutto; **what an awful story!** che brutto racconto!; **that film is awful** quel film fa schifo; **2 I feel awful** (*ill*) mi sento proprio male; **3 I feel awful about letting you down** mi rincresce molto di averti delusa; **4 an awful lot of** un sacco di.

awkward *adjective* **1** difficile, brutta/brutto; **he's an awkward type** è un tipo difficile; **an awkward situation** una brutta situazione; **2** imbarazzante; **it's a bit awkward** è un tantino imbarazzante; **an awkward question** una domanda imbarazzante.

axe *noun* ascia F.

B b

baby *noun* **1** bambina F, bambino M; **2** (*up to a few weeks after birth*) neonata F, neonato M.

babysit *verb* fare [19] il/la babysitter.

babysitter *noun* babysitter F & M.

bachelor *noun* scapolo M; **Bachelor of Arts** dottore (M) in Lettere/dottoressa (F) in Lettere.

back *noun* **1** (*of a person or animal*) dorso M, schiena F; **behind someone's back** di nascosto da qualcuna/qualcuno; **2** (*of a piece of paper*) rovescio M; **on the back** sul rovescio; **3** retro M, parte posteriore F; **4 there's a seat at the back of the bus** c'è un posto libero in fondo all'autobus; **you can sit in the back** puoi sederti di dietro; **at the back of the theatre** in fondo al teatro; **5** (*sport*) difesa F; **left back** terzino sinistro.
adjective posteriore, di dietro; **the back seats of a bus** i sedili posteriori di un autobus; **the back door** la porta di dietro, la porta posteriore; **the back garden** il giardino sul retro.
adverb **1 to go back** tornare [1]; **when do you go back to school?** quando tornate a scuola?; **2 to come back, to get back** rientrare [1]; **what time did you get back last night?** a che ora sei rientrato ieri sera?; **is Vittorio back yet?** è già rientrato Vittorio?; **3 to phone back** richiamare [1].
verb **1** (*to support*) appoggiare [6]; **2** (*to bet on*) fare [19] una scommessa su.
- **to back someone up** sostenere [75] qualcuna/qualcuno.
- **to back up** (*computing*) fare [19] una copia di backup.

backache *noun* mal (M) di schiena.

backbone *noun* spina dorsale F.

back door *noun* **1** (*in a private house*) porta (F) di dietro; **2** (*in a block of apartments*) portone posteriore M; **3** (*of a car*) sportello posteriore M.

backfire *verb* (*turn out badly*) fare [19] cilecca; **my plan backfired** il mio progetto ha fatto cilecca.

background *noun* **1** (*social*) ambiente M; **2** (*of events or situation*) contesto M; **3** (*past events*) precedenti M *plural*; **4** (*in a picture or view*) sfondo M; **5 background music** musica (F) di sottofondo; **background noise** rumore ambientale M.

ENGLISH–ITALIAN

backhander *noun* **1** (*sport*) rovescio M; **2** (*hitting someone*) manrovescio M.

backing *noun* **1** (*on sticky-back plastic etc.*) rivestimento M; **2** (*moral or financial support*) sostegno M; **3** (*in music*) accompagnamento M.

backlog *noun* (lavoro) arretrato M.

backpack *noun* zaino M.

backside *noun* (*bottom*) sedere M.

backstage *adverb* dietro le quinte.

backstroke *noun* nuoto (M) sul dorso.

back to front *adverb* alla rovescia; **your singlet is back to front** hai la canottiera alla rovescia.

backtrack *verb* fare [19] marcia indietro.

backup *noun* **1** (*support*) sostegno M; **2** (*computing*) **backup disk** dischetto di backup.

backward *adjective* (*of economy*) arretrata/arretrato; (*slow on the uptake*) indietro (*never changes*).

backwards *adverb* (*to lean or fall*) all'indietro; **to walk backwards** camminare [1] all'indietro; * **to fall over backwards** farsi [19] in quattro.

bacon *noun* **1** (*Italian style*) pancetta F; **2** (*Australian style*) bacon M.

bad *adjective* **1** (*not good*) cattiva/cattivo; **a bad performance** una cattiva prestazione; **a bad result** un cattivo risultato; **2 it's bad for your health** fa male alla salute; **this play isn't bad** questo dramma non è malaccio; **her English is bad** conosce male l'inglese; **3** (*serious*) grave; **a bad accident** un grave incidente; **a bad cold** un forte raffreddore; **4** (*rotten*) marcia/marcio; **a bad peach** una pesca marcia; **to go bad** marcire [12]; **5** (*in some cases, Italian uses the ending* -accia (F)/-accio (M) *to mean* rude *or* naughty) **bad language** parolacce F *plural*; **bad dog!** cagnaccio!; **bad boy!** ragazzaccio!; **6** * **too bad!** (*I'm sorry for you*) che sfortuna!; (*nothing doing*) pazienza!

badge *noun* distintivo M.

badly *adverb* **1** male; **he expressed himself badly** si è espresso male; **she reacted badly** ha reagito male; **the test went badly** l'esame è andato male; **2** (*seriously*) gravemente; **the bus was badly damaged** l'autobus ha riportato gravi danni; **Anna was badly shaken** Anna era piuttosto scossa.

bad-mannered *adjective* maleducata/maleducato.

badminton *noun* badminton M; **to play badminton** giocare [3] a badminton.

bad-tempered *adjective* **1** (*for a little while*) di cattivo umore; **2** (*always*) irascibile.

baffle

baffle *verb* confondere [41], sconcertare [1].

bag *noun* **1** (*for shopping*) busta F, sacchetto M; **2** (*for holding books*) cartella F.

baggage *noun* bagaglio M.

baggage allowance *noun* franchigia (F) bagaglio.

baggage (re)claim *noun* ritiro (M) bagagli.

bagpipes *plural noun* zampogna F, cornamusa F.

bags *plural noun* bagaglio M, valige F *plural*; **to pack your bags** fare [19] le valige; * **to have bags under your eyes** avere [15] le borse sotto gli occhi.

bake *verb* cuocere [31] al forno.

baked *adjective* al forno (*never changes*); **a baked potato** patata (F) al forno; **baked apples** mele (F *plural*) al forno.

baker *noun* fornaia F, fornaio M; **I'm going to the baker's** vado dal fornaio.

bakery *noun* forno M, panetteria F.

balance *noun* **1** equilibrio M; **to lose your balance** perdere [52] l'equilibrio; **2** (*money in your bank account*) saldo M.

balanced *adjective* equilibrata/equilibrato.

balcony *noun* balcone M.

bald *adjective* calva/calvo.

ball *noun* **1** palla F; **2** (*for football*) pallone M; **3** (*of string or wool*) matassa F; **4** (*a formal dance*) ballo M.

ballet *noun* **1** (*art form*) danza classica F; **our son is learning ballet** nostro figlio studia danza classica; **2** (*theatrical work*) balletto M.

ballet dancer *noun* ballerina F, ballerino M; danzatore M, danzatrice F.

ballet shoe *noun* scarpina (F) da danza.

balloon *noun* **1** (*at parties*) palloncino M; **2** (*hot air*) mongolfiera F.

ballot *noun* votazione F; **secret ballot** votazione segreta F.

ballpoint pen *noun* penna (F) a sfera.

ban *noun* proibizione F; **a ban on low-altitude flights** proibizione dei voli a bassa quota. *verb* proibire [12];

banana *noun* banana F.

band *noun* **1** (*playing music*) complesso M, gruppo M; **rock band** complesso rock; **jazz band** orchestra (F) di jazz; **2** (*elastic*) **rubber band** elastico M.

bandage *noun* fascia F. *verb* fasciare [7].

bandit *noun* bandita F, bandito M.

bang *noun* **1** (*noise*) frastuono M; **2** (*of a door or window*) sbattimento M.

ENGLISH–ITALIAN

verb **1** (*to hit or knock*) battere [9a]; **stop banging on the window!** smettila di battere sulla finestra!; **she banged her leg on the side of the bed** ha battuto la gamba sull'orlo del letto; **2** (*to slam*) sbattere [9a]. *exclamation* (*like a gun*) bum!

banister *noun* ringhiera F.

bank *noun* **1** (*for money*) banca F; **have you been to the bank yet?** sei già stata in banca?; **bank account** conto (M) in banca; **2** (*of a river or lake*) sponda F.

banknote *noun* biglietto (M) di banca.

bankruptcy *noun* fallimento M.

bank statement *noun* estratto (M) conto.

banquet *noun* banchetto M.

baptism *noun* battesimo M.

bar *noun* **1** (*selling drinks*) bar M; **Paul works in a bar** Paul lavora in un bar; **2** (*the counter*) banco M; **3 a bar of chocolate** tavoletta (F) di cioccolata; **4 a bar of soap** saponetta F; **5** (*made of wood or metal*) sbarra F; **6** (*in music*) battuta F. *verb* **1** (*to block physically*) sbarrare [1]; **to bar someone's way** sbarrare il passo a qualcuna/qualcuno; **2** (*to ban from an activity*) escludere [25].

barbecue *noun* grigliata F. *verb* grigliare [8].

barbed wire *noun* filo spinato M.

based

barber *noun* barbiera F, barbiere M.

bare *adjective* nuda/nudo.

barefoot *adjective* scalza/scalzo; a piedi nudi (*never changes*); **to walk barefoot** camminare [1] a piedi nudi.

bargain *noun* affare M; **what a bargain!** che affarone!

barge *noun* chiatta F.

baritone *noun* baritono M.

bark *noun* **1** (*of a tree*) corteccia F; **2** (*of a dog*) abbaio M. *verb* abbaiare [2].

barley *noun* orzo M.

barn *noun* granaio M.

barometer *noun* barometro M.

baron *noun* barone M.

baroness *noun* baronessa F.

barracks *noun* caserma F.

barrel *noun* **1** (*for holding fluids*) botte F; **2** (*of a gun*) canna F (*del fucile*).

barrier *noun* barriera F.

barrister *noun* (*in court*) avvocata F, avvocato M.

bartender *noun* barista F & M.

base *noun* base F.

baseball *noun* baseball M; **baseball cap** berretto (M) da baseball.

based *adjective* **1 to be based on** basarsi su [1]; **the novel is based on real events** il romanzo si basa su fatti reali; **2 to be based in** essere [16] basata/basato a; **I'm based in Brussels** sono basata a Bruxelles.

basement *noun* scantinato M.

bash *noun* **1** botta F; **2 have a bash!** prova!; **3** festa F; **Janet is having a birthday bash next week** Janet darà una festa di compleanno la settimana prossima.
verb picchiare [2]; **he was bashed in broad daylight** è stato picchiato in pieno giorno.

basic *adjective* **1** di base; **basic knowledge** conoscenze di base; **a basic salary** stipendio base; **2 the basic facts** i fatti essenziali; **3** (*not luxurious*) modesta/modesto; **the rooms are a bit basic in this motel** in questo motel le camere sono piuttosto modeste.

basically *adverb*
1 sostanzialmente; **what you're saying is basically true** ciò che dici è sostanzialmente giusto; **2** a dire il vero; **basically she would prefer not to get married** a dire il vero, preferirebbe non sposarsi.

basics *noun* rudimenti M *plural*.

basin *noun* (*washbasin*) lavandino M.

basis *noun* base F; **on the basis of** sulla base di; **on a regular basis** regolarmente.

basket *noun* cesto M, cestino M; **shopping basket** cesto per la spesa; **linen basket** cesto della biancheria; **waste-paper basket** cestino della carta straccia.

basketball *noun* pallacanestro F, basket M; **basketball team** squadra di pallacanestro.

bass *noun* **1** (*singer*) basso M; **2** (*instrument*) **double bass** contrabbasso M.

bassoon *noun* fagotto M.

bat *noun* **1** (*for cricket or baseball*) mazza F; **2** (*for table tennis*) racchetta F; **3** (*animal*) pipistrello M.

bath *noun* **1** bagno M; **to have a bath** fare [19] il bagno; **are you in the bath?** sei nel bagno?; **2** (*bathtub*) vasca (F) da bagno.

bathe *verb* **1** (*a wound*) lavare [1]; **2** (*go swimming*) fare [19] il bagno.

bathing costume *noun* SEE **swimsuit**.

bathrobe *noun* accappatoio M.

bathroom *noun* stanza (F) da bagno.

baths *plural noun* bagni pubblici M *plural*.

bath towel *noun* asciugamano M.

batter *noun* **1** (*for frying*) pastella F; **2 fish in batter** pesce fritto M.

battery *noun* **1** (*for a torch, radio etc.*) pila F; **2** (*for a vehicle*) batteria F.

battle *noun* battaglia F.

bay noun (*gulf*) baia F; (*parking bay for buses*) corsia F.

bay leaf noun (*in cooking*) (foglia di) alloro M.

BC (*short for* before Christ) a.C. (*short for* avanti Cristo); **534 BC** il 534 a.C.

be verb **1** essere [16]; **where's Peter?** dov'è Peter?; **Vera is tired** Vera è stanca; **where will you be next week?** dove sarai la settimana prossima?; **2** (*with professions*) fare [19]; **my uncle is a car mechanic** mio zio fa il meccanico; **3** (*when telling the time*) essere (*in the plural except for one o'clock*) **it's three p.m.** sono le quindici; **it's a quarter to nine** sono le nove meno un quarto; **4** (*days of the week and dates*) **what day is it today?** che giorno è oggi?; **it's Thursday** è giovedì; **today is the fifth of November** oggi è il cinque novembre; **5** (*talking about age*) **how old is Virginia?** quanti anni ha Virginia?; **she's twenty** ha vent'anni; **6** (*cold, hot, hungry, thirsty*) **are you cold?** hai freddo?; **I'm not hungry** non ho fame; **7** (*weather*) **it's cold today** oggi fa freddo; **yesterday was nice** ieri faceva bello; **8 she's never been out of Australia** non ha mai lasciato l'Australia; **have you ever been to Venice?** sei mai stata a Venezia?; **9** (*in the passive*) **to be hated** essere odiata/odiato; **she was seen by three witnesses** è stata vista da tre testimoni; **10** (*to talk about ongoing actions*) **leave me alone please, I'm working** lasciami in pace per favore, sto studiando; **when Laura arrived I was watering the garden** quando è arrivata Laura stavo annaffiando il giardino.

beach noun spiaggia F; **shall we go to the beach?** andiamo in spiaggia?; **on the beach** in spiaggia.

bead noun perlina F.

beak noun becco M.

beam noun **1** (*of light*) raggio M; **2** (*for a roof*) trave F.

bean noun fagiolo M; **baked beans** fagioli (M *plural*) in conserva; **green beans** fagiolini M *plural*.

bear noun orsa F, orso M.
verb **1** sopportare [1]; **I can't bear him any longer** non lo sopporto più; **I can't bear that woman** non posso vedere quella donna; **2 bear this in mind** tieni presente questo; **I'll bear it in mind** lo terrò presente.

beard noun barba F.

bearded adjective barbuta/barbuto.

bearings plural noun **to get your bearings** orientarsi [1].

beast noun **1** (*animal*) bestia F; **2 you beast!** bestiona! F, bestione! M.

beat noun ritmo M.
verb **1** (*defeat*) battere [9a]; **Bari beat Juventus** il Bari ha

battuto la Juventus; **2 to beat eggs** sbattere [9a] uova; **3 you can't beat a good walk** non c'è nulla di meglio di una bella passeggiata.

- **to beat someone up** picchiare [2] qualcuna/qualcuno.

beautiful *adjective* bella/bello (bel *for masculine nouns beginning with single consonant; masculine plural* bei *before single consonant,* begli *before a vowel,* gn, ps, s + *consonant or* z); **a beautiful present** un bel regalo; **a beautiful performance** una bella prestazione; **what beautiful eyes!** che begli occhi!

beautifully *adverb* splendidamente.

beauty *noun* bellezza F **beauty spot 1** (*attractive area*) località pittoresca F; **2** (*mole*) neo M.

because *conjunction* **1** perché; **I didn't go because I didn't feel well** non sono andata perché non mi sentivo bene; **2 because of** a causa di; **because of her illness** a causa della sua malattia.

become *verb* **1** diventare [1]; **2** (*often expressed by a verb formed from an adjective in Italian*) **she's become very thin** è molto dimagrita; **tempers became frayed** i sentimenti si sono inaspriti.

bed *noun* **1** letto M; **double bed** letto matrimoniale; **single bed** letto a una piazza; **in bed** a letto; **to go to bed** andare [17] a dormire; **2** (*flower bed*) aiuola F.

bedclothes *plural noun* coperte (F *plural*) e lenzuola (F *plural*).

bedroom *noun* camera (F) da letto; **bedroom furniture** mobili da camera.

bedside *noun* capezzale M; **bedside table** comodino M.

bedspread *noun* copriletto M.

bedtime *noun* **it's bedtime** è ora di coricarsi.

bee *noun* ape F.

beef *noun* **1** manzo M; **2 roast beef** roast-beef M.

beeper *noun* cicalino M.

beer *noun* birra F; **have you got any beer?** hai mica della birra?

beetle *noun* scarabeo M.

beetroot *noun* barbabietola (rossa) F.

before *conjunction* **1** prima di; **before getting up** prima di alzarsi [1]; **before buying that car give me a call** prima di comprare quell'auto fammi una telefonata; **2** prima che (*followed by subjunctive*); **do it before it's too late** fallo prima che sia troppo tardi; **before I forget ...** prima di dimenticarmi [3] ... *preposition* **1** prima di; **before the trial** prima del processo; **2 the day before** la vigilia; **the day before yesterday** l'altro ieri; **the week before** la settimana precedente; **3** (*already*)

ENGLISH–ITALIAN

belongings

già; **I've heard that joke before** ho già sentito quella barzelletta.

beforehand adverb (ahead of time) in anticipo; **let me know beforehand** fammelo sapere in anticipo.

beg verb 1 (ask for money) mendicare [3], chiedere [24] la carità; 2 (ask) supplicare [3]; **I beg you to stay** ti supplico di rimanere; **I beg your pardon?** (when asking someone to repeat something) scusa, cos'hai detto?; (when apologising) **I beg your pardon** chiedo scusa.

beggar noun mendicante F & M.

begin verb cominciare [5]; **the film begins at six** il film comincia alle sei; **to begin to say** cominciare a dire.

beginner noun principiante F & M; **our beginners' course** il nostro corso per principianti.

beginning noun principio M, inizio M; **in the beginning** al principio; **at the beginning of the school term** all'inizio delle lezioni.

behalf noun **on behalf of** per conto di, a nome di; **can I sign on Paolo's behalf?** posso firmare per conto di Paolo?

behave verb 1 comportarsi [1]; **why did you behave so badly?** perché ti sei comportata così male?; 2 **behave yourself!** fa la brava!/fa il bravo!

behaviour noun comportamento M.

behind noun sedere M.
adverb (trailing or not making progress) **she's way behind** è molto indietro; 2 **to leave something behind** dimenticare [3] qualcosa; **I left my umbrella behind** ho dimenticato l'ombrello.
preposition dietro; **behind the wardrobe** dietro l'armadio; **behind us** dietro di noi.

belief noun convinzione F, idea F; **her political beliefs** le sue idee politiche.

believe verb 1 credere [9a]; **do you believe her?** le credi?; **she didn't believe what she heard** non ha creduto a quello che ha sentito; 2 **to believe in** credere in; **do you believe in God?** credi in Dio?; **do you believe in ghosts?** credi agli spiriti?

bell noun 1 (in a church) campana F; 2 (on a door, bicycle or animal) campanello M; * **that name rings a bell** quel nome non mi riesce nuovo.

belly noun pancia F.

belong verb 1 **to belong to** appartenere a [75]; **this bicycle belongs to Juliet** la bicicletta appartiene a Juliet; 2 **to belong to a club** essere [16] socia/socio di un circolo; 3 (go) stare [20] bene; **this table belongs here** questo tavolo sta bene qui.

belongings plural noun averi M plural; **all my belongings are under my bed** tutti i miei averi sono sotto il mio letto.

below *adverb* (*further down*) di sotto; **we heard people singing down below** abbiamo sentito cantare di sotto.
preposition sotto (a); **the apartment below yours** l'appartamento sotto al tuo.

belt *noun* cintura F.

bench *noun* **1** (*in a park*) panchina F; **2** (*in a school*) banco M.

bend *noun* curva F.
verb (*an arm or leg, or a wire*) piegare [4].
- **to bend down** chinarsi [1]; **he bent down to pick up the ball** si è chinato per prender su il pallone;
- * **to bend over backwards (to help someone)** farsi in quattro (per aiutare qualcuna/qualcuno).

beneath *preposition* sotto.

benefit *noun* **1** vantaggio M; **2 unemployment benefit** sussidio (M) di disoccupazione.

bent *adjective* **1** (*physically*) piegata/piegato; **2** (*of a person's character*) stramba/strambo.

beret *noun* berretto M.

berry *noun* bacca F.

berth *noun* (*on ship or train*) cuccetta F.

beside *preposition* (*next to*) accanto a; **she was right there beside her sister** era proprio là accanto a sua sorella; * **that's beside the point** questo non c'entra.

besides *adverb* (*anyway*) in ogni caso, inoltre; **besides, you never told us** in ogni caso, non ce l'hai mai detto.

best *adjective* migliore; **this is best for you** per te è la soluzione migliore; **I think this is the best cake of all** per me è questo il dolce migliore; **who is your best friend?** chi è la tua migliore amica o amico?; **he's the best speaker** è il migliore oratore; **the best thing to do** la cosa migliore da fare.
adverb meglio; **she sings best of all** canta meglio di tutte; **I like Robert best** preferisco Robert;
* **all the best!** (*good luck*) buona fortuna F; (*cheers*) alla salute!;
* **it's the best I can do** più di così non posso; * **do your best!** fa del tuo meglio!

best man *noun* testimone (M) dello sposo.

bet *noun* scommessa F.
verb **1** scommettere [45]; **I bet she'll give up** scommetto che rinuncia; **2 to bet on** (*a horse, a likely event*) puntare su [1]; scommettere su.

betray *verb* tradire [12].

better *adjective* migliore; **we've bought a better car** abbiamo comprato una macchina migliore; **fresh milk tastes better than pasteurised milk** il latte fresco ha un gusto migliore di quello pastorizzato.
adverb **1** meglio; **this watch works better than my old one**

ENGLISH–ITALIAN

questo orologio funziona meglio di quello vecchio; **she felt better yesterday** ieri si sentiva meglio; **are you any better?** stai meglio?; **even better** ancora meglio; **2 to get better** migliorare [1]; **are her computer skills getting better?** sta migliorando la sua competenza nell'informatica?; (*of a sick person*) guarire [12]; **3 so much the better** tanto meglio; **the sooner you start, the better** più presto cominci, meglio è; **4 she had better come to see me** farebbe meglio a venire da me; **you'd better stay put** faresti meglio a restare qui.

better off *adjective* **1** (*richer*) più ricca/più ricco; **she's better off than me** è più ricca di me; **2** (*more comfortable*) più comoda/più comodo; **you'll be better off in this warm room** starai più comoda in questa stanza calda.

between *preposition* fra, tra (fra *and* tra *are interchangeable*); **between Melbourne and Sydney** fra Melbourne e Sydney; **between you and me** fra di noi; * **between you, me and the doorpost** in confidenza.

beyond *preposition* **1** (*in space and time*) al di là di; **beyond the railway track** al di là della ferrovia; **2 it's beyond me!** non ci riesco!

bias *noun* parzialità F.

biased *adjective* parziale.

Bible *noun* Bibbia F.

bicycle *noun* bicicletta F (*often shortened to* bici F); **by bicycle** in bicicletta.

bicycle lane *noun* pista (F) per ciclisti.

bid *noun* **1** (*at an auction*) offerta F; **2** (*attempt*) tentativo M. *verb* (*at an auction*) offrire [86].

big *adjective* **1** (*physically*) grossa/grosso; **a big dog** un grosso cane; **a big mistake** un grosso errore; **2** (*when referring to character*) grande; **a big man** un grand'uomo; **a big disappointment** una grande delusione F; **3 my big sister** la mia sorella maggiore F; **4** (*referring to a problem etc.*) **this is too big for me alone** da sola/solo non ce la faccio.

big-headed *adjective* presuntuosa/presuntuoso.

bigot *noun* fanatica F, fanatico M.

big screen *noun* schermo gigante M.

big toe *noun* alluce M.

bikini *noun* bikini M.

bilingual *adjective* bilingue.

bill *noun* **1** (*in a restaurant*) conto M; **waiter, the bill please** cameriere, il conto per favore; **2** (*for gas, electricity etc.*) bolletta F.

billiards *noun* biliardo M.

billion *noun* miliardo M.

bin *noun* (*for rubbish etc.*) bidone M (della spazzatura).

bind

bind *verb* **1** (*in general*) legare [4]; **2** (*books*) rilegare [4].

binoculars *plural noun* binocolo M *singular*.

biography *noun* biografia F.

biology *noun* biologia F.

biotechnology *noun* biotecnologia F.

birch (tree) *noun* betulla F.

bird *noun* uccello M.

bird sanctuary *noun* oasi ornitologica F.

birdwatching *noun* **to go birdwatching** osservare [1] gli uccelli.

biro *noun* biro F.

birth *noun* nascita F; **birth name** cognome (M) di nascita.

birthday *noun* compleanno M; **happy birthday!** buon compleanno!; **birthday present** regalo (M) di compleanno; **birthday party** festa (F) di compleanno.

biscuit *noun* biscotto M.

bishop *noun* **1** vescovo M; **2** (*in chess*) alfiere.

bit *noun* **1** (*a small piece*) pezzetto M; **a bit of nougat** un pezzetto di torrone; **2** (*a small amount*) **a bit of sugar** un po' di zucchero; **with a bit of luck** con un po' di fortuna; **wait a bit!** aspetta un po'!; **3** (*Italian often uses diminutive forms*) **a bit of news** una notiziola; **a bit of a problem** un problemuccio; **4** (*in a book or film*) brano M, parte F; **this bit's boring** questa parte è noiosa; **5 to fall to bits** andare [17] a pezzi; **6 a bit** un po'; **a bit cold** un po' freddo; **7** (*for a horse*) morso M; **8** * **bit by bit** un po' alla volta.

bitch *noun* (*female dog*) cagna F.

bite *noun* **1** (*snack*) morso M, boccone M; **let's have a bite to eat** mangiamo un boccone; **2** (*from an insect*) puntura F; **mosquito bite** puntura di zanzara; **3** (*from a dog*) morso M. *verb* **1** (*a person or dog*) mordere [46]; **2** (*an insect*) pungere [61]; * **to bite your nails** rosicchiarsi [2] le unghie.

bitter *adjective* amara/amaro.

black *adjective* **1** nera/nero; **a black handbag** una borsetta nera; **to turn black** annerire [12]; **2 a black person** nera F, nero M; **3 black coffee** caffè nero; (*Australian*) **a short black** un espresso; **4 to have a black eye** avere [15] un occhio pesto.

blackberry *noun* mora F.

blackbird *noun* merlo M.

blackboard *noun* lavagna F.

blackmail *noun* ricatto M. *verb* ricattare [1].

bladder *noun* vescica F.

blade *noun* lama F.

blame *noun* responsabilità F, colpa F; **to put the blame on someone** dare [18] la colpa a

qualcuna/qualcuno.
verb **to blame someone for something** dare [18] la colpa di qualcosa a qualcuna/qualcuno; **she's to blame** è lei responsabile; **we blame society** diamo la colpa alla società; **we don't blame her** la scusiamo.

blank adjective **1** (*a page or piece of paper*) bianca/bianco; (*a tape or disk*) vergine; (*a screen*) vuota/vuoto; (*a cheque*) in bianco; **2 her mind went blank** ha perso improvvisamente la memoria.

blanket noun coperta F.

blast noun **1** (*an explosion*) esplosione F; **2** (*of air*) ventata F; **3 full blast** a tutto volume.

blather verb blaterare [1].

blaze noun incendio M.
verb bruciare [5].

bleach noun varechina F.

bleed verb sanguinare [1]; **my nose is bleeding** mi sanguina il naso.

blend noun miscela F, amalgama M.

blender noun frullatore M.

bless verb benedire [87]; **bless you!** (*after a sneeze*) salute!

blind noun (*in a window*) avvolgibile M.
adjective cieca/cieco; **to go blind** perdere [52] la vista.

blink verb (*with your eyes*) battere [9a] ciglio.

blister noun (*on the skin*) vescica F.

blizzard noun tempesta (F) di neve.

blob noun goccia F, chiazza F.

block noun **1 block of flats** caseggiato M; **office block** palazzo di uffici; **2** (*a city block*) isolato; **to walk round the block** fare [19] il giro dell'isolato.
verb **1** bloccare [3]; **the road is blocked** la strada è bloccata; **2** otturare [1]; **the sink is blocked** l'acquaio è otturato.

bloke noun tizio M, individuo M.

blond/blonde noun, adjective biondo/bionda.

blood noun sangue M.

blood donor noun donatore (M) di sangue/donatrice (F) di sangue.

blood test noun analisi (F) del sangue.

bloom noun fiore M.

blossom noun fiore M, fioritura F; **in blossom** in piena fioritura.

blotchy adjective chiazzata/chiazzato.

blouse noun (*a woman's garment*) camicetta F.

blow noun colpo M.
verb **1** (*the wind or a person*) soffiare [2]; **2** (*in an explosion*) squarciare [5] **the bomb blew a hole in the wall of the house** la bomba ha squarciato il muro della casa; **3 to blow your nose**

soffiarsi il naso.
- **to blow out a candle** spegnere [72] una candela col soffio.
- **to blow up 1** (*a photograph*) ingrandire [12]; **2** (*with an explosive*) far [19] saltare; **3** (*a tyre or balloon*) gonfiare [2].

blow-dryer *noun* asciugacapelli M, fon M.

blow-drying *noun* brushing M.

bludger *noun* (*Australian*) scansafatiche F & M; fannullona F, fannullone M.

blue *adjective* blu (*never changes*); azzurra/azzurro; **blue eyes** occhi (M *plural*) azzurri.

blues *plural noun* (*music*) i blues M *plural*.

blunder *noun* strafalcione M; (*informal*) granchio M; **she made a real blunder** ha preso un bel granchio.

blunt *adjective* **1** (*a knife or scissors*) smussata/smussato; **2** (*a pencil*) mal temperata; **3** (*person*) brusca/brusco.

blurred *adjective* indistinta/indistinto.

blush *verb* arrossire [12].

boar *noun* cinghiale M.

board *noun* **1** (*plank*) asse F; **2** (*blackboard*) lavagna F; **3** (*for a board game*) piano (M) di gioco; **4 chess board** scacchiera F; **5** (*accommodation in a hotel*) **full board** pensione completa F; **half-board** mezza pensione;

6 on board a bordo; **7** (*in airports, train stations*) **departures and arrivals board** tabellone-orario M.

boarder *noun* (*at a school*) collegiale F & M.

board game *noun* gioco (M) di società.

boarding *noun* imbarco M.

boarding card, boarding pass *noun* carta (F) di imbarco.

boarding school *noun* collegio M.

boast *verb* vantarsi [1]; **she never stops boasting about her medal** non la smette mai di vantarsi della medaglia che ha vinto.

boat *noun* **1** (*small*) barca F; **2** (*a ship*) nave F.

body *noun* **1** corpo M; **2** (*corpse*) cadavere M.

bodybuilding *noun* culturismo M.

bodyguard *noun* scorta F, guardia (F) del corpo.

bodywork *noun* (*in vehicles*) carrozzeria F.

bog *noun* palude F.

bogan *noun* (*informal*) tamarra F, tamarro M; zarra F, zarro M.

boil *noun* **1** bollitura F; **to bring water to the boil** fare [19] bollire l'acqua; **2** (*swelling*) foruncolo M.
verb **1** bollire [11]; **the milk is**

boiling il latte sta bollendo; **2** far bollire; **please boil some water** fa bollire dell'acqua per cortesia; **3** cuocere [31] **to boil an egg** cuocere un uovo.
- **to boil over** uscire [91] dalla pentola.

boiled egg *noun* **hard-boiled egg** uovo sodo M; **soft-boiled egg** uovo alla coque.

boiler *noun* (*for central heating*) caldaia F.

boiling *adjective* (*water etc.*) bollente; * **it's boiling hot today** oggi fa un caldo da scoppiare.

bold *adjective* ardita/ardito, coraggiosa/coraggioso.

bolt *noun* **1** (*of a door*) catenaccio M; **2** (*lightning*) fulmine M.
verb (*to lock a door*) sprangare [4].

bomb *noun* bomba F.
verb bombardare [1].

bombing *noun* **1** (*in a war*) bombardamento M; **2** (*a terrorist attack*) attentato terroristico M.

bond *noun* legame M.

bone *noun* **1** osso M; **2** (*of a fish*) lisca F.

bonfire *noun* falò M.

bonnet *noun* cofano M (*of a vehicle*).

bonus *noun* gratifica F; **no-claim bonus** bonus-malus M.

book *noun* **1** (*that you read*) libro M; **a book about space travel** un libro sui viaggi spaziali; **2 exercise book** quaderno M; **3 cheque book** libretto (M) di assegni; **4** (*of stamps, tickets, etc.*) carnet M.
verb prenotare [1]; **why don't you book your flight now?** perché non prenoti adesso il volo?

bookcase *noun* libreria F.

booking *noun* (*for a theatre or holiday*) prenotazione F.

booking office *noun* biglietteria F.

booklet *noun* opuscolo M.

bookmark *noun* segnalibro M.

bookshelf *noun* scaffale M.

bookshop, bookstore *noun* libreria F.

boom *noun* incremento M, boom M.

boost *verb* aumentare [1], incoraggiare [6].

boot *noun* **1** (*for walking, climbing or skiing*) scarpone M; **hiking boots** scarponi da montagna; **2** (*knee-high boot or wellington*) stivale M; **3** (*of a vehicle*) bagagliaio M.

border *noun* confine M; **at the border** sul confine.

bore *noun* **1** (*a boring person*) cataplasma M; **2** (*something tedious*) **a bore** una noia F, una pizza.

bored *adjective* **to be bored, to get bored** annoiarsi [2];

boring

* **I'm bored to tears** mi sto annoiando a morte.

boring *adjective* noiosa/noioso; **how boring!** che barba!

born *adjective* nata/nato; **I was born in the twentieth century** sono nata nel ventesimo secolo.

borrow *verb* farsi [19] prestare; **why don't you borrow some money from Harry?** perché non ti fai prestare del denaro da Harry?; **may I borrow your laptop?** mi presti il tuo portatile?

boss *noun* capa F, capo M.

bossy *adjective* autoritaria/autoritario.

both *adjective, pronoun* tutt'e due F, tutti e due M; (*more formal*) entrambe F *plural*, entrambi M *plural*; **they were both drunk** erano ubriachi tutti e due; **I saw both twins** ho visto entrambe le gemelle; **both hands** entrambe le mani.
adverb **both ... and** sia ... che; **I like both Leonard and his sister** mi piacciono sia Leonard che sua sorella.

bother *noun* fastidio M; **is it too much bother?** ti dà troppo fastidio?; **it's no bother** non mi dà affatto fastidio.
verb **1** (*to disturb*) disturbare [1]; **sorry to bother you** mi dispiace di disturbarti; **am I bothering you?** disturbo?; **don't bother!** non disturbarti; **2** degnarsi [1]; **he didn't even bother to reply** non si è neanche degnato di rispondere.

ENGLISH–ITALIAN

bottle *noun* bottiglia F.

bottle opener *noun* apribottiglie M (*never changes*).

bottle shop *noun* bottiglieria F.

bottom *noun* **1** (*of a hill, wall or steps*) piede M; **at the bottom of the steps** al piede della scala; **2** (*of a bag, bottle, hole, stretch of water or garden*) fondo M; **at the bottom of the sea** in fondo al mare; **at the bottom of the page** in fondo alla pagina; **3** (*buttocks*) sedere M.
adjective **1** inferiore; **the bottom shelf** lo scaffale inferiore; **2** (*a division, team or place*) ultima/ultimo; **Gerry is bottom of the class** Gerry è l'ultimo della classe; **3 the bottom sheet** il lenzuolo di sotto; **bottom floor** pianterreno.

bounce *verb* rimbalzare [1].
- **bounce back 1** (*in general*) riprendersi [60]; **2** (*for an e-mail*) rimbalzare [1].

bouncer *noun* buttafuori F & M.

bound *adjective* (*certain*) **it's bound to happen** succederà senz'altro; **she's bound to arrive soon** arriverà senz'altro tra poco.

boundary *noun* limite M, confine M.

bow[1] *noun* **1** (*in a shoelace or ribbon*) laccio M; **2** (*for a violin*) archetto M; **3 bow and arrow** arco (M) e freccia (F).

bow[2] *noun* (*a curtsy*) inchino M.

ENGLISH–ITALIAN — **break**

bowels *plural noun* intestino M.

bowl *noun* **1** (*for soup, breakfast*) scodella F; **2** (*larger for salad or mixing*) terrina F; **3** (*for washing up*) catino M.
verb (*cricket*) lanciare [5] (la palla).

bowling *noun* **1** bowling M; **2** (*Italian game*) bocce F *plural*.

bow tie *noun* cravatta (F) a farfalla; farfallina F.

box *noun* **1** scatola F; **box of chocolates** scatola di cioccolatini; **2 cardboard box** scatola di cartone; **3** (*on a form*) casella F.

boxer *noun* **1** (*fighter*) pugile F & M; **2** (*dog*) boxer M.

boxing *noun* pugilato M, boxe F; **a boxing match** un incontro di pugilato.

Boxing Day *noun* Santo Stefano M.

box office *noun* biglietteria F.

boy *noun* ragazzo M; **a little boy** un ragazzino.

boyfriend *noun* ragazzo M; **Alison's boyfriend** il ragazzo di Alison.

bra *noun* reggiseno M.

brace *noun* (*for teeth*) SEE **braces**

bracelet *noun* braccialetto M.

braces *noun* **1** (*for trousers*) bretelle F *plural*; **2** (*for teeth*) macchinetta F (*informal*).

bracket *noun* **1** (*on a wall*) mensola F; **2** (*parenthesis*) parentesi F; **in brackets** tra parentesi.

brain *noun* cervello M.

brainwave *noun* lampo (M) di genio, genialata F.

brake *noun* freno M.
verb frenare [1].

branch *noun* **1** (*of a tree*) ramo M; **2** (*of a shop*) succursale F; **our Bologna branch** la nostra succursale di Bologna; **3** (*of a bank*) filiale F.

brand *noun* marca F.

brand new *adjective* nuova di zecca/nuovo di zecca.

brandy *noun* cognac M.

brass *noun* **1** (*metal*) ottone M; **2** (*in an orchestra*) gli ottoni M *plural*.

brass band *noun* fanfara F.

brave *adjective* coraggiosa/coraggioso.

breach *noun* (*of a rule*) violazione F.

bread *noun* pane M; **a slice of bread** una fetta di pane.

break *noun* **1** (*short rest*) pausa F; **a ten-minute break** pausa di dieci minuti; **to take a break** fare [19] una pausa; **2** (*morning or afternoon, in school*)

ricreazione F; **3 the Easter break** le vacanze di Pasqua.
verb **1** rompere [64]; **who broke that chair?** chi ha rotto quella sedia?; **she broke her leg** si è rotta una gamba; **2** rompersi; **the glass broke** il bicchiere si è rotto; **3 to break a promise** venire [92] meno a una promessa, non mantenere [75] una promessa; **don't break the law** non violare la legge; **4 to break a record** battere [9a] un primato; **5 to break some news** dare [18] una notizia.
- **to break down 1** (*machinery*) guastarsi [1]; **2** (*emotionally*) crollare [1].
- **to break in** (*a thief*) scassinare [1].
- **to break out 1** (*a fire, fight or storm*) scoppiare [2]; **2** (*a prisoner*) evadere [53].
- **to break up 1** (*a family or couple*) dividersi [32]; **2** (*a crowd or clouds*) disperdersi [52]; **3** (*for the holidays*) **we break up towards the end of July** le lezioni finiscono verso la fine di luglio.

breakdown *noun* **1** (*of a vehicle*) panne F; **Veronica had a breakdown between Verona and Vicenza** Veronica è rimasta in panne fra Verona e Vicenza; **2** (*in talks or negotiations*) rottura F; **3** (*a nervous collapse*) esaurimento nervoso M.

breakfast *noun* colazione F; **let's have breakfast** facciamo colazione.

break-in *noun* furto (M) con scasso.

breast *noun* **1** petto M; **2** (*a woman's*) seno M.

breaststroke *noun* nuoto (M) a rana.

breath *noun* **1** (*when you breathe in*) respiro M; **2 out of breath** sfiatata/sfiatato; **to take a deep breath** respirare [1] profondamente; **3** (*when you breathe out*) fiato M, alito M; **to have bad breath** avere [15] l'alito cattivo.

breathalyser *noun* (*formal*) etilometro M; (*informal*) palloncino M.

breathe *verb* respirare [1].

breathing *noun* respiro M.

breed *noun* (*of dog etc.*) razza F. *verb* **1** allevare [1] (*animals*); **Giorgio breeds rabbits** Giorgio alleva i conigli; **2** (*to reproduce*) riprodursi [27].

breeze *noun* brezza F.

brew *verb* **1** (*tea*) preparare [1]; **2** (*beer*) fermentare [1].

bribe *noun* tangente F, bustarella F.
verb corrompere [64].

brick *noun* mattone M; **a brick wall** un muro di mattoni.

bride *noun* sposa F; **the bride and groom** gli sposi M *plural*.

bridegroom *noun* sposo M.

bridesmaid *noun* damigella (F) d'onore.

bridge *noun* **1** (*over a river*) ponte M; **a bridge over the Tiber** un ponte sul Tevere; **2** (*card game*) bridge M; **to play bridge** giocare [3] a bridge.

bridle *noun* briglia F.

brief *adjective* breve.

briefcase *noun* cartella F, borsa F.

briefly *adverb* brevemente.

briefs *plural noun* mutande F *plural*.

bright *adjective* **1** (*colour*) accesa/acceso; **2 bright sunshine** sole splendente; **3** (*clever*) **she's extremely bright** è intelligentissima; * **to look on the bright side** vedere [80] il lato positivo delle cose.

brighten up *verb* rasserenarsi [1]; **1 it's brightening up** si sta rasserenando; **2 a coat of paint would certainly brighten the place up** una mano di vernice ravviverebbe senz'altro l'ambiente.

brilliant *adjective* **1** (*very clever*) brillante; **a brilliant scientist** una scienziata/uno scienziato brillante; **2** (*wonderful*) magnifica/magnifico; **what a brilliant performance!** che magnifica prestazione!; **it was a brilliant speech** è stato un magnifico discorso.

brim *noun* orlo M, bordo M.

bring *verb* portare [1] (*towards the speaker or with yourself*) **Lisa brought me a bottle of French liqueur** Lisa mi ha portato una bottiglia di liquore francese; **bring all your friends** porta tutte le tue amiche/tutti i tuoi amici.
- **to bring forward** anticipare [1]; **the date of the exam has been brought forward**; la data dell'esame è stata anticipata.
- **to bring something back** riportare [1] qualcosa.
- **to bring up** allevare [1] (*children*); **Patrizia was brought up by her grandparents** Patrizia è stata allevata dai nonni.

brink *noun* orlo M.

bristle *noun* setola F; **the bristles of a toothbrush** le setole di uno spazzolino da denti.

brittle *adjective* fragile.

broad *adjective* larga/largo; **broad shoulders** spalle larghe F *plural*.

broad bean *noun* fava F.

broadcast *noun* trasmissione F. *verb* (*a television or radio program*) trasmettere [45].

broccoli *noun* broccoli M *plural*.

brochure *noun* opuscolo M.

broke *adjective* **to be broke** essere [16] al verde.

broken *adjective* **1** (*shattered*) rotta/rotto; **a broken bottle** una bottiglia rotta; **2** (*out of order*) guasta/guasto; **our photocopier is broken** la nostra fotocopiatrice è guasta; **3 broken promises** promesse non mantenute.

bronchitis *noun* bronchite F.

bronze *noun* bronzo M; **bronze medal** medaglia (F) di bronzo.

brooch *noun* fermaglio M, spilla F.

broom *noun* **1** (*for sweeping*) scopa F; **2** (*plant*) ginestra F.

brother *noun* **1** (*son of same parents*) fratello M; **her younger brother** il suo fratello minore; **2** (*monk*) frate (fra *before name*); **Brother Giacomo** Fra Giacomo.

brother-in-law *noun* cognato M.

brown *adjective* **1** marrone (*never changes*); **her brown briefcase** la sua cartella marrone; **brown shoes** scarpe marrone; **dark brown** marrone scuro; **2** (*hair or eyes*) castana/castano; **brown eyes** occhi castani; **3** (*tanned*) abbronzata/abbronzato.

brown bread *noun* pane integrale M.

brown sugar *noun* zucchero grezzo M.

browse *noun* (*in a shop*) dare [18] un'occhiata, curiosare [1]; (*through a book*) sfogliare [8] (un libro).

bruise *noun* livido M.

brush *noun* **1** (*for your hair, clothes or shoes*) spazzola F;
2 (*for nails or teeth*) spazzolino M; **3** (*for sweeping floors*) scopa F; **4** (*paintbrush*) pennello M.
verb **1** (*hair or clothes*) spazzolare [1]; **have you brushed your hair?** ti sei spazzolata i capelli?; **2** (*teeth*) lavarsi [1]; **brush your teeth at once!** lavati subito i denti!

brussels sprouts *plural noun* cavolini (M *plural*) di Bruxelles.

bubble *noun* bolla F; **soap bubble** bolla di sapone.

buck *noun* (*informal*) dollaro M; **to pass the buck* fare [19] a scaricabarile.

buckle *noun* fibbia F.

Buddhist *noun*, *adjective* buddista F & M.

budget *noun* bilancio M.

buffet *noun* **buffet-style meal** buffet M.

bug *noun* **1** (*insect*) cimice F; **2** (*germ*) microbo M; **3** (*in software*) baco M, bug M.

build *verb* costruire [12]; **Raymond built himself a new house** Raymond si è costruito una villetta nuova.

builder *noun* costruttore edile M, costruttrice edile F.

building *noun* edificio M; (*with flats or offices*) palazzo M.

building site *noun* cantiere edile M.

ENGLISH–ITALIAN

built-up *adjective* urbana/urbano; **built-up area** zona urbana.

bulb *noun* **1** (*for a light*) lampadina F; **2** (*that you plant*) bulbo M.

bulk *noun* massa F, mole F; **in bulk** in grande quantità.

bull *noun* **1** (*animal*) toro M; **2** (*nonsense*) (*informal*) fesserie F *plural*.

bulldozer *noun* ruspa F.

bullet *noun* pallottola F.

bulletin *noun* bollettino M; **news bulletin** (*on radio*) giornale (M) radio; (*on television*) telegiornale M.

bully *noun* tiranno M, persona prepotente F.
verb tiranneggiare [6].

bum *noun* (*bottom*) sedere M.

bump *noun* **1** (*swelling on the body*) bernoccolo M; **2** (*on the road*) dosso M; **3** (*a jolt*) scossone M; **4** (*noise*) rumore sordo (M).
verb **1** (*to bang*) sbattere [9a]; **I bumped my head** ho sbattuto la testa; **2 to bump into something** sbattere contro qualcosa; **3 to bump into someone** (*meet by chance*) imbattersi [9a] in qualcuna/qualcuno.

bumper bar *noun* paraurti M.

bumpy *adjective* **1** (*road*) dissestata/dissestato; **2** (*plane, bus etc.*) a scosse (M). (*never changes*) **we had a bumpy ride** abbiamo proceduto a scosse.

burn-out

bun *noun* **1** (*for a burger*) panino M; **2** (*sweet*) brioche F.

bunch *noun* **1** (*of flowers, vegetables or keys*) mazzo M; **2 bunch of grapes** grappolo (M) d'uva.

bundle *noun* fagotto M.

bunk *noun* **1** (*on a train or boat*) cuccetta F; **2 bunk beds** letti (M *plural*) a castello.

burden *noun* carico M, peso M.

bureau *noun* (*office*) agenzia F.

bureaucracy *noun* burocrazia F.

burger *noun* hamburger M.

burglar *noun* scassinatore M, scassinatrice F; **burglar alarm** antifurto M.

burglary *noun* furto (M) con scasso.

burn *noun* (*to the skin*) ustione F; scottatura F.
verb **1** bruciare [5]; **have you burnt all the waste paper?** hai bruciato tutte le cartacce?; **ouch, I've burnt myself!** ahi, mi sono bruciato!; * **to burn your fingers** commettere [45] un'imprudenza; **2** (*something you are cooking*) lasciar [7] bruciare **I burnt the roast** ho lasciato bruciare l'arrosto; **3** (*through sunburn*) **I got burnt** mi sono scottata/mi sono scottato.

burn-out *noun* esaurimento M; **our boss is suffering from burn-out** la principale soffre di esaurimento.

burnt-out *adjective* esaurita/esaurito; **last summer I was totally burnt-out** la scorsa estate ero completamente esaurita.

burst *verb* scoppiare [2]; **1** (*a balloon or tyre*) **a burst tyre** una gomma a terra; **2 to burst out laughing** scoppiare a ridere; **3 to burst into tears** scoppiare in pianto; **to burst into flames** incendiarsi [1].

bury *verb* **1** (*objects*) sotterrare [1]; **2** (*dead bodies*) seppellire [12].

bus *noun* **1** (*public vehicle in a city*) autobus M; **why don't we go by bus?** perché non andiamo in autobus?; **2** (*in the country*) corriera F; **3** (*fast service running between two cities*) pullman M; **4 bus stop** fermata (F) dell'autobus; **bus driver** conducente (F & M) di autobus; **bus route** linea (F) di autobus; **bus shelter** *noun* pensilina F; **bus station** *noun* stazione (F) degli autobus.

bush **1** (*a plant*) cespuglio; **2** (*uninhabited area of Australia or South Africa*) bush M, macchia F; **3** (*country area*) campagna F.

bushwalker *noun* (*Australian*) trekker F & M.

business *noun* **1** (*commercial dealings*) affari M *plural*; **my mother has gone to Perugia on business** mia madre è andata a Perugia per affari; **business letter** lettera d'affari; **to be in business** essere [16] nel commercio; **2** (*company*) impresa F, azienda F; **small businesses** piccole imprese; **3 mind your own business** bada ai fatti tuoi; **none of your business** non ti riguarda; **4 business person** persona (F) d'affari; **business trip** viaggio (M) d'affari.

business class *noun* (*airlines*) classe business F.

bust *noun* busto M; **bust size** misura (F) del petto.

busy *adjective* **1** occupata/occupato; indaffarata/indaffarato; **are you busy at the moment?** sei occupata in questo momento?; **2 your telephone was busy the entire evening** il tuo telefono era occupato tutta la sera; **3 a busy day** una giornata piena di impegni; **4** (*full of vehicles or people*) frequentata/frequentato; **the shopping mall was very busy** la zona commerciale era frequentatissima.

but *conjunction* **1** ma, però; **she's old but nimble** è vecchia ma agile; **March is OK but I'd prefer April** marzo va bene però preferirei aprile; **I'll do my best but I can't promise** farò del mio meglio ma non posso promettere; **2 but for you I wouldn't be alive** se non era per te non sarei viva. *preposition* salvo, tranne; **anyone but him!** chiunque tranne lui!; **the last but one** la penultima F, il penultimo M.

ENGLISH–ITALIAN

butcher *noun* macellaia F, macellaio M; **have you been to the butcher's?** sei andata dalla macellaia?

butt *noun* (*cigarette*) mozzicone M; (*informal*) cicca F.

buttercup *noun* ranuncolo M.

butterfly *noun* farfalla F.

button *noun* **1** (*on a garment*) bottone M; **2** (*that you press*) pulsante M.

buttonhole *noun* occhiello M.

buy *noun* acquisto M; **a good buy** un buon acquisto; **a bad buy** un cattivo acquisto.
verb comprare [1]; **Dad bought me a new bicycle** il babbo mi ha comprato una nuova bicicletta.

buzz *verb* ronzare [1].

by *preposition* **1** per; **by air mail** per posta aerea; **she took me by the arm** mi ha preso per il braccio; **by mistake** per sbaglio; **2** da; **this house was built by my grandparents** questa casa è stata costruita dai miei nonni; **3** (*travel*) in; **are you going by train or by plane?** vai in treno o in aereo?; **she came by bike** è venuta in bicicletta; **4** (*near*) accanto a; **by the fireplace** accanto al caminetto; **by the lake** sul lago; **close by** proprio vicino; **5** (*within*) entro; **I need it by Wednesday** mi serve entro mercoledì; **you must be back by ten** devi rientrare entro le dieci; **6 she did it all by herself** ha fatto tutto da sola; **are you by yourself?** sei sola?; **7 by the way** a proposito; **8 to go by** passare [1].

bye-bye *greeting* ciao!, arrivederci!

bypass *noun* **1** (*round a town*) tangenziale F; **2** (*in surgery*) bypass M.
verb aggirare [1].

C c

cab *noun* **1** (*taxi*) taxi M, tassì M; **should we call a cab?** chiamiamo un taxi?; **2** (*on a truck*) cabina F.

cabbage *noun* cavolo M.

cabin *noun* cabina F; **cabin crew** equipaggio M.

cabinet *noun* armadietto M.

cable *noun* cavo M; **cable television** televisione (F) via cavo.

cable car *noun* cabina (F) di funivia; (*informally*) funivia.

cactus *noun* cactus M.

cafe *noun* caffè M, bar M; **let's go to a cafe** andiamo al caffè.

cage *noun* gabbia F; **bird cage** gabbia (F) per uccelli.

cake *noun* **1** dolce M; torta F; **a piece of cake** una fetta (F) di torta; * uno scherzo M; **2 *that takes the cake!** è il colmo!

calculate *verb* calcolare [1].

calculation *noun* calcolo M.

calculator *noun* calcolatrice F.

calendar *noun* calendario M.

calf *noun* **1** (*animal*) vitella F, vitello M; **2** (*of the leg*) polpaccio M.

call *noun* **1** (*visit*) visita F; **we paid her a call** le abbiamo fatto visita; **2** (*telephone*) telefonata F, chiamata F; **give me a call** fammi una telefonata.
verb **1** chiamare [1]; **call the children!** chiama i bambini/le bambine!; **call the police!** chiama la polizia!; **2** (*when referring to a name*) chiamare; **they call him Buzz** lo chiamano Buzz; **what do you call that animal?** come si chiama quell'animale?; **3 to be called** chiamarsi; **what's she called?** come si chiama?

calm *adjective* calma/calmo.
verb calmare [1].
- **to calm down** calmarsi; **she's calmed down at last** si è finalmente calmata.
- **to calm someone down** calmare qualcuna/qualcuno; **I was able to calm him down** sono riuscita a calmarlo.

calmly *adverb* con calma.

calorie *noun* caloria F; **this cake contains eight hundred calories** questa torta contiene ottocento calorie.

camcorder *noun* videocamera F.

camel *noun* cammella F, cammello M.

camera *noun* **1** macchina fotografica F; **2** (*film or television camera*) cinepresa F.

camera person *noun* operatore (M) di ripresa, operatrice (F) di ripresa.

camp *noun* campo M.
verb campeggiare [6]; **camping ground** campeggio M; **to go camping** andare [17] in campeggio.

campaign *noun* campagna F.

camp bed *noun* branda F.

campervan *noun* camper M.

campsite *noun* (*in a camping ground*) piazzola F.

can^1 *noun* **1** scatola F; **a can of sardines** una scatola di sardine; *** a can of worms** imbroglio, pasticcio; **2** (*for petrol or oil*) tanica F.

can^2 *verb* **1** (*to express permission or possibility*) potere [59]; **I can't agree to your request** non posso acconsentire alla tua richiesta; **you can come in through the side door** puoi entrare per la porta laterale; **2** (*to succeed in or be able to*) riuscire [91]; **I can't close that window** non riesco a chiudere quella finestra; **can you find the street on the map?** riesci a trovare la strada sulla cartina?; **3** (*to have learnt how, to know*

ENGLISH–ITALIAN

capture

how) sapere [65]; **can you speak Russian?** sai il russo?; **I can't swim** non so nuotare; **4** (*sometimes can is not translated*) **can you hear the music** senti la musica?; **I can't remember** non ricordo; **I can't understand what she's saying** non capisco cosa dice; (*in a shop*) **can I help you?** desidera?

canal *noun* canale M.

canary *noun* canarina F, canarino M.

cancel *verb* (*a reservation, a holiday*) disdire [87]; (*a class, a public event*) sospendere [60]; **the maths class has been cancelled** la lezione di matematica è stata sospesa.

cancer *noun* cancro M; **Jean died of cancer** Jean è morta di cancro.

Cancer *noun* (*sign of the zodiac*) Cancro M; **Tropic of Cancer** Tropico (M) del Cancro.

candidate *noun* candidata F, candidato M; **short list of candidates** la rosa dei candidati.

candle *noun* candela F.

candy *noun* caramella F.

cane *noun* canna F.

canine teeth *plural noun* denti canini M *plural*.

cannabis *noun* **1** (*plant*) canapa indiana F; **2** (*drug*) marijuana F.

canned *adjective* in scatola (*never changes*); **canned tomatoes** pomodori in scatola.

cannibal *noun* cannibale F & M.

cannon *noun* cannone M.

cannot *verb* SEE **can**.

canoe *noun* canoa F.

canoeing *noun* **to go canoeing** praticare [3] la canoa.

can-opener *noun* apriscatole M (*never changes*).

canteen *noun* **1** (*company dining room*) mensa F; **2** (*flask*) borraccia F.

canvas *noun* tela F.

cap *noun* **1** (*hat*) berretto M; **2** (*on a jar*) coperchio M; **3** (*on a toothpaste tube etc.*) tappo M.

capable *adjective* capace; brava/bravo.

capacity *noun* capacità F.

capital *noun* **1** (*city*) capitale F; **Rome is the capital of Italy** Roma è la capitale d'Italia; **2** (*money*) capitale M. *adjective* maiuscola/maiuscolo; **a capital C** una C maiuscola.

capitalism *noun* capitalismo M.

Capricorn *noun* (*sign of the zodiac*) Capricorno M; **Tropic of Capricorn** Tropico (M) del Capricorno.

capsize *verb* rovesciarsi [7].

captain *noun* capitana F, capitano M.

caption *noun* didascalia F.

capture *verb* catturare [1].

car *noun* automobile F, macchina F; **we came by car** siamo arrivate in macchina; **a car crash** un incidente (M) di macchina; **car park** parcheggio (M) per le macchine; **car registration sticker** (*Australian*) bollo (M) di circolazione.

caramel *noun* caramello M.

caravan *noun* roulotte F (*never changes*).

carbon copy *noun* copia (F) carbone.

card *noun* carta F; **1** (*business card*) biglietto (M) da visita; **2 a pack of cards** un mazzo (M) di carte; **to play cards** giocare [3] a carte.

cardboard *noun* cartone M.

cardigan *noun* golf M; **light-weight cardigan** golfino M.

cardphone *noun* telefono (M) a scheda.

care *noun* **1** cura F; **to take care of someone** prendersi [60] cura di qualcuna/qualcuno; **2 take care!** (*be careful*) sta attenta!/sta attento!; (*when saying goodbye*) stammi bene.
verb **1 to care about** interessarsi di [1]; **she really cares about the environment** si interessa davvero dell'ambiente; **I really care about you** ti voglio veramente bene; **2 she doesn't care** non se ne cura, questo non le interessa; (*informal*) **he couldn't care less** se ne frega, se ne infischia.

career *noun* carriera F.

carefree *adjective* spensierata/spensierato.

careful *adjective* attenta/attento, diligente; **a careful worker** una lavoratrice diligente; **careful!** attenta! F, attento! M.

carefully *adverb* **1 listen carefully!** attenzione!; **read the document carefully** leggi attentamente il documento; **2** (*handle*) con cautela; **she examined the package carefully** ha esaminato il pacco con cautela; **3 to copy something out carefully** copiare [2] qualcosa con cura; **4 drive carefully!** guida con prudenza!

careless *adjective* **1** trascurata/trascurato, sbadata/sbadato; **what a careless person** che persona sbadata; **your work is careless** il tuo lavoro è trascurato; **2 a careless mistake** un errore di distrazione; **3 careless driving** guida imprudente.

caretaker *noun* custode F & M.

car ferry *noun* traghetto M.

car hire *noun* noleggio (M) di automobili.

carnation *noun* garofano M.

carnival *noun* carnevale M.

carousel *noun* **1** (*in playgrounds*) giostra F; **2** (*in airports*) nastro trasportatore M.

ENGLISH–ITALIAN

casual

carpenter *noun* falegname F & M.

carpet *noun* **1** (*wall-to-wall*) moquette F; **2** (*rug*) tappeto M.

carriage *noun* (*of a train*) carrozza F.

carrot *noun* carota F.

carry *verb* **1** portare [1]; **she carried a heavy box up the steps** ha portato una scatola pesante su per gli scalini; **2** (*vehicle, plane*) trasportare [1]; **a jumbo jet can carry several hundred passengers** un jumbo può trasportare centinaia di passeggeri.
- **to carry on 1** continuare [1]; **2** (*Australian*) * **he always carries on like a pork chop** parla sempre a vanvera.

carry bag *noun* (*plastic*) sacchetto (M) di plastica.

carsick *adjective* **I was carsick all the way home** ho avuto mal di macchina fino all'arrivo a casa.

carton *noun* scatola F.

cartoon *noun* **1** (*film*) cartone animato M; **2** (*comic strip*) striscia (F) di fumetti; **3** (*amusing drawing*) vignetta F.

cartridge *noun* cartuccia F.

carve *verb* tagliare [8] (*meat*).

case *noun* **1** (*suitcase*) valigia F; **to pack a case** fare [19] la valigia; **2** (*a large wooden box*) scatolone M; **3** (*for spectacles or pencils*) astuccio M; **4** (*event*) caso M; **in that case** in tal caso; **a case of mistaken identity** un errore di identità; **5 in case she misses the train** nell'evenienza che perda il treno; **call me just in case** telefonami, non si sa mai; **in any case, he's not coming** in ogni caso, non viene; **6** (*judicial trial*) causa F, processo M.

cash *noun* **1** (*money in general*) denaro; **she didn't have enough cash** non aveva abbastanza denaro; **2** (*as opposed to cheques etc.*) contanti M *plural*; **do you accept cash payments?** accettate pagamenti in contanti?

cashew nut *noun* anacardio M, acagiù M.

cashier *noun* cassiera F, cassiere M.

cash register *noun* cassa F.

casino *noun* (*gambling venue*) casinò M.

cassette *noun* cassetta F.

cassette recorder *noun* registratore (M) a cassette.

cast *noun* (*the actors in a movie or play*) cast M.
verb buttare [1].

caster sugar *noun* zucchero (M) in polvere.

castle *noun* **1** castello M; **2** (*in chess*) torre F.

casual *adjective* **1** trascurata/trascurato; **he is casual about**

his work è trascurato nel lavoro; **2** indifferente; **3 casual work** lavoro saltuario.

casualty noun **1** (*in an accident*) vittima F; **how many casualties are there?** quante sono le vittime?; **2** (*hospital department*) pronto soccorso M; **we'd better take her to casualty** ci conviene portarla al pronto soccorso.

cat noun gatta F, gatto M; * **it's raining cats and dogs** piove a catinelle.

catalogue noun catalogo M.

catapult noun fionda F.

catastrophe noun catastrofe F.

catch noun **1** (*on a door*) serratura F; **2** (*deceit*) trucco M, tranello M; **what's the catch?** ci dev'essere un tranello.
verb **1** afferrare [1]; **catch this apple!** afferra la mela!; **did you catch what she said?** hai afferrato quello che ha detto?; **2** prendere [60]; **you can't catch me!** non mi prendi!; (*a bus or plane*) **why don't you catch the three o'clock flight?** perché non prendi il volo delle 15.00?; (*an illness*) **she will catch pneumonia if she doesn't come in** prenderà la polmonite se non rientra in casa; **3 to catch someone doing something** acchiappare [1] qualcuna/qualcuno mentre fa qualcosa; * **he was caught red-handed** è stato colto in flagrante;
• **to catch up with** raggiungere [61]; **I'll catch up with you at the restaurant** vi raggiungo al ristorante.

category noun categoria F.

catering noun catering M.

caterpillar noun bruco M.

cathedral noun cattedrale F; (*in certain cities*) duomo M; **Milan Cathedral** Duomo di Milano.

Catholic SEE **Roman Catholic**.

cattle noun bestiame M.

cauliflower noun cavolfiore M.

cause noun causa F; **what was the cause of their argument?** qual è stata la causa del loro litigio?; **a good cause** una buona causa.
verb causare [1], provocare [3]; **her behaviour caused a lot of problems** il suo comportamento ha causato molti problemi.

caution noun cautela F.

cautious adjective cauta/cauto, prudente.

cave noun grotta F.

caving noun speleologia F.

CD noun CD M; **CD player** lettore (M) CD.

CD-ROM noun CD-ROM M.

ceiling noun soffitto M.

celebrate verb festeggiare [6]; **let's celebrate the end of the exams** festeggiamo la fine degli esami.

celebrity noun celebrità F.

celery noun sedano M.

cell noun **1** (*unit of living matter*) cellula F; **2** (*small room, especially in a prison or monastery*) cella F.

cellar noun cantina F.

cello noun violoncello M.

Celt noun celta F & M.

celtic adjective celtica/celtico.

cement noun cemento M.

cemetery noun cimitero M.

cent noun centesimo M.

centenary noun centennale M.

centigrade adjective centigrada/centigrado; **twenty degrees centigrade** venti gradi centigradi.

centimetre noun centimetro M.

central adjective centrale; **central Rome** il centro di Roma.

central heating noun riscaldamento centrale M.

centre noun centro M; **at the centre of the universe** al centro dell'universo; **shopping centre** centro commerciale.

century noun secolo M; **the nineteenth century** il diciannovesimo secolo, l'Ottocento.

cereal noun cereale M; **to eat cereal for breakfast** mangiare [6] cereali a colazione.

ceremony noun cerimonia F; * **don't stand on ceremony!** non fare [19] complimenti!

certain adjective certa/certo, sicura/sicuro; **a certain feeling** un certo sentimento; **are you certain they're dead?** sei sicura che sono morte?; **I don't know for certain** non ne sono sicura.

certainly adverb certamente, senz'altro; **'will you be coming to the party?' – 'certainly'** 'vieni alla festa?' – 'senz'altro'; **certainly not** certo che no.

certificate noun certificato M; **birth certificate** certificato di nascita; **marriage certificate** certificato di matrimonio.

chain noun catena F; **chain reaction** reazione (F) a catena.

chair noun **1** (*upright*) sedia F; **2** (*with arms*) poltrona F.

chairlift noun seggiovia F.

chalk noun gesso M.

challenge noun sfida F; **my new job will be quite a challenge** il mio nuovo impiego costituirà davvero una sfida.

chamber noun camera F.

champion noun campione F & M; **world champion** campione del mondo.

chance noun **1** (*an opportunity*) occasione F; **I haven't had a chance to visit her in hospital yet** non ho ancora avuto l'occasione di andarla a trovare in ospedale; **2** (*likelihood*) probabilità F; possibilità F; **the chances of winning the lottery are minimal** le probabilità di vincere alla lotteria sono minime; **3** (*luck*) fortuna F; **by chance** per caso; * **fat chance** magari!

change *noun* **1** cambiamento M; **change of direction** cambiamento di rotta; **a radical change** un cambiamento radicale; **that makes a change** è un cambiamento; **2 for a change** tanto per cambiare; **a change of clothes** abiti di ricambio; **3** (*coin*) spiccioli M *plural*; **do you have any small change?** hai mica spiccioli?
verb **1** cambiare [2]; **certain people never change** certa gente non cambia mai; **you have to change buses at Yass Junction** devi cambiare pullman a Yass Junction; **2** (*change clothes*) cambiarsi; **why don't you change for dinner?** perché non ti cambi per la cena?; **3 Irene has changed her mind** Irene ha cambiato idea.

changing room *noun* **1** (*in a gym*) spogliatoio M; **2** (*in a theatre or department store*) camerino M.

channel *noun* (*ditch full of water, television*) canale M; **to channel surf** fare [19] lo zapping.

chaos *noun* caos M.

chapel *noun* cappella F.

chaplain *noun* cappellana F, cappellano M.

chapter *noun* capitolo M.

character *noun* **1** (*personality*) carattere M; **this building has character** è un edificio che ha carattere; **2** (*person in book, play or film*) personaggio M; **the play has too many characters** il dramma ha troppi personaggi.

characteristic *adjective* caratteristica/caratteristico.

charcoal *noun* **1** (*for burning*) carbone (M) di legna; **2** (*for drawing*) carboncino M.

charge *noun* **1** (*what you pay*) prezzo M, costo M; **reservation charge** costo della prenotazione; **extra charge** supplemento M; **at no charge** gratis; **2 to be in charge** essere [16] responsabile; **3 to be up on a charge of drunkenness** essere sotto accusa per ubriachezza.
verb **1** (*to ask a specific sum*) far [19] pagare; **the hotel charges 250 dollars per person per night** l'albergo fa pagare 250 dollari a testa per notte; **2 to charge somebody (with a crime)** accusare [1] qualcuna/qualcuno (di un reato).

charity *noun* ente assistenziale M, ONLUS F.

charm *noun* **1** (*amulet*) amuleto M; **2** (*personal charisma*) fascino M.

charmer *noun* piaciona F, piacione M.

charming *adjective* fascinosa/fascinoso.

chart *noun* **1** (*table*) diagramma M; **2 weather chart** carta meteorologica; **3 the charts** hit parade F (*never changes*).

ENGLISH–ITALIAN

charter flight *noun* volo charter M.

chase *noun* inseguimento M; **a car chase** un inseguimento in macchina; * **cut to the chase** venire [92] al sodo.
verb inseguire [11] (*a person or animal*).

chat *verb* **1** chiacchierare [1]; **2** (*online*) chattare [1].

chat show *noun* talk show M.

chatter *verb* **1** chiacchierare [1]; **2 my teeth are chattering** mi battono i denti.

cheap *adjective* a buon prezzo; **I bought some cheap clothes** ho comprato vestiti a buon prezzo; **that's really cheap** costa davvero poco.

cheaper *adjective* meno cara/meno caro.

cheaply *adverb* economicamente.

cheap rate *noun* tariffa ridotta F.
adjective (*telephones*) **cheap rate calls** telefonate a tariffa ridotta.

cheat *noun* imbrogliona F, imbroglione M.
verb imbrogliare [8].

check *noun* **1** (*verify*) verifica F; **2** (*by a doctor*) visita medica; **3** (*in chess*) scacco al re!
verb (*make sure*) verificare [3], controllare [1]; **check the time please** controlla l'ora per cortesia; **can you check whether Paul is in his room?** puoi verificare se Paul è in camera sua?

check-in *noun* (*in an airport*) accettazione F.

checkout *noun* cassa F; **please pay at the checkout** pagare alla cassa per cortesia.

check-up *noun* visita (F) di controllo, check-up M.

cheek *noun* **1** (*part of face*) guancia F; **2** (*nerve*) impudenza F.

cheeky *adjective* impudente, sfacciata/sfacciato.

cheer *noun* **1** applauso M; **2** (*when drinking*) **cheers!** cincin!
verb (*to shout hurray*) applaudire [11].
- **to cheer someone up** tirar [1] su qualcuna/qualcuno di morale; **your letter really cheered me up** la tua lettera mi ha davvero tirata su di morale.
- **cheer up!** coraggio!

cheerful *adjective* allegra/allegro.

cheese *noun* formaggio M.

chef *noun* capocuoca F, capocuoco M.

chemical *noun* prodotto chimico M.

chemist *noun* **1** farmacista F & M; **2 chemist's shop** farmacia F; **3** (*scientist*) chimica F, chimico M.

chemistry *noun* chimica F.

cheque *noun* assegno M; **to write a cheque** emettere [45] un assegno; **to cross a cheque**

chequebook

sbarrare [1] un assegno; **blank cheque** assegno in bianco; **bounced cheque** assegno scoperto.

chequebook *noun* libretto (M) degli assegni.

cherry *noun* ciliegia F.

chess *noun* scacchi M *plural*; **to play chess** giocare [3] a scacchi.

chessboard *noun* scacchiera F.

chest *noun* **1** (*part of the body*) petto M; **2** (*box*) cassa F; **3 chest of drawers** cassettone M.

chestnut *noun* castagna F.

chestnut tree *noun* **1** (*sweet chestnut*) castagno M; **2** (*horse chestnut*) ippocastano M.

chew *verb* masticare [3].

chewing gum *noun* gomma (F) da masticare; (*informal*) ciunga F.

chick *noun* pulcino M.

chicken *noun* **1** (*as food*) pollo; **roast chicken** pollo arrosto; **2** (*hen*) gallina F; **3** (*a coward*) coniglio M.

chickenpox *noun* varicella F.

chief *noun* capa F, capo M; **chief of police** (*of a* provincia) questore M.

child *noun* **1** (*person in the first years of life*) bambina F, bambino M; **2** (*a young adolescent*) ragazza F, ragazzo M; **3** (*someone's daughter or son*) figlia F, figlio M; **my children** i miei figli e figlie.

childhood *noun* infanzia F.

ENGLISH–ITALIAN

childish *adjective* puerile.

child-minder *noun* bambinaia F, bambinaio M.

chill *noun* **1** (*low temperature*) freddo M; **2** (*sickness*) infreddatura F.

chilly *adjective* fresca/fresco; **it was chilly yesterday** ieri faceva fresco.

chimney *noun* camino M.

chimpanzee *noun* scimpanzé M.

chin *noun* mento M.

china *noun* porcellana F.

chip *noun* **1** (*fried potato*) patatina fritta; **would you like some chips?** posso offrirti delle patatine fritte?; **2** (*microchip*) chip F; **3** (*breakage*) sbeccatura F.

chipped *adjective* scheggiata/scheggiato.

chives *plural noun* cipolline F *plural*.

chocolate *noun* **1** (*in bars*) cioccolata F; **chocolate bar** tavoletta di cioccolata; **chocolate ice cream** gelato alla cioccolata; **2** (*drink*) **hot chocolate** cioccolata calda; **3** (*boxed chocolates*) cioccolatino M; **chocolate box** scatola di cioccolatini.

choice *noun* scelta F; **I've got no choice** non ho scelta.

choir *noun* coro M.

ENGLISH–ITALIAN civilisation

choke *verb* **1** soffocare [3]; **2** (*from smoke or fumes*) asfissiare [2].

choose *verb* scegliere [66]; **I didn't choose this model** questo modello non l'ho scelto io.

chop *noun* braciola F; **pork chop** braciola di maiale.
verb tagliare [8].

chopstick *noun* bastoncino M.

chord *noun* accordo M.

chore *noun* faccenda F, compito ingrato M.

chorus *noun* coro M.

Christ *noun* Cristo M.

christening *noun* battesimo M.

Christian *noun*, *adjective* cristiana/cristiano.

Christian name SEE **given name**.

Christmas *noun* Natale M; **Merry Christmas!** buon Natale!; **Father Christmas** Babbo (M) Natale;
adjective di Natale (*never changes*); natalizia/natalizio; **Christmas Day** giorno (M) di Natale; **Christmas Eve** vigilia (F) di Natale; **Christmas present** regalo (M) di Natale, strenna (F) di Natale; **Christmas tree** albero (M) di Natale; **Christmas card** cartolina natalizia F; **Christmas carols** canti natalizi (M *plural*).

chuck out *verb* (*informal*) buttare [1] via; **I chucked out my old runners** ho buttato via le mie vecchie scarpe da tennis.

chunk *noun* pezzo M.

church *noun* chiesa F; **she never goes to church** non va mai in chiesa.

churchyard *noun* cimitero M.

chute *noun* (*for example in a kitchen*) scarico M, scivolo M.

cider *noun* sidro M.

cigar *noun* sigaro M.

cigarette *noun* sigaretta F.

cinema *noun* cinema M.

cinnamon *noun* cannella F.

circle *noun* circolo; **a circle of friends** un circolo di amicizie; **to go round in circles** girare [1] a vuoto.

circuit *noun* **1** (*for athletes*) pista F; **2** (*for cars*) circuito M; **3** (*electrical*) circuito; **short circuit** corto circuito.

circular *noun* circolare F.

circumstances *plural noun* circostanze F *plural*; **under the circumstances** date le circostanze.

circus *noun* circo M.

citizen *noun* cittadina F, cittadino M.

city *noun* città F; (*in London*) **the City** la City.

city centre *noun* centro (M) città.

civilisation *noun* civiltà F.

civil war *noun* guerra civile F.

claim *noun* rivendicazione F; **wage claim** rivendicazione salariale.
verb pretendere [60]; **she claims she's an aristocrat** pretende di essere aristocratica.

clap *verb* 1 applaudire [11]; **why are they clapping?** perché stanno applaudendo?; 2 **to clap your hands** battere [9a] le mani.

clapping *noun* applausi M *plural*.

clarify *verb* chiarire [12].

clarinet *noun* clarinetto M.

clash *noun* 1 (*between two hostile groups*) scontro M; 2 (*of two lessons etc.*) sovrapposizione F.
verb 1 (*hostile groups*) scontrarsi [1]; 2 (*colours*) stonare [1].

clasp *noun* (*of a necklace etc.*) fermaglio M.

class *noun* 1 (*a group of students*) classe F; **she and I are in the same class** lei ed io siamo nella stessa classe; 2 (*a lesson*) lezione F; **our classes last forty-five minutes** le nostre lezioni durano quarantacinque minuti; 3 (*division*) classe; ceto M; **social classes** classi sociali; **middle class** ceto medio.

classic, classical *adjective* classica/classico; **the classics** i testi classici; **classical music** musica classica.

classroom *noun* classe F, aula F.

clause *noun* 1 (*part of sentence*) proposizione F; **main clause** proposizione principale; **dependent clause** proposizione dipendente; 2 (*section of constitution, code*) articolo M.

claw *noun* 1 (*of a cat or dog*) artiglio M; 2 (*of a crab*) tenaglia F.

clay *noun* (*for modelling*) argilla F.

clean *adjective* 1 pulita/pulito; **a clean bathroom** una sala da bagno pulita; **a clean police record** una fedina penale pulita F; 2 (*germ-free*) pura/puro; **clean air** aria pura.
verb 1 pulire [12]; **did you clean the toilet?** hai pulito il gabinetto?; 2 (*teeth*) lavarsi [1]; **go clean your teeth** va a lavarti i denti.

cleaner *noun* (*person who cleans*) persona (F) delle pulizie; (*in a household*) colf F & M.

cleaning *noun* pulizie F *plural*.

cleanser *noun* 1 (*for the house*) detersivo M; 2 (*for your face*) latte detergente M.

clear *adjective* 1 (*that you can see through*) trasparente; **clear glass** vetro trasparente; 2 (*cloudless*) serena/sereno; 3 (*easy to understand*) chiara/chiaro; **clear instructions** chiare direttive; **is that clear?** è chiaro?
verb 1 sgombrare [1]; **did you clear all the books out of the drawers?** hai sgombrato i libri dai cassetti?; 2 (*table*)

sparecchiare [2]; **3** (*a road or path*) ripulire [12]; **4** (*of fog*) diradarsi [1]; **5 to clear your throat** raschiarsi [2] la gola.

clearly *adverb* **1** (*to think, speak or hear*) chiaramente; **2** (*obviously*) evidentemente; **she was clearly upset** era evidentemente sconvolta.

clergy *noun* clero M.

clever *adjective* **1** intelligente; **2** (*ingenious*) furba/furbo; astuta/astuto; **a clever suggestion** una proposta astuta.

cliché *noun* luogo comune M.

client *noun* cliente F & M.

cliff *noun* scogliera F.

climate *noun* clima M.

climb *verb* **1** (*a hill, stairs*) salire [89]; **2** (*a mountain*) scalare [1]; **many people climb the Alps** molte persone scalano le Alpi.

climber *noun* alpinista F & M.

climbing *noun* scalata F; **to go climbing** fare [19] le scalate.

cling *verb* aggrapparsi [1]; **the survivors clung desperately to the wreckage** i superstiti si aggrappavano disperatamente ai detriti.

clinic *noun* ambulatorio M.

clip *noun* **1** (*from a film*) spezzone M; **2** (*for your hair*) forcina F; **3** (*for joining paper*) fermaglio M.

cloakroom *noun* guardaroba M.

clock *noun* orologio M; **alarm clock** sveglia F; **to put the clocks back one hour** mettere [45] indietro gli orologi di un'ora; **to put the clocks forward** far [19] avanzare gli orologi.

clock radio *noun* radiosveglia F.

clockwise *adverb* in senso orario.

clone *verb* (*an animal*) clonare [1].

cloning *noun* clonazione F.

close¹ *adjective* **1** (*of a relative*) stretta/stretto; (*of a friend*) intima/intimo; (*of places*) vicina/vicino; **the church is close to the supermarket** la chiesa è vicina al supermercato; **2 a close family** una famiglia unita; * **that was a close shave** poco c'è mancato.
adverb vicino (a); **we live close by** viviamo lì vicino; **close to the shops** vicino ai negozi.

close² *noun* chiusura F; **at the close of business** all'ora della chiusura.
verb **1** chiudere [25]; **close your eyes** chiudi gli occhi; **she closed the window** ha chiuso la finestra; **2 banks close at four p.m.** le banche chiudono alle 16.00.

closed *adjective* chiusa/chiuso; **closed for stocktaking** chiuso per inventario.

closely *adverb* da vicino; **to follow the political situation**

closely seguire [11] la situazione politica da vicino.

close-up *noun* (*in photography*) primo piano M.

closing date *noun* scadenza F; **the closing date for applications is 30 November** il 30 novembre è la scadenza per la presentazione delle domande.

closing-down sale *noun* liquidazione (F) per chiusura esercizio.

closing time *noun* ora (F) della chiusura.

cloth *noun* **1** (*for the floor*) strofinaccio M; **2** (*for drying up*) canovaccio M; **3** (*fabric by the metre*) tessuto M.

clothes *plural noun* vestiti M *plural*; **to put your clothes on** vestirsi [11]; **to take your clothes off** svestirsi [11]; **to change your clothes** cambiarsi [2]; **clothes hanger** gruccia F, appendino M; **clothes line** filo (M) della biancheria; **clothes peg** molletta (F) della biancheria.

clothing *noun* indumenti M *plural*.

cloud *noun* nuvola F.

cloudy *adjective* nuvolosa/nuvoloso.

clove *noun* **1** chiodo (M) di garofano; **2 clove of garlic** spicchio (M) d'aglio.

clown *noun* pagliaccio M.

club *noun* **1** (*association*) circolo M; **she belongs to a tennis club** appartiene a un circolo tennistico; **2** (*in cards*) fiori M *plural*; **the two of clubs** il due di fiori; **3** (*golf*) mazza F, bastone M.

clue *noun* **1** indizio M; **we have some clues** abbiamo qualche indizio; **2** (*in a crossword*) definizione F; **3 * I haven't got a clue** non ho la minima idea.

clumsy *adjective* goffa/goffo.

clutch *noun* (*in a car*) frizione F. *verb* afferrare [1].

coach *noun* **1** (*bus*) pullman M; **I went from Bari to Naples by coach** ho viaggiato da Bari a Napoli in pullman; **coach station** stazione (M) dei pullman; **coach trip** gita (F) in pullman. **2** (*railway carriage*) carrozza F; **3** (*sports trainer*) allenatore M, allenatrice F.

coal *noun* carbone M.

coalmine, coal pit *noun* miniera (F) di carbone.

coarse *adjective* grossolana/grossolano.

coast *noun* costa F; **the west coast of Italy** la costa occidentale dell'Italia.

coat *noun* **1** (*light*) soprabito M; (*heavy*) cappotto M; **2 a coat of paint** una mano (F) di vernice.

coathanger SEE **clothes hanger**.

cobweb *noun* ragnatela F.

cocaine *noun* cocaina F.

cock *noun* gallo M.

cockpit *noun* (*in an aircraft*) cabina (F) di pilotaggio.

cockroach *noun* scarafaggio M.

cocoa *noun* 1 (*powder*) cacao M; **2 a cup of cocoa** una tazza (F) di cioccolata calda.

coconut *noun* noce (F) di cocco.

cod *noun* merluzzo M.

code *noun* 1 codice M; **the highway code** il codice della strada; **2 dialling code** prefisso M.

co-ed *adjective* mista/misto; **co-ed school** scuola mista F.

coffee *noun* caffè M; **cup of coffee** tazza (F) di caffè; **white coffee** caffelatte M; **black coffee** espresso M; **coffee break** pausa (F) caffè; **coffee cup** tazza da caffè; **coffee machine** caffettiera F.

coffee table *noun* tavolino M.

coffin *noun* bara F.

coin *noun* moneta F; **dollar coin** moneta da un dollaro.

coincidence *noun* coincidenza F.

colander *noun* colapasta M.

cold *noun* (*illness*) raffreddore M; **I've got a bad cold** ho un brutto raffreddore.
adjective 1 fredda/freddo; **my nose is cold** ho il naso freddo; 2 (*weather, temperature*) **it's very cold today** oggi fa davvero freddo; **I'm cold** ho freddo; **I feel cold** mi sento freddo.

cold sore *noun* herpes labiale M.

collapse *verb* crollare [1]; **she collapsed in church** è crollata in chiesa; **our garden fence has collapsed** è crollato il recinto del nostro giardino.

collar *noun* 1 (*of a garment*) colletto M; 2 (*for an animal*) collare M.

collarbone *noun* clavicola F.

colleague *noun* collega F & M.

collect *verb* 1 (*as a hobby*) collezionare [1]; **John collects butterflies** John colleziona farfalle; 2 (*objects*) passare [1] a prendere; **come and collect the videos from my place** passa da me a prendere i video; 3 (*fares or money*) incassare [1].

collection *noun* 1 (*of stamps, CDs, etc.*) collezione F, raccolta F; 2 (*for money*) colletta F.

college *noun* 1 (*institute of higher education*) università F; 2 (*student hostel*) casa (F) dello studente.

collision *noun* (*between two vehicles*) scontro M.

colloquial *adjective* (*of language*) familiare, colloquiale.

colon *noun* 1 (*punctuation mark*) due punti M *plural*; 2 (*intestine*) colon M.

colonel *noun* colonnella F, colonnello M.

colonial *adjective* coloniale.

colony *noun* colonia F.

colour *noun* colore M; **I'd like it in a different colour please** mi piacerebbe di colore diverso per cortesia; **colour scheme** armonia (F) dei colori; **colour film** pellicola (F) a colori.
verb (*with paints etc.*) colorare [1].

colour-blind *adjective* daltonica/daltonico.

colourful *adjective* dai colori vivaci (*never changes*).

column *noun* colonna F.

comb *noun* pettine M.
verb pettinare [1]; **go comb your hair** va a pettinarti.

combine *verb* abbinare [1]; **try to combine the two sections** cerca di abbinare le due parti.

come *verb* **1** venire [92]; **come and see** vieni a vedere; **come and see me this afternoon** vieni a trovarmi nel pomeriggio; **2** arrivare [1]; **3 coming!** eccomi!; **come along!** muoviti!
- **to come back** tornare [1]; **why don't you come back tomorrow?** perché non torni domani?
- **to come down** (*stairs or street*) scendere [60]; **they came down from the mountain yesterday morning** sono scese dalla montagna ieri mattina;
- **to come for** passare [1] a prendere; **my mum came for me** è passata a prendermi mia mamma;
- **to come in** entrare [1]; **come in!** avanti!; **he came in uninvited** è entrato senza invito;
- **to come off** (*a button or handle*) staccarsi [3]; (*a lid*) cadere [23]; * **come off it!** lascia perdere!, ma stai scherzando?
- **to come out 1** uscire [91]; **why don't you come out with me** perché non esci con me?; **the new album is coming out next year** il nuovo album uscirà l'anno prossimo; **2** (*the sun*) comparire [85]; **3** (*of gays and lesbians*) dichiararsi [1] omosessuale;
- **to come up** salire [89]; **come up and see me** sali da me; **to come up to someone** accostarsi [1] a qualcuna/qualcuno.

comedian *noun* attore comico M, attrice comica F.

comedy *noun* commedia F.

comet *noun* cometa F.

comfort *noun* comfort M, confort M.

comfortable *adjective*
1 comoda/comodo, confortevole; **what a comfortable couch!** che sofà comodo!; **2 to feel comfortable** sentirsi [11] a proprio agio; **she wasn't comfortable in that situation** non si sentiva a suo agio in quella situazione.

ENGLISH–ITALIAN

comfortably *adverb* comodamente.

comic *noun* (*magazine*) album (M) a fumetti.

comic strip *noun* striscia (F) di fumetti.

comma *noun* virgola F.

command *noun* ordine M.

comment *noun* (*in a conversation*) osservazione F; **what an inappropriate comment!** che osservazione inopportuna!

commentary *noun* (*on radio*) radiocronaca F; (*on television*) telecronaca F.

commentator *noun* (*of sports events on television etc.*) commentatore M, commentatrice F.

commercial *noun* (*on television*) spot pubblicitario M. *adjective* commerciale.

commission *noun* commissione F.

commit *verb* **1** commettere [45] **to commit a crime** commettere un delitto; **2 to commit yourself** impegnarsi [1].

committee *noun* commissione F, comitato M.

common *adjective* **1** diffusa/diffuso; **it's a common problem** è un problema diffuso; **2 in common** in comune.

common sense *noun* buonsenso M.

commonwealth *noun* federazione F.

communicate *verb* comunicare [3].

communication *noun* comunicazione F.

communion *noun* comunione F.

communism *noun* comunismo M.

communist *noun, adjective* comunista F & M.

community *noun* comunità F.

commute *verb* fare [19] il/la pendolare; **she commutes between Naples and Rome** fa la pendolare fra Napoli e Roma.

commuter *noun* pendolare F & M.

compact disc *noun* compact M; **compact disc player** lettore (M) CD.

company *noun* **1** (*business*) società F; **she runs a company** dirige una società; **2** compagnia F; **insurance company** compagnia d'assicurazioni; **airline company** compagnia aerea; **theatre company** compagnia teatrale; **3 to keep someone company** far [19] compagnia a qualcuna/qualcuno.

comparatively *adverb* relativamente.

compare *verb* confrontare [1]; **you can't compare English to Chinese** non si può confrontare l'inglese con il cinese.

comparison noun confronto M; **in comparison with** in confronto a.

compartment (*in a train*) scompartimento M.

compass noun bussola F.

compassion noun compassione F.

compatible adjective compatibile.

compete verb **1** (*in sports*) gareggiare [6]; **2** (*for jobs*) concorrere [29].

competent adjective competente.

competition 1 (*examination for a job*) concorso M; **2** (*rivalry*) concorrenza F.

competitor noun concorrente F & M.

complain verb lamentarsi [1]; **they keep complaining about the food** continuano a lamentarsi della cucina.

complement noun complemento M.

complete adjective completa/completo; **the concert was a complete fiasco** il concerto è stato un fiasco completo. verb completare [1].

completely adverb completamente.

complex adjective complessa/complesso.

complexion noun colorito M; **a healthy complexion** un colorito sano.

complicated adjective complicata/complicato.

compliment noun complimento M; **to pay someone a compliment** fare [19] un complimento a qualcuna/qualcuno.

complimentary adjective gratuita/gratuito; in omaggio.

compose verb comporre [58]; **composed of** composta/composto di.

composer noun (*music*) compositore M, compositrice F.

composition noun composizione F.

compound adjective composta/composto.

compromise noun compromesso M.

compulsory adjective obbligatoria/obbligatorio.

computer noun computer M, elaboratore M; **computer game** gioco elettronico M. **computer engineer** tecnica (F) dell'informatica, tecnico (M) dell'informatica; **computer programmer** programmatore M, programmatrice F; **computer science** informatica F.

computing noun uso (M) dei computer.

conceited adjective presuntuosa/presuntuoso.

ENGLISH–ITALIAN — confidence

concentrate *verb* concentrarsi [1]; **she couldn't concentrate on her work** non riusciva a concentrarsi sul lavoro.

concentration *noun* **1** (*act of concentrating*) concentrazione F; **2 concentration camp** campo (M) di concentramento.

concern *noun* (*worry*) preoccupazione F; **this is a cause of grave concern** è una questione molto preoccupante; **that's the least of my concerns** è l'ultima delle mie preoccupazioni.
verb (*to affect*) riguardare [1]; **this doesn't concern us** non ci riguarda; **as far as I'm concerned** per quanto mi riguarda.

concert *noun* concerto M; **do you ever go to concerts?** vai mai ai concerti?

concession *noun* (*on public transport, at the cinema*) riduzione F; **concession ticket** biglietto (M) a riduzione.

conclusion *noun* conclusione F.

concrete *noun* cemento M.
adjective concreta/concreto.

condemn *verb* condannare [1].

condescending *adjective* sufficiente; **a condescending attitude** un atteggiamento di sufficienza.

condition *noun* **1** condizione F; **in good condition** in buone condizioni; **weather conditions** le condizioni meteorologiche; **2** (*something you agree to*) **the contract contains few conditions** il contratto contiene poche condizioni; **on condition that ...** a condizione che ...

conditional *adjective* condizionale.

conditioner *noun* **1** (*for your hair*) balsamo M; **2** (*for fabrics*) ammorbidente M.

condom *noun* (*formal*) profilattico M; (*informal*) preservativo M.

conduct *noun* condotta F.
verb dirigere [33]; **to conduct an orchestra** dirigere un'orchestra.

conductor *noun* **1** (*of an orchestra*) direttore (M) d'orchestra, direttrice (F) d'orchestra; **2** (*on a bus or tram*) bigliettaia F, bigliettaio M.

cone *noun* cono M.

confectionery *noun* dolciumi M *plural*.

conference *noun* (*meeting*) convegno M.

confess *verb* confessare [1].

confession *noun* confessione F.

confetti *noun* coriandoli M *plural*.

confidence *noun* **1** (*faith in someone*) fiducia F; **I've got full confidence in her** ho piena fiducia in lei; **2** (*self-confidence*) sicurezza di sé; **she doesn't have much confidence** non ha molta sicurezza di sé.

confident *adjective* **1** (*sure that something will happen*) fiduciosa/fiducioso; **to feel confident** avere [15] fiducia; **I feel confident she'll return** ho fiducia che tornerà; **2** (*sure of yourself*) sicura/sicuro di sè.

confirm *verb* confermare [1]; **can you confirm the arrangements?** puoi confermare gli accordi?

conflict *noun* conflitto M; **conflict of interest** conflitto di interessi.

confuse *verb* confondere [41]; **I'm always confusing the two twins** continuo a confondere le due gemelle.

confused *adjective* confusa/confuso; **his account of the accident was very confused** la sua descrizione dell'incidente era molto confusa.

confusing *adjective* ambigua/ambiguo; poco chiara/poco chiaro; **what a confusing situation!** che situazione ambigua!

confusion *noun* confusione F.

congratulate *verb* congratularsi [1] (con), felicitarsi [1] (con); **everyone congratulated Anna on her prize** tutti hanno congratulato Anna per il premio.

congratulations *plural noun* felicitazioni F *plural*, rallegramenti M *plural*; **congratulations on passing your driving test** rallegramenti per aver superato l'esame di guida.

congress *noun* congresso M.

conjunction *noun* (*in grammar*) congiunzione F.

conjurer *noun* prestigiatore M, prestigiatrice F.

connect *verb* **1** (*to plug an electrical appliance in*) attaccare [3]; **2** (*to link different facts*) collegare [4].

connection *noun* **1** (*between two ideas or events*) rapporto M, legame M; **is there any connection between her comments and your resignation?** c'è mica un rapporto fra le sue osservazioni e le tue dimissioni?; **2** (*between trains or planes*) coincidenza F; **we missed the connection and had to wait three hours for another train** abbiamo perso la coincidenza e abbiamo dovuto aspettare un altro treno per tre ore; **3** (*electrical*) contatto M; **a faulty connection** un contatto difettoso.

conscience *noun* coscienza F; **guilty conscience** coscienza sporca; **clear conscience** coscienza pulita.

conscientious *adjective* coscienziosa/coscienzioso.

conscious *adjective* consapevole.

consequence *noun* conseguenza F.

ENGLISH–ITALIAN

consequently *adverb* di conseguenza.

conservation *noun* conservazione F.

conservative *noun, adjective* conservatore M, conservatrice F.

consider *verb* **1** (*to think about*) considerare [1]; **2** (*to think you might do*) meditare [1]; **I've been considering my resignation for some time** è da tempo che sto meditando le mie dimissioni; **3 all things considered** tutto sommato.

considerate *adjective* premurosa/premuroso.

consideration *noun* considerazione F.

considering *preposition* vista e considerata F, visto e considerato M; **considering his illness** vista e considerata la sua malattia.

consist *verb* **to consist of** consistere di [10].

consistent *adjective* coerente.

consonant *noun* consonante F.

constant *adjective* costante.

constipated *adjective* stitica/stitico.

constitution *noun* **1** (*of a nation*) constituzione F; **2** (*of an association*) statuto M.

construct *verb* costruire [12].

construction *noun* costruzione F.

contents

consul *noun* console F & M; **consul general** console generale.

consult *verb* consultare [1].

consultant *noun* **1** (*in general*) consulente F & M; **2** (*in a hospital*) primaria F, primario M.

consume *verb* consumare [1].

consumer *noun* consumatore M, consumatrice F.

contact *noun* **1** (*touch*) contatto M; **to be in contact with someone** essere [16] in contatto con qualcuna/qualcuno; **2** (*people you know*) conoscenza F; **why don't you use your contacts in the profession?** perché non sfrutti le tue conoscenze fra colleghe e colleghi?
verb contattare [1]; **try contacting her by e-mail** prova a contattarla per posta elettronica.

contact lens *noun* lente (F) a contatto.

contain *verb* contenere [75].

container *noun* **1** (*in general*) contenitore M, recipiente M; **2** (*for cargo*) container M.

contemporary *adjective* contemporanea/contemporaneo.

contempt *noun* disprezzo M.

content *verb* **to be content with** accontentarsi di [1].

contents *plural noun* contenuto M; **the contents of my top drawer** il contenuto del mio primo cassetto.

contest *noun* concorso M, gara F.

contestant *noun* concorrente F & M.

context *noun* contesto M.

continent *noun* continente M.

continental *adjective* continentale; **continental breakfast** colazione a base di caffè e panini.

continue *verb* continuare [1]; **he continued to hassle us** ha continuato a darci fastidio; **to be continued** continuazione alla prossima puntata.

continuous *adjective* **1** continua/continuo; **2 continuous assessment** verifiche periodiche F *plural*.

contraceptive *noun* anticoncezionale M.

contract *noun* contratto M.

contradict *verb* contraddire [87].

contradiction *noun* contraddizione F.

contrary *noun* contrario M; **on the contrary** al contrario.

contrast *noun* contrasto M.

contribute *verb* **1** contribuire [12]; **2** (*give*) dare [18].

contribution *noun* contributo M.

control *noun* (*of a crowd or animals*) controllo M; **we're in full control of the situation** siamo in pieno controllo della situazione; **everything's under control** tutto è sotto controllo. *verb* **1** trattenere [75] (*a crowd, a fire, etc.*); **2 to control yourself** controllarsi [1].

convenient *adjective* **1** comoda/comodo; **a fridge in the office would be convenient** un frigorifero in ufficio sarebbe comodo; **2 to be convenient for someone** convenire [92] a qualcuna/qualcuno; **is this convenient for you?** ti conviene?; **3 our new house is convenient to shops and public transport** la nostra nuova casa è situata a breve distanza dai negozi e dai mezzi pubblici.

convent *noun* convento M; **a convent school** educandato M, collegio (M) di suore.

conventional *adjective* **1** convenzionale; **2** (*person*) conformista F & M.

conversation *noun* conversazione F.

conversion *noun* conversione F.

convert *noun* (*person who has recently changed religion*) neofita F & M. *verb* trasformare [1]; **we've converted our garage into two bedrooms** abbiamo trasformato il garage in due camere da letto; **to convert dollars into euros** convertire [11] dollari in euro.

convertible *noun* (*type of car*) decappottabile F.

ENGLISH–ITALIAN

conveyor belt *noun* nastro trasportatore M.

convince *verb* convincere [81]; **you've convinced me** mi hai convinta.

cook *noun* cuoca F, cuoco M.
verb **1** cucinare [1]; **who cooked this risotto?** chi ha cucinato questo risotto?; **2** cuocere [31] **did you cook the vegetables?** hai cotto la verdura?; **3** (*to prepare a meal*) preparare [1]; **who's cooking dinner tonight?** chi prepara la cena stasera?

cookbook *noun* libro (M) di cucina.

cooker *noun* cucina F, fornello M; **a gas cooker** una cucina a gas.

cookery *noun* cucina F.

cooking *noun* cucina F; **will you do the cooking?** fai tu la cucina?; **Italian cooking** la cucina italiana.

cool *noun* **1** (*coldness*) fresco M; **let's stay here in the cool** restiamo qui al fresco; **2** (*calm*) **try to keep your cool** cerca di conservare il sangue freddo.
adjective **1** (*cold*) fresca/fresco; **a cool drink** una bevanda fresca; **it's cool today** oggi fa fresco; **2** (*laid-back*) calma/calmo; disinvolta/disinvolto; **3** (*very good, informal*) ganza/ganzo; **a cool suggestion** una proposta ganza.
verb raffreddare [1]; **we'd better let the radiator cool down** bisogna lasciar raffreddare il radiatore.

coordinator *noun* coordinatore M, coordinatrice F; addetta F, addetto M.

cop *noun* poliziotta F, poliziotto M.
verb **to cop it** (*informal*) restare [1] fregata/fregato.

cope *verb* **1** (*to manage*) arrangiarsi [6]; **he seems to be coping quite well** sembra che si arrangi abbastanza bene; **2** far [19] fronte a; **we had a lot to cope with** abbiamo dovuto far fronte a molte difficoltà; **3 I can't cope any more** non ce la faccio più.

copper *noun* **1** (*mineral*) rame M; **2** (*police officer*) poliziotta F, poliziotto M.

copy *noun* **1** copia F; **how many copies have you made?** quante copie hai fatto?; **2** (*of a book or magazine*) esemplare M.
verb copiare [2].

copyright *noun* diritti (M plural) d'autore.

coral *noun* corallo M; **coral reef** barriera corallina F.

cord *noun* **1** (*for an electric appliance*) filo M; **2** (*for a blind etc.*) cordone M.

cordless telephone *noun* telefono (M) senza fili, cordless M.

core *noun* (*of an apple or pear*) torsolo M.

cork noun 1 (in a bottle) tappo M; 2 (material) sughero M.

corkscrew noun cavatappi M (never changes).

corn noun 1 (cereal) mais M; 2 (on feet) callo M.

corner noun angolo M; **at the corner of the street** all'angolo della strada; **round the corner** (literally) dietro l'angolo; (figuratively) a due passi da qui.

cornflakes noun fiocchi (M plural) di mais.

coronary noun trombosi coronarica F; infarto M.
adjective coronari(c)a/ coronari(c)o.

corporal punishment noun punizione corporale F.

corpse noun cadavere M.

correct adjective esatta/esatto, corretta/corretto; **cosy little spot** locale intimo M; **correct answer** risposta esatta; **correct behaviour** comportamento corretto.
verb correggere [44]; **the teacher still hasn't corrected our essays** la prof (informal) non ci ha ancora corretto i temi.

correction noun correzione F.

correspond verb corrispondere [49].

correspondent noun (journalist) inviata F, inviato M.

corridor noun corridoio M.

corrupt adjective corrotta/ corrotto.
verb corrompere [64].

cosmetics plural noun prodotti (M plural) di bellezza; cosmetici M plural.

cost noun prezzo M, costo M; **the cost of the new building seems excessive** il costo del nuovo palazzo sembra eccessivo; **the cost of living** il costo della vita.
verb costare [1]; **how much did your new jacket cost?** quanto è costata la tua nuova giacca?; **building our new house didn't cost very much** la costruzione della nostra nuova casa non è costata molto.

costume noun costume M.

cosy adjective (a room or situation) intima/intimo.

cot noun lettino M.

cottage noun casetta F.

cotton noun 1 (fabric) cotone M; **cotton sheets** lenzuola di cotone; 2 (thread) filo M; **needle and cotton** ago e filo.

cotton wool noun cotone idrofilo M.

couch noun sofà M.

cough noun tosse F; **I've got a nasty cough** ho una brutta tosse.
verb tossire [12].

could verb 1 (to be able to) potere [59]; **I could come, but when?** potrei venire, ma quando?; **they did all they could** hanno fatto tutto quello che potevano; 2 (to know how to) sapere [65]; **when**

she was younger she could speak five languages quando era più giovane sapeva parlare cinque lingue; 3 (*to manage*) riuscire a [91]; **I couldn't follow her lecture** non sono riuscita a seguire la sua conferenza; **I could see them from a distance** riusciva a vederle da lontano; **I couldn't hear anything** non riuscivo a sentire niente; 4 (*might*) potere; **could I see you this afternoon?** potrei parlarti oggi pomeriggio?; **you could try calling her at home** potresti provare a telefonarle a casa.

council *noun* consiglio M.

count *noun* (*minor aristocrat*) conte M.
verb 1 (*add up*) contare [1]; **have you counted the takings?** hai contato gli incassi?; 2 **to count as** contare come; **children over twelve count as adults** i bambini sopra ai 12 anni contano come persone adulte.

countdown *noun* conto (M) alla rovescia.

counter *noun* 1 (*in a shop or cafe*) banco M; 2 (*in a post office or bank*) sportello M; 3 (*in a big store*) reparto M; 4 (*for board games*) pedina F.

country *noun* 1 (*nation*) paese M; **foreign country** paese straniero; **this country** il nostro paese; 2 (*rural area*) campagna F; **we live in the country** abitiamo in campagna; **country lane** viuzza di campagna.

countryside *noun* campagna F.

county *noun* contea F.

couple *noun* 1 (*a pair*) coppia F; 2 paio M; **a couple of booklets** un paio di opuscoli; **a couple of times** due o tre volte.

coupon *noun* tagliando M.

courage *noun* coraggio M.

courier *noun* 1 (*on package holiday*) guida F; 2 (*delivery service*) fattorina F, fattorino M; **by courier** per corriere espresso.

course *noun* 1 (*lessons*) corso M; **beginners' course** corso per principianti; **computer course** corso di informatica; **to attend a course** frequentare [1] un corso; 2 (*part of a meal*) portata F, piatto M; **a three-course meal** un pasto con tre portate; **main course** piatto principale; secondo (piatto); 3 (*golf*) campo di golf; 4 **of course certo; yes, of course** sì, naturalmente.

court *noun* 1 (*for tennis or squash*) campo M; 2 (*residence of kings and queens*) corte F; 3 (*court of law*) tribunale M.

courtyard *noun* cortile M.

cousin *noun* cugina F, cugino M.

cover *noun* 1 (*for a book*) copertina F; 2 (*for a bed*) copriletto M.
verb 1 (*to protect, to cover up, etc.*) coprire [86]; **have you covered the pan** hai coperto la pentola?; 2 (*with leaves, snow, etc.*) ricoprire [86]; **the ground was**

cow

covered with leaves il terreno era ricoperto di foglie secche; **she was covered in spots** era ricoperta di brufoli.

cow *noun* mucca F; **mad cow (disease)** mucca pazza.

coward *noun* vigliacca F, vigliacco M.

cowboy *noun* cowboy M.

crab *noun* granchio M.

crack *noun* **1** (*in a wall, cup, etc.*) spacco M, crepa F; **2** (*a cracking noise*) scricchiolio M.

cracker *noun* (*biscuit*) cracker M.

crackle *verb* crepitare [1].

craft *noun* **1** (*at school*) educazione tecnica F; **2** astuzia F, furberia F.

crafty *adjective* furba/furbo.

cramp *noun* crampo M; **to have a cramp in your leg** avere [15] un crampo alla gamba.

crane *noun* (*bird or machine*) gru F (*never changes*).

crash *noun* **1** (*an accident*) incidente M; **car crash** incidente di macchina; **crash helmet** casco M; **2** (*smashing noise*) fracasso M; **a crash of breaking glass** un fracasso di vetri rotti. *verb* (*car or plane*) sfracellarsi [1]; schiantarsi [1]; **the bus crashed into a fence** l'autobus si è schiantato contro un recinto.

crash course *noun* corso intensivo M.

ENGLISH–ITALIAN

crate *noun* cassetta F, cesta F.

crawl *verb* **1** (*a person, a baby*) camminare [1] a quattro zampe; **2** (*in a traffic jam*) procedere [9a] a passo di lumaca; **3** (*a snake, a worm*) strisciare [7].

crayon *noun* matita colorata F.

craze *noun* voga F; **the Sudoku craze** la voga del sudoku.

crazy *adjective* folle.

creak *verb* **1** (*a hinge*) stridere [9a]; **2** (*a floorboard*) scricchiolare [1].

cream *noun* panna F; **whipped cream** panna montata.

crease *noun* piega F.

creased *adjective* spiegazzata/ spiegazzato.

create *verb* creare [1].

creative *adjective* creativa/ creativo.

creature *noun* creatura F.

crèche *noun* asilo nido M.

credit *noun* credito M; **could I have it on credit please?** me lo dà (*formal*) a credito per cortesia?

credit card *noun* carta (F) di credito.

creek *noun* (*Australian*) ruscello M.

creep *verb* strisciare [7].

creeper *noun* rampicante M, pianta rampicante F.

412

crescent noun mezzaluna F.

crew noun **1** (*on a ship or plane*) equipaggio M; **2** (*television or film*) équipe F.

crew cut noun capelli (M *plural*) a spazzola.

crib noun (*Christian*) presepio M.

cricket noun **1** (*insect*) grillo M; **2** (*sport*) cricket M; **cricket bat** mazza (F) da cricket; **cricket eleven** squadra (F) di cricket.

crime noun **1** delitto M; **people who commit crimes end up in jail** chi commette un delitto va a finire in galera; **2** (*in general*) delinquenza F; **the fight against crime** la lotta alla delinquenza.

criminal noun delinquente F & M.
adjective criminale; **criminal tendencies** tendenze criminali.

crimson *adjective* cremisi (*never changes*).

cripple noun storpia F, storpio M.

crisis noun crisi F.

crisp noun patatina F (a velo); **a packet of crisps** un sacchetto di patatine.
adjective (e.g. *toast*) croccante.

critic noun critica F, critico M.

critical *adjective* **1** (*a remark or someone's condition*) critica/critico; **2** (*a moment*) decisiva/decisivo.

criticise *verb* criticare [3].

criticism noun critica F.

croak *verb* gracidare [1].

crockery noun piatti M *plural*.

crocodile noun coccodrillo M.

crook noun (*criminal*) truffatore M, truffatrice F; imbrogliona F, imbroglione M.
adjective (*Australian*) indisposta/indisposto; **I feel a bit crook today** oggi non mi sento bene.

crop noun raccolto M.

cross noun croce F.
adjective arrabbiata/arrabbiato; **why are you cross?** perché sei arrabbiata?; **don't get cross** non arrabbiarti.
verb **1** (*to cross over*) attraversare [1]; **to cross the river** attraversare il fiume; **2 to cross your legs** incrociare [5] le gambe; **3 to cross into Italy** passare [1] in Italia; **4** (*to pass in opposite directions*) incrociarsi; **our letters crossed** le nostre lettere si sono incrociate.
- **to cross out** depennare [1] (*a name etc.*).

cross-country noun **1** (*race*) corsa campestre F; **2 cross-country skiing** sci (M) di fondo.

crossing noun **1** (*from one place to another*) traversata F; **a Mediterranean crossing** una traversata del Mediterraneo; **2 pedestrian crossing** passaggio pedonale.

cross-legged *adjective* **to sit cross-legged** sedere [69] con le gambe incrociate.

ENGLISH–ITALIAN

crossroads *noun* incrocio M; **at the crossroads** all'incrocio.

crossword *noun* cruciverba M.

crouch *verb* acquattarsi [1].

crow *noun* corvo M; * **as the crow flies** a volo d'uccello.
verb **1** (*rooster*) cantare [1]; **2** (*to boast*) vantarsi [1].

crowd *noun* folla F; **in the crowd** fra la folla; **a crowd of 10,000** una folla di 10.000 persone.
verb **to crowd into** gremire [12], accalcarsi [3]; **we all crowded into the carriage** ci siamo accalcati tutti nella carrozza.

crowded *adjective* affollata/affollato.

crown *noun* corona F.

crude *adjective* **1** (*rough and ready*) rudimentale; **2** (*vulgar*) grossolana/grossolano.

cruel *adjective* crudele.

cruise *noun* crociera F; **I'd like to go on a cruise** mi piacerebbe fare una crociera.

cruising speed *noun* (*in vehicles*) velocità (F) di crociera.

crumb *noun* briciola F.

crumple *verb* spiegazzare [1].

crunch *verb* sgranocchiare [2].

crunchy *adjective* croccante.

crush *noun* (*infatuation*) cotta F; **last year I had a crush on Paul** l'anno scorso ho preso una cotta per Paul.
verb schiacciare [5]; **the Army crushed all resistance** l'esercito ha schiacciato tutta la resistenza.

crust *noun* (*of bread or cheese*) crosta F.

crusty *adjective* crostosa/crostoso.

crutch *noun* stampella F, gruccia F; **to walk on crutches** camminare [1] con l'aiuto delle stampelle.

cry *noun* grido M.
verb **1** (*weep*) piangere [55]; **2** (*call out*) gridare [1].

crystal *noun* cristallo M.

cub *noun* (*baby bear etc.*) cucciolo M.

cube *noun* cubo M; **ice cube** cubetto (M) di ghiaccio; **sugar cube** zolletta (F) di zucchero.

cubic *adjective* cubica/cubico; **three cubic metres** tre metri cubici.

cubicle *noun* cubicolo M.

cuckoo *noun* (*bird*) cuculo M.
adjective (*crazy*) (*informal*) svitata/svitato.

cucumber *noun* cetriolo M.

cuddle *noun* tenero abbraccio M.
verb coccolare [1].

cue *noun* (*billiards*) stecca F.

cuff *noun* polsino M.

ENGLISH–ITALIAN

cul-de-sac *noun* vicolo cieco M; strada (F) senza sbocco.

cult *noun* (*religion*) culto M; **cult movie** cult M.

culture *noun* cultura F.

cunning *adjective* furba/furbo.

cup *noun* **1** tazza F; **cup of coffee** tazza di caffè; **coffee cup** tazza da caffè; **2** (*a trophy*) coppa F.

cupboard *noun* credenza F.

cup tie *noun* finale (M) della coppa.

cure *noun* (*a remedy*) guarigione F. *verb* (*to heal*) guarire [12].

curiosity *noun* curiosità F.

curious *adjective* curiosa/curioso.

curl *noun* riccio M.

currant *noun* ribes M.

currency *noun* valuta F.

current *noun* (*of electricity or water*) corrente F. *adjective* attuale; **the current president** l'attuale presidente.

current affairs *plural noun* attualità F *plural*.

curriculum *noun* programma M, curricolo M.

curry *noun* curry M; **chicken curry** pollo (M) al curry.

curse *noun* maledizione F.

curtain *noun* **1** (*for a window*) tenda F; **2** (*in a theatre*) sipario M; **the curtain came down** è calato il sipario; **curtain call** chiamata (F) alla ribalta.

curve *noun* curva F.

cushion *noun* cuscino M.

custard *noun* crema pasticcera F.

custom *noun* costume M.

customer *noun* cliente F & M.

customs *plural noun* dogana F; **to go through customs** passare [1] per la dogana.

customs officer *noun* doganiera F, doganiere M.

cut *noun* **1** (*injury*) taglio M; **2** (*haircut*) taglio dei capelli. *verb* **1** tagliare [8]; **cut the cake please!** taglia la torta per cortesia!; **did you cut yourself?** ti sei tagliata?; **I've cut my left thumb** mi sono tagliato il pollice sinistro; **2 to cut the grass** falciare [5] l'erba; **3 to get your hair cut** farsi [19] tagliare i capelli; **4 to cut jobs** ridurre [27] i posti di lavoro; **to cut prices** abbassare [1] i prezzi.

- **to cut down a tree** abbattere [9a] un albero.
- **to cut out something 1** (*a shape, a newspaper article, etc.*) ritagliare [8]; **2** (*sugar, fatty foods, etc.*) eliminare [1].
- **to cut up something** (*bread, cheese, etc.*) tagliare.

cute *adjective* carina/carino.

cutlery *noun* posate F *plural*.

cutting noun **1** (*from a newspaper*) ritaglio M; **2** (*from a plant*) talea F.

CV noun curriculum vitae M.

cycle noun (*bicycle*) bicicletta F; **cycle race** corsa ciclistica F.
verb andare [17] in bicicletta; **I cycle to school** vado a scuola in bicicletta; **cycling holiday** vacanze (F *plural*) in bicicletta.

cycling noun ciclismo M.

cyclist noun ciclista F & M.

cyclone noun ciclone M.

cynical adjective cinica/cinico.

cypress noun cipresso M.

D d

dad, daddy noun (*informal*) babbo M, papà M; **Sonya's dad drinks like a fish** il papà di Sonya beve come una spugna; **what time does your dad get home from work?** a che ora torna a casa dal lavoro tuo papà?

daffodil noun narciso selvatico M.

daily noun (*newspaper*) quotidiano M.
adjective quotidiana/quotidiano; **our daily bread** il nostro pane quotidiano.
adverb ogni giorno; **I check my e-mail daily** controllo la posta elettronica ogni giorno.

dairy products plural noun latticini M *plural*.

daisy noun margherit(in)a F.

dam noun **1** (*Australian*) lago artificiale M; **2** (*British*) diga F.

damage noun danno M (*also plural* danni); **the rain caused a lot of damage** la pioggia ha causato danni ingenti.

damn noun **I don't give a damn** me ne frego altamente (*informal*).
exclamation (*informal*) accidenti!, mannaggia!

damp adjective umida/umido.
noun umidità F; **do you feel the damp?** senti l'umidità?

dance noun danza F; **folk dance** danza folcloristica.
verb ballare [1].

dancer noun danzatore M, danzatrice F; **she's a really good dancer** balla benissimo.

dancing noun ballo M, danza F; **dancing class** corso (M) di danza; **dancing school** scuola (F) di ballo.

dandruff noun forfora F.

danger noun pericolo M; **is she out of danger?** è fuori pericolo?

dangerous adjective pericolosa/pericoloso; **it's dangerous to lean out the window** è pericoloso sporgersi [57] dal finestrino.

dare verb **1** osare [1], avere [15] il coraggio di; **to dare to go** avere

ENGLISH–ITALIAN

dead

il coraggio di andare; **2 don't you dare speak to me like that!** ti proibisco di parlarmi in quel modo!; **3 I dare you to jump!** ti sfido a saltare!

daring *noun* coraggio M.
adjective spinta/spinto; **a daring remark** un'osservazione spinta.

dark *noun* buio M, oscurità F; **are you scared of the dark?** hai paura del buio?; **after dark** dopo che viene buio; * **she was kept in the dark** l'hanno tenuta all'oscuro.
adjective **1** (*colour*) scura/scuro; **a dark leather jacket** una giacca di pelle scura; **the corridor is too dark** il corridoio è troppo scuro; **2 what time does it get dark?** a che ora fa buio?

darkness buio M; **in darkness** al buio.

darling *noun* tesoro M; **come on darling, hurry up!** vieni tesoro, spicciati!

darn *verb* rammendare [1].

dart *noun* (*game*) freccetta F.

dash *noun* **1** (*a run*) corsa F; **2** (*punctuation mark*) trattino M, lineetta F.
verb (*to rush*) precipitarsi [1].

dashboard *noun* cruscotto M.

data *noun* dati M *plural*; **data entry** inserimento (M) di dati, input M.

database *noun* banca (F) dati.

date *noun* **1** data F; **have you set a date for your departure?** hai fissato la data della partenza?; **what's the date today?** che giorno è oggi?; **date of birth** data di nascita; **2 out of date** (*documents*) scaduta/scaduto; **your driving licence is out of date** la tua patente è scaduta; (*technology*) obsoleta/obsoleto; **my computer software is out of date** il mio software è ormai obsoleto; **3 due date** scadenza F; **4** (*fruit*) dattero M; **5** (*an appointment*) appuntamento M.

date line *noun* linea (F) di cambiamento di data.

daughter *noun* figlia F.

daughter-in-law *noun* nuora F.

dawn *noun* alba F; **at the crack of dawn** ai primi albori.

day *noun* **1** giorno M; **I saw him three days ago** l'ho visto tre giorni fa; **what day is it today?** oggi che giorno è?; **2** (*as a period of time spent doing something*) giornata F; **what a wonderful day!** che magnifica giornata!; **the weather has been foul all day long** il tempo è stato orribile durante tutta la giornata; **have a good day!** buona giornata!; **3 the day after** il giorno dopo; **the day after tomorrow** dopodomani; **the day before yesterday** ieri l'altro; **the day before the funeral** il giorno prima del funerale.

dazzle *verb* abbagliare [8].

dead *adjective* morta/morto; **I didn't even know that he was**

dead non sapevo mica che era morto; **a dead language** lingua morta; * **drop dead!** (*informal*) crepa!
adverb (*absolutely*) **she's dead right** ha ragioni da vendere; **you're dead on time** sei puntualissima; **it's dead ahead** è proprio qui di fronte.

dead end *noun* vicolo cieco M; strada (F) senza sbocco; **we've reached a dead end** ci siamo arenati.

deadline *noun* scadenza F; **when is the deadline for handing in essays?** quando è la scadenza per la consegna dei temi?

deaf *adjective* sorda/sordo; **you don't need to shout, I'm not deaf you know** non occorre che gridi, non sono mica sorda sai.

deafening *adjective* assordante.

deaf mute *adjective* sordomuta/sordomuto.

deal *noun* **1** (*contract*) affare M; **did you clinch the deal?** hai combinato quell'affare?; **2** (*verbal agreement*) accordo M; **let's make a deal, shall we?** raggiungiamo un accordo, va bene?; **it's a deal!** d'accordo!; * **big deal** (*ironic*) e con ciò?; **3 a good deal of** parecchia/parecchio; **a good deal of hypocrisy** una notevole ipocrisia.
verb **1** occuparsi [1] di qualcosa; **can you deal with this?** puoi occupartene tu?; **2** (*in cards*) dare [18] le carte; **your turn to deal** tocca a te dare le carte.

dealer *noun* (*in trade*) concessionaria F, concessionario M.

dean *noun* **1** (*in a University*) preside (F & M) di facoltà; **2** (*Christian*) decana F, decano M.

dear *adjective* **1** (*beloved*) cara/caro; **she's a dear friend of mine** è una mia cara amica; (*in letters*) **Dear Giacomo** Caro Giacomo; * **dear me!** povera me!/povero me!; **2** (*expensive*) cara/caro; **these shoes are too dear** queste scarpe sono troppo care; **was your laptop very dear?** era molto caro il tuo portatile?

death *noun* morte F; **granny's death was a big blow to us** la morte della nonna ci ha veramente sconvolte; * **she was scared to death** aveva una paura da morire; * **I'm sick to death of his whingeing** ne ho fin sopra i capelli delle sue lagne.

death penalty *noun* pena (F) di morte.

debate *noun* dibattito M.
verb dibattere [9a].

debt *noun* debito M; **to run up a debt** indebitarsi [1].

decade *noun* decennio M.

decaf, decaffeinated coffee *noun* caffè decaffeinato M.

decay *noun* (*in a tooth*) carie F.
verb (*to rot*) marcire [12]; (*of teeth*) cariarsi [1].

ENGLISH–ITALIAN

deceive *verb* ingannare [1].

December *noun* dicembre M.

decent *adjective* **1** decorosa/decoroso, abbondante; **a decent wage** un salario decoroso; **a decent breakfast** una colazione abbondante; **2 she seems decent enough** sembra una persona per bene.

deception *noun* inganno M.

decide *verb* decidere [32]; **so, what have you decided?** allora, cos'hai deciso?; **I've decided to quit my job** ho deciso di piantare il lavoro.

decimal *adjective* decimale.

decimal point *noun* virgola F (*Italian uses a comma to separate whole numbers from decimals: thus, 12.7 is written 12,7 and reads dodici virgola sette*).

decision *noun* decisione F; **to make a decision** prendere [60] una decisione; **I guess you made the wrong decision** direi che hai preso la decisione sbagliata.

deck *noun* (*on a ship*) ponte M.

deckchair *noun* sedia (F) a sdraio, sdraia F.

declare *verb* dichiarare [1]; **have you anything to declare?** (*formal, e.g. at customs*) ha qualcosa da dichiarare?

decorate *verb* **1** decorare [1]; **when are we going to decorate the Christmas tree?** quando decoriamo l'albero di Natale?; **2** pitturare [1]; **we were thinking of decorating the lounge room this year** pensavamo di pitturare il salotto quest'anno.

decoration *noun* (*a medal etc.*) decorazione F.

decrease *noun* calo M; **there has been a decrease in enrolments** c'è stato un calo delle iscrizioni.
verb diminuire [12]; **wages keep decreasing** i salari continuano a diminuire.

deduce *verb* dedurre [27].

deduct *verb* detrarre [78], trattenere [75].

deduction *noun* trattenuta F; **a deduction from your salary** una trattenuta sullo stipendio.

deed *noun* azione F, atto M.

deep *adjective* profonda/profondo; **a deep thinker** un profondo pensatore; **I've got deep feelings for her** i miei sentimenti nei suoi riguardi sono profondi; **a ditch three metres deep** una fossa profonda tre metri.

deep end *noun* (*of a swimming pool*) l'acqua profonda F.

deep-freeze *noun* congelatore M.

deer *noun* **1** (*red deer*) cerva F, cervo M; **2** (*roe deer*) capriolo M.

defeat *noun* disfatta F.
verb battere [9a], sconfiggere [42].

defect *noun* difetto M.

defence *noun* difesa F.

defend *verb* difendere [60].

define *verb* definire [12].

definite *adjective* **1** netta/netto; **a definite improvement** un netto miglioramento; **2** (*certain*) sicura/sicuro; **is this definite?** è sicuro?; **3** (*exact*) precisa/preciso; **a definite answer** una risposta precisa.

definitely *adverb* **1** (*when giving an opinion*) indubbiamente; **it's definitely warmer today** oggi fa indubbiamente più caldo; **2** (*for sure*) senz'altro, davvero; **are you definitely going to accept her offer?** accetterai davvero la sua offerta?; **I'm definitely going to attend the meeting** partecipo senz'altro alla riunione.

definition *noun* definizione F.

deform *verb* deformare [1].

defrost *verb* (*a fridge*) sbrinare [1].

degree *noun* **1** (*temperature*) grado M; **the thermometer says fifteen degrees** il termometro segna quindici gradi sopra zero; **2** (*qualification*) **university degree** laurea F; **3 to a large degree they're independent** sono quasi del tutto indipendenti.

delay *noun* ritardo M; **what was the reason for the delay** qual era il motivo del ritardo? *verb* rinviare [1], ritardare [1]; **the departure was delayed owing to engine failure** la partenza è stata ritardata a causa di un guasto meccanico; **the final decision has been delayed till Saturday** la decisione definitiva è stata rinviata a sabato.

delete *verb* (*to cross out*) depennare [1]; (*computing*) cancellare [1].

deliberate *adjective* intenzionale.

deliberately *adverb* apposta; **she didn't do it deliberately** non l'ha fatto apposta.

delicate *adjective* delicata/delicato.

delicatessen *noun* gastronomia F.

delicious *adjective* deliziosa/delizioso.

delighted *adjective* lietissima/lietissimo; **delighted to meet you!** lietissima di conoscerti!; **we're delighted with our new au pair** siamo molto contenti della nostra ragazza alla pari.

deliver *verb* consegnare [1]; **the mail is delivered very late on Mondays** il lunedì consegnano la posta molto tardi.

delivery *noun* (*mail*) consegna F; **special delivery** posta (F) espresso.

delusion *noun* delirio M, illusione F; **delusions of grandeur** manie (F *plural*) di grandezza.

ENGLISH–ITALIAN

de luxe *adjective* lussuosa/lussuoso.

demand *noun* richiesta F; **the law of supply and demand** la legge della domanda e dell'offerta.

demarcation line *noun* linea (F) di demarcazione.

demo *noun* (*protest*) manifestazione F.

democracy *noun* democrazia F.

democratic *adjective* democratica/democratico.

demolish *verb* demolire [12].

demonstrate *verb* **1** (*a machine, product or technique*) fare [19] la dimostrazione di; **2** (*protest*) manifestare [1]; **to demonstrate against a government** manifestare contro un governo.

demonstration *noun* **1** (*of a machine, product or technique*) dimostrazione F; **2** (*protest*) manifestazione F.

demonstrator *noun* manifestante F & M.

denim *noun* tela (F) per jeans.

dense *adjective* **1** (*thick*) **dense fog** nebbia fitta F; **2** (*unintelligent*) ottusa/ottuso.

dent *noun* ammaccatura F. *verb* ammaccare [3].

dental *adjective* dentale; **dental hygiene** igiene dentale F; **dental floss** filo interdentale M; **dental appointment** appuntamento con il/la dentista.

dentist *noun* dentista F & M.

deny *adjective* negare [4].

deodorant *noun* deodorante M.

depart *verb* partire [11]; **our flight departs at three p.m.** il nostro volo partirà alle 15.00.

department *noun* **1** (*in a university*) istituto M, dipartimento M; **2** (*in a store*) reparto M; **menswear department** reparto abbigliamento maschile.

department store *noun* grande magazzino M.

departure *noun* partenza F.

departure lounge *noun* sala (F) delle partenze.

depend *verb* dipendere [60]; **it depends on her mood** dipende dal suo umore; **it depends on your decision** dipende dalla tua decisione; **it depends** dipende.

deposit *noun* **1** (*when renting or hiring*) caparra F; **2** (*when buying something or booking a hotel room etc.*) anticipo M, acconto M.

depressed *adjective* depressa/depresso.

depressing *adjective* deprimente.

depression *noun* depressione F.

depth *noun* profondità F.

deputy *noun* vice F & M; **deputy principal** vicepreside F & M.

descend

descend *verb* scendere [60].

describe *verb* descrivere [67].

description *noun* descrizione F.

desert *noun* deserto M.

desert island *noun* isola deserta F.

deserve *verb* meritare [1].

design *noun* **1** progetto M; stile M; **I like the design of the new art gallery** mi piace lo stile della nuova pinacoteca; **have you seen the design for the new school?** hai visto il progetto della nuova scuola?; **2** (*pattern*) motivo M; **floral design** motivo floreale. *verb* progettare [1]; **who designed this building?** chi ha progettato questo palazzo?

designer *noun* designer F & M; (*fashion*) stilista F & M. *adjective* griffata/griffato; **designer clothes** abiti griffati M *plural*.

desire *noun* desiderio M. *verb* desiderare [1].

desk *noun* **1** (*in office or home*) scrivania F; **2** (*pupil's*) banco M; **3 information desk** sportello (M) informazioni, ufficio (M) informazioni.

despair *noun* disperazione F. *verb* disperare [1].

desperate *adjective* disperata/disperato; **a desperate measure** una misura disperata; **she was desperate to leave home** voleva assolutamente andar via di casa.

despise *verb* disprezzare [1].

dessert *noun* dolce M; **what would you like for dessert?** come dolce cosa preferisci?

destination *noun* destinazione F.

destiny *noun* destino M.

destitute *adjective* miserabile.

destroy *verb* distruggere [36].

destruction *noun* distruzione F.

detail *noun* dettaglio M, particolare M; **can you explain the details of the contract to us?** puoi spiegarci i dettagli del contratto?

detailed *adjective* dettagliata/dettagliato.

detective *noun* **1** (*police*) ispettore M, ispettrice F; **2 private detective** investigatore privato M, investigatrice privata F; **detective novel** romanzo poliziesco M, romanzo giallo.

detention *noun* detenzione F.

detergent *noun* detersivo M.

determined *adjective* risoluta/risoluto, decisa/deciso; **I am determined to finish my thesis** sono decisa a completare la tesi.

detour *noun* deviazione F.

develop *verb* sviluppare [1]; **1 did you get the film developed?** hai fatto sviluppare la pellicola?; **2** svilupparsi; **children develop fast** i bambini si sviluppano rapidamente.

developing country *noun* paese (M) in via di sviluppo.

development *noun* sviluppo M.

device *noun* aggeggio M.

devil *noun* diavolo M.

devoted *adjective* **1** (*to someone*) affezionata/affezionato; **2** (*to a cause*) dedita/dedito.

dew *noun* rugiada F.

diabetes *noun* diabete M.

diabetic *adjective* diabetica/diabetico; **Frank is a diabetic** Frank è diabetico.

diagnosis *noun* diagnosi F.

diagonal *adjective* diagonale.

diagram *noun* schema M, diagramma M.

dial *verb* fare [19] il numero; **try dialling the number again** prova a fare di nuovo il numero.

dialogue *noun* dialogo M.

dial tone *noun* segnale (M) di linea libera.

diamond *noun* **1** diamante M; **2** (*in cards*) quadri M *plural*; **queen of diamonds** regina di quadri.

diarrhoea *noun* diarrea F.

diary *noun* **1** agenda F; **have you written my address in your diary?** hai trascritto il mio indirizzo sull'agenda?; **2** diario intimo M; **to keep a diary** tenere [75] il diario.

dice *noun* dado M; **to throw the dice** tirare [1] i dadi; * **the die is cast** il dado è tratto.

dictation *noun* dettato M.

dictator *noun* dittatore M, dittatrice F.

dictionary *noun* vocabolario M, dizionario M; **bilingual dictionary** vocabolario bilingue; **pocket dictionary** vocabolario tascabile.

did *verb* SEE **do**.

die *verb* **1** morire [88]; **when did Patrick White die?** quando è morto Patrick White?; **2 I'm dying to see you!** non vedo l'ora di vederti.

diesel *noun* **1** (*fuel*) gasolio M; **2 a diesel engine** un motore diesel.

diet *noun* **1** regime M; **to observe a healthy diet** mantenere [75] un regime sano; **2** (*slimming or special*) dieta F; **to go on a diet** mettersi [45] a dieta.

difference *noun* differenza F; **what's the difference between ... and ... ?** che differenza c'è fra ... e ... ?; **does it make any difference?** che differenza fa?; **it makes no difference what you do** fa quello che vuoi, non cambia niente.

different *adjective* diversa/diverso; **Roberto is very different from his parents**

Roberto è molto diverso dai suoi genitori.

difficult *adjective* difficile; **that's a difficult passage** è un brano difficile; **I find it difficult to make up my mind** mi è difficile decidermi.

difficulty *noun* **1** difficoltà F; **2 I had difficulty concentrating** mi è riuscito difficile concentrarmi.

diffident *adjective* timida/timido.

dig *verb* scavare [1]; **to dig a hole in the ground** scavare un buco nel terreno.

digest *noun* compendio M.

digestion *noun* digestione F.

digit *noun* cifra F.

digital *adjective* numerica/numerico, digitale; **a digital recording** una registrazione digitale F; **digital watch** orologio digitale M.

dilute *verb* diluire [12], annacquare [1].

dim *adjective* **1 a dim light** una luce fioca; **2 he seems a little dim** sembra lento di comprendonio.

dimension *noun* dimensione F.

din *noun* fracasso M; **what an awful din!** che fracasso spaventoso!

dinghy *noun* canotto M.

dining car *noun* carrozza (F) ristorante.

dining room *noun* sala (F) da pranzo; **let's go to the dining room** andiamo in sala da pranzo.

dinner *noun* (*evening meal*) cena F; **who did you invite to dinner?** chi hai invitato a cena?; **dinner time** ora (F) di cena; (*school lunch*) refezione scolastica F.

dinner party *noun* cena (F) con invitati.

dinosaur *noun* dinosauro M.

dip *noun* (*a quick bath*) tuffo M, bagnetto M.
verb intingere [73].

diploma *noun* diploma M.

diplomacy *noun* diplomazia F.

diplomat *noun* diplomatica F, diplomatico M.

dippy *adjective* sciroccata/sciroccato.

direct *adjective* diretta/diretto.
verb (*traffic, a play*) dirigere [33].

direction *noun* **1** direzione F; **this is the wrong direction** è la direzione sbagliata; **2 to ask for directions** chiedere [24] la strada; **3 directions for use** istruzioni (F *plural*) per l'uso.

directly *adverb* **1** direttamente; **2 directly afterwards** subito dopo.

director *noun* **1** (*of a company*) consigliera (F)/consigliere (M) di amministrazione; (*sometimes*)

ENGLISH–ITALIAN

discuss

direttore M, direttrice F; **2** (*of a film or play*) regista F & M.

directory *noun* elenco M; **telephone directory** elenco telefonico.

dirt *noun* sporcizia F; * **to treat someone like dirt** trattare [1] qualcuna/qualcuno come un cane.

dirty *adjective* sporca/sporco; **did you know your face is dirty?** sai che hai il viso sporco?; **don't get your jacket dirty!** non sporcarti la giacca!; * **a dirty trick** un brutto scherzo.

disabled *adjective* disabile; **this parking spot is for disabled drivers** questa piazzola è per conducenti disabili.

disadvantage *noun* svantaggio M; **to be at a disadvantage** essere [16] svantaggiata/svantaggiato.

disagree *verb* non essere [16] d'accordo; **I disagree** non sono d'accordo.

disagreeable *adjective* spiacevole.

disagreement *noun* disaccordo M.

disappear *verb* sparire [12].

disappearance *noun* scomparsa F.

disappointed *adjective* delusa/deluso; **I'm disappointed in you** mi hai delusa.

disappointment *noun* delusione F.

disapprove *verb* disapprovare [1].

disaster *noun* disastro M; **what a disaster!** che disastro!

disastrous *adjective* disastrosa/disastroso.

disc *noun* **1 compact disc** compact M, CD M; **2 slipped disc** ernia (F) del disco, discopatia F.

discipline *noun* disciplina F.

discharge *verb* (*from a hospital*) dimettere [45].

discipline *noun* disciplina F.

disc jockey *noun* disc-jockey F & M, deejay F & M.

disco *noun* (*club*) discoteca F.

discount *noun* sconto M; **I always get a discount in that store** in quel negozio mi fanno sempre lo sconto.

discourage *verb* scoraggiare [6].

discover *verb* scoprire [86].

discovery *noun* scoperta F; **the discovery of America** la scoperta dell'America.

discreet *adjective* discreta/discreto; **Giovanni is very discreet** Giovanni è un tipo molto discreto.

discrimination *noun* discriminazione F; **racial discrimination** discriminazione razziale.

discuss *verb* discutere [34]; **have you discussed next year's**

curriculum yet? avete già discusso il programma dell'anno prossimo?; **there's no need to discuss this with the manager** non è necessario discuterne con la direttrice.

discussion *noun* discussione F, conversazione F; **Giorgia and I had a frank discussion on Wednesday** io e Giorgia ne abbiamo discusso apertamente mercoledì.

disease *noun* malattia F.

disgrace *noun* indecenza F.

disgraceful *adjective* scandalosa/scandaloso; **her behaviour was quite disgraceful** si è comportata in un modo davvero scandaloso.

disguise *noun* travestimento M. *verb* mascherare [1]; **he disguised his intentions** ha mascherato le proprie intenzioni.

disgust *noun* disgusto M.

disgusted *adjective* disgustata/disgustato.

disgusting *adjective* disgustosa/disgustoso.

dish *noun* piatto M; **1 who is going to do the dishes?** chi lava i piatti?; **2 my favourite dish is spaghetti bolognaise** gli spaghetti alla bolognese sono il mio piatto preferito.

dishcloth *noun* strofinaccio M, canovaccio M.

dishonest *adjective* disonesta/disonesto.

dishonesty *noun* disonestà F.

dishwasher *noun* **1** (*machine*) lavastoviglie F; **2** (*person*) lavapiatti F & M.

disinfect *verb* disinfettare [1].

disinfectant *noun* disinfettante M.

disk *noun* disco M; **hard disk** disco rigido.

diskette *noun* dischetto M.

dislike *noun* antipatia F; **likes and dislikes** odi e amori. *verb* **I dislike loud noises** odio i rumori forti; **I dislike self-important people** mi sono antipatiche le persone presuntuose.

dismay *noun* costernazione F.

dismiss *verb* (*an employee*) licenziare [2].

disobedient *adjective* disobbediente.

disorder *noun* disordine M.

disperse *verb* disperdere [52].

display *noun* **1** esposizione F; **display of firearms** esposizione di armi da fuoco; **to be on display** essere [16] in mostra; **2 display window** vetrina F. *verb* esporre [58].

disposable *adjective* **1** usa e getta (*never changes*), monouso (*never changes*); **disposable syringe** siringa (F) monouso; **2 disposable income** reddito netto M.

ENGLISH–ITALIAN · division

dispute *noun* disputa F.
verb disputare [1].

disqualify *verb* squalificare [3].

disrupt *verb* scompigliare [8]; **his arrival disrupted the meeting** il suo arrivo ha scompigliato la riunione.

dissolve *verb* sciogliere [76].

distance *noun* distanza F; **from a distance** da lontano; **in the distance** in lontananza; **the shop is within walking distance** al negozio si arriva a piedi.

distant *adjective* lontana/lontano; **a distant relative** un lontano parente/una lontana parente.

distil *verb* distillare [1].

distinct *adjective* netta/netto; **a distinct resemblance** una netta somiglianza.

distinctly *adverb* **it's distinctly colder** fa percepibilmente più freddo.

distinguish *verb* distinguere [35]; **1 how can I distinguish my true friends from the false ones?** come faccio a distinguere i veri amici dai falsi?; **2** (*to distinguish yourself*) distinguersi; **Anna really distinguished herself in the poetry reading competition** Anna si è davvero distinta nel concorso di recitazione.

distract *verb* **1** (*to divert attention*) distrarre [78]; **don't distract me please** per favore non distrarmi; **2** (*to upset*) turbare [1]; **she was clearly distracted by what she had seen** era visibilmente turbata da quello che aveva visto;

distress *noun* angoscia F.

distribute *verb* distribuire [12].

district *noun* **1** (*in a town*) quartiere M; **Sanfrediano is a district of Florence** Sanfrediano è un quartiere di Firenze; **2** (*in the country*) zona F.

disturb *verb* **1** disturbare [1]; **am I disturbing you?** disturbo?; **2** sconcertare [1]; **the news really disturbed us** la notizia ci ha davvero sconcertate.

ditch *noun* fossa F.
verb piantare [1]; **Susan has ditched Raymond** Susan ha piantato Raymond.

ditto *adverb* idem.

dive *noun* tuffo M.
verb tuffarsi [1]; **to dive into the water** tuffarsi in acqua; **diving board** trampolino M.

diver *noun* tuffatore M, tuffatrice F.

diversion *noun* (*traffic*) deviazione F.

divide *verb* dividere [32]; **let's divide the winnings equally** dividiamo la vincita in parti uguali.

divine *adjective* divina/divino.

diving *noun* (*as a sport*) fare [19] i tuffi.

division *noun* divisione F.

divorce noun divorzio M.
verb divorziare da [2]; **Heather has divorced her husband** Heather ha divorziato dal marito.

DIY noun fai da te M; **DIY handbook** manuale del fai da te.

dizzy adjective **I feel dizzy** mi gira la testa.

DJ SEE **disc jockey**.

do noun (a social gathering) festa F, trattenimento M.
verb **1** fare [19]; **what's she doing?** cosa sta facendo?; **have you done your work?** hai fatto il lavoro?; **what did you do with my watch?** cos'hai fatto del mio orologio?; **2** (in questions, do is not directly translatable in Italian – questions are formed using the main verb and often a change in intonation) **do you remember Helen's address?** ricordi l'indirizzo di Helen?; **why did she get off the bus?** perché è scesa dall'autobus?; **how did he avoid military service?** come ha evitato il servizio militare?; **3** (in negative sentences) **don't, doesn't, didn't** non; **we don't know him** non lo conosciamo; **why didn't you get in touch with us?** perché non ci hai contattati?; **it doesn't matter** non importa; **4** (when it refers back to another verb, do is translated in various ways.) **'do you remember Giacomo?' – 'yes, I do'** 'ti ricordi Giacomo?' – 'sì'; **he sings better than I do** canta meglio di me; **'Mary works in a shop' – 'so does her sister'** 'Mary lavora in un negozio' – 'anche sua sorella'; **'she didn't answer my letter' – 'neither did Marco'** 'non ha risposto alla mia lettera' – 'e neanche Marco'; **5** (tag questions) **you understand me, don't you?** mi capisci, no?; **they came too early, didn't they?** sono arrivate troppo presto, vero?; **you don't want to go, do you?** non vuoi andare, vero?; **6 that'll do** basta così.
- **to do something up 1** (shoes) allacciare [5]; **2** (cardigan, jacket) abbottonare [1]; **3** (building) sistemare [1].
- **to do without** non avere [15] bisogno di; **we can do without her help** non abbiamo bisogno del suo aiuto.

doctor noun dottoressa F, medico M; **I hate going to the doctor** non vado volentieri dal medico.

doctrine noun dottrina F.

document noun documento M.

documentary noun documentario M.

dodge verb scansare [1], evitare [1].

dodgems, dodgem cars plural noun autoscontri M plural.

dog noun cane M; * **a dog's life** vita (F) da cani, vitaccia F.

do-it-yourself noun SEE **DIY**.

dole noun sussidio (M) di disoccupazione; **to be on the dole** ricevere [9a] il sussidio di disoccupazione.

ENGLISH–ITALIAN

doll *noun* bambola F.

dollar *noun* dollaro M; **US dollar** dollaro americano.

dolphin *noun* delfino M.

domestic *adjective* domestica/domestico; **domestic flights** voli interni M *plural*.

dominate *verb* dominare [1].

domino *noun* domino M; * **domino effect** effetto domino.

donkey *noun* asina F, asino M; * **I had to wait donkey's years** ho dovuto aspettare un'eternità.

don't *verb* SEE **do**.

doom *noun* sventura F, destino avverso M.

doona *noun* (*Australian*) piumino M.

door *noun* 1 (*of a building*) porta F; **will you shut the door please?** chiudi la porta per favore; 2 (*of a road vehicle or train*) sportello M.

doorbell *noun* campanello M; **someone's rung the doorbell** hanno suonato il campanello.

doorstep *noun* scalino (M) d'ingresso.

dope *noun* (*slow-witted person*) fessacchiotta F, fessacchiotto M; citrulla F, citrullo M.

dormitory *noun* dormitorio M, camerata F.

dose *noun* dose F.

doubt

dot *noun* 1 (*written*) punto M; (*in electronic addresses*) **hotmail-dot-com** hotmail-punto-com; 2 **at nine on the dot** alle nove in punto.

double *adjective* 1 doppia/doppio; **a double whisky** un doppio whisky; **to lead a double life** vivere [82] una doppia vita; 2 **double room** camera matrimoniale; **double bed** letto matrimoniale.
adverb il doppio di; **double the amount** il doppio della somma.

double adaptor *noun* presa multipla F.

double bass *noun* contrabbasso M.

double-breasted *adjective* a doppio petto (*never changes*); **double-breasted jacket** giacca a doppio petto.

double-decker bus *noun* autobus (M) a due piani.

double-glazed window *noun* doppiovetro M (*plural* doppivetri).

doubles *noun* (*in tennis*) doppio M.

double-sided *adjective* (*photocopying*) fronte-retro.

doubt *noun* dubbio M; **I've no doubt he'll change his mind** non ho alcun dubbio che cambierà idea; **I have my doubts about that** ne dubito.
verb **to doubt something** dubitare [1] di qualcosa; **I doubt it** ne dubito; **I doubt she'll ever**

doubtful

invite us again non credo che ci inviterà mai più.

doubtful *adjective* non certa/non certo; **it's doubtful** non è certo; **to be doubtful about an outcome** avere [15] dubbi sui risultati di qualcosa.

dough *noun* pasta F.

doughnut *noun* ciambella F.

dove *noun* tortora F, colomba F.

down *adverb* **1** giù; **she is down in the basement** è giù nello scantinato; **2 to go down** scendere [60]; **can you come down to the lounge?** puoi venir giù in salotto?; **to walk down the street** camminare [1] giù per la strada; **to run down the stairs** correre [29] giù per le scale; **3 to sit down** sedersi [69]; **sit down in this chair** siediti su questa sedia.
preposition **down the road** (*nearby*) a due passi da qui.

downstairs *adverb* al piano inferiore, di sotto; **go downstairs and shut the door please** per cortesia, va di sotto e chiudi la porta; **we sleep downstairs** dormiamo al piano di sotto.

down under *adverb* (*informal*) agli antipodi.

doze *verb* sonnecchiare [2], appisolarsi [1]; **she keeps dozing off** continua ad appisolarsi.

dozen *noun* dozzina F; **a dozen rolls** una dozzina di panini.

ENGLISH–ITALIAN

draft *noun* (*of an essay or book*) brutta F, prima stesura F.

drag *noun* **what a drag!** (*informal*) che barba!; **in drag** (*cross-dressing*) travestito (M) da donna.
verb trascinare [1].

dragon *noun* drago M.

drain *noun* tubo (M) di scarico.
verb (*wet dishes etc.*) scolare [1].

drama *noun* **1** (*subject*) arte drammatica F; **2 no need to make such a drama of it** non occorre drammatizzare la cosa; **no drama!** non è il caso di preoccuparsi.

dramatic *adjective* drammatica/drammatico.

draught *noun* corrente (F) d'aria.

draughts *plural noun* dama F; **shall we have a game of draughts?** giochiamo a dama?

draw *noun* **1** (*in a match*) pareggio; **it's a draw!** pareggio!; **2** (*lottery*) estrazione F.
verb **1** disegnare [1]; **can you draw?** sai disegnare?; **to draw a picture** fare [19] un disegno; **2 to draw the curtains** tirare [1] le tende; **3 to draw a crowd** attirare [1] una folla; **4** (*in a match*) pareggiare [6]; **the two teams drew two all** le due squadre hanno pareggiato due a due; **5 to draw lots** tirare [1] a sorte.

drawback *noun* inconveniente M; **the only drawback was the**

ENGLISH–ITALIAN

price l'unico inconveniente era il prezzo.

drawer *noun* cassetto M.

drawing *noun* disegno M.

drawing pin *noun* puntina (F) da disegno.

dreadful *adjective*
1 (*frightening*) spaventosa/spaventoso; **2** (*poor quality*) **what a dreadful performance!** che pessimo spettacolo!

dreadfully *adverb*
tremendamente; **she was dreadfully tired** era stanchissima; **I am dreadfully sorry!** chiedo sinceramente scusa!

dream *noun* sogno M; **I had a pleasant dream last night** stanotte ho fatto un bel sogno.
verb sognare [1]; **I dreamt that I had won the lottery** ho sognato che avevo vinto al lotto.

dreary *adjective* monotona/monotono.

drenched *adjective* fradicia/fradicio; **after the rainstorm we were completely drenched** dopo l'acquazzone eravamo bagnati fradici.

dress *noun* vestito M.
verb **to dress a child** vestire [11] una bambina/un bambino.
• **to dress up** travestirsi [11]; **to dress up as a rock singer** travestirsi da cantante rock.

dressed *adjective* **1** vestita/vestito; **are you dressed yet?** sei già vestita?; **he was dressed in jeans and a T-shirt** portava i jeans e una magliatta; **2 get dressed!** vestiti!; **3 * dressed to kill** in ghingheri (*never changes*).

dressing gown *noun* vestaglia F.

dribble *verb* **1** (*to salivate*) sbavare [1]; **2** (*a football*) palleggiare [6].

drier *noun* **hair drier** asciugacapelli M; **clothes drier** asciugabiancheria M.

drift *noun* succo M.
verb andare [17] alla deriva.

drill *noun* trapano M.
verb trapanare [1].

drink *noun* bibita F, bevanda F; **hot drink** bevanda calda; **soft drink** bibita analcolica; **would you like a drink?** posso offrirti qualcosa da bere?; **let's go for a drink** andiamo a bere qualcosa.
verb bere [22]; **I drank a bit too much wine** ho bevuto un po' troppo vino; **to drink to someone/something** brindare [1] a qualcuna/qualcuno o qualcosa.

drip *noun* (*an ineffectual person*) impiastro M.
verb gocciolare [1]; **a tap is dripping** un rubinetto gocciola.

drive *noun* **1 to go for a drive** fare [19] un giro in macchina; **2** (*up to a house*) vialetto M.
verb **1** guidare [1]; **you drive too slowly** guidi troppo lentamente; **to drive a vehicle** guidare un

driver

veicolo; **do you know how to drive?** sai guidare?; 2 andare [17] in macchina; **shall we drive or walk?** andiamo in macchina o a piedi?; **why don't you drive to Turin instead of taking the train** perché non vai a Torino in macchina invece di prendere il treno?; 3 **to drive someone to a place**; portare [1] qualcuna/qualcuno (in macchina); **I'll drive her to the doctor** la porto io dal medico; **may I drive you home?** posso portarti a casa?; * **you're driving me up the wall!** mi stai facendo impazzire!; 4 **driving instructor** istruttore (M) di scuola guida, istruttrice (F) di scuola guida; **driving lesson** lezione (F) di guida; **driving licence** patente (F) di guida; **driving test** esame (M) di guida.

driver *noun* 1 (*of a bus or private vehicle*) conducente F & M; 2 (*of a taxi*) tassista F & M; 3 (*privately employed*) autista F & M.

droop *verb* afflosciarsi [7].

droopy *adjective* floscia/floscio.

drop *noun* goccia F.
verb 1 **to drop something** far [19] cadere qualcosa; **careful you don't drop the glasses** attenta a non far cadere i bicchieri; 2 **why did you drop maths?** perché ti sei ritirata dalla matematica?; **drop it!** lascia perdere!; 3 far scendere [60]; **could you drop me off just before the GPO please?** mi puoi far scendere proprio prima della posta centrale?
• **to drop out of** abbandonare [1]; **to drop out of university** abbandonare gli studi universitari.

drought *noun* siccità F.

drown *verb* annegare [4]; **someone drowned in the river last night** ieri sera è annegata una persona nel fiume.

drug *noun* 1 (*medicine*) medicina F; 2 (*narcotics*) droga F; **drug addict** tossicodipendente F & M; (*informal*) tossica F, tossico M; **drug trafficker** spacciatore M, spacciatrice F.

drum *noun* 1 tamburo M; 2 **drum kit** batteria F.

drummer *noun* batterista F & M.

drunk *noun* ubriacona F, ubriacone M.
adjective ubriaca/ubriaco.

dry *adjective* asciutta/asciutto.
verb asciugare [4]; **don't forget to dry your hair** non dimenticare di asciugarti i capelli; **who is going to dry the dishes?** chi asciuga i piatti?

drycleaners *noun* tintoria F.

dryer *noun* SEE **drier**.

dubbed *adjective* doppiata/doppiato; **a dubbed movie** un film doppiato.

duchess *noun* duchessa F.

duck *noun* anatra F.

due *adjective* **when is the next payment due?** qual è la data del prossimo versamento?; **in due course** a tempo debito; **Susanna is due back any time** Susanna dovrebbe essere qui tra poco.

duel *noun* duello M.

due to *adverb* a causa di; **we arrived late due to the fog** siamo arrivate in ritardo a causa della nebbia; **due to unforeseen circumstances** a causa di circostanze impreviste.

duke *noun* duca M.

dull *adjective* **1 dull weather** cielo grigio; **2** (*boring*) noiosa/noioso; **what a dull evening!** che serata noiosa!

dumb *adjective* **1** muta/muto; **2** (*stupid*) scema/scemo; sciocca/sciocco; **what a dumb question!** che domanda sciocca!

dummy *noun* (*for a baby*) ciuccio M.

dump *verb* **1** (*rubbish*) scaricare [3]; **2** (*a person*) (*informal*) piantare [1]; **I hear Patrick has dumped his fiancée** mi dicono che Patrick ha piantato la fidanzata.

dungeon *noun* prigione sotterranea F.

during *preposition* durante; **during the war** durante la guerra.

dusk *noun* crepuscolo M; **at dusk** al crepuscolo.

dust *noun* polvere F.
verb spolverare [1].

dustbin *noun* bidone (M) delle spazzature; **throw it in the dustbin!** gettalo nel bidone!

duster *noun* **1** (*for furniture*) straccio M; **2** (*for blackboards*) cancellino M.

dust jacket *noun* sopraccoperta F.

dusty *adjective* polverosa/polveroso.

duty *noun* **1** dovere M; **it's your duty to help the younger students** è tuo dovere aiutare gli studenti più giovani; **2 to be on duty** essere [16] di servizio; **to be on night duty** fare [19] il turno di notte; **she's off duty this weekend** questo fine settimana è libera.

duty-free *adjective* esente da dogana.

DVD *noun* DVD M; **DVD player** lettore (M) DVD; **DVD recorder** registratore (M) DVD.

dwarf *noun* nana F, nano M.

dwell *verb* abitare [1], risiedere [69b].

dye *noun* tinta F.
verb tingersi [73]; **why did you dye your hair green?** perché ti sei tinto i capelli di verde?

dynamic *adjective* dinamica/dinamico.

dynasty *noun* dinastia F.

dyslexia *noun* dislessia F.

E e

each *adjective* ogni; **each student** ogni studente. *pronoun* ciascuna/ciascuno, l'una/l'uno; **I'll give you one cake each** vi do una pasta ciascuna; **each of us** ciascuno di noi; **these cushions cost thirty dollars each** questi cuscini costano trenta dollari l'uno.

each one *pronoun* ciascuna/ciascuno; ognuna/ognuno.

each other *pronoun* (*usually translated using a reciprocal pronoun*) **they call each other every day** si telefonano ogni giorno; **why don't you write to each other?** perché non vi scrivete?; **we understand each other** ci capiamo.

eager *adjective* ansiosa/ansioso, impaziente.

eagle *noun* aquila F.

ear *noun* orecchia F, orecchio M; **to play music by ear** suonare [1] la musica a orecchio.

earache *noun* mal (M) d'orecchio.

earbash *verb* predicare [3], fare [19] prediche; **will you stop earbashing me** smettila di farmi tante prediche.

earlier *adverb* **1** (*a while ago*) poco fa, prima; **I saw her earlier** l'ho vista poco fa; **2** (*sooner*) prima; **why didn't you come earlier?** perché non sei venuta prima?; **3 I'd like to leave earlier than him** preferirei partire prima di lui.

early *adverb* **1** (*in the morning*) presto; **she always wakes up early** si sveglia sempre presto; **it's too early** è troppo presto; **2** (*for an appointment*) in anticipo; **we arrived early and there was no one there** siamo arrivate in anticipo e non c'era nessuno; **I prefer to start early** preferisco cominciare in anticipo. *adjective* **1** (*at the beginning*) prima/primo; **early childhood** prima infanzia; **in the early morning** di prima mattina; **catch the early bus** prendi la prima corriera; **2** (*otherwise translated by the adverb* presto) **I always have an early breakfast** faccio sempre colazione presto; **shall we have an early night?** andiamo a letto presto?; **in the early hours** la mattina presto.

earn *verb* guadagnare [1]; **how much do you earn?** quanto guadagni?

earnest *adjective* seria/serio.

earnings *plural noun* entrate F *plural*.

earring *noun* orecchino M.

earth *noun* terra F; **as far as we know, Earth is the only inhabited planet** per quanto ne sappiamo, la Terra è l'unico pianeta abitato; * **where on earth have you been?** ma dove mai sei stata?

earthquake *noun* terremoto M; **Irpinia was hit by a terrible earthquake** un disastroso terremoto ha colpito l'Irpinia.

easily *adverb* **1** (*without difficulty*) facilmente; **you can easily do it** puoi farlo facilmente; **2** (*by far*) di gran lunga; **she's easily the fastest sprinter** è di gran lunga la migliore velocista.

east *noun* est M; **to the east** verso est.
adjective orientale; **the east coast** la costa orientale.
adverb est; **east of Suez** ad est di Suez.

Easter *noun* Pasqua F; **this year Easter is late** quest'anno c'è la Pasqua bassa; **Happy Easter!** buona Pasqua!; **Easter egg** uovo (M) di Pasqua; **Easter Sunday** domenica (F) di Pasqua.

eastern *adjective* orientale.

easy *adjective* facile; **it's easy** è facile; **crossing the river was easy** la traversata del fiume è stata facile.

eat *verb* mangiare [6]; **have you eaten?** hai mangiato?; **I couldn't eat another thing** non riuscirei a mangiare un boccone; **to eat out** mangiare fuori.

eccentric *adjective* eccentrica/eccentrico.

echo *noun* eco F or M (M *plural* gli echi).
verb echeggiare [6].

eclipse *noun* eclissi F; **lunar eclipse** eclissi lunare; **solar eclipse** eclissi solare.

ecological *adjective* ecologica/ecologico.

ecology *noun* ecologia F.

economical *adjective* (*way of doing something*) economica/economico; **it's more economical to buy meat in bulk** è più economico comprare la carne all'ingrosso; * **he's economical with the truth** non dice tutta la verità.

economics *noun* economia F.

economy *noun* economia F.

eczema *noun* eczema M.

edge *noun* **1** orlo M; **the edge of a chair** l'orlo di una sedia; **at the edge of the lake** sull'orlo del lago; **2** * **to be on edge** essere [16] nervosa/nervoso.

edible *adjective* commestibile.

edit *verb* curare [1] la redazione (di qualcosa).

edition *noun* edizione F.

editor *noun* (*of a newspaper*) direttore M, direttrice F; (*of a book*) curatore M, curatrice F.

educate *verb* (*as a teacher*) istruire [12].

education *noun* istruzione F; (*in a university*) **faculty of**

educational

education facoltà (F) di scienze della formazione (*formerly* Magistero M).

educational *adjective* pedagogica/pedagogico; **educational policies** politica scolastica.

effect *noun* effetto M; **the effects of heavy drinking** gli effetti di una sbornia; **your letter had a good effect on us all** la tua lettera ha avuto un buon effetto su tutti noi; **special effects** effetti speciali.

effective *adjective* efficace.

efficient *adjective* efficiente; **she's a very efficient electrician** è un'elettricista molto efficiente.

effort *noun* sforzo M; **to make an effort** fare [19] uno sforzo, sforzarsi [1]; **you could make the effort to say thank you** potresti sforzarti di ringraziare.

e.g. *abbreviation* p. es.

egg *noun* uovo M (*plural* le uova F); **egg white** albume M; **egg yolk** tuorlo M; **fried egg** uovo all'occhio di bue; **soft-boiled egg** uovo alla coque; **hard-boiled egg** uovo sodo; **scrambled eggs** uova strapazzate; **poached eggs** uova in camicia; **free-range eggs** uova (F *plural*) di gallina ruspante; **egg beater** frusta F.

eggcup *noun* portauovo M.

eggplant *noun* melanzana F.

ENGLISH–ITALIAN

eggshell *noun* guscio (M) dell'uovo.

either *pronoun* **1** (*one or the other*) l'una o l'altra/l'uno o l'altro; **take either (of them)** prendi l'una o l'altra; **I don't want either (of them)** non voglio né l'uno né l'altro; **2** (*both*) tutte e due/tutti e due; **either is possible** sono possibili tutte e due.
conjunction **1 either ... or ...** (o) ... o ... , (o) ... oppure ... ; **either today or tomorrow** oggi o domani; **either you or me** o tu o io; **she either forgot or pretended to forget** o ha dimenticato oppure ha fatto finta di dimenticare; **2** (*with a negative*) non ... neanche; **I don't have it either** non ce l'ho neanch'io; **I've never met him either** non lo conosco neanch'io.

elastic *noun* elastico M.
adjective elastica/elastico.

elastic band *noun* elastico M.

elbow *noun* gomito M.

elder, eldest *adjective* maggiore; **my elder sister** la mia sorella maggiore.

elderly *adjective* anziana/anziano; **elderly people** le persone anziane.

elect *verb* eleggere [44]; **who has been elected?** chi è stato eletto?

election *noun* elezione F; **general election** elezioni politiche F *plural*; **local election** elezioni amministrative.

ENGLISH–ITALIAN   emotion

electric *adjective* elettrica/elettrico; **electric shaver** rasoio elettrico; **electric power** corrente elettrica.

electrical *adjective* elettrica/elettrico.

electrician *noun* elettricista F & M.

electricity *noun* **1** elettricità F; **2** (*domestic supply*) luce F; **to cut off the electricity** tagliare [8] la luce; **electricity bill** bolletta (F) della luce; **electricity pylon** traliccio M.

electronic *adjective* elettronica/elettronico.

electronics *noun* elettronica F.

elegant *adjective* elegante.

element *noun* elemento M.

elephant *noun* elefante M.

eliminate *verb* eliminare [1].

else *adverb* **1** altra/altro; **someone else** qualcun'altra/qualcun altro; **is there anyone else?** c'è nessun altro?; **nothing else** nient'altro; **2 something else** qualcos'altro; **did you say something else?** hai detto qualcos'altro?; **3 somewhere else** altrove; **4 or else** altrimenti; **come straight away or else we'll miss the train** vieni subito altrimenti perdiamo il treno; **give me back that money, or else ...** restituiscimi i soldi, altrimenti ...

elsewhere *adverb* altrove; **we'll have to meet elsewhere** dovremo incontrarci altrove.

e-mail *noun* **1** (*in general*) posta elettronica F; **2** (*each message*) e-mail F or M, mail M.

embankment *noun* scarpata F.

embarrassed *adjective* imbarazzata/imbarazzato; **she was visibly embarrassed** era visibilmente imbarazzata.

embarrassing *adjective* imbarazzante.

embassy *noun* ambasciata F; **the Italian Embassy in Canberra** l'Ambasciata d'Italia a Canberra; **the Australian Embassy in Rome** l'Ambasciata australiana a Roma.

embezzle *verb* sottrarre [78] (fondi).

embroider *verb* ricamare [1].

embroidery *noun* ricamo M.

embryonic *adjective* embrionale.

emerald *noun* smeraldo M.

emergency *noun* caso (M) di emergenza; **in an emergency dial 000** in caso di emergenza telefonare allo 000 (*Australia*), 999 (*UK*), 113 (*Italy*); **it's an emergency!** è una cosa urgente!; **emergency exit** uscita (F) di sicurezza; **emergency landing** atterraggio (M) di emergenza.

emigrant *noun* emigrante.

emigrate *verb* emigrare [1].

emotion *noun* emozione F.

emotional — ENGLISH–ITALIAN

emotional *adjective* **1** (*person*) **he became quite emotional** si è davvero commosso; **2** (*speech or occasion*) carica/carico di emozione.

emperor *noun* imperatore M.

emphasise *verb* sottolineare [1]; **I wish to emphasise the importance of hard work** vorrei sottolineare l'importanza del lavoro assiduo.

empire *noun* impero M; **the Roman Empire** l'Impero romano.

employ *verb* impiegare [4]; **my mum's company employs nearly a hundred workers** l'azienda di mia mamma impiega quasi cento operai.

employee *noun* impiegata F, impiegato M; dipendente F & M.

employer *noun* datore (M) di lavoro, datrice (F) di lavoro.

empress *noun* imperatrice F.

empty *adjective* **1** vuota/vuoto; **an empty drawer** un cassetto vuoto; **2** vana/vano; **an empty promise** una promessa vana. *verb* vuotare [1]; **empty the dirty water into the sink please** vuota l'acqua sporca nell'acquaio per cortesia.

enchanting *adjective* incantevole.

enclose *verb* allegare [4]; **please find enclosed my application for the position** allego la mia domanda di assunzione.

encore *noun* bis M; **to give an encore** concedere [26] un bis.

encourage *verb* incoraggiare [6]; **I'd encourage you to continue** ti incoraggerei a continuare.

encouragement *noun* incoraggiamento M.

encouraging *adjective* incoraggiante.

encyclopaedia *noun* enciclopedia F; * **a walking encyclopaedia** (*a very knowledgeable person*) un'enciclopedia ambulante.

end *noun* **1** (*last part*) fine F; **The End** Fine; **at the end of the month** alla fine del mese; **in the end I left** alla fine sono andata via; **the end of the world** la fine del mondo; **2** (*of a piece of string, stick etc.*) capo M; **catch the other end** prendi l'altro capo; **3** (*of a table or counter*) estremità F; **4** (*of a football field or tennis court*) metà campo M; **5 go to the end of the street** va in fondo alla strada. *verb* **1** (*to put an end to*) concludere [25]; **they've ended the debate** hanno concluso il dibattito; **2** (*to come to an end*) finire [12]; **the war has ended** la guerra è finita; **how did the party end?** com'è finita la festa?
- **to end up 1 to end up doing** finire [12] per (*followed by an infinitive verb*); **I ended up walking all the way home** ho finito per andare a casa a piedi; **2** andare [17] a finire;

I ended up in a ditch sono andata a finire in un fossato.

ending *noun* fine F; **a happy ending** un lieto fine M.

endless *adjective* interminabile.

endorse *verb* avallare [1], confermare [1].

enemy *noun* nemica F, nemico M; **Jim is my worst enemy** Jim è il mio peggior nemico; **to make enemies** farsi [19] dei nemici.

energetic *adjective* energica/energico.

energy *noun* energia F.

engaged *adjective* **1** (*to be married*) fidanzata/fidanzato; **we're formally engaged** siamo fidanzati ufficialmente; **to get engaged** fidanzarsi [1]; **2** (*a telephone line*) occupata/occupato; **the line is engaged, try again later** la linea è occupata, riprova più tardi.

engagement *noun* (*to marry*) fidanzamento M; **engagement ring** anello (M) di fidanzamento.

engine *noun* **1** (*in a vehicle*) motore M; **2** (*pulling a train*) locomotiva F.

engineer *noun* (*graduate in engineering*) ingegnera F, ingegnere M.

engineering *noun* ingegneria F.

enhance *verb* incrementare [1].

enjoy *verb* **1** (*normally translated with* piacere [54]) **we enjoyed the movie** il film ci è piaciuto; **did you enjoy War and Peace?** ti è piaciuto *Guerra e pace*?; **Carla enjoys mountaineering** a Carla piace l'alpinismo; **2 to enjoy yourself** divertirsi [11]; **hope you enjoy yourself** spero che ti divertirai; **did you enjoy yourselves?** vi siete divertite?; **enjoy yourself!/enjoy yourselves!** buon divertimento!

enjoyable *adjective* piacevole; **an enjoyable evening** una piacevole serata.

enlarge *verb* (*a photo or photocopy*) ingrandire [12].

enlargement *noun* ingrandimento M.

enormous *adjective* enorme.

enough *adjective* **1** (*sufficient*) abbastanza; **we don't have enough butter** non abbiamo abbastanza burro; **I think we've had enough visitors** abbiamo avuto abbastanza ospiti; **2** (*too much*) **enough nonsense!** basta con le scemenze!
adverb abbastanza; **long enough** abbastanza lunga/lungo; **well enough** abbastanza bene; **is there enough for all of us?** ce n'è abbastanza per tutte noi?; **that's enough!** basta così!

enquire *verb* chiedere [24] informazioni.

enquiry *noun* richiesta (F) d'informazioni.

enrol

enrol *verb* iscriversi [67]; **I'd like to enrol in Law** vorrei iscrivermi a Legge.

enter *verb* **1** (*to go inside*) entrare in [1]; **they entered the room first** sono entrate nella sala per prime; **2** (*an exam or competition*) iscriversi a [67].

entertain *verb* **1** (*to keep amused*) divertire [11]; **how can I entertain these children?** come faccio a divertire questi bambini?; **2** (*to keep people busy*) intrattenere [75]; **we have to entertain our visitors** dobbiamo intrattenere i nostri ospiti; **3 do you entertain much?** ricevete spesso?

entertaining *adjective* divertente.

entertainment *noun* (*fun*) divertimento M; **we had to make our own entertainment** abbiamo dovuto divertirci da sole.

enthusiasm *noun* entusiasmo M.

enthusiast *noun* patita F, patito M; **Susie is a hang-gliding enthusiast** Susie è una patita del deltaplano.

enthusiastic *adjective* entusiasta.

entire intera/intero; **the entire school** la scuola intera.

entirely *adverb* completamente.

entrance *noun* ingresso M, porta (F) d'ingresso; **entrance gate** portone (M) d'ingresso.

ENGLISH–ITALIAN

entry *noun* (*way in*) entrata F, ingresso M; **no entry** vietato l'ingresso.

envelope *noun* busta F.

environment *noun* ambiente M; **Department of the Environment** Ministero dell'Ambiente.

environmental *adjective* ecologica/ecologico; ambientale.

envy *noun* invidia F.

epic *noun* poema epico M.

epidemic *noun* epidemia F.

epilepsy *noun* epilessia F.

epileptic *noun* epilettica F, epilettico M.

episode *noun* episodio M; (*on television*) puntata F.

equal *adjective* uguale; **on equal terms** in rapporti di uguaglianza.

equally *adverb* **1** ugualmente; **2** (*when sharing something*) in parti uguali; **we divided the profits equally** abbiamo diviso i profitti in parti uguali.

equality *noun* uguaglianza F.

equation *noun* equazione F.

equator *noun* equatore M.

equinox *noun* equinozio M.

equip *verb* attrezzare [1]; **our laboratory is well equipped** il nostro laboratorio è ben attrezzato.

ENGLISH–ITALIAN

equipment *noun* attrezzatura F; **the equipment in our gym is outdated** l'attrezzatura della nostra palestra è sorpassata.

equivalent *adjective* equivalente.
noun equivalente M; **to be the equivalent of** equivalere a [79]; **the calories in this cake are the equivalent of three meals** le calorie di questo dolce equivalgono a tre pasti.

error *noun* errore M; **typing error** errore di dattilografia; **error of judgment** errore di valutazione.

escalator *noun* scala mobile F.

escape *noun* (*from prison*) evasione F.
verb **1** (*a person*) evadere [53]; **2** (*an animal*) scappare [1].

escort *noun* scorta F; **police escort** scorta della polizia.

especially *adverb* **1** (*above all*) soprattutto; **there are always lots of mosquitoes, especially at this time of year** c'è sempre un sacco di zanzare, soprattutto in questa stagione; **2** (*unusually*) specialmente; **3 not especially** mica tanto; **'are you thirsty?' – 'not especially'** 'hai sete?' – 'mica tanto'.

essay *noun* tema M; **write an essay on racism** scrivete un tema sul razzismo.

essential *adjective* essenziale; **it's essential to pay your debts** è essenziale pagare i debiti.

establish *verb* istituire [12], fondare [1].

establishment *noun* **1** (*a shop or bar*) esercizio M; **2** (*those in power*) establishment M.

estate *noun* (*a housing estate*) quartiere M.

estate agent *noun* agente immobiliare F & M; **estate agent's (office)** agenzia immobiliare F.

estimate *noun* **1** (*a quote for work*) preventivo M; **2** (*a rough guess*) stima F.
verb valutare [1].

etc. ecc.

etching *noun* acquaforte F.

ethnic *adjective* etnica/etnico; **ethnic minority** minoranza etnica.

etiquette *noun* galateo M, etichetta F.

euro *noun* euro M (*never changes*); **a fifty-euro note** un biglietto da cinquanta euro.

euthanasia *noun* eutanasia F.

eve *noun* **Christmas Eve** vigilia (F) di Natale; **New Year's Eve** l'ultimo dell'anno.

even *adjective* **1** (*a surface or layer*) piana/piano; **2** (*a number*) pari; **eight is an even number** otto è un numero pari; **3** (*with*

evening

the same score) alla pari (*never changes*); **Rosanna and Claudia are even** Rosanna e Claudia sono alla pari.

adverb **1** perfino; **even Riccardo has done his homework!** perfino Riccardo ha fatto i compiti!; **2** (*in negative sentences*) nemmeno; **without even checking** senza nemmeno controllare; **she didn't even ring the bell** non ha nemmeno suonato il campanello; **3 even if** anche se; **even if I were rich I'd still work** anche se fossi ricca continuerei a lavorare; **4 even longer** ancora più longa/lungo; **even slower** ancora più lenta lento; **5 even more than** ancora più che; **6 even so** ciononostante; **even so, she's still quite healthy** ciononostante, è ancora in buona salute.

evening *noun* **1** sera F; **this evening** stasera; **tomorrow evening** domani sera; **the evening before** la sera prima; **do you usually go out in the evening?** esci sempre la sera?; **the evening meal** il pasto della sera; **2** (*as a period of time spent doing something*) serata F; **it was an enjoyable evening** è stata una serata piacevole; **an evening at the theatre** una serata al teatro.

evening course *noun* corso serale M.

event *noun* **1** (*a happening*) avvenimento M, evento M; **2** (*in athletics*) prova F, gara F; **track events** gare di velocità; **3 in any event** in tutti i casi; in ogni caso.

eventful *adjective* (*day or outing*) movimentata/movimentato.

eventually *adverb* finalmente.

ever *adverb* **1** (*at any time*) mai; **have you ever visited Venice?** hai mai visto Venezia?; **no one ever visits me** nessuno mi fa mai visita; **I'm more determined than ever** sono più decisa che mai; **happier than ever before** più felice che mai; **hardly ever** quasi mai; **2** (*always*) sempre; **as slow as ever** lenta come sempre; **the same as ever** sempre il solito; **3 ever since** da allora; **Giorgio has been complaining ever since** da allora Giorgio non fa che lamentarsi.

evergreen *noun* sempreverde M.

every *adjective* **1** ogni; **every night** ogni sera; **every five metres** ogni cinque metri; **every time** ogni volta; **2 every now and then** ogni tanto; **3 every Friday** il venerdì.

everybody, everyone *pronoun* tutte F, tutti M *and generic*; **everybody is aware of the danger** tutti sono consapevoli del pericolo; **everyone else** tutti gli altri.

everything *pronoun* tutto; **everything has been prepared** tutto è stato preparato; **everything is OK** tutto è a posto; **everything else** tutto il resto;

everything you do tutto quello che fai.

everywhere *adverb* dappertutto; **there are wasps everywhere today** oggi ci sono vespe dappertutto; **everywhere you go** dovunque vai; **everywhere else** dovunque, altrove.

evidence *noun* prove (F *plural*), evidenza F.

evidently *adverb* evidentemente.

evil *noun* male M.
adjective malvagia/malvagio.

evolution *noun* evoluzione F.

exact *adjective* esatta/esatto; **the exact figure** la cifra esatta; **it's the exact opposite** è esattamente il contrario.

exactly *adverb* **1** esattamente, proprio; **we're exactly the same height** abbiamo esattamente la stessa altezza; **yes, exactly** esattamente così; **2 no, not exactly** no, non proprio.

exaggerate *verb* esagerare [1].

exaggeration *noun* esagerazione F.

exam, examination *noun* esame M; **a French exam** un esame di francese; **to sit an exam** fare [19] un esame; **to pass an exam** superare [1] un esame; **to fail an exam** essere [16] bocciata/bocciato a un esame.

examine *verb* esaminare [1].

example *noun* esempio M; **for example** per esempio; **to set a bad example** dare [18] il cattivo esempio.

excellent *adjective* eccellente.

except *preposition* tranne; **any day except Tuesday** in qualsiasi giorno tranne martedì.

exception *noun* eccezione F; **without exception** senza eccezione; **with the exception of** ad eccezione di.

exchange *noun* **1** cambio M; **in exchange for** in cambio di; **2** scambio M; **exchange program** programma di scambio.
verb scambiare [2]; **could you exchange this lipstick for a darker one?** mi può (*formal*) scambiare questo rossetto per uno più scuro?

exchange rate *noun* tasso (M) di cambio.

excite *verb* eccitare [1].

excited *adjective* **1** eccitata/eccitato; **why are you so excited?** perché sei così eccitata?; **2 to get excited** eccitarsi [1]; **Pauline always gets excited when her dad comes home** Pauline si eccita sempre quando torna a casa il papà.

exciting *adjective* emozionante; **an exciting play** un dramma emozionante.

exclamation mark *noun* punto esclamativo M.

exclude

exclude *verb* escludere [25].

excursion *noun* gita F.

excuse *noun* scusa F; **what's her excuse today?** che scusa ha oggi?; **what a feeble excuse!** che scusa debole!
verb (*apologising*) scusarsi [1]; **please excuse me for not attending** mi scuso di non poter partecipare; **may I be excused?** posso assentarmi?; (*when passing in front of a person*) **excuse me please** permesso.

execute *verb* **1** (*carry out*) eseguire [11]; **2** (*kill*) giustiziare [2].

executive *noun* dirigente F & M; funzionaria F, funzionario M.

exercise *noun* **1** (*in school*) esercizio M; **a written exercise** un esercizio scritto; **2** (*physical movement*) moto M; **you must get more exercise** devi fare più moto.

exercise bike *noun* bicicletta (F) da camera, Cyclette F.

exercise book *noun* quaderno M; **my Italian exercise book** il mio quaderno di italiano.

exhausted *adjective* esausta/esausto.

exhaust fumes *plural noun* fumo (M) di scarico.

exhaust pipe *noun* tubo (M) di scappamento.

exhibition *noun* esposizione F; **an Impressionist exhibition** un esposizione di impressionisti.

ENGLISH–ITALIAN

exile *noun* **1** (*situation*) esilio M; **2** (*person in exile*) esule F & M.

exist *verb* esistere [10].

exit *noun* uscita F.

exotic *adjective* esotica/esotico.

expand *verb* espandere [70 *with past participle* espansa/espanso], fare espandere.

expect *verb* **1** (*guests or a baby*) aspettare [1] **I'm expecting six visitors** sto aspettando sei ospiti; **my sister is expecting twins** mia sorella aspetta due gemelle; **2** (*something to happen*) aspettarsi; **I didn't expect that at all** non me l'aspettavo affatto; **3** (*supposition*) supporre [58]; **I expect you'll want to talk to her** suppongo che vorrai parlare con lei; **I expect she'll resign** suppongo che darà le dimissioni; **I expect so** suppongo di sì.

expedition *noun* spedizione F.

expel *verb* espellere [38]; **Chris was expelled from his school** Chris è stato espulso dalla scuola.

expenses *plural noun* spese F *plural*; **are you going to claim expenses?** chiedi il rimborso delle spese?

expensive *adjective* cara/caro; **what an expensive dress** che vestito caro!; **the most expensive restaurant in town** il ristorante più caro della città.

experience *noun* esperienza F.

experienced *adjective* esperta/esperto.

ENGLISH–ITALIAN — extraordinary

experiment *noun* esperimento M; **to do an experiment** fare [19] un esperimento.

expert *noun* esperta F, esperto M; **I'm no expert** non sono un'esperta; **she's an expert on koalas** è un'esperta di koala.

expire *verb* (*to be past the use-by date*) scadere [23].

expiry date *noun* scadenza F.

explain *verb* spiegare [4]; illustrare [1]; **our teacher, Mr Rossi isn't very good at explaining things** il professor Rossi non sa spiegare bene.

explanation *noun* spiegazione F.

explode *verb* scoppiare [2]; **a bomb exploded in the shopping centre** è scoppiata una bomba nel centro commerciale.

explore *verb* esplorare [1].

explosion *noun* esplosione F.

exposure *noun* (*of a film*) posa F; **a thirty-six exposure colour film** pellicola a colori da trentasei pose.

express *noun* (*a train or mail delivery*) espresso M; **the 15.45 express** l'espresso delle 15.45; **did you receive my express letter?** hai ricevuto il mio espresso?

expression *noun* espressione F.

extend *verb* (*a building*) ampliare [2].

extension *noun* **1** (*to a building*) aggiunta F; **2** (*telephone*) numero interno M; **can you put me through to extension 2495 please?** mi dà (*formal*) l'interno 2495 (*read* ventiquattro-novantacinque) per cortesia?; **3** (*electrical*) prolunga; **4** (*for an essay etc.*) proroga F; **ask your teacher for an extension** chiedi alla professoressa una proroga per la consegna.

extension lead *noun* prolunga F.

exterior *noun* esterno M; **I don't like the exterior of this building** non mi va l'esterno di questo edificio.

external *adjective* esterna/esterno.

extinct *adjective* estinta/estinto.

extinguish *verb* spegnere [72]; **has the fire been extinguished?** hanno spento l'incendio?

extinguisher *noun* (*for fires*) estintore M.

extra *noun* (*in the movies or theatre*) comparsa F. *adjective* **1** in più; **our teacher gave us extra homework** la professoressa ci ha dato compiti per casa in più; **service is extra** il servizio è in più; **2 at no extra charge** tutto compreso. *adverb* **extra large** extra grande.

extraordinary *adjective* straordinaria/straordinario.

extra time

extra time *noun* (*in sports*) zona (F) recupero; tempi supplementari M *plural*.

extravagant *adjective* prodiga/prodigo.

extreme *noun* estremo M; **to go from one extreme to another** andare [17] da un estremo all'altro.
adjective estrema/estremo.

extremely *adverb* estremamente; (*NB: Italian often uses -issima/-issimo at the end of adjectives to express* extremely) **extremely boring** noiosissima/noiosissimo; **extremely useful** utilissima/utilissimo.

eye *noun* 1 (*part of the body*) occhio M; **Massimo has brown eyes** Massimo ha gli occhi scuri; **open your eyes!** apri gli occhi!; **close your right eye** chiudi l'occhio destro; ≠ **to keep an eye on someone** tenere [75] d'occhio qualcuna/qualcuno; 2 (*of a needle*) cruna F.

eyebrow *noun* sopracciglio M (F *plural* sopracciglia).

eyelash *noun* ciglio M (F *plural* ciglia).

eyelid *noun* palpebra F.

eye make-up *noun* trucco (M) per gli occhi.

eyesight *noun* 1 vista F; **I'm going to have my eyesight checked** mi faccio fare il controllo della vista; 2 **Marion has poor eyesight** Marion non ci vede bene.

F f

fable *noun* favola F.

fabric *noun* tessuto M.

fabulous *adjective* 1 sensazionale; **that was a fabulous performance** è stata una prestazione sensazionale; 2 **we had a fabulous time** ci siamo divertite da matte.

face *noun* 1 (*of a person*) viso M, faccia F; **you've got a dirty face** hai il viso sporco; 2 **why are you pulling all those faces?** perché fai tante smorfie?; 3 (*of an animal*) muso M; 4 (*of a clock or watch*) quadrante M.
verb 1 (*a person*) far [19] fronte a; **she had to face the boss** ha dovuto far fronte alla capa; 2 **our school faces a lake** la nostra scuola è di fronte a un lago; 3 (*to stand the idea of*) **I can't face the start of term** non mi sento di ricominciare la scuola; **she can't face the meeting with Paolo** le manca il coraggio di incontrarsi con Paolo.

facelift *noun* lifting M.

facilities *plural noun* 1 servizi M *plural*; **the camping site has inadequate facilities** i servizi del campeggio sono insufficienti;

2 sports facilities attrezzature sportive.

fact *noun* fatto M; **the fact is that …** il fatto è che … ; **is that a fact?** dici davvero?

factor *noun* fattore M.

factory *noun* stabilimento M, fabbrica F.

faculty *noun* facoltà F.

fade *verb* (*fabric*) sbiadire [12]; **the colours have faded** i colori sono sbiaditi.

fail *verb* **1** essere [16] bocciata/bocciato (*in a test*); **I failed maths** sono stata bocciata in matematica; **half the class failed** metà della classe è stata bocciata; **2 to fail to do** mancare a [3]; **he failed to turn up** è mancato all'appuntamento; *without fail senza fallo; **I'll pick you up without fail** verrò a prenderti senza fallo.

failure *noun* **1** fallimento M; **the festival was a failure** il festival è stato un fallimento; **2 power failure** interruzione (F) di corrente.

faint *adjective* **1** (*slight*) leggera/leggero; **a faint smell of onion** un leggero odore di cipolla; **2** (*sound or a physical state*) debole; **to feel faint** sentirsi [11] debole; **3 I haven't the faintest idea** non ne ho la minima idea. *verb* svenire [92]; **Gino has fainted** Gino è svenuto.

fair *noun* fiera F; **the Milan Fair** la Fiera di Milano.
adjective **1** (*just*) giusta/giusto; **it's not fair!** non è giusto!; (*in games and sports*) non vale!; **2** (*hair*) bionda/biondo; **Jacqueline has fair hair** Jacqueline è bionda; **3** (*complexion*) chiara/chiaro; **4** (*quite good*) discreta/discreto; **your essay is fair** il tuo tema è discreto; **they have a fair chance of success** hanno una discreta probabilità di riuscire; **5** (*weather*) **we can expect fair weather tomorrow** domani si prevede bel tempo.

fairground *noun* luna park M.

fairly *adverb* abbastanza, discretamente; **your guess is fairly accurate** la tua ipotesi è abbastanza corretta; **I feel fairly well today** oggi mi sento discretamente (bene).

fairy *noun* fata F.

fairy tale *noun* favola F.

faith *noun* **1** (*trust*) fiducia F; **I never had any faith in that guy** non ho mai avuto fiducia in quell'individuo; **2** (*religious belief*) fede F.

faithful *adjective* fedele.

faithfully *adverb* **1** (*in a faithful way*) fedelmente; **2 yours faithfully** (*in letters etc.*) distinti saluti.

fake *noun* falso M; **that painting's a fake** quel dipinto è un falso.
adjective (*e.g. a watch*) taroccata/taroccato.

fall

fall *noun* caduta F; **to have a fall** cadere [23].
verb **1** cadere [23]; **he fell and broke his leg** è caduto e si è rotto la gamba; **I fell off my scooter** sono caduta dal monopattino; **your hat has fallen on the floor** il tuo cappello è caduto per terra; **2** (*temperature, prices*) scendere [60]; **it fell to three degrees during the night** durante la notte la temperatura è scesa a tre gradi.

fallout *noun* ricaduta F, fallout M.

false *adjective* falsa/falso; **false alarm** falso allarme.

false teeth *plural noun* dentiera F, denti finti M *plural*.

fame *noun* fama F.

familiar *adjective* **1** nota/noto, conosciuta/conosciuto; **a familiar face** una faccia nota; **2 that name sounds familiar** quel nome non mi riesce nuovo.

family *noun* famiglia F; **a large family** una famiglia numerosa; **the Riccardi family** la famiglia Riccardi; **blended family** famigliastra F.

famine *noun* carestia F.

famous *adjective* celebre; **a famous film star** un celebre attore/una celebre attrice.

fan *noun* **1** fan F & M (*informal*) **my brother is a Rolling Stones fan** mio fratello è un fan dei Rolling Stones; **2** (*of a sports team*) tifosa F, tifoso M; **my sister is a Cagliari fan** mia sorella è tifosa del Cagliari (*also* fa il tifo per il Cagliari); **3** (*electric, for cooling*) ventilatore M; **4** (*folding*) ventaglio M.

fanatic *noun* fanatica F, fanatico M.

fancy *noun* **that earring took his fancy** quell'orecchino gli è piaciuto tanto.
adjective elaborata/elaborato.
verb **1** (*to want*) piacere [54]; **do you fancy a day at the beach?** ti piacerebbe una giornata alla spiaggia?; **2 I fancy that guy** mi piace quel giovanotto; **3 fancy that!** ma guarda!; **fancy Sarah turning up on time!** incredibile! Sarah che arriva puntuale!

fancy dress *noun* **fancy dress party** festa in costume.

fantastic *adjective* fantastica/fantastico; **what a fantastic cake!** che dolce fantastico!

far *adverb* **1 it's not far from here** non è lontano da qui; **how far is it from Venice to Trieste?** quanto dista Venezia da Trieste?; **she drove me as far as the border** mi ha portata in macchina fino al confine; **2 by far** di gran lunga; **she's by far the best in her class** è di gran lunga la più brava della classe; **3** (*much*) **far worse** molto peggio; **far slower** molto più lenta/molto più lento; **far too much wine** troppo vino; **4 so far** fin qui; **so far so good** fin qui tutto bene; **as far as I know** per quanto ne so.

farce *noun* farsa F.

fare *noun* (*on public transport*) prezzo (M) del biglietto, tariffa; **all railway fares have gone up this winter** tutte le tariffe ferroviarie sono aumentate questo inverno; **what's the fare from Bari to Brindisi?** quanto costa il biglietto da Bari a Brindisi?; **a return fare** un biglietto di andata e ritorno; **concession fare** biglietto a riduzione.

farewell (*greeting*) addio.

farm *noun* fattoria F.

farmer *noun* agricoltore M, agricoltrice F.

farmhouse *noun* casa colonica F.

farming *noun* agricoltura F.

fascinating *adjective* affascinante.

fascism *noun* fascismo M.

fascist *noun, adjective* fascista F & M.

fashion *noun* moda F; **the latest fashion** l'ultima moda; **out of fashion** fuori moda; **fashion model** modella F, modello M; **fashion show** sfilata (F) di moda.

fashionable *adjective* alla moda (*never changes*); **a fashionable pair of shoes** un paio di scarpe alla moda; **a fashionable part of town** un quartiere elegante.

fast *adjective* 1 veloce, rapido; **a fast aircraft** un aereo veloce; 2 **your watch is fast** il tuo orologio va avanti.
adverb 1 velocemente; **she's running fast** corre velocemente; 2 **to be fast asleep** dormire [11] della grossa.

fast forward *noun* avanzamento rapido M.
verb far [19] avanzare.

fat *noun* 1 (*butter, cream, etc.*) sostanze grasse F *plural*; 2 (*on meat or the human body*) grasso M.

fatal *adjective* mortale; **a fatal illness** una malattia mortale.

fate *noun* fato M, destino M.

father *noun* padre M; **this is my father's car** ecco la macchina di mio padre; **Father's Day** la Festa del Papà.

Father Christmas *noun* Babbo Natale M.

father-in-law *noun* suocero M.

fault *noun* 1 (*when a person is responsible*) colpa F; **whose fault is it?** di chi è la colpa?; **it's all my fault** è tutta colpa mia; 2 (*a defect*) difetto M; **she has many faults** ha molti difetti; 3 (*in tennis*) fallo M.

fauna *noun* fauna F.

favour *noun* 1 (*a good turn*) favore M; **I've got to ask you a favour** devo chiederti un favore;

favourite

I've done him several favours gli ho fatto molti favori; **2 to be in favour of something** essere [16] a favore di qualcosa.

favourite *adjective* preferita/preferito; **my favourite actor is ...** il mio attore preferito è ... /la mia attrice preferita è ...

fax *noun* fax M.
verb faxare [1].

fear *noun* paura F; **have no fear!** non aver paura!
verb temere [9b]; **to fear the worst** temere il peggio.

feast *noun* festa F.

feather *noun* piuma F.

feature *noun* **1** (*of your face*) lineamento M; **to have delicate features** avere [15] i lineamenti delicati; **2** (*of a car or similar*) caratteristica F; **this car has some interesting features** questa auto ha delle caratteristiche interessanti.

February *noun* febbraio M.

federal *adjective* federale; **federal government** governo federale.

federation *noun* federazione F.

fed up *adjective* stufa/sono stufo; **I'm fed up with her whingeing** sono stufa delle sue lagne.

fee *noun* **1** (*payment*) onorario M; **2 fees** *plural noun* tassa, quota; **university fees** tasse universitarie.

feed *verb* **1** (*in general*) nutrire [11]; **2** (*with children and animals*) dare [18] da mangiare; **feed the cat will you?** su, dà da mangiare al gatto.

feedback *noun* valutazione F, reazione F.

feel *verb* **1** sentirsi [11]; **she felt sick** si è sentita male; **I don't feel too well** non mi sento molto bene; **2** sentire; **do you feel any pain?** senti dolore?; **3** provare [1]; **to feel afraid** provare paura; **to feel hot** provare caldo; **4 to feel like doing** avere [15] voglia; **I feel like going for a swim** ho voglia di fare una nuotata; **5** (*touch*) toccare [3].

feeling *noun* **1** (*in your heart*) sentimento M; **my feelings are unchanged** i miei sentimenti sono immutati; **to hurt someone's feelings** ferire [12] i sentimenti di qualcuna/qualcuno; **2** (*in your mind or body*) senso M; **a feeling of revulsion** un senso di disgusto; **a feeling of satisfaction** un senso di soddisfazione; **3** (*an impression or intuition*) impressione F; **I've got a feeling that this experiment isn't going to work** ho l'impressione che questo esperimento non funzionerà.

fellow *noun* **1** tizio M; **2 a fellow student** compagna F, compagno M.

felt-tip pen *noun* pennarello M.

ENGLISH–ITALIAN

female *noun* (*animal*) femmina F.
adjective femmina F; **a female tiger** una tigre femmina.

feminine *adjective* (*grammar*) femminile; **a feminine noun** un sostantivo femminile.

feminist *noun, adjective* femminista F & M.

fence *noun* (*round a field or garden*) recinto M, steccato M.

fern *noun* felce F.

ferry *noun* traghetto M.

fertile *adjective* fertile.

fertiliser *noun* concime M.

festival *noun* festival M.

fetch *verb* andare [17] a prendere; portare [1]; **could you fetch my briefcase from the car please?** vai a prendere la mia borsa dalla macchina per cortesia?; **fetch me my slippers please** portami le pantofole, per cortesia.

fetish *noun* feticcio M.

fetus SEE foetus.

fever *noun* febbre F.

few *adjective* **1** poche/pochi; **we have very few eggs left** ci restano pochissime uova; **2 a few** alcune/alcuni, qualche (*followed by a singular noun*) **a few months ago** alcuni mesi fa; **there are a few teachers in the staff room** c'è qualche insegnante nella sala dei professori; **3 quite a few** parecchie/parecchi; **I have made quite a few friends already** ho già fatto parecchie amicizie.
pronoun **a few** alcune/alcuni, non molte/non molti; **'how many new girls have you met?' – 'just a few'** 'quante ragazze nuove hai conosciuto?' – 'non molte'.

fewer *adjective* meno; **we've had fewer calls this week** questa settimana abbiamo ricevuto meno telefonate.

fiancé *noun* fidanzato M.

fiancée *noun* fidanzata F.

fib *noun* frottola F; (*informal*) balla F.

fibber *noun* ballista F & M.

fibre *noun* fibra F.

fiction *noun* narrativa F.

field *noun* **1** (*with crops*) campo M; **a field of corn** un campo di granturco; **2** (*with grass*) prato; **3** (*for sport*) campo; **a football field** un campo di calcio; **4** (*discipline*) campo (di specializzazione); **her field is paediatrics** il suo campo di specializzazione è la pediatria.

fierce *adjective* **1** (*animal or person*) feroce; **2** (*storm or battle*) violenta/violento.

fig *noun* (*tree and fruit*) fico M.

fight *noun* **1** (*verbal or physical*) baruffa F; **they had a vicious fight** hanno fatto una violenta baruffa; **2** (*in boxing etc.*) incontro M; **3** (*struggle against*)

figure

lotta F; **the fight against cancer** la lotta contro il cancro.
verb **1** (*to have a fight*) lottare [1]; **he fought courageously** ha lottato come un leone; **we must fight against poverty** dobbiamo lottare contro la povertà; **2** (*to quarrel*) far [19] baruffa; **why are you two always fighting?** perché fate sempre baruffa voi due?

figure *noun* **1** (*number*) cifra F; **a five-figure number** un numero di cinque cifre; **2** (*body shape*) linea F; **this exercise is good for the figure** questo esercizio fa bene alla linea; **3** (*a person*) personaggio M; **a familiar figure** un personaggio conosciuto; **4** (*illustration*) figura F.

file **1** (*for records of a person or case, or a cardboard folder*) cartella F; **2** (*on a computer*) file M; **3 nail file** lima (F) per unghie.
verb **1** (*papers, documents, etc.*) archiviare [2] documenti; **2 to file your nails** limarsi [1] le unghie.

filing cabinet *noun* schedario M.

fill *verb* **1** (*in general*) riempire [13]; **can you fill that bottle?** puoi riempire quella bottiglia?; **2** (*a tooth*) otturare [1]; **3 a smoke-filled room** una stanza piena di fumo.
- **to fill in 1** (*a form*) compilare [1]; **2** (*a person*) informare [1].
- **to fill in for someone**

ENGLISH–ITALIAN

sostituire [12] qualcuna/qualcuno.

fillet *noun* filetto M.

filling *noun* (*of a tooth*) otturazione F.

film *noun* **1** (*in a cinema*) film M; **have you seen that new Spanish film?** hai visto quel nuovo film spagnolo?; **2** (*for a camera*) pellicola F; **a black and white film** una pellicola in bianco e nero; **3 film star** diva (F) del cinema/divo (M) del cinema.

filter *noun* filtro M.

filthy *adjective* sozza/sozzo.

fin *noun* (*of a fish*) pinna F.

final *noun* finale F; **the soccer league final** la finale del campionato di calcio.
adjective **the final decision** la decisione finale; **the final result** il risultato definitivo.

finally *adverb* finalmente.

find *verb* trovare [1]; **have you found Rachel's address?** hai trovato l'indirizzo di Rachel?; **I can't find my diary** non riesco a trovare l'agenda.
- **to find out 1** (*to enquire*) informarsi [1]; **I'll try to find out** cercherò di informarmi; **2 to find something out** (*the facts or an answer*) scoprire [86]; **I never found out who stole my wallet** non ho mai scoperto chi mi ha rubato il portafoglio.

ENGLISH–ITALIAN   **firewood**

fine *noun* multa F; (*for parking or speeding*) contravvenzione F. *adjective* **1** (*in good health*) bene; **'how are you?' – 'fine, thanks'** 'come stai?' – 'bene, grazie'; **2** (*very good*) ottima/ottimo; **she's a fine teacher** è un'ottima insegnante; **3** (*convenient*) **'do you mind if I pay tomorrow?' – 'that'll be fine'** 'ti spiace se pago domani?' – 'benissimo'; **French cheese will be fine** il formaggio francese andrà benissimo; **4** (*sunny weather or day*) bella/bello; **the forecast is for fine weather** le previsioni indicano bel tempo; **5** (*not coarse or thick*) fine; **fine silk** seta fine.

finely *adverb* (*chopped or grated*) fine; **finely minced beef** manzo tritato fine.

finger *noun* dito M (*plural* le dita F); **my fingers are frozen** ho le dita gelate; *****let's cross our fingers!** facciamo gli scongiuri!

fingernail *noun* unghia (F) della mano.

fingerprint *noun* impronta digitale F.

finish *noun* **1** (*end*) fine F; **2** (*in a race*) traguardo M. *verb* **1** finire [12]; **have you finished?** hai finito?; **has the lesson finished?** è finita la lezione?; **have you finished your work?** hai finito il lavoro?; **2 to finish doing** finire di (*followed by an infinitive verb*); **have you finished eating?** hai finito di mangiare?

• **to finish with** finire di adoperare; **have you finished with my pen?** hai finito di adoperare la mia penna?

fire *noun* **1** (*for heating*) fuoco M; **could you light the fire please?** puoi accendere il fuoco per cortesia?; **let's sit by the fire** sediamoci vicino al fuoco; **2** (*destructive*) incendio M; **there was a big fire in the warehouse** c'è stato un incendio dentro al magazzino; **an apartment block was set on fire** un palazzo è stato incendiato; **to catch fire** incendiarsi [2]; **fire alarm** allarme (M) antincendio; **fire escape** scala (F) di sicurezza; **fire extinguisher** estintore M; **3 electric fire** stufa elettrica F. *verb* **1** (*to shoot*) sparare [1]; **the bandit kept firing** il bandito ha continuato a sparare; **2** scaricare [3] (*a firearm*) **he fired all the bullets from his rifle** ha scaricato tutte le pallottole dal fucile.

fire brigade *noun* vigili (M *plural*) del fuoco; (*informal*) pompieri M *plural*.

fire engine *noun* autopompa F.

fire fighter *noun* vigile (F & M) del fuoco; (*informal*) pompiera F, pompiere M.

fireplace *noun* focolare M.

fire station *noun* caserma (F) dei pompieri.

firewood *noun* legna (F) da ardere.

fireworks

fireworks *plural noun* fuochi (M *plural*) d'artificio; **last night we watched the fireworks** ieri sera abbiamo guardato i fuochi d'artificio.

firm *noun* (*business*) impresa F. *adjective* **1** solida/solido; **a firm commitment** un solido impegno; **2** (*a cake, for example*) soda/sodo.

first *adjective* prima/primo; **who came first in the race?** chi è arrivata prima nella gara di corsa?; **the first of March** il primo marzo; **for the first time** per la prima volta.
adverb **1** (*to begin with*) anzitutto; **first, I never said that** anzitutto, questo io non l'ho mai detto; **2 at first** inizialmente; **at first I couldn't find my way around town** inizialmente non riuscivo a orientarmi in città.

first aid *noun* pronto soccorso M.

first class *noun* prima classe F; **she always travels first class** viaggia sempre in prima classe. *adjective* (*a ticket, carriage or hotel*) di prima classe, di prima categoria; **a first-class carriage** carrozza (F) di prima classe; **a first-class meal** un pasto (M) di prima qualità.

first floor *noun* primo piano M; **a first-floor office** un ufficio al primo piano.

firsthand *adjective* di prima mano.

firstly *adverb* in primo luogo.

ENGLISH–ITALIAN

first name *noun* **1** nome M, prenome M; **2** (*religious*) nome (M) di battesimo.

fir tree *noun* abete M.

fish *noun* pesce M. *verb* pescare [3]; **do you ever go fishing?** vai mai a pescare?

fisherman, fisherwoman *noun* pescatore M, pescatrice F.

fish fingers *plural noun* bastoncini (M *plural*) di pesce.

fishing *noun* pesca F; **do you like fishing?** ti piace la pesca?; **fishing rod** canna (F) da pesca; **fishing tackle** attrezzi (M *plural*) per la pesca.

fist *noun* pugno M.

fit *noun* **1** (*of rage*) scatto M; **to have a fit** arrabbiarsi [2]; **2 an epileptic fit** un attacco epilettico M.
adjective (*healthy*) in forma (*never changes*); **she seems quite fit** sembra in forma; **to keep fit** tenersi [75] in forma.
verb **1** (*a garment*) andare [17] bene; **this jacket doesn't fit me** questa giacca non mi va bene; **2** (*be able to put into*) starci [20]; **this book will not fit on the shelf** questo volume non ci sta sullo scaffale; **3** (*install*) installare [1].

fitness fanatic, fitness freak *noun* palestrata F, palestrato M.

fitted carpet *noun* SEE **wall-to-wall carpet**.

ENGLISH–ITALIAN

fitting room *noun* camerino M (di prova).

fix *verb* **1** (*repair*) riparare [1]; **why don't you get your watch fixed?** perché non ti fai riparare l'orologio?; **2** (*to decide on*) fissare [1]; **let's fix the date for the next meeting** fissiamo la data della prossima riunione; **3 fixed price** a prezzo fisso; **4** preparare [1]; **can you fix lunch?** puoi preparare il pranzo?

fizzy *adjective* gasata/gasato; **fizzy mineral water** acqua minerale gas(s)ata.

flabby *adjective* flaccida/flaccido.

flag *noun* bandiera F.

flake *noun* carne (F) di squalo.

flame *noun* fiamma F.

flamingo *noun* fenicottero M.

flap *noun* (*of an envelope etc.*) lembo M; * **to be in a flap** essere [16] agitata/agitato. *verb* sbattere [9a]; **the bird flapped its wings madly** l'uccello sbatteva freneticamente le ali.

flash *noun* **1 a flash of lightning** un lampo M, un baleno M; **2 to do something in a flash** fare [19] qualcosa in un baleno; **3** (*on a camera*) flash M. *verb* **1** (*a light*) lampeggiare [6]; **2 to flash by** sfrecciare [5].

flashback *noun* flashback M.

flat *noun* appartamento; **a block of flats** un caseggiato.

flight

adjective **1** piatta/piatto; **a flat plain** una pianura piatta; **2 a flat tyre** una gomma a terra; **flat shoes** scarpe col tacco basso.

flatmate *noun* coinquilina F, coinquilino M.

flatter *verb* adulare [1].

flattering *noun* lusinghiera/lusinghiero; **a flattering remark** un'osservazione lusinghiera.

flavour *noun* **1** (*taste*) sapore M; **this drink has no flavour** questa bibita è senza sapore; **2** (*of ice cream*) gusto M; **what are your favourite flavours?** quali sono i tuoi gusti preferiti? *verb* insaporire [12], dare [18] gusto a; **they use only natural ingredients to flavour their ice cream** usano solo ingredienti naturali per dare gusto ai gelati.

flaw *noun* imperfezione F.

flea *noun* pulce F; * **a flea in your ear** un rimprovero M.

flea market *noun* mercatino M; mercato (M) delle pulci.

fleece *verb* (*to rip off*) pelare [1], spennare [1] (qualcuna/qualcuno).

flesh *noun* carne F; * **in the flesh** in carne ed ossa.

flexible *adjective* elastica/elastico; **a flexible attitude** un atteggiamento elastico.

flight *noun* **1** volo M; **a charter flight** un volo charter; **the Palermo flight has just**

flight attendant

touched down è appena atterrato il volo da Palermo; **2 a flight of stairs** una rampa (F) di scale; **six flights of stairs** sei piani.

flight attendant *noun* assistente (F & M) di volo.

fling *verb* lanciare [5].

flip *verb* incollerirsi [12], (*informal*) incavolarsi [1].
- **flip out** (*informal*) flippare [1].

flipper *noun* (*for a swimmer*) pinna F.

flirt *verb* civettare [1], amoreggiare [6].

float *verb* galleggiare [6].

flock *noun* gregge M.

flog *verb* frustare [1].

flood *noun* **1** (*of water*) inondazione F; **2** diluvio M; **a flood of applications** un diluvio di domande; **the Flood** (*in the Bible*) il diluvio universale M.

floodlight *noun* riflettore M.

floor *noun* **1** pavimento M; **will you sweep the floor please?** scopa il pavimento per cortesia; **the toothpaste is on the floor** il dentifricio è per terra; **2** (*a storey*) piano M; **the canteen is on the fourth floor** la mensa è al quarto piano.

flop *noun* fiasco M.
verb fare [19] cilecca, fallire [12].

floppy disk *noun* dischetto M.

florist *noun* fioraia F, fioraio M.

flour *noun* farina F; **wholemeal flour** farina integrale.

flow *verb* scorrere [29].
- **flow through** attraversare [1]; **the Arno flows through Florence** l'Arno attraversa Firenze.

flower *noun* fiore M; **a bunch of flowers** un mazzo (M) di fiori.
verb fiorire [12].

flu *noun* influenza F; **to have the flu** avere [15] l'influenza.

fluent *adjective* **she's fluent in three languages** parla correntemente tre lingue.

fluently *adverb* correntemente; **to speak a language fluently** parlare corrrentemente una lingua.

flush *verb* **1** (*to turn red*) arrossire [12]; **2 to flush the toilet** tirare [1] lo sciacquone.

flute *noun* flauto M.

fly *noun* mosca F.
verb **1** (*a bird, insect or plane*) volare [1]; **2** (*in a plane*) viaggiare [6] in aereo; andare [17] in aereo; **we flew to Frankfurt with Lufthansa** siamo andate fino a Francoforte con la Lufthansa; **3** (*a kite*) far [19] volare; **4** (*time*) volare; **time flies** il tempo vola.

flyspray *noun* moschicida M, insetticida M.

ENGLISH–ITALIAN

foam *noun* **1** (*foam rubber*) gommapiuma F; **2** (*on a fluid*) schiuma F.

focus *noun* fuoco M; **to be out of focus** essere [16] sfuocata/sfuocato.
verb mettere [45] a fuoco (*a camera*).

foetus *noun* feto M.

fog *noun* nebbia F.

foggy *adjective* nebbiosa/nebbioso; **it's foggy outside** fuori c'è la nebbia.

foil *noun* (*kitchen foil*) carta stagnola F.

fold *noun* piega F.
verb piegare [4]; **to fold your arms** incrociare [5] le braccia.

folder *noun* cartella F.

folding *adjective* pieghevole; **folding chair** sedia pieghevole.

folk dancing *noun* danza folcloristica F.

follow *verb* **1** seguire [11]; **follow me!** seguimi!; **she was followed by three children** la seguivano tre bambine; **2** (*to chase*) inseguire [11]; **follow that cab!** insegui quel taxi!

following *adjective* seguente; **the following week** la settimana seguente.

fond *adjective* **1** affezionata/affezionato; **2 to be fond of someone** voler [83] bene a qualcuna/qualcuno; **she's very fond of her aunt** vuol molto bene alla zia; **3 I'm very fond of ice cream** mi piace tanto il gelato.

font *noun* (*printing*) fonte F.

food 1 cibo M; **I like simple food** mi piace il cibo semplice; **2** (*cuisine*) cucina F; **my sister prefers Vietnamese food** a mia sorella piace di più la cucina vietnamita; **British food is simple and wholesome** la cucina britannica è semplice e sana; **3** (*stocks*) provviste F *plural*; **have you bought enough food for our trip?** hai comprato abbastanza provviste per la gita?

fool *noun* fessa F, fesso M.

foot *noun* piede M; **1 will we go on foot?** andiamo a piedi?; **2** (*bottom*) **at the foot of the hill** al piede della collina; **at the foot of the stairs** in fondo alle scale.

football *noun* **1** (*game*) calcio M; **to play football** giocare [3] al calcio; **2** (*ball*) pallone M.

footballer *noun* calciatore M, calciatrice F.

footnote *noun* nota (F) a pie' di pagina.

footpath *noun* sentiero M.

footprint *noun* impronta F.

footstep *noun* passo M.

for *preposition* **1** per; **this parcel is for you** questo pacco è per te; **you can buy five for twenty**

forbid

dollars ne puoi comprare cinque per venti dollari; **flour for making cakes** farina per fare i dolci; **here's a new plug for our television set** ecco una nuova spina per il televisore; **2** (*time expressions in the past or future*) per; **I was in the army for three years** ho fatto il servizio militare per tre anni; **she'll work with us for three months** lavorerà con noi per tre mesi; **3** (*time expressions in the past but continuing in the present*) da; **I've been living in Pescara for many years** vivo a Pescara da parecchi anni; **she's been working for the same company for thirty years** lavora presso la stessa ditta da trent'anni; **4 what's the Italian for 'tea'?** come si dice 'tea' in italiano?; **what's this for?** a cosa serve questo?; * **tit for tat** occhio per occhio; * **for ever** per sempre.

forbid *verb* proibire [12]; **I forbid you to speak like that to your grandmother!** ti proibisco di parlare in quel modo alla nonna!

forbidden *adjective* proibita/proibito.

force *noun* forza F.
verb costringere [74]; **she forced me to empty my pockets** mi ha costretto a vuotare le tasche.

forecast *noun* (*weather forecast*) previsioni (F *plural*) del tempo.

forefinger *noun* indice M.

ENGLISH–ITALIAN

foreground *noun* primo piano M; **in the foreground** in primo piano.

forehead *noun* fronte F.

foreign *adjective* estera/estero; **Department of Foreign Affairs,** (*British*) **Foreign Office** Ministero (M) degli Esteri.

foreigner *noun* straniera F, straniero M.

foresee *verb* prevedere [80]; **I couldn't foresee the consequences** non potevo prevedere le conseguenze.

forest *noun* foresta F.

forever *adverb* **1** per sempre; **I will love you forever** ti amerò per sempre; **2** (*non-stop*) * **he's forever crying poor** non fa altro che piangere il morto.

forget *verb* dimenticare [3]; **you forgot to sign your application** hai dimenticato di firmare la domanda; **I keep forgetting to buy milk** dimentico sempre di comprare il latte; **don't forget to let me know** non dimenticare di farmelo sapere.

forgive *verb* perdonare [1]; **will you ever forgive me?** mi potrai mai perdonare?; **to forgive someone for doing something** perdonare qualcuna/qualcuno di avere fatto qualcosa; **forgive me for interrupting, but ...** scusami se ti interrompo, ma ...

fork *noun* forchetta F.

ENGLISH–ITALIAN — **frantic**

form *noun* **1** modulo M; **fill in this form and send it to the taxation office** riempi questo modulo e invialo all'ufficio delle imposte; **2** (*shape or kind*) forma F; **in the form of** sotto la forma di; **3 to be in good form** essere [16] in forma F.

formal *adjective* (*invitation, event, complaint, etc.*) ufficiale.

format *noun* formato M.

former *adjective* ex; **former colleague** ex collega F & M; **a former spy** una ex spia.

formula *noun* formula F.

forthcoming *adjective* prossima/prossimo, imminente.

fortnight *noun* quindici giorni M *plural*; **I'll see you in a fortnight** ci vediamo fra quindici giorni.

fortunately *adverb* per fortuna.

fortune *noun* **1** (*luck*) fortuna F; **2** (*a large amount of money*) patrimonio M; **that disastrous trip cost us a fortune** quel viaggio disastroso ci è costato un patrimonio; **3** (*destiny*) destino M; **I can't possibly tell your fortune** non posso davvero predirti il destino.

fortune teller *noun* indovina F, indovino M.

forward *noun* (*in sport*) attaccante F & M.
adverb avanti; **to go forward** avanzare [1]; **they're much further forward in the line than us** sono molto più avanti di noi nella fila.
exclamation **forward!** avanti!
verb (*e.g. mail*) inoltrare [1].

foster child *noun* bambina (F) in affido, bambino (M) in affido.

foul *noun* (*in sport*) fallo M.
adjective (*often expressed by adding* -accia/-accio *to the end of a word*) **foul weather** tempaccio M; **a foul temper** un caratteraccio M.

foul play dolo M.

foundations *plural noun* fondamenta F *plural*.

fountain *noun* fontana F.

four *number* quattro; * **on all fours** carponi (*never changes*).

fox *noun* volpe F.

foyer *noun* (*hotel*) atrio M, ingresso M.

fraction *noun* frazione F.

fragile *adjective* fragile.

frame *noun* cornice F.
verb (*to incriminate unfairly*) incastrare [1]; **Bob was framed by a corrupt police inspector** Bob è stato incastrato da un commissario di polizia corrotto.

franc *noun* franco M; **Swiss franc** franco svizzero.

frank *adjective* schietta/schietto, sincera/sincero.

frantic *adjective* **1** (*very upset*) fuori di sé (*never changes*); **Tommaso was frantic with**

freak

terror Tommaso era fuori di sé dal terrore; **2** (*hectic*) frenetica/frenetico; **a frantic rush** una corsa frenetica.

freak *noun* **1** persona anormale F; cosa anormale; **2** (*a maniac*) maniaca F, maniaco M; **Teresa is a real control freak** Teresa è una maniaca dei controlli.

freckle *noun* lentiggine F.

free *adjective* **1** (*when you don't pay*) gratis; **the film is free** il film è gratis; **2** (*not occupied*) libera/libero; **are you free tomorrow?** sei libera domani?; **is this seat free?** è libero questo posto?; **3 free gift** regalo M, omaggio M; **4 sugar-free** senza zucchero (*never changes*).
verb liberare [1].

freedom *noun* libertà F.

freestyle *noun* (*swimming*) stile libero M.

freeze *verb* **1** (*in a freezer*) surgelare [1]; **2** (*in cold weather*) gelare [1]; **it's freezing today** oggi si gela.

freezer *noun* congelatore M.

freezing *noun* zero M; **ten degrees below freezing** dieci gradi sotto zero.
adjective **I was freezing** ero gelata (*informal*).

French beans *plural noun* fagiolini M *plural*.

French dressing *noun* olio e aceto M *plural*.

ENGLISH–ITALIAN

French fries *plural noun* patatine fritte F *plural*.

French window *noun* porta-finestra F.

frequency *noun* frequenza F.

frequent *adjective* frequente.

fresh *adjective* fresca/fresco; **fresh milk** latte fresco; **let's get some fresh air** respiriamo un po' di aria fresca.

Friday *noun* venerdì M; (*Christian*) **Good Friday** Venerdì Santo.

fridge *noun* frigorifero M; (*informal*) frigo M; **have you defrosted the fridge?** hai sbrinato il frigo?

friend *noun* amica F, amico M; **Renata is my best friend** Renata è la mia migliore amica; **have you made any friends at school?** hai fatto amicizie a scuola?

friendly *adverb* **1** cordiale; **2** (*in sports*) **friendly match** partita amichevole.

friendship *noun* amicizia F.

fright *noun* spavento M; **you gave me a fright!** mi hai spaventato!

frighten *verb* spaventare [1]; **you look frightened** hai l'aria spaventata; **I had a frightening dream** ho fatto un sogno spaventoso.

fringe *noun* frangia F; **fringe benefits** *plural noun* i fuoribusta M *plural*.

ENGLISH–ITALIAN

frog *noun* rana F.

from *preposition* **1** da; **this jacket was a gift from Gina** ho ricevuto questa giacca in regalo da Gina; **we're a short distance from the town hall** siamo a pochi metri dal municipio; **from Milan to Trieste** da Milano a Trieste; **2 five months from now** fra cinque mesi; **from twelve noon onwards** da mezzogiorno in poi.

front *noun* **1** (*of a building, garment, or cupboard*) davanti M; **my jacket is a bit tight at the front** la giacca mi è stretta sul davanti; **2** (*of a car*) davanti; **sit in the front if you like** se vuoi mettiti davanti; **3** (*of a train or queue*) testa F; **first class is at the front** la prima è in testa; **our team is in front** la nostra squadra è in testa; **4** (*of a page or envelope*) retto M; **the instructions are on the front** le istruzioni sono sul retto; **5** (*in a theatre, cinema or class*) prima fila F; **I'd like four seats at the front please** mi dia (*formal*) quattro biglietti nelle prime file per cortesia.
adjective **1** anteriore; **front wheel** ruota anteriore; **front paw** zampa anteriore; **2** davanti; **a front seat** un posto davanti; **3 the front row** la prima fila.
preposition **in front of** davanti a; **in front of the TV** davanti alla TV; **in front of us** davanti a noi.

front door *noun* porta (F) d'ingresso; (*large*) portone (M) d'ingresso; **you can come in through the front door** puoi entrare per il portone d'ingresso.

frontier *noun* frontiera F.

front light *noun* (*on a bicycle*) fanale anteriore M; (*on a motor vehicle*) faro anteriore M.

frost *noun* gelo M.

frostbite *noun* gelone M.

frosty *adjective* **1 what a frosty morning!** che gelo stamattina!; **2 a frosty windscreen** un parabrezza ghiacciato.

frown *verb* aggrottare [1] la fronte; **she keeps frowning** continua ad aggrottare la fronte.

frozen *adjective* (*in a freezer*) surgelata/surgelato; **a frozen pizza** una pizza surgelata.

fruit *noun* frutta F; **do you like fruit?** ti piace la frutta?; **fruit juice** succo (M) di frutta; **freshly squeezed fruit juice** spremuta F.

fruit salad *noun* macedonia F.

frustrated *adjective* frustrata/frustrato.

fry *verb* friggere [42]; **have you fried the schnitzel?** hai fritto la milanese?; **fried eggs** uova (F *plural*) all'occhio di bue.

frying pan *noun* padella F, tegame M; * **out of the frying pan into the fire** dalla padella nella brace.

fuel *noun* (*for a vehicle*) combustibile M, carburante M.

fuel tank *noun* serbatoio (M) del carburante.

fulfil *verb* **1** adempiere (a) [9a]; **we have fulfilled all the conditions** abbiamo adempiuto a tutte le condizioni; **2** mantenere [75] (*e.g. a promise*); **she never fulfilled her promise** non ha mai mantenuto la promessa.

full *adjective* **1** piena/pieno; **is that bottle full?** è piena quella bottiglia?; **the bus was full of commuters** l'autobus era pieno di pendolari; **2** (*hotel, flight, venues, etc.*) al completo; **3** (*top*) **at full speed** a tutta velocità; **at full volume** a pieno volume; **I'm full** sono sazia; **4 write it out in full** scrivilo a tutte lettere.

full stop *noun* punto fermo M.

full-time *adjective* **a full-time position** un posto a tempo pieno.

fully *adverb* completamente; **she's been fully informed** è stata informata dettagliatamente.

fun *noun* divertimento M; **have fun!** buon divertimento!; **I had fun watching the fireworks** mi sono divertita a guardare i fuochi d'artificio; **I travel for the fun of it** viaggio perché mi diverte; **he is full of fun** è un tipo allegro e ridanciano; * **to make fun of someone** prendere [60] in giro qualcuna/qualcuno.

function *noun* (*a reception*) ricevimento M.

funds *plural noun* fondi M *plural*; **we've run out of funds** siamo a corto di fondi.

funeral *noun* funerale M.

funnel *noun* imbuto M.

funny *adjective* **1** (*that makes you laugh*) buffa/buffo; **she's got a funny face** ha un viso buffo; **we saw a funny film last night** ieri sera abbiamo visto un film comico; **a funny story** una barzelletta; **2** (*strange*) strana/strano; **that's funny, I can't find my passport** strano, non riesco a trovare il passaporto; **a funny noise** uno strano rumore.

fur *noun* **1** (*on an animal*) pelo M; **2** (*for a coat*) pelliccia F; **fur coat** pelliccia F.

furious *adjective* furibonda/furibondo; **she was furious that he arrived so late** era furibonda che lui era arrivato tanto tardi.

furnish *verb* ammobiliare [2].

furniture *noun* mobili M *plural*; **a piece of furniture** un mobile; **a furniture store** un negozio di mobili; **a furniture factory** un mobilificio M.

further *adverb* più avanti; **you have to walk further** devi andare più avanti; **twenty kilometres further** venti chilometri più avanti; **further back** più indietro.
adjective ulteriore; **for further information contact ...** per ulteriori informazioni rivolgersi a ...

ENGLISH–ITALIAN

fuse noun (*electric*) valvola F; **the fuses have blown** sono saltate le valvole.

fuss noun storie F *plural*; **stop making such a fuss** smettila di fare storie; **Sylvia made an awful fuss about her subscription** Sylvia ha fatto un sacco di storie a proposito dell'abbonamento.

fussy *adjective* **to be fussy about something** fare [19] il/la difficile; **stop being so fussy!** smettila di fare la difficile!; **Megan is a fussy eater** Megan è schizzinosa.

future noun **1** avvenire M, futuro M; **in future** in avvenire; **our future is uncertain** il nostro avvenire è incerto; **2** (*grammar*) futuro M.

fuzzy *adjective* indistinta/indistinto, nebulosa/nebuloso.

G g

gadget noun aggeggio M, arnese M.

gain noun guadagno M.
verb **1** guadagnare [1]; **to gain time** guadagnare tempo; **what are you going to gain?** che cosa ci guadagni?; **to gain speed** guadagnare velocità; **2 to gain weight** ingrassare [1].

gale noun vento forte M; burrasca F.

gall bladder noun cistifellea F.

gallery noun **art gallery** (*public*) pinacoteca F; (*private*) galleria (F) d'arte.

gamble noun rischio M; **she took a gamble** ha corso un rischio.
verb giocare [3] d'azzardo, rischiare [2]; **you shouldn't gamble everything you have** non rischiare tutti i tuoi averi.

gambling noun gioco (M) d'azzardo.

game noun **1** gioco M; **children's games** giochi d'infanzia; **game of chance** gioco d'azzardo; **board game** gioco di società; **2** partita F; **a game of cards** una partita a carte; **a game of soccer** una partita di calcio.

gang noun banda F; (*group of friends*) banda F, gruppo M; **is the whole gang coming?** viene tutta la banda?

gangster noun bandito M.

gap noun **1** (*hole*) fessura F; **2** (*difference*) divario M, dislivello M; **the gap between the rich and the poor** il dislivello fra i ricchi e i poveri; **3** (*in time*) intervallo M; **three-year gap** intervallo di tre anni; **age gap** differenza d'età.

garage noun (*for private parking*) box M (*never changes*).

garbage noun spazzatura F, rifiuti M *plural*.

garden

garden *noun* giardino M; **the Garden of Eden** il Paradiso terrestre M; **botanic garden** orto botanico M.

gardener *noun* giardiniera F, giardiniere M.

gardening *noun* giardinaggio M.

garlic *noun* aglio M; **garlic bread** pane all'aglio.

garment *noun* indumento M.

gas *noun* gas M; **gas bill** bolletta (F) del gas; **gas cooker** cucina (F) a gas; **gas fire** stufa (F) a gas; **gas meter** contatore (M) del gas.

gasp *verb* ansimare [1], rimanere [62] senza respiro.

gate *noun* **1** (*with bars*) cancello M; **2** (*solid*) portone M; **3** (*at airport or similar*) uscita F.

gather *verb* **1** (*people*) assembrarsi [1]; **a crowd gathered** si è assembrata una folla; **2** (*vegetables*) raccogliere [76]; (*fruit*) cogliere [76]; **3 as far as I can gather** per quanto ne so io.

gay *noun, adjective* omosessuale, gay F & M (*never changes*).

gaze *verb* **to gaze at something** fissare [1] qualcosa.

gear *noun* **1** (*in a car*) marcia F; **to change gear** cambiare [2] marcia; **to drive in third gear** andare [17] in terza; **gear lever** leva (F) del cambio; **2** (*equipment*) attrezzi M *plural*; **camping gear** attrezzi per il campeggio;

ENGLISH–ITALIAN

3 (*things*) roba F; **bring all your gear** porta tutta la tua roba.

gel *noun* **hair gel** gel (M) per capelli.

gem *noun* pietra preziosa F.

Gemini *noun* (*sign of the zodiac*) Gemelli M *plural*; **are you a Gemini?** sei dei Gemelli?

gender *noun* (*grammar*) genere M; **feminine gender** genere femminile; **the gender of 'ospedale' is masculine** 'ospedale' è di genere maschile.

gender-inclusive *adjective* (*of language*) sessuata/sessuato; **gender-inclusive language** linguaggio sessuato M.

general *noun* generale M, generalessa F.
adjective generale; **in general** in genere; **general election** elezioni politiche F *plural*; **general knowledge** cultura generale F.

generally *adverb* generalmente.

general practitioner *noun* medico (M) di base; medico generico.

generation *noun* generazione F.

generator *noun* generatore M.

generous *adjective* generosa/generoso; **a generous gift** un regalo generoso.

genetics *noun* genetica F.

genius *noun* genio M.

ENGLISH–ITALIAN

gentle *adjective* dolce.

gentleman *noun* signore M, galantuomo M.

gently *adverb* dolcemente; **wake her up gently** svegliala dolcemente.

gents *noun* (*public toilet*) gabinetti (M *plural*) per uomini; **where's the gents?** dove sono i gabinetti per uomini?

genuine *adjective* **1** genuina/genuino; **a genuine document** un documento genuino; **2** (*authentic*) **a genuine signature** una firma autentica F; **3** (*sincere*) **he's very genuine** è molto sincero.

geography *noun* geografia F.

germ *noun* microbo M.

gesture *noun* gesto M.

get *verb* **1** (*receive*) ricevere [9a]; **did you get my fax?** hai ricevuto il mio fax?; **I got a motor scooter for passing my exams** ho ricevuto uno scooter per la promozione agli esami; **2** (*fetch*) andare [17] a prendere; **will you get some jam from the kitchen?** va a prendere marmellata dalla cucina; **she'll get your coat** il cappotto te lo va a prendere lei; **3** (*have got*) avere [15]; **she's got blue eyes** ha gli occhi azzurri; **she's got a lot of debts** ha molti debiti; **4** (*obtain*) prendere [60]; **I got a good mark for my English class test** ho preso un bel voto nel compito in classe di inglese;

5 (*buy*, *find*) **where did you get that hat?** dove hai comprato quel cappello?; **did she get a job?** ha trovato lavoro?; **6 to have got to do** dovere [37] fare; **I've got to see her before she leaves** devo vederla prima che parta; **7 to get to somewhere** arrivare [1]; **what time did you get here?** quando siete arrivate?; **8** (*become*) cominciare a [5]; **I'm getting bored** comincio a essere stufa; (*often translated by a verb in Italian*) **why are you getting angry?** perché ti arrabbi?; **Paola is getting old** Paola sta invecchiando; **Marco is getting tall** Marco sta crescendo; (*in many cases translated by a reflexive or reciprocal verb*) **to get married** sposarsi [1]; **to get excited** entusiasmarsi [1]; **9 to get something done** far(e) [19] (*followed by an infinitive verb*); **when will you get your hair cut?** quando ti fai tagliare i capelli?

- **to get into/on something** salire su [89]; **get on the bus, quick** sali sull'autobus, presto.
- **to get off/out of something** scendere da [60]; **you'll have to get off the ship by five o'clock** dovete scendere dalla nave entro le cinque.
- **to get on** andare [17]; **how's Alec getting on?** come va Alec?
- **to get something back** ricuperare [1] qualcosa; **she never got her luggage back** non ha mai ricuperato il bagaglio.

ghost

- **to get something out** tirare [1] fuori; **get your textbook out!** tirate fuori il libro di testo!
- **to get together** incontrarsi [1], vedersi [80]; **shall we get together next Sunday?** ci incontriamo domenica prossima?
- **to get up** alzarsi [1]; **she never gets up before midday** non si alza mai prima di mezzogiorno.

ghost *noun* fantasma M.

giant *noun* gigante M, gigantessa F; **Tom is a real giant** Tom è un vero gigante.
adjective **a giant project** un progetto gigantesco.

gift *noun* **1** regalo M; **birthday gift** regalo di compleanno; **2 to have a gift for mathematics** essere [16] dotata/dotato per la matematica.

gifted *adjective* dotata/dotato.

gigantic *adjective* gigantesca/gigantesco.

giggle *verb* ridacchiare [2], ridere [32] nervosamente.

gin *noun* gin M.

ginger *noun* zenzero M.

giraffe *noun* giraffa F.

girl *noun* ragazza F; **a fifteen-year-old girl** ragazza quindicenne; **a little girl** bambina; **a young girl** un'adolescente.

ENGLISH–ITALIAN

girlfriend *noun* ragazza F, amica F; **Damiano and his girlfriend** Damiano e la sua ragazza; **where are Rachel and her girlfriends?** dove sono Rachel e le sue amiche?

gist *noun* succo M.

give *verb* dare [18], regalare [1]; **my cousin gave me that painting** mia cugina mi ha dato quel quadro; **I didn't give you that money, I only lent it to you** non ti ho mica regalato quei soldi, te li ho solo prestati.
- **to give in** cedere [9a]; **why do you always give in?** perché cedi sempre?
- **to give something away** regalare.
- **to give something back to someone** restituire [12] qualcosa a qualcuna/qualcuno; **give me back my wallet please** restituiscimi il portafoglio per cortesia!
- **to give up** rinunciare [5] a qualcosa; **why don't you give up?** perché non rinunci?
- **to give up doing** smettere [45]; **have you tried to give up drinking?** hai provato a smettere di bere?

given name *noun* nome M, prenome M.

glad *adjective* contenta/contento; **I'm glad you found your briefcase** sono contenta che hai trovato la borsa.

glance *noun* occhiata F.
verb **to glance at something**

ENGLISH–ITALIAN

dare [18] un'occhiata a qualcosa; **Abdullah glanced at the letter** Abdullah ha dato un'occhiata alla lettera.

gland noun ghiandola F.

glass noun **1** (for drinking) bicchiere M; **a glass of milk** un bicchiere di latte; **2** (material) vetro M; **a glass door** una porta di vetro.

glasses plural noun occhiali M plural; **to wear glasses** portare [1] gli occhiali.

glazed adjective vitrea/vitreo; (in baking) glassata/glassato.

glider noun aliante M.

glimpse noun occhiata F.

global adjective globale, planetaria/planetario; **the global economy** l'economia globale; **global warming** riscaldamento planetario M.

globalisation noun mondializzazione F, globalizzazione F.

globe noun **1** (our planet) globo M; **2** (spherical representation of the world) mappamondo M; **3** (light bulb, Australian) lampadina F.

gloomy adjective cupa/cupo.

glory noun gloria F.

glossary noun glossario M.

glove noun guanto M; * **to treat someone with kid gloves** trattare una persona coi guanti.

glove box, glove compartment noun vano (M) portaoggetti.

glow noun bagliore M.
verb brillare [1], luccicare [3].

glue noun colla F.

glut noun eccesso M, sovrabbondanza F.

glutton noun golosa F, goloso M.

gluttony noun gola F.

gnat noun moscerino M.

go noun **1** (in a game) **it's your go** tocca a te; **whose go is it?** a chi tocca?; **2 to have a go at doing something** provare [1] a fare qualcosa; **I'll have a go at baking a cake** proverò a cuocere una torta.
verb **1** andare [17]; **do you want to go to the movies?** vuoi andare al cinema?; **where are you going?** dove stai andando?; **how did the meeting go?** com'è andata la riunione?; **2** (with another verb) andare a; **let's go and do some shopping** andiamo a fare la spesa; **go and wake her up** va a svegliarla; **3** (leave) andarsene [17]; **I wish she would go** se ne vada!; **let's go** andiamocene; **4** (to become; Italian normally uses a verb) **he went red in the face** è arrossito; **eat or your food will go cold** mangia altrimenti ti si raffredda il piatto; **why have you gone so quiet?** perché sei ammutolita?
• **to go away** andarsene; **go away!** vattene!

goal

ENGLISH–ITALIAN

- **to go back** tornare [1]; **when are you going back to Italy?** quando torni in Italia?; **she went back to school** è tornata a scuola.
- **to go down 1** scendere [60]; **go down and say hello to our guests** scendi e saluta gli ospiti; **to go down the stairs** scendere le scale; **2** (*price, temperature*) diminuire [12]; **prices hardly ever go down** i prezzi non diminuiscono quasi mai; **3** (*tyre, balloon*) sgonfiarsi [2].
- **to go in** entrare [1]; **she came in and said hello** è entrata e ha salutato.
- **to go into** entrare in; **Fatima went into the bathroom** Fatima è entrata in bagno; **this box won't go into my bag** questa scatola non mi entra nella borsa.
- **to go off 1** (*bomb*) esplodere [39]; **2** (*alarm clock*) suonare [1]; **my alarm went off but I didn't wake up** la mia sveglia ha suonato ma non mi sono svegliato; **3** (*fire or burglar alarm*) scattare [1]; **the burglar alarm didn't go off** l'antifurto non è scattato.
- **to go on 1** succedere [26]; **what's going on?** cosa sta succedendo?; **2 to go on doing** continuare [1] a (*followed by an infinitive verb*); **she went on working** ha continuato a lavorare; **3 to go on about something** continuare a parlare di qualcosa; **why do you always go on about your problems?** perché continui a parlare dei tuoi problemi?
- **to go out 1** uscire [91]; **they went out at ten o'clock** sono usciti alle dieci; **let's go out and get some fresh air** usciamo a prendere un po' d'aria fresca; **Francesca and Roberto have been going out for several months** Francesca e Roberto escono insieme da alcuni mesi; **2** (*light, fire*) spegnersi [72]; **all the lights have gone out** si sono spente tutte le luci.
- **to go past something** passare [1] davanti a qualcosa; **we went past the school** siamo passate davanti alla scuola.
- **to go round** andare [17] a trovare qualcuna/qualcuno; **why don't we go round to her place?** perché non andiamo a trovarla?
- **to go round something 1** (*building, garden, etc.*) fare [19] il giro di; **2** (*museum etc.*) visitare [1].
- **to go through** attraversare [1]; **we went through the park** abbiamo attraversato il parco; **go through the building and turn right** attraversa lo stabile e gira a destra.
- **to go up 1** (*person or animal*) salire [89]; **go up to your bedroom and do your homework** sali in camera e fa i compiti; **to go up the stairs** salire le scale; **2** (*prices*)

ENGLISH–ITALIAN — goodness

aumentare [1]; **the price of bread has gone up** il prezzo del pane è aumentato.

goal *noun* rete F, gol M; **Fazzolari is in goal** Fazzolari è in rete; **our team scored five goals in twenty minutes** la nostra squadra ha segnato cinque reti in venti minuti.

goalkeeper *noun* portiera F, portiere M.

goat *noun* capra F; **goat's cheese** formaggio (M) di capra.

god *noun* dio M (*plural* gli dei); **God** Dio M.

godchild *noun* figlioccia F, figlioccio M.

goddaughter *noun* figlioccia F.

goddess *noun* dea F; **a screen goddess** una diva (F) dello schermo.

godfather *noun* padrino M, compare (M) di battesimo.

godmother *noun* madrina F, comare (F) di battesimo.

godson *noun* figlioccio M.

goggles *plural noun* occhiali M *plural*; **swimming goggles** occhialini da piscina; **ski goggles** occhiali da sci.

gold *noun* oro M; **gold tooth** dente d'oro; **gold watch** orologio (M) d'oro.

goldfish *noun* pesce rosso M.

golf *noun* golf M; **to play golf** giocare [3] a golf.

golf club *noun* mazza (F) da golf, bastone (M) da golf.

golf course *noun* campo (M) da golf.

good *adjective* **1** buona/buono; **this cheese is really good** questo formaggio è davvero buono; **2** brava/bravo; **what a good doctor!** che bravo medico!; **3** bella/bello; **a good book** un bel libro; **a good film** un bel film; **4 to be good for you** far [19] bene alla salute; **jogging is good for you** il jogging fa bene alla salute; **5 to be good at** essere [16] brava/bravo in; **he's good at physics** è bravo in fisica; **6** (*well-behaved*) buona/buono; **try to be good** cercate di essere brave/bravi; **7 for good** per sempre; **I've settled here for good** mi sono sistemata qui per sempre.

good afternoon *greeting* buongiorno.

goodbye *greeting* (*informal*) arrivederci, (*formal*) arrivederLa.

good evening *greeting* buonasera.

Good Friday *noun* (*Christian*) Venerdì Santo M.

good-looking *adjective* bella/bello; **what a good-looking couple!** che bella coppia!

good morning *greeting* buon giorno.

goodness *noun* bontà F. *exclamation* **goodness!** mamma

goodnight

mia!; **for goodness sake!** per carità!

goodnight *greeting* buonanotte.

goods *plural noun* merce F.

goose *noun* oca F.

goose pimples *plural noun* pelle (F) d'oca.

gorgeous *adjective* magnifica/magnifico; **a gorgeous outfit** un magnifico costume; **a gorgeous evening** una magnifica serata.

gorilla *noun* gorilla M.

gorse *noun* ginestra F.

gospel *noun* vangelo M.

gossip *noun* **1** (*person*) pettegola F, pettegolo M; **2** (*news*) pettegolezzi M *plural*; **what's the latest gossip?** che c'è di nuovo?
verb pettegolare [1].

government *noun* governo M; **government agency** ente governativo M.

governor *noun* governatore M, governatrice F.

grab *verb* **1** afferrare [1]; **the dog grabbed the meat and ran away** il cane ha afferrato la carne ed è fuggito; **2 to grab something from someone** strappare [1] qualcosa a qualcuna/qualcuno; **she grabbed the telephone from my hand** mi ha strappato di mano il telefono; **3** (*to take*) arraffare [1]; * **let's grab some food before the takeaway closes** arraffiamo qualcosa da mangiare prima che chiuda la rosticceria.

grace *noun* grazia F.

graceful *adjective* elegante; **a graceful gesture** un gesto elegante.

grade *noun* voto M; **what were your grades like?** che voti hai preso?

gradual *adjective* progressiva/progressivo.

gradually *adverb* poco a poco, un po' alla volta; **she gradually recovered her strength** un po' alla volta ha ricuperato le forze.

graduate *noun* laureata F, laureato M.

graduation *noun* laurea F; **graduation ceremony** conferimento (M) delle lauree.

graffiti *noun* scritte murali F *plural*.

graft *noun* innesto M, trapianto M.

grain *noun* grano M; * **a grain of truth** un fondo di verità.

gram *noun* grammo M.

grammar *noun* grammatica F.

grammatical *adjective* **grammatical error** errore (M) di grammatica.

gran *noun* SEE **grandma**.

grand *adjective* splendida/splendido, magnifica/magnifico.

ENGLISH–ITALIAN

grandad noun SEE **grandpa**.

grandchildren noun nipotine F, nipotini M.

granddaughter noun nipote F (*if necessary to distinguish from* nipote, *meaning* niece, *say* nipote di nonna/nonno).

grandfather noun nonno M.

grandma noun nonnina F (*informal*).

grandmother noun nonna F.

grandpa noun nonnino M (*informal*).

grandparents noun nonni M *plural*.

grandson noun nipote M (*if necessary to distinguish from* nipote, *meaning* nephew, *say* nipote di nonna/nonno).

granny noun SEE **grandma**.

grape noun **1** a grape un chicco d'uva; **2 grapes** *plural noun* uva F *singular*; **where can I buy some grapes?** dove posso comprare dell'uva?; **a bunch of grapes** un grappolo (M) d'uva; * **sour grapes** invidia F.

grapefruit noun pompelmo M.

graph noun diagramma M.

grasp verb afferrare [1].

grass noun **1** erba F; **a picnic on the grass** uno spuntino sull'erba; **to cut the grass** falciare [5] l'erba; **2** (*lawn*) prato M.

grasshopper noun cavalletta F.

greenhouse

grate verb (*cheese, carrots etc.*) grattugiare [6]; **grated parmesan** parmigiano grattugiato M.

grateful adjective riconoscente.

grater noun grattugia F.

grave noun tomba F.

gravel noun ghiaia F.

graveyard noun cimitero M.

gravy noun sugo (M) di carne.

grease noun grasso M.

greasy adjective grassa/grasso; **greasy skin** pelle grassa.

great adjective **1** grande; **a great politician** un grande politico; **the Great War** la Grande Guerra; **2** (*terrific*) fenomenale; **a great performance** una prestazione fenomenale; **great!** magnifico!; **3 a great deal of** molta/molto; **a great many** molte/molti; **I've got a great many commitments** ho moltissimi impegni.

greed noun avidità F.

greedy adjective avida/avido.

green adjective **1** verde; **pale green** verde pallido; **2** (*vegetables*) **greens** verdura; **3** (*ecologists*) **the Greens** i Verdi M *plural*.

greengrocer noun fruttivendola F, fruttivendolo M.

greenhouse noun serra F.

greenhouse effect *noun* effetto (M) serra.

greet *verb* salutare [1].

greeting card *noun* cartolina (F) di auguri.

greetings *plural noun* saluti M *plural*; **give Deirdre my greetings** salutami Deirdre; **season's greetings** auguri (M *plural*) di stagione.

grey *adjective* grigia/grigio; **a grey jumper** un maglione grigio; **grey hair** capelli grigi.

greyhound *noun* levriero M.

grid *noun* **1** (*grating*) griglia F; **2** (*network*) reticolo M.

grief *noun* dolore M.

grill *noun* griglia F.
verb cuocere [31] alla griglia; **grilled steak** bistecca alla griglia.

grim *adjective* torva/torvo, sinistra/sinistro; **grim expression** faccia torva.

grin *noun* sorriso M.
verb sorridere [32].

grind *verb* macinare [1].

grip *noun* presa F.
verb afferrare [1].

grit *noun* **1** (*for roads*) ghiaia F; **2** (*courage*) grinta F.

groan *noun* **1** (*of pain*) gemito M; **2** (*of disgust, boredom*) grugnito M.
verb **1** (*in pain*) gemere [9a]; **2** (*in disgust, boredom*) grugnire [12].

groceries *plural noun* generi alimentari M *plural*.

grocer's *noun* drogheria F, negozio (M) di alimentari; **are you going to the grocer's?** vai in drogheria?

groom *noun* (*bridegroom*) sposo M; **bride and groom** sposi M *plural*.

groove *noun* solco M.

gross *adjective* **1 a gross injustice** una flagrante ingiustizia; **2 a gross error** un errore madornale; **3** (*disgusting*) **the food was gross** il mangiare faceva schifo.

grotesque *adjective* grottesca/grottesco.

ground *noun* **1** terra F; **to lie on the ground** giacere [54] per terra; **to throw something on the ground** gettare [1] qualcosa a terra; **2** terreno M; **stony ground** terreno pietroso; **3** (*for sport*) campo M; **football ground** campo di calcio.
adjective macinata/macinato; **ground pepper** pepe macinato.

ground floor *noun* pianterreno M; **our apartment is on the ground floor** il nostro appartamento è a pianterreno.

group *noun* gruppo M.

grow *verb* **1** (*plant, hair; young person, etc.*) crescere [30]; **Sheila is growing fast** Sheila cresce in fretta; **Roberto has stopped growing** Roberto ha smesso di crescere; **2** (*number, quantity*)

ENGLISH–ITALIAN

aumentare [1]; **the audience keeps growing** il pubblico continua ad aumentare; **3** coltivare [1]; **my uncle grows asparagus** mio zio coltiva asparagi; **4 to grow a beard/ moustache** farsi [19] crescere la barba/baffi; **5** (*to become*; *often translated by a verb in Italian*) **to grow old** invecchiare [2]; **to grow tired** stancarsi [3]; **to grow impatient** impazientirsi [12].
- **to grow up** crescere; **I grew up in Italy** sono cresciuta in Italia.

growl *verb* ringhiare [2].

grown-up *noun, adjective* grande, adulta/adulto; **the grown-ups** le persone grandi; **a grown-up attitude** un atteggiamento adulto.

growth *noun* crescita F.

grub *noun* **1** (*insect*) larva F; **2** (*food, informal*) mangiare M.

grubby *adjective* sozza/sozzo.

grudge *noun* **to bear a grudge against someone** provare [1] rancore contro qualcuna/ qualcuno.

gruesome *adjective* macabra/ macabro; **a gruesome sight** uno spettacolo macabro.

grumble *verb* lamentarsi [1]; **he grumbles about everything** si lamenta di tutto.

grumpy *adjective* brontolona/ brontolone; **grumpy person** brontolona F, brontolone M.

grunt *verb* grugnire [12].

guarantee *noun* garanzia F; **three-year guarantee** garanzia di tre anni/valida per tre anni; **the iron is still under guarantee** il ferro da stiro è ancora sotto garanzia.

guard *noun* **1 prison guard** secondina F, secondino M; **2** (*on a train*) capotreno F & M; **3 security guard** vigilante F & M, sceriffo M.

guard dog *noun* cane (M) da guardia.

guardian *noun* tutore M, tutrice F.

guess *noun* **have a guess!** indovina!; **that was a good guess** hai proprio indovinato. *verb* indovinare [1]; **guess who's coming to dinner** indovina chi viene a cena; **you'll never guess** non indovinerai mai.

guest *noun* **1** ospite F & M; (*at a party*) invitata F, invitato M; **Sandra has guests almost every weekend** Sandra ha ospiti quasi ogni fine settimana; **2** (*in a hotel*) cliente F & M.

guide *noun* (*a person, book or girl guide*) guida F.

guidebook *noun* guida F.

guide dog *noun* cane (M) guida.

guidelines *plural noun* indicazioni F; linee (F) guida.

guilt *noun* senso (M) di colpa.

guilty *adjective* colpevole; **to feel guilty** sentirsi [11] in colpa.

guinea pig *noun* **1** (*pet*) porcellino (M) d'India; **2** (*in experiments*) cavia F; **I refuse to be a guinea pig** rifiuto di fare da cavia.

guitar *noun* chitarra F.

gulf *noun* golfo M.

gum *noun* **1** (*of mouth*) gengiva F; **2** (*chewing gum*) gomma (F) da masticare; (*informal*) ciunga F.

gun *noun* **1** (*handgun*) pistola F; **2** (*rifle*) fucile M.

gust *noun* **gust of wind** folata (F) di vento.

gut *noun* intestino M; **gut reaction** reazione viscerale F.

gutter *noun* (*in the street*) canale (M) di scolo.

guy *noun* (*young*) giovane M; (*middle-aged*) uomo M; **a great guy** un uomo in gamba; **a young guy from Bari** un giovane di Bari.

gym *noun* palestra F; **let's go to the gym** andiamo in palestra.

gymnastics *noun* ginnastica F.

gypsy *noun* zingara F, zingaro M.

H h

habit *noun* abitudine F; **he has a habit of picking his nose** ha l'abitudine di mettersi le dita nel naso; **that's a bad habit** è una cattiva abitudine.

hail *noun* (*religious greeting*) **Hail Mary** ave Maria.

hailstones *plural noun* grandine F.

hailstorm *noun* grandinata F.

hair *noun* **1** capelli M *plural*; **short hair** capelli corti; **long hair** capelli lunghi; **to wash your hair** lavarsi [1] i capelli; **to dye your hair** tingersi [73] i capelli; **to have a haircut** farsi [19] tagliare i capelli; **2 a hair** (*from the head*) capello M; (*on the human body or of animals*) pelo M.

hairbrush *noun* spazzola (F) per capelli.

haircut *noun* **1** taglio M; **2 to get a haircut** farsi [19] tagliare i capelli.

hairdresser *noun* (*for men*) barbiera F, barbiere M; (*for women*) parrucchiera F, parrucchiere M; **didn't you go to the hairdresser's?** non sei andato dal barbiere?

hairdryer *noun* asciugacapelli M.

hair gel *noun* gel (M) per capelli.

hairpin *noun* forcina (F) per capelli.

hair remover *noun* crema depilatoria F.

hairspray *noun* fissatore (M) per capelli.

ENGLISH–ITALIAN

hairstyle *noun* pettinatura F.

hairy *adjective* pelosa/peloso.

half *noun* **1** metà F; **half of** la metà di; **keep half of the cake** tieni [75] metà del dolce; **half a pear** metà pera; **half the people** metà della gente; **2 to cut something in half** tagliare [8] qualcosa in due; **3** (*as a fraction*) mezza F, mezzo M; **two and a half** due e mezzo; **my daughter is six and a half** mia figlia ha sei anni e mezzo; **4** (*in expressions of time*) **half an hour** mezz'ora; **I'll see you at half past six** ci vediamo alle sei e mezzo; **5** (*in weights and measures*) **half a kilo** mezzo chilo; **half a cup** una mezza tazza.

half-hour *noun* mezz'ora F; **every half-hour** ogni mezz'ora.

half price *adjective* a metà prezzo; **half-price groceries** alimentari a metà prezzo; **I bought it half price** l'ho comprato a metà prezzo.

half-time *noun* intervallo M.

halfway *adjective* **1** a metà strada (*never changes*); **halfway between Rome and Naples** a metà strada fra Roma e Napoli; **2 to be halfway through doing something** aver [15] finito qualcosa a metà; **I'm halfway through my homework** ho finito metà dei compiti.

hall *noun* **1** (*in a house*) entrata F; **2** (*in a large building*) vestibolo M; **3 village hall** sala delle assemblee; **concert hall** sala dei concerti.

Hallowe'en *noun* vigilia (F) dei Santi (*there is no particular custom on this date in Italy*).

halo *noun* aureola F.

ham *noun* prosciutto M; **a slice of ham** una fetta (F) di prosciutto; **a ham roll** un panino (M) al prosciutto.

hamburger *noun* hamburger M.

hammer *noun* martello M.

hamster *noun* criceto M.

hand *noun* **1** mano F (*plural* le mani F); **what do you have in your hand?** cos'hai in mano?; **let's hold hands** teniamoci per mano; **2 to give someone a hand** dare [18] una mano a qualcuna/ qualcuno; **do you need a hand?** hai bisogno di aiuto?; **3 on the other hand ...** d'altronde ... ; **4** (*of a watch or clock*) lancetta F; **second hand** lancetta dei secondi.

- **to hand something in** consegnare [1] qualcosa; **have you handed in your essay?** hai consegnato il tema?
- **to hand something out** distribuire [12] qualcosa; **could you hand out some leaflets please?** distribuisci qualche volantino?

handbag *noun* borsetta F.

handcuffs *plural noun* manette F *plural*.

handful *noun* manciata F; * **Giacomo is a real handful** Giacomo è un vero diavoletto.

handicapped *adjective* portatore (M) di handicap/portatrice (F) di handicap.

handkerchief *noun* fazzoletto M.

handle *noun* **1** (*of a door or drawer*) maniglia F; **2** (*on a cup, tool or pan*) manico F.

handlebars *plural noun* manubrio M.

hand luggage *noun* bagaglio (M) a mano.

handmade *adjective* fatta a mano/fatto a mano.

handout *noun* fotocopia F, foglietto M.

handshake *noun* stretta (F) di mano; * **golden handshake** buonuscita F.

handsome *adjective* bella/bello; **a handsome young man** un bel giovanotto; **a handsome young woman** una bella giovane.

handwriting *noun* calligrafia F.

handy *adjective* **1** pratica/pratico; **my Swiss Army knife is quite handy** il mio temperino svizzero è veramente pratico; **2** sottomano (*never changes*); **I always keep some cash handy** tengo sempre contanti sottomano.

hang *verb* **1** essere [16] appesa/appeso; **the picture hanging above the piano** il quadro appeso sulla parete sopra al pianoforte; **2** to **hang something** attaccare [3] qualcosa, appendere [60] qualcosa; **hang the picture on that wall** appendi il quadro a quella parete.

- **to hang around** ciondolare [1]; **why do you always hang around on street corners?** perché ciondoli sempre agli angoli delle strade?
- **to hang down** pendere [9a].
- **to hang on** attendere [60]; **hang on a second while I look for Edoardo** attendi un attimo che cerco Edoardo.
- **to hang out** (*washing*) stendere [60] il bucato.
- **to hang something up** appendere [60] qualcosa; **hang your jacket up in the bathroom** appendi la giacca in bagno.
- **to hang up** (*on the phone*) riagganciare [5]; **she hung up on him** gli ha sbattuto giù il telefono.

hangover *noun* (*formal*) postumi (M *plural*) di una sbornia; * (*informal*) **I've got a rotten hangover** ho la testa come un cesto.

hang-up *noun* complesso M, inibizione F.

happen *verb* **1** succedere [26] **what's happened?** cos'è successo?; **we don't know what will happen** non sappiamo cosa succederà; **2 what's happened to my comb?** dov'è finito il mio pettine?; **3 if you happen to bump into Richard ...** se per caso ti imbatti in Richard ...

happily *adverb* **1** allegramente; **the children happily ran out into the garden** i bimbi sono usciti allegramente di corsa in giardino; **2** (*willingly*) volentieri; **I'll happily stand in for you** ti sostituisco volentieri.

happiness *noun* felicità F.

happy *adjective* felice; **a happy person** una persona felice; **a happy coincidence** una felice combinazione; **a happy event** un felice avvenimento; **Happy Birthday!** buon compleanno!; **happy holidays!** buone vacanze!

harass *verb* molestare [1], (*informal*) tampinare [1].

harassment *noun* mobbing M; molestie F *plural*; **sexual harassment** molestie sessuali.

harbour *noun* porto M.

hard *adjective* **1** dura/duro; **to go hard** indurirsi [12]; **2** (*difficult*) difficile; **a hard decision** una decisione difficile; **to have a hard time** passare [1] dei momenti difficili.
adverb **1 to work hard** lavorare [1] sodo; **2 to try hard** sforzarsi [1].

hard-boiled *adjective* **hard-boiled egg** uovo sodo M.

hard disk *noun* (*computer*) disco rigido M.

hardly *adverb* **1** appena; **I can hardly see it** riesco appena a vederlo; **2 hardly any** non ... quasi più; **we've got hardly any cakes left** non ci restano quasi più paste; **3 hardly ever** non ... quasi mai; **I hardly ever go to the cinema** non vado quasi mai al cinema; **4 hardly anybody swims in these waters** in queste acque non nuota quasi nessuno; **5 * I can hardly wait till Christmas** non vedo l'ora che arrivi Natale.

hard up *adjective* (*informal*) al verde (*never changes*).

hardware shop *noun* negozio (M) di ferramenta; ferramenta M.

hare *noun* lepre F.

harm *noun* danno M; **don't worry, I won't do you any harm** non preoccuparti, non ti farò alcun male.
verb danneggiare [6]; **your behaviour could harm our company** il tuo comportamento potrebbe danneggiare la nostra azienda; **this drug won't harm you** questa medicina non ti farà male.

harmful *adjective* dannosa/dannoso.

harmless *adjective* inoffensiva/inoffensivo.

harp *noun* arpa F.

harsh *adjective* dura/duro, crudele.

harvest *noun* raccolto M.

hash key *noun* cancelletto M.

hassle *noun* fastidio M, (*informal*) rottura F.
verb dare [18] fastidio, importunare [1].

haste

ENGLISH–ITALIAN

haste *noun* fretta F.

hat *noun* cappello M; * **I take my hat off to you!** complimenti!

hate *verb* odiare [2]; **I don't hate her at all** non la odio affatto.

hatred *noun* odio M.

haunt *verb* perseguitare [1], tormentare [1].

have *verb* **1** (*to own*) avere [15]; **how many pets do you have?** quanti animali hai in casa?; **Monica has a lot of property in Tuscany** Monica ha molte proprietà in Toscana; **2 to have got** avere; **have you got any change?** hai mica spiccioli?; **what have you got round your neck?** cos'hai intorno al collo?; **3** (*to form compound tenses some Italian verbs take* avere *and some take* essere) **I've never been to Venice** non sono mai stata a Venezia; **what have you done so far?** cos'hai fatto finora?; **he has spoken at last** finalmente ha parlato; **she's fallen on the ground, pick her up!** è caduta a terra, tirala su!; **I've never been to Russia** non sono mai stata in Russia; **4 to have to** dovere [37] (*followed by an infinitive verb*); **she has to hand in her essay by tomorrow** deve consegnare il tema entro domani; **5** (*to eat or drink*) prendere [60]; **what will you have?** cosa prendi?; **I'll have a hamburger** prendo un hamburger; **6 to have a shower** fare [19] la doccia; **to have lunch** pranzare [1]; **to have dinner** cenare [1]; **7 to have something done** fare [19] (*followed by an infinitive verb*); **I want to have my car resprayed** voglio far riverniciare la macchina.

hay *noun* fieno M.

hay fever *noun* raffreddore (M) da fieno, febbre (F) da fieno.

hazard *noun* rischio M.

hazelnut *noun* nocciola F; **hazelnut ice cream** gelato (M) alla nocciola.

he *pronoun* lui (*normally omitted in Italian, except for stress or contrast*); **he's not coming today** oggi non viene; **I'm allergic to milk and he's allergic to strawberries** io sono allergica al latte e lui alle fragole.

head *noun* **1** testa F; **she hit Susan on the head** ha dato un colpo in testa a Susan; **I've got a sore head** ho mal di testa; **at the head of the queue** in testa alla fila; **2** (*school principal*) preside F & M; **3** (*when tossing a coin*) **heads or tails?** testa o croce?
verb avviarsi [1] verso; **she's heading for home at last** finalmente si sta avviando verso casa.

headache *noun* mal (M) di testa; (*formal*) emicrania F.

headlight *noun* faro M.

headline *noun* testata F; **to hit the headlines** fare [19] notizia.

ENGLISH–ITALIAN

headphones *plural noun* cuffia F.

headquarters *plural noun* quartier generale M *singular*.

heal *verb* guarire [12].

health *noun* salute F; **public health** pubblica sanità F.

health centre *noun* consultorio M.

healthy *adjective* sana/sano; **a healthy outlook** una sana visione della realtà; **healthy diet** regime alimentare sano.

heap *noun* mucchio M, sacco M; **I've got heaps of work to do** ho un mucchio di lavoro da fare; **thanks heaps** grazie infinite.

hear *verb* sentire [11]; **1 can you hear me?** mi senti?; **we can't hear the sea** non riusciamo a sentire il mare; **2** (*news*) **I hear your daughter has moved house** ho sentito che tua figlia ha cambiato casa.

- **to hear about something** sentir [11] parlare di qualcosa; **did you hear about Vincenzo's accident?** hai sentito parlare dell'incidente di Vincenzo?; **did you hear anything about the exam results?** hai mica sentito niente dei risultati degli esami?

- **to hear from someone** avere [15] notizie di qualcuna/qualcuno; **have you heard from your son?** hai avuto notizie di tuo figlio?

hedgehog

hearing *noun* (*one of the five senses*) udito M.

heart *noun* **1** cuore M; **to learn by heart** imparare [1] a memoria; **2** (*in cards*) cuori M *plural*; **the queen of hearts** la regina (F) di cuori.

heart attack infarto M.

heat *noun* calore M.
verb (*also to heat up*) riscaldare [1]; **why isn't this room heated?** perché non è riscaldata questa stanza?; **would you like me to heat the soup up for you?** vuoi che ti riscaldi la minestra?

heater *noun* stufa F; **electric heater** stufa elettrica; **gas heater** stufa a gas.

heath *noun* brughiera F.

heating *noun* riscaldamento M; **central heating** riscaldamento centrale.

heatwave *noun* ondata (F) di caldo.

heaven *noun* paradiso M.

heavy *adjective* **1** pesante; **this suitcase is quite heavy** questa valigia è piuttosto pesante; **2** (*busy*) carica/carico; intensa/intenso; **heavy schedule** programma intenso M.

hectic *adjective* frenetica/frenetico; **a hectic day** una giornata movimentata.

hedge *noun* siepe F.

hedgehog *noun* istrice M.

heel

heel *noun* tacco M.

height *noun* **1** (*of a person*) statura F; **2** (*of a building*) altezza F; **3** (*of a mountain*) altitudine F.

heir, heiress *noun* erede F & M.

helicopter *noun* elicottero M.

hell *noun* inferno M; (*informal*) **go to hell!** va all'inferno!

hello *greeting* **1** (*formal*) buongiorno; (*informal*) ciao, salve; **2** (*on the telephone*) pronto?

helmet *noun* casco M.

help *noun* aiuto M; **do you need any help?** hai bisogno di aiuto? *verb* **1** aiutare [1]; **will you help me carry this suitcase?** mi aiuti a portare questa valigia?; **2** (*at the table*) **help yourself** serviti; **3** **help!** aiuto!

helpful *adjective* **1** (*person*) premurosa/premuroso, servizievole; **2** (*remark etc.*) costruttiva/costruttivo.

hem *noun* orlo M.

hen *noun* gallina F.

her *pronoun* **1** la (l' *before a vowel or* h); **I saw her yesterday** l'ho vista ieri; **call her** chiamala; **leave her alone** lasciala in pace; **2** (*to her*) le (*informal* gli; glie *in combination with other pronouns*); **I'm sending her a present** le mando un regalo; **you could give her some money** potresti darle qualche soldo; **I'll never give it to her** non glielo darò mai; **3** (*after a preposition or in comparisons*) lei; **are you going with her?** vai con lei?; **I feel very lonely without her** mi sento tanto solo senza di lei; **Giuseppe is older than her** Giuseppe è più anziano di lei. *possessive adjective* **1** la sua/il suo (*plural* le sue/i suoi); **her handbag** la sua borsetta; **2** (*the article is omitted before names of close relatives in the singular*); **her father-in-law** suo suocero; (*the article is omitted and the possessive follows the noun with* camera *and* casa) **her home** casa sua; **3** (*in Italian, possessives are often omitted when the identity of the possessor is obvious; in many other cases they are expressed using personal pronouns*) **she lost her keys** ha perso le chiavi; **she raised her arm** ha alzato il braccio; **she is washing her face** si sta lavando la faccia; **she is refusing to put her shoes on** rifiuta di mettersi le scarpe.

herb *noun* erba aromatica F.

here *adverb* **1** qui, qua; **come here** vieni qui; **near here** qui vicino; **is anybody here?** qui c'è nessuno?; **2 here is, here are** ecco; **here's John** ecco John; **here's my business card** ecco il mio biglietto da visita; **here are some more nails** ecco altri chiodi.

hernia *noun* ernia F.

hero *noun* eroe M.

heroin *noun* eroina F.

ENGLISH–ITALIAN   **hike**

heroine *noun* eroina F.

herring *noun* aringa F.

hers *possessive pronoun* **1** sua/suo; (*plural*) sue/suoi; **this skirt is hers** questa gonna è sua; **2** (*in contrasts*) la sua/il suo; **I ate my orange and she ate hers** io ho mangiato la mia arancia e lei ha mangiato la sua; **3 a close friend of hers** una sua intima amica.

herself *pronoun* **1** se stessa, si; **Cristina only thinks about herself** Cristina pensa solo a se stessa; **2** sola; da sola; **she's all by herself** è tutta sola; **she did it herself** l'ha fatto da sola.

hesitate *verb* esitare [1]; **don't hesitate, go right ahead** non esitare, fallo.

heterosexual *adjective* eterosessuale.

hi *greeting* salve!

hiccup *noun* singhiozzo M; **to have the hiccups** avere [15] il singhiozzo.

hidden *adjective* nascosta/nascosto; **hidden motives** secondi fini M.

hide *verb* **1** (*to hide yourself*) nascondersi [49]; **he hid under the table** si è nascosto sotto la tavola; **2** (*to hide something*) **where did you hide the cakes?** dove hai nascosto le paste?

hide-and-seek *noun* **to play hide-and-seek** giocare [3] a nascondino.

hierarchy *noun* gerarchia F.

hi-fi (system) *noun* stereo M.

high *adjective* **1** alta/suo; **that building is so high!** quel palazzo è così alto!; **how high is the wall?** qual è l'altezza del muro?; **2** (*prices, temperatures*) elevata/elevato; **I find prices here too high** trovo che qui i prezzi sono troppo elevati; **3** (*on drugs*) flippata/flippato. **4 high winds** venti violenti; **a high voice** una voce stridula; **at high speed** ad alta velocità.

high-heeled *adjective* col tacco alto (*never changes*); **high-heeled shoes** scarpe (F *plural*) col tacco alto.

highlight *verb* (*part of a text*) evidenziare [2].

highlighter *noun* evidenziatore M.

highly *adverb* estremamente; **a highly intelligent person** una persona estremamente intelligente.

high school *noun* (*in general*) scuola secondaria F; liceo M; (*a technical school*) istituto tecnico M.

highway *noun* strada maestra F, strada statale F.

hijack *verb* dirottare [1]; **to hijack a plane** dirottare un aereo.

hike *noun* camminata F, trek M; **a hike in the mountains** una camminata in montagna.

hilarious *adjective* spassosa/spassoso.

hill *noun* **1** (*an elevation*) collina F; **from here we can see the hills** da qui possiamo vedere le colline; **2** (*hillside*) pendio M; **3** (*sloping street or road*) salita F; **cycle up the hill and then come down again** pedala su per la salita e poi torna giù; **this hill is too steep** questa salita è troppo ripida.

him *pronoun* **1** lo (l' *before a vowel or* h); **I've never seen him** non l'ho mai visto; **do you see him?** lo vedi?; **I'll contact him tomorrow** lo contatterò domani; **2** (*to him*) gli (glie *in combination with other pronouns*); **give him that CD** dagli quel CD; **I'll give it to him tomorrow** glielo darò domani; **3** (*after a preposition or in comparisons*) lui; **are you going with him?** vai con lui?; **Robin is taller than him** Robin è più alto di lui.

himself *pronoun* se stesso, si; **1 Greg has hurt himself** Greg si è fatto male; **2** solo; da solo; **he has remained all by himself** è rimasto tutto solo; **he did it all by himself** l'ha fatto tutto da solo.

Hindu *noun, adjective* indù F & M.

hint *noun* accenno M. *verb* accennare (a) [1].

hip *noun* anca F; **hip replacement** protesi (F) dell'anca.

hippopotamus *noun* ippopotamo M.

hire *noun* noleggio M; **car hire** noleggio automobili; **for hire** a noleggio. *verb* noleggiare [6]; **let's hire a car** noleggiamo un'automobile.

his *possessive pronoun* **1** sua/suo; (*plural*) sue/suoi; **this wallet is his** questo portafoglio è suo; **I think this bicycle is his** credo che questa bicicletta sia sua; **2** (*in contrasts*) la sua/il suo; **I wrote my name and he wrote his** io ho scritto il mio nome e lui ha scritto il suo; **I'll take my children and George will take his** io porto i miei figli e George porta i suoi; **3 one of his business partners** una sua socia d'affari. *possessive adjective* **1** la sua F/il suo M (*plural* le sue/i suoi); **his wallet** il suo portafoglio; **2** (*the article is omitted before names of close relatives in the singular*) **his sister-in-law** sua cognata; (*the article is omitted and the possessive follows the noun with* camera *and* casa) **in his bedroom** in camera sua; **3** (*in Italian, possessives are often omitted when the identity of the possessor is obvious; in many other cases they are expressed using personal pronouns*) **he lost his watch** ha perso l'orologio; **he opened his eyes** ha aperto gli occhi; **he is washing his hands** si sta lavando le mani; **he is putting his tie on** sta mettendosi la cravatta.

ENGLISH–ITALIAN — holiday

historian *noun* storica F, storico M.

history *noun* storia F; **have you done your history essay?** hai fatto il compito di storia?

hit *noun* successo M; **her latest hit** il suo ultimo successo; **the play has been a real hit** il dramma ha avuto un grande successo.
verb **1** colpire [12], picchiare [2]; **to hit the ball** colpire la palla; **2** dare [18] botte; **she hit him several times** gli ha dato un sacco di botte; **3 to hit your head on something** sbattere [9a] la testa contro qualcosa; **the bus hit a tree** l'autobus ha sbattuto contro un albero; **4 to be hit by a vehicle** essere [16] investita/investito da un veicolo.

hitch *noun* problema M; **there's a slight hitch** c'è un problemino.
verb **to hitch a lift** fare [19] l'autostop.

hitchhike *verb* fare [19] l'autostop.

hitchhiker *noun* autostoppista F & M.

HIV-negative *adjective* sieronegativa/sieronegativo.

HIV-positive *adjective* sieropositiva/sieropositivo.

hoard *verb* accumulare [1], conservare [1].

hobby *noun* passatempo M, hobby M.

hockey *noun* hockey M.

hockey stick *noun* mazza (F) da hockey.

hold *verb* **1** tenere [75]; **to hold something in your hand** tenere qualcosa in mano; **can you hold the bottle please** puoi tenere la bottiglia per favore?; **the bus holds fifty-four seated passengers** l'autobus contiene cinquantaquattro passeggeri seduti; **2 how much water does that saucepan hold?** qual è la capacità di quella pentola?; **3 to hold a meeting** organizzare [1] una riunione; **4 hold the line please** resta in linea; **5 hold on!** un attimo!
- **to hold someone up** (*delay*) trattenere [75] qualcuna/qualcuno; **I was held up at customs** sono stata trattenuta alla dogana.
- **to hold something up** (*raise*) sollevare [1] qualcosa; **she held up her baby** ha sollevato il bambino.

hold-up *noun* **1** (*delay*) ritardo M; **2** (*traffic jam*) ingorgo M; **3** (*robbery*) rapina F.

hole *noun* buco M.

holiday *noun* **1** vacanze F *plural*; **when do your holidays start?** quando cominci le vacanze?; **the school holidays** le vacanze scolastiche; **have a good holiday!** buone vacanze!; **2** (*from work*) ferie F *plural*; **when are you taking your holidays?** quando vai in ferie?; **3 national holiday** festa nazionale F;

church holiday festa religiosa; **4 holiday home** seconda casa F.

holiness *noun* santità F; **His Holiness** Sua Santità.

hollow *adjective* vuota/vuoto; **hollow promises** promesse da marinaio.

holocaust *noun* olocausto M.

holy *adjective* santa/santo.

home *noun* casa F; **will you be at home tonight?** sei a casa stasera?; **make yourself at home** fa come se fossi a casa tua; **at home** a casa mia; **home match** partita (F) in casa. *adverb* **1** a casa; **Manlio has gone home** Manlio è andato a casa; **I'll call on my way home** vengo da te sulla via di casa; **2 to get home** rientrare [1]; **what time did you get home?** a che ora sei rientrata?

homeless *noun* senzatetto F & M (*never changes*); **the homeless** i senzatetto.

home-made *adjective* fatta/fatto in casa; **home-made bread** pane fatto in casa, pane casereccio.

homeopath *noun* omeopata F & M.

homeopathic *adjective* omeopatica/omeopatico.

homesick *adjective* nostalgica/nostalgico; **I feel homesick** ho nostalgia di casa.

homework *noun* compiti (M *plural*) per casa; **have you done your homework?** hai fatto i compiti?; **my Italian homework** i miei compiti di italiano.

homogeneous *adjective* omogenea/omogeneo.

homosexual *noun, adjective* omosessuale F & M.

honest *adjective* onesta/onesto.

honestly *adverb* francamente.

honesty *noun* onestà F.

honey *noun* miele M.

honeymoon *noun* viaggio (M) di nozze; **where are you going on your honeymoon?** dove andrete in viaggio di nozze?

honeysuckle *noun* caprifoglio M.

honour *noun* onore M; **an honours degree** laurea lunga (F) (*no direct equivalent in Italian*).

hood *noun* cappuccio M.

hook *noun* **1** gancio M; **2 to take the telephone off the hook** staccare [3] il telefono.

hooligan *noun* teppista F & M.

hooray *exclamation* evviva!

hoover *noun* SEE **vacuum cleaner**.

hop *noun* salto M.
verb saltare [1].

hope *noun* speranza F; **to give up hope** perdere [52] la speranza. *verb* sperare [1]; **I hope you won't get cross** spero che non ti arrabbierai; **we hope to see**

ENGLISH–ITALIAN

you next week speriamo di rivedervi la settimana prossima; **here's hoping!** speriamo che vada dritta!; **I hope so** lo spero; **I hope not** spero di no.

hopefully *adverb* sperabilmente; **hopefully they won't take us to court** si spera che non ci faranno causa.

hopeless *adjective* negata/negato; **she's hopeless at science subjects** è negata per le scienze.

horizontal *adjective* orizzontale.

horn *noun* **1** (*of an animal and a musical instrument*) corno M; **2** (*of a car*) clacson M; **to toot the horn** suonare [1] il clacson.

horoscope *noun* oroscopo M.

horrible *adjective* **1** orrenda/orrendo; (*often expressed by suffix*) **what horrible weather!** che tempaccio!; **2** (*person*) sgradevole; **what a horrible boss!** che capufficio sgradevole!

horror *noun* orrore M.

horror film *noun* film (M) dell'orrore.

horse *noun* cavallo M.

horseshoe *noun* ferro (M) di cavallo.

hose *noun* **1** tubo (M) di gomma; **2** (*hosepipe*) tubo (M) per annaffiare.

hospital *noun* ospedale M; **to be admitted to hospital** essere [16] ricoverata/ricoverato in ospedale; **to be discharged from hospital** essere dimessa/dimesso dall'ospedale.

hospitality *noun* ospitalità F.

hostage *noun* ostaggio M.

hostel *noun* **youth hostel** ostello (M) della gioventù.

hostess *noun* padrona (F) di casa.

hostile *adjective* ostile.

hot *adjective* **1** calda/caldo; **a hot drink** una bevanda calda; **the window sill is too hot to sit on** il davanzale scotta troppo per potervisi sedere; **2** (*a person*) **I feel really hot** ho veramente caldo; **I'm too hot** ho troppo caldo; **3** (*weather*) **it's been very hot all day** ha fatto molto caldo tutta la giornata; **the laundry is quite hot** la lavanderia è molto calda; **4** (*food*) piccante; **I love hot curries** mi piacciono un sacco i curry piccanti.

hot dog *noun* hot dog M.

hotel *noun* albergo M; **a budget hotel** un albergo modesto.

hot-water bottle *noun* borsa (F) dell'acqua calda.

hour *noun* ora F; **I'll see you in three hours' time** ti rivedo fra tre ore; **ten hours ago** dieci ore fa; **I'm paid by the hour** mi pagano a ora; **the clock strikes every hour** l'orologio suona a tutte le ore; **a quarter of an hour** un quarto d'ora.

house *noun* casa F, villa F; **at/in their house** a casa loro; **why**

don't we go to her house? perché non andiamo a casa sua?

household *noun* nucleo familiare M, famiglia F.

housewife *noun* casalinga F.

how *adverb* **1** come; **how did she get here?** come è venuta?; **how are you?** come stai?; **how come?** come mai?; **2** (*in formal introductions*) **how do you do?** lieta/lieto di conoscerla; **3 how much** quanta (F)/quanto (M); **how much milk do you need?** quanto latte ti serve?; **4 how many?** quante (F *plural*)/quanti (M *plural*); **how many more stops?** quante fermate mancano?; **how many people live in your house?** quante persone abitano da te?; **5 how old is she?** quanti anni ha?; **6 how far is it from here to Florence?** quanto dista da qui Firenze?; **7 how long was the meeting?** quanto è durata la seduta?; **how long has she been in hospital?** da quanto tempo si trova in ospedale? *conjunction* come; **can you show me how to use this search engine?** mi mostri come si usa questo motore di ricerca?

however *adverb* comunque.

howl *verb* ululare [1].

hug *noun* **to give someone a hug** abbracciare [5] qualcuna/qualcuno; **give her a hug!** abbracciala!

huge *adjective* enorme.

hum *verb* canticchiare [2].

human *adjective* umana/umano; **human being** essere umano M.

humble *adjective* umile.

humbug *noun* impostura F.

humid *adjective* umida/umido.

humour *noun* umorismo M; **she's got no sense of humour** le manca il senso dell'umorismo.

hunchback *noun* gobba F, gobbo M.

hundred *number* **1** cento; **three hundred** trecento; **2** centinaio M (*plural* centinaia F) **about a hundred women** un centinaio di donne; **hundreds of demonstrators** centinaia di manifestanti.

hunger *noun* fame F.

hungry *adjective* **to be hungry** avere [15] fame; **are you hungry?** hai fame?

hunt *verb* **1** (*an animal*) dare [18] la caccia a; **2** (*a suspect etc.*) inseguire [11].

hunting *noun* caccia F; **deer hunting** caccia al cervo.

hurdle *noun* ostacolo M.

hurry *noun* **to be in a hurry** avere [15] fretta F; **are you in a hurry?** hai fretta? *verb* sbrigarsi [4], spicciarsi [5]; **we must hurry** dobbiamo sbrigarci; **let's hurry** sbrighiamoci; **hurry up!** spicciati!

ENGLISH–ITALIAN

hurt *verb* **1** to hurt someone fare [19] del male a qualcuna/qualcuno; **stop hurting me!** smettila di farmi male!; **that hurts!** fa male!; **2 my shoulder hurts** mi fa male la spalla; **3 mind you don't hurt yourself** attenta a non farti male. *adjective* **1** (*in an accident*) ferita/ferito; **many were hurt** ci sono stati molti feriti; **2** (*in feelings*) amareggiata/amareggiato; **I'm really hurt** sono veramente amareggiata.

husband *noun* marito M; **my husband is a plumber** mio marito fa l'idraulico.

hut *noun* capanna F.

hutch *noun* (*for rabbits*) conigliera F.

hydrogen *noun* idrogeno M.

hymn *noun* inno M.

hyphen *noun* trattino (M) d'unione.

hypocrite *noun* ipocrita F & M.

hysteria *noun* isterismo M.

I i

I *pronoun* io (*normally omitted in Italian, except for stress or contrast*); **I'm going on holiday next week** la settimana prossima vado in vacanza; **he's Welsh and I'm Italian** lui è gallese e io sono italiano; **she doesn't know, I do** lei non lo sa, io sì; **Susan and I** Susan e io; (*sometimes placed after the verb to highlight the subject*) **I'll go if no one else will** se non ci va nessun altro, ci vado io.

ice *noun* ghiaccio M; **ice-cube** cubetto (M) di ghiaccio.

ice cream *noun* gelato M; **strawberry ice cream** gelato alla fragola.

ice hockey *noun* hockey (M) su ghiaccio.

ice rink *noun* palazzo (M) del ghiaccio.

ice skating *noun* pattinaggio (M) su ghiaccio.

icing *noun* (*on cakes*) glassa F.

icing sugar *noun* zucchero (M) a velo.

icy *adjective* **1** ghiacciata/ghiacciato; **an icy road** una strada ghiacciata; **2** gelida/gelido; **an icy wind** un vento gelido; **an icy atmosphere** un'atmosfera gelida.

idea *noun* idea F; **that's a good idea!** che buona idea!; **have you any idea if ...** sai mica se ...

ideal *adjective* ideale.

identical *adjective* identica/identico; **identical twins** gemelle monozigotiche F, gemelli monozigotici M.

identify *verb* identificare [3].

identity card

identity card *noun* carta (F) d'identità.

idiom *noun* (*grammar*) locuzione idiomatica F.

idiot *noun* fessa/fesso; **the guy's a real idiot** quello è proprio fesso.

idle *adjective* oziosa/ozioso.

idol *noun* idolo M.

idyllic *adjective* idillica/idillico.

i.e. cioè, ossia; **the Eternal City, i.e. Rome** la Città Eterna, cioè Roma.

if *conjunction* **1** se; **if she agrees** se è d'accordo; **if I could visit you** se potessi venire a trovarti; **if I was single** se fossi celibe (M)/nubile (F); **if we had more money** se avessimo più soldi; **2 if only ...** se ... solo ... ; **if only I had known** se l'avessi solo saputo; **3 even if** anche se; **even if it's very cold** anche se fa molto freddo; **4 if not** altrimenti; **if she agrees that's fine, if not we'll go it alone** se acconsentirà bene, altrimenti ci arrangeremo da sole; **5 if only (it were true)!** magari!

iffy *adjective* incerta/incerto.

ignorant *adjective* ignorante.

ignore 1 *verb* ignorare [1] qualcuna/qualcuno *or* qualcosa; **2** (*what someone says*) non ascoltare [1]; **3 just ignore her** non badarle.

ill *adjective* ammalata/ammalato; **to fall ill** ammalarsi [1]; **I felt ill** mi sono sentita male.

ENGLISH–ITALIAN

illegal *adjective* illegale.

illegible *adjective* illeggibile.

illness *noun* malattia F.

illogical *adjective* illogica/illogico, sconclusionata/sconclusionato.

illusion *noun* illusione F.

illustrated *adjective* illustrata/illustrato.

illustration *noun* illustrazione F.

image *noun* immagine F; * **she's the spitting image of her sister** è sua sorella sputata.

imagination *noun* fantasia F; **she's got lots of imagination** ha molta fantasia.

imaginative *adjective* piena di fantasia/pieno di fantasia.

imagine *verb* immaginare [1]; **imagine how I felt** immagina come mi sono sentita; **you can't imagine how steep the climb was** non puoi immaginare quant'era ripida la salita.

imam *noun* (*Islamic*) imam M.

imitate *verb* imitare [1].

imitation *noun* imitazione F.

immediate *adjective* immediata/immediato; **there was an immediate sigh of relief** c'è stato un immediato sospiro di sollievo.

immediately *adverb* subito, immediatamente; **they left immediately** sono partite subito;

ENGLISH–ITALIAN

immediately before subito prima; **immediately after** subito dopo.

immersion *noun* immersione F; (*in language teaching*) **total immersion** immersione totale.

immigrant *noun* immigrata F, immigrato M.

immigration *noun* immigrazione F.

immoral *adjective* immorale.

immortal *adjective* immortale.

impact *noun* urto M, impatto M.

impatience *noun* impazienza F.

impatient *adjective* **1** impaziente; **don't be so impatient** non essere tanto impaziente; **2 to get impatient with someone** impazientirsi [12] con qualcuna/qualcuno.

impatiently *adverb* impazientemente.

imperative *noun* imperativo M.

imperfect *noun* imperfetto M; **can you remember the imperfect of 'tradurre'?** ricordi l'imperfetto di 'tradurre'? *adjective* imperfetta/imperfetto.

importance *noun* importanza F.

important *adjective* importante.

impossible *adjective* impossibile; **I find it impossible to understand him** mi è impossibile capirlo; **you are impossible!** sei impossibile!

impressed *adjective* colpita/colpito; **I was impressed by her skill** sono stata colpita dalla sua competenza.

impression *noun* impressione F; **they made a bad impression on their hosts** hanno fatto cattiva impressione sui padroni di casa; **my impression is that he hasn't a clue** ho l'impressione che è del tutto sprovveduto.

impressive *adjective* impressionante.

improve *verb* **1** migliorare [1] qualcosa; **the road surface has been greatly improved** la superficie stradale è stata molto migliorata; **2** (*get better*) migliorare; **her health is improving** la sua salute sta migliorando.

improvement *noun* miglioramento M; **there has been an improvement in the overall performance of the class** c'è stato un miglioramento nel rendimento generale della classe.

impudent *adjective* impudente.

in *adverb* **is Marisa in?** è in casa Marisa?; **long skirts are in this year** quest'anno sono di moda le gonne lunghe.
preposition **1** in (in + il = nel, in + la = nella *etc.*); **in my office** nel mio ufficio; **in town** in città; **in her handbag** nella sua borsetta; **2** (*before names of countries or large islands*)

489

in; **in Great Britain** in Gran Bretagna; **in Australia** in Australia; **3** (*before names of towns, cities or small islands and states*) a; **in Melbourne** a Melbourne; **in Jersey** a Jersey; **4** (*time expressions*) **in August** in agosto; **in the summer** d'estate; **in winter** d'inverno; **in spring** in primavera; **in 2005** nel 2005; **in the sixteenth century** nel Cinquecento; **in the evening** la sera; **in the morning** la mattina; **I wrote the letter in less than half an hour** ho scritto la lettera in meno di mezz'ora; **they arrived in time** sono arrivati in tempo; **5** fra, tra; **see you in about twenty minutes** arrivederci tra venti minuti; **6** (*to distinguish someone/something within a group*) di; **the youngest teacher in the school** l'insegnante più giovane della scuola; **the tallest building in London** l'edificio più alto di Londra; **7 in the sun** al sole; **in the rain** sotto la pioggia; **in Italian** in italiano; **in the newspaper** sul giornale.

incident *noun* incidente M.

include *verb* comprendere [60]; **all taxes are included in the price** tutte le imposte sono comprese nel prezzo; **service included** servizio compreso.

including *preposition* compresa/compreso; **one hundred and four dollars including GST** centoquattro dollari compresa l'IVA; **including weekends** compreso il fine settimana; **not including public holidays** senza contare le giornate festive.

income *noun* reddito M.

income tax *noun* imposta (F) sull'entrata; IRPEF (*short for* Imposta sul Reddito delle Persone Fisiche); **income tax return** dichiarazione (F) dei redditi.

inconvenience *noun* fastidio M, disturbo M.

inconvenient *adjective* scomoda/scomodo; **it's an inconvenient time** è un'ora scomoda; **the suggested schedule is inconvenient** l'orario proposto è scomodo.

increase *noun* aumento M. *verb* aumentare [1]; **student numbers have increased threefold this year** quest'anno il numero di studenti è aumentato del trecento per cento.

incredible *adjective* incredibile.

incredibly *adverb* straordinariamente, estremamente; **I'm incredibly tired** sono estremamente stanca.

indecent *adjective* indecente.

indeed *adverb* **1** veramente, davvero; **we're very grateful indeed** siamo veramente grati; **I was very upset indeed** ero veramente scossa; **thank you very much indeed** grazie di cuore; **2** (*certainly*) certo, certamente; **'do you like this dish'? – 'I do indeed'** 'ti piace questo piatto?' – 'certo'; **'do you intend going to the concert?'**

ENGLISH–ITALIAN

– **'I do indeed'** 'hai intenzione di andare al concerto?' – 'certamente'; **3** (*as to be expected*) infatti; **I told him the rope would snap and indeed it did** gli avevo detto che la corda si sarebbe spezzata, e infatti è stato proprio così.

indefinite article *noun* (*grammar*) articolo indeterminativo M.

independence *noun* indipendenza F.

independent *adjective* indipendente; **independent school** scuola privata.

index *noun* indice M.

Indian summer *noun* estate (F) di San Martino.

indicate *verb* indicare [3].

indication *noun* indicazione F.

indigestion *noun* indigestione F; **to have indigestion** avere [15] l'indigestione.

indirect *adjective* indiretta/indiretto.

indisposed *adjective* (*unwell*) indisposta/indisposto.

individual *noun* individua F, individuo M.
adjective **1** individuale; **an individual contribution** un contributo individuale; **2 individual tuition** lezioni private F *plural*.

indoor *adjective* coperta/coperto; **indoor tennis court** campo di tennis coperto.

indoors *adverb* **1** all'interno, al coperto; **the matches will take place indoors** gli incontri si svolgeranno all'interno; **2 let's go indoors** entriamo.

induce *verb* indurre [27].

industrial *adjective* **1** (*relating to industry*) industriale; **industrial output** la produzione industriale; **2** (*relating to trade union issues*) sindacale; **industrial relations** rapporti sindacali.

industrial estate *noun* zona industriale F.

industry *noun* **1** (*manufacturing sector*) industria F; **2** (*keenness*) zelo M, alacrità F; **3 * captain of industry** capitano (M) d'industria.

inefficient *adjective* inefficiente.

inevitable *adjective* inevitabile.

inevitably *adverb* inevitabilmente.

inexperienced *adjective* inesperta/inesperto.

infallible *adjective* infallibile.

infamous *adjective* famigerata/famigerato, malfamata/malfamato.

infection *noun* infezione F.

infectious *adjective* infettiva/infettivo; **infectious diseases** malattie infettive; **infectious laughter** riso contagioso.

inferior *adjective* inferiore.

infinitive noun (*grammar*) infinito M; **in the infinitive** all'infinito.

inflatable *adjective* pneumatica/pneumatico; **inflatable dinghy** canotto pneumatico.

inflate *verb* gonfiare [2]; **my tyres need inflating** ho le gomme da gonfiare.

inflation *noun* inflazione F.

influence *noun* influsso M; **to be a good influence on someone** avere [15] un buon influsso su qualcuna/qualcuno. *verb* influire [12] su qualcuna/qualcuno.

inform *verb* informare [1]; **when were you informed?** quando ti hanno informata?; (*formal*) **we regret to have to inform you that …** ci rincresce doverLe comunicare che …; **to inform someone of something** informare qualcuna/qualcuno di qualcosa.

informal *adjective* **1** informale; **an informal meeting** una riunione informale; **2** (*unofficial*) ufficiale/ufficioso; **an informal document** un documento ufficioso; **3** (*language*) familiare; **an informal expression** una locuzione familiare.

information *noun* informazioni F *plural*; **could you give me some information on this year's timetable?** mi può (*formal*) dare delle informazioni sull'orario di quest'anno?; **a piece of information** un'informazione; **information office** ufficio (M) informazioni.

information technology *noun* informatica F.

infuriating *adjective* esasperante.

ingredient *noun* ingrediente M.

inhabitant *noun* abitante F & M.

initials *noun* iniziali F *plural*; **put your initials in the margin** metti le iniziali in margine.

initiative *noun* iniziativa F.

injection *noun* iniezione F; **to give someone an injection** fare [19] un'iniezione a qualcuna/qualcuno.

injure *verb* ferire [12].

injured *adjective* ferita/ferito.

injury *noun* ferita F; **injury time** (*in sports*) tempi supplementari M *plural*.

ink *noun* inchiostro M.

in-laws *plural noun* parenti acquisite F *plural*, parenti acquisiti M *plural*.

inlet *noun* baia F.

inner *adjective* interiore; **inner city** centro cittadino.

innocent *adjective* innocente.

innuendo *noun* insinuazione F.

input *noun* inserimento (M) di dati, input M.

inquest *noun* inchiesta F.

ENGLISH–ITALIAN

instead

inquire *verb* SEE **enquire**.

inquiry *noun* SEE **enquiry**.

insane *adjective* folle.

inscription *noun* iscrizione F.

insect *noun* insetto M.

insect repellent *noun* insettifugo M.

inside *noun* interno M; **the inside of the chapel** l'interno della cappella.
preposition dentro a, all'interno di; **inside the building** all'interno dell'edificio; **inside the gym** dentro alla palestra.
adverb dentro; **they were inside a few minutes ago** qualche minuto fa erano dentro; **let's go inside** entriamo; * **they've put him inside** (*i.e. in jail*) l'hanno messo dentro.

inside out *adverb* rivoltata/rivoltato; a rovescio; **your jumper is inside out** hai il pullover a rovescio.

insincere *adjective* insincera/insincero.

insist *verb* **1** insistere [10]; **if you insist** se proprio insisti; **they insisted on coming with us** hanno insistito per venire con noi; **2 to insist that** ribadire [12] che (di *before infinitive*); **she insisted that she had not received the report** ha ribadito di non aver ricevuto la relazione.

insomnia *noun* insonnia F.

inspector *noun* **1** ispettore M, ispettrice F; (*police*) commissaria F, commissario M; **2 ticket inspector** controllora F, controllore M.

install *verb* installare [1].

instalment *noun* **1** (*of a payment*) rata F; **to pay by instalments** pagare [4] a rate; **2** (*of a serialised novel*) puntata F; **I'm reading the fifth instalment** sto leggendo la quinta puntata.

instance *noun* **for instance** per esempio.

instant *noun* **1** attimo M; **could you wait an instant please?** puoi attendere un attimo?; **2 come to my office this instant** vieni immediatamente nel mio ufficio.
adjective **1** (*coffee*) **instant coffee** caffè solubile M; **2** (*immediate*) immediata/immediato; **the play was an instant success** il dramma ha avuto un successo immediato.

instantly *adverb* immediatamente.

instead *adverb* invece; **1 why don't we go to the beach instead?** perché non andiamo invece alla spiaggia?; **would you mind going instead (of me)?** ti dispiace andarci tu al mio posto?; **2 instead of** invece di; **instead of taking the tram, why don't we walk?** perché non camminiamo invece di prendere il tram?

instinct *noun* istinto M.

institute *noun* istituto M.

institution *noun* istituzione F.

instruct *verb* dare [18] un ordine; **we were instructed not to move** ci hanno dato l'ordine di non muoverci.

instructions *plural noun* istruzioni F *plural*; **read the instructions on the tin** leggi le istruzioni sulla scatola; **instructions (for use)** istruzioni per l'uso.

instructor *noun* maestra F, maestro M; **ski instructor** maestra/maestro di sci; **driving instructor** insegnante (F & M) di guida.

instrument *noun* strumento M.

insulin *noun* insulina F.

insult *noun* insulto M. *verb* insultare [1].

insurance *noun* assicurazione F; **insurance policy** polizza di assicurazione; **travel insurance** assicurazione per i viaggi; **insurance broker** mediatore (M)/mediatrice (F) di assicurazioni; **third party motor insurance** responsabilità (F) civile auto.

intelligence *noun* **1** intelligenza F; **2 intelligence services** servizi segreti M *plural*.

intelligent *adjective* intelligente.

intend *verb* avere [15] intenzione di (*followed by an infinitive verb*); **they intend to travel by sea** hanno intenzione di viaggiare per mare.

intensive care unit *noun* reparto (M) di rianimazione.

intention *noun* intenzione F; **she has no intention of selling her house** non ha nessuna intenzione di vendere la sua villa.

interactive *adjective* interattiva/interattivo.

intercom *noun* citofono M.

interest *noun* interesse M; **there's a lot of interest in renewable energy at the moment** attualmente c'è molto interesse per l'energia rinnovabile; **what's the interest rate this week?** questa settimana qual è il tasso d'interesse? *verb* interessare [1]; **your plans interest me enormously** i tuoi progetti mi interessano moltissimo.

interested *adjective* **to be interested in** interessarsi di [1]; **are you interested in sport?** ti interessi di sport?; **she's interested in local politics** le interessa la politica cittadina.

interesting *adjective* interessante.

interfere *verb* **1 to interfere with something** toccare [3] qualcosa, mettere [45] le mani

ENGLISH–ITALIAN

in qualcosa; **2 to interfere in** interferire [12] in; **she keeps interfering in my private life** continua ad interferire nelle mie cose private.

interference *noun* interferenza F.

interior decorator *noun* arredatore M, arredatrice F.

internal *adjective* interna/interno.

international *adjective* internazionale.

Internet *noun* Internet M; **on the Internet** su Internet.

interpret *verb* interpretare [1]; **how do you interpret his silence?** come interpreti il suo silenzio?

interpreter *noun* interprete F & M.

interrupt *verb* interrompere [64]; **stop interrupting me!** smettila di interrompermi!

interruption *noun* interruzione F.

intersection *noun* crocicchio M, incrocio M.

interstate *adjective* interstatale; **from interstate** da un altro stato.

interval *noun* intervallo M.

intervention *noun* intervento M.

interview *noun* **1** (*for a job*) colloquio M; **2** (*in journalism*) intervista F.

verb (*on television, radio, etc.*) intervistare [1].

interviewer *noun* intervistatore M, intervistatrice F.

into *preposition* **1** in; **Marion's gone into the post office** Marion è entrata in posta; **did you hear that James fell into the river?** hai sentito che James è cascato nel fiume?; **get into the lift please** entra in ascensore per favore; **to go into town** andare [17] in città; **translate this passage into Italian** traduci in italiano questo brano; **to change dollars into euros** cambiare [2] dollari in euro; **2 Grace is really into rock** Grace è appassionata del rock; **3 six into thirty** trenta diviso per sei.

intransitive *adjective* intransitiva/intransitivo.

introduce *verb* **1** (*a topic etc.*) introdurre [27]; **2** (*one person to another*) presentare a [1]; **will you introduce me to your teacher please?** mi presenti alla tua insegnante per favore?

introduction *noun* **1** (*in a book*) introduzione F; **2** (*of one person to another*) presentazione F.

intuition *noun* intuizione F.

invade *verb* invadere [53].

invalid *noun* degente F & M, invalida (F)/invalido (M). *adjective* invalida/invalido.

invent *verb* inventare [1].

invention *noun* invenzione F.

inventor *noun* inventore M, inventrice F.

inverted commas *plural noun* virgolette F *plural*; **in inverted commas** fra virgolette.

invest *verb* investire [11].

investigation *noun* indagine F; **murder investigation** indagine su un omicidio.

invisible *adjective* invisibile.

invitation *noun* invito M; **when will you be sending out the invitations to the wedding?** quando invierai gli inviti per le nozze?

invite *verb* invitare [1]; **why didn't you invite your sister?** perché non hai invitato tua sorella?

inviting *adjective* 1 (*a meal*) appetitosa/appetitoso; 2 (*a room*) accogliente.

invoice *noun* fattura F.

involve *verb* 1 richiedere [24]; **this issue will involve a lot of discussion** questa questione richiederà molte discussioni; 2 (*to affect*) interessare [1], implicare [3]; **I'd prefer not to be involved** preferirei non essere implicata; **have the police been involved?** è stata interessata la polizia?; 3 **to be involved in** partecipare [1]; **are you involved in the performance?** partecipi alla recita?

Irish stew *noun* stufato irlandese M.

iron *noun* 1 (*metal*) ferro; 2 (*for clothes etc.*) ferro (M) da stiro. *verb* stirare [1]; **can you iron my skirt please Tom?** puoi stirarmi la gonna per favore Tom?

ironic *adjective* ironica/ironico.

ironing *noun* **to do the ironing** stirare [1] la roba; **ironing board** asse (F) da stiro.

irony *noun* ironia F.

irregular *adjective* irregolare; **irregular verb** verbo irregolare M.

irritable *adjective* irritabile.

irritate *verb* irritare [1].

irritating *adjective* irritante.

is *verb* SEE **be**.

Islam *noun* Islam M.

Islamic *adjective* islamica/islamico; mus(s)ulmana/mus(s)ulmano.

island *noun* isola F; **desert island** isola deserta.

isolated *adjective* isolata/isolato.

issue *noun* 1 (*something you discuss*) questione F; **topical issue** argomento di attualità; 2 (*of a magazine*) numero M. *verb* (*to hand out*) distribuire [12].

it *pronoun* 1 (*when the subject, it is normally omitted in Italian*) **'where's the train?' – 'it's just pulled out'** 'dov'è il treno?' – 'è

ENGLISH–ITALIAN

appena partito'; **'do you mind if I open the window?'** – **'no, it doesn't bother me'** 'ti dispiace se apro la finestra ?' – 'no, non mi dà fastidio'; **it doesn't make sense** non ha senso; **is it raining?** piove?; **is it true?** è vero?; **2 it doesn't matter** non importa; **it's a pity** peccato; **it's four-thirty** sono le quattro e mezzo; **'who is it?'** – **'it's Norberto'** 'chi è?' – 'è Norberto'; **'is that you?'** – **'yes, it's me'** 'sei tu?' – 'sì, sono io'; **what is it?** cosa c'è?; **3** (*when the object*) la F, lo M (*both often shortened to* l') **'where is my umbrella?'** – **'I haven't seen it'** 'dov'è il mio ombrello?' – 'non l'ho visto'; **there's a taxi; let's grab it!** ecco un tassì: acchiappiamolo!; **4 stop it!** smettila!; **are you looking for your wallet? here it is** stai cercando il portafoglio? eccolo.

IT *noun* (*short for* information technology) informatica F.

italics *noun* corsivo; **in italics** in corsivo.

itch *verb* prudere [9a, *does not have a past participle*] **does it itch?** ti prude?; **I'm itching to go** mi preme di partire; **my gloves are making me itch** i guanti mi pizzicano.

itchy *adjective* che prude; **my hands are itchy** mi prudono le mani.

item *noun* **1** (*a piece of luggage, clothing, etc.*) articolo M, capo M; **item of clothing** capo di vestiario; **2** (*on an agenda*) punto M.

its *adjective* sua/suo (*plural* sue/suoi) (*often omitted in Italian when the meaning is clear*) **our cat likes its food** al nostro gatto piace mangiare; **Russia and its borders** la Russia e i suoi confini.

itself *pronoun* **1** se stessa/se stesso, si; **2** (*used with* by) sola/solo, da sola/da solo; **she left her dog by itself** ha lasciato il cane da solo.

ivory *noun* avorio M.

ivy *noun* edera F.

J j

jack *noun* **1** (*in cards*) fante M; **the jack of hearts** il fante di cuori; **2** (*for a vehicle*) cric M.

jacket *noun* giacca F.

jackpot *noun* primo premio M; **to hit the jackpot** vincere [81] il primo premio.

jail *noun* prigione F.
verb incarcerare [1].

jam *noun* **1** (*food*) marmellata F; **strawberry jam** marmellata di fragole; **2** (*on the streets*) **traffic jam** ingorgo M.

jammed *adjective* bloccata/bloccato; **our photocopier is jammed** la nostra fotocopiatrice è bloccata.

January

ENGLISH–ITALIAN

January *noun* gennaio M.

jar *noun* (*small*) barattolo; (*large*) vaso M; **a jar of jam** un barattolo di marmellata.

jargon *noun* gergo M.

jaundice *noun* itterizia F.

javelin *noun* giavellotto M.

jaw *noun* mascella F.

jazz *noun* jazz M.

jealous *noun* invidiosa/invidioso; **all her friends were jealous of her success** tutte le sue amiche erano invidiose del suo successo.

jealousy *noun* gelosia F, invidia F.

jeans *plural noun* jeans M *plural*.

jelly *noun* gelatina F.

jellyfish *noun* medusa F.

jerk *noun* **1** (*a pull*) strattone M; **2** (*an idiot*) fessa F, fesso M (*informal*); **he's a real jerk, that guy** quell'individuo è proprio un fesso.

jersey *noun* **1** (*a pullover*) pullover M; **2** (*for football, cycling etc.*) maglia F; **the pink jersey** (*in the Italian cycle race* Giro d'Italia) maglia rosa F.

Jesus *noun* Gesù M; **Jesus Christ** Gesù Cristo.

jet *noun* **1** (*of water*) getto (M) d'acqua; **2** (*an aircraft*) aereo (M) a reazione.

jet lag *noun* sfasamento M (da fusi orari).

jetlagged *adjective* sfasata/sfasato; **to be jetlagged** essere [16] sfasata/sfasato; avere [15] il fuso.

jetty *noun* molo M.

Jew, Jewess *noun* israelita F & M, ebrea F/ebreo M.

jewel *noun* gioiello M.

jeweller *noun* gioielliera F, gioielliere M; **jeweller's shop** gioielleria F.

jewellery *noun* gioielleria F.

Jewish *adjective* ebraica/ebraico; **a Jewish surname** un cognome ebraico.

jigsaw puzzle *noun* puzzle M.

jilt *verb* piantare [1].

job *noun* **1** (*general*) posto M; (*white collar work*) impiego M; (*blue collar work*) lavoro M; **a telephonist's job** un posto di centralinista; **did you get that job?** hai ottenuto quel lavoro?; **job advertisements** offerte (F *plural*) di impiego, offerte di lavoro; **2 out of a job** disoccupata/disoccupato; **what's her job?** che cosa fa di mestiere?; **3** (*a task*) lavoro M; **is that an easy job?** è un lavoro facile?; **you've made a good job of it** hai fatto un buon lavoro.

jobless *adjective* disoccupata/disoccupato.

jockey *noun* fantina F, fantino M.

498

ENGLISH–ITALIAN

jog *verb* **to go jogging** fare [19] il jogging.

join *verb* **1** (*become a member of*) iscriversi [67]; **have you joined the tennis club?** ti sei iscritta al circolo tennistico?; **2** (*to meet up with*) raggiungere [61]; **why don't you join us later?** perché non ci raggiungi più tardi?
- **to join in** partecipare [1]; **Tommaso never joins in** Tommaso non partecipa mai a niente; **would you like to join in the match?** vuoi giocare anche tu?

joint *noun* **1** (*of meat*) arrosto M; **joint of lamb** agnello (M) arrosto; **2** (*in the body*) articolazione F; **3** (*marijuana*) (*informal*) canna F, spinello M.

joke *noun* (*a funny story*) barzelletta F; (*a practical joke*) scherzo M; **to tell jokes** raccontare [1] barzellette; **to play a joke** fare [19] uno scherzo.
verb scherzare [1]; **you must be joking!** stai scherzando!

joker *noun* (*in cards*) la matta F.

jolly *adjective* allegra/allegro.

journal *noun* rivista F.

journalism *noun* giornalismo M.

journalist *noun* giornalista F & M; **my sister is a journalist** mia sorella fa la giornalista.

journey *noun* **1** (*long*) viaggio M; **2** (*shorter, to work or school*) percorso M.

junior

joy *noun* gioia F; **when she heard the news she jumped for joy** quando ha sentito la notizia ha fatto salti di gioia.

joystick *noun* leva (F) di comando.

judge *noun* giudice F & M, magistrata F/magistrato M.
verb giudicare [3].

judgment *noun* giudizio M, verdetto M.

judo *noun* judo M.

jug *noun* brocca F.

juice *noun* succo M; **would you like some orange juice?** posso offrirti un succo d'arancia?

juicy *adjective* succulenta/succulento.

jukebox *noun* juke-box M.

July *noun* luglio M.

jumble sale *noun* vendita (F) di beneficenza.

jumbo jet *noun* jumbo M.

jump *noun* salto M; **the high jump** salto in alto; **the long jump** salto in lungo.
verb saltare [1].

jumper *noun* pullover M.

junction *noun* incrocio M.

June *noun* giugno M.

jungle *noun* giungla F.

junior *adjective* (*younger*) giovane; **the junior members of the club** i soci giovani del circolo.

junk

junk *noun* (*worthless items*) cianfrusaglie F *plural*; **junk mail** stampe pubblicitarie F *plural*.

junk food *noun* cibo non sano M; (*informal*) porcherie F *plural*, sozzerie F *plural*.

junk shop *noun* bottega (F) del rigattiere.

Jupiter *noun* Giove M.

jury *noun* giuria F.

just *adjective* giusta/giusto; **it was a just decision** è stata una decisione giusta.
adverb **1** proprio; **just as you were going away ...** proprio mentre ti allontanavi ... ; **I'm just setting the table** sto proprio apparecchiando la tavola; **2** appena; **just after twelve** appena dopo mezzogiorno; **have you just had your lunch?** hai appena finito di pranzare?; **3** solo; **she's just ten** ha solo dieci anni; **there's just three of us** siamo solo in tre; **4 we're doing it just for fun** lo facciamo giusto per divertirci; **just a minute!** un attimo!; **just a couple of words** solo due parole; **I'm just coming now!** vengo subito!

justice *noun* giustizia F.

justify *noun* **1** (*to defend a decision etc.*) giustificare [3]; **2** (*to align a text*) allineare [1].

juvenile delinquent *noun* delinquente minorile F & M.

ENGLISH–ITALIAN

K k

kangaroo *noun* canguro M.

keen *adjective* **1** (*enthusiastic*) entusiasta; **he doesn't seem very keen** non sembra molto entusiasta; **2** (*committed*) interessata/ interessato; **Paola is really keen on folk music** Paola è proprio interessata alla musica folk; **she's really keen on outdoor sports** le piacciono molto gli sport all'aperto.

keep *verb* **1** tenere [75]; **tell the waiter to keep the change** di' al cameriere di tenere il resto; **do you keep a diary?** tieni un diario?; **where do you keep your books?** dove tieni i tuoi libri?; **2** conservare [1]; **you must keep all your receipts** devi conservare tutte le ricevute; **I keep my wine in the cellar** conservo i vini in cantina; **3** mantenere [75]; **she doesn't always keep her promises** non mantiene sempre le promesse; **can you keep a secret?** sai mantenere un segreto?; **Viola keeps her husband and three children** Viola mantiene il marito e tre figli; **4** trattenere [75]; **the police kept the woman in custody pending inquiries** la polizia ha trattenuto la donna in prigione per accertamenti; **I won't keep you** non ti trattengo più; **5 to keep (on) doing** continuare [1] a (*followed by an infinitive verb*);

ENGLISH–ITALIAN   **kingdom**

keep on writing! continua a scrivere!; **6 Giorgio kept me waiting for over an hour** Giorgio mi ha fatto aspettare per più di un'ora; **7** (*last*) durare [1]; **this cheese won't keep very long** questo formaggio non durerà molto; **8** (*stay*) **keep still!** sta ferma!; **try to keep out of trouble** cerca di evitare i guai.

keep fit *verb* tenersi [75] in forma.

kennel *noun* canile M.

kerb *noun* orlo (M) del marciapiede.

kettle *noun* bollitore M; **put the kettle on** metti l'acqua a bollire.

key *noun* **1** (*for a lock or in music*) chiave F; **a bunch of keys** un mazzo di chiavi; **2** (*on a keyboard*) tasto M.
- **to key in** digitare [1].

keyboard *noun* tastiera F; **keyboard operator** tastierista F & M.

key ring *noun* portachiavi M.

kick *noun* **1** (*from a person or animal*) calcio M; **to give someone a kick** dare [18] un calcio a qualcuna/ qualcuno; **2** (*in sport*) tiro M; **3** * **to get a kick out of doing something** divertirsi [11] a fare qualcosa.
verb **to kick someone** prendere [60] qualcuna/qualcuno a calci; **to kick the ball** dare [18] un calcio al pallone.
- **to kick off** dare [18] il calcio d'inizio.

kick-off *noun* calcio (M) d'inizio.

kid *noun* bambina F/bambino M, ragazzina F/ragazzino M.

kidnap *verb* sequestrare [1].

kidney *noun* **1** (*human*) rene M; **2** (*food*) rognone M.

kill *verb* uccidere [32], ammazzare [1]; **Cain killed Abel** Caino ha ammazzato Abele.

killer *noun* assassina F/assassino M, killer F & M.

kilo, kilogram *noun* chilo M, chilogrammo M; **two kilos of potatoes** due chili di patate.

kilometre *noun* chilometro M.

kilt *noun* kilt M, gonnellino scozzese M.

kind *noun* tipo M, sorta F; **all kinds of things** cose di ogni sorta.
adjective gentile, premurosa/premuroso; **Jack is always kind to his sister** Jack è sempre gentile con sua sorella.

kindergarten, kinder *noun* asilo (M); scuola (F) dell'infanzia.

kindly *adjective* gentile, garbata/garbato.
adverb gentilmente; per favore, per cortesia; **will you kindly open the window for me?** mi apri la finestra per cortesia?

kindness *noun* gentilezza F.

king *noun* re M; **King Victor Emmanuel II** Re Vittorio Emanuele II.

kingdom *noun* regno M.

kiosk noun **1** (*for drinks or snacks*) chiosco M; **2** (*for newspapers*) edicola F.

kiss noun bacio M; **give me a kiss** dammi un bacio.
verb baciare [5]; **don't kiss me, I've got a cold** non baciarmi, ho il raffreddore; **did they kiss each other?** si sono baciati?

kit noun **1** (*tools*) cassetta (F) degli attrezzi; **2** (*clothes*) corredo M.

kitchen noun cucina F; **the kitchen floor** il pavimento della cucina.

kitchen foil noun stagnola F.

kitchen garden noun orto M.

kitchen paper noun rotolo asciugatutto M.

kite noun (*toy*) aquilone M; **to fly a kite** far [19] volare un aquilone; * **to fly a kite** buttar [1] l'amo; (*informal*) * **go fly a kite** tirati fuori dai piedi.

kitten noun gattina F, gattino M.

kiwi fruit noun kiwi M.

knack noun **to have a knack for** avere [15] il bernoccolo per.

knackered adjective stremata/stremato; fusa/fuso.

knee noun ginocchio M; **on your hands and knees** carponi.

kneel verb inginocchiarsi [2].

knickers plural noun mutandine F plural.

knife noun coltello M.

knight noun (*in chess*) cavallo M.

knit verb lavorare [1] a maglia.

knitting noun maglia F.

knob noun pomello M.

knock noun colpo M; **a knock on the head** un colpo alla testa; **a knock on the door** un colpo alla porta.
verb **1** (*to bang*) battere [9a]; **I knocked my head on the cupboard** ho battuto la testa sull'armadio; **2** bussare [1]; **who's been knocking on the door?** chi ha bussato alla porta?
• **to knock down 1** (*in a traffic accident*) investire [11]; **2** (*to demolish*) demolire [12].
• **to knock out 1** (*to make unconscious*) stordire [12]; **2** (*in sport, to eliminate*) eliminare [1].

knot noun nodo M; **to tie a knot in your hanky** fare [19] un nodo al fazzoletto.

know verb **1** (*know a fact*) sapere [65]; **do you know who lives here?** sai chi abita qui?; **I don't know what to do** non so cosa fare; **she knows very little** sa molto poco; **yes, I know** sì, lo so; **you never know!** non si sa mai!; **who knows?** chi lo sa?; **2** (*be personally acquainted with*) conoscere [28]; **do you know Meredith?** conosci Meredith?; **I don't know anyone in this suburb** non conosco nessuno in questo quartiere; **3 to know how to** essere [16] capace di; **do you know how to tie**

ENGLISH–ITALIAN

your shoelaces? sei capace di allacciarti le scarpe?; **Norah knows how to operate the alarm system** Norah è capace di azionare il dispositivo d'allarme; **4 to know about** intendersene [60]; **I know nothing about macroeconomics** non me ne intendo di macroeconomia.

knowledge *noun* cultura F, conoscenza F.

knuckle *noun* nocca F.

Koran *noun* Corano M.

L l

lab SEE **laboratory**.

label *noun* etichetta F.

laboratory *noun* laboratorio M.

labour *noun* **1** (*in politics*) i laburisti M *plural*; **the Labor Party** Partito Laburista; **2** (*workforce*) manodopera F, lavoratori e lavoratrici; **3 Labour Day** Festa (F) del Lavoro (*in Italy and other countries falls on 1 May*).

labyrinth *noun* labirinto M.

lace *noun* **1** (*for a shoe*) laccio M; **2** (*material*) merletto M.

lack *noun* mancanza F.

lad *noun* giovanotto M.

ladder *noun* (*for climbing*) scala F; (*in tights*) smagliatura F.

landlady, landlord

ladies *noun* (*public toilet*) gabinetti (M *plural*) per signore; (*on signs*) **Ladies** Donne.

lady *noun* signora F; **ladies and gentlemen** signore e signori.

ladybird *noun* coccinella F.

lager *noun* birra chiara F.

lagoon *noun* laguna F.

laid-back *adjective* distesa/disteso; calma/calmo; **she has a laid-back attitude to her work** non si stressa mai al lavoro.

lake *noun* lago M; **Lake Trasimeno** Lago Trasimeno; **Lake Como** Lago di Como.

lamb *noun* agnello M; **leg of lamb** coscia di agnello; **roast lamb** abbacchio (M) al forno.

lame *adjective* zoppa/zoppo; * **lame duck** anatra zoppa.

lamp *noun* lampada F.

lamp post *noun* lampione M.

lampshade *noun* paralume M.

land *noun* **1** terra F; **between land and sea** fra terra e mare; **2** (*property*) terreni M *plural*; **a piece of land** un terreno. *verb* **1** (*plane*) atterrare [1]; **2** (*leave a ship*) sbarcare [3].

landing *noun* **1** (*on the stairs*) pianerottolo M; **2** (*of a plane*) atterraggio M; **3** (*from a boat*) sbarco M.

landlady, landlord *noun* padrona (F) di casa, padrone (M) di casa.

landline telephone *noun* telefono fisso M.

landscape *noun* paesaggio M.

lane *noun* **1** (*a country path*) viottolo M; **2** (*of a highway*) corsia F.

language *noun* **1** (*Italian, English, etc.*) lingua F; **a foreign language** una lingua straniera; **languages other than English** (*in Australia shortened to* LOTE) lingue diverse dall'inglese; **my native language** la mia lingua materna; **2** (*way of speaking*) linguaggio M; **scientific language** linguaggio scientifico; **3** mind your language attenta/attento a come parli.

language laboratory *noun* laboratorio linguistico M.

lap *noun* **1** (*your knees*) grembo M; **on my lap** in grembo a me; sulle mie ginocchia; **2** (*in races*) giro (M) di pista.

laptop *noun* computer portatile M.

large *adjective* **1** grossa/grosso; **a large building** un grosso edificio; **a large amount of money** una grossa quantità di denaro; **a large piece of cake** una grossa fetta di torta; **2** (*numerous*) numerosa/numeroso; **a large crowd** una folla numerosa; **a large family** una famiglia numerosa.

lasagne *noun* lasagne F *plural*.

laser *noun* laser M.

last *adjective* **1** (*of a series*) ultima/ultimo; **this is my last visit** sarà la mia ultima visita; **last time I called** l'ultima volta che sono venuta; **2** (*the time immediately before the present*) scorsa/scorso; **last week** la settimana scorsa; **last night** (*if speaking before midnight*) ieri sera; (*if speaking in the morning*) stanotte; **3** (*last place*) per ultima/ultimo; **Jeffrey came last** Jeffrey è venuto per ultimo. *adverb* **1** (*most recently*) **I last saw her in Florence** l'ultima volta l'ho vista a Firenze; **2 at last!** finalmente! *verb* durare [1]; **the film lasts three hours** il film dura tre ore; **how long will the ceremony last?** quanto durerà la cerimonia?

late *adjective* in ritardo (*never changes*); **do you know you're late?** sai che sei in ritardo?; **she was late for the inauguration** è arrivata in ritardo alla cerimonia inaugurale; **the bus is twenty minutes late** l'autobus è in ritardo di venti minuti. *adverb* (*late in the day*) tardi; **they went to bed very late** sono andate a letto molto tardi; **the bottle shop is open till late** la bottiglieria è aperta fino a tardi; **too late** troppo tardi.

lately *adverb* ultimamente, negli ultimi tempi.

later *adverb* più tardi, tra un po'; **I'll call you later** ti telefono tra un po'; **see you later** a presto; **sooner or later** prima o poi.

ENGLISH–ITALIAN

lateral *adjective* laterale; **lateral thinking** elasticità mentale F.

latest *adjective* **1** ultima/ultimo; **the latest weather forecast** le ultime previsioni del tempo; **2 at the latest** al più tardi.

Latin *noun, adjective* latina/latino.

latte *noun* caffelatte M.

laugh *noun* **1** riso M; **2 she did it for a laugh** lo ha fatto tanto per ridere.
verb **1** ridere [32]; **why are you laughing?** perché ridi?; **2 to laugh at** deridere [32].

launderette *noun* lavanderia automatica F.

laundry *noun* lavanderia F.

lavender *noun* lavanda F.

law *noun* **1** legge F; **it's against the law** è proibito; **2** (*subject of study*) diritto M.

lawn *noun* prato M.

lawnmower *noun* tosaerba M (*never changes*).

lawyer *noun* avvocata F, avvocato M.

laxative *noun* lassativo.

lay *verb* **1** (*put*) mettere [45];
* **to lay the cards on the table** mettere le carte in tavola;
2 (*spread out*) spargere [71].

lay-by *noun* acquisto (M) a rate.

layer *noun* strato M.

laziness *noun* pigrizia F.

lazy *adjective* pigra/pigro.

lean

lead¹ *noun* **1** (*head position*) **to be in the lead** essere [16] in testa; **they have a lead of two goals** sono in vantaggio di due reti; **2** (*electric*) filo M; **3** (*for an animal*) guinzaglio M.
verb **1** condurre [27]; **this road leads to Canberrra** questa strada conduce a Canberra;
2 to lead the way essere [16] in testa; **3 to lead to something** causare [1] qualcosa (*an accident or problems*).

lead² *noun* (*metal*) piombo M.

leader *noun* guida F; capa F, capo M.

leaf *noun* **1** (*on a tree*) foglia F; **2** (*sheet of paper*) foglio M.

leaflet *noun* pieghevole M, volantino M.

league *noun* (*in sport*) campionato M; **soccer league** campionato di calcio.

leak *noun* **1** fuga F; **gas leak** fuga di gas; **2 water leak** perdita d'acqua.
verb (*gas, water*) perdere [52].

lean *adjective* magra/magro.
verb **1 to lean on something** appoggiarsi [6] a qualcosa;
2 (*prop*) appoggiare; **lean the ladder against the wall** appoggia la scaletta al muro;
3 (*a person*) sporgersi [57];
do not lean out the window! non sporgerti dal finestrino!

leap *noun* salto M.
verb saltare [1].

leap year *noun* anno bisestile M.

learn *verb* imparare [1]; **to learn Italian** imparare l'italiano; **to learn how to swim** imparare a nuotare; * **to learn the ropes** imparare il mestiere.

learner *noun* discente F & M; **learner driver** titolare (F & M) di foglio rosa.

learner's permit *noun* foglio rosa M.

least *adjective* minima/minimo; **I don't have the least interest** non ho il minimo interesse.
adverb **1** di meno; **the yellow paint is the one I like least** la vernice gialla è quella che mi piace di meno; **2** (*followed by an adjective*) il meno (M)/la meno (F); **the least attractive offer** l'offerta meno attraente; **the least expensive handbag** la borsetta meno cara; **3 at least** almeno; **at least five times** almeno cinque volte; **4** (*at any rate*) per lo meno; **at least, she didn't complain** per lo meno non si è lamentata.
pronoun **the least** il meno, il minimo; **the least I can do is listen to her** il meno che posso fare è di ascoltarla; **he's stingy to say the least** è avaro per non dir peggio.

leather *noun* **1** (*raw or for shoes*) cuoio M; **2** (*when used for bags etc.*) pelle F; **a leather briefcase** una borsa di pelle.

leave *noun* **1** (*regular*) ferie F *plural*; **when are you going on leave?** quando prendi le ferie?; **2** (*special*) congedo M.
verb **1** (*a town or district, especially on a journey*) partire [11]; **when are you leaving?** quando parti?; (*room or company*) andare [17] via; **why did you leave?** perché sei andata via?; **2** (*go out of*) **he left the store half an hour early** è uscito dal negozio con mezz'ora di anticipo; **I want to leave school this year** voglio smettere di studiare quest'anno; **3** lasciare [7]; **leave your luggage in the waiting room** lascia il bagaglio nella sala d'attesa; **4** (*drop, dump*) piantare [1]; **leave these files and go home** pianta queste cartelle e va a casa; **Rosa has left Domenico** Rosa ha piantato Domenico; **5 to be left** avanzare [1], restare [1]; **there are three eggs left** sono avanzate tre uova; **we have ten minutes left** ci restano dieci minuti.

lecture *noun* **1** (*at university*) lezione F; **formal lecture** lezione cattedratica; **2** (*public*) conferenza F.

lecturer *noun* (*in a university*) docente F & M.

ledge *noun* sporgenza F.

leek *noun* porro M.

left *noun* sinistra F; **go to the left** va a sinistra.

adjective sinistra/sinistro; **the left arm** il braccio sinistro; **left-wing party** partito di sinistra.
adverb a sinistra; **turn left** gira a sinistra.

left-handed *adjective* mancina/mancino.

left luggage *noun* deposito (M) bagagli.

leftovers *plural noun* avanzi M *plural*.

leg *noun* (*human*) gamba F; (*animal*) zampa F; **artificial leg** gamba artificiale; * **shake a leg!** spicciati!; * **stop pulling my leg** smettila di prendermi in giro.

legal *adjective* legale.

legend *noun* leggenda F.

legion *noun* legione F; **French Foreign Legion** Legione Straniera.

leisure *noun* tempo libero M; **in my leisure time** durante le mie ore libere.

lemon *noun* limone M; **lemon ice cream** gelato al limone.

lemonade *noun* limonata F.

lemon juice *noun* succo (M) di limone.

lend *verb* prestare [1]; **could you lend me some cash?** potresti prestarmi qualche soldo?

length *noun* lunghezza F.

lenient *adjective* indulgente.

lens *noun* **1** (*in a camera*) obiettivo M; **2** (*in spectacles*) lente F; **contact lens** lente a contatto.

Lent *noun* (*Christian*) Quaresima F.

lentil *noun* lenticchia F.

Leo *noun* (*sign of the zodiac*) Leone M; **I'm a Leo** sono del Leone.

leopard *noun* leopardo M.

leotard *noun* body M.

leper *noun* lebbrosa F, lebbroso M.

leprosy *noun* lebbra F.

lesbian *noun* lesbica F.
adjective lesbica/lesbico.

lesion *noun* lesione F.

less *adjective* meno; **her doctor advised her to eat less meat** la dottoressa le ha consigliato di mangiare meno carne; **less work** meno lavoro.
adverb meno; **less bright** meno luminosa/luminoso; **less than** meno di; **less than a metre** meno di un metro.
pronoun **1** di meno; **these days I drink less** attualmente bevo di meno; **I have learnt less than you** ho imparato meno di te; **2 less and less** sempre meno; **these days I walk less and less** di questi tempi cammino sempre di meno.

lesson *noun* lezione F; **an Italian lesson** una lezione d'italiano; **do you still go to dancing lessons?** vai ancora a lezione di danza?; **driving lesson** lezione di guida.

let

let *verb* **1** (*allow*) lasciare [7], permettere [45]; **let me go!** lasciami andare!; **will you let me watch TV tonight?** mi permetti di guardare la TV stasera?; **can you let us through please?** ci lasciate passare per cortesia?; **let me hear** lasciami sentire; **2** (*as a suggestion or a command, Italian normally uses an imperative form*) **let's leave!** andiamocene!; **let's see ...** vediamo ... ; **let's call him on his mobile** facciamo il numero del suo cellulare.

- **to let down** deludere [25]; **you've really let us down** ci hai proprio deluso; **she let me down: she never turned up** ha mancato di parola: non si è fatta vedere.
- **to let off 1** (*fireworks, bombs*) far [19] scoppiare; **2** (*homework*) esentare da [1].

let *verb* (*to rent out*) affittare [1]; **house to let** affittasi abitazione.

letter *noun* **1** (*that you send*) lettera F; **did you get my letter?** hai ricevuto la mia lettera?; **2** (*of the alphabet*) **how many letters are there in the Greek alphabet?** quante lettere ci sono nell'alfabeto greco?

letterbox *noun* cassetta (F) delle lettere.

lettuce *noun* insalata F, lattuga F; **lettuce leaf** foglia d'insalata.

leukaemia *noun* leucemia F.

ENGLISH–ITALIAN

level *noun* livello M; **at street level** al livello stradale.
adjective piana/piano; piatta/piatto.

level crossing *noun* passaggio (M) a livello.

lever *noun* leva F.

levy *noun* imposta F, prelievo fiscale M.

liar *noun* bugiarda F, bugiardo M; **habitual liar** ballista F & M.

liberal *adjective* liberale; **the Liberal Party** (*Australian*) Partito Liberale.

Libra *noun* (*sign of the zodiac*) Bilancia F.

librarian *noun* bibliotecaria F, bibliotecario M.

library *noun* biblioteca F; **university library** biblioteca universitaria; **public library** biblioteca pubblica.

licence *noun* **1** (*for driving*) patente (F) di guida; **2** (*for fishing*) licenza (F) di pesca; **3 television licence fee** canone (M) di abbonamento televisivo.

lick *verb* leccare [3].

lid *noun* coperchio M; **please put the lid back on when you've finished** per cortesia rimetti il coperchio quando hai finito.

lie *noun* bugia F; **to tell lies** dire [87] bugie.
verb **1** (*to be stretched out*) essere [16] sdraiata/sdraiato; **Janet**

ENGLISH–ITALIAN   **like**

is lying on the couch Janet è sdraiata sul divano; **2 why are all those clothes lying on the floor?** perché sono per terra tutti questi indumenti?; **3** (*not to tell the truth*) mentire [11].
- **to lie down** coricarsi [3]; (*for a short while*) sdraiarsi [2]; **come and lie down on the lawn** vieni a sdraiarti sul prato.

lieutenant *noun* tenente F & M.

life *noun* vita F; **all his life** per tutta la vita; **full of life** piena/pieno di vita; **that's life** così è la vita.

lifeboat *noun* scialuppa (F) di salvataggio.

life jacket *noun* giubbotto (M) di salvataggio.

lifestyle *noun* stile (M) di vita.

lift *noun* **1** ascensore M; **I don't like travelling in lifts** non mi piace prendere l'ascensore; **2** (*a ride*) **can you give me a lift to school?** puoi darmi un passaggio fino a scuola?; **would you like a lift?** vuoi un passaggio?
verb sollevare [1]; **lift your head please** solleva la testa.

light *noun* **1** (*electric*) luce F; **turn the light on please** accendi la luce per cortesia; **don't turn the light off** non spegnere la luce; **2** (*street light*) lampione M; **3** (*a headlight for a car*) faro M; **turn your lights on** accendi i fari; **4** traffic lights semaforo M; **wait till the lights turn green** aspetta finché il semaforo è verde; **5** (*for cigarettes etc.*)
* **have you got a light?** mi fai accendere?; **6 light bulb, light globe** lampadina F; **light switch** interruttore M; **7 light year** anno-luce M.
adjective **1** (*colour*) chiara/chiaro; **light yellow** giallo chiaro; **2** (*daylight*) **when does it get light in winter?** quando fa giorno d'inverno?; **3** (*not heavy*) leggera/leggero; **a light suit** un vestito leggero; (*sometimes expressed by a diminutive*) **a light wind** un venticello.
verb (*oven, fire, cigarette, etc.*) accendere [60]; **can you light a candle please?** puoi accendere una candela per cortesia?

lighter *noun* accendino M.

lighthouse *noun* faro M.

lightning *noun* (*in the sky*) lampo M; (*electric discharge*) fulmine M; **George was struck by lightning** George è stato colpito da un fulmine; **lightning conductor** parafulmine M (*never changes*).

like *conjunction* **1** come; **like Sarah** come Sarah; **I drew it like you showed me** l'ho disegnato come mi hai mostrato; **what was the film like?** com'era il film?; **2 to look like** assomigliare a [8]; **Franca looks like Kylie Minogue** Franca assomiglia a Kylie Minogue; **3** (*as a meaningless filler*) tipo; **all I can tell you, like ...** tutto ciò che ti posso dire, tipo ...
verb **1** (*Italian uses* piacere [54]

likely

but with a different sentence structure from English) **I like fish** mi piace il pesce; **I don't like travelling by car** non mi piace viaggiare in automobile; **I like Puccini's music best** preferisco la musica di Puccini; **2** (*to want*) **I would like** desidererei; **would you like a drink?** posso offrirti una bibita?; **what would you like to do?** cosa vorresti fare?; **if you like I'll come tomorrow** se vuoi vengo domani.

likely *adjective* probabile; **is it likely that they'll complete the job?** è probabile che completeranno il lavoro?; **that's not likely to happen** non è probabile che succederà.

lily *noun* giglio M.

limb *noun* membro M.

lime *noun* (*building material*) calce F.

limit *noun* limite M; **speed limit** limite di velocità.

limp *noun* **to have a limp** zoppicare [3].

line *noun* **1** linea F; **straight line** linea retta; **curved line** linea curva; **2** (*in prose*) riga F; **ten lines of text** dieci righe di testo; **3** (*in poetry*) verso M; **4** (*a route*) **railway line** linea ferroviaria; **tram line** linea tranviaria; **5** (*a track*) binario M; **6** (*a queue*) fila F; **to stand in line** fare [19] la fila; **7** (*telephone*) linea; **the line's bad** la linea è cattiva; **the line's busy** la linea è occupata. *verb* (*clothes*) foderare [1].

linen *noun* lino M; **linen serviette** tovagliolo (M) di lino.

linguist *noun* linguista F & M.

lining *noun* fodera F.

link *noun* **1** rapporto M; **what's the link between the two stories?** qual è il rapporto fra i due racconti?; **2** (*on the Internet*) link M, collegamento M; **click on all these links** clicca su tutti i link.

lino *noun* linoleum M.

lion *noun* leone M.

lip *noun* labbro M (*plural* le labbra F).

lip-reading *verb* lettura labiale F.

lipstick *noun* rossetto M.

liqueur *noun* liquore M.

liquid *noun* liquido M. *adjective* liquida/liquido.

liquidiser *noun* frullatore M.

liquid paper *noun* (*Australian*) bianchetto M.

list *noun* elenco M, lista F.

listen *verb* ascoltare [1]; **are you really listening to me?** mi stai ascoltando davvero?; **let's listen to the speech** ascoltiamo il discorso.

listener *noun* ascoltatore M, ascoltatrice F.

literally *adverb* letteralmente.

ENGLISH–ITALIAN

literature *noun* letteratura F.

litre *noun* litro M; **I drink two litres of water every day** bevo due litri di acqua al giorno.

litter *noun* (*rubbish*) immondizie F *plural*; **litter bin** bidone (M) delle immondizie.

little *adjective* **1** (*small*) piccola/piccolo; **a little ashtray** un piccolo portacenere; **a little girl** una piccola bimba; (*more usually expressed in Italian using a diminutive ending such as -etta/-etto, -ina/-ino*) **a little doll** una bamboletta F; **a little book** un libriccino M; **a little room** uno stanzino M; **a little dog** un cagnetto M; **2** (*brief or scarce*) poca/poco; **little rain** poca pioggia; **little time** poco tempo. *pronoun* **a little** un po'; **wait a little** aspetta un po'; **'how much sugar would you like?' – 'just a little please'** 'quanto zucchero vuoi?' – 'basta un po'; * **little by little** un po' alla volta.

little finger *noun* mignolo M.

live *verb* **1** (*in a house or town*) abitare [1]; **my sister lives in Benevento** mia sorella abita a Benevento; **I used to live in a three-storey house** abitavo in una casa a tre piani; **do you still live at number 50?** abiti ancora al numero 50?; **2** (*be or stay alive, spend your life*) vivere [82]; **my son-in-law lives in Queensland** mio genero vive nel Queensland; **my housemate lives on pizza and beer** la mia coinquilina

loathe

vive di pizza e di birra; **we live together** conviviamo.

live *adjective* **1** (*broadcast*) in diretta **a live telecast from Wimbledon** trasmissione in diretta da Wimbledon; **2** (*alive*) viva/vivo.

lively *adjective* vivace; **a lively performance** uno spettacolo vivace; **a lively character** un carattere vivace.

liver *noun* fegato M.

living *noun* vita F; **to earn a living** guadagnarsi [1] la vita.

living room *noun* salotto M.

lizard *noun* lucertola F.

load *noun* **1** (*on a vehicle*) carico M; **a truck-load of bricks** un carico di mattoni; **2 a bus load of schoolchildren** un autobus pieno di scolari; **3 loads of** un sacco di, un mucchio di; **we keep receiving loads of mail** continuiamo a ricevere un mucchio di posta.
verb caricare [3]; **they loaded the boot with fishing gear** hanno caricato il bagagliaio di attrezzi per la pesca.

loaf *noun* pagnotta F; **a loaf of white bread** una pagnotta bianca.

loan *noun* prestito M.
verb prestare [1]; **can you lend me 100 dollars?** puoi prestarmi cento dollari?

loathe *verb* detestare [1].

lobby

lobby noun **1** (*hotel*) atrio M, ingresso M; **2** (*pressure group*) lobby F.

lobster noun aragosta F.

local noun **1** (*pub*) il bar (M) d'angolo; **2** (*people*) **the locals** la gente (F) del luogo.
adjective **local library** biblioteca di quartiere; **local daily** quotidiano cittadino; **local call** telefonata urbana F.

location noun posizione F.

lock noun **1** (*with a key*) serratura F; **2** (*on a canal*) chiusa F.
verb chiudere [25] a chiave, sprangare [4]; **lock the gate please** spranga il cancello per cortesia; **is the front door locked?** è chiusa a chiave la porta d'ingresso?

locker noun **1** (*in a gym*) armadietto M; **2** (*in a train or bus station*) cassetta (F) bagagli; **locker room** (*in a gym*) spogliatoio M.

locomotive noun locomotiva F.

lodger noun inquilina F, inquilino M.

loft noun soffitta F.

log noun ceppo M; **log fire** fuoco (M) di legna.

logical adjective logica/logico.

lollipop noun lecca-lecca M.

lolly noun (*Australian*) caramella F.

ENGLISH–ITALIAN

lonely adjective **1** sola/solo; **I've been feeling lonely** mi sono sentita sola; **2** (*a place*) isolata/isolato.

long adjective **1** lunga/lungo; **a long novel** un lungo romanzo; **a long day** una lunga giornata; **the film is two hours long** il film dura due ore; **2 for a long time** a lungo; **she was asleep for a long time** ha dormito a lungo; **I've been waiting a long time** aspetto da molto tempo; **3 a long way** lontano; **it's a long way to the shops** è lontano da qui ai negozi.
adverb **how long?** quanto tempo?; **how long have you been waiting?** da quanto tempo aspetti?; **long ago** molto tempo fa; **all day long** tutta la giornata.

long-distance call noun (*within the country*) telefonata (F) interurbana.

longer adverb **no longer** non … più; **she no longer believes in anything** non crede più in niente; **they no longer call on us** non ci fanno più visita; **I don't want to live here any longer** non voglio più vivere qui.

long jump noun salto (M) in lungo.

long-life milk noun latte (M) a lunga conservazione.

loo noun (*informal*) gabinetto M.

look noun **1** (*a glance*) occhiata F; **could you have a look at my essay?** puoi dare un'occhiata al mio tema?; **2** (*a tour*) **let's take**

ENGLISH–ITALIAN

a look at the cafes facciamo il giro dei caffè; **3 to have a look for** cercare [3].
verb **1** guardare [1]; **are you looking?** stai guardando?; **to look out the window** guardare dalla finestra; **2 to look at** guardare; **I'd like to look at these pictures** vorrei guardare questi quadri; **3** (*to seem*) sembrare [1], avere [15] l'aria; **he was looking despondent** sembrava giù; **this cake looks scrumptious** questo dolce ha l'aria appetitosa; **4 to look like** assomigliare a [8]; **you look like Napoleon** assomigli a Napoleone; **the twins really look like each other** le due gemelle si assomigliano proprio; **what does Riccardo look like?** che aspetto ha Riccardo?

- **to look after** badare a [1], guardare; **who looks after your elderly aunt?** chi bada alla tua vecchia zia?; **can you look after our little girl while we're out?** puoi guardare la nostra bimba mentre siamo fuori?
- **to look for** cercare [3]; **did you look for my wallet?** hai cercato il mio portafoglio?
- **to look forward to something** (*a holiday, event, etc.*) pregustare [1] qualcosa; (*Italian uses various phrases to translate* looking forward) **we look forward to meeting your colleague** faremo con molto piacere la conoscenza della tua collega; **I'm really looking forward to visiting China** non vedo l'ora di visitare la Cina.
- **to look out** (*to be careful*) fare [19] attenzione; **look out, there's a bus coming!** attenta/attento, arriva un autobus!
- **to look up a word** (*in a dictionary*) cercare una parola; **I'll look up the word in my Oxford English Dictionary** cercherò la parola sul mio *Oxford English Dictionary*.

lookalike *noun* sosia F & M.

loose *adjective* **1** (*a screw*) allentata/allentato; (*a knot*) slacciata/slacciato; **2** (*clothes*) abbondante; **3 loose change** spiccioli M *plural*; * **I'm at a loose end** non so cosa fare.

lord *noun* signore M; (*British title*) lord.

lose *verb* **1** perdere [52]; **did they lose?** hanno perso?; **I've lost my wallet** ho perso il portafoglio; **2 to get lost** perdersi; (*informal*) **get lost!** va a quel paese!

loss *noun* perdita F; **financial losses** perdite finanziarie.

lost *adjective* persa/perso.

lost property *noun* oggetti ritrovati M *plural*; **lost property office** ufficio degli oggetti ritrovati.

lot *noun* **1 a lot** tanto, spesso; **she cried a lot** ha pianto tanto; **we travel a lot** viaggiamo spesso; **he's a lot happier** è molto più contento; * **thanks a lot** grazie

lottery

mille; **2 a lot of** molta/molto; **a lot of sugar** molto zucchero; **lots of students** molti studenti.

lottery *noun* lotteria F; (*the Italian state lottery*) lotto M; **to win the lottery** vincere [81] al lotto; * **life is a lottery** la vita è una lotteria.

loud *adjective* **1** forte; **a loud noise** un forte rumore; **loud colours** colori vistosi; **2 to say something out loud** dire [87] qualcosa ad alta voce.

loudly *adverb* forte.

loudspeaker *noun* altoparlante M.

lounge *noun* **1** (*in a public building or hotel*) salone M; **2** (*in a private house*) salotto M; **3** (*in an airport*) sala F; **arrivals lounge** sala degli arrivi.

louse *noun* pidocchio M.

lousy *adjective* (*disgusting*) schifosa/schifoso; (*very inferior*) pessima/pessimo.

love *noun* **1** amore M; **the love of music** l'amore della musica; **there's not much love lost between those two** quei due non si amano molto; **2** give **Tiziana my love** salutami affettuosamente Tiziana; **Marco sends his love to you all** Marco vi abbraccia tutti; **3** (*in a letter*) **with love from Lorenza** affettuosi saluti, Lorenza; **4 in love with** innamorata/innamorato di; **who is Pasquale in love with?** di chi

ENGLISH–ITALIAN

è innamorato Pasquale?; **5** (*in tennis*) zero; **the score is forty-love** il punteggio è quaranta a zero.
verb **1** (*a person, place or thing*) amare [1]; **I love you** ti amo, ti voglio bene; **Renata loves travelling** Renata ama i viaggi; **my parents love Tuscany** i miei genitori amano la Toscana; **we love Malaysian food** amiamo la cucina malese; **2 I'd love to come to your party** verrò molto volentieri alla tua festa.

lovely *adjective* **1** (*to look at*) bella/bello, carina/carino; **what a lovely handbag!** che bella borsetta!; **that was a lovely picture** è stato un bel film; **your flowers are lovely** i tuoi fiori sono belli; **that little boy has a lovely face** quel bimbo ha un bel visetto; **2 it's a lovely day** oggi fa bello; **the weather is really lovely in Sydney** a Sydney c'è davvero un bel clima; **3** (*food, menu*) deliziosa/delizioso; **what lovely artichokes!** che carciofi deliziosi!

low *adjective* bassa/basso; **a low seat** un sedile basso; **a low price** un prezzo basso; **in a low voice** a bassa voce.

lower *adjective* (*not as high*) inferiore.
verb abbassare [1].

low-fat milk *noun* latte parzialmente scremato M.

loyal *adjective* leale.

ENGLISH–ITALIAN

luck *noun* **1** fortuna F; **good luck!** buona fortuna!; *(before an exam)* * in bocca al lupo!; **with a bit of luck** con un po' di fortuna; **2** * **tough luck!** tanto peggio!

luckily *adverb* per fortuna; **luckily, she escaped** per fortuna si è salvata.

lucky *adjective* **1 to be lucky** avere [15] fortuna; **you've been lucky** avete avuto fortuna; * **born lucky** nata/nato con la camicia; **2 to be lucky** *(bringing luck)* portare [1] fortuna; **our meeting was lucky** il nostro incontro ci ha portato fortuna; **3 my lucky star** la mia buona stella; **lucky you!** beata te!/beato te!

luggage *noun* bagagli M *plural*; **where is your luggage?** dove sono i tuoi bagagli?; **luggage rack** *(on a train)* reticella F; **luggage reclaim** *(in an airport)* ritiro (M) bagagli; **luggage locker** cassetta (F) per bagagli; **left luggage (deposit)** deposito (M) bagagli.

lukewarm *adjective* tiepida/tiepido.

lullaby *noun* ninnananna F.

lump *noun* **1** *(a piece of matter)* nucleo M; **2** *(a growth on the body)* gonfiore M.

lunch *noun* pranzo M; **let's have lunch** andiamo a pranzare; **who's making lunch?** chi prepara il pranzo?; **lunch break** pausa (F) per il pranzo.

maggot

lunchtime *noun* ora (F) di pranzo.

lung *noun* polmone M.

luxurious *adjective* lussuosa/lussuoso.

luxury *noun* lusso M.

M m

macaroni *noun* maccheroni M *plural*; **do you like macaroni?** ti piacciono i maccheroni?

machine *noun* macchina F.

machinery *noun* macchinario M.

mackerel *noun* sgombro M.

mad *adjective* **1** matta/matto, pazza/pazzo; **he's really mad** è proprio matto; **2** *(angry)* furibonda/furibondo; **she got really mad with me** era davvero furibonda con me; **3 I'm mad about opera** vado pazza per l'opera.

madam *noun* signora F; *(formal)* **good morning, madam!** buongiorno, signora!

madman, madwoman *noun* pazza F, pazzo M.

madness *noun* follia F.

magazine *noun* rivista F; **glossy magazine** rivista in rotocalco.

maggot *noun* larva F.

magic

magic *noun* magia F.
adjective **1** magica/magico; **magic wand** bacchetta magica; **2** (*great*) fantastica/fantastico; **the evening was just magic** la serata è stata fantastica.

magician *noun* **1** (*witch, wizard*) maga F, mago M; **2** (*conjurer*) prestigiatore M, prestigiatrice F.

magistrate *noun* pretore M; giudice (F & M) (di grado inferiore).

magnet *noun* calamita F.

magnificent *adjective* magnifica/magnifico.

magnify *verb* ingrandire [12].

magnifying glass *noun* lente (F) d'ingrandimento.

magnolia *noun* magnolia F.

magpie *noun* gazza F.

mahogany *noun* mogano M.

maiden name *noun* (*informal*) nome (M) da ragazza; (*formal*) cognome (M) di nascita.

mail *noun* **1** posta F; **2 unsolicited mail** posta non richiesta.

mailbox *noun* cassetta (F) delle lettere.

mailing list *noun* indirizzario M.

mail order *noun* ordine (M) per corrispondenza; **to buy something by mail order** comprare [1] qualcosa per corrispondenza; **a mail order catalogue** catalogo (M) per corrispondenza.

ENGLISH–ITALIAN

main *adjective* principale; **the main issue** la questione principale; **main road** strada maestra F.

mainland *noun* terra F, continente M.

mainly *adverb* principalmente, sostanzialmente.

maize *noun* granturco M.

major *adjective* importante; **a major development** un importante sviluppo.

majority *noun* maggioranza F.

make *noun* marca F; **what make is her motorbike?** di che marca è la sua moto?
verb **1** fare [19]; **did you make this cake?** hai fatto tu questo dolce?; **I'd like to make a phone call** vorrei fare una telefonata; **don't make me laugh!** non farmi ridere!; **he made me get up** mi ha fatto alzare; **to make a bed** rifare [19] un letto; **2** (*to manufacture*) fabbricare [3]; **where was this fridge made?** dove è stato fabbricato questo frigo?; **made in Italy** fabbricato in Italia; **3** rendere [60]; **her behaviour made me suspicious** il suo comportamento mi ha resa sospettosa; (*often conveyed by a different verb in Italian*) **her story made me very sad** la sua storia mi ha molto rattristata; **4** (*to earn*) guadagnare [1]; **she**

ENGLISH–ITALIAN

makes a hundred dollars an hour guadagna cento dollari all'ora; **to make a living** guadagnarsi la vita; **5** (*come by*) **can you make it tomorrow?** puoi venire domani?; **6** (*meals*) preparare [1]; **who's making lunch?** chi prepara il pranzo?
- **to make something up** inventare [1] qualcosa; **he made up a sob story** ha inventato una storia pietosa.
- **to make up** (*after a quarrel*) fare [19] la pace.

make-up *noun* trucco M; **have you put on your make-up yet?** ti sei già messa il trucco?; **she never wears make-up** non si trucca mai.

malaria *noun* malaria F.

male *noun* maschio M.
adjective **1** (*human or animal*) maschio (*never changes*); **a male panther** una pantera maschio; **a male actor** un attore; **a male voice** voce d'uomo; **a male student** uno studente; **2** (*sex, on a form*) maschile.

male chauvinist *noun, adjective* maschilista F & M.

mammal *noun* mammifero M.

man *noun* uomo M.

manage *verb* **1** (*a business*) gestire [12]; **she manages a supermarket** gestisce un supermercato; **who manages that motel?** chi gestisce quel motel?; **2** (*team, institution*) dirigere [33]; **he has been managing Napoli for several years** dirige il Napoli da parecchi anni; **3 to manage to do** riuscire [91] a (*followed by an infinitive verb*); **did you manage to replace the key?** sei riuscita a sostituire la chiave?; **4 can you manage?** ce la fai?

management *noun* **1** gestione F; **change of management** cambiamento di gestione; **she decided to give up the management of the pharmacy** ha rinunciato a gestire la farmacia; **2** direzione F; **who are the members of the management team?** chi sono i componenti della direzione?

manager *noun* **1** (*of a company or a bank*) direttore M, direttrice F; **2** (*of a store or restaurant*) gestore M, gestrice F; **3** (*in some cases*) addetta F/addetto M, manager F & M.

mandarin *noun* mandarino M.

mango *noun* mango M.

mania *noun* mania F.

maniac *noun* folle F & M; **why do you drive like a maniac?** perché guidi come un folle?

man-made *adjective* sintetica/sintetico, artificiale.

manner *noun* **1** modo M; **2 in a manner of speaking** per così dire; **3 good manners** buone maniere F *plural*; **she has very good manners** è bene educata; **it's bad manners to lick your fingers** è maleducato leccarsi le dita.

manslaughter *noun* omicidio colposo M.

mantelpiece *noun* mensola (F) del caminetto.

manual *noun* manuale M. *adjective* **manual gears** cambio (M) a mano.

manufacture *verb* fabbricare [3].

manufacturer *noun* fabbricante F & M.

manure *noun* concime M.

manuscript *noun* (*handwritten*) manoscritto M; (*typed*) dattiloscritto M.

many *plural adjective* **1** molte F, molti M; **I don't have many relatives** non ho molti parenti; **there are a lot of flies in the kitchen** in cucina ci sono molte mosche; **not many** non molte/non molti; **there aren't many oranges left** non restano molte arance; **2 very many** moltissime/moltissimi; **we don't have very many objections** non abbiamo moltissime obiezioni; **3 so many** tante/tanti; **she has so many children!** ha tanti bambini!; **I've never seen so many tourists** non ho mai visto tanti turisti; **4 you can eat as many eggs as you like** mangia quante uova vuoi; **give me as many stamps as you can** dammi tutti i bolli che puoi; **I saw as many foxes as you** ho visto tante volpi quante te; **5 too many** troppe/troppi; **you want too many things at once** vuoi troppe cose in una volta; **I've got too many Christmas cards to answer** devo rispondere a troppe cartoline natalizie; **6 how many?** quante/quanti?; **how many stamps did you buy?** quanti bolli hai comprato?; **how many carriages does this train have?** quante carrozze ha questo treno?

map *noun* carta geografica F; **road map** carta stradale.

maple (tree) *noun* acero M; **maple syrup** sciroppo (M) d'acero.

marathon *noun* maratona F.

marble *noun* **1** (*type of rock*) marmo M; **a marble statue** una statua di marmo; **2** (*game*) pallina F; **to play marbles** giocare [3] a palline.

March *noun* marzo M.

march *noun* (*demonstration*) manifestazione F. *verb* (*demonstrate*) sfilare [1].

mare *noun* cavalla F.

margarine *noun* margarina F.

margin *noun* margine M.

marijuana *noun* marijuana F, (*informal*) erba F.

mark *noun* **1** (*at school*) voto M; **did you get good marks this term?** hai ricevuto bei voti questo trimestre?; **what mark did you get in Italian?** che voto hai avuto in italiano?; **2** (*stain*) macchia F.

verb correggere [44]; **who marked your essay?** chi ti ha corretto il tema?

marker *noun* pennarello M.

market *noun* mercato M.

marketing *noun* marketing M.

marmalade *noun* marmellata (F) di agrumi; **orange marmalade** marmellata di arance; **lemon marmalade** marmellata di limoni.

marriage *noun* matrimonio M.

married *adjective* sposata/sposato; **Jean is married to Mark** Jean è sposata con Mark; **a married couple** una coppia di sposi.

marry *verb* **to marry someone** sposare [1] qualcuna/qualcuno; **when are you getting married?** quando ti sposi?; **Vanessa never married** Vanessa non si è mai sposata.

Mars *noun* Marte M.

marshal *noun* **1** (*armed forces*) marescialla F, maresciallo M; **2** sorvegliante F & M; commissaria F, commissario M.

marsupial *noun* marsupiale M.

martyr *noun* martire F & M.

marvellous *adjective* magnifica/magnifico; **your speech was marvellous** hai fatto un magnifico discorso.

marzipan *noun* marzapane M.

mascara *noun* rimmel M, mascara F.

masculine *adjective* (*grammar*) maschile; **in the masculine** al maschile.

mash *verb* schiacciare [5]; **to mash potatoes** schiacciare patate; **mashed potatoes** purè (M *singular*) di patate.

mask *noun* maschera F.

mass *noun* **1 a mass of papers** un mucchio (M) di documenti; **2 masses (of)** un sacco (di); **there's masses left over** ne avanza un sacco e una sporta; **3** (*Christian*) **Mass** messa F.

massacre *noun* massacro M, strage F.

massage *noun* massaggio M.

massive *adjective* massiccia/massiccio.

master *noun* **1** (*type of degree*); laureata (F)/laureato (M) in un master; **2** (*art*) **an old master** un quadro di valore.
verb **she's mastered three languages** ha imparato a fondo tre lingue.

master key *noun* passe-partout M; comunella F.

masterpiece *noun* capolavoro M.

mat *noun* (*doormat*) tappetino M.

match *noun* **1** fiammifero M; **box of matches** scatola di fiammiferi; **2** (*sports*) partita

matching

F, incontro M; **soccer match** partita di calcio; **boxing match** incontro di pugilato; **to win a match** vincere [81] una partita; **return match** rivincita F.
verb intonarsi [1]; **his socks match his tie** i suoi calzini si intonano con la cravatta.

matching *adjective* intonata/intonato; **matching couch and armchairs** sofà intonato con le poltrone.

mate *noun* (*informal*) amica F, amico M; **I'd like to go out with my mates** vorrei uscire con gli amici.

material *noun* **1** (*fabric*) tessuto M; **2** (*documents*) documenti M *plural*; **3** (*substance*) materiali M *plural*; **raw materials** materie prime F *plural*.

maternal *adjective* materna/materno.

mathematics, maths *noun* matematica F; **who is your maths teacher this year?** chi ti insegna matematica quest'anno?; **Florence isn't very good at maths** Florence non è molto brava in matematica.

matter *noun* faccenda F, questione F; **what's the matter?** che cosa succede?; **this is a serious matter** è una questione seria.
verb **1 the things that matter** le cose importanti; **it does matter to her** per lei è importante; **2 it doesn't matter** non importa; **it doesn't matter if he doesn't turn up** non importa se non arriva; **let me know either by snail mail or by e-mail, it doesn't matter** fammelo sapere per posta ordinaria o per posta elettronica, non ha importanza.

mattress *noun* materasso M.

mature *adjective* matura/maturo.

maximum *noun* massimo M.
adjective massima/massimo; **maximum temperature** la temperatura massima.

May *noun* maggio M.

may *verb* **1 it may never happen** forse non succederà mai; **you may believe that but I assure you it's not true** credilo se vuoi ma ti assicuro che non è vero; **you may choose one or the other** puoi scegliere sia l'uno che l'altro; **2** (*asking permission*) potere [59]; **may I go to the movies?** posso andare al cinema?; **may I come in?** posso entrare?, (*more common*) permesso?

maybe *adverb* forse, magari; **maybe later** magari più tardi; **maybe she's not coming** forse non viene; **maybe he clean forgot** può darsi che si sia completamente dimenticato.

May Day *noun* il primo maggio.

mayonnaise *noun* maionese F.

mayor *noun* sindaca F, sindaco M; **the mayor of Bologna** il sindaco di Bologna.

me *pronoun* **1** (*when contrasted with other personal pronouns or*

ENGLISH–ITALIAN

after a preposition) me; **give it to me, not to her** dallo a me, non a lei; **why don't you come with me?** perché non vieni con me?; **do it for me** fallo per me; **will you manage without me?** te la caverai senza di me?; **2** (*in comparisons*) me; **she's taller than me** è più alta di me; **you love her more than me, don't you** ami più lei che me, vero?; **3** (*normally with a verb*) mi; **she doesn't love me** non mi ama; **pass me the salt please** passami il sale per cortesia; **let me make just one more phone call** fammi fare ancora una telefonata; **wait for me!** aspettami!; **4 me too!** anch'io!

meal *noun* pasto M.

mean *verb* **1** voler [83] dire, significare [3]; **what did she mean?** cosa ha voluto dire?; **what does that mean?** cosa significa?; **that is precisely what I meant** è proprio quello che volevo dire; **2 to mean to** intendere [60]; **I didn't mean to hurt you** non intendevo offenderti; **I've been meaning to write to you for ages** intendevo scriverti da parecchio tempo; **3 to be meant to** dovere [37]; **she was meant to arrive early** doveva arrivare presto.
adjective **1** (*with money*) tirchia/tirchio; **2** (*unkind, petty-minded*) meschina/meschino; **he has been mean to his sister** è stato meschino nei confronti di sua sorella; **why are you being so mean to me?** perché mi tratti così male?

meaning *noun* significato M.

means *noun* mezzo M; **1 a means of transport** un mezzo di trasporto; **2 I've got no means of contacting her** non mi è possibile contattarla; **3 by means of** per mezzo di; **4 by all means** certamente.

meantime *adverb* **in the meantime** intanto.

measles *noun* morbillo M.

measure *verb* misurare [1].

measurements *plural noun* **1** dimensioni F *plural*; **the measurements of our bathroom** le dimensioni del nostro bagno; **2** (*of a person*) misura F; **your waist measurement** la misura della tua vita.

meat *noun* carne F.

Mecca *noun* **1** Mecca F; **2** (*a place that attracts particular groups*) mecca F; **the mall has become a real Mecca for shoppers** il centro commerciale è diventato una vera Mecca dello shopping.

mechanic *noun* meccanica F, meccanico M; **he's a mechanic** fa il meccanico.

mechanical *adjective* meccanica/meccanico.

medal *noun* medaglia F; **gold medal** medaglia d'oro.

media *noun* **the media** i media, organi (M *plural*) di informazione.

medical *noun* visita medica F; **to have a medical** passare [1] la visita.
adjective medica/medico.

medicine *noun* **1** (*drug*) medicina F; **do you sell cough medicine?** vendete sciroppo per la tosse?; **2** (*subject of study*) medicina; **she graduated in medicine five years ago** si è laureata in medicina cinque anni fa; **alternative medicine** medicina alternativa.

medium *adjective* media/medio; **medium-sized car** automobile (F) di media grandezza.
noun medium F & M.

meet 1 *verb* (*to meet someone for the first time*) conoscere [28], fare [19] la conoscenza di; **I met Harry when I was in the army** ho conosciuto Harry mentre facevo il militare; **where did you first meet?** dove vi siete conosciute?; **Larry, have you met Patrick?** Larry, conosci Patrick?; **2** (*by chance*) incontrare [1]; **I met Joanne in the supermarket** ho incontrato Joanne al supermercato; **3** (*by appointment*) trovarsi [1]; **let's meet inside the train station** troviamoci dentro alla stazione ferroviaria; **4** (*off a train, bus, plane, etc.*) andare [17] a prendere, venire [92] a prendere; **can you meet me at the airport?** puoi venire a prendermi all'aeroporto?; **I have to meet my friend at the station tonight** stasera devo andare a prendere una mia amica alla stazione.

meeting *noun* riunione F; **are you going to the meeting tonight?** vai alla riunione stasera?; (*of school staff*) seduta F; **all the teachers are in a staff meeting** tutti gli insegnanti sono in consiglio di classe.

mellow *adjective* dolce, tenera/tenero.

melody *noun* melodia F.

melon *noun* melone M.

melt *verb* **1** (*metals*) fondere [41]; **in that plant they melt iron** in quello stabilimento fondono il ferro; **2** (*in the heat or mouth*) sciogliersi [76]; **this cheese melts in your mouth** questo formaggio ti si scioglie in bocca; **3** (*in recipes*) **melt two hundred grams of butter** fare sciogliere duecento grammi di burro.

member *noun* **1** (*of a committee*) membro M; **she's a member of the Foreign Affairs Committee of the Senate** è membro della Commissione Affari Esteri del Senato; **2** (*of an association*) socia F, socio M; **he's a member of the tennis club** è socio del circolo tennistico; **3** (*of a political party or trade union*) iscritta F, iscritto M; **she's a member of the Democratic**

ENGLISH–ITALIAN

mess

Party è iscritta al partito Democratico.

Member of Parliament *noun* **1** (*in the Italian Lower House*) deputata F, deputato M; **2** (*in the Italian Senate*) senatore M, senatrice F.

membership *noun* adesione F; **membership of a political movement** adesione a un movimento politico; **membership card** tessera sociale F; **membership fee** quota sociale F.

memorial *noun* monumento M; **war memorial** monumento ai caduti.

memorise *verb* imparare [1] a memoria.

memory *noun* **1** memoria F; **good memory** buona memoria; **poor memory** memoria labile; **2** (*of the past*) ricordo M; **I have good memories of my childhood** ho buoni ricordi della mia infanzia.

mend *verb* riparare [1].

meningitis *noun* meningite F.

mental *adjective* mentale, psichiatrica/psichiatrico; **mental illness** malattia mentale F; **mental hospital** ospedale psichiatrico M; **she has mental problems** è squilibrata.

mention *noun* menzione F. *verb* nominare [1]; **why did you mention him?** perché l'hai nominato?

menu *noun* lista F; **on the menu** sulla lista; **off the menu** esaurita/esaurito; **fish is off the menu** il pesce è esaurito.

merchant *noun* commerciante F & M.

Mercury/mercury *noun* Mercurio/mercurio M.

mercy *noun* pietà F.

merger *noun* accorpamento M, fusione F.

meringue *noun* meringa F.

merit *noun* merito M.

mermaid *noun* sirena F.

merry *adjective* **1** allegra/allegro; **2 Merry Christmas!** Buon Natale!; **3** (*from drinking*) brilla/brillo.

merry-go-round *noun* giostra F.

mess *noun* disordine M, pasticcio M; **the whole room is in a mess** tutta la stanza è in disordine; **to make a mess** mettere [45] in disordine; **to clear up a mess** riordinare [1]; **what a mess!** che pasticcio!; (*informal*) che casotto!
- **to mess about** fare [19] scemenze F *plural*; **stop messing about** smettila di fare scemenze.
- **to mess about with** giocare [3] con qualcosa; **stop messing about with those matches** smettila di giocare con i fiammiferi.
- **to mess something up** fare pasticci; (*informal*) incasinare

523

message   **ENGLISH–ITALIAN**

[1]; **you messed up all my work** hai pasticciato tutto quello che ho fatto.

message *noun* messaggio M; **leave a message on my answering machine** lascia un messaggio sulla mia segreteria telefonica.

messenger *noun* messaggera F, messaggero M.

messy *adjective* **what a messy job!** che pasticcio!; **Robert is a messy eater** Robert mangia come un maiale.

metal *noun* metallo M.

metaphor *noun* metafora F.

meter *noun* **1** (*electricity, gas, etc.*) contatore M; **to read the meter** leggere [44] il contatore; **2 parking meter** parchimetro M.

method *noun* metodo M.

Methodist *noun* metodista F & M; **my mother is a Methodist** mia madre è metodista.

metre *noun* metro M.

metric *adjective* metrica/metrico.

microchip *noun* chip M.

microphone *noun* microfono M.

microscope *noun* microscopio M.

microwave oven *noun* forno (M) a microonde.

midday *noun* mezzogiorno M.

middle *noun* **1** mezzo M, centro M; **the middle of the road** il centro della strada; **in the middle of the sea** in mezzo al mare; **2 in the middle of the night** nel fondo della notte; **I'm in the middle of marking** sono in piena correzione di compiti; **he was in the middle of doing the washing** era a metà bucato.

middle-aged *adjective* di mezza età; **a middle-aged man** un signore di mezza età.

middle class *noun* ceto medio M.
adjective del ceto medio, borghese; **middle-class values** valori borghesi.

midge *noun* moscerino M.

midnight *noun* mezzanotte F; **come at midnight** vieni a mezzanotte.

midwife *noun* levatrice F; ostetrica F, ostetrico M.

might *verb* **1** (*indicating uncertainty*) **she might have caught an earlier train** avrà preso un treno più presto; **he might change his mind** può darsi che cambi idea; **there might be further problems down the track** potrebbero nascere ulteriori problemi più avanti; **2** (*expressing obligation or a polite request*) **you might have let me know** avresti potuto dirmelo; **you might think again** ti pregherei di ripensarci sopra; **if you have time, you might look over my essay** se hai tempo, potresti dare un'occhiata al mio tema?

migraine noun emicrania F; **I've got a terrible migraine** ho un'emicrania feroce.

mike noun (informal) microfono M.

mild adjective **1** (climate) mite; **we have a mild climate here** qui abbiamo un clima mite; **2** (people or animals) mansueta/mansueto; **she has a mild temper** ha un carattere mansueto.

mile noun miglio M (plural miglia F) (to convert roughly into kilometres, multiply miles by five and divide by eight); **ten miles away** a dieci miglia di distanza; * **she's miles ahead of him!** lei è molto più avanti di lui!

military adjective militare; **military service** servizio militare.

milk noun latte M; **skimmed milk** latte scremato; **milk jug** brocca (F) per il latte; **milk shake** frappè M.
verb sfruttare [1].

milk bar (Australian) (noun) latteria F.

milk chocolate noun cioccolato (M) al latte.

mill noun (a water mill) mulino M.

millimetre noun millimetro M.

million number milione M; **there are over twenty million people in Australia** l'Australia ha più di venti milioni di abitanti.

millionaire noun milionaria F, milionario M.

mimic verb imitare [1].

mince noun (minced meat) carne tritata F; **mince pie** tortina (F) di frutta secca.
verb (meat) tritare [1]; * **she doesn't mince her words** non ha peli sulla lingua.

mind noun **1** mente F; **she has a fine mind** ha una mente acuta; **2 has it crossed your mind that ...** ti rendi conto che ... ; **have you changed your mind, then?** allora, hai cambiato idea?; **go on, make up your mind!** su, deciditi!
verb **1** tenere [75] d'occhio; **could you mind my suitcase for me please?** ti dispiace tenere d'occhio la mia valigia per cortesia?; **2** (baby or child) guardare [1]; **Alan is minding my baby** Alan mi sta guardando il bebé; **3 do you mind if I listen to a CD?** ti disturbo se ascolto un CD?; **do you mind if I open the window?** ti dispiace se apro la finestra? **I don't mind the rain** la pioggia non mi dà fastidio; **4 mind your head!** attenzione alla testa!; * **never mind!** pazienza!, non importa!

mine¹ noun miniera F; **gold mine** miniera d'oro.

mine² possessive pronoun **1** mia/mio; (plural) mie/miei; **those glasses are mine** quegli occhiali

miner

sono miei; **2** (*in contrasts*) la mia/il mio; **that's your pen and this is mine** quella penna è la tua e questa è la mia; **those are your shoes and these are mine** quelle scarpe sono le tue e queste sono le mie; **3 a relative of mine** un mio parente.

miner *noun* minatore M, minatrice F.

mineral water *noun* acqua minerale F; **still mineral water** acqua minerale naturale; **fizzy mineral water** acqua minerale frizzante.

miniature *noun* miniatura F; **in miniature** in miniatura.

minibus *noun* pulmino M.

minimum *noun* minimo M; **a minimum of decorum** un minimo di decenza.
adjective minima/minimo; **the minimum wage** il salario minimo; **minimum standards** i criteri minimi; **with minimum effort** con il minimo sforzo.

miniskirt *noun* minigonna F.

minister *noun* **1** (*in government*) ministra F, ministro M; **2** (*of a church*) pastora F, pastore M.

ministry *noun* ministero M.

minor *noun* minorenne F & M.
adjective poco importante; **a minor issue** una questione poco importante.

minority *noun* minoranza F.

mint *noun* **1** (*herb*) menta F; **2** (*sweet*) caramella (F) alla menta.

ENGLISH–ITALIAN

minus *preposition* meno; **twenty minus ten is ten** venti meno dieci fa dieci; **it's minus thirty in Moscow today** oggi a Mosca fa meno trenta.

minute *noun* minuto M; **we waited forty minutes** abbiamo aspettato quaranta minuti; **the store is twenty minutes' walk from here** il negozio è a venti minuti di cammino; **just a minute!** un attimo!; **it's ten minutes past eight** sono le otto e dieci.
adjective minuscola/minuscolo; **these chairs are minute** queste sedie sono minuscole.

miracle *noun* miracolo M.

mirror *noun* **1** specchio M; **have you looked at yourself in the mirror?** ti sei guardata allo specchio?; **2** (*rear-view mirror in a vehicle*) specchietto retrovisivo M.

misbehave *verb* comportarsi [1] male.

miscarriage *noun* aborto spontaneo M.

mischief *noun* **to get up to mischief** fare [19] delle monellerie.

mischievous *adjective* (*of a child*) birichina/birichino.

miser *noun* avara F, avaro M.

miserable *adjective* **1** infelice; depressa/depresso; **why do you look so miserable?** perché hai l'aria così infelice?; **I've been feeling miserable ever since**

ENGLISH–ITALIAN   **mistaken**

I was fired da quando sono stata licenziata mi sento depressa; **2 what a miserable amount!** che somma pietosa!; **it's really miserable weather today** oggi fa veramente un tempaccio.

misfire *verb* andare [17] storto; **his plan misfired** il suo progetto è andato storto.

misfit *noun* disadattata F, disadattato M; spostata F, spostato M.

misfortune *noun* disgrazia F; **our misfortune was the fall in interest rates** la nostra disgrazia è stato il ribasso del tasso d'interesse.

misjudge *verb* **1** calcolare [1] male; **I misjudged her reaction** ho mal calcolato la sua reazione; **2** giudicare [3] male; **I regret having misjudged him** mi rincresce di averlo giudicato male.

mislay *verb* smarrire [12]; **I've mislaid my purse** ho smarrito il portamonete.

misleading *adjective* fuorviante; **this is a misleading report** è una relazione fuorviante.

miss *verb* **1** perdere [52]; **I'm afraid you've missed the bus** mi dispiace ma hai perso il pullman; **she doesn't miss any chances** non perde mai nessuna occasione; **2 our centre-forward missed the goal** il nostro centravanti ha mancato la rete; **she says she misses you** dice che le manchi; **we all miss Australia** sentiamo tutte la nostalgia dell'Australia; **3 how many classes have you missed this year?** quante lezioni hai saltato quest'anno?

Miss *noun* signorina F.

missile *noun* missile M.

missing *adjective* **1** mancante; **did you find the missing boxes?** hai trovato le scatole mancanti?; **the missing link** l'anello mancante; **2 to be missing** mancare [3]; **there's a cheque missing** manca un assegno; **five glasses are missing** mancano cinque bicchieri; **3 to go missing** sparire [12]; **two sheep have gone missing** sono sparite due pecore.

mission *noun* missione F.

missionary *noun* missionaria F, missionario M.

mist *noun* nebbia F.

mistake *noun* **1** errore M, sbaglio M; **a silly mistake** uno sbaglio stupido; **a spelling mistake** un errore di ortografia; **don't you ever make mistakes?** non fai mai errori?; **2 sorry, I made a mistake** scusami, mi sono sbagliato. *verb* confondere [41]; **I mistook her for Jane** l'ho confusa con Jane.

mistaken *adjective* **to be mistaken** sbagliarsi [8]; **I was mistaken** mi sono sbagliata.

mister *noun* signore M (*before a name becomes* signor).

mistletoe *noun* vischio M.

misty *adjective* nebbiosa/nebbioso; **a misty evening** una serata nebbiosa; **his eyes were misty** aveva gli occhi velati di lacrime.

misunderstand *verb* fraintendere [6C], capire [12] male.

misunderstanding *noun* malinteso M; **we had a misunderstanding** c'è stato un malinteso fra di noi.

mix *noun* **1** miscuglio M; **a social mix** un miscuglio di gente diversa; **2 cake mix** miscela (F) per un dolce.
verb **1** mescolare [1]; **mix the ingredients together** mescolare gli ingredienti; **2 to mix with** bazzicare [3]; **why do you mix with such unsavoury types?** perché bazzichi quei loschi individui?
• **to mix up 1** mescolare [1]; **I got all my invoices mixed up** ho mescolato tutte le fatture; **2** confondere [41]; **I got Charles and Gregory mixed up** ho confuso Charles con Gregory; **I got it all mixed up** ho frainteso tutto.

mixed *adjective* **1** variata/variato; * **a mixed bag of attractions** un programma variato di attrazioni; **2** mista/misto; **mixed salad** insalata mista F; **mixed school** scuola mista F.

mixer *noun* (*for food*) sbattitore M.

mixture *noun* miscuglio M; **it was a mixture of comedy and drama** era un miscuglio di commedia e dramma.

moan *verb* gemere [9a].

mobile home *noun* casamobile F.

mobile phone *noun* telefonino M, telefono cellulare M.

mock *adjective* finta/finto.
verb canzonare [1].

model *noun* **1** (*type*) modello M; **the latest model** l'ultimo modello; **2** (*fashion model*) modella F, modello M; **he works as a model** fa il modello; **3 a model of the Leaning Tower of Pisa** un modello della torre pendente di Pisa; **4 model railway** ferrovia (F) in miniatura.

modem *noun* modem M.

modern *adjective* moderna/moderno; **modern languages** lingue moderne F *plural*.

modernise *verb* modernizzare [1].

modest *adjective* modesta/modesto.

modify *verb* modificare [3].

moisture *noun* umidità F.

ENGLISH–ITALIAN

moisturiser *noun* **1** (*lotion*) latte idratante M; **2** (*cream*) crema idratante F.

molar *noun* molare M.

mole *noun* **1** (*animal or spy*) talpa F; **2** (*on skin*) neo M.

molecule *noun* molecola F.

mollusc *noun* mollusco M.

moment *noun* **1** attimo M; **I'll be with you in a moment** arrivo tra un attimo; **2 at any moment** in qualsiasi momento; **at the right moment** al momento giusto.

monarchy *noun* monarchia F.

monastery *noun* monastero M, convento M.

Monday *noun* lunedì M; **the art gallery is closed on Mondays** la pinacoteca è chiusa il lunedì; **every Monday** tutti i lunedì.

money *noun* soldi M *plural*; (*formal*) denaro M; **do you have any money?** hai soldi?; **to make money** fare [19] soldi; **I'd like my money back** desidero [1] un rimborso.

money box *noun* **1** salvadanaio M; **2** (*in a church*) cassetta (F) per le offerte.

mongrel *noun* bastarda F, bastardo M.

monitor *noun* (*computer*) monitor M.

monk *noun* monaco M.

monkey *noun* scimmia F (con la coda).

monotonous *adjective* monotona/monotono.

monsoon *noun* monsone M.

monster *noun* mostro M.

month *noun* mese M; **this month** questo mese (*in formal documents* corrente mese, *shortened to* c.m.); **last month** il mese scorso; **two months from now** fra due mesi; **at the end of the month** alla fine del mese.

monthly *adjective* **1** mensile; **monthly magazine** rivista mensile; **2 monthly payment** mensilità F.

monument *noun* monumento M.

mood *noun* umore M; **to be in a good mood** essere [16] di buon umore; **to be in a bad mood** essere di cattivo umore; **I'm not in the mood** non mi va.

moody *adjective* lunatica/lunatico.

moon *noun* luna F; **by the light of the moon** al chiaro di luna; **to be over the moon** essere [16] al settimo cielo.

moonlight *noun* chiaro (M) di luna.

moor *noun* brughiera F. *verb* (*a boat*) attraccare [3].

mop *noun* **1** (*for dishes*) spugnetta F; **2** (*for floors*) mocio M.

moped *noun* motorino M.

moral *noun* (*lesson*) morale F; **the moral of the story is ...** la morale della favola è ... *adjective* morale; **it's a moral issue** è una questione morale.

morale *noun* morale M; **morale is low in our unit at the moment** al momento il morale nel nostro reparto è basso.

morals *noun* moralità F.

morbid *adjective* morbosa/morboso.

more *adverb* 1 più; **more attractive** più attraente; **more quickly** più rapidamente; **more efficiently** più efficientemente; 2 **more ... than** più ... di/che; **Penny is more reliable than Jenny** Penny è più affidabile di Jenny; **I feel more Australian than European** mi sento più australiana che europea; 3 **more or less** più o meno; **we're more or less ready** siamo più o meno pronte.
adjective 1 più; **there's more food in the fridge than I thought** nel frigo ci sono più viveri di quanto pensavo; **could I have some more sugar please?** mi dai un po' più di zucchero per cortesia?; 2 (*of something you have already*) ancora; **I'd like some more bread** vorrei ancora pane; **a few more dollars** ancora qualche dollaro; 3 (*with nouns that can be counted*) altra/altro; **I'd like one more piece of chicken** vorrei un altro pezzo di pollo; 4 **more and more** sempre più; **my work is becoming more and more complex** il mio lavoro diventa sempre più complesso; **more and more tourists are flocking to our city** nella nostra città arrivano sempre più turisti.
pronoun 1 più; **she drinks more than me** beve più di me; 2 (*of something you have already*) ancora; **can I have some more?** me ne dai ancora un po'?; **I'd like five more please** ne vorrei ancora cinque per cortesia.

moreover *adverb* inoltre.

morning *noun* 1 mattina F; **this morning** questa mattina (*often contracted to* stamattina); **tomorrow morning** domani mattina (*often contracted to* domattina); **at five in the morning** alle cinque di mattina; **what do you usually do in the morning?** cosa fai di solito di mattina?; 2 (*as a period of time spent doing something*) mattinata F; **I usually spend the morning writing and reading** di solito passo la mattinata a scrivere e leggere.

morphine *noun* morfina F.

mortal *adjective* mortale.

Moslem *noun, adjective* SEE **Muslim**.

mosque *noun* moschea F.

mosquito *noun* zanzara F.

most *adjective* la maggioranza di, la maggior parte di; **most**

ENGLISH–ITALIAN

tourists visit the caves la maggioranza dei turisti visita le grotte; **most of my relations** la maggior parte dei miei parenti. *adverb* **1 what I dislike most is having to wait** quello che detesto più di tutto è l'attesa; **2 the most** (*followed by adjective*) il più M, la più F; **the most useful contact** il contatto più utile; **the most loyal friend** l'amica più leale; **the most incredible tale** il racconto più incredibile. *pronoun* quasi tutta/quasi tutto; **most of the wine is off** quasi tutto il vino è inacidito; **most of the time** quasi tutto il tempo.

moth *noun* tarma F, falena F.

mother *noun* madre F; **your mother** tua madre; **David's mother** la madre di David.

mother-in-law *noun* suocera F.

Mother's Day *noun* Festa (F) della Mamma.

motion *noun* **1** (*movement*) movimento M; **2** (*at a meeting*) mozione F.

motivated *adjective* motivata/motivato.

motivation *noun* motivazione F.

motor *noun* motore M; **motor racing** gare automobilistiche F *plural*.

motorbike *noun* motocicletta F (*often shortened to* moto F, *never changes*).

motor boat *noun* motoscafo M.

motorcyclist *noun* motociclista F & M.

motorist *noun* automobilista F & M.

motorway *noun* autostrada F.

mouldy *adjective* ammuffita/ammuffito.

mountain *noun* montagna F; **in the mountains** sulle montagne.

mountaineer *noun* alpinista F & M.

mountaineering *noun* alpinismo M.

mountainous *adjective* montagnosa/montagnoso.

mouse 1 (*animal*) topo M; **2** (*for computer*) mouse M.

mousse *noun* mousse F.

moustache *noun* baffi M *plural*; **a man with a moustache** un uomo baffuto.

mouth *noun* bocca F; * **he has a big mouth** (*boastful*) è un fanfarone; (*talkative*) ha la lingua lunga.

mouthful *noun* boccone M; * **that word is a mouthful** quel vocabolo è impronunciabile.

mouth organ *noun* armonica (F) a bocca.

move *noun* **1** (*to another house*) trasloco M; **2** (*in a game*) mossa F; **your move!** tocca a te! *verb* **1** muoversi [47]; **is he moving?** si muove?; **2** (*a thing or yourself*) spostare [1]; **could**

you move your car please? potresti spostare la macchina per cortesia?; **move up a bit** spostati un tantino; **3** (*traffic*) procedere [9a]; **traffic was moving fast** il traffico procedeva velocemente; **4 to move forward** avanzare [1]; **5** (*to change environment*) trasferirsi [12]; (*to relocate*) traslocare [1]; **when are you moving?** quando trasloche?; **I hear the Grescinis are moving to Trieste** mi dicono che i Grescini si trasferiscono a Trieste.

movement *noun* movimento M.

movie *noun* film M; **to go to the movies** andare [17] al cinema.

moving *adjective* **1** in movimento, mobile; **2** (*emotionally*) commovente; **a moving story** un racconto commovente.

mow *verb* falciare [5]; **to mow the grass** falciare l'erba.

mower *noun* SEE **lawnmower**.

MP *noun* deputata F, deputato M; **who is your MP?** chi è la tua deputata/il tuo deputato?

Mr *noun* Signore M; (*shortened to* signor *before surnames and used with an article in indirect speech; Italians normally use educational or professional titles when addressing others formally*); **Mr Stephen Currie** il signor Stephen Currie (*also written* sig.).

Mrs *noun* Signora F (*often replaced by an educational or professional title when addressing others formally*); **Mrs Helen Currie** la signora Helen Currie (*also written as* sig.ra).

Ms *noun* Signora F (*also written as* sig.ra *or* sig.a) (*there is no direct equivalent of Ms in Italian*).

much *adjective* **1** molta/molto; **I don't have much patience** non ho molta pazienza; **there isn't much jam in the cupboard** non c'è molta marmellata in credenza; **I don't have much time left** non mi resta molto tempo; **2 too much** troppa/troppo; **you've put too much sugar in my tea** mi hai messo troppo zucchero nel tè; **3 how much money do you need?** quanto denaro ti occorre?; **why did you give me so much wine?** perché mi hai dato tanto vino?

adverb molto; **much more** molto di più; **much better** molto meglio; **much wider** molto più largo; **very much** moltissimo; **thank you very much** grazie mille; **we don't like beach life very much** non ci piace molto la vita di spiaggia; **so much** tanto; **thank you so much** grazie tante; **I love you so much** ti amo tanto.

pronoun molto; **does she drink much?** beve molto?; **I don't sleep much** non dormo molto; **not much** non molta/non molto; **'do you have a lot of work?' – 'no, not much'** 'hai molto lavoro?' – 'no, non molto';

ENGLISH–ITALIAN **must**

how much? quanta/quanto?; **how much is it?** quant'è?; **how much would you like?** quanto ne vuoi?; **as much as** quanta/quanto; **buy as much as you like** comprane quanto ti pare.

muck *noun* sporcizia F.

mud *noun* fango M.

muddle *noun* confusione F; **I'm in a muddle** mi sento confusa.

muddy *adjective* 1 (*ground*) fangosa/fangoso; 2 (*shoes, clothes*) infangata/infangato; **your socks are muddy** hai i calzini infangati.

mudguard *noun* parafango M.

muffler *noun* (*on vehicles*) marmitta F.

mug *noun* 1 tazza F; **a mug of coffee** una grande tazza di caffè; 2 (*for beer*) boccale M.
verb rapinare [1]; **I was mugged in a park** sono stata rapinata in un giardino pubblico.

mugging *noun* rapina F.

multiplication *noun* moltiplicazione F.

multiply *verb* moltiplicare [3].

mum, mummy *noun* (*informal*) mamma F; **Sarah's mum** la mamma di Sarah; **where's your mum?** dov'è tua mamma?; **Mum, where are you going?** dove vai, mamma?

mumble *verb* borbottare [1].

mumps *plural noun* orecchioni M *plural*.

municipality *noun* comune M.

murder *noun* omicidio M.
verb ammazzare [1], assassinare [1].

murderer *noun* assassina F, assassino M.

muscle *noun* muscolo M; **to tear a muscle** strapparsi un muscolo; **to strain a muscle** stirarsi un muscolo.

muscular *adjective* muscolare.

museum *noun* museo M.

mushroom *noun* fungo M; **mushroom risotto** risotto coi funghi.

music *noun* musica F; **a music shop** un negozio di articoli musicali; **classical music** musica classica.

musical *noun* musical M.
adjective musicale; **musical instrument** strumento musicale; **are you musical?** hai orecchio per la musica?

musician *noun* musicista F & M.

Muslim *noun, adjective* mus(s)ulmana/mus(s)ulmano; **the Muslim faith** la religione mus(s)ulmana.

mussel *noun* cozza F.

must *verb* 1 dovere [37]; **I must go to bed** devo andare a dormire; **you must forgive me** devi perdonarmi [1]; **I must talk to her** devo parlarle; (*sometimes* dovere *is replaced by* bisogna che) **we must leave early** bisogna

mustard

che partiamo presto; **you must go and see the principal** bisogna che tu vada dal preside; **2** (*expressing probability, often conveyed by the future tense*) **you must be hungry** devi aver fame, avrai fame; **it must be late** dev'essere tardi, sarà tardi; * **you must be joking** scherzi?

mustard *noun* senape F.

mutter *verb* borbottare [1].

muzzle *noun* museruola F.

my *possessive adjective* **1** la mia/il mio (*plural* le mie/i miei); **my diary** la mia agenda; **my dictionary** il mio vocabolario; **2** (*the article is omitted before names of close relatives in the singular*); **my (female) cousin** mia cugina; (*the article is omitted and the possessive follows the noun with* camera *and* casa) **in my bedroom** in camera mia; **3** (*in Italian, possessives are often omitted when the identity of the possessor is obvious; in many other cases they are expressed using personal pronouns*) **I can't raise my hand** non riesco ad alzare la mano; **I opened my eyes** ho aperto gli occhi; **I'm brushing my teeth** mi sto lavando i denti; **I'm going to put my shoes on** adesso mi metto le scarpe.

myself *pronoun* mi, io stessa/io stesso; **I've cut myself** mi sono tagliata; **I did it myself** l'ho fatto io stesso; **I bought it for myself** l'ho comprato per me stessa.

ENGLISH–ITALIAN

mysterious *adjective* misteriosa/misterioso.

mystery *noun* **1** mistero M; **2** (*book*) racconto (M) del mistero.

myth *noun* mito M; **the myth of Faust** il mito di Faust.

mythology *noun* mitologia F; **Greek mythology** la mitologia greca.

N n

nag *verb* assillare [1], asfissiare [2].

nail *noun* **1** (*on finger or toe*) unghia F; **to bite your nails** mangiarsi [6] le unghie; **nail brush** spazzolino (M) per unghie; **nail file** lima (F) per unghie; **nail polish** smalto (M) per unghie; **nail polish remover** solvente (M) per smalto, acetone M; **nail scissors** forbicette (F *plural*) per unghie; **2** (*metal*) chiodo M. *verb* inchiodare [1].

naive *adjective* ingenua/ingenuo.

naked *adjective* nuda/nudo.

name *noun* nome M; **what's her name?** come si chiama?; **my name is Robert** mi chiamo Robert.

nap *noun* sonnellino M; **to have a nap** fare [19] un sonnellino.

napkin *noun* tovagliolo M.

nappy *noun* pannolino M.

ENGLISH–ITALIAN

narrow *adjective* stretta/stretto; **a narrow canal** un canale stretto; **we had a narrow escape** siamo scampate per un pelo.

nasty *adjective* **1** (*mean*) meschina/meschino; **a nasty act** un'azione meschina; **2** (*unpleasant; often expressed with ending* -accia/-accio) **a nasty letter** una letteraccia; **3** (*bad*) cattiva/cattivo; **a nasty smell** un cattivo odore.

nation *noun* nazione F.

national *adjective* nazionale; **national anthem** inno nazionale M; **national park** parco nazionale M.

nationality *noun* nazionalità F.

native speaker *noun* parlante nativa F, parlante nativo M.

natural *adjective* naturale.

naturally *adverb* naturalmente.

nature *noun* natura F; **nature reserve** riserva naturale F.

naughty *adjective* **naughty child** monella F, monello M.

navel *noun* ombelico M.

navy *noun* marina F; **merchant navy** marina mercantile; **to join the navy** arruolarsi [1] in marina.

navy blue *adjective* blu scuro; **a navy-blue jumper** un pullover blu scuro.

near *adjective* vicina/vicino; **the nearest school** la scuola più vicina.
adverb vicino; **my house is near here** casa mia è qui vicino; **you're not near enough** non sei abbastanza vicino; **come nearer** avvicinati.
preposition vicino a; **near the bus stop** vicino alla fermata dell'autobus.

nearby *adverb* a poca distanza, qui/lì vicino; **is there a service station nearby?** c'è un distributore qui vicino?

neat *adjective* **1** (*well organised*) ordinata/ordinato; **a neat drawer** un cassetto ordinato; **2** (*garden, clothes, physical appearance*) curata/curato; **a neat garden** un giardino curato.

neatly *adverb* con cura; **her clothes are always neatly arranged** i suoi vestiti sono sempre disposti con cura.

necessarily *adverb* di necessità; **'will the Government honour its commitment?' – 'not necessarily'** 'il governo manterrà la promessa?' – 'non è detto'.

necessary *adjective* necessaria/necessario; **if necessary** se sarà necessario.

neck *noun* **1** collo M; **2** (*of a garment*) colletto M; **3** * **neck and neck** alla pari.

necklace *noun* collana F.

need *noun* **there's no need to yell** non occorre urlare; **there's no need to wait** è inutile attendere.
verb **1** avere [15] bisogno di; **do you need milk?** hai bisogno di latte?; **I need reassurance** ho bisogno di essere rassicurata; **2 all you need** tutto quello che ti serve; **3** (*to have to*) dovere [37]; **I need to renew my insurance** devo rinnovare l'assicurazione; **we needn't discuss that** non dobbiamo discuterne; **4 you needn't go yet** non sei obbligata ad andar già via.

needle *noun* ago M.

negative *noun* (*of a photo*) negativa F.
adjective negativa/negativo; **a negative result** un risultato negativo.

neglected *adjective* trascurata/trascurato.

neighbour *noun* vicina F, vicino M; **we've got noisy neighbours** abbiamo vicini rumorosi; **who are your next door neighbours?** chi sono i tuoi vicini?

neighbourhood *noun* **1** (*immediate neighbourhood*) vicinato M; **2** (*suburb*) quartiere M.

neither *conjunction* **neither ... nor** né ... né; non ... né ... né; **neither Mario nor Paola** né Mario né Paola; **neither your mother nor your aunt wrote to me** non mi hanno scritto né tua madre né tua zia.
adverb neanche; **'I don't want to stay'** – **'neither do I'** 'non voglio restare' – 'neanch'io'; **'she wasn't contacted'** – **'neither were we'** 'non è stata contattata' – 'neanche noi'.
pronoun nessuna delle due/nessuno dei due; **'which film would you like to see?'** – **'neither'** 'quale dei due film ti piacerebbe vedere?' – 'nessuno dei due'.

nephew *noun* nipote M (di zia/di zio).

Neptune *noun* Nettuno M.

nerd *noun* **1** sgobbona F/sgobbone M, secchia F; **2 computer nerd** maniaca (F)/maniaco (M) del computer.

nerve *noun* **1** nervo M; **2 to lose your nerve** perdere [52] coraggio; **3 what a nerve!** che impudenza!; * **he's getting on my nerves** mi dà sui nervi.

nervous *adjective* nervosa/nervoso; **to feel nervous** essere [16] agitata/agitato; **nervous breakdown** esaurimento nervoso M.

nest *noun* nido M.

net *noun* rete F.

nettle *noun* ortica F.

network *noun* rete F.

neurotic *adjective* nevrotica/nevrotico.

neutral *noun* (*in a vehicle*); **leave the engine in neutral** lascia il

ENGLISH–ITALIAN

motore in folle.
adjective neutrale.

never *adverb* **1** non … mai; **she never comes to visit me** non viene mai a trovarmi; **I've never met him** non l'ho mai conosciuto; **2** mai; **'have you ever smoked?'** – **'no, never'** 'hai mai fumato?' – 'no, mai'; **3 never again** mai più; **4 * never mind** non fa nulla.

new *adjective* nuova/nuovo; **is your car new or secondhand?** la tua automobile è nuova o d'occasione?; **have you seen Liliana's new dress?** hai visto il nuovo vestito di Liliana?

newcomer *noun* nuova venuta F, nuovo venuto M.

news *noun* **1** (*everyday gossip*) novità F *plural*; **what's the news?** che novità ci sono?; **2 a piece of news** una notizia F; **3** (*on television*) telegiornale M; **4** (*on radio*) giornale (M) radio.

newsagent *noun* giornalaia F, giornalaio M.

newspaper *noun* giornale M; **daily newspaper** quotidiano M.

newsreader *noun* annunciatore M, annunciatrice F.

New Year *noun* anno nuovo M; **Happy New Year!** Buon anno!; **New Year's Day** capodanno M; **New Year's Eve** San Silvestro M.

next *adjective* **1** (*the one immediately after the present one*) prossima/prossimo; **what time's the next bus?** a che ora passa la prossima corsa?; **next month** il mese prossimo; **next year** l'anno prossimo; **the next time we meet** la prossima volta che ci vediamo; **2** (*following*) seguente, successiva/successivo; **she called me the next day** mi ha chiamato il giorno dopo; **they delivered my suitcase the next week** mi hanno consegnato la valigia la settimana seguente; **3** (*next door*) accanto; **in the next classroom** nell'aula accanto.
adverb **1** (*afterwards*) in seguito; **guess what she did next?** indovina cosa ha fatto in seguito?; **2** (*now*) adesso; **what are you going to do next?** e adesso cosa fai?; **3 next to** accanto a, a fianco di; **may I sit next to you?** posso sedermi accanto a te?; **the park is next to the railway station** il parco si trova a fianco della stazione ferroviaria.

next door *adverb* accanto; **the restaurant next door** il ristorante accanto.

nibble *verb* spilluzzicare [3], spizzicare [3].

nice *adjective* **1** (*pleasant, tasting good*) piacevole, buona/buono; **they had a nice chat** hanno fatto una piacevole chiacchierata; **have a nice day!** buona giornata!; **have a nice time!** buon divertimento!; **is that cake nice?** è buono quel dolce?; **2** (*attractive to look at; weather*) bella/bello; **what a nice handbag!** che bella borsetta!; **is**

nick — ENGLISH–ITALIAN

it **nice outside?** fa bello fuori?; **3** (*kind, friendly*) simpatica/simpatico; **he's a really nice guy** è davvero simpatico; **there's a nice atmosphere in that cafe** in quel bar c'è un'atmosfera veramente simpatica; **4 to be nice to someone** essere [16] gentile con qualcuna/qualcuno; **they were really nice to him** sono state davvero gentili con lui; **5 you look really nice in that dress** quel vestito ti dona davvero.

nick *verb* (*steal*) fregare [4] (*informal*).

nickname *noun* nomignolo M, soprannome M.

niece *noun* nipote F (di zia/di zio).

night *noun* **1** (*before bedtime*) sera F; **I saw Helen last night** ieri sera ho visto Helen; **will you be home tomorrow night?** sarai in casa domani sera?; **2** (*after bedtime*) notte F; **where are you going to spend the night?** dove passi la notte?; **3** (*if said the morning after*) **last night it was really warm** stanotte ha fatto proprio caldo; (*if used later in the day*) ieri notte.

night club *noun* night M, locale notturno M.

nightie *noun* camicia (F) da notte.

nightingale *noun* usignolo M.

nightmare *noun* incubo M; **last night I had a nightmare** stanotte ho avuto un incubo; **that journey was a nightmare** quel viaggio è stato un incubo.

nil *noun* zero M; **the score was nil all** il risultato è stato zero a zero.

ninety *number* novanta.

ninth *adjective* nona/nono; **Pius IX** Pio Nono; **the ninth of March** il nove marzo.

no *adverb* **did you say no?** hai detto di no?; **no, thank you** no, grazie.
adjective **1** non (*precedes a verb*); **we had no money** non avevamo soldi; **no problem!** non c'è problema!; **2** (*on notices*) **no smoking** vietato fumare; (*Australian*) **no standing**, vietata la sosta; **no hitchhiking** no autostop;
3 * no way! mai e poi mai!, neanche per sogno!

noble *adjective* nobile.

nobody, no one *pronoun* non … nessuna (F)/non … nessuno (M *and generic*); **there's nobody around** non c'è nessuno in giro; **I knew no one at the party** alla festa non c'era nessuno che conoscevo; **no one came to the meeting** alla riunione non è venuta nessuna; (*if* nessuno *is placed at the beginning of a sentence*, non *is omitted*) **no one wrote to us** nessuno ci ha scritto.

nod *verb* (*to agree*) annuire [12]; **she nodded a few times** ha annuito un paio di volte.

ENGLISH–ITALIAN

noise *noun* **1** rumore M; **what's that noise?** che cos'è quel rumore?; **2** (*excessive*) baccano M; **stop making so much noise!** smettila di fare tutto quel baccano!

noisy *adjective* rumorosa/rumoroso.

none *pronoun* **1** nessuna (F)/nessuno (M *and generic*); **'how many people were present?' – 'none'** 'quanta gente ha partecipato?' – 'nessuno'; **none of the athletes woke up in time** nessuno degli atleti si è svegliato in tempo; **2 there's none left** non è avanzato niente.

nonsense *noun* **1** (*empty talk*) fesserie F *plural* (*informal*); **stop talking nonsense you two!** voi due smettetela di dire fesserie!; **what nonsense!** che fesserie!; **2** (*a contradiction*) controsenso M; **what you're saying is nonsense** stai dicendo un controsenso.

non-smoker *noun* non fumatore M, non fumatrice F.

non-stop *adjective* diretta/diretto, no-stop; **a non-stop flight** un volo diretto.
adverb continuamente; **she's been sneezing non-stop** sta starnutendo continuamente.

noodles *noun* spaghetti M *plural*, tagliatelle F *plural*.

noon *noun* mezzogiorno M; **see you at noon** ci vediamo a mezzogiorno.

nosebleed

no one *pronoun* SEE **nobody**.

nor *conjunction* **1 neither ... nor** né ... né; **neither today nor tomorrow** né oggi né domani; **2** nemmeno; **Jean doesn't like vinegar, nor do I** a Jean non piace l'aceto, e nemmeno a me.

normal *adjective* **1** (*belonging to a majority*) normale; **2** (*usual*) abituale; **is that his normal behaviour?** è il suo comportamento abituale?

normally *adverb* normalmente.

north *noun* nord M; **in the north** a nord.
adjective nord, settentrionale; **the North Pole** il Polo nord; **North America** il Nord America; **north Germany** la Germania settentrionale; **the north wind** (*i.e. cold, in the northern hemisphere*) tramontana F.
adverb nord; **north of Rome** a nord di Roma.

north-east *noun* nord-est.
adjective nordorientale, nord-est; **north-east Italy** l'Italia nordorientale.

north-west *noun* nord-ovest.
adjective nord-ovest, nordoccidentale; **in north-west Italy** nell'Italia nordoccidentale.

nose *noun* naso M; **to blow your nose** soffiarsi [2] il naso.

nosebleed *noun* epistassi F, sangue (M) dal naso; **I had a nosebleed this morning** stamattina mi è uscito sangue dal naso.

not *adverb* **1** non, no (*placed after the verb for emphasis*); **not so soon!** non così presto!; **not here!** non qui!, (*more emphatic*) qui no!; **not yet** non ancora; **not at all** niente affatto; **2** (*when used with a verb*) non; **she's not very old** non è molto vecchia; **I'm not coming** non vengo; **I haven't seen your cousin today** oggi non ho visto tua cugina; **3 I hope not** spero di no.

notebook *noun* quaderno M.

notepad *noun* block notes M.

nothing *pronoun* **1** niente; **'what's happened?' – 'nothing'** 'cos'è successo?' – 'niente'; **2** (*with an adjective*) niente di; **nothing new** niente di nuovo; **nothing extraordinary** niente di straordinario; **3** (*when used with a verb*) non … niente; **nothing happened** non è successo niente; **say nothing!** non dire niente!; **they did nothing wrong** non hanno fatto niente di male; **4 nothing to** (*followed by an infinitive verb*) niente da … ; **I've got nothing to declare** non ho niente da dichiarare; **he's got nothing to wear** non ha niente da mettersi.

no through road *noun* vicolo cieco M.

notice *noun* **1** (*a sign*) insegna F; **2** (*on a noticeboard*) avviso M; **3** (*warning*) preavviso M; **could you give us some notice, please** per favore, dacci del preavviso; **to do something at short notice** fare [19] qualcosa da un momento all'altro; **4 let's take no notice** non facciamoci caso.
verb osservare [1]; **did you notice what he was wearing?** hai osservato cosa indossava?

noticeable *adjective* visibile.

noticeboard *noun* albo M, bacheca F; **to post examination results up on a noticeboard** esporre [58] i voti degli esami all'albo.

nought *noun* zero M.

noun *noun* nome M, sostantivo M.

novel *noun* romanzo M.

novelist *noun* romanziera F, romanziere M.

November *noun* novembre M.

now *adverb* **1** adesso, ora; **where are you going now?** adesso dove vai?; **it's now or never** o adesso o mai; **2 I spoke to her just now** le ho appena parlato; **what are you doing just now?** cosa stai facendo in questo momento?; **3 come along right now!** vieni con me, subito!; **4 now and then** ogni tanto.

nowhere *adverb* **1** da nessuna parte, in nessun posto; **'where are you going?' – 'nowhere'** 'dove vai?' – 'in nessun posto'; **2 there's nowhere to sit** non c'è posto a sedere.

nuclear *adjective* nucleare; **nuclear power station** centrale nucleare.

ENGLISH–ITALIAN   **observe**

nucleus *noun* nucleo M.

nude *noun* (*in art*) nudo M.
adjective nuda/nudo.

nuisance *noun* seccatura F;
what a nuisance che seccatura!

numb *adjective* **1** (*with cold*) assiderata/assiderato; **2** (*with an anaesthetic*) insensibile.

number *noun* **1** numero M; **what number is your house?** a che numero abiti?; **here's my phone number** ecco il mio numero di telefono; **a small number of guests** un esiguo numero di invitati; **2** (*digit*) cifra F; **a five-digit number** un numero di cinque cifre.

number plate *noun* targa F.

nun *noun* suora F; **an order of nuns** un ordine di suore.

nurse *noun* infermiera F, infermiere M; **would you like to be a nurse?** ti piacerebbe fare l'infermiere?

nursery *noun* **1** (*for children*) scuola materna F; **2** (*for plants*) vivaio M.

nursery school *noun* scuola (F) dell'infanzia F.

nursing home *noun* casa (F) di riposo, clinica privata F.

nut *noun* **1** (*walnut*) noce F; **2** (*for a bolt*) dado M.

nutmeg *noun* noce moscata F.

nylon *noun* nailon M, nylon M.

O o

oak tree *noun* quercia F.

oar *noun* remo M.

oasis *noun* oasi F.

oath *noun* **1** (*a pledge*) giuramento M; **2** (*blasphemy*) bestemmia F.

oats *noun* avena F; **porridge oats** fiocchi (M *plural*) d'avena.

obedient *adjective* obbediente.

obey *verb* **1** (*a person*) obbedire [12] a; **2 to obey instructions** eseguire [11] ordini.

obituary *noun* necrologio M.

object *noun* oggetto M.
verb obiettare [1] a; **do they object?** hanno qualcosa in contrario?

objective *adjective* obiettiva/obiettivo.
noun obiettivo M.

oblige *verb* **1** (*to force*) obbligare [4]; **2** (*to do someone a favour*) fare [19] un favore a qualcuna/qualcuno.

oboe *noun* oboe M.

obscene *adjective* oscena/osceno.

obscure *adjective* oscura/oscuro.

observe *verb* notare [1], osservare [1].

obsessed *adjective* ossessionata/ossessionato; **he's obsessed with his work** è ossessionato dal lavoro.

obstacle *noun* ostacolo M.

obstinate *adjective* ostinata/ostinato.

obstruction *noun* ostruzione F.

obtain *verb* ottenere [75].

obtuse *adjective* ottusa/ottuso.

obvious *adjective* evidente, ovvia/ovvio.

obviously *adverb* **1** (*of course*) evidentemente, certo; **'would you prefer to stay at home?' – 'obviously, but I can't'** 'preferiresti restare in casa?' – 'certo, ma non mi è possibile'; **2** (*looking at something or someone*) ovviamente; **she's obviously very tense** è ovviamente molto tesa.

occasion *noun* occasione F; **on special occasions** nelle grandi occasioni.

occasionally *adverb* ogni tanto.

occupation *noun* mestiere M, professione F.

occupied *adjective* occupata/occupato.

occur *verb* **1** (*happen*) avvenire [92], succedere [26]; **the murder occurred last week** l'omicidio è avvenuto la settimana scorsa; **2 it occurs to me that Rover has had nothing to eat** mi viene in mente che Rover non ha mangiato niente; **it didn't occur to her** non le è passato per la testa.

ocean *noun* oceano M.

o'clock *adverb* (*normally not translated in Italian*) **at eight o'clock** alle otto; **it's nine o'clock** sono le nove.

October *noun* ottobre M; **in October** d'ottobre.

octopus *noun* polpo M.

odd *adjective* **1** (*strange*) strana/strano; **that's odd, I thought I heard the bell** che strano, ero sicura di avere sentito il campanello; **2** (*numero*) dispari; **five is an odd number** cinque è un numero dispari; **3 he's the odd one out** è l'eccezione.

odds and ends *plural noun* cianfrusaglie F *plural*.

odometer *noun* contachilometri M.

Odyssey *noun* (*Greek epic*) Odissea F (*also figuratively*).

of *preposition* **1** di (di + il = del, di + la = della, *etc.*); **a kilo of potatoes** un chilo di patate; **the end of the world** la fine del mondo; **the beginning of the opera** l'inizio dell'opera; **the mother of the two girls** la madre delle due bambine; **2 Craig and Janine have two children and want two more (of them)** Craig e Janine hanno due figli e ne vogliono altri due; **3 the two of us** noi due; **4 the**

second of March il due marzo; **5 made of** (fatta/fatto) di; **a statue made of plaster** una statua di gesso.

off *adverb* 1 (*switched off*) spenta/spento; **is the video recorder off?** è spento il videoregistratore?; 2 **to be off** (*to leave*) andarsene [17]; 3 **a day off** un giorno di ferie; 4 (*cancelled*) sospesa/sospeso; **the match is off** la partita è sospesa.
preposition **Laura took three days off work** Laura ha preso tre giorni di ferie; **Kylie's off school today** oggi Kylie non viene a scuola; **25% off handbags** sconto del 25% sulle borsette.

off colour *adjective* indisposta/indisposto.

offence *noun* 1 (*crime*) reato M; 2 **to take offence** offendersi [60]; **she took offence for no reason at all** si è offesa senza alcun motivo.

offer *noun* 1 offerta F; **a job offer** un'offerta d'impiego; 2 **on (special) offer** in offerta speciale.
verb offrire [86]; **Sylvia offered to drive me to the market** Sylvia mi ha offerto un passaggio fino al mercato.

offhand *adjective* brusca/brusco, sgarbata/sgarbato.

office *noun* ufficio M; **my wife is working late at the office this evening** stasera mia moglie lavora fino a tardi in ufficio.

office block, office building *noun* palazzo (M) di uffici.

officer *noun* 1 (*armed forces*) ufficiale F & M; 2 (*in civilian life*) incaricata F, incaricato M.

official *adjective* ufficiale.
noun funzionaria F, funzionario M.

off-peak *adjective* nelle ore normali; **off-peak electricity** elettricità (F) a tariffa ordinaria.

offside *adjective* fuorigioco; **the centre-forward was offside** il centrattacco si trovava fuorigioco.

often *adverb* spesso; **she's often sick** è spesso indisposta; **how often do you go to church?** quanto spesso vai in chiesa?; **I'd like to see Carla more often** vorrei vedere più spesso Carla.

oil *noun* 1 olio M; **olive oil** olio d'oliva; **vegetable oil** olio di semi; 2 (*petroleum*) petrolio M.

oil painting *noun* 1 (*object*) quadro (M) ad olio; 2 (*activity*) pittura (F) ad olio.

oil rig *noun* piattaforma petrolifera F.

ointment *noun* unguento M.

OK *adverb* 1 d'accordo, OK; **OK, I'll see you next week** d'accordo, ci vediamo la settimana prossima; **is it OK with you if I don't pay the whole amount today?** sei d'accordo se non pago tutto

old

oggi?; **2** simpatica/simpatico (*informal*); **Gina is OK, isn't she?** Gina è simpatica, no?; **3** (*nothing special*) discreta/discreto; **the movie was OK** il film era discreto; **4** (*not ill*) **are you OK?** come ti senti?; **I was ill but feel OK now** sono stata poco bene ma mi sono rimessa.

old *adjective* **1** vecchia/vecchio; **an old woman** una vecchia, una vecchia donna; **an old house** una vecchia casa; **old clothes** vestiti vecchi; **I can't find her old address** non riesco a trovare il suo vecchio indirizzo; **old people** le persone anziane; **2** (*early*) antica/antico; **Old English** inglese antico; **3** (*talking about age*) **how old is Martin?** quanti anni ha Martin?; **Bruce is ten years old** Bruce ha dieci anni; **4 my older sister** la mia sorella maggiore; **he's older than his stepmother** è più vecchio della sua matrigna; **she's two years older than her husband** ha due anni più di suo marito.

old age *noun* vecchiaia F.

old-age pensioner *noun* pensionata F, pensionato M.

old-fashioned *adjective* **1** (*clothes, music, style*) fuori moda; **2** (*a person*) all'antica; **my uncle is fairly old-fashioned** mio zio è piuttosto all'antica.

olive *noun* (*fruit*) oliva F; **olive tree** olivo M.

olive oil *noun* SEE **oil**.

ENGLISH–ITALIAN

Olympic Games *plural noun* Olimpiadi F *plural*.

omelette *noun* frittata F; **a mushroom omelette** una frittata ai funghi.

on *preposition* **1** su, sopra; **on the table** sul tavolo; **on the road** sulla strada; **on the beach** sulla spiaggia; **on the piano** sopra il piano; **2** (*in expressions of time*) **on 24 May** il 24 maggio; **she's leaving on Saturday** parte sabato; **the store is open on Sundays** il negozio è aperto la domenica; **on clear days** nelle giornate serene; **3** (*transport*) **Paola arrived on the bus** Paola è arrivata con l'autobus; **I met Jeremy on the train** ho incontrato Jeremy sul treno; **I slept on the plane** ho dormito in aereo; **get on your bikes!** salite in bicicletta!; **4 on television** alla televisione; **on the radio** alla radio; **on video** su video; **5 on leave** in ferie, in congedo; **on strike** in sciopero. *adjective* **1** (*switched on*) **to be on** (*television, lights, oven, engine*) essere [16] accesa/acceso; **the lights were on** le luci erano accese; **is the engine on?** è acceso il motore?; **have you put the oven on?** hai acceso il forno?; **2** (*happening*) **what's on at the Rialto this week?** cosa danno al Rialto questa settimana?

once *adverb* **1** una volta; **I've tried once already** ho già provato una volta; **try once**

ENGLISH–ITALIAN

more prova di nuovo, prova ancora una volta; **once a week** una volta alla settimana; **2 at once** (*immediately*) subito; **the plumber came at once** l'idraulico è venuto subito; **3 at once** (*at the same time*) **I can't do three things at once** non riesco a fare tre cose in una volta.

one *number* un/uno M, un'/una F; **one daughter** una figlia; **one island** un'isola; **she left at one o'clock** è partita all'una. *pronoun* **1** (*when speaking in general*) si; **one never knows** non si sa mai; **2** (*translated in different ways depending on context*) **if you want a football I'll give you one** se vuoi un pallone te ne do uno io; **I like that briefcase but this one's cheaper** mi piace quella borsa là, ma questa costa di meno; **do you want the green jumper or this one?** vuoi il pullover verde o questo qui?; **'which video?' – 'that one'** 'quale video?' – 'quello là'; **3 which one?** quale?; **'I lent her a skirt' – 'which one?'** 'le ho prestato una gonna' – 'quale?'

one's *adjective* sua/suo, propria/proprio; **to do one's best** fare [19] del proprio meglio; **to love one's enemies** amare [1] i propri nemici; **to rub one's hands** fregarsi [4] le mani.

oneself *pronoun* **1 to dry oneself** asciugarsi [4]; **to hurt oneself** ferirsi [12]; **2** (*for emphasis*) sé, se stessa/se stesso; **(all) by oneself** tutto da sé.

open

one-way street *noun* strada (F) a senso unico.

onion *noun* cipolla F.

online trading *noun* commercio (M) on-line.

only *adjective* **1** sola/solo, unica/unico; **the only free seat** l'unico posto libero; **the only thing to do** l'unica cosa da fare; **2 an only daughter** una figlia unica. *adverb* **1** (*with a verb*) solo, non … che; **she's only got three chairs** ha solo tre sedie; **Vita's only free on Wednesdays** Vita è libera solo il mercoledì; **there are only two left** non ne restano che due; **2** soltanto, solo; **'how long did they stay?' – 'only three hours'** 'quanto tempo sono rimaste?' – 'solo tre ore'; **3 if only!** magari! *conjunction* però, senonché **I'd go out, only it's snowing** uscirei, però sta nevicando.

onto *preposition* su, sopra; **she jumped onto the table** è saltata sul tavolo.

opal *noun* opale M.

open *noun* **in the open** all'aperto. *adjective* **1** (*not shut*) aperta/aperto; **is the window open?** è aperta la finestra?; **the chemist's not open** la farmacia non è aperta; **2 in the open air** all'aria aperta. *verb* **1** aprire [86]; **can you open the door for me?** puoi aprirmi la porta?; **Wayne has opened his eyes** Wayne ha aperto gli

open-air   **ENGLISH–ITALIAN**

occhi; **the post office opens at nine** l'ufficio postale apre alle nove; **2** aprirsi; **the door opened slowly** la porta si è aperta lentamente.

open-air *adjective* all'aperto (*never changes*); **open-air swimming pool** piscina all'aperto.

opening *noun* apertura F, orifizio M.

opera *noun* opera F; **opera house** teatro (M) dell'opera.

operation *noun* operazione F.

opinion *noun* opinione F, parere M; **opinion poll** sondaggio M.

opponent *noun* avversaria F, avversario M.

opportunity *noun* occasione F; **I seized the opportunity** ho colto l'occasione; **she had the opportunity to visit Nepal** ha avuto l'occasione di visitare il Nepal.

opposite *noun* contrario M; **no, quite the opposite** no, proprio il contrario.
adjective **1** (*a direction, side or view*) opposta/opposto; **she went in the opposite direction** è andata nella direzione opposta; **2** (*facing*) dirimpetto, di fronte (a); **in the house opposite** nella casa di fronte.
adverb dirimpetto; **they live opposite** abitano dirimpetto.
preposition dirimpetto; **opposite the station** dirimpetto alla stazione.

oppress *verb* opprimere [40].

optician *noun* oculista F & M.

optimistic *adjective* ottimista F & M.

option *noun* scelta F; **we have no option** non abbiamo scelta.

optional *adjective* facoltativa/facoltativo.

or *conjunction* **1** o, oppure; **is she German or Italian?** è tedesca o italiana?; **tea or coffee?** tè oppure caffè?; **2** (*in negatives*) **I don't have a pen or a pencil** non ho né penna né matita; **I'm not working this week or next week** non lavoro né questa settimana né la prossima; **3** (*or else*) altrimenti; **call Mum or she'll worry** telefona alla mamma, altrimenti si preoccupa.

oral *noun* (*test*) orale M; **the Italian oral** l'orale di italiano.

orange *noun* (*tree*) arancio M; (*fruit*) arancia F; **orange juice** succo (M) d'arancia.
adjective arancione (*never changes*); **orange tie** cravatta (F) arancione.

orchestra *noun* orchestra F.

order *noun* **1** (*arrangement*) ordine M; **in the correct order** nell'ordine giusto; **in the wrong order** nell'ordine sbagliato; **in alphabetical order** in ordine alfabetico; **2** (*in a restaurant or cafe*) ordinazione F; **can I take your order?** volete ordinare?; **3 out of order** guasta/guasto; **4** (*command*) ordine; **stop giving**

me orders! smettila di darmi ordini!; **5 in order to** allo scopo di; **we ran all the way in order to arrive early** l'abbiamo fatta tutta di corsa allo scopo di arrivare presto.
verb (in a restaurant or store) ordinare [1]; **she ordered a schnitzel** ha ordinato una milanese; **we ordered a cab** abbiamo ordinato un taxi.

ordinary *adjective* ordinaria/ordinario, normale.

organ *noun* **1** (*musical instrument*) organo M; **she plays the organ** suona l'organo; **2** (*of the body*) organo M.

organic *adjective* (*food*) biologica/biologico (*often shortened to* bio, *which never changes*).

organisation *noun* organizzazione F.

organise *verb* organizzare [1].

orienteering *noun* (*sport*) orientamento F.

original *adjective* originale; **it's a really original poem** è una poesia veramente originale.

originally *adverb* originariamente.

ornament *noun* soprammobile M.

orphan *noun* orfana F, orfano M.

ostrich *noun* struzzo M.

other *adjective* **1** altra/altro; **the other day** l'altro giorno; **we chose the other flight** abbiamo scelto l'altro volo; **lend her the other one** prestale l'altra; **2 every other week** ogni quindici giorni; **3 somebody or other** qualcuna/qualcuno; **something or other** qualcosa, una cosa o l'altra; **somewhere or other** da qualche parte.
pronoun **where are the others?** dove sono le altre?

otherwise *adverb* (*in other ways*) altrimenti, d'altra parte; **the apartment's a bit small but otherwise it's comfortable** l'appartamento è piccolo ma d'altra parte è comodo; **I'll call home, otherwise they'll worry** telefono a casa, altrimenti si preoccupano.

ought to *verb* (*corresponds to conditional of* dovere [37]) **you ought to work harder** dovresti lavorare di più; **the parcel ought to have arrived by now** il pacco dovrebbe essere già arrivato.

our *possessive adjective* **1** la nostra/il nostro (*plural* le nostre/i nostri); **our garden** il nostro giardino; **2** (*the article is omitted before names of close relatives in the singular*); **our aunt** nostra zia; (*the article is omitted and the possessive follows the noun with* camera *and* casa) **in our house** a casa nostra; **3** (*in Italian, possessives are often omitted when the identity of the possessor is obvious; in many other cases they are expressed using personal pronouns*) **we'd like to stretch**

our legs vorremmo sgranchirci le gambe.

ours *possessive pronoun* **1** nostra/nostro; (*plural*) nostre/nostri; **the green one is ours** quella verde è nostra; **2** (*in contrasts*) la nostra/il nostro; **their house is bigger than ours** la loro casa è più grande della nostra; **their garden is smaller than ours** il loro giardino è più piccolo del nostro; **3 a friend of ours** una nostra amica.

ourselves *pronoun* **1** ci; **we introduced ourselves** ci siamo presentate; **2** (*for emphasis*) da noi, noi stesse/noi stessi; **we built it ourselves** l'abbiamo costruito noi stesse.

out *adverb* **1** (*outside*) fuori; **it's wet out there** là fuori piove; **out in the snow** sotto la neve; **they're out in the garden** sono fuori in giardino; **2 to go out** uscire [91]; **she went out of the kitchen** è uscita dalla cucina; **my parents are out** i miei sono usciti; **are you going out this evening?** esci stasera?; **Penny is going out with Leslie** Penny esce con Leslie; **she's asked me out** mi ha invitato a uscire con lei; **3** (*of homosexuals*) **to come out** dichiararsi [1] omosessuale.

outdoor *adjective* (*an activity or sport*) all'aperto (*never changes*); **an outdoor cinema** un cinema all'aperto.

outdoors *adverb* all'aria aperta.

outing *noun* gita F; **to go on an outing** fare [19] una gita.

outline *noun* (*of an object*) contorno M, profilo M.

outlive *verb* sopravvivere [82] (a); **she outlived her husband** è sopravvissuta al marito.

outlook *noun* prospettiva F.

out-of-date *adjective* **1** (*no longer valid*) scaduta/scaduto; **my passport is out of date** mi è scaduto il passaporto; **2** (*old-fashioned*) fuori moda; **his clothes are out-of-date** ha i vestiti fuori moda.

outpatient *noun* paziente esterna F, paziente esterno M.

output *noun* prodotto M.

outrage *noun* scandalo M, indecenza F.

outrageous *adjective* scandalosa/scandaloso, indecente.

outside *noun* esterno M; **it's blue on the outside** è blu all'esterno.
adjective esterna/esterno.
adverb fuori; **it's hot outside** fuori fa molto caldo.
preposition davanti a (*of a building*); **I saw her outside the cinema** l'ho vista davanti al cinema.

outskirts *plural noun* sobborghi M *plural*, periferia F; **on the outskirts of Adelaide** alla periferia di Adelaide.

outspoken *adjective* franca/franco.

outstanding *adjective* eccezionale.

ENGLISH–ITALIAN

oval *adjective* ovale.

oven *noun* forno M; **I've put the roast in the oven** ho messo l'arrosto nel forno.

over *preposition* **1** (*above*) **there's a picture over the couch** sopra il divano c'è un quadro; **2** (*involving movement*) al di sopra di, al di là di; **she leapt over the wall** ha saltato al di sopra del muro; **she threw the ball over the fence** ha gettato la palla al di sopra del recinto; **3 over here** di qua; **the empty bottles are over here** le bottiglie vuote sono da questa parte; **4 over there** laggiù, da quella parte; **she's over there watering the flowers** è laggiù che annaffia i fiori; **5** (*more than*) più di; **it cost us over a hundred dollars** ci è costata più di cento dollari; **he's over fifty-five** ha più di cinquantacinque anni; **6** (*during*) **can you visit us over the weekend?** puoi venire a trovarci durante il fine settimana?; **over Easter** sotto Pasqua; **7** (*finished*) finita/finito; **when will the exams be over?** quando saranno finiti gli esami?; **it's all over now** è tutto finito; **8 over the phone** per telefono; **9 to ask someone over** invitare [1] qualcuna/qualcuno; **can you come over next week?** puoi venire da noi la settimana prossima?; **10 all over the place** dappertutto; **all over the house** per tutta la casa.

overalls *plural noun* (*garment*) tuta F.

overweight

overcoat *noun* soprabito M.

overcome *verb* superare [1], sopraffare [19].

overcooked, overdone *adjective* scotta/scotto; troppo cotta/troppo cotto; **this risotto is overdone** questo risotto è scotto.

overdraft facility *noun* fido bancario M.

overhead projector *noun* lavagna luminosa F.

overlap *verb* combaciare [5].

overlook *verb* non accorgersi [57] (di).

overseas *adverb* oltremare, all'estero; **last year we didn't go overseas** l'anno scorso non siamo andate all'estero. *adjective* d'oltremare (*never changes*); **our overseas branches** le nostre succursali d'oltremare; **overseas students** studenti stranieri.

oversight *noun* svista F; **that was an oversight** è stata una svista.

oversleep *verb* dormire [11] troppo, svegliarsi [8] tardi.

overtake *verb* (*another vehicle*) sorpassare [1].

overthrow *verb* rovesciare [7].

overtime *noun* straordinario M; **to work overtime** fare [19] lo straordinario.

overweight *adjective* (*a person*) grassa/grasso; **he's about two**

owe

kilos overweight pesa un paio di chili di troppo.

owe *verb* dovere [37]; **she owes Tom twenty dollars** deve venti dollari a Tom.

owing *adjective* (*to pay*) da pagare; **there's fifty dollars owing** ci sono da pagare cinquanta dollari.
preposition **owing to** a causa di; **owing to the bad weather** a causa del cattivo tempo.

owl *noun* civetta F, gufo M.

own *adjective* **1** propria/proprio (*goes before the noun, often not translated*); **I've got my own laser printer** ho la mia propria stampante laser; **she's got her own apartment** ha un appartamento di sua proprietà; **2 on your own** da sola/da solo; **did you do it all on your own?** l'hai fatto tutto da sola?
verb possedere [69].

owner *noun* proprietaria F, proprietario M.

oxygen *noun* ossigeno M.

oyster *noun* ostrica F.

ozone layer *noun* ozonosfera F.

P p

pace *noun* passo M; **at a snail's pace** a passo di lumaca; **at a brisk pace** a passo sostenuto.

ENGLISH–ITALIAN

pack *noun* **1** pacco M; **2 a pack of cards** un mazzo (M) di carte.
verb **1** fare [19] le valige; **when are you going to pack?** quando fai le valige?; **2 I forgot to pack my binoculars** ho dimenticato di mettere in valigia il binocolo.

package *noun* pacchetto M; (*for posting*) pacco postale M.

package holiday, package tour *noun* pacchetto turistico M, viaggio organizzato M.

packed lunch *noun* pranzo (M) al sacco.

packet *noun* **1** (*for posting*) pacco postale M; **the postie delivered three packets today** oggi la postina ha consegnato tre pacchi; **2** (*bag*) pacchetto M, sacchetto M; **a packet of crisps** un sacchetto di patatine.

packing *noun* **to do your packing** fare [19] le valige.

pack rack *noun* portapacchi M (*never changes*).

pad *noun* (*of paper*) block notes M.

padding *noun* zavorra F.

paddle *noun* (*for a canoe*) pagaia F.
verb (*at the seaside*) **to go paddling** sguazzare [1] nell'acqua.

padlock *noun* lucchetto M.

page *noun* pagina F; **on page nine** a pagina nove.

ENGLISH–ITALIAN

pain *noun* dolore M; **where's the pain?** dove ti fa male?; **to be in pain** soffrire [86]; * **Giulio is a real pain** Giulio è un vero rompi.

painful *adjective* dolorosa/doloroso.

paint *noun* vernice F; **wet paint** vernice fresca.
verb pitturare [1]; **to paint a wall green** pitturare un muro di verde.

paintbrush *noun* pennello M.

painter *noun* pittore M, pittrice F.

painting *noun* **1** (*on canvas*) quadro M; **a De Chirico painting** un quadro di De Chirico; **2** (*art*) pittura F.

pair *noun* **1** paio M; **a pair of shoes** un paio di scarpe; **a pair of scissors** un paio di forbici; **a pair of pants** un paio di pantaloni; **2 to work in pairs** lavorare [1] in gruppi di due.

palace *noun* palazzo M.

pale *adjective* pallida/pallido; **pale green** verde pallido; **to turn pale** impallidire [12].

palm *noun* **1** (*of your hand*) palma F; **2** (*tree*) palma (F) da dattero.

pamphlet *noun* opuscolo M.

pan *noun* (*frying pan*) tegame M, padella F.

pancake *noun* frittella F.

parallel

panel *noun* **1** (*for a discussion*) tavola rotonda F; **2** (*for a wall etc.*) rivestimento (M) a pannelli, controparete F.

panic *noun* panico M.
verb essere [16] presa/preso dal panico.

pant *verb* ansimare [1].

panther *noun* pantera F.

pantihose *noun* (*Australian*) collant M.

pantomime *noun* pantomima F.

pantry *noun* credenza F.

pants *plural noun* (*Australian*) pantaloni M *plural*.

paper *noun* **1** carta F; **a sheet of paper** un foglio di carta; **a paper cup** una tazza di cartone; **a paper hanky** un fazzolettino di carta; **2** (*newspaper*) giornale M; **which paper do you read?** quale giornale leggi?

paperback *noun* libro tascabile M.

paper clip *noun* fermaglio M.

paper towel *noun* rotolo (M) asciugatutto.

parachute *noun* paracadute M.

parade *noun* corteo M; (*of troops*) sfilata F.

paradise *noun* paradiso M.

paragraph *noun* paragrafo M; **new paragraph** da capo.

parallel *noun* parallelo M.
adjective parallela/parallelo.

paralysed

paralysed *adjective* paralizzata/paralizzato.

parasite *noun* parassita F & M.

parcel *noun* pacco M.

pardon *noun* **1 I beg your pardon** scusami; **2 pardon?** come hai detto?

parent *noun* genitore M, genitrice F; **I never knew my parents** non ho mai conosciuto i miei genitori; **I'm going to see my parents** vado a trovare i miei.

parish *noun* parrocchia F; **parish priest** parroco M.

park *noun* **1** parco M; **theme park** parco (M) a tema; **safari park** zoo M safari; **2 car park** parcheggio M.
verb parcheggiare [6]; **don't park there please** non parcheggiare lì per cortesia; **to park a vehicle** parcheggiare un veicolo.

parking *noun* sosta F; **no parking** sosta vietata; **parking meter** parchimetro M; **parking space** posto M, piazzola F; **parking ticket** multa F, contravvenzione F (per sosta abusiva).

parliament *noun* parlamento M; **Houses of Parliament** palazzo (M) del parlamento.

parrot *noun* pappagallo M.

parsley *noun* prezzemolo M.

part *noun* **1** parte F; **part of the building** parte dell'edificio; **the first part of the play** la prima parte del dramma; **this is part of your duties** fa parte del tuo dovere; **2 to take part in** prendere [60] parte a; **3** (*a role in a play*) parte; **4 spare parts** pezzi (M *plural*) di ricambio.
noun (*in your hair*) riga F.

particle *noun* (*grammar*) particella F.

particular *adjective* particolare; **nowhere in particular** in nessun posto preciso.

particularly *adverb*
1 (*unusually*) particolarmente; **2** (*in particular*) soprattutto; **particularly since you're leaving** soprattutto perché te ne vai.

partly *adverb* parzialmente; **that's partly correct** è parzialmente giusto.

partner *noun* **1** (*in a game*) compagna F, compagno M; **2** (*the person you live with*) partner F & M, compagna F/compagno M; **3** (*in business*) socia F, socio M.

part-time *adjective* a tempo definito (*never changes*); **part-time work** lavoro a tempo definito.
adverb **to work part-time** lavorare [1] a tempo definito.

party *noun* **1** festa F; **to throw a birthday party** organizzare [1] una festa di compleanno; **2** (*formal*) ricevimento M; **the Rossis have invited us to a party** i Rossi ci hanno invitati

ENGLISH–ITALIAN

ad un ricevimento; **3** (*group*) comitiva F, gruppo M; **a party of tourists** una comitiva di turisti; **a party of girl scouts** un gruppo di guide; **a rescue party** una squadra di soccorso; **4** (*in politics*) partito M; **the Liberal Party** Partito Liberale.

party game *noun* gioco (M) di società.

pass *noun* **1** (*document*) lasciapassare M; **2** (*a mountain pass*) passo M; **3** (*in an exam*) sufficienza F; **I only got a pass in science** ho preso solo la sufficienza in scienze.
verb **1** (*go past*) passare [1] davanti a; **I passed you but you didn't see me** ti sono passata davanti ma tu non mi hai vista; **2** (*to overtake a vehicle*) sorpassare [1]; **3** (*give*) passare; **pass the salt please** mi passi il sale per cortesia?; **4** (*time*) passare; **time passes quickly** il tempo passa veloce; **5** (*in an exam*) essere [16] promossa/promosso; **did you pass chemistry?** sei stata promossa in chimica?

passage *noun* **1** (*a corridor*) corridoio M; **2** (*a piece of text*) brano M.

passenger *noun* passeggera F, passeggero M.

passer-by *noun* passante F & M.

passion *noun* passione F.

passionate *adjective* appassionata/appassionato.

passive *noun* passivo M.
adjective passiva/passivo.

Passover *noun* (*Jewish*) Pasqua ebraica F.

passport *noun* passaporto M; **passport control** controllo (M) dei passaporti.

password *noun* parola (F) d'ordine; (*computing*) codice (M) d'accesso.

past *noun* passato M; **in the past** nel passato.
adjective (*recent*) ultima/ultimo; **during the past few months** negli ultimi mesi; * **this is past history** è acqua passata.
preposition **1 Gina drove past the milk bar** Gina è passata davanti alla latteria; **2** (*on the other side of*) dopo; **the post office is past the bank** l'ufficio postale è dopo la banca; **3** (*talking about time*) **twenty past nine** le nove e venti; **a quarter past five** le cinque e un quarto.

pasta *noun* pasta F; **are you making pasta for dinner?** fai la pasta a cena?

pasteurise *verb* pastorizzare [1]; **pasteurised milk** latte pastorizzato M.

pastry *noun* (*before baking*) impasto M; (*when baked, sweet*) pasta frolla F; (*when baked, savoury*) pasta sfoglia F.

pat *noun* * **a pat on the back** lode F, congratulazioni F *plural*.

patch

patch noun 1 (*fabric, for mending*) pezza; 2 (*of snow*) spruzzata (F) di neve; (*of ice*) lastra (F) di ghiaccio; 3 (*of blue sky*) squarcio M.

path noun sentiero M.

pathetic adjective (*useless, hopeless*) penosa/penoso.

patience noun (*personal quality and card game*) pazienza F.

patient noun malata F/malato M, paziente F & M.
adjective paziente.

patiently adverb pazientemente.

patio noun patio M.

patriot noun patriota F & M.

patrol car noun auto (F) della volante.

pattern noun 1 (*general and in dressmaking*) modello M; 2 (*on wallpaper or fabric*) motivo M.

pause noun pausa F.

pavement noun marciapiede M.

paw noun zampa F.

pawn noun pedina F.

pay noun paga F, salario M.
verb 1 pagare [4], saldare [1]; **I'm paying!** pago io!; **to pay cash** pagare in contanti; **to pay by credit card** saldare con carta di credito; **to pay by cheque** pagare con un assegno; 2 **pay for something** pagare qualcosa; **George will pay for the meal** George pagherà il pasto; **it's paid for** è saldato; **you'll pay for this!** la pagherai!; 3 **pay**

ENGLISH–ITALIAN

attention! fa attenzione!; 4 **to pay a visit to someone** fare [19] visita a qualcuna/qualcuno.
• **pay back** rimborsare [1]; **I'll pay you back** ti rimborserò; (*as a threat*) mi vendicherò.

payment noun pagamento M; (*in a bank*) versamento M.

pay phone noun telefono pubblico M.

payroll noun libro (M) paga; **payroll office** ufficio (M) paga.

PC noun (*computer*) PC (M).

pea noun pisello M.

peace noun pace F.

peaceful adjective pacifica/pacifico.

peach noun pesca F.

peacock noun pavone M.

peak noun (*of a mountain*) picco M.

peak period (*for holidays*) stagione alta F.

peak rate noun (*for phone, electricity*) tariffa (F) di punta.

peanut noun nocciolina (americana) F; **peanut butter** burro (M) di arachidi. * **that's peanuts** (*a trivial amount*) è una miseria.

pear noun pera F.

pearl noun perla F.

peasant noun contadina F, contadino M.

pebble noun ciottolo M.

ENGLISH–ITALIAN

peculiar *adjective* bizzarra/bizzarro.

pedal *noun* pedale M.
verb pedalare [1].

pedal boat *noun* pedalino M.

pedestrian *noun* pedona F, pedone M; **pedestrian crossing** passaggio pedonale M. **pedestrian precinct** zona pedonale F.

pee *noun* (*informal*) pipì F; **to have a pee** fare [19] la pipì.

peel *noun* buccia F; (*lemon, orange, etc.*) scorza F.
verb (*fruit, vegetables*) sbucciare [5].

peer *verb* **to peer at something** sbirciare [5] qualcosa.

peg *noun* **1** (*hook*) gancio M; **2 clothes peg** molletta F; **3 tent peg** picchetto M.

pen *noun* penna F; **ballpoint pen** penna a sfera.

penalty *noun* **1** punizione F; **2** (*in soccer*) calcio (M) di rigore.

pence *plural noun* SEE **penny**.

pencil *noun* matita F; **to write in pencil** scrivere [67] a matita; **pencil case** astuccio (M) per le matite; **pencil sharpener** temperamatite M.

pendant *noun* pendente M.

penetrate *verb* penetrare [1].

penfriend *noun* corrispondente F & M.

penguin *noun* pinguino M.

peninsula *noun* penisola F.

penis *noun* pene M.

penknife *noun* temperino M.

penniless *adjective* squattrinata/squattrinato.

penny *noun* (*British*) centesimo (M) di sterlina.

pen pal *noun* SEE **penfriend**.

pension *noun* pensione F; **to receive a pension** ricevere [9a] la pensione.

pensioner *noun* pensionata F, pensionato M.

pentagon *noun* pentagono M.

people *plural noun* **1** gente F *singular*; **there were lots of people at the party** alla festa c'era molta gente; **lovely people** gente simpatica; **the Australian people** la nazione australiana; **2** (*when counting them*) persone F *plural*; **I saw about twenty people in the street** ho visto circa venti persone per la strada; **do you know many people at work?** conosci molte persone nella tua ditta?; **3 people say she's impossible to work with** si dice che sia impossibile lavorare con lei; **you must be nice to other people** devi trattare il prossimo con cortesia; **there are other people in the world apart from you, you know** a questo mondo, oltre a te c'è anche il prossimo, sai.

pepper noun 1 (*spice*) pepe M; **pepper grinder** macinapepe M; 2 (*vegetable*) peperone M; **red pepper** peperone rosso.

per *preposition* per; **fifty trees per square kilometre** cinquanta alberi per chilometro quadrato.

per cent *adverb* per cento; **seventy per cent of the population agree with the proposal** il settanta per cento della popolazione appoggia la proposta.

percentage noun percentuale F.

percolator noun caffettiera F.

percussion noun percussione F; **percussion instruments** strumenti (M *plural*) a percussione.

perfect *adjective* 1 perfetta/perfetto; **he's the perfect host** è un padrone di casa perfetto; 2 (*ideal*) ideale; **the perfect day for a trip to the country** la giornata ideale per una scampagnata.

perfectly *adverb* perfettamente.

perform *verb* 1 (*music*) eseguire [11]; 2 (*a play*) rappresentare [1]; 3 (*academically*) **Kylie has performed well this year** Kylie ha dato buona prova di sé quest'anno.

performance noun 1 interpretazione F; **a mediocre performance of Hamlet** un'interpretazione mediocre di Amleto; 2 (*show*) spettacolo M; **the performance finished late** lo spettacolo è finito tardi; 3 (*the results of a team, company, etc.*) rendimento M.

performer noun attore M/attrice F, interprete F & M.

perfume noun profumo M.

perhaps *adverb* forse, magari; **perhaps she didn't see you** forse non ti ha vista; **perhaps we could have a cup of tea** magari beviamo una tazza di tè.

period noun 1 periodo M; **a five-year period** un periodo di cinque anni; 2 (*in school*) lezione F; **this morning we're only having four periods** stamattina abbiamo soltanto quattro lezioni.

periodical noun (*journal*) periodico M.
adjective periodica/periodico.

periodic table noun sistema periodico M.

perks noun fuoribusta M *plural* (*never changes*); (*jocular, informal*) annessi e connessi M *plural*.

perm noun permanente F.

permanent *adjective* permanente.

permanently *adverb* in permanenza.

permission noun permesso M; **do you have the principal's permission?** hai il permesso del/della preside?

permit noun permesso M; **work permit** permesso di lavoro;

ENGLISH–ITALIAN

residence permit permesso di soggiorno.
verb permettere [45]; **weather permitting** tempo permettendo; **smoking is not permitted** è vietato fumare.

persecute *verb* perseguitare [1].

persist *verb* persistere [10].

person *noun* persona F; **1 I only saw one person in the garden** ho visto una persona sola in giardino; **you may invite one more person** puoi invitare ancora una persona; **2 in person** in persona.

personal *adjective* personale.

personally *adverb* personalmente; **speaking personally, I'd prefer not to invite her** personalmente parlando, preferirei non invitarla.

personnel *noun* personale M.

perspective *noun* prospettiva F.

perspiration *noun* sudore M.

persuade *verb* persuadere [53], convincere [81]; **they persuaded her to stay** l'hanno persuasa a rimanere; **I spoke to her for half an hour but was unable to persuade her** le ho parlato per mezz'ora ma non l'ho convinta.

pessimist *noun* pessimista F & M.

pest *noun* **1** (*blowfly etc.*) insetto nocivo M; **2** (*annoying person*) rompiscatole F & M (*informal; normally shortened to* rompi, F & M), mignatta F.

pet *noun* **1** (*animal, no direct equivalent in Italian*) animale (M) da compagnia; **my pet rabbit** il mio coniglio prediletto; **2** (*favourite person*) beniamina F/beniamino M, cocca F/cocco M. *verb* pomiciare [5].

petal *noun* petalo M.

pet name *noun* nomignolo M.

petrol *noun* benzina F; **to run out of petrol** rimanere [62] senza benzina.

petrol station *noun* SEE **service station**.

petty *adjective* **1** (*unimportant*) insignificante; **2** (*small-minded*) meschina/meschino; **what a petty attitude** che atteggiamento meschino.

pharmacy *noun* farmacia F.

phase *noun* fase F.

pheasant *noun* fagiano M.

philosophy *noun* filosofia F.

phone *noun* telefono M; **Riccardo was on the phone to me just now** mi ha appena telefonato Riccardo; **get on the phone and ask her** dalle un colpo di telefono e chiediglielo; **why don't you book by phone?** perché non prenoti per telefono?; **phone book, phone directory** elenco telefonico M, guida telefonica F; **phone box** cabina telefonica F; **phone number** numero (M) di telefono.

phone call   ENGLISH–ITALIAN

verb telefonare a [1]; **did you phone Sarah?** hai telefonato a Sarah?

phone call *noun* telefonata F, chiamata F; **a local phone call costs forty cents** una telefonata urbana costa quaranta centesimi; **to make a phone call** fare [19] una telefonata.

phonecard *noun* scheda telefonica F.

phoney *adjective* fasulla/fasullo.

photo *noun* foto F; **to take a photo of somebody** fare [19] una foto di qualcuna/qualcuno.

photo album *noun* album fotografico M.

photocopier *noun* fotocopiatrice F.

photocopy *noun* fotocopia F. *verb* fotocopiare [2].

photograph *noun* SEE **photo**.

photographer *noun* fotografa F, fotografo M.

phrase *noun* espressione F, locuzione F.

phrase-book *noun* manuale (M) di conversazione, frasario M.

physical *adjective* fisica/fisico.

physicist *noun* fisica F, fisico M.

physics *noun* fisica F.

physiotherapist *noun* fisioterapista F & M.

physiotherapy *noun* fisioterapia F.

pianist *noun* pianista F & M.

piano *noun* pianoforte M; **to play the piano** suonare [1] il pianoforte; **Martin is playing a sonata on the piano** Martin sta suonando una sonata al pianoforte; **piano lesson** lezione di pianoforte.

pick *noun* **take your pick!** scegli!
verb **1** (*to choose*) scegliere [66]; **pick a ticket** scegli un biglietto; **2** (*for a team*) selezionare [1]; **they picked the wrong person for the match** hanno selezionato la persona sbagliata per la partita; **3** (*fruit or flowers*) cogliere [76].

- **to pick up 1** (*lift*) raccogliere [76]; **she picked up the cards from the floor** ha raccolto le carte dal pavimento; **2** (*to collect someone*) andare [17]/venire [92] a prendere; **she picked me up this morning** è venuta a prendermi stamattina; **can you pick me up from the airport please?** puoi venire a prendermi all'aeroporto per cortesia?; **3** (*learn*) imparare; **I'm trying to pick up some Romanian** sto tentando di imparare un po' di romeno; **4** (*at a party etc.*) **to pick someone up** rimorchiare [2] qualcuna/qualcuno.

pickpocket *noun* borsaiola F, borsaiolo M.

picnic *noun* merenda (F) in campagna, picnic M.

ENGLISH–ITALIAN

picture noun 1 (*a painting*) quadro M; **a picture by Sidney Nolan** un quadro di Sidney Nolan; 2 ritratto M; **she painted a picture of my father** ha fatto un ritratto di mio padre; 3 (*a drawing*) disegno M; **draw a picture of your cat** disegna la tua gatta; 4 (*in a book*) illustrazione F; **a book with pictures** un libro illustrato; 5 (*the cinema*) cinema M; **let's go to the pictures** andiamo al cinema.

pie noun 1 (*sweet*) torta F; **apple pie** torta di mele; 2 (*savoury*) pasticcio M; **meat pie** pasticcio di carne.

piece noun 1 (*a bit*) fetta F, pezzo M; **a piece of meat** una fetta di carne; **a piece of cheese** pezzo di formaggio; 2 (*that you fit together*) pezzo; **to take something to pieces** smontare [1]; 3 **the pieces of a mosaic** le tessere (F *plural*) di un mosaico; **a piece of furniture** un mobile M; **pieces of luggage** colli M *plural*.

pier noun molo M.

pierced adjective forata/forato; **pierced ears** orecchie forate.

pig noun maiale M.

pigeon noun colombo M.

pigeonhole noun casella F.

piggy bank noun salvadanaio M.

pigtail noun codino M.

pile noun 1 (*a neat stack*) pila F; **pile of plates** pila di piatti; 2 (*a heap*) mucchio M; **a pile of clothes** un mucchio di vestiti.
• **to pile something up** (*neatly*) ammucchiare [2].

pill noun pillola F; **the pill** (*contraceptive*) la pillola F.

pillar noun colonna F.

pillow noun guanciale M.

pilot noun pilota F & M.

pimple noun brufolo M, foruncolo M.

pin noun 1 (*for sewing*) spillo M; 2 (*electrical*) **two-pin plug** spina (F) a due poli.
• **to pin up 1** (*a hem*) fissare [1] con gli spilli; **2** (*a notice*) attaccare [3].

PIN noun (*personal identification number*) codice segreto M, PIN (M).

pinball noun flipper M; **a pinball machine** un flipper.

pinch noun (*of salt etc.*) pizzico M; * **at a pinch** al limite. verb 1 (*steal*) fregare [4] (*informal*); **someone's pinched my watch!** mi hanno fregato l'orologio!; 2 (*on the skin*) pizzicare [3].

pine noun pino M; **a pine bed** un letto di pino; **pine cone** pigna F.

pineapple noun ananas M.

ping-pong noun ping-pong M.

pink adjective rosa (*never changes*).

pip *noun* seme M.

pipe *noun* **1** (*gas, water etc.*) tubo M; **2** (*to smoke*) pipa F; **he used to smoke a pipe** una volta fumava la pipa.

pirate *noun* pirata F & M.

pirated *adjective* pirata (*never changes*); **a pirated copy** una copia pirata.

Pisces *noun* (*sign of the zodiac*) Pesci M *plural*; **I'm a Pisces** sono dei pesci.

pit *noun* fossa F.

pitch *noun* (*sport*) campo M.
verb **to pitch a tent** mettere [45] su una tenda.

pity *noun* **1** (*feeling sorry for someone*) pietà F, compassione F; **2 what a pity!** peccato!; **it's a pity you can't join us** peccato che non puoi venire con noi.
verb **to pity someone** avere [15] pietà di qualcuna/qualcuno.

pizza *noun* pizza F.

place *noun* **1** luogo M; **what an awful place!** che brutto luogo!; **all over the place** dappertutto; **2** (*a space*) posto M; **I didn't get a place** non ho trovato posto; **I'll keep her place** le tengo il posto; **to change places** cambiare [2] posto; **3** (*in a race*) posto; **Joanne ended up in third place** Joanne è finita al terzo posto; **4 at someone's place** da (*followed by her/his name*); **why don't you come to my place?** perché non vieni da me?; **let's go to Guido's place** andiamo da Guido; **5 to take place** aver [15] luogo; **the demo will take place at 2 p.m.** la manifestazione avrà luogo alle 14.00.
verb collocare [3], mettere [45].

plain *noun* pianura F.
adjective **1** semplice; **plain cooking** cucina semplice; **2** (*unflavoured*) naturale; **plain yoghurt** yogurt naturale; **3** (*not patterned*) a tinta unita (*never changes*); **plain curtains** tende a tinta unita; **4 plain-clothes police officer** agente (F/M) di polizia in borghese.

plait *noun* treccia F.

plan *noun* **1** progetto M; **have you made any plans for the holidays?** hai fatto qualche progetto per le vacanze?; **according to plan** secondo il previsto; **2** (*a map*) pianta F.
verb **1 to plan to do** avere [15] intenzione di fare; **she's planning to visit her cousins** intende andare a trovare le cugine; **2** (*make plans for*) preparare [1]; **are you planning your itinerary?** stai preparando l'itinerario?; **3** (*organise*) organizzare [1], programmare [1]; **I must plan my week** devo programmare la mia settimana; **4** (*to design*) concepire [12]; **a well-planned library** una biblioteca ben concepita.

plane *noun* aereo M; **are you going by plane?** vai in aereo?

planet *noun* pianeta M.

ENGLISH–ITALIAN

plank *noun* asse F.

plant *noun* pianta F; **indoor plant** pianta da appartamento.

plaster *noun* **1** (*sticking plaster*) cerotto M; **2** (*for walls*) intonaco M; **3 to have a leg in plaster** avere [15] una gamba ingessata.

plastic *noun* plastica F; **plastic bag** sacchetto (M) di plastica.

plastic surgery *noun* chirurgia plastica F.

plate *noun* piatto M.

platform *noun* **1** (*in a station*) binario M, marciapiede M; **you can catch the train on platform thirteen** puoi prendere il treno al binario tredici; **2** (*for lecturing or performing*) podio M; **3** (*party manifesto*) programma M.

platypus *noun* ornitorinco M.

play *noun* dramma M, commedia F; **are you going to see the play?** vai a vedere il dramma? *verb* **1** (*to have fun*) giocare [3]; **go out to play, children** uscite a giocare, bambine; **can you play table tennis?** sai giocare a ping-pong?; **2** (*a musical instrument*) suonare [1]; **Martin can play the guitar** Martin sa suonare la chitarra; **3** (*a CD or cassette*) mettere su [45]; **would you like me to play some music?** vuoi che metta su della musica?

player *noun* **1** (*in sport*) giocatore M, giocatrice F; **basketball player** giocatrice di pallacanestro; **2** (*musician*) suonatore M, suonatrice F.

playground *noun* campo (M) da giochi.

playgroup *noun* ludoteca F.

playing field *noun* campo sportivo M.

playroom *noun* stanza (F) da giochi.

plaza *noun* **shopping plaza** piccolo centro commerciale M.

pleasant *adjective* piacevole.

please *adverb* per cortesia, per favore; **two beers please** due birre per favore; **open the window please** apri la finestra per cortesia.

pleased *adjective* contenta/contento, soddisfatta/soddisfatto; **she's always pleased to hear from you** è sempre contenta di ricevere tue notizie; **are you pleased with your prize?** sei contenta del premio?; **pleased to meet you** lieta/lieto di conoscerLa (*formal*); (*generic*) piacere.

pleasure *noun* piacere M.

plenty *pronoun* **1** (*lots*) in abbondanza; **we've got plenty of cash** abbiamo contanti in abbondanza; **2** (*quite enough*) **do you have plenty of time?** hai abbastanza tempo?; **thank you, that's plenty!** grazie, basta così!

plot *noun* **1** (*of a film, opera, novel etc.*) intreccio M, trama F;

plough

2 (*a conspiracy*) congiura F; **3 * to lose the plot** sclerare [1].

plough *noun* aratro M.

ploy *noun* espediente M, stratagemma M.

plug *noun* 1 (*electrical*) spina F; 2 (*for a bath or sink*) tappo M; **to pull out the plug** togliere [76] il tappo.

plum *noun* prugna F; **plum tart** torta alle prugne.

plumber *noun* idraulica F, idraulico M; **we need to call out a plumber** dobbiamo chiamare l'idraulico.

plump *adjective* grassottella/grassottello.

plum tree *noun* susino M.

plunder *verb* saccheggiare [6].

plunge *noun* tuffarsi [1]; **to plunge into the water** tuffarsi in acqua.

plural *adjective* plurale; **in the plural** al plurale.

plus *preposition* più; **the parents and the children, plus grandmother** i genitori e i figli più la nonna; **four plus six makes ten** quattro più sei fa dieci.

Pluto *noun* Plutone M.

p.m. *adverb* (*Italians usually express times after midday using the 24-hour clock*) **1 at three p.m.** alle quindici; **at nine p.m.** alle ventuno; **2** (*you can also use* del pomeriggio *or* di

ENGLISH–ITALIAN

sera); **at three p.m.** alle tre del pomeriggio; **at ten p.m.** alle dieci di sera.

pneumonia *noun* polmonite F.

poach *verb* 1 (*to hunt illegally*) cacciare [5] di frodo; 2 (*to cook eggs*) affogare [4]; **poached eggs** uova (F *plural*) in camicia.

pocket *noun* tasca F.

pocket money *noun* paghetta F, spiccioli M *plural*.

poem *noun* poesia F; **epic poem** poema epico M.

poet *noun* poeta M, poetessa F.

poetry *noun* poesia F.

point *noun* 1 (*tip*) punta F; **the point of a pin** la punta di uno spillo; 2 (*in time*) momento M; **at that point I woke up** a quel momento mi sono svegliata; **3 to get the point** afferrare [1]; **come to the point!** vieni al sodo!; **what's the point of writing?** a che serve scrivere?; **that's the point** è questo il punto; **that's a good point** giusto!; **from his point of view** dal suo punto di vista; **what's your strong point?** qual è il tuo forte?; **4** (*in scoring*) punto M; **5** (*in decimals; in Italian a comma is used for the decimal point*) **eight point six (8.6)** otto virgola sei (8,6); **6 point of sale** punto (M) di vendita.
verb 1 indicare [3], mostrare [1]; **there's a sign pointing to the gym** c'è un cartello che indica la palestra; **George pointed**

out the bay to us George ci ha mostrato la baia; **2** (*with a finger*) **why did you point at me?** perché mi hai mostrato col dito?; **3 she pointed out that she had done most of the work** ha fatto notare che aveva fatto quasi tutto il lavoro.

pointless *adjective* inutile, futile; **why do you continue to make these pointless comments?** perché continui a fare osservazioni futili?

poison *noun* veleno M.
verb avvelenare [1].

poisonous *adjective* **1** (*chemical or gas*) tossica/tossico; **2** (*toadstools, snakes, insects etc.*) velenosa/velenoso.

poke *verb* **1** (*with a stick etc.*) rimestare [1], rovistare [1]; **2** (*with a finger*) **to poke someone** dare [18] una ditata a qualcuna/qualcuno.

poker *noun* (*card game*) poker M.

polar bear *noun* orso bianco M.

pole *noun* **1** (*for a tent*) piolo M; **2** (*for skiing*) racchetta F; **3** (*to hold up cables*) palo M; **4** (*geography*) polo M.

police *noun* polizia F; **the police have blocked the road** la polizia ha bloccato la strada (*note that a singular verb is used after* la polizia); **police car** auto (F) della polizia; **police station** commissariato (M) di polizia.
verb sorvegliare [8].

policeman, policewoman *noun* poliziotta F, poliziotto M.

police officer *noun* agente (F & M) di polizia.

polish *noun* **1** (*for furniture*) cera (F) per i mobili; **2** (*for shoes*) lucido (M) per le scarpe.
verb lucidare [1].

polite *adjective* educata/educato; **to be polite to other people** essere [16] educate/educati verso il prossimo.

political *adjective* politica/politico.

politically correct *adjective* politicamente corretta/corretto.

politician *noun* politica F, politico M.

politics *noun* politica F.

polluted *adjective* inquinata/inquinato.

pollution *noun* inquinamento M.

pompous *adjective* boriosa/borioso, spocchiosa/spocchioso.

pond *noun* **1** (*large*) stagno M; **2** (*smaller*) laghetto M; **3** (*in a garden*) piscina F.

ponytail *noun* coda (F) di cavallo.

poodle *noun* barboncino M.

pool *noun* **1** (*swimming pool*) piscina F; **2** (*puddle*) pozzanghera F; **3** (*game*) biliardo americano M; **4 the football pools** il Totocalcio M.

poor *adjective* **1** povera/povero; **a poor suburb** un quartiere povero; **poor devil!** povero diavolo!; **poor Massimo lost his job** il povero Massimo ha perso il posto; **2** (*bad*) cattiva/cattivo; **what poor manners!** che cattiva educazione!; **it was a poor crop** è stato un cattivo raccolto.

pop *adjective* pop; **a pop concert** un concerto pop; **pop music** la musica pop.
verb **to pop into** fare [19] un salto; **I need to pop into the post office** devo fare un salto fino all'ufficio postale.

popcorn *noun* popcorn M.

pope *noun* papa M.

poppy *noun* papavero M.

popular *adjective* apprezzata/apprezzato; **he's a popular singer** è un cantante apprezzato.

population *noun* popolazione F.

porch *noun* portico M.

pork *noun* carne (F) di maiale; **pork chop** costoletta (F) di maiale.

porridge *noun* porridge M.

port *noun* **1** porto M; **the ship was putting into port** la nave entrava nel porto; **2** (*wine*) porto M.

porter *noun* **1** (*at a station or airport*) portabagagli F & M (*never changes*); **2** (*in a hotel*) portiera F, portiere M.

portion *noun* (*of food*) porzione F.

portrait *noun* ritratto M.

position *noun* posizione F.

positive *adjective* **1** (*sure*) sicura/sicuro; **I'm positive she's not coming today** sono sicura che oggi non viene; **2** (*enthusiastic*) positiva/positivo; **his reaction was positive** la sua reazione è stata positiva.

possess *verb* possedere [69]; **he only possesses two shirts** possiede soltanto due camicie.

possessed *adjective* invasata/invasato; **she seems possessed** sembra invasata.

possessions *plural noun* effetti personali M *plural*; **all my possessions** tutti i miei averi M *plural*.

possibility *noun* possibilità F.

possible *adjective* possibile; **it's not possible** non è possibile; **if possible** se sarà possibile; **as soon as possible** il più presto possibile.

possibly *adverb* **1** (*maybe*) forse, può darsi; **'will you come to the meeting?' – 'possibly'** 'verrai alla seduta?' – 'può darsi'; **2** (*to stress a point*) **how could you possibly behave so callously?** come hai potuto comportarti con tanta indifferenza?; **I couldn't possibly comment** non posso proprio pronunciarmi.

post *noun* **1** posta F; **to send a letter by post** mandare [1] una lettera per posta;

2 (*correspondence*) posta F; **there's some mail for you** c'è posta per te; **3** (*a pole*) palo M; **4** (*a job*) posto M.
verb **to post a parcel** impostare [1] un pacco.

postage *noun* affrancatura F.

postbox *noun* cassetta (F) delle lettere.

postcard *noun* cartolina postale F; **picture postcard** cartolina illustrata; **plain postcard** cartolina semplice.

postcode *noun* codice (M) di avviamento postale (*shortened to* CAP).

poster *noun* **1** (*decoration*) manifesto M, poster M; **2** (*advertising*) cartellone M.

postie *noun* (*informal*) postina F/postino M, portalettere F & M.

postman, postwoman *noun* SEE postie.

post-mortem *noun* autopsia F.

post office *noun* **1** ufficio postale M, posta F; **are you going to the post office?** vai in posta?; **2 GPO** posta centrale.

postpone *verb* rinviare [1]; **they postponed the meeting** hanno rinviato la seduta.

pot *noun* **1** (*jar*) barattolo M, vaso M; **a pot of mustard** un vaso di senape; **2** (*teapot*) teiera F; **3 pots and pans** pignatte F *plural*; **4** (*drug*) marijuana F; (*informal*) erba F; * **to take pot luck** accontentarsi [1] di ciò che si trova.

potato *noun* patata F; **fried potatoes** patate fritte; **mashed potatoes** purè (M) di patate; **potato crisps** patatine (F *plural*) a velo.

pothole *noun* buca stradale F.

pottery *noun* ceramica F.

pouch *noun* **1** borsa F; **2** marsupio M.

pound *noun* **1** (*UK currency*) sterlina F; **three pounds fifty pence** tre sterline e cinquanta centesimi; **2** (*weight*) libbra F; **a pound weighs less than half a kilo** una libbra pesa meno di mezzo chilo; **a pound of nectarines** una libbra di peschenoci.

pour *verb* **1** (*liquid*) versare [1]; **she poured the wine into the glasses** ha versato il vino nei bicchieri; **2** (*rain*) diluviare [2]; **it's pouring with rain** sta diluviando, sta piovendo a catinelle.

poverty *noun* miseria F.

powder *noun* polvere F.

power *noun* **1** (*electricity*) corrente F; **power cut** interruzione (F) di corrente; **2** (*energy*) energia F; **nuclear power** energia nucleare; **power station** centrale elettrica F; **3** (*over other people*) potere M; **to be in power** essere [16] al potere.

powerful *adjective* potente.

power point *noun* presa (F) di corrente.

power pole *noun* palo (M) della luce.

power steering *noun* servosterzo M.

practical *adjective* pratica F, pratico M.

practically *adverb* praticamente.

practice *noun* **1** (*a sport*) allenamento M; **2** (*an instrument*) esercizio M; **to be out of practice** essere [16] fuori esercizio; **3** (*in reality*) **in practice** in pratica.

practise *verb* **1** (*music, language*) far [19] pratica di; **I went to Naples to practise my Italian** sono andata a Napoli per far pratica di italiano; **2** (*a sport*) allenarsi [1]; **we practise on Tuesdays** ci alleniamo il martedì; **3** (*a profession*) esercitare [1]; **Doctor Bennett doesn't practise any more** la dottoressa Bennett non esercita più.

praise *verb* lodare [1] qualcuna/qualcuno, congratularsi [1] con qualcuna/qualcuno.

pram *noun* carrozzella F.

prank *noun* scherzo M, tiro M.

prawn *noun* gamberetto M.

pray *verb* pregare [4].

prayer *noun* preghiera F.

precaution *noun* precauzione F; **to take precautions** prendere [60] precauzioni.

precinct *noun* **shopping precinct** centro commerciale M; **pedestrian precinct** zona pedonale F.

precious *adjective* preziosa/prezioso.

precisely *adverb* precisamente; (*with time*) in punto; **at midnight precisely** a mezzanotte in punto.

precocious *adjective* precoce.

preface *noun* prefazione F.

prefect *noun* prefetta F, prefetto M.

prefer *verb* preferire [12]; **I'd prefer not to attend** preferirei non partecipare.

preference *noun* preferenza F.

pregnant *adjective* incinta F.

prejudice *noun* pregiudizio M; **we must always oppose prejudice** dobbiamo sempre combattere i pregiudizi.

prejudiced *adjective* **to be prejudiced** avere [15] pregiudizi.

preliminary *adjective* preliminare.

premier *noun* primo ministro M.

première *noun* (*of a play or film*) prima F.

preoccupied *adjective* distratta/distratto, soprappensiero F & M.

preparation *noun*
1 preparazione F; **2** preparativi M *plural*; **the preparations for my sister's wedding** i preparativi per le nozze di mia sorella.

prepare *verb* preparare [1]; **to prepare someone** (*for a shock*) preparare qualcuna/qualcuno; **to be prepared for the worst** attendersi [60] il peggio.

prepared *adjective* pronta/pronto, disposta/disposto; **she was prepared to die for her cause** era disposta a morire per la sua causa.

preposition *noun* preposizione F.

preschool *noun* ludoteca F, asilo infantile M.

prescription *noun* ricetta medica F.

presence *noun* presenza F.

presence of mind *noun* presenza (F) di spirito.

present *noun* **1** (*a gift*) regalo M; **2** (*now*) presente M, momento M; **in the present** al presente; **is that all for the present?** è tutto per il momento?
adjective **1** (*attending*) presente; (*during a roll call*) **'Bombi?' – 'present!'** 'Bombi?' – 'presente!'; **to be present at** assistere a [10]; **several hundred were present at the AGM** qualche centinaio di persone ha partecipato all'assemblea ordinaria dei soci; **2** (*existing now*) attuale; **in the present circumstances** nelle attuali circostanze; **3 at the present time** attualmente.
verb **1** (*a prize*) consegnare [1]; **2** (*introduce*) presentare [1].

presentation *noun* (*at a conference*) intervento M.

presenter *noun* (*on television*) conduttore M/conduttrice F, annunciatore M/annunciatrice F.

presently *adverb* (*soon from now*) fra poco; (*in the past*) poco dopo.

preserve *verb* conservare [1].

president *noun* presidente F & M.

press *noun* **the press** la stampa F.
verb **1** (*to push*) premere [9a]; **press here to open** premere qui per aprire; **2** (*a button, pedal or grapes*) schiacciare [5]; **press the accelerator** schiaccia l'acceleratore.

press conference *noun* conferenza (F) stampa.

pressure *noun* pressione F; **we'll have to put pressure on our MP** dovremo far pressione sulla nostra deputata.

pressure group *noun* gruppo (M) di pressione.

pretend *verb* fingere [73]; **he always pretends to be busy** finge sempre di essere impegnato; **stop pretending to be stupid** smettila di fare la finta tonta.

pretty *adjective* graziosa/grazioso; **what a pretty doll!** che bambola graziosa!
adverb piuttosto; **that was pretty careless of her** è stato piuttosto imprudente da parte sua.

prevent *verb* impedire [12]; **she prevented me from going out** mi ha impedito di uscire.

preview *noun* (*of film*) provino M.

previous *adjective* precedente; **a previous conviction** una precedente condanna.

previously *adverb* precedentemente.

prey *noun* preda F.

price *noun* prezzo M; **retail prices are stable** i prezzi al minuto sono stabili; **price list** listino (M) dei prezzi; **price tag, price ticket** cartellino (M) col prezzo.

prick *verb* pungere [61]; **I've pricked my finger** mi sono punta il dito.

pride *noun* orgoglio M.

priest *noun* prete M, sacerdote M.

priestess *noun* sacerdotessa F.

primary school *noun* scuola elementare F, scuola primaria F.

primary school teacher *noun* maestra elementare F, maestro elementare M.

prime minister *noun* **1** (*outside Italy*) prima ministra F, primo ministro M; **2** (*in Italy*) Presidente (F & M) del Consiglio (dei Ministri); premier F & M.

primrose *noun* primula F.

prince *noun* principe M; **crown prince** principe ereditario.

princess *noun* principessa F.

principal *noun* (*of a school*) preside F & M.
adjective principale.

principle *noun* principio M; **she has no moral principles** non ha principi morali; **on principle** per principio; **in principle I agree** in linea di principio sono d'accordo.

print *noun* **1** (*letters*) caratteri M *plural*; **in large print** a grossi caratteri; **2** (*a photo*) stampa; **a colour print** una stampa a colori.
verb stampare [1].

printer *noun* (*computer*) stampante F; **colour printer** stampante a colori.

printout *noun* stampato M.

priority *noun* priorità F.

prison *noun* prigione F, carcere M; **in prison** in prigione.

prisoner *noun* prigioniera F, prigioniero M.

privacy *noun* privatezza F.

private *adjective* privata/privato; **private railway** ferrovia privata; **private tutorials** lezioni private.

ENGLISH–ITALIAN / **promise**

privately *adverb* in privato.

prize *noun* premio M; **the first prize** il primo premio; **consolation prize** premio di consolazione; **Nobel Prize** premio Nobel.

prize-giving *noun* consegna (F) dei premi.

prizewinner premiata F, premiato M; **a Nobel prizewinner** un premio Nobel.

probable *adjective* probabile.

probably *adverb* probabilmente.

problem *noun* problema M; **no problem!** non c'è problema.

procedure *noun* prassi F (*never changes*), procedura F.

process *noun* **1** processo M; **2 to be in the process of doing** stare [20] facendo.

produce *noun* (*food*) prodotti alimentari M *plural*.
verb **1** produrre [27]; **last year we produced ten tonnes of tomatoes** l'anno scorso abbiamo prodotto dieci tonnellate di pomodori; **2** (*document etc.*) esibire [12]; **you have to produce your identity card** devi esibire la carta d'identità.

producer *noun* produttore M, produttrice F.

product *noun* prodotto M.

production *noun* **1** (*of a film or opera*) produzione F; (*of a play*) messa (F) in scena; **2** (*by a factory etc.*) produzione F.

profession *noun* professione F.

professional *noun* professionista F & M.
adjective professionale, professionista; **he's a professional footballer** è un calciatore professionista.

professor *noun* (*at a university*) cattedratica F/cattedratico M, professore ordinario M.

profile *noun* profilo M.

profit *noun* profitto M.

profitable *adjective* lucrosa/lucroso.

program *noun* **1** (*computer*) programma M; **computer program** programma informatico; **2** (*on television or radio*) trasmissione F; **3** (*for a play or other event*) programma M.

progress *noun* **1** progresso M; **to make progress** fare [19] progressi; **2 to be in progress** essere [16] in corso; **examination in progress** esame in corso.

project *noun* progetto M.

projector *noun* **1** proiettore M; **2 overhead projector** lavagna luminosa F.

promise *noun* promessa F; **to make a promise** fare [19] una promessa; **to keep a promise** mantenere [75] una promessa; **to break a promise** venir [92] meno a una promessa.
verb **to promise to** promettere

di [45]; **you promised to marry me** hai promesso di sposarmi; **'promise?' – 'promise!'** 'me lo prometti?' – 'te lo prometto!'

promote *verb* promuovere [47]; **have you been promoted?** ti hanno promossa?

promotion *noun* promozione F.

promptly *adverb* **1** (*at once*) immediatamente; **she promptly got up again** si è rialzata immediatamente; **2** (*quickly*) subito, prontamente; **did you reply promptly?** hai risposto subito?

pronoun *noun* pronome M.

pronounce *verb* pronunciare [5]; **can you pronounce the sound 'th'?** sai pronunciare il suono 'th'?

pronunciation *noun* pronuncia F.

proof *noun* prova F; **the ultimate proof is the fact that ...** la prova conclusiva è il fatto che ...

proofs *plural noun* bozze F *plural*; **are the proofs ready?** sono pronte le bozze?

propaganda *noun* propaganda F.

propeller *noun* elica F.

proper *adjective* **1** (*real, genuine*) vera e propria/vero e proprio; **a proper letter** una vera e propria lettera; **Russia proper** la Russia vera e propria; **2** (*correct*) corretta/corretto; **he's very proper** è molto corretto; **3 in its proper place** al suo posto.

properly *adverb* correttamente, come si deve; **throw the ball properly!** getta il pallone come si deve!; **is it properly fastened?** è attaccato correttamente?

property *noun* (*belongings*) proprietà F; **private property** proprietà privata.

prophet *noun* profeta M, profetessa F.

proposal *noun* proposta F.

propose *verb* **1** (*suggest*) proporre [58]; **2** (*marriage*) fare [19] una proposta di matrimonio.

props *plural noun* attrezzeria F.

prose *noun* prosa F.

prospect *noun* prospettiva F.

protect *verb* proteggere [44].

protection *noun* protezione F.

protein *noun* proteina F.

protest *noun* protesta F; **we didn't hear too many protests** non abbiamo sentito troppe proteste; **protest demonstration** manifestazione (F) di protesta. *verb* **1** (*to complain*) protestare [1]; **2** (*to demonstrate*) manifestare [1].

Protestant *noun, adjective* protestante F & M.

proud *adjective* fiera/fiero, orgogliosa/orgoglioso.

prove *verb* provare [1], dimostrare [1].

proverb noun proverbio M.

provide verb fornire [12].

provided conjunction purché; **provided she doesn't make too many mistakes** purché non faccia troppi errori (*note that a verb in the subjunctive is normally used*).

provisional adjective provvisoria/provvisorio.

prune noun prugna secca F. verb (*a plant*) potare [1].

psychiatrist noun psichiatra F & M.

psychological adjective psicologica/psicologico.

psychologist noun psicologa F, psicologo M.

psychology noun psicologia F.

PTO (*short for* please turn over); vedi retro (*often indicated as* './.').

pub noun osteria F, pub M.

public noun **the public** il pubblico M; **in public** in pubblico.
adjective pubblica/pubblico; **public library** biblioteca pubblica; **public holiday** festa nazionale F; **public transport** mezzi pubblici M *plural*.

public address system noun impianto (M) di amplificazione del suono.

publicity noun pubblicità F.

public school noun 1 (*UK and Ireland*) scuola privata F; 2 (*Australia*) scuola statale F.

public servant noun 1 (*at managerial level*) funzionaria (F) dello stato, funzionario (M) dello stato; 2 (*at clerical level*) impiegata statale F, impiegato statale M.

public service noun amministrazione (F) dello stato.

publish verb pubblicare [3]; **publishing house** casa editrice F.

publisher noun editore M, editrice F.

pudding noun budino M, dolce M.

puddle noun pozzanghera F.

puff noun (*of smoke*) sbuffo M.

puff pastry noun pasta sfoglia F.

pull verb tirare [1]; **pull hard!** tira forte!; **to pull a rope** tirare una corda; **she pulled a handkerchief out of her handbag** ha tirato fuori un fazzoletto dalla borsetta;
* **he's pulling your leg** ti sta prendendo in giro; * **to pull a fast one** fare una furbata, (*on somebody*) fregare [4] qualcuna/qualcuno.
- **to pull down** (*a blind etc.*) abbassare [1].
- **to pull in** (*at the roadside*) arrestarsi [1].

pullover noun maglione M.

pump noun pompa F; **bicycle pump** pompa per bicicletta.
verb 1 gonfiare; **pump up my tyres please** gonfiami le gomme

per cortesia; **2** (*for information*) spremere [9a].

pumpkin *noun* zucca F.

punch *noun* **1** (*boxing*) pugno M; **2** (*drink*) ponce M.
verb **1 to punch someone** dare [18] un pugno a qualcuna/qualcuno; **2** (*a ticket*) forare [1].

punctual *adjective* puntuale.

punctuation *noun* punteggiatura F.

puncture *noun* **1** foratura F; **2** gomma (F) a terra; **our car has a puncture** la nostra auto ha una gomma a terra.

punish *verb* punire [12].

punishment *noun* punizione F.

pupil *noun* **1** (*in eye*) pupilla F; **2** (*in a school*) alunna F, alunno M.

puppet *noun* marionetta F.

puppy *noun* cucciola F, cucciolo M.

pure *adjective* pura/puro.

purgatory *adjective* purgatorio M.

purple *adjective* viola (*never changes*).

purpose *noun* **1** scopo M; **what's the purpose of her enquiry?** qual è lo scopo delle sue indagini?; **2 on purpose** apposta; **you did it on purpose, didn't you?** l'hai fatto apposta, no?

purr *verb* (*of cats*) fare [19] le fusa F *plural*.

purse *noun* portamonete M.

push *noun* spinta F; **to give something a push** dare [18] una spinta a qualcosa.
verb **1** spingere [73]; **why did you push him?** perché l'hai spinto?; **2 they pushed me into it** mi hanno costretta a farlo; **3** (*to press a bell or button*) schiacciare [5].

- **to push something away** respingere [73] qualcosa.

pusher (*Australian*) *noun* passeggino M.

put *verb* **1** mettere [45]; **put that chair over here please** metti qui quella sedia per cortesia; **where did you put my overcoat?** dove hai messo il mio cappotto?; **2** (*write*) **put your name on the list** metti il tuo nome sull'elenco.

- **to put away** mettere [45] via; **I haven't put away the iron yet** non ho ancora messo via il ferro da stiro.

- **to put back 1** rimettere [45]; **put it back in the cupboard!** rimettilo nella credenza!; **2** (*to postpone*) rinviare [1]; **why don't you put back the meeting to Saturday?** perché non rinviate la riunione a sabato?

- **to put down 1** posare [1]; **you can put your bag down anywhere you like** puoi posare la borsa dovunque ti pare; **2** (*to humiliate*) umiliare [2]; **she put me down in front of everyone** mi ha umiliata davanti a tutti.

- **to put off 1** (*postpone*) rimandare [1]; **she's put off our engagement for another six months** ha rimandato il nostro fidanzamento di altri sei mesi; **2 your joke put me right off my food** la tua barzelletta mi ha fatto perdere l'appetito; **3 to be put off** (*doing something*) scoraggiarsi [6]; **don't be put off!** non scoraggiarti!
- **to put on 1** (*clothes, make-up, etc.*) mettersi [45]; **why haven't you put your pyjamas on yet?** perché non ti sei ancora messa il pigiama?; **2** (*CD*) mettere su; **put on something upbeat please** metti su una bella musichetta allegra per cortesia; **3** (*switch on a light, heater, etc.*) accendere [60]; **put on the electric fire please** accendi la stufa elettrica per cortesia; **4** allestire [12]; **let's put on a Fo play** allestiamo un dramma di Fo.
- **to put out 1** (*put outside*) mettere [45] fuori; **have you put out the cat yet?** hai già messo fuori il gatto?; **2** (*a fire, light or cigarette*) spegnere [72]; **shall we put out the fire?** spegniamo il fuoco?
- **to put out your hand** stendere [60] la mano.
- **to put up 1** alzare [1]; **put up your hands please!** alzate la mano per cortesia!; **2** attaccare [3]; **did you put up those pictures?** hai attaccato quei quadri?; **3** aumentare [1]; **they have put up the price of milk again** hanno aumentato di nuovo il prezzo del latte; **4** (*for the night*) ospitare [1]; **did you put her up last weekend?** l'hai ospitata lo scorso week-end?
- **put up with something/someone** sopportare [1], tollerare [1]; **how do you put up with all that aircraft noise?** come fai a sopportare tutto quel rumore di aerei?

puzzle *noun* (*jigsaw*) puzzle M.

puzzled *adjective* perplessa/perplesso.

pyjamas *plural noun* pigiama M *singular*; **a pair of pyjamas** un pigiama.

pyramid *noun* piramide F.

Q q

quack *noun* (*informal*) mediconzola F, mediconzolo M.

qualification *noun* **1** titolo (M) di studio; **2 qualifications** qualifiche F *plural*; **professional qualifications** qualifiche professionali.

qualified *adjective* **1** qualificata/qualificato; **she's a qualified tennis coach** è un'istruttrice di tennis qualificata; **2** (*having a degree or diploma*) diplomata/diplomato, laureata/laureato; **a qualified engineer** un ingegnere diplomato.

qualify verb 1 (*to be eligible*) avere [15] diritto a; **under-60s don't qualify for concession fares** le persone al di sotto dei 60 anni non hanno diritto a biglietti a riduzione; 2 (*in sport*) qualificarsi [3].

quality noun qualità F; **poor quality cakes** paste di cattiva qualità; **the quality of life** la qualità della vita.

quantity noun quantità F, quantitativo M; **a large quantity of foodstuffs** un grosso quantitativo di derrate alimentari.

quarantine noun quarantena F; **these animals have to be in quarantine for four weeks** questi animali devono passare un mese in quarantena.

quarrel noun (*verbal*) battibecco F; (*aggressive*) baruffa F. verb fare [19] baruffa.

quarter noun 1 quarto M; **a quarter of the population** un quarto della popolazione; **three-quarters of the assignments** tre quarti dei temi; 2 (*time*) un quarto; **a quarter to five** le cinque meno un quarto; **three-quarters of an hour** tre quarti d'ora; 3 (*a period of three months*) trimestre M.

quarterfinal noun quarto (M) di finale.

quartet noun (*composition and group*) quartetto M; **a string quartet** un quartetto per archi.

quay noun molo M.

queen noun regina F; **Queen Elizabeth** la regina Elisabetta; **queen of spades** regina di picche.

query noun quesito M, domanda F; **if you have any queries ...** se hai domande da fare ...

question noun 1 (*issue*) questione F; **it's a question of integrity** è una questione di onestà; **it's a question of ...** si tratta di ... ; **it's a question of hard cash** si tratta di contanti; 2 (*request for information*) domanda F; **to ask questions** fare [19] domande; **what a silly question!** che domanda sciocca!; **that's a good question!** è una domanda difficile; 3 **it's out of the question** non se ne parla.

question mark noun punto (M) di domanda, punto interrogativo.

questionnaire noun questionario M; **to fill in a questionnaire** compilare [1] un questionario.

queue noun fila F; **to stand in a queue** fare [19] la fila; **a queue of cars** una fila di macchine. verb fare [19] la fila.

quick adjective 1 veloce, rapida/rapido; **quick service** servizio veloce; **a quick walk round the block** una rapida passeggiata intorno all'isolato; **a quick look** una rapida occhiata; 2 **quick! your car is on fire!**; presto! hai l'auto in fiamme!; **be quick!** sbrigati!

ENGLISH–ITALIAN

quickly *adverb* **1** presto; **quickly, put some clothes on and get to school** presto, vestiti e va a scuola; **2** in fretta; **I'll quickly do the dishes** lavo i piatti in fretta.

quiet *adjective* **1** (*silent*) silenziosa/silenzioso; **Marco is the silent type** Marco è un tipo silenzioso; **2 to keep quiet** far [19] silenzio; **keep quiet, will you!** fate silenzio, capito?; **3** (*gentle*) **a quiet discussion** una conversazione pacata; **in a quiet voice** a voce bassa; **4** (*peaceful*) **can we have a quiet room?** ci dà (*formal*) una camera tranquilla?; **a quiet area** una zona tranquilla; **a quiet day at home** una giornata tranquilla in casa.

quietly *adverb* **1** (*movement*) senza far rumore; **she went out quietly** è uscita senza far rumore; **2** (*voice*) bassa/basso; **to speak quietly** parlare [1] a voce bassa; **3** (*read, play, etc.*) in silenzio.

quilt *noun* trapunta F, piumino M.

quintet *noun* quintetto M.

quite *adverb* **1** piuttosto; **this spaghetti is quite tasty** questi spaghetti sono piuttosto saporiti; **that was quite a good show** è stato uno spettacolo piuttosto buono; **quite often** piuttosto spesso; **2 not quite** non del tutto; **I'm not quite ready yet** non sono ancora del tutto pronta; **3 quite a lot of** un mucchio di, parecchia/parecchio; **we have quite a lot of work to do** abbiamo un mucchio di lavoro da fare; **there are quite a few tram stops between here and the city** ci sono parecchie fermate del tram fra qua e il centro.

quiz, quiz show *noun* quiz M.

quota *noun* **1** (*quantity of goods, immigrants*) quota F; **2** (*ceiling on student enrolment*) numero chiuso M.

quotation *noun* (*from a text*) citazione F; **quotation marks** *plural noun* virgolette F *plural*; **in quotation marks** fra virgolette.

quote *noun* **1** (*from a text*) citazione F; **2** (*estimate for work*) preventivo M; **3 in quotes** fra virgolette.
verb citare [1]; (*when reading aloud*) **I quote** cito; **end of quote** fine di citazione.

R r

rabbi *noun* rabbina F, rabbino M.

rabbit *noun* coniglia F, coniglio M.

rabies *noun* idrofobia F, rabbia F.

race *noun* **1** (*a sports event*) gara F, corsa F; **a cycle race** gara

racer

ciclistica; **a foot race** gara di corsa; **2** (*ethnic group*) razza F.

racer *noun* (*bike*) bicicletta (F) da corsa.

racetrack *noun* **1** (*for horses*) ippodromo M; **2** (*for cars*) autodromo M; **3** (*for cycles*) ciclodromo M.

racial *adjective* razziale; **racial discrimination** discriminazione razziale F; **racial laws** legislazione razziale F.

racing *noun* corse F *plural*; **racing car** auto (F) da corsa; **racing driver** pilota F & M, pilota automobilista.

racism *noun* razzismo M.

racist *noun, adjective* razzista F & M.

rack *noun* (*for luggage on a train or bus*) reticella F.

racket *noun* **1** (*for tennis*) racchetta F; **2** (*noise*) baccano M.

radiation *noun* radiazione F.

radiator *noun* radiatore M.

radical *adjective* radicale.

radio *noun* radio F; **do you often listen to the radio?** ascolti spesso la radio?; **the concert will be broadcast on the radio tomorrow evening** il concerto verrà trasmesso alla radio domani sera; **radio station** stazione (F) radio.

radioactive *adjective* radioattiva/radioattivo.

ENGLISH–ITALIAN

radio-controlled *adjective* teleguidata/teleguidato.

radish *noun* ravanello M.

raffle *noun* lotteria F.

raft *noun* zattera F.

rag *noun* straccio M.

rage *noun* collera F; **they're in a rage** sono in collera; * **it's all the rage** sta facendo furore.

raid *noun* **1** rapina F; **2** (*by the police*) irruzione F.

rail *noun* **1** (*the railway*) **to go by rail** viaggiare [6] in treno; **rail strike** *noun* sciopero (M) delle ferrovie; **2** (*on a balcony or bridge*) balaustra F; **3** (*on stairs*) ringhiera F.

railing(s) (*plural*) *noun* ringhiera F.

railway *noun* **1** (*the system*) ferrovia F; **the railways** le ferrovie; **2 railway line** linea ferroviaria; **3 on the railway track** sui binari; **railway carriage** carrozza F; **railway station** stazione ferroviaria F.

rain *noun* pioggia F; **in the rain** sotto la pioggia.
verb piovere [56]; **is it raining?** sta piovendo?; **I thought it was raining** credevo che piovesse.

rainbow *noun* arcobaleno M.

raincoat *noun* impermeabile M.

raindrop *noun* goccia (F) di pioggia.

ENGLISH–ITALIAN

rainforest *noun* foresta pluviale F.

rainy *adjective* piovosa/piovoso; **a rainy day** una giornata piovosa.

raise *verb* **1** (*lift up*) sollevare [1], alzare [1]; **raise your leg please** solleva la gamba per cortesia; **our chat has really raised my spirits** la nostra chiacchierata mi ha davvero sollevato lo spirito; **2** (*price, salary, etc.*) aumentare [1] **next year they'll raise our salaries** l'anno prossimo ci aumenteranno lo stipendio; **3 to raise money for charity** raccogliere [76] denaro per beneficenza; **4 to raise the alarm** dare [18] l'allarme.

raisin *noun* uva passa F.

rake *noun* rastrello M.

rally *noun* **1** (*a meeting*) assemblea F; **2** (*for sport*) rally M; **3** (*in tennis*) palleggio M.

ramble *verb* gironzolare [1].

rambling *adjective* sconnessa/sconnesso; **a rambling speech** un discorso sconnesso.

ramp *noun* (*for a wheelchair etc.*) rampa F.

ranch *noun* ranch M.

random *adjective* aleatoria/aleatorio.

range *noun* **1** (*a choice*) gamma F; **that store has a range of sports goods** quel negozio ha una gamma di articoli sportivi; **a wide range of colours** una vasta gamma di colori; **2** (*of mountains*) catena F.

rank *noun* (*armed forces*) rango M.

rap *noun* (*music*) rap M.

rape *noun* stupro M.
verb stuprare [1], violentare [1].

rare *adjective* **1** rara/raro; **a rare species** una specie rara; **2** (*of meat*) al sangue.

rarely *adverb* raramente.

rash *noun* orticaria F; **Peter has come out in a rash** a Peter è venuta l'orticaria.
adjective impetuosa/impetuoso, avventata/avventato; **a rash comment** un'osservazione avventata.

raspberry 1 (*fruit*) lampone M; **raspberry ice cream** gelato al lampone; **2** (*sound made with the lips*) pernacchia F; **stop blowing raspberries!** smettila di fare pernacchie!

rat *noun* ratto M.

rate *noun* **1** (*a charge*) tariffa F; **can you give me your winter rates please?** puoi comunicarmi le tariffe invernali per cortesia?; **reduced rates** tariffe ridotte; **2** (*a level*) tasso M; **a low recovery rate** un basso tasso di guarigione; **the divorce rate is soaring** il tasso dei divorzi aumenta vertiginosamente; **3 at any rate** in ogni modo.

rather *adverb* **1** piuttosto; **she was rather tired** era piuttosto stanca; **2 rather than** piuttosto che; **today rather than tomorrow** oggi piuttosto che domani; **3 I'd rather be told now** preferirei saperlo subito; **she'd rather speak directly to you** preferirebbe parlarti direttamente; **4 rather a lot of** parecchia/parecchio; **I've got rather a lot of work** ho parecchio lavoro.

ratio *noun* rapporto M.

ration *noun* razione F.

rattle *noun* **1** rumore M, battito irregolare M; **2** (*a baby's toy*) sonaglio M.

raw *adjective* cruda/crudo.

ray *noun* raggio M.

razor *noun* rasoio M.

razor blade *noun* lametta (F) da barba.

reach *noun* portata F; **out of reach** fuori portata; **within reach** a portata di mano; **within easy reach of a telephone** in vicinanza del telefono.
verb raggiungere [61], arrivare [1]; **Albert hasn't reached maturity yet** Albert non ha ancora raggiunto la maturità; **tomorrow we'll reach the mountain top** domani raggiungeremo la cima della montagna; **to reach a decision** raggiungere una decisione; **to reach the final** arrivare alla finale.

reaction *noun* reazione F.

reactor *noun* reattore M.

read *verb* leggere [44]; **would you like to read a good novel?** leggeresti volentieri un bel romanzo?; **who is going to read out the list?** chi vuol leggere l'elenco ad alta voce?

reading *noun* lettura F; **do you like reading?** ti piace la lettura?; **are you doing much reading these days?** leggi molto in questi giorni?

ready *adjective* **1** pronta/pronto; **is Sandra ready?** è pronta Sandra?; **are you ready to take your test?** sei pronta per l'esame?; **2 to get ready** prepararsi [1]; **get ready for bed!** preparati per andare a dormire!; **did you get your briefcase ready?** hai preparato la borsa?

real *adjective* vera/vero; **is this a real antique?** è un vero pezzo di antiquariato?; **she's a real pain** è una vera rompi (*informal*); **what's your real name?** qual è il tuo vero nome?; **she's a real friend** è una vera amica; **real time** tempo reale.

realistic *adjective* realistica/realistico.

realise *verb* rendersi [60] conto di, comprendere [60]; **do you realise what you've done?** ti rendi conto di quello che hai fatto?; **didn't she realise how late she was?** non si è resa conto del ritardo?; **you must realise that you're no longer a**

ENGLISH–ITALIAN

child devi comprendere che non sei più una bambina.

reality *noun* realtà F; **virtual reality** realtà virtuale.

really *adverb* davvero, proprio; **can he really speak five languages?** sa davvero parlare cinque lingue?; **is he really only eighteen?** ha davvero solo diciott'anni?; **really?** davvero?; **not really** non proprio.

reap *verb* raccogliere [76].

rear *noun* parte posteriore F; **the rear of the building** la parte posteriore del palazzo. *adjective* posteriore; **rear window** finestra posteriore; **rear light** fanalino (M) di coda.

reason *noun* motivo M; **the reason for her absence** il motivo della sua assenza; **the reason I came** il motivo della mia venuta.

reasonable *adjective* ragionevole.

reassure *verb* rassicurare [1].

reassuring *adjective* rassicurante.

rebel *noun*, *adjective* ribelle F & M.

rebuild *verb* ricostruire [12].

recap *verb* ricapitolare [1].

receipt *noun* ricevuta F.

receive *verb* ricevere [9a].

receiver *noun* (*of a telephone*) ricevitore M; **to pick up the receiver** rispondere [49] al telefono.

recent *adjective* recente.

recently *adverb* recentemente.

reception *noun* **1** (*a social function*) ricevimento M; **wedding reception** ricevimento di nozze; **2** (*desk of a hotel etc.*) segreteria F, reception F; **ask at the reception** rivolgiti alla reception; **3 to get a warm reception** essere [16] accolta/accolto cordialmente.

receptionist *noun* segretaria F, segretario M.

recipe *noun* ricetta F; **I'm looking for a recipe for veal medallions** cerco una ricetta per le scaloppine di vitello.

reckon *verb* calcolare [1]; **she reckons it's too late already** calcola che è ormai troppo tardi.

recognise *verb* riconoscere [28].

recommend *verb* consigliare [8], raccomandare [1]; **can you recommend a good physiotherapist?** mi consigli un buon fisioterapista?; **I'd recommend the school in Victoria Street** ti consiglierei la scuola della Victoria Street.

reconcile *verb* riconciliare [2].

record *noun* **1** registro M; **I always keep a record of our visitors** tengo sempre il registro delle visite; **could you just check your records** potresti controllare i registri?; **2** (*music*) disco M; **a Beatles record** un disco dei Beatles; **record player** giradischi M; **3** (*in sport*) primato M, record M; **this is an Italian record** è un primato italiano; **4 we had record crowds last night** l'affluenza ieri sera è stata eccezionale; **the coldest winter on record** l'inverno più freddo mai verificatosi.

recorder *noun* **1** (*instrument*) flauto dolce M; **2 cassette recorder** registratore M; **video recorder** videoregistratore M.

recording *noun* registrazione F.

recover *verb* (*from an illness*) rimettersi [45]; **have you recovered?** ti sei rimessa?

recovery *noun* guarigione F.

recruit *noun* recluta F.

rectangle *noun* rettangolo M.

rectangular *adjective* rettangolare.

rectum *noun* retto M.

recycle *verb* riciclare [1].

recycling *noun* riciclaggio M; **paper recycling** il riciclaggio della carta.

red *adjective* rossa/rosso; **red flag** bandiera rossa; **red handkerchief** fazzoletto rosso; **red ink** inchiostro (M) rosso; **to go red in the face** arrossire [12]; **red hair** capelli (M *plural*) rossi; * **red tape** burocrazia F.

Red Cross (the) *noun* la Croce Rossa F.

redecorate *verb* rinfrescare [3].

redo *verb* rifare [19].

reduce *verb* ridurre [27], abbassare [1]; **please reduce your speed!** per favore abbassa la velocità!; **the company wants to reduce its output** la ditta intende ridurre la produzione.

reduction *noun* riduzione F.

redundant *adjective* in esubero; **Margaret has been made redundant** Margaret è stata messa in esubero.

reel *noun* rocchetto M; **reel of cotton** rocchetto di filo.

referee *noun* arbitra F, arbitro M.

reference *noun* **1** (*mention*) riferimento M; **I saw a reference to our school in the newspaper** ho letto un riferimento alla nostra scuola sul giornale; **2** (*statement supporting job application*) referenza F, lettera (F) di raccomandazione.

reference work *noun* (*a dictionary etc.*) opera (F) di consultazione.

refill *noun* ricarica F.

reflect *verb* riflettere [9a].

reflection *noun* **1** (*in a mirror, water, etc.*) riflesso M; **2** (*thought*) riflessione F.

reflexive *adjective* **reflexive verb** verbo riflessivo M.

reform *noun* riforma F.

ENGLISH–ITALIAN — relationship

refreshing *adjective*
1 rinfrescante; **a refreshing drink** una bevanda rinfrescante;
2 gradevole; **a refreshing change** un gradevole cambiamento.

refrigerator *noun* frigorifero M.

refugee *noun* profuga F, profugo M.

refund *noun* rimborso M; **I received a refund from the Taxation Office** ho ricevuto un rimborso dall'Ufficio Imposte.

refusal *noun* rifiuto M.

refuse¹ *noun* (*rubbish*) spazzatura F.

refuse² *verb* rifiutare [1]; **why did you refuse to apologise?** perché hai rifiutato di chiedere scusa?; **I was made an offer I couldn't refuse** mi hanno fatto un'offerta che non potevo rifiutare.

regards *plural noun* saluti M *plural*; **1 give Rosa my best regards** salutami tanto Rosa;
2 (*formal, at the end of a letter*) **best regards** cordiali saluti.

region *noun* regione F.

regional *adjective* regionale.

register *noun* (*in school*) registro (M) dei voti.
verb **1** iscriversi [67]; **2** (*post office*) raccomandare [1]; **registered letter** lettera raccomandata F; **registered package** pacco raccomandato M.

registration *noun* (*at a conference etc.*) iscrizione F.

registration plate *noun* targa F.

regret *noun* dispiacere M; **I'd like to express my deepest regrets** esprimo il mio più vivo rincrescimento.
verb rincrescere [30]; **I regret not having accepted that offer** mi rincresce di non aver accettato quell'offerta.

regular *adjective* regolare, normale; **regular meetings** riunioni regolari F *plural*; **a regular customer** un cliente/una cliente regolare; **regular size** grandezza normale.

regularly *adverb* regolarmente.

regulation *noun* regolamento M.

rehearsal *noun* prova F; **dress rehearsal** prova generale.

rehearse *verb* fare [19] le prove.

reheat *verb* riscaldare [1].

reign *noun* regno M.

rein *noun* redine F (*normally in the plural form* redini).

reject *noun* scarto M.

relapse *noun* ricaduta F.

related *adjective* parente; **did you know that Ron and Jeff are related?** lo sapevi che Ron e Jeff sono parenti?

relation *noun* parente F & M; **I'd like to introduce you to my relations** vorrei presentarti ai miei parenti.

relationship *noun* relazione F; **Elisabetta and Marcello have**

relative

a close relationship Elisabetta e Marcello hanno una relazione intima.

relative *noun* parente F & M; **how many of your relatives live in London?** quanti dei tuoi parenti abitano a Londra?; **I don't have any living relatives** non ho nessun parente vivente. *adjective* relativa/relativo.

relax *verb* distendersi [60], rilassarsi [1]; **why don't you relax in front of the fire?** perché non ti distendi davanti al fuoco?

relaxed *adjective* distesa/disteso.

relaxing *adjective* riposante, distensiva/distensivo; **I've just had a relaxing holiday** ho appena fatto una vacanza riposante.

relay race *noun* corsa (F) a staffetta.

release *noun* 1 novità F; **have you seen the latest book releases?** hai visto le ultime novità librarie?; 2 (*of a prisoner or hostage*) messa (F) in libertà. *verb* 1 (*a product*) lanciare [5]; 2 (*a person*) rimettere [45] in libertà.

relevant *adjective* pertinente.

reliable *adjective* affidabile.

relic *noun* 1 (*religious*) reliquia F; 2 (*a leftover*) avanzo M.

relief *noun* sollievo M; **what a relief!** che sollievo!

relieve *verb* (*pain*) alleviare [2].

ENGLISH–ITALIAN

relieved *adjective* sollevata/sollevato; **I'm relieved to hear the good news** mi sento sollevata dalla buona notizia.

religion *noun* religione F.

religious *adjective* credente; religiosa/religioso; **are you religious?** sei credente?

reluctant *adjective* riluttante.

rely *verb* **to rely on someone** contare [1] su qualcuna/qualcuno, fidarsi [1] di qualcuna/qualcuno; **can we rely on his word?** possiamo fidarci delle sue promesse?

remain *verb* rimanere [62].

remains *plural noun* resti M *plural*; **the remains of a church** i ruderi di una chiesa.

remark *noun* osservazione F; **I didn't like that remark of his** non mi è piaciuta quella sua osservazione.

remarkable *adjective* notevole.

remarkably *adverb* notevolmente, straordinariamente; **she's remarkably cool** è straordinariamente serena.

remedy *noun* rimedio M.

remember *verb* 1 ricordare [1]; **do you remember the date of our wedding?** ricordi la data delle nostre nozze?; **remember what I said to you!** ricorda quello che ti ho detto!; 2 (*to do something*) ricordarsi; **remember to close the**

window ricordati di chiudere la finestra; **did you remember to buy some eggs?** ti sei ricordata di comprare delle uova?

remind *verb* **1** ricordare [1]; **to remind someone to do something** ricordare a qualcuna/qualcuno di (*followed by an infinitive verb*); **please remind me to feed the chickens** per favore ricordami di dar da mangiare alle galline; **2 this church reminds me of St Mark's in Venice** questa chiesa mi ricorda San Marco a Venezia; **this place reminds me of my childhood** questo posto mi ricorda la mia infanzia; **3 oh, that reminds me ...** ah, questo mi fa venire in mente ...

remorse *noun* rimorso M (*often in the plural*).

remote *adjective* isolata/isolato; **a remote area** una zona isolata.

remote control *noun* telecomando M.

remove *verb* togliere [76]; **remove your shoes please** togliti le scarpe per cortesia; **first of all we removed the rotten posts** anzitutto abbiamo tolto i paletti marciti.

renew *verb* rinnovare [1].

rent *noun* affitto M.
verb **1** (*a house*) affittare [1]; **I'm thinking of renting a holiday house** ho una mezza intenzione di affittare una villa per le vacanze; **2** (*a car, video cassette, etc.*) noleggiare [6].

rental *noun* noleggio F; (*as part of a business name*) **TV rentals** noleggio TV.

reorganise *verb* riorganizzare [1].

rep *noun* SEE **representative**.

repair *noun* riparo M.
verb **1** riparare [1], aggiustare [1]; **do you repair VCRs?** Lei ripara (*formal*) videoregistratori?; **2 to get something repaired** far [19] riparare qualcosa.

repay *verb* rimborsare [1]; **when will you repay the money I lent to you?** quando mi rimborserai il denaro che ti ho prestato?; **have you repaid your debt?** hai restituito il debito?

repeat *noun* (*on television etc.*) replica F.
verb ripetere [9a].

repeatedly *adverb* ripetutamente.

repellent *noun, adjective* repellente F & M.

repetitive *adjective* ripetitiva/ripetitivo.

replace *verb* rimpiazzare [1]; **have they replaced the principal yet?** hanno già rimpiazzato la preside?; **who will replace Federico Alberti?** chi prenderà il posto di Federico Alberti?

reply *noun* risposta F; **1 have you had a reply from Turin yet?** hai ricevuto la risposta da Torino?; **2** (*on the telephone*)

report

there's no reply non risponde nessuno.
verb rispondere [49]; **did you reply to Susan's message?** hai risposto al messaggio di Susan?

report *noun* **1** (*of an event*) relazione F; **2** (*school report*) pagella F.
verb **1** (*formally, to the authorities*) denunciare [5]; **I had to report the theft to the police** ho dovuto denunciare il furto alla polizia; **2** (*to go to*) presentarsi a [1]; **have you reported to the principal yet?** ti sei già presentata alla preside?

reporter *noun* giornalista F & M.

represent *verb* rappresentare [1].

representative *noun* rappresentante F & M; **House of Representatives** (*Australia and USA*) Camera Bassa F, Camera (F) dei Deputati.

repress *verb* reprimere [40].

reproach *noun* rimprovero M.
verb rimproverare [1].

reproduction *noun* riproduzione F.

reptile *noun* rettile M.

republic *noun* repubblica F.

reputation *noun* fama F; **a good reputation** una buona fama; **he has a reputation for drunkenness** ha la fama di ubriacarsi [3].

ENGLISH–ITALIAN

request *noun* richiesta F; **1 on request** dietro richiesta, su richiesta; **2** (*bus stop, for example*) **stop by request** fermata (F) a richiesta, fermata facoltativa.

require *verb* richiedere [24]; avere [15] bisogno (di).

rescue *noun* soccorso M; **they came to our rescue** ci hanno prestato soccorso; **rescue party** squadra (F) di soccorso.
verb salvare [1]; **did they rescue the trapped driver?** hanno salvato il conducente rimasto bloccato?

research *noun* ricerca F (*often in the plural* ricerche); **diabetes research** ricerche sul diabete.
verb compiere [9a] ricerche; **we have a team researching quasars** abbiamo un'équipe che sta compiendo ricerche sui quasar.

resemblance *noun* somiglianza F.

reservation *noun* **1** (*booking*) prenotazione F; **to change a reservation** cambiare [2] una prenotazione; **2** (*indigenous area in North America*) riserva F.

reserve *noun* **1** riserva F; **do you keep any batteries in reserve?** tieni mica pile di riserva?; **2 nature reserve** riserva naturale; **3** (*for a sporting event*) sostituta F, sostituto M.
verb riservare [1]; **can you reserve a double room for us**

ENGLISH–ITALIAN

please? può riservarci (*formal*) una matrimoniale per cortesia?

reservoir *noun* **1** serbatoio M; **2** (*artificial lake*) lago artificiale M.

resident *noun, adjective* residente F & M.

residential *adjective* residenziale; **a residential district** un quartiere residenziale.

resign *verb* dare [18] le dimissioni.

resignation *noun* dimissioni F *plural*.

resist *verb* resistere a [10]; **I couldn't resist some of the bargains in the sale** non sono riuscito a resistere a qualche occasione durante la liquidazione.

resit *verb* (*an exam*) ripetere [9a].

resort *noun* **1** (*place frequented for holidays*) **holiday resort** località (F) di villeggiatura; **Diano Marina is a Ligurian holiday resort** Diano Marina è una località di villeggiatura in Liguria; **seaside resort** località balneare; **2** (*holiday village*) villaggio turistico M; **3 as a last resort** come ultimo espediente M.

resource *noun* risorsa F; (*in a company*) **human resources division** reparto personale M.

respect *noun* rispetto M. *verb* rispettare [1].

respectable *adjective* rispettabile.

respectful *adjective* rispettosa/rispettoso.

responsibility *noun* responsabilità F.

responsible *adjective* **1** (*to blame*) responsabile; **who is responsible for the misunderstanding?** chi è responsabile del malinteso?; **2** (*reliable*) serio/seria; **she is really responsible** è davvero una persona seria; **3** (*in charge of something*) addetta/addetto; **who is the person responsible for enrolments?** chi è l'addetta alle iscrizioni?

rest *noun* **1 the rest** il resto M; **the rest of the fruit** il resto della frutta; **2** riposo M; **she needs complete rest for several weeks** ha bisogno di assoluto riposo per qualche settimana; **3** (*a short break*) **if you are tired, why don't you have a rest?** se sei stanca, perché non ti riposi?

rest area *noun* (*on the side of the road*) piazzola (F) di sosta.

restaurant *noun* ristorante M.

restful *adjective* riposante.

restless *adjective* irrequieta/irrequieto.

restrain *verb* contenere [75].

restrict *verb* limitare [1]; **try to restrict your spending for the**

next month cerca di limitare le spese il prossimo mese.

restriction *noun* limitazione F.

result *noun* **1** risultato M, voto M; **examination results** voti degli esami; **2 as a result** di conseguenza; **as a result he ended up behind bars** di conseguenza è finito dentro.

resuscitate *verb* rianimare [1].

retail *noun* vendita (F) al minuto; **retail outlet** sbocco (M) di vendita.

retire *verb* **1** (*from work*) andare [17] in pensione; **when are you retiring?** quando vai in pensione?; **2** (*in the evening*) ritirarsi [1], coricarsi [3].

retirement *noun* pensionamento M.

retrieve *verb* recuperare [1]; ripescare [3].

return *noun* **1** ritorno M; **the return journey** il viaggio di ritorno; **return fare** prezzo (M) dell'andata e ritorno; **return ticket** biglietto (M) d'andata e ritorno. **2 by return of post** a giro di posta; **3 in return** in cambio; **in return for these stamps** in cambio dei francobolli; * **many happy returns!** cento di questi giorni! *verb* **1** (*come back*) tornare [1]; **when will you return?** quando torni?; **she hasn't returned from leave yet** non è ancora tornata dalle ferie; **2** (*on the phone*) **will you ask her to return my call please?** puoi pregarla di richiamare per cortesia?; **3** (*to give back*) restituire [12] **when will you return the CD?** quando restituisci il CD?

reveal *verb* rivelare [1].

revenge *noun* vendetta F.

reverse *verb* **1** (*in a vehicle*) fare [19] marcia indietro; **2 to reverse the charges** telefonare [1] a carico del/della ricevente.

review *noun* **1** (*of a book, film or play*) recensione F; (*of a concert*) critica F; **have you seen any reviews of last night's concert?** hai visto critiche del concerto di ieri sera?; **2** (*of an institution or department*) revisione F.
verb **1** (*a book, film or play*) recensire [12]; **2** (*concert*) fare [19] la critica di.

revise *verb* **1** rivedere [80]; **2** (*lessons or examinations*) ripassare [1].

revision *noun* revisione F.

revive *verb* rianimare [1].

revolting *adjective* disgustosa/disgustoso; **this omelette is revolting** questa frittata è disgustosa.

revolution *noun* rivoluzione F; **the Russian Revolution** la Rivoluzione russa.

revolving door *noun* porta girevole F.

ENGLISH–ITALIAN

right

reward *noun* ricompensa F; **there's a reward for her capture** c'è una ricompensa per la sua cattura.

rewarding *adjective* soddisfacente.

rewind *verb* (*a cassette or video*) ribobinare [1]; riavvolgere [84]; (*informal*) mandare [1] indietro.

rhinoceros *noun* rinoceronte M.

rhubarb *noun* rabarbaro M.

rhyme *noun* rima F.

rhythm *noun* ritmo M.

rib *noun* costola F.

ribbon *noun* nastro M; **to cut the ribbon** (*when opening a new building, show, etc.*) tagliare [8] il nastro.

rice *noun* riso M; **rice pudding** budino (M) di riso.

rich *adjective* ricca/ricco; **a rich aunt** una zia ricca; **the rich** i ricchi.

rid *adjective* **to get rid of something** sbarazzarsi [1] di qualcosa; **I want to get rid of all this waste paper** voglio sbarazzarmi di tutte queste cartacce.

riddle *noun* indovinello M.

ride *noun* 1 (*on a bike or horse*) corsa F; (*by car*) giro (M) in macchina; 2 passaggio M; **can I give you a ride?** posso darti un passaggio?
verb 1 **to ride a bike** andare [17] in bicicletta; 2 **to ride a horse** cavalcare [3].

rider *noun* 1 (*on a horse*) cavaliere M, cavallerizza F; 2 (*on a bike*) ciclista F & M.

ridiculous *adjective* ridicola/ridicolo; **what a ridiculous hat!** che cappello ridicolo!

riding *noun* ippica F; **to take up riding** dedicarsi [3] all'ippica; **riding school** scuola (F) d'equitazione.

rifle *noun* fucile M.

rift *noun* (*in a relationship*) screzio M.

right *noun* 1 (*not left*) destra F; **on the right** a destra; 2 (*entitlement*) diritto M; **I have a right to attend the meeting** ho il diritto di partecipare alla riunione; **the rights of citizens** i diritti del cittadino.
adjective 1 (*not left*) destra/destro; **my right foot** il mio piede destro; 2 (*correct*) giusta/giusto; **the right person** la persona giusta; **the right number** il numero giusto; 3 **to be right** (*a person*) avere [15] ragione; **you were right, my apologies** avevi ragione, chiedo scusa; 4 far [19] bene a; **you were right to disbelieve what she said** hai fatto bene a non credere a quello che ha detto; **he was right to keep his mouth shut** ha fatto bene a star zitto; 5 (*moral*) bella/bello; **it's not right to behave in that way** non è bello comportarsi così.

right-hand

adverb **1** (*direction*) a destra; **turn right after the park** gira a destra dopo i giardini pubblici; **2** (*correctly*) giusto; **are you sure you're doing it right?** sei sicura che lo fai giusto?; **3** (*completely*) **right at the beginning** proprio all'inizio; **right in the middle** proprio nel mezzo; **4 right now** immediatamente; **5** (*OK*) bene; **right, come inside then** bene, allora entra.

right-hand *adjective* destra/destro; **on the right-hand side** sul lato destro.

right-handed *adjective* destrimana/destrimano.

right-wing (*in politics*) di destra (*never changes*).

rind *noun* **1** (*on fruit*) scorza F; **2** (*on cheese*) crosta F.

ring *noun* **1** (*on the phone*) squillo M; **I was woken by the ring of the phone** mi ha svegliato lo squillo del telefono; **to give someone a ring** telefonare [1] a qualcuna/qualcuno; **2 there was a ring at the door** hanno suonato il campanello; **3** (*jewellery*) anello M; **wedding ring** fede F; **4** (*circle*) cerchio M; **5** (*for boxing matches*) quadrato M.
verb **1** (*a bell or phone*) squillare [1]; **the phone rang** ha squillato il telefono; **2** (*phone*) telefonare [1]; **ring me as soon as you can** telefonami appena puoi; **let's ring for an ambulance** chiamiamo l'ambulanza.
• **to ring back** richiamare [3]; **ring me back tomorrow, please** richiamami domani, per favore.

ring road *noun* circonvallazione F, raccordo anulare M.

rinse *verb* risciacquare [1].

riot *noun* **1** (*a rebellion*) sommossa F; **2** (*something funny*) spasso M.

rip *verb* strappare [1].

ripe *adjective* matura/maturo; **do you have any ripe peaches?** hai qualche pesca matura?

rip-off *noun* **it's a rip-off!** è una ruberia!; (*informal*) è una fregatura!

rise *noun* aumento M; **price rise** aumento dei prezzi; **salary rise** aumento di stipendio.
verb **1** (*the sun and moon*) sorgere [57]; **what time will the moon rise?** a che ora sorgerà la luna?; **2** (*prices*) aumentare [1].

risk *noun* rischio M; **better not take any risks** meglio non correre rischi.
verb rischiare [2]; azzardare [1]; **why risk losing your driver's licence?** perché rischiare di perdere la patente?

rite *noun* rito (M).

rival *noun, adjective* rivale F & M.

river *noun* fiume M.

riviera *noun* **the Italian Riviera** la Riviera Ligure F.

road *noun* strada F; **the road to Naples** la strada di Napoli;

ENGLISH–ITALIAN

you'll find the shop on the other side of the road troverai il negozio dall'altro lato della strada; **the pizza parlour is just across the road** la pizzeria è proprio qui di fronte; * **all roads lead to Rome** tutte le strade conducono a Roma; **road accident** incidente stradale M; **road map** carta stradale F; **road sign** cartello stradale M.

roadside noun **by the roadside** sull'orlo della strada.

roadworks plural noun lavori stradali M plural; **roadworks: slow down!** lavori in corso: rallentare!

roast noun arrosto M.
adjective arrosto (never changes) **roast pork** maiale arrosto; **roast potatoes** patate arrosto.

rob verb **1** (a person) derubare [1]; **2** (a bank) svaligiare [6].

robber noun rapinatore M, rapinatrice F.

robbery noun rapina F; **armed robbery** rapina a mano armata.

robin noun pettirosso M.

robot noun robot M.

rock noun **1** (a big stone) roccia F; **come down from that rock!** scendi da quella roccia!; **2** (a stone) pietra F; **3** (music) rock M; **a rock band** un complesso rock.

rock climbing noun alpinismo M; **to go rock climbing** fare [19] la roccia.

rocket noun **1** (missile) missile M; **2** (vegetable) ruchetta F, rucola F.

rocking horse noun cavallo (M) a dondolo.

rocky adjective rocciosa/roccioso.

rod noun (for fishing) canna (F) da pesca.

role noun parte F; **to play the role of Hamlet** recitare [1] la parte di Amleto.

roll noun **1** rotolo M; **a roll of fabric** un rotolo di stoffa; **a roll of Sellotape** un rotolo di scotch; **a roll of toilet paper** un rotolo di carta igienica; **2** (bread) **roll** panino M.
verb rotolare [1].

roller noun rullo M.

roller coaster noun montagne russe F plural.

roller skates plural noun pattini (M plural) a rotelle.

Roman Catholic noun, adjective cattolica/cattolico; **the Roman Catholic Church** la Chiesa Cattolica.

romance noun storia (F) d'amore, relazione amorosa F.
adjective romanza/romanzo; **the Romance languages** le lingue romanze F plural.

romantic adjective romantica/romantico; **a romantic evening** una serata romantica.

roof noun tetto M.

roof rack noun portabagagli M.

room

room *noun* **1** stanza F; **the largest room we have** la stanza più grande che abbiamo; **a two-room apartment** un appartamento a due stanze; **2** (*a bedroom*) camera F; **I'd like a single room with bathroom please** vorrei una camera singola con bagno per cortesia; **have you cleaned your room?** hai fatto le pulizie in camera tua?; **3** (*space*) **there's not enough room for the whole family** non c'è abbastanza spazio per tutta la famiglia; * **not enough room to swing a cat** non c'è neanche lo spazio per voltarsi.

room-mate *noun* compagna di camera F, compagno di camera M.

root *noun* radice F.

rope *noun* corda F.

rort *noun* truffa F.

rose *noun* rosa F.

rosebush *noun* rosaio M.

rosemary *noun* rosmarino M.

roster *noun* lista (F) dei turni.

rot *verb* marcire [12].

rotten *adjective* marcia/marcio; **a rotten apple** una mela marcia.

rough *adjective* **1** (*scratchy*) ruvida/ruvido; **a rough surface** una superficie ruvida; **2** (*uncouth*) rozza/rozzo; **3** (*approximate*) approssimativa/approssimativo; **a rough estimate** una stima approssimativa; **a rough quote** un preventivo approssimativo; **4** (*stormy*) agitata/agitato, mossa/mosso; **a rough sea** mare mosso; **rough weather** tempaccio; **5** (*difficult*) **I had a really rough time** ho passato un periodo veramente difficile; **6 to sleep rough** dormire [11] all'addiaccio.

roughly *adverb* (*approximately*) circa; **roughly thirty kilometres** circa trenta chilometri; **I'm roughly two-thirds through the project** sono a circa due terzi del progetto.

round *noun* **1** (*in a tournament*) turno M; **2** (*in boxing*) ripresa F; **3** (*of cards*) partita F; **4** (*referring to drinks*) **it's my round** offro io.
adjective rotondo; **a round-table meeting** una tavola rotonda.
preposition intorno a, attorno a; **round the village** intorno al paese; **let's make a circle round the tree?** formiamo un cerchio intorno all'albero?

roundabout *noun* **1** (*for traffic*) isola rotazionale F, rondò M; **2** (*in a fairground*) giostra F.

route *noun* **1 the shortest route into the city centre** la strada più breve per il centrocittà; **2 tram route** linea (F) del tram.

routine *noun* tran tran M.

row[1] *noun* **1** fila F; **in the front row** in prima fila; **2 a row of houses** una schiera di case; **3 three times in a row** tre volte consecutive.

ENGLISH–ITALIAN

row² *verb* (*in a boat*) remare [1]; **let's row across the river** attraversiamo il fiume a remi.

row³ *noun* **1** (*quarrel*) litigio M; **to have a row** litigare [4]; **stop having rows!** smettetela di litigare!; **2** (*noise*) baccano M; **why are you making such a row?** perché fate tanto baccano?

row boat *noun* barca (F) a remi.

royal *adjective* reale; **royal palace** reggia F; **the royal household** la casa reale.

rub *verb* strofinare [1]; **why do you keep rubbing your eyes?** perché continui a strofinarti gli occhi?
- **to rub something out** cancellare [1] qualcosa; **rub it out and rewrite it correctly!** cancella e riscrivi correttamente!

rubber *noun* **1** (*an eraser*) gomma (F) da cancellare; **2** (*material*) gomma F; **rubber gloves** guanti di gomma.

rubbish *noun* **1** spazzatura F, immondizie F *plural*; **rubbish bin** bidone (M) delle spazzature; **2** (*nonsense*) scemenze F *plural*; **what rubbish!** che scemenze! *adjective* **this course is rubbish** questo corso vale zero.

rucksack *noun* zaino M.

rude *adjective* **1** maleducata/maleducato; **that's a rude gesture** è un gesto maleducato; **2 a rude joke** una barzelletta spinta; **a rude word** una parolaccia.

ruffle *verb* scompigliare [8].

rug *noun* **1** tappeto M; **2** (*a blanket*) plaid M.

rugby *noun* rugby M; **a rugby match** una partita di rugby.

ruin *noun* rovina F; **in ruins** in rovina.
verb (*materially and figuratively*) rovinare [1]; **I ruined my favourite pair of jeans** ho rovinato in miei jeans preferiti; **the bad news ruined my holiday** quella brutta notizia mi ha rovinato le vacanze.

rule *noun* regola F; **1 road rules** codice (M) della strada; **the rules of the game** le regole del gioco; **2 as a rule** in genere.

ruler *noun* **1** (*political head*) capo (M) di stato; **2** (*for measuring*) riga F.

rum *noun* (*alcoholic drink*) rum M.

rumour *noun* voce F; **they're just rumours** sono solo voci.

rumpus *noun* strepito M; **rumpus room** stanza (F) dei giochi.

run *noun* **1 to go for a run** fare [19] una corsa; **2** (*in cricket*) punto M; **3 in the long run** a lungo termine.
verb **1** correre [29]; **how many kilometres did you run?** quanti chilometri hai corso?; **let's run across the field** corriamo attraverso il prato; **no need to**

run for the train! non occorre correre per prendere il treno!; **2** (*to manage*) (*large company*) dirigere [33]; (*smaller business*) gestire [12]; **my uncle runs a pub in town** mio zio gestisce un'osteria in paese; **3** (*public transport*) passare [1], circolare [1]; **the bus runs every ten minutes** l'autobus passa ogni dieci minuti; **does this tram run though the city centre?** questo tram passa per il centro?; **4 to run water** far [19] correre l'acqua; **run the bath please!** riempi il bagno per cortesia!
- **to run away** scappare [1].
- **to run into** sbattere [9a] contro; **the bus ran into a tree** l'autobus ha sbattuto contro un albero.
- **to run out of something; we've run out of cigarettes** non abbiamo più sigarette; **are you running out of cash?** hai quasi finito i contanti?
- **to run someone over** investire [11] qualcuna/qualcuno; **our cat got run over** la nostra gatta è stata investita.

runner *noun* (*sprinter*) velocista F & M; (*long-distance*) fondista F & M.

runners *plural noun* scarpette (F *plural*) da ginnastica.

runner-up *noun, adjective* seconda/secondo in classifica.

running *noun* (*for exercise*) corsa (F) a piedi.

adjective **1 running water** acqua corrente; **2 five weeks running** cinque settimane di seguito; **3** (*live broadcast*) **a running commentary** servizio in diretta.

runway *noun* pista (F) d'atterraggio.

rush *noun* (*a hurry*) **to be in a rush** avere [15] fretta; **I'm in a real rush!** ho una gran fretta. *verb* **1** (*hurry*) affrettarsi [1]; **I must rush** devo affrettarmi; **2** (*run*) precipitarsi [1]; **they rushed out of the room** si sono precipitati fuori della sala; **3 my aunt was rushed to emergency** mia zia è stata trasportata d'urgenza al pronto soccorso.

rush hour *noun* ora (F) di punta; **during the rush hour** nell'ora di punta.

rust *noun* ruggine F.

rusty *adjective* arrugginita/arrugginito; **a rusty knife** un coltello arrugginito; **my German is quite rusty** il mio tedesco è proprio arrugginito.

ruthless *adjective* spietata/spietato.

rye *noun* segale F.

S s

sabbath *noun* **1** (*Jewish*) sabato M; **2** (*Christian*) domenica F.

ENGLISH–ITALIAN

sabotage *noun* sabotaggio M.
verb sabotare [1].

sack *noun* **1** sacco M; **a sack of potatoes** un sacco di patate; **2 to get the sack** essere [16] licenziata/licenziato.
verb **to sack an employee** licenziare [2] un'impiegata/un impiegato.

sacred *adjective* sacra/sacro; **sacred sites** luoghi sacri.

sacrifice *noun* sacrificio M.
verb sacrificare [3].

sad *adjective* triste; melanconica/melanconico.

saddle *noun* sella F; * **in the saddle** al comando.

sadly *adverb* **1** tristemente; **2** (*unfortunately*) sventuratamente.

sadness *noun* tristezza F.

safari park *noun* zoo (M) safari.

safe *noun* cassaforte F.
adjective **1** (*out of danger*) al sicuro (*never changes*); **you're not safe here** qui non sei al sicuro; **2** (*not dangerous*) sicura/sicuro; **is that swing safe?** è sicura quell'altalena?

safety *noun* salvezza F, riparo M; **she swam to safety** si è messa in salvo a nuoto; **safety belt** cintura (F) di sicurezza; **safety pin** spillo (M) di sicurezza.

Sagittarius *noun* (*sign of the zodiac*) Sagittario M.

sail *noun* vela F.
verb navigare [4].

sailing boat *noun* barca (F) a vela.

sailor *noun* marinaio M.

saint *noun* santa F, santo M; (*before single consonant*) santa F, san M; **St George** San Giorgio; (*before a vowel*) sant' F & M; **St Anne** Sant'Anna; (*before* s + *consonant or* z) santa/santo; **St Stephen** Santo Stefano.

sake *noun* **1 do it for Lucy's sake** fallo nell'interesse di Lucy, per riguardo a Lucy; **2 for heaven's sake** per amor del cielo!

salad *noun* insalata F; **fruit salad** macedonia F.

salad dressing *noun* condimenti (M *plural*) per insalata.

salami *noun* salame M.

salary *noun* (*white collar*) stipendio M; (*blue collar*) salario M.

sale *noun* **1** vendita F; **auction sale** asta F; **for sale** in vendita, vendesi; **point of sale** punto (M) (di) vendita; **2 the sales** saldi M *plural*, liquidazioni F *plural*.

sales assistant, salesperson *noun* commessa F, commesso M.

saliva *noun* saliva F.

salmon *noun* salmone M.

salt *noun* sale M; * **to take something with a grain of salt**

salty

prendere [60] qualcosa con un grano di sale.

salty *adjective* salata/salato.

Salvation Army *noun* Esercito (M) della Salvezza.

same *adjective* **1** stessa/stesso; **we were born on the same day** siamo nate nello stesso giorno; **it's always the same situation** è sempre la stessa situazione; **at the same time** al tempo stesso; **2** uguale, identica/identico; **your dress is the same as mine** il tuo vestito è identico al mio.

sample *noun* campione M; **free sample** campione gratuito.

sanction *noun* sanzione F.

sand *noun* sabbia F.

sandal *noun* sandalo M; **a pair of sandals** un paio (M) di sandali.

sandcastle *noun* castello (M) di sabbia.

sandpaper *noun* carta vetrata F.

sandwich *noun* panino imbottito M, tramezzino M; **a cheese sandwich** un panino al formaggio.

sane *adjective* sana di mente/sano di mente.

sanitary towel *noun* assorbente igienico M.

Santa Claus *noun* Babbo Natale M.

sarcastic *adjective* sarcastica/sarcastico.

ENGLISH–ITALIAN

sardine *noun* sardina F.

satchel *noun* (*for books*) cartella F.

satellite *noun* satellite M; **1 satellite town** città satellite F; **2 satellite dish** antenna parabolica F.

satisfactory *adjective* soddisfacente.

satisfied *adjective* soddisfatta/soddisfatto.

satisfy *verb* soddisfare [19].

Saturday *noun* sabato M; **on Saturdays** il sabato; **next Saturday** sabato prossimo.

Saturn *noun* Saturno M.

satyre *noun* satira F.

sauce *noun* salsa F.

saucepan *noun* pentola F.

saucer *noun* piattino M.

sausage *noun* salsiccia F.

savage *adjective* selvaggia/selvaggio.

save *verb* **1** (*rescue*) salvare [1]; **she saved my life** mi ha salvato la vita; **2** (*a computer file*) salvare; **3** (*accumulate*) risparmiare [2]; **last year he saved 3,000 dollars** l'anno scorso ha risparmiato 3.000 dollari; **let's take a shortcut to save time** prendiamo una scorciatoia per risparmiare tempo.

savings *plural noun* i risparmi M *plural*; **I want to invest all**

ENGLISH–ITALIAN

my savings desidero investire tutti i miei risparmi.

savoury *adjective* salata/salato; **what do you prefer, sweet or savoury food?** cosa preferisci, i cibi dolci o quelli salati?

saw *noun* sega F.

sawdust *noun* segatura F.

saxophone *noun* sassofono M.

say *verb* dire [87]; **who said that?** chi l'ha detto?; **he said to leave at once** ha detto di andare via immediatamente; * **that goes without saying** è evidente.

saying *noun* proverbio M; **as the saying goes** come si suol dire.

scab *noun* (*informal*) crumira F, crumiro M.

scale *noun* 1 (*of a map or model*) scala F; **small-scale** su piccola scala; 2 (*music*) **to play scales** fare [19] le scale; 3 (*extent*) ampiezza, portata; **the scale of the attack** la portata dell'attacco; 4 (*of a fish*) scaglia F.

scales *plural noun* bilancia F *singular*.

scallop *noun* pettine M.

scalpel *noun* bisturi M.

scam *noun* truffa F.

scan *verb* 1 esaminare [1], scrutare [1]; 2 (*poetry*) scandire [12]; 3 (*computing*) scannerizzare [1], scandire.

scene

scandal *noun* scandalo M.

scapegoat *noun* capro espiatorio M.

scar *noun* cicatrice F. *verb* cicatrizzarsi [1].

scarce *adjective* 1 scarsa/scarso; **food was scarce during the war** i generi alimentari erano scarsi durante la guerra; 2 rara/raro; **koalas are becoming scarce in our area** i koala stanno diventando rari nella nostra zona.

scare *noun* 1 sgomento M, panico M; **the news caused a scare** la notizia ha causato sgomento; 2 **bomb scare** allarme (M) per una bomba. *verb* spaventare [1]; **you scared her!** l'hai spaventata!

scarecrow *noun* spaventapasseri M; (*figuratively*) pezzente F & M.

scared *adjective* spaventata/spaventato; **he's scared of spiders** ha paura dei ragni.

scarf *noun* (*silky*) foulard M; (*long, warm*) sciarpa F.

scary *adjective* paurosa/pauroso.

scatter *verb* disperdere [52].

scene *noun* 1 (*of an incident or crime*) scena F, luogo M; **the scene of the crime** il luogo del delitto; 2 (*world*) mondo M; **the drug scene** il mondo della droga; 3 **to make a scene** fare [19] una scenata.

scenery *noun* **1** (*landscape*) paesaggio M; **2** (*theatrical*) scenario M.

scent *noun* **1** odore M; **what a lovely scent!** che buon odore!; **2** profumo M; **what scent are you wearing today?** che profumo ti sei messa oggi?

scented *adjective* profumata/profumato.

schedule *noun* **1** programma M; **I have a busy schedule today** oggi ho un programma carico; **2** orario M; **airline schedules** orari dei voli aerei; **on schedule** in orario.

scheduled flight *noun* volo di linea M.

scheme *noun* progetto M.

scholar *noun* **1** (*a learned person*) studiosa F, studioso M; **2** (*winner of a scholarship*) borsista F & M.

scholarly *adjective* **1** scientifica/scientifico; **2** (*of a person*) erudita/erudito.

scholarship *noun* **1** (*knowledge*) cultura F, scienza F; **2** (*prize, bursary*) borsa (F) di studio; **I won a scholarship to study in Europe** ho vinto una borsa di studio per l'Europa.

school *noun* scuola F; **which school are you attending?** quale scuola frequenti?

schoolbook *noun* testo scolastico M.

school friend, schoolmate *noun* compagna (F)/compagno (M) di scuola.

school student *noun* (*primary*) scolara F, scolaro M; (*secondary*) studente F & M, studentessa F.

school teacher *noun* insegnante F & M; (*primary*) maestra F, maestro M; (*secondary*) professore M, professoressa F.

science *noun* scienza F; **science teacher** insegnante (F & M) di scienze.

science fiction *noun* fantascienza F.

scientific *adjective* scientifica/scientifico.

scientist *noun* scienziata F, scienziato M.

scissors *plural noun* forbici F *plural*; **a pair of scissors** un paio (M) di forbici.

scoff *verb* **1** (*to eat greedily*) ingozzarsi [1], abbuffarsi [1]; **2** (*to mock*) deridere [32].

scoop, scoopful *noun* (*of ice cream*) pallina F.

scooter *noun* **1** (*motor scooter*) scooter M; **2** (*not motorised*) monopattino M.

scorch *verb* bruciare [5], scottare [1]; **David scorched his hand on the kettle** David si è scottato la mano col bollitore.

ENGLISH–ITALIAN

scorcher *noun* (*informal very hot day*) giornata canicolare F.

score *noun* punteggio M; **the score is now four-two** al momento il punteggio è di quattro a due.
verb **1** segnare [1]; **Jervis has already scored four goals** Jervis ha già segnato quattro reti; **2** (*keep score*) segnare i punti.

scorn *verb* dileggiare [6].

Scorpio *noun* (*sign of the zodiac*) Scorpione M.

scorpion *noun* scorpione M.

scout *noun* (*member of scout movement*) giovane esploratore M, guida F.

Scrabble *noun* (*game*) Scarabeo M.

scrambled eggs *plural noun* uova strapazzate F *plural*.

scrap *noun* **scrap of paper** pezzo (M) di carta.

scrapbook *noun* album (M) di ritagli.

scrape *verb* raschiare [2].

scratch *noun* **1** (*on skin or other surface*) graffio M; **2** * **to start from scratch** partire [11] da zero.
verb grattare [1], graffiare [1]; * **to scratch the surface** scalfire [12] la superficie.

scream *noun* urlo M.
verb urlare [1].

search

screech *verb* (*tyres*) sgommare [1].

screen *noun* schermo M; **on the screen** sullo schermo.

screenplay *noun* copione M.

screw *noun* vite F.
verb avvitare [1].

screwdriver *noun* cacciavite M.

scribble *verb* scribacchiare [2].

scrub *verb* raschiare [2], fregare [1].

scruffy *adjective* trasandata/trasandato, sciatta/sciatto.

scruple *noun* scrupolo M.

sculptor *noun* scultore M, scultrice F.

sculpture *noun* (*art and artefact*) scultura F.

sea *noun* mare M.

seafood *noun* frutti (M *plural*) di mare.

seagull *noun* gabbiano M.

seal *noun* (*animal*) foca F; (*imprint*) sigillo M.
verb (*envelope*) incollare [1]; (*with wax etc.*) sigillare [1].

seaman *noun* marinaio M.

search *verb* **1** rovistare [1]; **she searched in her handbag for her keys** ha rovistato la borsetta per cercare le chiavi; **2 to search for** cercare [3]; **he searched high and low for his calculator** ha cercato dappertutto la calcolatrice.

search engine *noun* (*Internet*) motore (M) di ricerca.

sea shell *noun* conchiglia F.

seasick *adjective* **to feel seasick** sentire [11] il mal di mare.

seaside *noun* **at the seaside** in riva al mare; **seaside resort** località marina F.

season *noun* stagione F; **soccer season** stagione calcistica; **persimmons are in season this month** questo mese sono di stagione i cachi.

season ticket *noun* tessera (F) d'abbonamento.

seat *noun* **1** sedile M; **2** (*in cinema, theatre, vehicles, including aircraft*) posto M; **the back seats** (*in vehicles*) i posti di dietro; **to reserve four seats** prenotare [1] quattro posti; **I'll keep your seat** ti tengo il posto; **3** (*on a bicycle*) sellino M; (*on a motorcycle*) sella F.

seatbelt *noun* cintura (F) di sicurezza.

seaweed *noun* alghe F *plural*; **seaweed plant** alga F.

second *noun* secondo M; **wait a second!** aspetta un secondo!; (*on a watch*) **second hand** lancetta (F) dei secondi.
adjective **1** seconda/secondo; **second gear** seconda marcia F; **2 the second of June** il due giugno M.

secondary school SEE **high school**.

secondhand *adjective* di seconda mano (*never changes*), d'occasione (*never changes*); **a secondhand television set** un televisore d'occasione.
adverb **Julia bought her car secondhand** Julia ha comprato l'automobile di seconda mano.

secret *noun* segreto M; **it's a secret!** è un segreto!; **in secret** in segreto.
adjective **a secret meeting** una riunione segreta.

secretary *noun* segretaria F, segretario M; **I work as a secretary** faccio la segretaria F; **secretary's office** segreteria F.

secretly *adverb* di nascosto, in segreto.

sect *noun* setta F.

section *noun* sezione F; (*in a document*) articolo M.

sector *noun* settore M.

secular *adjective* laica/laico.

security *noun* sicurezza F; **security guard** vigilante F & M (*plural* vigilantes); **security video surveillance** telesorveglianza F; **social security** sicurezza sociale F.

seduce *verb* sedurre [27].

see *verb* **1** vedere [80]; **have you seen my cousin?** hai visto mia cugina?; **I saw the eclipse yesterday morning** ieri mattina ho visto l'eclissi; **2** (*to visit*) trovare [1]; **come and see me tomorrow** vieni a trovarmi domani; **3** (*to meet*) incontrare

[1], rivedere [80]; **I used to see her every Wednesday** ci incontravamo tutti i mercoledì; **see you soon!** arrivederci a presto!
- **to see to** occuparsi [1] di qualcosa; **I'll see to the mail** mi occuperò io della posta.

seed *noun* seme M; **poppy seeds** semi di papavero; **the seeds of dissent** i germi del dissenso.

seedy *adjective* sordida/sordido.

seek *verb* cercare [3].

seem *verb* **1** sembrare [1], parere [51]; **this doesn't seem right to me** non mi sembra giusto; **2** (*appear to be*) avere [15] l'aria; **he doesn't seem to understand** non ha l'aria di capire.

see-saw *noun* altalena F.

segment *noun* segmento M.

seize *verb* afferrare [1].

select *verb* selezionare [1].

self-confidence *noun* fiducia (F) in sé; **he has a lot of self-confidence** ha molta fiducia in sé.

self-conscious *adjective* impacciata/impacciato.

self-contained *adjective* indipendente, autonoma/autonomo; **a self-contained unit** un appartamento indipendente.

self-employed *adjective* **Martha is self-employed** Martha lavora in proprio.

selfish *adjective* egoista.

selfless *adjective* altruistica/altruistico.

self-service *noun, adjective* self-service M (*in Italian, noun only*).

self-taught *adjective* autodidatta.

sell *verb* vendere [9a]; **can you sell me some stamps?** puoi vendermi dei francobolli?; **she sold all she had** ha venduto tutto quello che aveva.

Sellotape *noun* scotch M.

semicircle *noun* semicerchio M.

semicolon *noun* punto e virgola M.

semifinal *noun* semifinale F.

seminar *noun* seminario M.

senate *noun* senato M.

send *verb* mandare [1], inviare [1]; **send me your resume** mandami il tuo curriculum vitae; **I sent her that parcel two days ago** le ho inviato quel pacco due giorni fa.
- **send back** rinviare [1]; **I sent the photos back to her** le ho rinviato le foto.

sender *noun* mittente F & M.

senior citizen *noun* persona (F) della terza età.

sensational *adjective* sensazionale.

sense *noun* **1** senso M; **common sense** buonsenso M; **it doesn't make sense** non ha senso; **sense of humour** senso dell'umorismo; **2 the five senses** i cinque sensi; **sense of hearing** senso dell'udito.

sensible *adjective* sensata/sensato; **what a sensible proposal!** che proposta sensata!; **Giovanni is extremely sensible** Giovanni è molto sensato.

sensitive *adjective* sensibile; **he has a sensitive nature** ha un carattere sensibile.

sentence *noun* **1** (*grammar*) frase F, proposizione F; **that sentence is too long** quella frase è troppo lunga; **2** (*verdict*) sentenza F, condanna F; **Carla received a harsh sentence** Carla ha ricevuto una dura condanna; **death sentence** condanna a morte.
verb condannare [1]; **to sentence someone to life imprisonment** condannare qualcuna/qualcuno all'ergastolo.

sentimental *adjective* sentimentale.

separate *adjective* separata/separato; **we'll put them in separate rooms** le metteremo in camere separate.
verb **1** separare [1]; **2** (*a couple*) dividersi [32]; **Lisa and Mario have separated** Lisa e Mario si sono divisi.

separately *adverb* separatamente.

separation *noun* separazione F; **amicable separation** separazione consensuale.

September *noun* settembre M.

sequel *noun* seguito M.

sequence *noun* **1** serie F; **sequence of events** serie di avvenimenti; **2** (*in a film*) sequenza F.

serenade *noun* serenata F.

sergeant *noun* sergente F & M; **police sergeant** maresciallo M.

serial *noun* **1** (*periodical*) periodico M; **2** (*television*) trasmissione (F) a puntate.

series *noun* serie F.

serious *adjective* **1** seria/serio; **you're not serious?** dici sul serio?; **2** grave; **a serious illness** una grave malattia.

seriously *adverb* **1** seriamente, sul serio; **no one took Gina seriously** nessuno ha preso Gina sul serio; **2** gravemente; **she's seriously ill** è gravemente malata.

serve *noun* **1** (*in tennis*) servizio M; **2** (*of food, Australian*) porzione F.
verb servire [11]; **1** (*in tennis*) **it's your turn to serve** tocca a te servire; **2** (*in restaurants*) **that waiter always serves pasta without grated cheese** quel cameriere serve sempre la pasta senza il formaggio grattugiato.

service *noun* **1** (*in restaurants*) servizio M; **service is not included** il servizio non è compreso; **2 emergency services** servizi di emergenza;

ENGLISH–ITALIAN

sexist

3 (*of a vehicle*) revisione F.
verb revisionare [1].

service area *noun* area (F) di servizio.

service charge *noun* servizio M; **in this restaurant there's a cover charge as well as a service charge** in questo ristorante bisogna pagare sia il coperto che il servizio.

service station *noun* distributore (M) di benzina.

serviette *noun* tovagliolo M; **paper serviette** tovagliolino (M) di carta.

session *noun* sessione F, seduta F.

set *noun* **1** (*of game*) gioco M; **a Monopoly set** gioco del Monopoli; **2 electric train set** trenino elettrico M; **3** (*in tennis*) set M; **4** (*a hairstyle*) messa (F) in piega.
adjective fissa/fisso; **a set menu** un menu fisso.
verb **1** (*date, time*) stabilire [12], fissare [1]; **have you set a date for the match?** avete fissato la data della partita?; **2 to set the table** (*at home*) apparecchiare [2] la tavola; (*at a restaurant*) mettere [45] il coperto; **3 to set an alarm clock** caricare [3] la sveglia; **to set a clock/watch** regolare [1] un orologio; **4** (*sun*) tramontare [1].

- **to set off, to set out** partire [11]; **Carla set off for Rome at 5 p.m.** Carla è partita per Roma alle 17.

- **to set off something**
  1 (*fireworks*) accendere [60];
  2 (*bomb*) far [19] esplodere;
  3 (*alarm*) attivare [1].

settee *noun* divano M, sofà M.

settle *verb* **1** (*an issue*) regolare [1]; **2** (*a bill*) saldare [1].

seventies (the) *noun* gli anni Settanta M *plural*.

several *plural adjective* diverse/diversi; **Carla paid several visits to the museum** Carla ha visitato il museo diverse volte; **they have received several phone calls** hanno ricevuto parecchie telefonate.
pronoun diverse/diversi; abbastanza (*never changes*); **'how many trees do you have in your garden?' – 'several'** 'quanti alberi avete in giardino?' – 'diversi'.

sew *verb* cucire [13].

sewer *noun* fogna F.

sewing *noun* cucito M; **sewing machine** macchina (F) da cucire.

sex *noun* sesso M; **to have sex with someone** avere [15] rapporti sessuali con qualcuna/qualcuno; (*informal*) fare [19] sesso con qualcuna/qualcuno; **sex education** educazione sessuale F; **safe sex** sesso sicuro.

sexism *noun* sessismo M, maschilismo M.

sexist *adjective* sessista, maschilista; **sexist language** linguaggio sessista M.

sexual *adjective* sessuale; **sexual harassment** molestie sessuali F *plural*.

sexy *adjective* procace, sexy.

shabby *adjective* squallida/squallido; **a shabby room** una stanza squallida.

shade *noun* 1 (*of a colour*) sfumatura F; **2 in the shade** all'ombra F.

shadow *noun* ombra F.

shake *verb* 1 (*tremble*) tremare [1]; **Paola was shaking all over** Paola tremava da capo a piedi; **2 to shake something** scuotere [68] qualcosa; **to shake one's head** (*to deny*) scuotere il capo; **3 to shake hands with someone** stringere [74] la mano a qualcuno; **after signing the agreement they shook hands** dopo avere firmato l'accordo si strinsero la mano.

shaken *adjective* scossa/scosso; **Antonio was badly shaken** Antonio era molto scosso.

shall *verb* **shall we open the window?** apriamo la finestra?; **shall I tell you the truth?** vuoi che ti dica la verità?

shallow *adjective* bassa/basso; **shallow waters** acque basse.

sham *noun* finzione F.

shambles *noun* disordine M, pasticcio M; **what a shambles!** che pasticcio!

shame *noun* 1 vergogna F; **do you have no shame?** non provi vergogna?; **2 what a shame** che peccato M; **shame he's so lazy** peccato che è così pigro.

shameful *adjective* vergognosa/vergognoso.

shampoo *noun* shampoo M. *verb* fare lo shampoo [1]; **shampoo your hair** fatti lo shampoo.

shape *noun* forma F.

shapely *adjective* ben proporzionata/ben proporzionato.

share *noun* 1 parte F; **could I have my share please?** desidero la mia parte; **2** (*in a company*) azione F; * **the lion's share** la parte del leone. *verb* condividere [32], spartire [12]; **they share a flat** occupano un appartamento insieme.

shark *noun* squalo M.

sharp *adjective* 1 (*blade*) tagliente, affilata/affilato **this penknife is really sharp** questo temperino è veramente tagliente; **2 sharp pencil** matita appuntita; **3 sharp bend** curva brusca; **4** (*clever*) intelligente.

shatter *verb* frantumare [1].

shave *noun* **they had a close shave** l'hanno spuntata per un pelo. *verb* 1 radersi [53], farsi [19] la barba; **have you shaved this morning?** ti sei fatto la barba stamattina?; **2 she shaved off all her hair** si è rapata a zero.

shaver noun rasoio M; **electric shaver** rasoio elettrico.

shaving cream noun crema (F) da barba.

shaving foam noun schiuma (F) da barba.

she pronoun lei (*normally omitted in Italian, except for stress or contrast*); **she lives near the post office** abita vicino alla posta; **she works, he doesn't** lei lavora e lui no; **she'll do it** lo farà lei; **here she comes** eccola.

shed noun ripostiglio M; **tool shed** ripostiglio degli attrezzi.

sheep noun pecora F.

sheepdog noun cane pastore M.

sheer adjective **1** pura/puro; **the performance was a sheer delight** lo spettacolo è stata una pura delizia; **2 sheer tights** calze velate F *plural*.

sheet noun **1** (*for a bed*) lenzuolo M; **she was as white as a sheet** era pallida come un lenzuolo; **2 a sheet of paper** un foglio (M) di carta; **3** (*of glass or metal*) lastra F.

shelf noun scaffale M.

shell noun **1** (*of an egg or nut*) guscio M; **2** (*sea shell*) conchiglia F; **3** (*bomb*) granata F.

shellfish noun frutti (M *plural*) di mare.

shelter noun **1** rifugio M; **to take shelter** rifugiarsi [1]; **2 bus shelter** pensilina F.

shepherd noun pastore M.

shepherdess noun pastora F.

sheriff noun sceriffa F, sceriffo M.

sherry noun sherry M.

shield noun scudo M.

shift noun turno M; **night shift** turno notturno M.
verb spostare [1]; **I want to shift my bed** vorrei spostare il mio letto.

shifty adjective losca/losco; **she looks really shifty** ha proprio l'aria losca.

shin noun tibia F.

shine verb brillare [1].

shingles noun herpes M.

shiny adjective luminosa/luminoso, brillante.

ship noun nave F.

shipbuilding noun costruzioni navali F *plural*.

shipyard noun cantiere navale M.

shirk verb (*work, responsibility*) evitare [1].

shirt noun camicia F.

shiver verb rabbrividire [12].

shock noun **1** scossa F; **electric shock** scossa elettrica; **2** choc M; **that was quite a shock** è stato un vero choc.
verb scioccare [3], traumatizzare [1]; **her foul language shocked me** il suo turpiloquio mi ha scioccata.

shocking *adjective* scioccante, perturbante.

shoddy *adjective* cattiva/cattivo, di cattiva qualità.

shoe *noun* scarpa F; **tight shoes** scarpe strette; **shoe polish** lucido (M) da scarpe; **shoe shop** negozio (M) di calzature.

shoelace *noun* stringa F.

shoot *verb* 1 (*fire*) sparare [1]; 2 (*execute*) fucilare [1]; 3 (*sport*) tirare [1] la palla; 4 **to shoot a movie** girare [1] un film; 5 **to shoot up** (*a drug*) farsi [19] (*informal*).

shop *noun* negozio M; **toy shop** negozio di giocattoli; **are you going down to the shops?** vai a fare la spesa?
verb fare [19] la spesa; **do you shop round here?** fai la spesa da queste parti?

shop assistant *noun* commessa F, commesso M; **when I was younger I worked as a shop assistant** da giovane facevo il commesso.

shopkeeper *noun* negoziante F & M.

shoplift *verb* taccheggiare [6].

shoplifter *noun* taccheggiatore M, taccheggiatrice F.

shoplifting *noun* taccheggio M.

shopping *noun* spesa F, shopping M; **have you done all the shopping?** hai fatto tutta la spesa?; **come downtown to do some shopping with me** accompagnami in città a fare lo shopping; **shopping bag** borsa (F) della spesa, sporta F; **shopping centre** centro commerciale M; **shopping trolley** carrello M.

shop window *noun* vetrina F.

shore *noun* sponda F.

short *adjective* 1 breve; **at a short distance** a una breve distanza; 2 corta/corto; **he has a short moustache** ha i baffi corti; **short jacket** giacca corta; 3 **short of** a corto di; **we're short of butter** siamo a corto di burro; 4 **short cut** scorciatoia F; 5 **short story** racconto M, novella F.

shortage *noun* mancanza F, carenza F.

short black (coffee) *noun* caffè nero M, espresso M.

shortbread *noun* pastafrolla F; **shortbread biscuits** biscotti (M *plural*) di pastafrolla.

shorthand *noun* stenografia F.

shortly *adverb* fra poco; **shortly after** poco dopo.

shorts *plural noun* bermuda M *plural*; **a pair of shorts** un paio di bermuda.

short-sighted *adjective* miope; **are you really short-sighted?** è vero che sei miope?

shot *noun* 1 (*from a gun*) sparo M; 2 (*photo*) fotografia F, foto F; **would you like a shot of the**

ENGLISH–ITALIAN — shut

two of us? vuoi una foto di noi due?

shotgun *noun* fucile (M) da caccia.

should *verb* **1** dovere [37] (should *is translated by the conditional (simple) tense of* dovere); **we should discuss this** dovremmo discuterne; **the plane should be landing in an hour** l'aereo dovrebbe atterrare fra un'ora; **2** (should have *is translated by the conditional tense of* dovere) **she should have written earlier** avrebbe dovuto scrivere prima; **you shouldn't have told them** non avresti dovuto dirglielo; **3** (should *meaning* would *is translated by the conditional tense of the main verb*) **I shouldn't worry if I were you** se fossi in te non mi preoccuperei; **4 I shouldn't think they'll be coming** a mio parere non verranno.

shoulder *noun* **1** (*part of the body*) spalla F; **2** (*on a road*) ciglio (M) della strada.

shoulder bag *noun* borsa (F) a spalla.

shout *noun* **1** grido M; **2** (*the buying of a drink*) * **it's my shout** offro io.
verb **1** gridare [1]; **why are you shouting?** perché gridi?; **2** (*Australian*) offrire [86]; **let me shout you a drink** ti offro un bicchierino.

shovel *noun* pala F; **pick and shovel** pala e piccone.

show *noun* **1** (*on stage*) spettacolo M; **2** (*on television*) show M; **do you want to watch that new comedy show?** vuoi guardare il nuovo show comico?; **3** (*exhibition*) esposizione F, mostra F; **agricultural show** mostra agricola; **one-person show** personale F.
verb **1** mostrare [1]; **show me what you've done today** mostrami quello che hai fatto oggi; **2 it shows** si vede.

shower *noun* **1** (*in a bathroom*) doccia F; **have you had a shower?** hai fatto la doccia?; **2** (*of rain*) acquazzone M.

show-off *noun* esibizionista F & M.

shrewd *adjective* furba/furbo.

shriek *verb* strillare [1].

shrimp *noun* gamberetto M.

shrink *noun* (*informal*) psicanalista F & M.
verb restringersi [74]; **all my T-shirts have shrunk** tutte le mie magliette si sono ristrette.

shrug *verb* **to shrug your shoulders** alzare [1] le spalle.

shuffle *verb* **to shuffle cards** mescolare [1] le carte.

shut *adjective* chiusa/chiuso; **all the shops are shut** tutti i negozi sono chiusi.
verb chiudere [25]; **will you shut that drawer please** chiudi quel cassetto per cortesia; **the restaurant shuts at midnight**

il ristorante chiude a mezzanotte.
- **shut up!** zitta! F, zitto! M.

shutter *noun* persiana F.

shuttle *noun* spola F; **shuttle service** servizio navetta M.

shuttlecock *noun* volano M.

shy *adjective* timida/timido.

shyness *noun* timidezza F.

sick *adjective* **1** (*ill*) indisposta/indisposto; **2** (*fed up*) stufa/stufo; **she was sick of their meanness** era stufa della loro grettezza; **3 to be sick** vomitare [1]; **I feel sick** mi viene da vomitare; **4 a sick joke** uno scherzo mancino; **5 sick leave** congedo (M) per malattia.

sickly *adjective* malaticcia/malaticcio.

sickness *noun* indisposizione F.

side *noun* **1** lato M; **on the other side** dall'altro lato; **on the correct side** dal lato giusto; **2** (*edge*) orlo M; **by the side of the tennis court** sull'orlo del campo da tennis; **3** riva F; **by the side of the river** sulla riva del fiume; **4** (*team*) squadra; **our side won the league** la nostra squadra ha vinto il campionato; **5 to take sides** prendere [60] partito; **6 side by side** fianco a fianco; **7 side effect** effetto collaterale M; **side street** strada laterale F.

sideboard *noun* credenza F.

sideburns *noun* basette F *plural*.

siege *noun* assedio M.

siesta *noun* siesta F; **to take a siesta** fare [19] la siesta.

sieve *noun* passino M.

sigh *noun* sospiro M.
verb sospirare [1].

sight *noun* **1** spettacolo M; **what a sorry sight** che spettacolo pietoso; **2 at the sight of** alla vista di; **3** (*eyesight*) **to have good sight** vederci [80] bene; **4 out of sight** nascosta/nascosto; **5 to see the sights** vedere le attrazioni turistiche; **6** (*one of the five senses*) vista F.

sightseeing *noun* turismo M; **to do some sightseeing** fare [19] il/la turista.

sign *noun* **1** (*notice*) cartello M, insegna F; **did you see the sign in the shop window?** hai visto il cartello in vetrina?; **2** (*trace, indication*) segno M; **3** (*of the zodiac*) segno M.
verb **1** firmare [1]; **have you signed the agreement yet?** hai già firmato il contratto?; **2** (*using sign language*) comunicare [3] a segni.
- **to sign on** (*as unemployed*) iscriversi [67] all'ufficio di collocamento.

signal *noun* segnale M.

signature *noun* firma F.

significance *noun* importanza F.

significant *adjective* importante.

sign language *noun* linguaggio (M) dei segni.

ENGLISH–ITALIAN

signpost *noun* cartello indicatore M.

silence *noun* silenzio M.

silent *adjective* muta/muto; **silent number** (*Australian*) numero (M) fuori elenco.

silk *noun* seta F.
adjective di seta (*never changes*); **silk handkerchief** fazzoletto (M) di seta.

silky *adjective* morbida/morbido.

silly *adjective* sciocca/sciocco; **what a silly remark!** che osservazione sciocca!

silver *noun* argento M; **silver medal** medaglia (F) d'argento.

similar *adjective* simile.

similarity *noun* somiglianza F.

simmer *verb* sobbollire [11].

simple *adjective* semplice.

simply *adverb* semplicemente.

simultaneous *adjective* simultanea/simultaneo.

sin *noun* peccato M.

since *preposition* da (*Italian uses the present tense where English uses* have done *or* have been doing); **Serena has been living in Australia since 1985** Serena risiede in Australia dal 1985; **they haven't written since last year** dall'anno scorso non scrivono più.
adverb da allora, da quella volta; **she hasn't been here since** da quella volta non è più venuta.

sink

conjunction **1** da quando; **since he got married he has put on weight** da quando si è sposato è ingrassato; **2** (*because*) dato che; **since you insist I'll show you her letter** dato che insisti ti mostrerò la sua lettera.

sincere *adjective* sincera/sincero.

sincerely *adverb*
1 sinceramente; **2** (*in business letters*) con i migliori saluti; (*in informal correspondence*) cordialità.

sing *verb* cantare [1]; **singing lesson** lezione (F) di canto.

singer *noun* cantante F & M.

single *adjective* **1** singola/singolo; **single bed** letto singolo, letto a una piazza; **2** (*unmarried*) celibe M, nubile F, single (*informal* F & M); **3 a single person** un single M, una single F; **I know many single people** conosco molti single.

single parent *noun* genitore solo M, genitrice sola F; (*a young woman*) ragazza madre; **single-parent family** famiglia monoparentale F.

singles *plural noun* (*in tennis*) il singolo M.

singlet *noun* canottiera F.

singular *noun* singolare M; **in the singular** al singolare.

sink *noun* (*in the kitchen*) acquaio M.
verb affondare [1].

sip

sip *verb* centellinare [1], sorseggiare [6].

sir *noun* signore M; **yes sir** sì, signore.

siren *noun* sirena F.

sister *noun* sorella F; (*title of RC nun*) suora; (*before names*) suor; **Sister Maria** suor Maria.

sister-in-law *noun* cognata F.

sit *verb* **1** sedersi [69a]; **please sit in that chair** prego, siediti su quella sedia; **2 to be sitting** essere [16] seduta/seduto; **she's sitting on a bench** è seduta su una panchina; **3 to sit an exam** dare [18] un esame; **I sat my maths exam last Thursday** ho dato l'esame di matematica giovedì scorso.
- **to sit down** sedersi [69]; **do sit down** siediti pure, accomodati pure.

site *noun* **1 building site** cantiere edile M; **2 camping site** campeggio M; **3 archaeological site** scavi archeologici M *plural*; **4** (*Internet*) sito M.

sitting room *noun* salotto M.

situated *adjective* **to be situated** essere [16] situata/situato; **Carla's house is situated between two blocks of flats** la casa di Carla è situata fra due caseggiati.

situation *noun* situazione F.

sixth *adjective* sesta/sesto; **Paul the Sixth** Paolo Sesto; **sixth sense** sesto senso M.

ENGLISH–ITALIAN

size *noun* **1** grandezza F; **their house is three times the size of ours** casa loro è tre volte più grande della nostra; **2** (*measurements*) dimensioni F; **3** formato M; **A4 size sheet of paper** foglio di carta formato A4; **5 what size shirt do you take?** che taglia di camicia porti?; **size ten shoes** scarpe numero 44.

skate *noun* **1 ice skates** pattini M *plural*; **2 roller skates** pattini a rotelle.
verb fare [19] il pattinaggio.

skateboard *noun* skateboard M.

skateboarding *noun* skateboard M; **to go skateboarding** praticare [3] lo skateboard.

skating *noun* **1** (*ice*) pattinaggio (M) su ghiaccio; **2** (*roller skating*) pattinaggio a rotelle; **skating rink** pista (F) di pattinaggio.

skeleton *noun* scheletro M.

sketch *noun* **1** (*drawing*) schizzo M; **2** (*comedy routine*) sketch M.

ski *noun* sci M; **ski boot** scarpone (M) da sci; **ski lift** sciovia F; **ski pants** pantaloni (M *plural*) da sci.
verb sciare [1]; **can you ski?** sai sciare?

skid *verb* **1** (*to slip*) scivolare [1]; **2** slittare [1]; **the bus skidded** l'autobus è slittato.

skiing *noun* sci M; **to go skiing** fare [19] lo sci.

skilful *adjective* abile.

skill *noun* abilità F, competenza F.

skim milk, skimmed milk *noun* latte scremato M.

skin *noun* pelle F; * **I missed the train by the skin of my teeth** ho perso il treno per un pelo.

skinhead *noun* naziskin F & M.

skinny *adjective* magra/magro.

skip *noun* (*for garbage*) cassonetto M.
verb (*a meal, part of a book, a lesson, etc.*) saltare [1]; **Luisa often skips her meals** Luisa salta spesso i pasti; **Carlo skipped the morning classes** Carlo ha saltato le lezioni della mattina.

skirt *noun* gonna F, sottana F; **long skirt** gonna lunga; **short skirt** gonna corta.

skittles *plural noun* birilli M *plural*; **to play skittles** giocare [3] ai birilli.

skull *noun* cranio M, teschio M.

sky *noun* cielo M.

skyscraper *noun* grattacielo M.

slacker *noun* (*Australian*) lavativa F/lavativo M, scansafatiche F & M (*never changes*).

slacks *plural noun* pantaloni M *plural*.

slam *verb* sbattere [9a]; **Paola slammed the door** Paola ha sbattuto la porta.

slander *noun* calunnia F.

slang *noun* gergo M.

slap *noun* schiaffo M, sberla F.
verb **to slap somebody** schiaffeggiare [6] qualcuna/qualcuno.

slate *noun* lavagna F.

slaughter *noun* strage M.

slave *noun* schiava F, schiavo M.

sleaze *noun* (*person*) carogna F.

sledge *noun* slitta F.

sledging *noun* **to go sledging** praticare [3] la slitta.

sleep *noun* sonno M; **did you have a good sleep?** hai dormito bene?; **sleeping bag** sacco (M) a pelo; **sleeping pill** sonnifero M.
verb dormire [11]; **the baby is sleeping** la bambina dorme; **to go to sleep** addormentarsi [1].
• **to sleep in** restare [1] a letto; **this morning I slept in** stamattina sono restato a letto.

sleep-in *noun* **to have a sleep-in** restare [1] a letto.

sleeping car *noun* (*on trains*) carrozza (F) letti.

sleepy *adjective* **I feel sleepy** ho sonno.

sleet *noun* nevischio M.

sleeve *noun* manica F; **short-sleeved blouse** camicetta a maniche corte; * **roll up your sleeves!** tirati su le maniche!

slender *adjective* snella/snello.

slice *noun* fetta F; **slice of salami** fetta di salame.
verb affettare [1].

slide *noun* **1** (*photo*) diapositiva F; **2** (*for sliding down*) scivolo M.
verb scivolare [1] in giù.

slight *adjective* leggera/leggero, lieve; **there was a slight misunderstanding** c'è stato un lieve equivoco.

slightly *adverb* leggermente, lievemente.

slim *adjective* magra/magro.
verb **Paolo is slimming** Paolo è a dieta.

sling *noun* **why is your arm in a sling?** perché porti il braccio al collo?

slip *noun* **1** (*mistake*) errore M, sbaglio M; **2** (*petticoat*) sottoveste F.
verb **1** scivolare [1]; **2** * **it just slipped my mind** mi è uscito di mente.

slipped disc *noun* discopatia F.

slipper *noun* pantofola F.

slippery *adjective* scivolosa/scivoloso.

slob *noun* sciattona F, sciattone M.

slope *noun* pendio M.

sloppy *adjective* **1** (*badly done*) pasticciata/pasticciato; **2** (*person*) disordinata/disordinato.

slot *noun* fessura F.

slot machine *noun* **1** (*poker machine*) macchina (F) a gettoni; **2** (*vending machine*) distributore automatico M.

slow *adjective* **1** lenta/lento; **this train is rather slow** il treno è piuttosto lento; **2 my watch is slow** ho l'orologio indietro.
• **to slow down** rallentare [1].

slowly *adverb* lentamente; **my aunt walks slowly** mia zia cammina lentamente; **speak more slowly please** parla più lentamente, per cortesia.

slug *noun* lumaca F.

slum *noun* bassofondo M; **the slums of the city** i bassifondi della città.

slump *noun* crollo M.

slur *verb* farfugliare [8], mangiare [6] le parole.

slush *noun* fanghiglia F.

sly *adjective* (*person*) subdola/subdolo, furba/furbo; * **on the sly** furtivamente.

smack *noun* scapaccione M.
verb **to smack somebody** dare [18] uno scapaccione a qualcuna/qualcuno.

small *adjective* piccola/piccolo; **a small computer** un piccolo computer; (*often expressed through diminutive endings*) **a small building** una palazzina; **a small dog** un cagnetto; **a small boy** un ragazzino.

smallgoods *plural noun* salumi M *plural*; affettati M *plural*.

ENGLISH–ITALIAN

smart *adjective* **1** (*well-dressed*) elegante, di lusso (*never changes*); **a smart reception** un ricevimento di lusso; **2** (*clever*) intelligente.

smash *noun* **car smash** scontro M. *verb* spaccare [3], fracassare [1]; **she smashed a flower pot** ha spaccato un vaso di fiori.

smattering *noun* infarinatura F; **he has a smattering of Japanese** ha un'infarinatura di giapponese.

smell *noun* **1** odore M; **bad smell** puzza F; **a burning smell** odor di bruciato; **2** (*one of the five senses*) olfatto M. *verb* **1** sentire [11] odore di; **do you smell cheap perfume?** senti odor di cattivo profumo?; **2** (*smell bad*) avere [15] cattivo odore, puzzare [1]; **the fridge smells** il frigo puzza.

smelly *adjective* puzzolente; **what a smelly dog!** che cane puzzolente!

smile *noun* sorriso M. *verb* sorridere [32].

smoke *noun* **1** fumo M; **2** (*informal*) sigaretta F. *verb* fumare [1]; **do you smoke?** tu fumi?; **I smoke cigars** fumo i sigari; **why is the chimney smoking today?** perché il camino fuma oggi?

smoker *noun* fumatore M, fumatrice F.

smoking *noun* **no smoking** proibito fumare; **to give up smoking** smettere [45] di fumare.

smooth *adjective* **1** liscia/liscio; **smooth skin** pelle liscia; **2** (*person*) suadente, melliflua/mellifluo; **a smooth operator** un tipo mellifluo.

smother *verb* soffocare [3].

smoulder *verb* bruciare [5] senza fiamma, covare [1].

smudge *verb* imbrattare [1].

smug *adjective* soddisfatta di sé/soddisfatto di sé.

smuggle *verb* contrabbandare [1].

smuggler *noun* **1** contrabbandiera F, contrabbandiere M; **2 drug smuggler** corriera (F) di droga, corriere (M) di droga.

smuggling *noun* **1** contrabbando M; **2** (*of drugs or arms*) traffico M.

snack *noun* spuntino M.

snag *noun* inconveniente M.

snail *noun* chiocciola F, lumaca F.

snake *noun* (*large*) serpente M; (*small*) vipera F.

snap *verb* **1** (*break*) rompere [64], rompersi; **the rope snapped** la corda si è rotta; **2 to snap your fingers** schioccare [3] le dita.

snappy *adjective* **1** irritabile; **2 a snappy dresser** una persona elegante.

snapshot *noun* istantanea F.

snarl *noun* ringhio M.
verb ringhiare [2].

snatch *verb* **1** arraffare [1], strappare [1]; **he snatched my book from me** mi ha strappato il libro; **2 to bag-snatch** scippare [1]; **she had her bag snatched** è stata scippata.

sneak *noun* persona subdola F.
verb **to sneak in** infiltrarsi [1]; **to sneak out** eclissarsi [1] furtivamente; **she sneaked up** (*informal,* **snuck up**) **on me** mi si è avvicinata silenziosamente.

sneaky *adjective* furtiva/furtivo.

sneeze *noun* starnuto M.
verb starnutire [12].

sniff *verb* **1** annusare [1]; **2** (*drugs*) sniffare [1].

snob *noun* snob F & M.

snobbery *noun* snobismo M.

snooker *noun* snooker M; **to play snooker** giocare [3] allo snooker.

snooze *noun* sonnellino M.
verb sonnecchiare [2].

snore *verb* russare [1].

snow *noun* neve F.
verb nevicare [3]; **it's snowing** sta nevicando.

snowball *noun* palla (F) di neve.

snowman *noun* pupazzo (M) di neve.

snug *adjective* comoda/comodo.

so *adjective* **so much, so many** tanta/tanto, tante/tanti; **I saw so much poverty** ho visto tanta miseria; **she has so many daughters** ha tante figlie.
adverb **1** così, tanto; **she's so clever** è così intelligente; **this soup is so salty I can't eat it** la minestra è tanto salata che non riesco a mangiarla; **I'm so sorry** mi dispiace davvero tanto; **2 not so** meno; **my bag is as large as yours but not so heavy** la mia borsa è grossa quanto la tua ma meno pesante; **3** (*starting a sentence*) allora; **so, what are you going to do?** allora, cosa farai?; **4 so what?** e con ciò?; **5 so do I, so did I** *etc.* anch'io; **'I find him boring' – 'so do I'** 'lo trovo noioso' – 'anch'io'; **'I was hungry' – 'so was I'** 'avevo fame' – 'anch'io'; **6 I think so** credo di sì; **I hope so** spero di sì; **7 so much** tanto; **she cried so much** ha pianto tanto.
conjunction (*therefore*) quindi, perciò; **Margherita walked slowly, so she arrived late** Margherita ha camminato lentamente perciò è arrivata tardi.

soak *verb* inzuppare [1]; **soaking wet** fradicia/fradicio; * **to be soaked to the skin** essere [16] bagnata/bagnato come un pulcino.

soap *noun* **1** sapone M; **cake of soap** saponetta F; **soap powder** detersivo M; **2** (*soap opera*) telenovela F.

sob *noun* singhiozzo M.
verb singhiozzare [1].

ENGLISH–ITALIAN

sober *adjective* **1** sobria/sobrio; **a sober assessment** una sobria valutazione; **2 she was sober** era lucida.

soccer *noun* calcio M; **to play soccer** giocare [3] al calcio.

social *adjective* sociale; **social worker** assistente sociale F & M.

socialism *noun* socialismo M.

socialist *noun* socialista F & M.

social security, social welfare *noun* sicurezza sociale F.

society *noun* società F.

sociology *noun* sociologia F.

sock *noun* calzino M; **a pair of socks** un paio (M) di calzini.

socket *noun* (*power point*) presa (F) di corrente.

sofa *noun* sofà M, divano M; **sofa bed** divano letto M.

soft *adjective* **1** tenera/tenero, morbida/morbido; **soft toy** peluche M; **2** (*of person in authority*) indulgente; * **to have a soft spot for someone** avere [15] un debole per qualcuna/qualcuno.

soft drink *noun* bibita analcolica F.

software *noun* software M, applicazioni F *plural*.

soil *noun* terra F; (*gardening*) terriccio M.

solar energy *noun* energia solare F.

soldier *noun* soldatessa F, soldato M.

solemn *adjective* solenne.

solicitor *noun* **1** (*dealing with property or documents*) notaia F, notaio M; **2** (*dealing with lawsuits*) avvocata F, avvocato M.

solid *noun* (*geometry*) solido M. *adjective* **1** massiccia/massiccio; **solid timber** legno massiccio; **2** solida/solido; **solid building** edificio solido; **3** (*of colour*) monocolore.

solo *noun* assolo M; **a violin solo** un assolo di violino. *adjective* da sola/da solo; **she always dines solo** pranza sempre da sola.

soloist *noun* solista F & M.

solstice *noun* solstizio M; **summer solstice** solstizio d'estate; **winter solstice** solstizio d'inverno.

solution *noun* soluzione F.

solve *verb* risolvere [63]; **have you solved that equation** hai risolto l'equazione?

some *adjective* **1** (*followed by a singular noun*) del, dell', della, dello; **could you cut me some cheese** mi tagli del formaggio?; **could you lend me some cash?** puoi prestarmi del denaro in contanti?; **2** (*followed by a plural noun*) dei, delle, degli; **I'd like some bananas please** mi dia (*formal*) delle banane per cortesia; **3 some people don't agree with her** c'è gente che

somebody, someone

non è d'accordo con lei; **4 some day** prima o poi, un giorno o l'altro.
pronoun (*referring to something already mentioned*) ne; **I need cash, can you spare me some?** ho bisogno di contanti, me ne puoi prestare?; **she drank some of it** ne ha bevuto un po'.

somebody, someone *pronoun* qualcuna F, qualcuno (M *and generic*); **there's somebody on the phone** ti cercano al telefono; **we're looking for someone with keyboard skills** cerchiamo una persona che sappia usare il computer; **I'm looking for someone who knows Russian** cerco qualcuno che conosce il russo.

somehow *adverb* **1** in qualche modo; **somehow we'll muddle through** in qualche modo ce la caveremo; **2 I somehow doubt they'll turn up** ho i miei dubbi che si faranno vedere.

something *pronoun* **1** qualcosa M; **I want to show you something** voglio mostrarti qualcosa; **something useful** qualcosa di utile; **is something the matter?** c'è qualcosa che non va?; **2 their BMW is really something!** hanno una BMW che è un fenomeno; **3 go for a walk or something!** va a fare una passeggiata o qualcos'altro!

sometime *adverb* prima o poi, un giorno o l'altro; **call me sometime** telefonami uno di questi giorni; **I'll call you sometime during the week** ti chiamo in settimana; **I'll come and see you sometime** prima o poi vengo a trovarti.

sometimes *adverb* a volte, ogni tanto; **Giorgio sometimes shops at the market** Giorgio a volte fa la spesa al mercato.

somewhere *adverb* da qualche parte; **I met her last year somewhere** l'ho conosciuta l'anno scorso da qualche parte.

son *noun* figlio M.

song *noun* canzone F, (*choral piece etc.*) canto M.

son-in-law *noun* genero M.

soon *adverb* **1** presto; **Christmas will soon be here** sarà presto Natale; **see you soon** arrivederci a presto; **it's too soon** è troppo presto; **2 as soon as** appena; **as soon as she arrives** appena arriva; **as soon as possible** appena possibile.

sooner *adverb* **1** prima; **why didn't you write sooner?** perché non hai scritto prima?; **sooner or later** prima o poi; **2 I'd sooner leave** preferirei partire.

soppy *adjective* svenevole, sentimentale.

soprano *noun* soprano F & M.

sore *noun* piaga F.
adjective **1 I've got a sore arm** mi fa male il braccio; **sore throat** mal di gola; **2 it's a sore point** è una questione delicata.

ENGLISH–ITALIAN

soya

sorrow *noun* dolore M.

sorry *adjective* **1 I'm so sorry** mi dispiace tanto; **sorry to bother you** scusami il disturbo; **I'm sorry I didn't write** chiedo venia di non avere scritto; **2 sorry!** chiedo scusa!; **3 sorry?** prego?; **4 to feel sorry for someone** compiangere [55] qualcuna/qualcuno.

sort *noun* genere M, sorta F; **what sort of cheese do you prefer?** che genere di formaggio preferisci?; **all sorts of** ogni sorta di; **all sorts of excuses** pretesti di ogni sorta.
* **to sort something out 1** (*room, desk, etc.*) riordinare [1], mettere [45] in ordine; **why don't you sort out your papers tomorrow?** perché non metti in ordine le tue carte domani?; **2** (*problem, arrangement*) occuparsi di [1]; **who is sorting it out?** chi se ne sta occupando?

so so *adjective* mediocre, così così, così colà; **'how is that book?' – 'so so'** 'com'è quel libro?' – 'così così'.

soul *noun* **1** anima F; **there wasn't a soul** non c'era anima viva; **2** (*music*) soul music F.

sound *noun* **1** (*noise*) suono M; **the sound of the waves** il suono delle onde; **2** (*volume*) volume M; **turn the sound up please** alza il volume per cortesia.
verb **it sounds as if he's cross** ha l'aria di essere arrabbiato.

sound asleep *adjective* **she's sound asleep** dorme della grossa.

sound effects *plural noun* effetti sonori M *plural*.

soundtrack *noun* colonna sonora F.

soup *noun* minestra F, zuppa F; **bean soup** minestra di fagioli; * **we're in the soup** siamo in un pasticcio; **soup plate** piatto fondo M; **soup spoon** cucchiaio (M) da minestra.

sour *adjective* **1** (*unripe*) acerba/acerbo; **2** (*fermented*) acida/acido; **sour milk** latte acido; **the milk has gone sour** il latte è andato a male.

south *noun* sud M; **to the south** verso sud.
adjective sud (*never changes*), meridionale; **South Africa** Sud Africa; **the south of Italy** l'Italia meridionale.
adverb sud; **south of the border** a sud della frontiera.

south-east *noun, adverb* sud-est M; **south-east of Rome** a sud-est di Roma.
adjective sudorientale.

south-west *noun, adverb* sud-ovest M.
adjective sudoccidentale.

souvenir *noun* ricordino M, souvenir M.

sow *verb* seminare [1].

soya *noun* soia F.

spa *noun* **1** (*natural springs*) terme F *plural*; stazione termale F; **2** (*Australian, massage bath*) vasca (F) da idromassaggio.

space *noun* **1** (*room*) posto M; **there's not enough space for a dishwasher in the kitchen** non c'è abbastanza posto per una lavastoviglie in cucina; **2** (*gap*) spazio M; **double-spaced typescript** dattiloscritto a spazio due; **3** (*outer space*) spazio; **in space** nello spazio.

spacecraft *noun* nave spaziale F.

spaced out *adjective* (*on drugs*) flippata/flippato.

spade *noun* **1** (*in cards*) pala F; **2** (*in cards*) picche F *plural*; **ace of spades** asso (M) di picche.

spank *verb* sculacciare [5].

spanner *noun* chiave inglese F.

spare *adjective* **1** di ricambio (*never changes*); **spare part** pezzo di ricambio; **2** in più (*never changes*); **do you have any spare tickets?** ha (*formal*) mica qualche biglietto in più?; **spare time** tempo libero.
verb **can you spare me a minute?** hai un minuto?

spark *noun* scintilla F.

sparkling *adjective* **1** frizzante; (*mineral water*) gas(s)ata/gas(s)ato; (*wine*) spumante; **2** (*eyes*) luccicante.

sparrow *noun* passero M.

speak *verb* **1** parlare [1]; **I don't speak Chinese** non parlo il cinese; **spoken Italian** l'italiano parlato; **2 to speak to somebody** parlare a, parlare con qualcuno/qualcuna; **I'll speak to her about it** gliene parlerò io; **3** (*on the telephone*) **'may I speak to Paola?' – 'speaking'** 'potrei parlare con Paola?' – 'sono io'; **who's that speaking?** chi parla?; **4 as we speak** in questo preciso momento.

speaker *noun* **1** (*on a music system*) altoparlante M; **2** (*at a public lecture etc.*) oratore M, oratrice F; (*at a conference*) relatore M, relatrice F; **3 Italian speaker** italofona F, italofono M.

special *adjective* speciale.

specialise *verb* specializzarsi [1]; **my daughter is specialising in paediatrics** mia figlia si specializza in pediatria.

specialist *noun* specialista F & M.

specially *adverb* **1** specialmente; **a famous soprano has been specially invited** è stata specialmente invitata una famosa soprano; **not specially** non in modo particolare; **2** (*specifically*) apposta; **he went to Palermo specially to visit his sick father** è andato apposta a Palermo per visitare suo padre che stava male.

species *noun* specie F (*never changes*); **the origin of species** l'origine delle specie.

specific *adjective* specifica/specifico.

ENGLISH–ITALIAN   **spire**

specimen *noun* campione M.

spectacles *plural noun* occhiali M *plural*.

spectacular *adjective* spettacolare.

spectator *noun* spettatore M, spettatrice F.

speech *noun* discorso M; **she made a speech yesterday** ieri ha fatto un discorso.

speechless *adjective* ammutolita/ammutolito; **I was totally speechless** sono rimasto ammutolito.

speed *noun* **1** velocità F; **at top speed** a tutta velocità; **what's the maximum speed of this motorbike?** qual è la velocità massima di questa motocicletta?; **2 speed hump** dosso (M) di rallentamento; **speed limit** limite (M) di velocità.
• **to speed up** accelerare [1].

speeding *noun* eccesso (M) di velocità; **she was booked for speeding** ha ricevuto una multa per eccesso di velocità.

speedometer *noun* tachimetro M.

spell *noun* **1** (*of time*) periodo M; **a long spell** un lungo periodo; **rainy spells** acquazzoni M *plural*; **2** (*incantation*) incanto M; **the wizard cast a spell on the princess** lo stregone ha incantato la principessa.

spelling *noun* ortografia F; **spelling mistake** errore (M) d'ortografia.

spend *verb* **1** (*money*) spendere [60]; **Luisa spent all she had** Luisa ha speso tutto quello che aveva; **2** (*time*) passare [1]; **Franca spent three weeks in Venice** Franca ha passato venti giorni a Venezia; **Lorenzo spends his time gambling at the casino** Lorenzo passa il tempo a giocare d'azzardo al casinò.

spice *noun* spezia F.

spicy *adjective* piccante; **spicy conversation** conversazione piccante.

spider *noun* ragno M; **spider's web** ragnatela F.

spike *noun* punta F.

spill *verb* versare [1], spandere [70]; **Renata spilled some milk on the tablecloth** Renata ha spanto del latte sulla tovaglia;
* **why did you spill the beans?** perché hai vuotato il sacco?;
* **no use crying over spilt milk** è inutile piangere sul latte versato.

spin *noun* giro M.
verb girare [1], roteare [1].

spinach *noun* spinaci M *plural*.

spin-drier *noun* centrifuga F.

spine *noun* colonna vertebrale F.

spiral *noun* spirale F.

spiral staircase *noun* scala (F) a chiocciola.

spire *noun* guglia F.

spirit noun 1 (*energy*) spirito M; 2 (*Christian*) **Holy Spirit** Spirito Santo M.

spirits noun 1 (*alcohol*) superalcolici M *plural*; 2 **to be in good spirits** essere [16] di buon umore.

spit *verb* sputare [1]; (*public notice*) **no spitting** vietato sputare.

spite noun dispetto M, cattiveria F; **they did it out of spite** lo hanno fatto per cattiveria. *preposition* **in spite of** nonostante; **Lina went swimming in spite of the cold weather** Lina è andata a nuotare nonostante il freddo.

spiteful *adjective* cattiva/cattivo.

splash noun 1 (*noise*) tonfo M; 2 **the show made quite a splash** l'esposizione ha fatto scalpore; 3 **splash of colour** chiazza (F) di colore.

splendid *adjective* splendida/splendido.

splinter noun scheggia F.

split *verb* 1 (*with an axe or knife*) fendere [9a], spaccare [3]; **to split firewood** spaccare la legna per il fuoco; 2 (*come apart*) spaccarsi, lacerarsi [1]; **the cloth has split** il panno si è lacerato; 3 (*divide up*) spartire [12]; **they split the profits** hanno spartito il profitto.
- **to split up** (*a couple or group*) dividersi [32]; **Elisa and Giorgio have split up** Elisa e Giorgio si sono divisi.

spoil *verb* 1 guastare [1], rovinare [1]; **her arrival spoilt the fun** il suo arrivo ha guastato la festa; **to spoil a surprise** rovinare una sorpresa; 2 (*a child*) viziare [2]; **a spoilt child** bambina viziata F, bambino viziato M.

spoilsport noun guastafeste F & M.

spoke noun (*of a wheel*) raggio M; * **to put a spoke in somebody's wheel** mettere [45] i bastoni fra le ruote a qualcuna/a qualcuno.

spokesperson noun portavoce F & M (*never changes*).

sponge noun spugna F.

sponge cake noun pan (M) di Spagna.

sponsor noun sponsor F & M, patrona F/patrono M.

spontaneous *adjective* spontanea/spontaneo.

spooky *adjective* 1 (*atmosphere*) sinistra/sinistro; 2 **a spooky story** racconto (M) del brivido.

spoon noun cucchiaio M; **tablespoon** cucchiaio da portata; **teaspoon** cucchiaino M; **soup spoon** cucchiaio da minestra.

spoonful noun cucchiaiata F.

sport noun sport M; **to play sport** praticare [3] lo sport; **sports car** auto sportiva F; **sports centre** centro sportivo M; **sports club** circolo sportivo M.

ENGLISH–ITALIAN

sportsperson *noun* sportiva F, sportivo M.

sportswear *noun* abiti sportivi M *plural*.

sporty *adjective* sportiva/sportivo.

spot *noun* **1** (*in fabric*) puntino M; **a green shirt with yellow spots** una camicia verde a puntini gialli; **2** (*on your skin*) pustola F, pustoletta F; **to be covered in spots** essere [16] ricoperta/ricoperto di pustolette; **3** (*stain*) macchia F; **can you remove this spot please?** puoi togliere questa macchia per cortesia?; **4** (*spotlight*) riflettore M; **5 on the spot** (*immediately*) lì per lì; **will you do it on the spot?** puoi farlo lì per lì?; **6** (*at hand*) sul posto; **she was on the spot** era sul posto.
verb individuare [1].

spotless *adjective* immacolata/immacolato.

spotlight *noun* riflettore M; * **under the spotlight** sotto inchiesta.

spotty *adjective* (*pimply*) foruncolosa/foruncoloso.

spouse *noun* coniuge F & M.

sprain *noun* lussazione F.
verb **to sprain an ankle** storcersi [77] la caviglia.

sprawl *noun* distesa F; **an urban sprawl** una distesa di tetti.
verb spaparazzarsi [1].

square

spray *noun* (*spray can*) spray M; spruzzatore M.
verb (*liquid*) spruzzare [1].

spread *noun* (*for sandwiches etc.*) pasta F.
verb **1** (*news or disease*) spargersi [71]; **2** (*butter etc.*) spalmare [1]; **3** (*cement*) spargere.

spreadsheet *noun* foglio elettronico M.

spring *noun* **1** (*season*) primavera F; **in spring** in primavera; **spring cleaning** pulizie (F *plural*) di primavera; **2** (*made of metal*) molla F; **3** (*providing water*) fonte F, sorgente F.

springtime *noun* primavera F.

spring water *noun* acqua sorgiva F.

sprint *noun* sprint M, volata F.
verb correre [29] a tutta velocità.

sprinter *noun* sprinter F & M, velocista F & M.

sprout *noun* cavolino (M) di Bruxelles.

spy *noun* spia F.
verb spiare [1].

spying *noun* spionaggio M.

squabble *verb* litigare [4].

squalid *adjective* squallida/squallido.

squander *verb* sprecare [3].

square *noun* **1** (*shape*) quadrato M; **2** (*in a town or village*) piazza F; **the village square** la piazza del paese; * **to go back**

to square one ritornare [1] al punto di partenza.
adjective **1** quadrata/quadrato; **ten metres square** dieci metri quadrati; **2 a square meal** un pasto completo.

squash *noun* **1** (*drink*) spremuta F; **2** (*sport*) squash M.
verb schiacciare [5]; **I squashed a cockroach** ho schiacciato uno scarafaggio.

squat *verb* occupare [1] abusivamente.

squeak *verb* **1** (*door hinge etc.*) cigolare [1]; **2** (*person, animal*) squittire [12].

squeeze *noun* **a tight squeeze** una strettoia F.
verb **1** (*somebody's hand etc.*) premere [9a]; **2** (*tube of toothpaste etc.*) schiacciare [5].

squirrel *noun* scoiattolo M.

stab *verb* pugnalare [1].

stable *noun* stalla F.
adjective stabile.

stack *noun* **1** (*pile*) mucchio M; **2 stacks of** un sacco di; **they have stacks of money** hanno un sacco di soldi.

stadium *noun* stadio M.

staff *noun* **1** (*personnel*) personale M; (*in a school*) corpo docente M; **2** (*in music*) pentagramma M.

stag *noun* cervo M; **stag party** festa (F) di addio al celibato.

stage *noun* **1** (*in theatre*) palcoscenico M; **2** (*phase*) stadio M; **the next stage of the construction will commence in June** il prossimo stadio della costruzione comincerà in giugno.

staggered *adjective* (*amazed*) stupefatta/stupefatto; (*divided*) scaglionata/scaglionato.

stain *noun* macchia F.
verb macchiare [2].

stainless steel *noun* acciaio inossidabile M.

stairs *plural noun* scale F *plural*.

stake *noun* (*money wagered*) posta F; (*a pyre*) rogo M.

stale *adjective* (*of food*) stantia/stantio.

stalemate *noun* (*in chess*) scacco M.

stall *noun* **1** (*at a market or fair*) bancarella F; **2 the stalls** (*in a theatre*) platea F.

stammer *noun* **to have a stammer** balbettare [1].
verb balbettare [1].

stamp *noun* **1** (*postage stamp*) francobollo M, bollo M; **stamp album** album (M) di francobolli; **stamp collection** collezione (F) di francobolli; **2** (*rubber stamp*) timbro M.
verb **1** affrancare [3]; **2 to stamp your feet** pestare [1] i piedi.

stand *verb* **1** stare [20] in piedi; **we were all standing** stavamo tutte in piedi; **2** (standing somewhere *is not usually expressed*) **they were standing**

ENGLISH–ITALIAN

on the footpath erano sul marciapiede; **3** (*bear*) tollerare [1], sopportare [1]; **I can't stand that jerk** non posso sopportare quel fesso.
- **to stand for something** (*be short for*) essere [16] l'abbreviazione di; **FS stands for Ferrovie dello Stato** FS è l'abbreviazione di Ferrovie dello Stato.
- **to stand up** alzarsi [1]; **we all stood up** ci siamo alzati tutti.

standard *noun* **1** livello M; **this is an essay of a high standard** è un compito di buon livello; **standard of living** tenore (M) di vita; **2** (*benchmark*) modello M; **3 double standard** due pesi e due misure.
adjective media/medio; **standard price** prezzo medio.

stands *plural noun* (*in a stadium*) tribuna F *singular*.

staple *noun* **1** graffetta F, punto metallico M; **2 staple diet** dieta (F) base.
verb (*paper etc.*) cucire [13].

stapler *noun* cucitrice F.

star *noun* **1** (*in the sky*) stella F; **2** (*person*) vedetta F; **a film star** una diva (F)/un divo (M) del cinema.
verb **to star in a film** avere [15] il ruolo principale in un film.

stare *verb* guardare [1] fissamente, squadrare [1].

stark *adjective* dura/duro, aspra/aspro; **stark landscape** aspro paesaggio.

statement

start *noun* **1** inizio M; **at the start of the opera** all'inizio dell'opera; **from the start** fin dall'inizio; **2 to make a start on something** cominciare [5] a fare qualcosa; **3** (*of a race*) partenza F.
verb **1** cominciare [5]; **the performance starts at 7.30** la rappresentazione comincia alle 19.30; **she's started her speech** ha cominciato il discorso;
2 to start doing something cominciare a (*followed by an infinitive verb*); **Bianca has started school** Bianca ha cominciato a frequentare la scuola; **3 to start a business** fondare [1] un'azienda; **4 to start a car** mettere [45] in moto un'automobile.

starter *noun* (*in a meal*) antipasto M; **what would you like as a starter?** che tipo di antipasto vuoi?

starve *verb* morire [88] di fame; * **I'm starving!** sto morendo di fame!

state *noun* **1** stato M, condizione F; **the football stadium is in a bad state** lo stadio del calcio è in cattive condizioni; **2** (*political*) stato M; **the State** lo Stato; **3 the states of Australia** gli stati dell'Australia; **the United States** (*often shortened to* the States) gli Stati Uniti M *plural*.
verb **1** (*intention, opinion, income*) dichiarare [1]; **2** (*address, occupation*) indicare [3].

statement *noun* **1** (*declaration*) dichiarazione F, affermazione

F; **2** (*from a bank*) estratto (M) conto.

statesman, stateswoman *noun* statista F & M.

station *noun* stazione F; **train station** stazione ferroviaria; **bus station** stazione degli autobus; **police station** commissariato (M) di polizia; **radio station** stazione radio.

stationary *adjective* immobile, statica/statico.

stationery *noun* cancelleria F; **stationery store** cartoleria F.

statistics *noun* **1** (*discipline*) statistica F; **2 statistics** (*figures*) statistiche F *plural*.

statue *noun* statua F; **Statue of Liberty** Statua della Libertà.

stave *noun* (*music*) pentagramma M.

stay *noun* soggiorno M; **how was your stay?** com'è andato il tuo soggiorno?; **enjoy your stay** buona permanenza!
verb **1** restare [1], fermarsi [1]; **is she staying?** si ferma?; **2** (*with time*) **she'll stay in Florence for three weeks** resterà a Firenze per venti giorni; **3** (*at somebody's house*) restare da, trattenersi da [75]; **I'm going to stay with a friend of mine** mi tratterrò da una mia amica.
- **to stay in** restare in casa; **we're staying home tonight** stasera restiamo in casa.

steady *adjective* **1** stabile, sicura/sicuro; **a steady relationship** una relazione stabile; **a steady job** un posto sicuro; **2** regolare; **a steady increase** un aumento regolare; **3** (*hand, voice*) ferma/fermo.

steak *noun* bistecca F.

steal *verb* rubare [1]; **to steal something from someone** rubare qualcosa a qualcuna/qualcuno.

steam *noun* vapore M; **steam engine** locomotiva (F) a vapore; **steam iron** ferro (M) da stiro a vapore.

steel *noun* acciaio M.

steep *adjective* ripida/ripido; **a steep hill** una salita ripida.

steeple *noun* (*spire*) guglia F; (*bell tower*) campanile M.

steering wheel *noun* volante M.

stem *noun* **1** (*of a plant*) stelo M; **2** (*of a word*) radice F.

step *noun* **1** (*movement*) passo M; * **one step forward, two steps back** un passo avanti e due indietro; **2** (*stair*) scalino M, gradino M; **mind the steps** attenzione ai gradini.
- **to step back** indietreggiare [6].
- **to step forward** avanzare [1].
- **to step into** (*a lift etc.*) entrare in [1].

stepbrother *noun* fratellastro M.

stepdaughter *noun* figliastra F.

stepfather *noun* patrigno M.

ENGLISH–ITALIAN   **stitch**

stepladder *noun* scaletta F.

stepmother *noun* matrigna F.

stepsister *noun* sorellastra F.

stepson *noun* figliastro M.

stereo *noun* stereo M.

sterling *noun* **pound sterling** (lira) sterlina F.
adjective genuina/genuino; **sterling qualities** pregi genuini M *plural*.

stew *noun* stufato M.

steward, stewardess *noun* (*on a flight*) assistente di volo F & M.

stick *noun* **1** bastone M; **2 a walking stick** bastone da passeggio; **3 a hockey stick** mazza (F) da hockey.
verb **1** (*with glue*) incollare [1]; **2** (*put*) mettere [45], ficcare [3]; **stick it in your pocket** ficcatelo in tasca.

sticker *noun* etichetta autoadesiva F, adesivo M.

sticking plaster *noun* cerotto M.

sticky *adjective* **1** appiccicosa/appiccicoso; **why are your hands sticky?** perché hai le mani appiccicose?; **2** adesiva/adesivo; **sticky paper** carta adesiva; **sticky tape** nastro adesivo M; (*informal*) scotch M.

stiff *adjective* **1** rigida/rigido; **I feel stiff** mi sento rigida; **2** * **we were bored stiff** ci annoiavamo a morte; * **she was scared stiff** aveva una fifa di quelle.

still *adjective* **1** ferma/fermo, tranquilla/tranquillo; **sit still!** resta seduta!; **keep still!** non muoverti!; **2 still mineral water** acqua minerale naturale.
adverb **1** sempre, ancora; **is he still alive?** è ancora vivo?; **do you still love me?** mi ami ancora?; **she's still refusing to return my money** continua a rifiutarsi di restituirmi il denaro; **are you still working for IBM?** lavori sempre per l'IBM?; **2 louder still** ancora più forte; **3** (*however*) **still ...** ciononostante ... ; **I'm very run down, still I'll carry on working** sono molto esaurita, ciononostante continuerò a lavorare.

sting *noun* puntura F; **a bee sting** una puntura d'ape.
verb pungere [61]; **he was stung by a wasp** è stato punto da una vespa.

stingy *adjective* tirchia/tirchio.

stink *noun* puzza F; **there's a stink in the room** nella stanza c'è puzza.
verb puzzare [1]; **that cheese really stinks** quel formaggio puzza davvero.

stir *verb* **1** (*in cooking*) mescolare [1]; **2** (*a situation*) turbare [1], agitare [1].

stitch *noun* **1** (*in sewing and surgery*) punto M; **2** (*in knitting*) maglia F.

stock *noun* **1** (*in a shop*) merci F *plural*; **we don't have it in stock** non l'abbiamo in magazzino; **2** (*supply*) provvista F; **he always keeps a stock of canned foods** tiene sempre una provvista di cibi in scatola; **3** (*for cooking*) brodo M; **chicken stock** brodo di pollo; **stock cube** dado (M) da brodo.
verb (*in a shop*) vendere [9a]; **they don't stock grammar books** non vendono grammatiche.
• **to stock up on something** fare [19] provvista di qualcosa.

stocking *noun* calza (F) da donna.

stomach *noun* stomaco M, ventre M.

stomach-ache *noun* mal (M) di stomaco, mal di ventre.

stone *noun* **1** (*large*) pietra F; (*small*) sasso M; **a stone building** un edificio di pietra; **to throw stones** tirar [1] sassi; **2** (*in fruit*) nocciolo M.

stool *noun* sgabello M.

stoop *verb* abbassarsi [1].

stop *noun* fermata F; **bus stop** fermata dell'autobus.
verb **1** fermarsi [1], arrestarsi [1]; **the car stopped on the motorway** l'automobile si è fermata sull'autostrada; **the show stopped** lo spettacolo si è arrestato; **2** (*transport*) fermare; **this train doesn't stop at Pescara** questo treno non ferma a Pescara; **3** **to stop someone** fermare qualcuna/qualcuno; **she stopped me on the footpath** mi ha fermata sul marciapiede; **4 to stop doing something** smettere [45] di/smetterla di (*followed by an infinitive*); **when will you stop drinking?** quando smetterai di bere?; **stop pestering me** smettila di tormentarmi; **5 to stop someone doing something** impedire [12] a qualcuna/qualcuno di (*followed by an infinitive*); **he stopped me reporting the matter to the authorities** mi ha impedito di denunciare la faccenda alle autorità.

stopwatch *noun* cronometro M.

store *noun* (*shop*) negozio M.
verb **1** immagazzinare [1]; **2** (*computing*) memorizzare [1].

storey *noun* piano M; **a ten-storey building** un palazzo a dieci piani.

storm *noun* tempesta F, temporale M; **snowstorm** tempesta di neve; **rainstorm** acquazzone M.

stormy *adjective* tempestosa/tempestoso.

story *noun* storia F, racconto M; **short story** racconto M, novella F.

stove *noun* (*cooker*) cucina economica F; (*heater*) stufa F.

straight *adjective* **1** diritta/diritto; **a straight road** una strada diritta; **straight line**

linea retta; **2 to have straight hair** avere [15] i capelli lisci.
adverb **1** (*in direction*) dritto; **go straight ahead** continua in linea retta, continua dritto; **2** (*in time*) direttamente; **Paola went straight to the police** Paola è andata direttamente dalla polizia; **3 straight away** subito, immediatamente.

straightforward *adjective* elementare, semplice.

strain *noun* sforzo M; **it was a huge strain but we managed to shift the piano** con uno sforzo enorme siamo riuscite a spostare il pianoforte; **to be a strain** essere [16] stressante.
verb (*part of the body*) farsi [19] male a; **she strained her back** si è fatta male alla schiena.

strange *adjective* strana/strano; **a strange coincidence** una strana coincidenza.

stranger *noun* sconosciuta F, sconosciuto M.

strangle *verb* strangolare [1].

strap *noun* **1** (*on case, camera, etc.*) cinghia F; **2** (*on clothes*) cintura F; **3** (*of a watch*) cinturino M; **4** (*on sandals*) cinghietta F.

straw *noun* **1** (*material*) paglia F; **straw hat** cappello di paglia; **2 drinking straw** cannuccia F.

strawberry *noun* fragola F; **strawberry jam** marmellata (F) di fragole.

stray *adjective* randagia/randagio; **stray dog** cane randagio.

stream *noun* **1** (*small river*) ruscello M; **2 Gulf Stream** Corrente (F) del Golfo.

street *noun* strada F, via F; **street kids** ragazzi di strada; (*on addresses, followed by the house number*) via Verdi 42; **street lamp** lampione M; **street map** cartina stradale F.

streetwise *adjective* scaltra/scaltro.

strength *noun* forza F.

stress *noun* stress M.
verb (*emphasise*) accentuare [1], sottolineare [1].

stretch *verb* **1** (*clothes*) deformarsi [1]; **my cardigan has stretched** mi si è deformato il golf; **2** (*shoes*) allargarsi [4].

stretcher *noun* barella F.

stretchy *adjective* elastica/elastico.

strict *adjective* severa/severo.

strike *noun* sciopero M; **to call a strike** dichiarare [1] lo sciopero; **to be on strike** essere [16] in sciopero.
verb **1** (*hit*) colpire [12], percuotere [68]; **2** (*clock*) scoccare [3]; **the clock has just struck midday** l'orologio ha appena scoccato il mezzogiorno; **3** (*go on strike*) scioperare [1].

striker *noun* **1** (*in soccer*) attaccante F & M; **2** (*person on strike*) scioperante F & M.

striking *adjective* notevole, vistosa/vistoso; **a striking resemblance** una somiglianza straordinaria; **a striking difference** una notevole differenza; **a striking building** un edificio vistoso.

string *noun* 1 (*for tying*) laccio M; 2 (*for a musical instrument*) corda F.

strip *noun* striscia F. *verb* (*undress*) svestirsi [11].

stripe *noun* striscia F.

striped *adjective* a strisce (*never changes*).

strive *verb* sforzarsi [1].

stroke *noun* 1 (*style of swimming*) bracciata F; 2 (*medical*) ictus M; **she's had a stroke** ha avuto un ictus; * **a stroke of luck** un colpo di fortuna.

stroll *noun* passeggiatina F.

strong *adjective* 1 (*person, drink, etc.*) forte; **a strong resemblance** una forte somiglianza; 2 (*feeling*) potente; 3 (*material*) solida/solido, forte.

strongly *adverb* 1 (*believe*) fermamente; 2 (*support*) pienamente; 3 (*advise, oppose*) decisamente, vivamente.

structure *noun* struttura F.

struggle *noun* 1 lotta F; **the struggle for freedom** la lotta per la libertà; **power struggle** lotta per il potere; 2 **it's been a struggle** è stata dura. *verb* 1 (*to obtain something*) lottare [1] per; **she had to struggle to get her promotion** ha dovuto lottare per ottenere la promozione; 2 (*physically, to escape or reach something*) battersi [9a] per; 3 (*have difficulty in doing*) avere [15] problemi (nel fare qualcosa).

stubborn *adjective* testarda/testardo.

stuck *adjective* 1 (*jammed, or in a traffic jam*) incastrata/incastrato; **the drawer is stuck** il cassetto è incastrato; 2 **to get stuck in a lift** rimanere [62] prigioniera/prigioniero in un ascensore.

stuck-up *adjective* presuntuosa/presuntuoso; boriosa/borioso; * **to be stuck up** (*informal*) tirarsela [1].

stud *noun* 1 (*on a belt or jacket*) borchia F; 2 (*on a boot*) chiodo M; 3 (*animal husbandry*) stallone M.

student *noun* studente M, studente/studentessa F; **student union** organismo rappresentativo.

studio *noun* 1 (*film, television*) studio M; 2 (*artist's*) atelier M.

study *noun* studio M, ricerca F; **the study of plants** lo studio delle piante. *verb* studiare [2]; **we're studying for our end-of-semester tests** stiamo studiando per gli esami di fine semestre; **she's studying engineering** studia ingegneria.

stuff *noun* roba F; **let's throw all that stuff out** buttiamo via tutta quella roba; **I'll send all my stuff by train** spedirò tutta la roba per ferrovia; **what's that stuff?** cos'è quella roba?; * (*informal*) **frankly, I don't give a stuff** francamente, non me ne importa un fico; * **to stuff up** (*informal*) toppare [1].

stuffing *noun* (*for cooking*) ripieno M.

stuff-up *noun* pasticcio M; (*informal*) casotto M.

stuffy *adjective* **1** (*airless*) afosa/afoso; **2** (*person*) formalista F & M.

stumble *verb* inciampare [1].

stump *noun* troncone M.

stun *verb* sbigottire [12].

stunning *adjective* sensazionale.

stuntman, stuntwoman *noun* cascatore M, cascatrice F.

stupid *adjective* scema/scemo; **they have been really stupid** sono state veramente sceme.

stutter *noun* **to have a stutter** balbettare [1].
verb balbettare [1].

style *noun* stile M; **she lacks style** le manca lo stile; **the latest style** l'ultimo stile, l'ultima moda.

subconscious *adjective* subconscia/subconscio.

subject *noun* **1** (*topic*) argomento M; **2** (*grammar*) soggetto M; **3** (*discipline*) materia F.

subjunctive *noun* congiuntivo M.

sublime *adjective* sublime.

submarine *noun* sottomarino M.

submit *verb* consegnare [1]; sottoporre [58].

subscription *noun* abbonamento M; **I've cancelled my subscription** ho disdetto l'abbonamento.

subsidy *noun* sussidio M.

substance *noun* sostanza F.

substitute *noun* supplente F & M, sostituta F/sostituto M.

subtitled *adjective* sottotitolata/sottotitolato.

subtle *adjective* sottile.

subtract *verb* sottrarre [78].

suburb *noun* (*Australian*) quartiere M; **Brunswick is a suburb of Melbourne** Brunswick è un quartiere di Melbourne; (*British*) sobborgo M; **Posillipo is a suburb of Naples** Posillipo è un sobborgo di Napoli.

suburban *adjective* di periferia (*never changes*); **suburban railway** ferrovia metropolitana.

subway *noun* (*underpass*) sottopassaggio M; (*in New York, for example*) metrò M.

succeed *verb* **1** (*achieve*) riuscire [91]; **we succeeded in finding him** siamo riuscite a trovarlo; **2** (*come after*) succedere [26]; **Elizabeth II succeeded**

George VI Elisabetta II è successa a Giorgio VI.

success *noun* successo M.

successful *adjective* riuscita/riuscito; **she was successful in finding her lost kitten** è riuscita a trovare la gattina perduta.

successfully *adverb* con successo.

such *adjective, adverb* **1** così, talmente; **he's such a spiteful gossip** è un pettegolo talmente maligno; **it was such a long journey** è stato un viaggio così lungo; **2 such a lot of** tante F, tanti M; **there have been such a lot of comings and goings** ci sono stati tanti andirivieni; **3 such as** come; **in small countries such as San Marino** in piccoli stati come San Marino; **4 there's no such thing as a unicorn** l'unicorno non esiste.

suck *verb* succhiare [2]; * (*informal*) **this film sucks** questo film fa schifo.

sudden *adjective* improvvisa/improvviso; **all of a sudden** improvvisamente.

suddenly *adverb* **1** improvvisamente; **suddenly, it started to rain** improvvisamente si è messo a piovere; **2 to die suddenly** morire [88] di colpo.

suede *noun* camoscio M; **suede glove** guanto di camoscio.

suffer *verb* soffrire [86].

sufficiently *adverb* abbastanza; **she was not sufficiently well dressed for her interview** non era abbastanza ben vestita per il colloquio.

suffix *noun* suffisso M.

sugar *noun* zucchero M; **brown sugar** zucchero grezzo.

suggest *verb* suggerire [12], consigliare [8], proporre [58]; **I suggest you go and see the principal** ti consiglierei di andare dalla preside.

suggestion suggerimento M, consiglio M; **to make a suggestion** suggerire [12] qualcosa.

suicide *noun* suicidio M; **suicide note** biglietto d'addio; **suicide bomber** kamikaze F & M. *verb* suicidarsi [1].

suit *noun* **1** (*garment*) completo M; **2** (*cards*) seme M.

suitable *adjective* adatta/adatto; **this saucepan isn't suitable** questa padella non è adatta; **we're looking for suitable accommodation** cerchiamo un alloggio adatto.

suitcase *noun* valigia F.

sulk *verb* tenere [75] il broncio (a qualcuna/qualcuno).

sum *noun* **1** somma F; **a large sum of money** una forte somma di denaro; **2** (*calculation*) calcolo M.

summarise *verb* riassumere [21].

summary *noun* riassunto M.

summer *noun* estate F; **summer weather** clima estivo; **summer holidays** vacanze estive.

summertime *noun* estate F; **in summertime** d'estate.

summit *noun* vertice M; **summit meeting** incontro (M) al vertice.

sun *noun* sole M; **in the sun** al sole.

sunbathe *verb* fare [19] i bagni di sole.

sunblock *noun* SEE **sunscreen**.

sunburn *noun* bruciatura F.

sunburnt *adjective* **1** (*tanned*) abbronzata/abbronzato; **2** (*burnt*) bruciata/bruciato dal sole.

Sunday *noun* domenica F; (*clothes*) **Sunday best** l'abito della domenica.

sunflower *noun* girasole M; **sunflower oil** olio (M) di girasole.

sunglasses *plural noun* occhiali (M *plural*) da sole, occhiali neri.

sunlight *noun* luce solare F.

sunny *adjective* **1 it's a sunny day** è una giornata di sole; **it will be sunny** ci sarà il sole; **2** (*place*) solatia/solatio; **it's a sunny area** è una zona solatia.

sunrise *noun* spuntar (M) del sole, aurora F.

sunroof *noun* tettuccio apribile M.

sunscreen *noun* protettivo solare M, abbronzante M; **15+ sunscreen** abbronzante a protezione 15.

sunset *noun* tramonto M.

sunshine *noun* raggi (M *plural*) del sole.

sunstroke *noun* colpo (M) di sole.

suntan *noun* abbronzatura F; (*informal*) tintarella F; **suntan lotion** abbronzante M.

super *adjective* formidabile; **they've had a super time** si sono divertiti da matti.

supermarket *noun* supermercato M.

supernatural *adjective* soprannaturale.

superstitious *adjective* superstiziosa/superstizioso.

supervise *verb* sorvegliare [8].

supper *noun* (*small evening meal*) cenetta F.

supplement *noun* supplemento M.

supplies *plural noun* (*of food*) provviste F *plural*.

supply *noun* **1** riserve F *plural*; **2 to be in short supply of** essere [16] a corto di; **3 supply and demand** domanda e offerta. *verb* fornire [12]; **we'll supply all stationery** forniremo tutti gli oggetti di cancelleria; **to supply someone with something** rifornire [12] qualcuna/qualcuno di qualcosa.

support *noun* appoggio M, sostegno M; **we gave her our unqualified support** le abbiamo dato il nostro pieno appoggio. *verb* **1** (*back up*) sostenere [75], appoggiare [6]; **we'll support you to the hilt** ti appoggeremo fino in fondo; **2** (*in sport*) fare [19] il tifo per (*a team*); **Livia supports Napoli** Livia fa il tifo per il Napoli; **3** (*financially*) **to support husband and children** mantenere [75] marito e figli.

supporter *noun* tifosa F, tifoso M; **a Juventus supporter** tifosa/tifoso della Juventus.

suppose *verb* supporre [58], presumere [21]; **I suppose he's not coming** presumo che non verrà.

supposed *adjective* **she was supposed to arrive yesterday** la aspettavamo ieri; **you're supposed to smoke outside** devi uscire se vuoi fumare.

supreme *adjective* suprema/supremo.

sure *adjective* **1** sicura/sicuro; **are you sure you feel well?** sei sicura di sentirti bene?; **2 I'm not sure that I can help you** non so se potrò aiutarti; **3 'are you comfortable?' – 'sure'** 'stai comoda?' – 'certo'.

surely *adverb* **surely she's had enough to eat!** non dirmi che non ha mangiato abbastanza!

surf *verb* **to surf the Net** navigare [4] in rete.

surface *noun* superficie F.

surfboard *noun* tavola (F) da surf.

surfing *noun* surf M; **to go surfing** fare [19] il surf.

surgeon *noun* chirurga F, chirurgo M.

surgery *noun* **1** (*branch of medicine*) chirurgia F; **2** (*surgical intervention*) intervento M, operazione F; **she had surgery on her breast** ha avuto un'operazione al seno; **3** (*doctor's or dentist's office*) ambulatorio M.

surname *noun* cognome M.

surprise *noun* sorpresa F; **we'll give him a surprise** gli faremo una sorpresa.

surprised *adjective* sorpresa/sorpreso; **she was surprised to find me here** è rimasta sorpresa di trovarmi qui.

surprising *adjective* sorprendente.

surround *verb* circondare [1]; **the army surrounded the town** l'esercito ha circondato la cittadina.

survey *noun* inchiesta F, sondaggio M.

survive *verb* sopravvivere [82].

survivor *noun* **1** (*of a massacre, shipwreck etc.*) superstite F & M; sopravvissuta F/sopravvissuto M; **2** (*cunning and resilient*) furba F/furbo M, persona (F) che se la cava.

suspect noun sospetta F, sospetto M.
adjective dubbia/dubbio.
verb sospettare [1].

suspend verb 1 (hang) appendere [60]; 2 (interrupt) sospendere [60].

suspense noun suspense F.

suspicious adjective 1 sospettosa/sospettoso; **to be suspicious of** sospettare [1]; **a suspicious message** un messaggio sospetto; **2 a suspicious-looking individual** un individuo losco.

swag noun 1 (booty) bottino M; 2 (Australian) fardello M.

swallow noun (bird) rondine F.
verb inghiottire [11].

swamp noun palude F.

swan noun cigno M.

swap verb scambiare [2]; **shall we swap some CDs?** vuoi che ci scambiamo dei CD?

swear verb 1 (take an oath) giurare [1]; 2 (use bad language) dire [87] parolacce; **she swears a lot** dice un sacco di parolacce.

swear word noun parolaccia F.

sweat noun sudore M.
verb sudare [1].

sweater noun maglione M.

sweep verb spazzare [1]; * **to sweep clean** fare piazza pulita.

sweet noun 1 (candy) dolcetto M, caramella F; 2 (dessert) dolce M.
adjective 1 (food) dolce; **this coffee is too sweet** il caffè è troppo dolce; 2 (kind) dolce, gentile; **it was really sweet of you to invite me** sei stata veramente gentile a invitarmi; 3 (cute) carina/carino; **what a sweet little boy!** che carino quel bambino!

sweet corn noun mais M.

swell verb gonfiarsi [2].

swim noun **to go for a swim** andare [17] a nuotare.
verb nuotare [1]; **do you swim?** sai nuotare?; **to swim across a river** attraversare [1] un fiume a nuoto.

swimmer noun nuotatore M, nuotatrice F.

swimming noun nuoto M; **swimming cap** cuffia F; **swimming pool** piscina F; **swimming trunks** plural noun calzoncini (M plural) da bagno.

swimsuit noun costume (M) da bagno.

swindle verb imbrogliare [8], truffare [1].

swing noun altalena F.

switch noun interruttore M.
verb (change) sostituire [12]; **to switch places** scambiare [2] i posti.
- **to switch something off** spegnere [72] qualcosa.
- **to switch something on** accendere [60] qualcosa.

switchboard noun centralino (telefonico) M.

swollen *adjective* gonfia/gonfio.

swoop down *verb* (*on something*) piombare [1] (*su qualcosa*)

swop *verb* SEE **swap**.

sword *noun* spada F.

sycamore *noun* sicomoro M.

syllable *noun* sillaba F.

syllabus *noun* programma M; **to be on the syllabus** essere [16] in programma.

symbol *noun* simbolo M.

symbolic *adjective* simbolica/simbolico.

sympathetic *adjective* comprensiva/comprensivo.

sympathise *verb* **to sympathise with someone** comprendere [60] qualcuna/qualcuno.

sympathy *noun* compassione F.

symphony *noun* sinfonia F; **symphony orchestra** orchestra sinfonica F.

symptom *noun* sintomo M.

synagogue *noun* sinagoga F.

synchronise *verb* sincronizzare [1].

synonym *noun* sinonimo M.

syntax *noun* sintassi F.

synthesiser *noun* sintetizzatore M.

synthetic *adjective* sintetica/sintetico.

syringe *noun* siringa F.

syrup *noun* sciroppo M.

system *noun* sistema M.

systemic *adjective* sistemica/sistemico.

T t

table *noun* **1** (*piece of furniture*) tavolo M; **2** (*when set for a meal*) tavola F; **to set the table** apparecchiare [2] la tavola; **to clear the table** sparecchiare [2] la tavola; **table mats** servizio (M) all'americana.

tablecloth *noun* tovaglia F.

tablespoon *noun* **1** cucchiaio grande M; **2 a tablespoon of sugar** una cucchiaiata (F) di zucchero.

tablet *noun* compressa F.

table tennis *noun* ping-pong M, tennis (M) da tavolo.

tabloid *noun* tabloid M.

taboo *noun, adjective* tabù M.

tack *noun* **1** (*small nail*) puntina F; **2** (*direction*) direzione F.

tackle *verb* **1** (*sport*) marcare [3]; **2** (*a job or problem*) affrontare [1].

tact *noun* tatto M.

tactful *adjective* diplomatica/diplomatico; **a tactful remark** un'osservazione diplomatica.

ENGLISH–ITALIAN

tactics *noun* tattica F.

tactless *adjective* priva di tatto/privo di tatto; **she's a fairly tactless person** è una persona alquanto priva di tatto.

tadpole *noun* girino M (d'anfibio).

tag *noun* (*a label*) etichetta F.

tail *noun* **1** (*animal*) coda F; **2 heads or tails?** testa o croce?

tailor *noun* sarta F, sarto M.

take *noun* (*in film-making*) ripresa F.
verb **1** (*carry away; accompany or drive someone somewhere*) portare [1]; **could you take Jason to the airport?** porteresti Jason all'aeroporto?; **please take this basket up to the sixth floor** per cortesia, porta questa cesta al sesto piano; **2** (*for your own benefit*) prendere [60]; **take as many stamps as you like** prendi tutti i francobolli che vuoi; **she took several tins of food from the cupboard** ha preso parecchie scatole di cibo dalla credenza; **who has taken my pen?** chi mi ha preso la penna?; **3** (*to accept*) accettare [1]; **does that store take credit cards?** quel negozio accetta carte di credito?; **4** (*with time and other quantities*) ci vuole (*singular*), ci vogliono (*plural*); **how long does it take to get from Florence to Ancona by car?** quanto ci vuole da Firenze ad Ancona in macchina?; **it took me ages to fix the broken window** mi ci è voluta un'eternità per aggiustare la finestra rotta; **it takes time and money to set up a business** per metter su un'impresa ci vogliono tempo e denaro; **5 when are you taking the test?** quando dai l'esame?; **what size shirt do you take?** che taglia porti di camicia?

- **to take off 1** (*a plane*) decollare [1]; **2** (*clothes or shoes*) levarsi [1]; **take off your socks** levati i calzini; **3** (*money*) detrarre [78], ridurre [27]; **she took twenty dollars off the recommended price** ha ridotto il prezzo di cartellino di venti dollari.

- **to take out 1** (*from a bag or pocket*) tirare [1] fuori; **take those cigarettes out of your pocket!** tira fuori di tasca quelle sigarette!; **2** (*to invite out*) **may I take you out to dinner?** mi permetti di invitarti a cena?; **she took me out to dinner** mi ha portato a cena.

- **to take something apart** smontare [1] qualcosa.

- **to take something back** restituire [12] qualcosa.

takeaway *noun* takeaway M. *adjective* da asporto (*never changes*); **takeaway pizza** pizza (F) da asporto.

take-off *noun* (*plane or helicopter*) decollo M.

talcum powder *noun* borotalco M.

talent noun talento M; **she has a lot of musical talent** ha molto talento per la musica.

talented adjective dotata/dotato; **he's really talented** è davvero dotato.

talk noun 1 (a chat) colloquio M, conversazione F; **why don't we talk about it?** perché non ne discutiamo insieme?; 2 (informal exposé) relazione F; **I have to give a talk on the situation in Northern Ireland** devo fare una relazione sulla situazione nell'Irlanda del Nord.
verb 1 parlare [1]; **stop talking!** smettetela di parlare!; **what are you talking about?** di che cosa state parlando?; **let's talk about your future** parliamo del tuo avvenire; 2 (to gossip) chiacchierare [1]; **they talk non-stop** non smettono mai di chiacchierare.

talkative adjective loquace.

tall adjective alta/alto; **he's tall for his age** è alto per la sua età; **she's 168 centimetres tall** è alta un metro e sessantotto; **a tall building** un edificio alto.

tame adjective (animal) addomesticata/addomesticato.

tampon noun tampone M.

tan noun abbronzatura F, tintarella F; **I never get a tan** non riesco mai ad abbronzarmi.
verb abbronzarsi [1]; **do you tan easily?** ti abbronzi facilmente?

tank noun 1 (for liquids) serbatoio M; **2 fish tank** acquario M; 3 (military) carro armato M.

tanned adjective abbronzata/abbronzato.

tantrum noun capriccio M; **to throw a tantrum** fare [19] i capricci.

tap noun 1 (for water etc.) rubinetto M; **will you turn on the tap please** apri il rubinetto per cortesia; **the cold tap** il rubinetto dell'acqua fredda; 2 (a pat) tocco M.
verb toccare [3], battere [9a].

tap-dancing noun tip-tap M.

tape noun 1 (audio) cassetta F; **did you put it on tape?** l'hai registrato su cassetta?; 2 (video) videocassetta F; 3 (adhesive) scotch M.
verb registrare [1]; **did you tape the concert?** hai registrato il concerto?

tape measure noun metro M.

tapestry noun arazzo M.

tar noun catrame M.

target noun bersaglio M.
verb mirare [1].

tarot reader noun cartomante F & M.

tart noun crostata F.

tartan noun stoffa scozzese F; **a tartan skirt** una gonna scozzese

task noun compito M.

taste noun 1 sapore M, gusto M; **the taste of egg** sapore di uovo; 2 **in good taste** di buon gusto. verb 1 assaggiare [6]; **taste this wine!** assaggia questo vino!; 2 avere [15] il sapore di, sapere di [65]; **this wine tastes like vinegar** questo vino sa di aceto; **the cake tastes of pineapple** la torta sa di ananas.

tasty adjective saporita/saporito.

tattoo noun tatuaggio M. verb tatuare [1].

Taurus noun (sign of the zodiac) Toro M.

tax noun 1 (on income) imposta F, tassa F; **income tax** imposta sull'entrata, IRPEF (short for Imposta sul Reddito delle Persone Fisiche); 2 (European Union) **value-added tax (VAT)**, (Australia) **goods and services tax (GST)** Imposta sul Valore Aggiunto (IVA).

taxi noun taxi M, tassì M; **why don't you take a taxi?** perché non prendi un taxi?; **taxi driver** tassista F & M; **taxi rank** fermata (F) dei taxi.

taxpayer noun contribuente F & M.

TB noun SEE **tuberculosis**.

tea noun 1 (drink) tè M; **a cup of tea** una tazza di tè; **to have tea** prendere [60] il tè; 2 (light meal) etta F.

q noun bustina (F) di tè.

rb 1 (profession) re [1]; **Rosa has been teaching for forty years** Rosa insegna da quarant'anni; **what subjects do you teach?** quali materie insegni?; 2 (in a classroom) fare [19] lezione; **Mr Marchetti can't see you, he's teaching** il professor Marchetti non può riceverLa (formal), sta facendo lezione; 3 **I'm trying to teach myself Russian** sto tentando di imparare il russo da sola; **that'll teach them!** gli servirà da lezione!

teacher noun 1 (high school) professore M, professoressa F; (informal) prof F & M; **maths teacher** professoressa di matematica; 2 (primary school) maestra F, maestro M; **my sister is a primary school teacher** mia sorella fa la maestra.

teaching noun insegnamento M.

teaching staff noun personale insegnante M.

team noun 1 (of scientists etc.) équipe F; **a team of biologists** un'équipe di biologi; 2 (sport) squadra F; **the Palermo soccer team** la squadra di calcio del Palermo.

teapot noun teiera F.

tear[1] noun (a rip) strappo M; **she has a tear in her blouse** ha la camicetta strappata. verb 1 strappare [1]; **mind you don't tear your sleeve** attenta a non strapparti la manica; **why did you tear up my report?** perché hai strappato la mia relazione?; 2 strapparsi;

tear

ENGLISH–ITALIAN

careful, this fabric tears easily attento, questa stoffa si strappa facilmente.
- **to tear off, to tear open** strappare.

tear² *noun* (*when you cry*) lacrima F; **to burst into tears** scoppiare [2] in lacrime; **he was in tears** piangeva [55].

tear-jerker *noun* (*of story*) film (M)/racconto (M) strappalacrime; film/racconto lacrimogeno.

tease *verb* tormentare [1].

teaspoon *noun* **1** cucchiaino M; **2 a teaspoonful of sugar** un cucchiaino di zucchero.

teatime *noun* ora (F) di cena.

tea towel *noun* canovaccio M.

technical *adjective* tecnica/tecnico; **technical staff** personale tecnico.

technical college *noun* istituto tecnico M.

technician *noun* tecnica F, tecnico M.

technique *noun* tecnica F.

technological *adjective* tecnologica/tecnologico.

technology *noun* tecnologia F; **information technology** informatica F.

technophobic *adjective* tecnofobica/tecnofobico.

teddy bear *noun* orsacchiotto M.

teenage *adjective* **1** adolescente; **they have three teenage children** hanno tre figli adolescenti; **2** (*films, magazines, etc.*) per l'adolescenza (*never changes*).

teenager *noun* adolescente F & M; **she's still a teenager** è ancora adolescente.

teens *plural noun* gli anni (M *plural*) dell'adolescenza, adolescenza F.

tee-shirt *noun* SEE **T-shirt**.

telephone *noun* telefono M; **on the telephone** al telefono. *verb* telefonare a [1]; **I telephoned the company** ho telefonato alla ditta.

telephone box, call, directory, number SEE **phone box** etc.

teleprompter *noun* gobbo M.

telescope *noun* **1** (*large*) telescopio M; **2** (*small*) cannocchiale M.

televise *verb* trasmettere [45] per TV.

television *noun* televisione F; **we're going to watch the match on television** guarderemo la partita alla televisione; **television audience** pubblico televisivo; **television program** programma televisivo M.

tell *verb* **1** dire [87]; **she told that you were coming** m' detto che venivi; **did you Roberto?** lo hai detto a ' **2** (*to narrate*) raccontar'

ENGLISH–ITALIAN

me about your trip raccontami del tuo viaggio; **3** (*to explain*) spiegare [4]; **can you tell me how it works?** puoi spiegarmi come funziona?; **4** (*to instruct*) ordinare [1]; **tell her to stop harassing Jessica** ordinale di smettere di molestare Jessica; **5** (*to see*) **you can tell she's drunk** si vede che è ubriaca; **can you tell them apart?** riesci a distinguerle?
- **to tell off** sgridare [1].

telly *noun* SEE **television**.

temp *noun* interinale F & M.

temper *noun* **to be in a temper** essere [16] in collera; **to lose your temper** perdere [52] la calma.

temple *noun* (*building*) tempio M (*plural* templi).

temporary *adjective* temporanea/temporaneo.

tempt *verb* tentare [1]; **I feel tempted to stay at home** sono tentata di restare in casa.

temptation *noun* tentazione F.

tempting *adjective* allettante; che tenta (*never changes*); **a tempting invitation** un invito allettante.

tenant *noun* inquilina F, inquilino M.

tend *verb* tendere [60]; **she tends to do things** tende a fare tutto

tendency *noun* tendenza F.

terribly

tender *adjective* tenera/tenero.

tennis *noun* tennis M; **tennis ball** palla (F) da tennis; **tennis court** campo (M) da tennis; **tennis player** tennista F & M; **tennis racket** racchetta (F) da tennis.

tenor *noun* tenore M.

tenpin bowling *noun* bowling M (*never changes*), gioco (M) dei birilli.

tense *noun* (*grammar*) tempo M; **in the past tense** al tempo passato.

tension *noun* tensione F.

tent *noun* tenda F.

term *noun* **1** (*in school*) trimestre M; **2** (*relationships*) **to be on good terms with someone** essere [16] in buoni rapporti con qualcuna/qualcuno.

terminal *noun* **1** (*airport*) aerostazione F; **2 ferry terminal** stazione marittima F; **3** (*computer*) terminal M.

terrace *noun* **1** (*of a building*) terrazza F; **2 the terraces** (*of a stadium*) gradinate F *plural*.

terrible *adjective* tremenda/tremendo; **a terrible fear** una paura tremenda; **a terrible experience** un'esperienza tremenda.

terribly *adverb* **1** (*very*) estremamente, molto; **the soil is terribly dry** il suolo è estremamente asciutto; **I'm**

terrific

not terribly interested non m'interessa molto; **2** (*badly*) **I miss him terribly** sento terribilmente la sua mancanza.

terrific *adjective* **1 at a terrific speed** a velocità pazzesca; **a terrific amount** una quantità enorme; **2 terrific!** magnifico!, fortissimo!

terrified *adjective* terrorizzata/ terrorizzato.

terrorism *noun* terrorismo M.

terrorist *noun* terrorista F & M.

test *noun* **1** (*in school*) (*oral test*) interrogazione F; (*written test*) compito (M) in classe; **there's going to be an English test this afternoon** oggi pomeriggio c'è un compito in classe d'inglese; **2** (*of your skill or patience*) prova F; **let's put your knowledge to the test** facciamo una prova della tua preparazione; **3** (*medical*) analisi F; **blood test** analisi del sangue; **4 driving test** esame (M) di patente.
verb (*in school*) (*orally*) interrogare [4]; (*in writing*) assegnare [1] un compito in classe.

test tube *noun* provetta F.

text *noun* testo M.

textbook *noun* testo scolastico M, manuale M.

than *preposition* **1** di; **Edith is older than her brothers** Edith è più anziana dei suoi fratelli; **they have more money than us** hanno più soldi di noi; **2** che;

ENGLISH–ITALIAN

there are more tourists than natives ci sono più turisti che gente del luogo; **better late than never** meglio tardi che mai.

thank *verb* ringraziare [2].

thanks *plural noun* **1** grazie F *plural*; **no thanks** no, grazie; **thanks a lot** molte grazie; **thanks for your concern** grazie dell'interessamento; **2 with thanks for ...** con i migliori ringraziamenti per ... ; **3 thanks to** grazie a.

thank you *adverb* grazie; **thank you for a lovely evening** grazie di una magnifica serata; **no thank you** no, grazie.
adjective **a thank-you letter** una lettera di ringraziamento.

that *adjective* **1** quella/quello (*feminine* quella *becomes* quell' *before a vowel*) (*masculine* quello *before* gn, ps, s + *consonant and* z; quel *before single consonant*; quell' *before a vowel*); **that clock** quell'orologio; **that woman** quella donna; **2 that one** quella là/quello là; **'which sandwich do you prefer?'** – **'that one'**; 'quale tramezzino preferisci?' – 'quello là'; **she doesn't want any of these toys, she wants that one** non vuole nessuno di questi giocattoli, vuole quello là.
pronoun **1** (*when referring to a concrete object or person*) quello, la/lo; **that's my uncle** quello è mio zio; **give it to me** dammelo!; **2** (*when referring to a concept or idea*)

ENGLISH–ITALIAN

translated in Italian) **that's true!** è vero!; **is that you Giuseppe?** sei tu Giuseppe?; **what's that?** cos'è?; **that's not a helpful attitude** non è un atteggiamento costruttivo; **3** che; **the train that's just left** il treno che è appena partito; **the woman that we both saw** la donna che abbiamo visto entrambi.
adverb **1 it's not that easy** non è mica facile; **our car isn't that old** la nostra auto non è mica tanto vecchia; **2 she is not that tall** non è mica tanto alta.
conjunction che; **didn't I tell you that you can't smoke here?** non ti ho detto che qui non si può fumare?; **I'm glad that you were able to sneak off** sono contenta che sei riuscita a svignartela.

thaw *verb* sciogliersi [76]; sgelare [1].

the *definite article* **1** (*feminine singular*) la (l' *before a vowel*) **the press** la stampa; **the chair** la sedia; **the island** l'isola; **2** (*masculine singular*) il; lo (*before most single consonants*); l' (*before a vowel*); **the dog** il te...; **the mirror** lo specchio; **clock** l'orologio; **3** (*feminine tenant*) le; **the ducks** le anatre; inquilin...*uline plural*) i (*before ...le consonants*); gli

tend *verb* ...ps, s + *consonant*, z or **to rush th** **he swans** i cigni; **the** in fretta. ...gli zaini; **the clocks**

tendency *n...*

theatre *noun* teatro M.

theft *noun* furto M.

their *possessive adjective* **1** il loro/la loro (loro *never changes*); **their swimming pool** la loro piscina; **their granny** la loro nonna; **their flight** il loro volo; **2** (*in Italian, possessives are often omitted when the identity of the possessor is obvious; in many other cases they are expressed using personal pronouns*) **they left their credit cards behind** hanno dimenticato le carte di credito.

theirs *possessive pronoun* **1** il loro/la loro (loro *never changes*); **if you can't borrow her car, why don't you borrow theirs?** se non puoi farti prestare la macchina di lei, perché non ti fai prestare la loro?; **'are they your children?' – 'no, they are theirs'** 'sono i tuoi bambini?' – 'no, sono i loro'; **2 a colleague of theirs** una loro collega.

them *pronoun* **1** le/li; **I met them two days ago** le ho incontrate due giorni fa; **listen to them!** ascoltali!; **2** (*to them*) gli; **I brought them some eggs** gli ho portato qualche uovo; **I told them to go away** gli ho detto di andarsene; **3** (*after a preposition*) loro; **why don't you travel with them?** perché non viaggi con loro?; **without them** senza di loro.

theme *noun* tema M; **theme park** parco (M) a tema.

themselves

themselves *pronoun* **1** (*reflexive*) si; **they're drying themselves** si stanno asciugando; **2** (*for emphasis*) da sé; **they can do that themselves** possono farlo da sé.

then *adverb* **1** (*next*) poi; **I had dinner and then went to bed** ho mangiato la cena e poi sono andata a letto; **he went shopping and then to the pub** è andato a fare le spese e poi all'osteria; **2** (*at that time, in that case*) allora; **are you going to bed then?** allora andate a dormire?; **what shall we do, then?** allora, cosa facciamo?; **3 by then** ormai, a quel punto; **by then they had lost their way** a quel punto avevano perso la strada; **by then she was too old** era ormai troppo vecchia.

theory *noun* teoria F.

therapy *noun* terapia F.

there *adverb* **1** là; **leave it there** lasciala là; **see there?** vedi là?; **up there** lassù; **down there** laggiù; **2** ci (*when the place there stands for has already been mentioned*); **I've heard of Catanzaro but have never been there** ho sentito parlare di Catanzaro ma non ci sono mai stata; **they're going there next week** ci vanno la settimana prossima; **3 there is** c'è; **there's enough milk till tomorrow** c'è abbastanza latte fino a domani; **there's still a lot of poverty in Italy** c'è ancora molta miseria in Italia; **once upon a time there was ...** c'era una volta ... ; **4 there are** ci sono; **there are too many children in that classroom** ci sono troppi bambini in quell'aula; **there were about 200 people on the march** c'erano circa duecento persone alla manifestazione; **5 there you are!** eccoti!; **there's the train coming!** ecco il treno che arriva!

therefore *adverb* perciò.

thermometer *noun* termometro M.

these *adjective*, *pronoun* queste/questi.

they *pronoun* loro F & M (*but normally omitted in Italian, except for stress or contrast*); **are they coming?** vengono?; **when did they call?** quando hanno telefonato?; **I looked at a lot of the rooms but they're all the same** sono andata a vedere molte camere ma sono tutte uguali; **you work hard while they have a good time** voi lavorate sodo mentre loro si divertono.

thick *adjective* **1** spessa/spesso; **a thick wall** una parete spessa; **2** (*unintelligent*) tonta/tonto.

thief *noun* ladra F, ladro M.

thigh *noun* coscia F.

thin *adjective* **1** sottile; **a thin slice of bread** una fetta sottile di pane; **2** (*of body*) magra/magro; **he is still too thin** è ancora troppo magro; **she's become thinner** è dimagrita.

ENGLISH–ITALIAN

thing noun 1 (*an object or concept*) cosa F; **there are lots of good things at the Sunday market** ci sono molte belle cose al mercato della domenica; **I've got a lot of things to tell you** ho molte cose da dirti; 2 (*a whatsit*) coso M; **I must remember to give you back that thing** devo ricordarmi di restituirti quel coso; 3 (*belongings*) things oggetti M *plural*; **where are your things?** dove sono i tuoi oggetti?; **4 the best thing to do is to leave now** conviene partire subito; **the thing is, I can't remember his name** il fatto è che non ne ricordo il nome; **how are things with the family?** come stanno i tuoi?

think verb 1 (*believe*) credere [9a] (*often omitted or expressed differently in Italian*); **I think he's wrong** si sbaglia; **don't you think she should be more discreet?** non credi che dovrebbe essere più discreta?; **I don't think she's very mature** a mio parere non è molto matura; **I think he died last year** secondo me è morto l'anno scorso; 2 pensare a [1]; **I keep thinking about her** continuo a pensare a lei; **what do you think of my prospects?** cosa pensi delle mie prospettive?; 3 (*to think carefully*) riflettere [9a]; **she thought for a long time** ha riflettuto a lungo; **I've thought it over** ci ho riflettuto a lungo; 4 (*imagine*) figurarsi [1], immaginare [1]; **just think! only yesterday we were in Japan!** figurati che solo ieri eravamo in Giappone!; **I can't think what made him say such a thing** non riesco ad immaginare cosa lo ha indotto a dire una cosa simile.

third noun terzo M; **a third of the shares** un terzo delle azioni; (*in dates*) tre; **the third of October** il tre ottobre. *adjective* terza/terzo; **on the third day of Christmas** il terzo giorno dopo Natale.

thirdly adverb in terzo luogo.

third party insurance noun (*for vehicles*) assicurazione (F) responsabilità civile auto.

Third World noun Terzo Mondo M.

thirst noun sete F.

thirsty adjective assetata/assetato; **to be thirsty** avere [15] sete; **I was very thirsty** avevo molta sete.

this adjective 1 questa/questo (*sometimes shortened to* quest' *before a vowel*); **this watch** questo orologio/quest'orologio; **this issue** questa questione; **this morning** questa mattina; **2 this one** questa/questo; **of all our trees this one is the tallest** di tutti i nostri alberi questo è il più alto; **'could I borrow a pen?' – 'sure, take this one'** 'mi presti una penna?' – 'certamente, prendi questa'.

pronoun **1** questo; **could you lend me this for a couple of days?** mi presti questo per un paio di giorni?; **2 what's this?** cos'è?; **3** (*in introductions*) **this is my teacher, Ms Browning** ti presento la mia insegnante, la professoressa Browning; (*on the phone*) **this is George speaking** parla George.

thistle *noun* cardo M.

thorn *noun* spina F.

thorough *adjective* meticolosa/meticoloso.

those *adjective* quei M (*before most single consonants*); quegli M (*before a vowel, gn, ps, s + consonant and z*); quelle F; **those chairs** quelle sedie; **those glasses** quei bicchieri.
pronoun quelle F, quelli M; **'of all these photos which ones do you prefer?' – 'those'** 'di tutte queste foto quali preferisci?' – 'quelle'; **'do you want these biscuits?' – 'no, those'** 'vuoi questi biscotti?' – 'no, quelli'.

though *conjunction* anche se; **though it's hard to believe, it's true** anche se è incredibile, è vero.

thought *noun* pensiero M.

thoughtful *adjective* **1** (*considerate*) premurosa/premuroso; **it was really thoughtful of her** è stata veramente premurosa; **2** (*deep in thought*) pensosa/pensoso.

thoughtless *adjective* sconsiderata/sconsiderato.

thousand *number* **1** mille (*plural* mila); **one thousand soldiers** mille soldati; **five thousand soldiers** cinquemila soldati; **2 thousands of** migliaia di F *plural*.

thrash *verb* battere [9a].

thread *noun* filo M.
verb (*through a needle*) infilare [1].

threat *noun* minaccia F.

threaten *verb* minacciare [5].

three-quarters *noun* tre quarti M *plural*; **three-quarters full** piena/pieno per tre quarti.

thrill *noun* brivido M.

thrilled *adjective* incantata/incantato; **I was thrilled to see her** sono stato incantato di vederla.

thriller *noun* racconto poliziesco M, romanzo giallo M.

thrilling *adjective* eccitante.

throat *noun* gola F; **to have a sore throat** avere [15] mal di gola.

throb *verb* palpitare [1].

throne *noun* trono M.

through *preposition* **1** (*across*) attraverso, per; **through the park** attraverso il parco; **we climbed through the window** siamo entrate per la finestra; **2** (*sometimes translated by a verb*)

ENGLISH–ITALIAN

tidy

she drove through the forest ha attraversato la foresta in macchina; **the customs officers let us through** i doganieri ci hanno lasciate passare; **3** (*because of*) **I met her through a friend** l'ho conosciuta tramite un'amica; **4 all through the day** durante l'intera giornata.
adjective diretta/diretto (*a train or flight*); **a through train** un treno diretto.

throw *verb* **1** gettare [1]; **they threw rotten eggs at him** gli hanno gettato addosso uova marce; **he threw the ball over the hedge** ha gettato la palla al di là della siepe; **2** (*taking aim*) lanciare [5]; **throw me the ball!** lanciami il pallone!; **stop throwing stones** smettila di lanciare sassi.
- **to throw someone out** buttar fuori qualcuna/qualcuno.
- **to throw something away/out** *verb* buttare [1] via qualcosa; **she threw away her lover's letters** ha gettato via le lettere dell'amante.
- **to throw up** *verb* vomitare [1].

thrust *verb* ficcare [3].

thud *noun* tonfo M.

thug *noun* delinquente F & M, violenta F/violento M.

thumb *noun* pollice M.

thump *verb* sbattere [9a].

thunder *noun* tuono M; **a peal of thunder** un rombo (M) di tuono.

thunderstorm *noun* tempesta F.

thundery *adjective* tempestosa/tempestoso.

Thursday *noun* giovedì M; **on Thursdays** il giovedì; **next Thursday** giovedì prossimo.

thus *adverb* così.

thwart ostacolare [1], frustrare [1].

thyroid *noun* tiroide F.

tick *noun* (*an insect*) zecca F.
verb **1** (*of a clock*) fare [19] tic-toc; **2** (*on paper*) barrare [1]; **to tick a box** barrare una casella, barrare un quadratino.

ticket *noun* **1** biglietto M; **two return tickets to Salerno please** due biglietti di andata e ritorno per Salerno; **first-class ticket** biglietto di prima; **economy-class ticket** biglietto turistico; **2** (*a fine*) multa F, contravvenzione F; **speeding ticket** contravvenzione per eccesso di velocità; **ticket inspector** controllora F, controllore M; **ticket office** (*at a station*) biglietteria F.

tickle *verb* fare [19] il solletico a; **stop tickling me!** smettila di farmi il solletico!

tide *noun* marea F; **at high tide** ad alta marea; **the tide is out** c'è la bassa marea.

tidy *adjective* ordinata/ordinato.
verb riordinare [1]; **tidy up your desk a bit** riordina un po' la scrivania.

tie *noun* **1** cravatta; **an expensive tie** una cravatta costosa; **2** (*in a match*) pareggio M.
verb **1** (*general*) allacciare [5]; **2 to tie a knot** annodare [1]; **3** (*in a match*) pareggiare [6]; **they tied three all** hanno pareggiato tre a tre.

tiff *noun* bisticcio M; **lovers' tiff** bisticcio di innamorati.

tiger *noun* tigre F.

tight *adjective* **1** stretta/stretto; **your shirt is tight** la camicia ti sta stretta; **my shoes are tight** mi stringono le scarpe; **2** (*close-fitting*) aderente; **what a tight dress!** che vestito aderente!

tighten *verb* stringere [74].

tightly *adverb* strettamente.

tights *plural noun* collant M.

tile *noun* **1** (*on a floor or wall*) piastrella F; **2** (*on a roof*) tegola F.

till *conjunction* **not ... till** non ... prima; **I won't do it till you pay up** non lo faccio prima che tu paghi; **they won't write till they hear from us** non scriveranno prima di ricevere nostre notizie; **don't push the button till you hear the signal** non schiacciare il pulsante prima di sentire il segnale.
preposition fino a; **I'll wait till next month** aspetterò fino al mese prossimo; **till then** fino allora; **till now** fino ad ora.

timber *noun* legno M.

time *noun* **1** (*on the clock*) ora F; **what time is it?** che ora è?; **what time do you make it?** che ora fai?; **time for bed!** è ora di andare a dormire!; **two o'clock Eastern Standard Time** le due nel fuso dell'Australia Orientale; **2** (*an amount of time*) tempo M; **do you have enough time?** hai abbastanza tempo?; **I don't have much time left** mi resta poco tempo; **for a long time** per molto tempo; **from time to time** di quando in quando; **3** (*moment*) momento M; **this is no time to joke around** non è il momento di scherzare; **for the time being** per il momento; **any time now** da un momento all'altro; **4** (*in a series*) volta F; **five times** cinque volte; **how many times do I have to tell you?** quante volte devo dirtelo?; **the last time I met her** l'ultima volta che l'ho vista; **three times three is nine** tre per tre fa nove; **5 to have a good time** divertirsi [11]; **have a good time!** buon divertimento!

time off *noun* **1** (*free time*) tempo libero M; **2** (*leave*) congedo M.

timetable *noun* orario M; **class timetable** orario delle lezioni; **rail timetable** orario ferroviario; **bus timetable** orario delle corse.

time zone *noun* fuso orario M.

tin *noun* scatola F; **tin of sardines** scatola di sardine.

tinned *adjective* in scatola (*never changes*); **tinned beans** fagioli in scatola.

ENGLISH–ITALIAN

tin-opener *noun* apriscatole M.

tinted *adjective* tinta/tinto.

tiny *adjective* minuscola/minuscolo.

tip *noun* 1 (*the end*) punta F; **the tip of a pencil** la punta di una matita; * **it's on the tip of my tongue** ce l'ho sulla punta della lingua; * **the tip of the iceberg** la punta dell'iceberg; 2 (*gratuity*) mancia F; 3 (*a useful hint*) indicazione F; 4 (*rubbish dump*) scarico M.
verb 1 (*to give money to*) dare [18] la mancia a qualcuna/qualcuno; **did you tip the waiter?** hai dato la mancia al cameriere?; 2 (*a liquid*) versare [1].

tipsy *adjective* brilla/brillo.

tiptoe *noun* **on tiptoe** in punta di piedi.

tired *adjective* 1 stanca/stanco; **are you tired?** sei stanca?; **she looks tired** ha l'aria stanca; 2 **to be tired of** essere [16] stufa/stufo di; **I'm tired of travelling** sono stufo di viaggiare; **aren't you tired of watching the Olympics?** non sei stufa di guardare le Olimpiadi?

tiring *adjective* faticosa/faticoso.

tissue *noun* 1 (*paper hanky*) fazzolettino (M) di carta; 2 (*layer in human body*) tessuto M.

'tle *noun* titolo M.

toast

to *preposition* 1 (*to a city or place*) a; **are you going to Sydney?** vai a Sydney?; **have you gone back to work yet?** sei già tornata al lavoro?; **did you go to school yesterday?** ieri sei andata a scuola?; 2 (*to a country or large island*) in; **next year I'm going to Sardinia** l'anno prossimo vado in Sardegna; **why don't you go to Italy?** perché non vai in Italia?; 3 (*to a person's home or store*) da; **I need to go to the chemist** devo andare dal farmacista/dalla farmacista; **why don't you come to my place?** perché non vieni da me?; **I went to my aunt's yesterday** ieri sono andata dalla zia; 4 (*when giving or sending something to someone*) a; **I gave the money to Simon** ho dato i soldi a Simon; **I sent that clock to my father** ho mandato quell'orologio a mio padre; 5 (*with notion of time*) **from Wednesday to Saturday** da mercoledì a sabato; **it's twenty to ten** sono le dieci meno venti; 6 (*in order to*) **here's twenty dollars to buy a meal with** ecco venti dollari per comprarti un pasto; **I'll write to her to ask for advice** le scrivo per comprarti chiedere consiglio.

toad *noun* rospo M.

toadstool *noun* fungo velenoso M.

toast *noun* 1 pane tostato M; 2 (*a drink*) brindisi M; **let's drink a toast to the new year** facciamo un brindisi al nuovo anno.

toaster *noun* tostapane M.

tobacco *noun* tabacco M.

tobacconist's *noun* **I'm going to the tobacconist's** vado dalla tabaccaia/dal tabaccaio.

today *noun, adverb* oggi; **what are you doing today?** oggi cosa fai?

toe *noun* dito (M) del piede; **from top to toe** da capo a piedi; **big toe** alluce M.

toffee *noun* mou F, caramella mou F.

together *adverb* insieme; **Giorgio and Virginia are going to travel together** Giorgio e Virginia viaggeranno insieme.

toil *noun* fatica F.

toilet *noun* gabinetto M, bagno M; **where are the toilets?** dove sono i gabinetti?; **men's and women's toilets** gabinetti per signori e signore; **train toilet** ritirata F; **toilet paper** carta igienica F; **toilet roll** rotolo (M) di carta igienica.

token *noun* (*for a machine or game*) gettone M.

tolerant *adjective* tollerante.

toll *noun* (*on a toll road*) pedaggio M.

tomato *noun* pomodoro M; **tomato salad** insalata (F) di pomodoro; **tomato purée** estratto (M) di pomodoro; **tomato sauce** (*added to pasta, etc.*) salsa (F) di pomodoro; (*for pies, etc.*) ketchup M.

tomb *noun* tomba F.

tomorrow *adverb* domani; **come and see me tomorrow** vieni a trovarmi domani; **tomorrow afternoon** domani pomeriggio; **the day after tomorrow** dopodomani.

tone *noun* tono M; **don't use that tone with me** non usare quel tono quando parli con me.

tongue *noun* lingua F; **stick out your tongue** tira fuori la lingua.

tonic water *noun* seltz M.

tonight *adverb* **1** (*this evening*) stasera; **see you tonight** ci vediamo stasera; **2** (*after bedtime*) stanotte.

tonsillitis *noun* tonsillite F.

too *adverb* **1** troppo; **it's too hot in here** fa troppo caldo qui dentro; **you're too kind** sei troppo gentile; **too often** troppo spesso; **2** anche (*normally before nouns*); **is Roberta coming too?** viene anche Roberta?; **me too!** anch'io!; **3 too much** troppa/troppo; **you drink too much** bevi troppo; **they've spent too much money** hanno speso troppo denaro; **4 too many** troppe/troppi; **there are too many people in this room** ci sono troppe persone in questa sala.

tool *noun* attrezzo M; **tool box** cassetta (F) degli attrezzi.

tooth *noun* dente M; **wisdom tooth** dente del giudizio; **go and brush your teeth** va a lavarti i denti.

ENGLISH–ITALIAN   **tour**

toothache *noun* mal (M) di denti.

toothbrush *noun* spazzolino (M) da denti.

toothpaste *noun* dentifricio M.

top *noun* 1 cima F, testa F; **at the top of the stairs** in cima alle scale; (*sports*) **at the top of the league** in testa alla classifica; **on top of the mountain** in cima alla montagna; **at the top of the page** in testa alla pagina; 2 (*of a container or box*) sopra; **on top of the wardrobe** sopra l'armadio; 3 (*bottle top etc.*) coperchio M.
adjective 1 (*step or floor*) ultima/ultimo; **they live on the top storey** abitano all'ultimo piano; **the top rung** l'ultimo scalino; 2 **top bunk** il lettino superiore; **in the top right-hand corner** nell'angolo superiore destro;
* **and on top of all that** e per di più; * **it's over the top** è un'esagerazione.

topic *noun* argomento M.

torch *noun* 1 (*electric*) pila elettrica F; 2 (*with a flame*) torcia F.
verb incendiare [2].

torn *adjective* strappata/strappato.

tornado *noun* tornado M.

torpedo *noun* siluro M.

tortoise *noun* tartaruga F.

torture *noun* tortura F.

toss *verb* buttare [1], gettare [1].

total *noun* totale M.
adjective totale; **total darkness** oscurità totale F.

totally *adverb* completamente.

touch *noun* 1 (*contact*) contatto M; **keep in touch, won't you?** resta in contatto, ti prego; **why don't you get in touch with her?** perché non la contatti?; 2 **they have lost touch** si sono persi di vista; **I've lost touch with Charles recently** recentemente ho perso di vista Charles; 3 (*a little bit*) un tantino; 4 (*one of the five senses*) tatto M.
verb toccare [3].

touching *adjective* commovente.

tough *adjective* 1 dura/duro; **the steak is really tough** questa bistecca è proprio dura; 2 **a tough district** un quartiere difficile; **things are tough at the moment** attualmente la vita è dura; **a tough guy** un duro; 3 robusta/robusto; **if you're not tough you suffer** se non sei robusta soffri; **a tough material** una stoffa robusta; 4 * **tough luck!** pazienza!; **tough, you're late!** sei in ritardo: tanto peggio per te!

tour *noun* 1 giro M; **have you done the tour of the park?** hai fatto il giro del parco?; **a tour of the town** il giro della città; 2 (*by a band or other group*) tournée F; **to go on tour** andare [17] in tournée.
verb 1 **last year we toured the States** l'anno scorso abbiamo fatto il giro degli Stati

Uniti; **2** (*performer*) essere [16] in tournée.

tourism *noun* turismo M.

tourist *noun* turista F & M.

tourist information office *noun* **1** ufficio (M) informazioni turistiche; **2** (*in small centres*) pro loco F; **if you go to the tourist information office they'll give you a map of the area** se vai alla pro loco ti danno una cartina della zona.

tournament *noun* torneo M; **tennis tournament** torneo di tennis.

tow *verb* **1** (*by police*) **to tow away** rimuovere [47] un veicolo; **2** (*by a breakdown truck*) rimorchiare [2].

towards *preposition* verso; **she was walking towards the village** camminava verso il paese.

towel *noun* asciugamano M.

tower *noun* torre F; **bell tower** campanile M; **the Leaning Tower of Pisa** la torre pendente di Pisa.

tower block *noun* grattacielo M.

town *noun* (*large*) città F; (*smaller*) cittadina F; **I live in town** abito in città; **town centre** centro (M) città; **town hall** municipio M.

toy *noun* giocattolo M; **toy car** automobilina F; **toy train** trenino elettrico M; **toy shop** negozio (M) di giocattoli.

trace *noun* traccia F; **I haven't found any trace of them** non ho trovato nessuna traccia di loro.

tracing paper *noun* carta (F) da ricalco.

track *noun* **1** (*for sport*) pista F; **track event** gara (F) di velocità; **racing track** circuito M; **2** (*walking track*) sentiero M.

tracksuit *noun* tuta F.

tractor *noun* trattore M.

trade *noun* **1** (*profession*) mestiere M; **2** (*provision of goods*) traffico M; **the cocaine trade** il traffico della cocaina.

trade union *noun* sindacato M; **Australian Council of Trade Unions** (*shortened to* ACTU) confederazione australiana del lavoro.

tradition *noun* tradizione F.

traditional *adjective* tradizionale.

traffic *noun* traffico M; **traffic island** isola (F) spartitraffico; **traffic jam** ingorgo stradale M; **traffic lights** semaforo M *singular*; **the lights are red** il semaforo è rosso; **to run the lights** passare [1] col rosso; **traffic warden** vigile F & M (*sometimes* vigilessa F).

tragedy *noun* tragedia F; **a Greek tragedy** una tragedia greca.

ENGLISH–ITALIAN

tragic *adjective* tragica/tragico.

trail *noun* (*path*) sentiero M; **nature trail** percorso verde M.

trailer *noun* rimorchio M.

train *noun* treno M; **are you going by train?** vai col treno?; **the Turin train** il treno per/da Torino; **express train** treno diretto; **fast train** treno espresso; **inter-city train** treno intercity. *verb* **1** addestrare [1]; **2 to train to be something** frequentare [1] un corso per … ; **to train to be a nurse** frequentare un corso per infermiere; **3** (*in sport*) allenarsi [1]; **our team trains twice a week** la nostra squadra si allena due volte alla settimana; **train ticket** biglietto ferroviario M; **train timetable** orario ferroviario M.

trainee *noun* apprendista F & M.

trainer *noun* **1** (*of athletes or horses*) allenatore M, allenatrice F; **2 trainers** (*sport shoes*) scarpette (F *plural*) da ginnastica; **I'd like some new trainers** vorrei un nuovo paio di scarpette da ginnastica.

training *noun* **1** (*for a career*) formazione F; **2** (*for sport*) allenamento M.

tram *noun* tram M; **tram conductor** bigliettaia (F)/bigliettaio (M) di tram; **tram route** linea tranviaria; **tram tracks** binari (M *plural*) del tram.

tramp *noun* barbona F, barbone M.

travel

transfer *noun* **1** (*sticker*) decalcomania F; **2** (*relocation*) trasferimento M.

transform *verb* trasformare [1].

transfusion *noun* trasfusione F.

transistor *noun* transistor M.

transit *noun* transito M.

transitive *adjective* transitiva/transitivo; **transitive verb** verbo transitivo.

translate *verb* tradurre [27]; **to translate a passage from English into Italian** tradurre un brano dall'inglese all'italiano.

translation *noun* traduzione F.

translator *noun* traduttore M, traduttrice F.

transmit *verb* trasmettere [45].

transparency *noun* (*for an overhead projector*) lucido M.

transparent *adjective* trasparente.

transplant *noun* trapianto M.

transport *noun* trasporto M; **air transport** i trasporti aerei; **public transport** trasporti pubblici; **do you have any transport?** hai un passaggio?

trans(s)exual *noun, adjective* transessuale F & M.

trap *noun* trappola F.

trash *noun* spazzatura F.

travel *noun* viaggi M *plural*; **overseas travel** viaggi all'estero; **travel brochure** opuscolo

turistico M; **travel agency** agenzia (F) di viaggi.
verb viaggiare [6].

traveller *noun* viaggiatore M, viaggiatrice F.

traveller's cheque *noun* assegno turistico M.

travelling *noun* viaggiare M; **do you like travelling?** ti piace viaggiare?

travel-sickness *noun* **to suffer from travel-sickness** soffrire [86] di mal di macchina, aereo, mare, etc.

tray *noun* vassoio M.

tread *verb* **to tread on something** calpestare [1] qualcosa.

treason *noun* tradimento M.

treasure *noun* tesoro M.

treat *noun* **what a treat!** che pacchia!; (*of food*) **it's a real treat** è una vera delicatezza; (*of entertainment*) è un vero piacere.
verb **1** trattare [1]; **you should treat animals with kindness** bisogna trattare delicatamente gli animali; **2** (*of a doctor*) curare [1]; **my doctor is treating me with antibiotics** il medico mi cura con gli antibiotici; **3** offrire [86]; **may I treat you to a cup of coffee?** posso offrirti un caffè?; **I treated myself to a new overcoat** mi sono comprata un nuovo soprabito.

treatment *noun* (*medical*) cura F.

treaty *noun* trattato M.

tree *noun* albero M; **family tree** albero genealogico.

tree trunk *noun* tronco (M) d'albero.

tremble *verb* tremare [1].

trend *noun* **1** (*fashion*) moda F; **2** (*tendency*) tendenza F.

trendy *adjective* alla moda, à la page.

trial *noun* **1** (*legal*) processo M; **2** (*trouble*) guaio M.

triangle *noun* triangolo M.

tribe *noun* tribù F.

tribunal *noun* commissione (F) d'inchiesta.

tributary *noun* affluente M.

tribute *noun* tributo M, omaggio M.

trick *noun* **1** (*by a magician or the knack of doing something*) trucco M; **there must be a trick to it!** ci dev'essere un trucco!; **2** (*as a joke*) scherzo M; **to play a trick on someone** fare [19] uno scherzo a qualcuno.
verb ingannare [1], imbrogliare [8]; **he tricked us** ci ha imbrogliate.

tricky *adjective* delicata/delicato; **a tricky situation** una situazione delicata.

tricolour *noun* (*flag*) tricolore M, bandiera tricolore F.

tricycle *noun* triciclo M.

ENGLISH–ITALIAN

trifle *noun* (*something unimportant*) bazzecola F, quisquilia F.

trim *verb* (*hair or fabric*) tagliare [8].

trip *noun* viaggio M; **a trip to Cagliari** un viaggio a Cagliari; **a business trip** un viaggio d'affari; **a day trip** una gita (F) in giornata.
verb (*to stumble*) inciampare [1]; **yesterday I tripped on the footpath** ieri sono inciampata sul marciapiede.

triple *adjective* tripla/triplo.

triumph *noun* trionfo M.

trivial *adjective* banale, di poco conto (*never changes*).

Trojan *adjective* troiana/troiano, di Troia; **the Trojan Horse** il cavallo di Troia.

trolley *noun* (*in a supermarket*) carrello M.

trolleybus *noun* filobus M.

trombone *noun* trombone M.

troops *plural noun* truppe F *plural*.

trophy *noun* trofeo M.

tropical *adjective* tropicale; **tropical climate** clima tropicale M.

troppo *adjective* (*Australian*) matta/matto; **to go troppo** impazzire [12].

trot *verb* trottare [1].

trouble *noun* **1** problema M (*often in plural form* problemi); **we're having some trouble with our neighbours** abbiamo qualche problema con i vicini di casa; **the trouble is she won't cooperate** il problema è che non vuole collaborare; **2** (*personal problems*) difficoltà F, fastidio M; **I'm in trouble, can you help me?** mi trovo in difficoltà, mi aiuti?; **it's no trouble at all!** non mi causa nessun fastidio!; **I hope I'm not putting you to too much trouble** spero di non darti troppi fastidi; **what's the trouble?** cosa c'è che non va?; **I had trouble finding their address** non mi è stato facile trovare il loro indirizzo; **it's not worth the trouble** non ne vale la pena.

trousers *plural noun* calzoni M *plural*, pantaloni M *plural*.

trout *noun* trota F.

truant *adjective* **to play truant** marinare [1] la scuola.

truck *noun* camion M.

true *adjective* vera/vero; **a true story** una storia vera; **that's not true!** non è vero!

trump *noun* **1** (*in bridge etc.*) atout M; **2** (*in briscola etc.*) briscola F.

trumpet *noun* tromba F.

truncheon *noun* manganello M.

trunk *noun* **1** (*of a tree*) tronco M; **2** (*of an elephant*) proboscide F.

trust *noun* fiducia F.
verb fidarsi di [1]; **do you trust me?** ti fidi di me?

truth *noun* verità F; **to tell the truth, I don't feel like doing it** a dire la verità non mi va di farlo.

try *noun* tentativo M; **this is going to be my last try** sarà il mio ultimo tentativo; **to have a try** tentare [1].
verb tentare [1]; **why don't you try?** perché non tenti?; **try harder!** sforzati!
- **to try something on** (*clothes etc.*) provare [1].

T-shirt *noun* maglietta F, T-shirt F.

tube *noun* tubo M; (*e.g. toothpaste*) tubetto M.

tuberculosis *noun* tubercolosi F.

Tuesday *noun* martedì M; **I'll come back next Tuesday** tornerò martedì prossimo.

tug *verb* **1** tirare [1] con forza; **2** (*a boat or ship*) rimorchiare [2].

tuition *noun* lezioni F *plural*; **private tuition** lezioni private; **language tuition** lezioni di lingua.

tulip *noun* tulipano M.

tumble *verb* precipitare [1].

tumble-dryer *noun* asciugabiancheria M.

tumour *noun* tumore M.

tuna *noun* tonno M.

tune *noun* aria F.

tunnel *noun* galleria F, tunnel M.

turf *noun* superficie erbosa F.

turkey *noun* tacchina F, tacchino M.

turn *noun* **1** (*in a game*) turno M; **we'll take turns** facciamo a turno; **whose turn is it?** a chi tocca?; **it's your turn** tocca a te; **2** (*in a road*) curva F.
verb **1** girare [1]; **turn that lamp round** gira quella lampada; **turn right after the church** gira a destra dopo la chiesa; **2** (*become*) diventare [1] (*but more often expressed with compound verbs*); **she turned religious** è diventata religiosa; **he turned pale** è impallidito; **she turned red** è arrossita.
- **to turn back** tornare [1] indietro.
- **to turn off 1** (*from a road*) voltare [1] (**to the right** a destra, **to the left** a sinistra); **2** (*a light or appliance*) spegnere [72]; **turn the light off please** per cortesia spegni la luce; **3** (*a tap*) chiudere [25]; **turn the tap off please** per cortesia chiudi il rubinetto.
- **to turn on 1** (*a light or appliance*) accendere [60]; **have you turned the oven on?** hai acceso il forno?; **2** (*a tap*) aprire [86]; **did you turn the tap on?** hai aperto il rubinetto?. **3** (*to excite*) gasare [1]; **doing the washing-up doesn't turn me on at all** lavare i piatti non mi gasa per niente.

ENGLISH–ITALIAN

- **to turn out** finire [12], risultare [1]; **to turn out well** finire [12] bene; **the semester turned out badly** il semestre è finito male; **our holidays turned out well** le nostre vacanze sono finite bene; **it turned out that she had no money** è risultato che non aveva un soldo.
- **to turn over 1** (*roll over*) rivoltarsi [1]; **2** (*a page*) voltare [1].
- **to turn up 1** (*to arrive*) arrivare [1]; **has Sheila turned up yet?** è mica arrivata Sheila?; **2** (*gas, heating*) alzare [1]; **3** (*make louder*) alzare il volume di; **could you turn up the television please?** alza il volume del televisore per cortesia.

turnip *noun* rapa F.

turnover *noun* **1** (*staff*) rotazione F; **2** (*business*) fatturato M.

turpentine *noun* acquaragia F.

tutor *noun* tutore M, tutrice F; assistente F & M.

TV *noun* SEE **television**.

tweezers *plural noun* pinzette F *plural*.

twice *adverb* due volte; **she vomited twice** ha vomitato due volte; **twice as much** due volte tanto; * **once bitten twice shy** gatto scottato teme l'acqua fredda.

twiddle *verb* **to twiddle your thumbs** (*also idiomatic*) girare [1] i pollici.

twig *noun* rametto M.
verb (*to understand*) afferrare [1].

twilight *noun* crepuscolo M.

twin *noun, adjective* gemella/gemello; **Sandra and Elena are twins** Sandra ed Elena sono gemelle; **twin set** due pezzi M *singular* (*never changes*).

twinkle *verb* luccicare [3].

twinning *noun* (*of two towns*) gemellaggio M.

twist *noun* svolta F.
verb storcere [77]; **you're twisting my words** stai storcendo le mie parole.

tycoon *noun* magnate F & M.

type *noun* tipo; **what type of shirt do you like?** che tipo di camicia ti piace?
verb (*on a keyboard*) battere[9a] a macchina; **can you type?** sai battere a macchina?; **her typing speed is exceptional** è una dattilografa velocissima.

typewriter *noun* macchina (F) da scrivere.

typhoon *noun* tifone M.

typhus *noun* tifo M.

typical *adjective* tipica/tipico.

tyranny *noun* tirannia F.

tyrant *noun* tiranna F, tiranno M.

tyre *noun* gomma F; **you've got a flat tyre** hai una gomma a terra.

U u

ugly *adjective* brutta/brutto; **an ugly situation** una brutta situazione.

ulcer *noun* ulcera F.

umbrella *noun* ombrello M.

umpire *noun* (*sport*) arbitra F, arbitro M.

umpteenth *adjective* ennesima/ennesimo; **I'm telling you for the umpteenth time** te lo dico per l'ennesima volta.

unable *adjective* **I'm unable to help you** non mi è possibile esserti d'aiuto; **he was unable to travel** non ha potuto fare il viaggio.

unanimous *adjective* unanime; **it was a unanimous decision** è stata una decisione unanime.

unattractive *adjective* (*person, place*) poco attraente (*never changes*); **an unattractive offer** un'offerta poco attraente.

unavoidable *adjective* inevitabile.

unbearable *adjective* insopportabile; **her behaviour is becoming unbearable** il suo comportamento sta diventando insopportabile.

unbelievable *adjective* incredibile; **I find that unbelievable** mi sembra incredibile.

uncertain *adjective* **1** (*not sure*) incerta/incerto; **2** (*unpredictable weather etc.*) variabile.

unchanged *adjective* immutata/immutato; **our situation remains unchanged** la nostra situazione resta immutata.

uncivilised *adjective* incivile; **uncivilised behaviour** comportamento incivile.

uncle *noun* zio M.

uncomfortable *adjective* **1** scomoda/scomodo; **I find this chair uncomfortable** questa sedia mi riesce scomoda; **2** (*situation or feeling*) difficile, penosa/penoso; **an uncomfortable feeling** un senso di disagio.

uncommon *adjective* rara/raro.

unconscious *adjective* **1** (*out cold*) svenuta/svenuto, senza conoscenza (*never changes*); **Massimo was unconscious for hours** Massimo è rimasto senza conoscenza per parecchie ore; **2** (*not deliberate*) inconscia/inconscio; **an unconscious reaction** una reazione inconscia.

under *preposition* **1** sotto; (*underneath*) **under a tree** sotto un albero; **under there** là sotto; **2** (*less than*) meno di; **under a kilo** meno di un chilo; **children under ten** i bambini di meno di dieci anni; **3** (*in sport*) under; **the under-twenty team** la squadra degli under venti.

under age *adjective* minorenne; **my younger sister is still under age** la mia sorella minore è ancora minorenne.

undercooked, underdone *adjective* poco cotta/poco cotto; troppo al dente (*never changes*); **this spaghetti is underdone** questi spaghetti non sono ben cotti; (*of meat only*) al sangue (*never changes*).

underestimate *verb* sottostimare [1], sottovalutare [1].

underground *adjective* sotterranea/sotterraneo; **an underground car park** un parcheggio sotterraneo; **underground railway** il metrò M (*short for* ferrovia metropolitana F).

underline *verb* sottolineare [1].

underneath *preposition* sotto; **you'll find it underneath the rubble** si trova sotto le macerie.
adverb (lì) sotto; **try underneath** prova lì sotto.

underpants *plural noun* mutande F *plural*.

underpass *noun* sottopassaggio M.

understand *verb* capire [12]; **do you understand?** capisci?; **she didn't seem to understand** aveva l'aria di non capire.

understandable *adjective* comprensibile; **his reaction is understandable** la sua reazione è comprensibile.

understanding *noun* comprensione F.
adjective comprensiva/comprensivo; **she's an understanding teacher** è un'insegnante comprensiva.

undertaker *noun* impresaria (F)/impresario (M) di pompe funebri.

underwear *noun* biancheria intima F.

underworld *noun* (*the criminal class*) malavita F, la mala F.

undo *verb* **1** (*clothes with buttons*) sbottonare [1]; **2** (*a zip fastener or a parcel*) aprire [86].

undone *adjective* sfatta/sfatto; **the parcel came undone** il pacco si è sfatto.

undress *verb* svestire [11], spogliare [8]; **get undressed!** spogliati!

unemployed *noun* **the unemployed** i disoccupati M *plural*.
adjective disoccupata/disoccupato; **how long have you been unemployed?** da quanto tempo sei disoccupata?

unemployment *noun* disoccupazione F; **unemployment benefit** sussidio (M) di disoccupazione.

uneven *adjective* irregolare; **an uneven surface** una superficie irregolare.

unexpected *adjective* inaspettata/inaspettato; **an**

unexpected visit una visita inaspettata.

unexpectedly *adverb*
all'improvviso; **to pay a visit unexpectedly** fare [19] un'improvvisata.

unfair *adjective* ingiusta/ingiusto; **the new regulation is unfair to the elderly** il nuovo regolamento è ingiusto nei riguardi delle persone anziane.

unfashionable *adjective* fuori moda (*never changes*); **an unfashionable dress** un vestito fuori moda.

unfasten *verb* **1** (*a rope*) slegare [4]; **2** (*something held together by nails or screws*) schiodare [1].

unfit *adjective* (*of an athlete*) **she's totally unfit** non è assolutamente in forma.

unfold *verb* **1** (*paper or fabrics*) spiegare [4]; **2** (*happen or develop*) svolgersi [84]; **the events unfolded rapidly** gli avvenimenti si sono svolti rapidamente.

unfortunate *adjective*
1 (*unlucky*) disgraziata/disgraziato; **2** (*regrettable*) incresciosa/increscioso; **an unfortunate incident** un increscioso incidente.

unfortunately *adverb*
purtroppo; **unfortunately, we have to cancel your credit card** purtroppo, ci troviamo nella necessità di ritirarLe (*formal*) la carta di credito.

unfriendly *adjective* poco cordiale, fredda/freddo; **an unfriendly reception** un'accoglienza poco cordiale.

unfurnished *adjective* non ammobiliata/non ammobiliato.

ungrateful *adjective* ingrata/ingrato.

unhappy *adjective* infelice; **an unhappy life** un'esistenza infelice.

unhealthy *adjective* **1** (*of a person*) malaticcia/malaticcio; **2** (*of a diet or a place*) malsana/malsano.

uniform *noun* divisa F, uniforme; **in school uniform** in divisa scolastica.

union *noun* **1** unione F; **2** (*trade union*) sindacato M; **union dues** quota sindacale.

unionist *noun* **1** (*Australian: member of a trade union*) sindacalista F & M, iscritta (F)/iscritto (M) a un sindacato; **2** (*Northern Irish: a supporter of the union with Great Britain*) unionista F & M.

Union Jack *noun* bandiera (F) del Regno Unito.

unique *adjective* eccezionale, unica/unico nel suo genere; **the house is situated in a unique location** la villa si trova in una posizione eccezionale; **a unique opportunity** un'occasione più unica che rara.

ENGLISH–ITALIAN

unpaid

unit *noun* **1** (*for measuring*) unità F; **units of weight** unità di peso; **2** (*in the workplace or hospital*) reparto M; **intensive care unit** reparto rianimazione; **3** (*small dwelling*) villetta F, appartamento M.

unite *verb* unire [12].

United Nations *noun* Nazioni Unite F *plural*.

universal *adjective* universal.

universe *noun* universo M.

university *noun* università F; **to attend university** frequentare [1] l'università.

unkind *adjective* **1** (*ill-mannered*) scortese; **2** (*cruel*) crudele.

unknown *adjective* sconosciuta/sconosciuto.

unleaded petrol *noun* benzina (F) senza piombo; (*informal*) benzina verde.

unless *conjunction* se non; **unless you pay the rent, we'll have to evict you** se non paghi l'affitto, dovremo sfrattarti; **unless I'm mistaken she's coming too** se non mi sbaglio verrà anche lei.

unlike *adjective* **1 unlike you, I'm very religious** al contrario di te io sono molto religiosa; **2 it's unlike you to be late** non è nel tuo carattere essere in ritardo.

unlikely *adjective* poco probabile; **it's unlikely that the shops will be open tomorrow** è poco probabile che domani i negozi saranno aperti.

unlimited *adjective* illimitata/illimitato.

unload *verb* scaricare [3]; **to unload goods** scaricare merce.

unlocked *adjective* **the door is unlocked** la porta non è chiusa a chiave.

unlucky *adjective* **1** (*out of luck*) sfortunata/sfortunato; **I was unlucky both times** sono stato sfortunato tutt'e due le volte; **2** (*that brings bad luck*) **an unlucky number** un numero che porta sfortuna.

unmarried *adjective* (*of a man*) celibe; (*of a woman*) nubile.

unnatural *adjective* contro natura, snaturata/snaturato.

unnecessary *adjective* **1** (*superfluous*) superflua/superfluo; **an unnecessary journey** un viaggio superfluo; **2** (*not necessary*) non necessaria/non necessario; **it's unnecessary to confirm in writing** non è necessario confermare per iscritto.

unofficial *adjective* ufficiosa/ufficioso; **unofficial report** notizia ufficiosa.

unpack *verb* disfare [19]; **unpack your suitcase and put it away** disfa la valigia e mettila via.

unpaid *adjective* **1** (*a bill*) scoperta/scoperto; **2** (*voluntary*

unpleasant — ENGLISH–ITALIAN

work etc.) non rimunerata/non rimunerato, onoraria/onorario.

unpleasant *adjective* spiacevole.

unplug *verb* (*an appliance etc.*) staccare [3].

unpopular *adjective* impopolare.

unreal *adjective* irreale; (*informal*) incredibile.

unreasonable *adjective* irragionevole.

unrecognisable *adjective* irriconoscibile.

unreliable *adjective* **1** (*truthfulness*) inattendibile; **an unreliable source** una fonte inattendibile; **2** (*not dependable*) inaffidabile; **that guy is quite unreliable** quel tizio è proprio inaffidabile.

unrest *noun* agitazione F, tumulto M.

unroll *verb* srotolare [1].

unsafe *adjective* pericolosa/pericoloso.

unsatisfactory *adjective* insoddisfacente; **an unsatisfactory meeting** un incontro insoddisfacente.

unscrew *verb* svitare [1].

unscrupulous *adjective* senza scrupoli (*never changes*).

unseen *adjective* **an unseen translation** traduzione a prima vista.

unshaven *adjective* non rasata/non rasato; **unshaven armpits** ascelle non rasate F *plural*, ascelle pelose.

unsuccessful *adjective* non riuscita/non riuscito; **all her attempts so far have been unsuccessful** nessuno dei suoi tentativi è riuscito; **an unsuccessful business trip** un viaggio d'affari senza risultato.

unsuitable *adjective* inadatta/inadatto, inopportuna/inopportuno; **an unsuitable proposal** una proposta inopportuna.

untidy *adjective* disordinata/disordinato; **what an untidy bedroom!** che camera disordinata!; **my sister is terribly untidy** mia sorella è disordinatissima.

until *conjunction* finché, finché non; **we'll wait here until Jeremy comes back** aspettiamo qui finché ritorna Jeremy; **I'll keep the goods until I receive payment in full** trattengo la merce finché non ricevo il versamento completo; **you can't go overseas until you've saved enough money** non puoi andare all'estero prima di avere risparmiato il denaro sufficiente; (*often the English verb is translated by a noun in Italian*) **until we meet again** fino al nostro prossimo incontro. *preposition* **1** fino a; **you'll have to wait until next week** dovrai aspettare fino alla settimana prossima; **can you give me until Saturday to pay the bill?**

puoi concedermi fino a sabato per pagare il conto?; **2 not until** non prima di; **I won't be able to see you until Saturday** non posso riceverti prima di sabato.

untrue *adjective* falsa/falso.

unusual *adjective* insolita/insolito; **an unusual request** una richiesta insolita; **snow is unusual in these parts** da queste parti normalmente non nevica.

unwilling *adjective* riluttante; **I'm unwilling to accept your conditions** sono riluttante ad accettare le tue condizioni.

unwrap *verb* scartare [1].

up *adverb* **1** (*out of bed*) alzata/alzato; **is Dad up?** è alzato papà?; **why were you up so late last night?** perché sei andata a dormire così tardi ieri sera?; **2** (*on a higher level*) lassù; **put the bucket up there on that shelf** metti il secchio lassù su quello scaffale; **3 hands up!** mani in alto!; **4** (*British*) **to go up** (*to the city centre*) andare [17] in centro; (*to university, British*) iscriversi [67] all'università; **5** (*wrong*) **what's up?** che succede?; **what's up with her?** cosa le passa per la testa?; **6 time's up!** è ora!
preposition **1 up the street** su per la strada; **it's just up the street** è a due passi da qui; **2 up to** fino a un massimo di; **we can accommodate up to twenty guests** possiamo ospitare fino a un massimo di venti persone; **what are you up to?** cosa stai combinando?; **he came up to me** mi si è avvicinato; **it's up to her to decide** spetta a lei decidere; **3 * to be up yourself** (*informal*) tirarsela [1].

upbringing *noun* educazione F.

update *noun* aggiornamento M.
verb **1** (*a timetable etc.*) aggiornare [1]; **2** (*a style etc.*) ammodernare [1].

upheaval *noun* trambusto M.

uphill *adverb* in salita (*never changes*).

upper class *noun* aristocrazia F.

upright *noun* (*type of piano*) pianoforte verticale M.
adjective (*honest*) onesta/onesto.
adverb **to stand something upright** collocare [3] qualcosa verticalmente.

upset *noun* **a stomach upset** colica F.
adjective scossa/scosso, sconvolta/sconvolto; **I was quite upset when I read her letter** quando ho letto la sua lettera sono rimasta sconvolta.
verb turbare [1], addolorare [1].

upside down *adjective, adverb* alla rovescia, sottosopra; **that notice is upside down** quel cartello è alla rovescia.

upstairs *adverb* di sopra, al piano di sopra; **are you upstairs?** sei di sopra?; **the Gollas live upstairs** i Golla abitano al piano di sopra.

ENGLISH–ITALIAN

up-to-date *adjective* **1** (*in fashion*) alla moda (*never changes*); **2** (*information*) aggiornata/aggiornato; **she's always up-to-date when it comes to current affairs** è sempre aggiornata riguardo alle attualità.

upwards *adjective* in su (*never changes*); **suitable for age five upwards** adatta/adatto dall'età di cinque anni in su.

uranium *noun* uranio M.

Uranus *noun* Urano M.

urban *adjective* di città (*never changes*); **urban myth** mito metropolitano M.

urgent *adjective* urgente; **an urgent parcel** un pacco urgente.

urine *noun* urina F.

us *pronoun* **1** (*when contrasted with other personal pronouns or after a preposition*) noi; **don't call her, call us** non chiamare lei, chiama noi; **why don't you travel with us?** perché non viaggi con noi?; **without us** senza di noi; **2** (*normally with a verb*) ci; **can you take us into town?** puoi accompagnarci in centro?; **give us her address** dacci il suo indirizzo.

use *noun* **1** uso M; **2 it's no use writing, they never answer** non serve scrivere, non rispondono mai.
verb **1** adoperare [1], usare [1]; **why don't you use some scissors?** perché non adoperi un paio di forbici?; **2** (*to consult*) consultare [1]; **do you ever use a dictionary?** consulti mai il vocabolario?
- **to use up 1** (*food, petrol etc.*) consumare [1]; **2** (*money*) spendere [60].

use-by date *noun* (*Australian*) data (F) di scadenza.

used *adjective* **1 to be used to** essere [16] abituata/abituato a; **I'm not used to flattery** non sono abituata alle lusinghe; **he's not used to being invited out** non è abituato agli inviti; **2 to get used to** abituarsi a [1]; **you'll just have to get used to getting up early** dovrai abituarti ad alzarti presto; **I'll never get used to so much traffic** non mi abituerò mai a tutto questo traffico.

useful *adjective* utile.

useless *adjective* **1** inutile; **her efforts were useless** i suoi sforzi sono stati inutili; **2 this pencil is useless** questa matita non serve a niente.

user-friendly *adjective* di facile impiego (*never changes*).

usual *adjective* solita/solito; **as usual** come al solito; **he's later than usual** è in ritardo più del solito.

usually *adverb* di solito, normalmente; **usually the mail arrives at ten o'clock** di solito la posta arriva alle dieci.

ENGLISH–ITALIAN **variable**

utility *noun* impresa F, servizio pubblico M.

utmost *noun, adjective* massima/massimo; **she did her utmost** si è sforzata al massimo.

utter *adjective* completa/completo, totale, assoluta/assoluto; **utter failure** fallimento totale M.
verb enunciare [5].

V v

vacancy *noun* **1** (*in a hotel*) camera libera F; **no vacancies** al completo; **2 job vacancy** posto libero M.

vacant *adjective* **1** (*free*) libera/libero; **2 vacant look** sguardo assente.

vacation *noun* vacanza F; **to be on vacation** essere [16] in vacanza.

vaccinate *verb* vaccinare [1].

vaccination *noun* vaccinazione F.

vaccine *noun* vaccino M.

vacuum *verb* passare [1] l'aspirapolvere; **have you vacuumed the lounge yet?** hai passato l'aspirapolvere in salotto?

vacuum cleaner *noun* aspirapolvere M.

vagina *noun* vagina F.

vague *adjective* **1** (*person*) distratta/distratto; **2** (*issue*) vaga/vago.

vaguely *adverb* vagamente.

vain *adjective* vanitosa/vanitoso.
adverb **in vain** invano.

Valentine's Day *noun* San Valentino M.

valid *adjective* valida/valido.

validator *noun* (*on public transport*) obliteratrice F.

valley *noun* valle F.

valuable *adjective* di valore (*never changes*), preziosa/prezioso; **this is a valuable painting** ecco un quadro di valore; **valuable information** informazioni (F *plural*) preziose; **valuables** oggetti preziosi.

value *noun* valore M.
verb apprezzare [1].

valve *noun* valvola F.

van *noun* (*small*) furgone M; (*larger*) camioncino M.

vandal *noun* vandala F, vandalo M.

vandalise *verb* danneggiare [6], rovinare [1].

vandalism *noun* vandalismo M.

vanilla *noun* vaniglia F; **vanilla ice cream** gelato (M) alla vaniglia.

vanish *verb* sparire [12].

variable *adjective* variabile.

variety

variety *noun* varietà F; **variety show** varietà M.

various *adjective* diverse/diversi (*plural*); **we made various attempts to force the lock, all to no avail** abbiamo fatto diversi tentativi di forzare la serratura, tutti senza successo.

vary *verb* variare [2]; **it varies** varia.

vase *noun* vaso M.

VCR *noun* videoregistratore M.

veal *noun* vitello M.

vegan *noun* vegana F, vegano M.

vegetable *noun, adjective* vegetale F & M; **vegetables** la verdura F.

vegetarian *noun, adjective* vegetariana/vegetariano.

vehicle *noun* veicolo M.

veil *noun* velo M.

vein *noun* vena F.

velvet *noun* velluto M.

vending machine *noun* distributore automatico M.

venetian blind *noun* veneziana F.

venue *noun* sede F.

Venus *noun* **1** (*planet*) Venere M; **2** (*goddess*) Venere F.

verb *noun* verbo M.

verdict *noun* verdetto M.

ENGLISH–ITALIAN

verge *noun* **1** (*British, the roadside*) orlo (M) della strada; **2 to be on the verge of doing something** essere [16] sul punto di fare qualcosa.

verse *noun* poesia F; strofa F.

version *noun* versione F.

versus *preposition* (*in soccer etc.*) contro; **England versus Italy** Inghilterra contro Italia.

vertical *adjective* verticale.

vertigo *noun* vertigini F *plural*; **I suffer from vertigo** soffro di vertigini.

very *adverb* **1** molto; **she was very upset** era molto sconvolta; **it's very cold today** oggi fa molto freddo; **2** (*often expressed with the ending* -issima/-issimo *in Italian*) **they were very pleased** erano contentissimi; **a very thin guy** un tipo magrissimo.
adjective **at that very moment the train arrived** proprio in quel momento è arrivato il treno; **at the very end** proprio alla fine.

vest *noun* (*British*) canottiera F.

vet *noun* veterinaria F, veterinario M.

veteran *noun* veterana F, veterano M.

via *preposition* via, per; **we travelled from Melbourne to Sydney via Canberra** siamo andati da Melbourne a Sydney via Canberra; **we'll go to Peter's via the post office**

andiamo da Peter passando per l'ufficio postale.

vicar *noun* pastora F, pastore M.

vice *noun* vizio M.

vicious *adjective* **1** (*animal*) feroce; **2** (*an attack*) brutale.

victim *noun* vittima F.

victory *noun* vittoria F.

video *noun* **1** (*film*) video M; **to watch a video** guardare [1] un video; **I've got it on video** ce l'ho su video; **2 video cassette** videocassetta F; **video recorder** videoregistratore M; **video game** videogioco M; **video shop** negozio (M) di video.

view *noun* **1** vista F; **a room with a view of the square** una camera con la vista della piazza; **2** (*opinion*) opinione F; **in my view** secondo me; **point of view** punto (M) di vista.

viewer *noun* telespettatore M, telespettatrice F.

vigorous *adjective* vigorosa/vigoroso.

vile *adjective* spregevole.

villa *noun* villa F.

village *noun* paese M.

vine *noun* vigna F.

vinegar *noun* aceto M.

vineyard *noun* vigneto M.

violence *noun* violenza F.

violent *adjective* violenta/violento.

violet *noun, adjective* viola (*never changes*).

violin *noun* violino M.

violinist *noun* violinista F & M.

virgin *noun, adjective* vergine F & M.

Virgo *noun* (*sign of the zodiac*) Vergine F; **Thomas is a Virgo** Thomas è della Vergine.

virtual reality *noun* realtà virtuale F.

virus *noun* virus M.

visa *noun* visto M; **tourist visa** visto turistico; (*Australian*) **work visa** permesso (M) di lavoro.

visible *adjective* visibile.

visit *noun* **1** visita F; **2** (*stay*) soggiorno M; **my next visit to Italy** il mio prossimo soggiorno in Italia.
verb **1** (*museum, town, etc.*) visitare [1]; **2** (*a person*) andare [17] a trovare, fare [19] visita a; **last Sunday I visited Roger** domenica scorsa sono andata a trovare Roger; **I often visit my friend Zoe** faccio spesso visita all'amica Zoe.

visitor *noun* **1** ospite F & M; **they had visitors last night** ieri sera hanno avuto ospiti.

visual *adjective* visuale.

vital *adjective* essenziale; **it's vital to arrive early** è essenziale arrivare presto.

vitamin *noun* vitamina F; **Vitamin C** la vitamina C.

vivid

vivid *adjective* **1** (*colour*) vivace; **2 to have a vivid imagination** avere [15] una grande fantasia.

vocabulary *noun* **1** (*the words of a language*) lessico M; **2 her vocabulary seems extensive** le sue conoscenze lessicali sembrano essere notevoli.

vocational *adjective* professionale.

vodka *noun* vodka F.

voice *noun* voce F; **my voice has gone** ho perso la voce; **the voice of truth** la voce della verità.

volcano *noun* vulcano M; **Mount Etna is a volcano** l'Etna è un vulcano.

volleyball *noun* pallavolo F.

volume *noun* volume M; **turn up the volume please** alza il volume per cortesia.

voluntary *adjective* volontaria/volontario; **voluntary work** lavoro volontario.

volunteer *noun* volontaria F, volontario M.
verb offrirsi [86].

vomit *noun* vomito M.
verb vomitare [1].

vote *noun* voto M.
verb votare [1]; **which party will you vote for?** per quale partito voterai?

voucher *noun* buono M, tagliando M; **a book voucher** un buono-libri.

ENGLISH–ITALIAN

vowel *noun* vocale F.

vulgar *adjective* volgare.

vulture *noun* avvoltoio M.

W w

waffle *noun* **1** (*food*) cialda F; **2** (*empty talk*) ciance F *plural*.

wag *verb* **1** (*tail*) scodinzolare [1]; **2 to wag school** marinare [1] la scuola.

wage(s) *noun* salario M.

waist *noun* vita F, cintola F.

wait *noun* attesa F; **a long wait** una lunga attesa.
verb **1** aspettare [1]; **would you mind waiting till 3 o'clock?** ti spiace aspettare fino alle tre?; **they always keep me waiting** mi fanno sempre aspettare; **2 to wait for** aspettare; **wait for us!** aspettaci!; **wait for the green light** aspetta il verde; **3 I can't wait to go to the movies** non vedo l'ora di andare al cinema.

waiter, waitress *noun* cameriere M, cameriera F.

waiting list *noun* lista (F) d'attesa.

waiting room *noun* sala (F) d'aspetto.

wait-listed *adjective* in lista d'attesa (*never changes*); **I'm wait-listed for a flight on 25**

June sono in lista d'attesa per un volo il 25 giugno.

wake *verb* svegliare [8]; **can you wake me early tomorrow morning?** mi puoi svegliare domattina presto?
- **wake up** svegliarsi; **what time do you usually wake up?** a che ora ti svegli di solito?; **wake up!** svegliati!

walk *noun* **1** passeggiata F, quattro passi M *plural*; **let's go for a walk** andiamo a fare quattro passi; **would you like to go for a walk in the city centre?** vuoi che facciamo una passeggiata in centro?; **2 I'll take Robyn for a walk** porto Robyn a passeggio; **the supermarket is about ten minutes' walk from the church** il supermercato è a circa dieci minuti di cammino dalla chiesa.
verb **1** camminare [1], andare [17] a piedi; **I'd rather walk to the bus stop** preferisco camminare fino alla fermata dell'autobus; **I always walk to school** vado sempre a piedi a scuola; **let's walk around the lake** camminiamo intorno al lago; **2 every morning I walk my dog around the block** ogni mattina porto il cane a spasso intorno all'isolato.

walking *noun* (*hiking*) fare [19] camminate; **I like walking in the mountains** mi piace fare camminate in montagna.

walking distance *noun* **we're within walking distance of the town hall** siamo a quattro passi dal municipio.

walking stick *noun* bastone (M) da passeggio.

Walkman *noun* walkman M.

wall *noun* muro M; (*its surface*) parete F; **the garden wall needs repairing** il muro del giardino ha bisogno di essere riparato; **when are you going to repaint this wall?** quando rinfreschi questa parete?; **a low wall** un muretto M.

wallet *noun* portafoglio M.

wallop *verb* bastonare [1].

wallpaper *noun* carta (F) da parati, tappezzeria F.

wall-to-wall carpet *noun* moquette F.

walnut *noun* noce F.

waltz *noun* valzer M.

wander *verb* **to wander around** gironzolare [1]; **to wander off** allontanarsi [1].

want *verb* volere [83], desiderare [1]; **what does she want?** che cosa vuole?; **do you want another cake?** vuoi un'altra pasta?; **I don't want to see him ever again** non voglio rivederlo mai più.

war *noun* guerra F; **the First World War** la prima guerra mondiale; **to go to war** entrare [1] in guerra.

ward *noun* (*in a hospital*) reparto M; **public ward** corsia F.

wardrobe noun armadio M.

warehouse noun magazzino M.

warm adjective 1 calda/caldo; **it was really warm yesterday** ieri faceva davvero caldo; **are you warm?** hai caldo?; **could you keep my plate warm please?** mi puoi tener in caldo il piatto?; 2 (*friendly*) calorosa/caloroso; **a warm greeting** un caloroso saluto.
verb riscaldare [1]; **I'm warming the plates** sto riscaldando i piatti.
• **to warm up 1** (*weather*) intiepidirsi [12]; **2** (*athletes*) riscaldarsi [1]; **3** (*to heat up*) riscaldare; **could you warm up this stew for me please?** mi puoi riscaldare questo stufato per cortesia?

warmth noun calore M.

warn verb avvertire [11]; **you'd better warn her not to be careless** avvertila di non essere imprudente.

warning noun avvertimento M; **bomb warning** allarme (M) alla bomba.

warranty noun garanzia F.

wart noun porro M; **warts and all** con tutti i difetti.

wash noun **I want to give my car a wash** voglio lavare la macchina; **to have a wash** lavarsi [1].
verb lavare [1]; **where can I wash my linen?** dove posso lavare la biancheria?; **kids, wash your hands before eating** bambini, lavatevi le mani prima di mangiare; **when are you washing your hair?** quando ti lavi i capelli?
• **to wash up** lavare i piatti.

washbasin noun lavandino M.

washing noun 1 (*dirty*) bucato M; **to do the washing** fare [19] il bucato; 2 (*clean*) biancheria F; 3 **washing machine** lavatrice F; **washing powder** detersivo M.

washing-up noun **to do the washing-up** lavare [1] i piatti; **washing-up brush** scopetta (F) per i piatti; **washing-up liquid** detersivo (M) per i piatti.

wasp noun vespa F.

waste noun 1 (*food, money, paper, etc.*) spreco M; 2 (*time*) perdita F; **what a waste of time!** che perdita di tempo!
verb 1 sprecare [3]; **don't waste paper** non sprecare la carta; 2 (*time*) perdere [52], sprecare; **she's wasting her time** sta sprecando tempo.

waste-paper basket noun cestino (M) della carta straccia.

watch noun orologio M (da polso); **this watch is fast** questo orologio è avanti; **your watch is slow** il tuo orologio è indietro.
verb 1 (*look at*) guardare [1]; **will we watch the races?** guardiamo le corse dei cavalli?; 2 (*keep an eye on*) sorvegliare [8]; **the police are watching his movements** la polizia sorveglia i suoi movimenti; 3 (*be careful*) **watch your step!** attento dove

ENGLISH–ITALIAN

metti i piedi!; **watch how you drive** attenta a come guidi; **4 watch out!** attenzione!; **watch it!** guardati!

water *noun* acqua F; **a glass of water** un bicchiere d'acqua.
verb annaffiare [2].

waterfall *noun* cascata F.

watering can *noun* annaffiatoio M.

watermelon *noun* cocomero M, anguria F.

waterproof *adjective* impermeabile.

water-skiing *noun* sci acquatico M; **to go water-skiing** fare [19] lo sci acquatico.

water sports *plural noun* sport acquatici M *plural*.

water tank *noun* cisterna F.

watertight *adjective* impermeabile; ermetica/ermetico.

wattle *noun* acacia australiana F.

wave *noun* **1** (*water*) onda F; **2** (*with your hand*) gesto M; **he gave me a wave from the train** mi ha fatto un gesto dal treno.
verb **1** (*with your hand*) salutare [1] con la mano; **2** (*flap a piece of paper or cloth*) agitare [1].

waver *verb* tentennare [1].

wax *noun* cera F.

way *noun* **1** (*a route or road*) strada F, via F; **can you show me the way to the city centre?** può (*formal*) indicarmi la strada per il centro?; **on the way into town** sulla strada per la città; **on the way back** sulla strada del ritorno; **we're on our way** siamo in cammino; **way in** entrata F; **way out** uscita F; **2** (*direction*) **which way are you going?** da che parte vai?; **come this way** vieni per di qua; **one-way street** strada a senso unico; **the right way up** nella posizione normale; **the wrong way round** nel senso sbagliato; **3 this table is in the way** questo tavolo ingombra; **4** (*distance*) **it's a long way from here to Cosenza** è lontano da qui a Cosenza; **we went all the way to Sicily** siamo andate fino in Sicilia; **5** (*manner*) modo M; **a way of expressing appreciation** un modo di esprimere apprezzamento; **she always does it her way** lo fa sempre a modo suo; **either way, he'll be the worse for it** o in un modo o nell'altro ci rimetterà; **6 by the way** a proposito; **no way!** mai e poi mai!, neanche per sogno!

we *pronoun* **1** noi (*normally omitted in Italian, except for stress or contrast*); **we came on the train** siamo venute in treno; **we're going shopping, they're staying at home** noi andiamo a fare la spesa, loro restano a casa; **2** (*informally*) si; **shall we go to the seaside?** si va al mare?

weak *adjective* **1** (*feeble*) debole; **he is getting weaker** sta diventando più debole; **2** (*coffee, tea, etc.*) leggera/leggero.

wealthy *adjective* ricca/ricco.

weapon *noun* arma F.

wear *noun* **men's wear** indumenti (M *plural*) da uomo; **sports wear** indumenti sportivi. *verb* **1** portare [1]; **I like wearing cotton clothes** mi piace portare abiti di cotone; **my aunt always wears black** mia zia si veste sempre di nero; **2** mettersi [45] **what are you wearing tonight?** cosa ti metti stasera?; **3 Jean never wears make-up** Jean non si trucca mai.

weather *noun* **1** tempo M; **the weather was absolutely foul yesterday** ieri c'è stato un tempaccio della malora; **what great weather!** che tempo magnifico!; **2** (*climate*) clima M; **Melbourne weather is quite changeable** il clima di Melbourne è piuttosto mutevole.

weather forecast *noun* previsioni (F *plural*) del tempo; **the weather forecast is gloomy** le previsioni del tempo sono cattive.

weave *verb* tessere [9a]

website *noun* sito (M) web.

wedding *noun* nozze F *plural*; **did you go to Elena and Marco's wedding?** sei stata alle nozze di Elena e Marco?; **wedding banquet** banchetto nuziale M; **wedding reception** festa (F) nuziale.

Wednesday *noun* mercoledì M; **I play tennis every Wednesday** ogni mercoledì gioco a tennis.

weed *noun* erbaccia F.

weedkiller *noun* erbicida M.

week *noun* settimana F; **last week** la settimana scorsa; **for several weeks** per parecchie settimane; **Saturday week** sabato a otto.

weekday *noun* giorno feriale M; **on weekdays** nei giorni feriali.

weekend *noun* **1** fine (M) settimana, week-end M; **why don't you come next weekend?** perché non vieni il prossimo week-end?; **I go home every weekend** ogni fine settimana vado dai miei; **2 to take a long weekend** fare il ponte.

weekly *adjective* settimanale; **weekly magazine** rivista settimanale.

weep *verb* piangere [55].

weigh *verb* pesare [1]; **to weigh goods** pesare merci; **I weigh too much** peso troppo.

weight *noun* peso M; **to lose weight** perdere [52] peso; **his words carry little weight** quello che dice ha poco peso.

weird *adjective* bizzarra/bizzarro.

welcome *noun* accoglienza F; **we'll give Edward a warm welcome** faremo un'accoglienza cordiale a Edward.

ENGLISH–ITALIAN

adjective **1** benvenuta/benvenuto; **welcome to Australia!** benvenuti in Australia!; (*on arrival*) ben arrivata/ben arrivato; **2 you're always welcome** ci fai sempre piacere quando vieni; **3 'thank you' – 'you're welcome'** 'grazie' – 'non c'è di che'.
verb accogliere [76]; **they welcomed us with open arms** ci hanno accolte a braccia aperte.

welfare *noun* assistenza sociale F; **to be on welfare** ricevere [9a] il sussidio di disoccupazione.

well¹ *noun* pozzo M.

well² *adverb* **1** bene **to feel well** sentirsi [11] bene; **'how are you?' – 'well thanks'** 'come stai?' – 'bene grazie'; **I can hear you quite well** ti sento benissimo; **our class went extremely well** la lezione è andata benissimo; **well done!** brava!/bravo!; **2 as well** anche (*usually comes before the noun or pronoun*) **are you coming as well?** vieni anche tu?; **3 well then** allora; **well then, have you made your mind up?** allora, hai deciso?; **4 very well, I'll see you when you come back** d'accordo, ci vediamo al tuo ritorno.

well-behaved *adjective* buona/buono; **his little girls haven't been very well-behaved** le sue bambine non sono state buone.

well-done *adjective* (*of meat*) ben cotta/ben cotto.

well-known *adjective* celebre.

well-off *adjective* benestante.

west *noun* ovest M; **in the west** ad ovest.
adjective **1** occidentale; **west Germany** la Germania occidentale; **2 west wind** vento (M) di ponente.
adverb ad ovest; **west of the dateline** ad ovest della linea di cambiamento di data.

western *noun* (*a style of film*) western M.

wet *adjective* **1** bagnata/bagnato; **this cloth is wet** questo straccio è bagnato; **did you get wet?** ti sei bagnata?; **2 a wet day** una giornata (F) di pioggia.

whale *noun* balena F.

what *pronoun* **1** (*in questions*) cosa, che cosa; **what does she want?** cosa vuole?; **what are you up to?** cosa stai facendo di bello?; **what did you see?** cos'hai visto?; **what is it?** cos'è?; **what's the matter?** cosa c'è?; **what's going on?** cosa sta succedendo?; **2 tell me what they said** dimmi cos'hanno detto; **3** (*that which*) quello che; **can you remember what happened?** ricordi quello che è successo?; **do what you like** fa quello che vuoi; **4** come; **what's this gadget called?** come si chiama questo aggeggio?; **what's your name?** come ti chiami?; **what?** come?
adjective che?, quale?; **what number do you live at?** a quale numero abiti?; **what country do**

whatever

you come from? da quale paese vieni?; **what colour do you like best?** qual è il tuo colore preferito?; **what make is it?** che marca è?

whatever *adjective* qualunque (*singular only, never changes*).

wheat *noun* frumento M.

wheel *noun* **1** ruota F; **the spare wheel** la ruota di scorta; **2 steering wheel** volante M.

wheelbarrow *noun* carriola F.

wheelchair *noun* sedia (F) a rotelle.

when *adverb, conjunction* quando; **when will I see you again?** quando ci rivedremo?; **when did you see them?** quando li hai visti?; **when she arrived we'd already left** quando è arrivata eravamo già partite.

where *adverb, conjunction* dove; **where did you meet her?** dove l'hai conosciuta?; **where is the wedding going to be?** dove saranno le nozze?; **I don't remember where I left my sunglasses** non ricordo dove ho lasciato gli occhiali neri.

whether *conjunction* se; **do you know whether Carlo is doing the cooking today?** sai se oggi fa da mangiare Carlo?

which *adjective* quale; **which tie are you going to wear?** quale cravatta vuoi metterti?; **which hotel are you staying at?** in quale albergo siete?

pronoun **1** quale; **which of these children has had measles?** quale di questi bambini ha avuto il morbillo?; **which of these umbrellas is yours?** quale di questi ombrelli è il tuo?; **2** (*relative pronoun*) che; **the plane which is landing now** l'aereo che sta atterrando in questo momento; **the statues which we saw in Greece** le statue che abbiamo visto in Grecia.

whichever *adjective* qualunque (*singular only, never changes*).

while *noun* **for a while** per un certo tempo; **after a while** dopo un po'.
conjunction mentre; **while you're waiting, can you have a look at this list?** mentre aspetti puoi dare un'occhiata a questo elenco?; **I'll talk to her while you're ironing** le parlo mentre stiri.

whim *noun* capriccio M.

whinge *verb* piagnucolare [1].

whinger *noun* piagnona F, piagnone M.

whip *noun* (*for a horse*) frusta F.

whipped cream *noun* panna montata F.

whiskers *plural noun* baffi M *plural*.

whisky *noun* whisky M.

whisper *noun* sospiro M; **to speak in a whisper** bisbigliare [8].
verb bisbigliare [8].

ENGLISH–ITALIAN

whistle *noun* fischio M.
verb fischiare [2].

white *noun* **egg white** albume M.
adjective bianca/bianco; **a white handbag** una borsetta bianca.

whiteboard eraser *noun* cancellino M.

white coffee *noun* caffelatte M.

white-out *noun* (*British*) bianchetto M.

who *pronoun* **1** (*in questions*) chi; **who was it at the door?** chi ha bussato alla porta?; **who made this meal?** chi ha preparato questo pasto?;
2 (*relative pronoun*) che; **I've got a sister who lives in Sardinia** ho una sorella che vive in Sardegna; **this is the student who was sick last week** ecco lo studente che era indisposto la settimana scorsa.

whole *noun* **the whole of the group** il gruppo intero; **on the whole** tutto sommato.
adjective tutta/tutto; **there was a whole crowd of teenagers outside the night club** davanti al night c'era tutta una folla di adolescenti; **the whole evening** tutta la serata; **the whole time** tutto il tempo; **the whole town** tutta la città.

wholemeal *adjective* integrale; **wholemeal flour** farina integrale F; **wholemeal bread** pane integrale M.

wholesale *adjective, adverb* all'ingrosso (*never changes*);

wholesale goods merce all'ingrosso.

whom *pronoun* **1** che; **the guy whom I saw at the market** l'uomo che ho visto al mercato; **2** (*after a preposition*) cui; **the woman with whom I had coffee** la donna con cui ho preso il caffè; **the student to whom I gave your address** la studentessa a cui ho dato il tuo indirizzo.

whooping cough *noun* tosse canina F, pertosse F.

whose *pronoun, adjective* **1** di chi; **whose watch is this?** di chi è questo orologio?; **whose address did you give her?** le hai dato l'indirizzo di chi?; **2** cui; **the woman whose daughter lost her watch** la donna la cui figlia ha perso l'orologio; **the boy whose schoolbag was found** il ragazzo la cui cartella è stata trovata.

why *adverb* perché; **why didn't you tell me?** perché non me l'hai detto?; **I forget why she came** ho dimenticato perché è venuta; **tell me why you stayed at home** dimmi perché sei rimasta a casa.

wicked *adjective* **1** (*bad*) cattiva/cattivo; **2 what a wicked thing to do!** che cattiveria!; **3** (*brilliant*) geniale.

wide *adjective* **1** larga/largo; **how wide is the canal?** quant'è largo il canale?; **the ribbon is four centimetres wide** il nastro

wide awake

è largo quattro centimetri; **2 a wide range** una vasta gamma. *adverb* **the window is wide open** la finestra è spalancata.

wide awake *adjective* completamente sveglia/sveglio.

widespread *adjective* diffusa/diffuso.

widow *noun* vedova F.

widower *noun* vedovo M.

width *noun* larghezza F.

wife *noun* moglie F.

wig *noun* parrucca F.

wild *adjective* **1** (*animal*) selvaggia/selvaggio; **wild animals** animali selvaggi; **2** (*plant*) selvatica/selvatico; **3** (*crazy idea or person*) folle; **4 to be wild about something** andare [17] pazza/pazzo per qualcosa.

wildlife *noun* gli animali (M *plural*) allo stato naturale.

wildlife park *noun* riserva naturale F.

will *verb* **1** (*if you are unsure of the future tense of an Italian verb, you can check in the verb tables in the centre of the dictionary*) **I'll tell you when I see you next** te lo dirò quando ci rivedremo; **when will you finish your assignment?** quando finirai il compito?; **she won't pay unless you send her an invoice** non pagherà se non le manderai una fattura; **2** (*for the immediate future Italian uses the present tense*) **I'll give it to you at once** te lo do subito; **they'll be back immediately** tornano subito; **3** (*in questions and requests*) **will you let me borrow a key?** mi presti la chiave?; **who will lend me ten dollars?** chi mi presta dieci dollari?; **'will you remember?' – 'of course I will'** 'lo ricorderai?' – 'certo!'; **4 he won't go to the meeting** non vuole andare alla riunione; **the computer won't boot up** il computer non si accende; **this marker won't write** questo pennarello non scrive.

willing *adjective* **to be willing to help** essere [16] disposta/disposto ad aiutare; **she's willing to write another letter** è disposta a scrivere un'altra lettera.

willingly *adverb* volentieri.

willow *noun* salice M; **weeping willow** salice piangente.

wimp *noun* pusillanime F & M; (*informal*) coniglio M.

win *noun* vittoria F; **Torino's win over Juventus** la vittoria del Torino sulla Juventus. *verb* vincere [81]; **who won?** chi ha vinto?; **Lazio won by one goal** ha vinto la Lazio per una rete.

wind¹ *noun* vento M; **high wind** vento forte.

wind², wind up *verb* **1** (*wire, rope, etc.*) arrotolare [1]; **2** (*watch, clock, etc.*) caricare [3]; **are you winding me up?** stai prendendomi in giro?

ENGLISH–ITALIAN

wind farm *noun* centrale eolica F.

wind instrument *noun* strumento (M) a fiato.

windmill *noun* mulino (M) a vento.

window *noun* **1** (*in a building*) finestra F; **to look out the window** guardare [1] dalla finestra; **2** (*in a vehicle*) finestrino M.

windscreen *noun* parabrezza M.

windscreen wiper *noun* tergicristallo M.

windsurfer *noun* windsurfista F & M.

windy *adjective* ventosa/ventoso; **it's windy outside** fuori fa vento.

wine *noun* vino M; **do you sell Italian wines?** vende (*formal*) vini italiani?; **wine shop** enoteca F.

wing *noun* (*of birds and planes, position in sports*) ala F (*plural* le ali F).

wink *verb* ammiccare [3].

winner *noun* vincitore M, vincitrice F; **and the winner is ...** il primo premio è stato assegnato a ...

winning *adjective* **1** vincente; **the winning team** la squadra vincente; **2** accattivante; **a winning smile** un sorriso accattivante.

winnings *plural noun* vincite F *plural*.

winter *noun* inverno M.

wipe *verb* pulire [12] asciugare [4]; **would you mind wiping that chair for me?** pulisci quella sedia per cortesia; **did you wipe your nose?** ti sei pulita il naso?

wire *noun* filo M; **electric wire** filo elettrico; **barbed wire** filo spinato.

wire netting *noun* rete metallica F.

wisdom *noun* saggezza F.

wise *adjective* saggia/saggio.

wish *noun* **1** desiderio M; **make a wish** esprimi un desiderio; **2** augurio M; **best wishes on your birthday** i migliori auguri di buon compleanno; **3** (*in a letter*) **best wishes** cordiali saluti.
verb **1** desiderare [1], volere [83]; **I wish you were here** ti vorrei vicina; **I wish he would call more often** mi piacerebbe che venisse più spesso; **2** augurare [1]; **I wish you both a happy wedding anniversary** vi auguro un felice anniversario di nozze.

wit *noun* spirito M.

witch *noun* strega F.

with *preposition* **1** con; **I went with my mother** sono andata con mia madre; **with pleasure** con piacere; **with lots of love** con molto affetto; **stir the soup with a wooden spoon** mescola la minestra con il mestolo; **2** (*at*

withdraw

the house of) da, presso; **we're staying with the O'Farrells** stiamo dagli O'Farrell; **3** (*in descriptions*) con, da; **a guy with a moustache** un tizio coi baffi; **a woman with a green dress** una donna col vestito verde; **a little boy with blond hair** un bambino dai capelli biondi; **4** di; **the table is covered with flies** il tavolo è coperto di mosche; **they filled a jug with milk** hanno riempito una brocca di latte; * **green with envy** verde d'invidia.

withdraw *verb* ritirare [1].

withdrawal *noun* ritiro M.

within *preposition* entro; **I'll let you know within a fortnight** te lo farò sapere entro quindici giorni.

without *preposition* **1** senza; **with or without milk?** con o senza latte?; **without thinking** senza pensare; **2** (*before a pronoun*) senza di; **without her** senza di lei.

witness *noun* testimone F & M.

witty *adjective* spiritosa/spiritoso.

wizard *noun* stregone M.

wolf *noun* lupa F, lupo M.

woman *noun* donna F; **a woman friend** un'amica; **a woman lawyer** un'avvocata; **a woman magistrate** una giudice.

wonder *noun* **1** meraviglia F; **the Seven Wonders of the World** le sette meraviglie del mondo; **2 it's no wonder she gave up** non mi sorprende che ha rinunciato.
verb domandarsi [1]; **I wonder where they've left the towels** mi domando dove hanno lasciato gli asciugamani; **I wonder why** mi domando perché.

wonderful *adjective* meravigliosa/meraviglioso.

wood *noun* **1** (*timber*) legno M; **2** (*a small forest*) bosco M.

wooden *adjective* **1** (*made of wood*) di legno (*never changes*); **2** (*person*) legnosa/legnoso.

woodwork *noun* **1** (*a school subject*) falegnameria F; **2** (*wood cut and shaped*) lavoro (M) in legno.

wool *noun* lana F.

word *noun* **1** parola F, vocabolo M; **a rare word** una parola rara; **a rude word** una parolaccia; **what's the Italian word for 'tiger'?** come si dice 'tiger' in italiano?; **2 in other words** cioè; **can I have a word?** posso parlarti?; **3** (*promise*) **word of honour** parola d'onore; **can you give me your word?** puoi darmi la tua parola?; **you must never break your word** non bisogna mai mancare di parola; **4 the words of a song** le parole di una canzone.

word processing *noun* videoscrittura F.

work *noun* lavoro M; **1 what time do you go to work?**

ENGLISH–ITALIAN — **worn out**

a che ora vai al lavoro?; **how much work do you have to do?** quanto lavoro devi fare?; **2 she's been in and out of work for months** sono mesi che lavora e non lavora; **how long have you been out of work?** da quanto sei disoccupata/disoccupato?; **he's off work at the moment** (*sick*) è assente per indisposizione; (*on leave*) è in congedo.
verb **1** lavorare [1]; **where do you work?** dove lavori?; **my sister works in a department store** mia sorella lavora in un grande magazzino; **Angela has never worked in her whole life** Angela non ha mai lavorato in vita sua; **2** (*to operate*) **can you work the CD player?** sai far funzionare il lettore CD?; **3** (*to function*) **the television set isn't working** il televisore non funziona; **the accelerator isn't working** l'acceleratore è guasto; **my new mobile telephone works fine** il mio nuovo cellulare funziona perfettamente.
- **to work out 1** (*understand*) capire [12]; **she can't work out what it all means** non ne capisce il significato; **2** (*exercise*) allenarsi [1]; **to work out in the gym** fare esercizi in palestra; **3** (*for a plan to go well*) funzionare [1]; **4** (*calculate*) calcolare [1]; **can you work out the total please?** puoi calcolare il totale per cortesia?

workaholic *noun* stacanovista F & M.

worked up *adjective* agitata/agitato; **to get worked up** agitarsi [1].

worker *noun* operaia F/operaio M, lavoratore M/lavoratrice F; **workers compensation scheme** previdenza sociale F.

work experience *noun* stage M; **to do work experience** fare [19] uno stage.

workforce *noun* manodopera F.

working class *noun* classe operaia F.
adjective operaia/operaio; **working-class background** origini operaie.

work of art *noun* opera (F) d'arte.

workshop *noun* laboratorio M.

workstation *noun* (*computer*) stazione (F) di lavoro.

world *noun* mondo M; **the largest city in the world** la città più grande del mondo; **the tallest building in the world** l'edificio più alto del mondo; **the Western World** il mondo occidentale.

World Cup *noun* Coppa (F) del Mondo.

world war *noun* guerra mondiale F.

worm *noun* verme M.

worn out *adjective* **1** (*a person*) esaurita/esaurito; **2** (*clothes or shoes*) consunta/consunto, sciupata/sciupato.

worried *adjective* preoccupata/preoccupato; **are you worried?** sei preoccupato?; **what are you worried about?** di che cosa ti preoccupi?

worry *noun* **1** preoccupazione F; **2** (*Australian*) **no worries!** non farci caso, non importa; (*in response to* thank you) prego. *verb* preoccuparsi [1]; **don't worry!** non preoccuparti!; **there's nothing to worry about** non è il caso di preoccuparsi.

worrying *adjective* preoccupante.

worse *adjective* **1** peggiore; **this soup is worse than yesterday's** questa minestra è peggiore di quella di ieri; **2 to get worse** peggiorare [1]; **the situation is getting worse and worse** la situazione sta peggiorando sempre più; **it can't get any worse than this** peggio di così …

worst *adjective* il peggiore/la peggiore; **this is the worst book I've ever read** è il peggiore libro che ho mai letto; **if worst comes to worst** nella peggiore delle ipotesi.

worth *adjective* **to be worth** valere [79]; **how much is it worth?** quanto vale?; **it's not worth it** non ne vale la pena.

would *verb* **1 what would you like?** cosa desideri?; **would you consider sharing your office?** saresti disposta a condividere il tuo ufficio?; **2 she wouldn't commit herself** non ha voluto impegnarsi; **the fridge door wouldn't close** lo sportello del frigo non si chiudeva; **3 I'd like a hot drink** vorrei una bevanda calda; **I'd like to go out for a walk** farei volentieri quattro passi; **that would be marvellous!** sarebbe magnifico!; **if I offered you a contract would you work for me?** se ti offrissi un contratto lavoreresti per me?; **4 when I was a child I'd often go to the beach** quando ero bambina andavo spesso alla spiaggia; **when I was a student I'd sit in the library for hours** quando ero studente restavo in biblioteca per ore e ore; **5** (*in a formal letter*) **I would be grateful if you could let me know** La pregherei di farmi sapere.

wound *noun* ferita F. *verb* ferire [12].

wrap *noun* (*garment*) scialle M. *verb* incartare [1], impacchettare [1]; **have you wrapped up all the parcels?** hai incartato tutti i pacchi?; **could you wrap this perfume for me please?** mi può (*formal*) incartare questo profumo per cortesia?

wrapping paper *noun* carta (F) da pacchi; **gift-wrapping paper** carta da regali.

wreck *noun* **1** (*of a vehicle*) rottame M; **2 last night I was a wreck after working so hard** ieri sera ero distrutta dopo tutto quel lavoro.

verb **1** sfasciare [7]; **my car is completely wrecked after the accident** a causa dell'incidente ho l'auto sfasciata; **2** (*plans, occasion, health*) rovinare [1]; **his presence wrecked our plans** la sua presenza ci ha rovinato i progetti.

wrestler *noun* lottatore M, lottatrice F.

wrestling *noun* lotta libera F.

wretched *adjective* meschina/meschino, infelice.

wring out *verb* strizzare [1]; **to wring out a shirt** strizzare una camicia bagnata.

wrinkle *noun* ruga F.

wrinkled *noun* rugosa/rugoso; **a wrinkled face** un viso rugoso.

wrist *noun* polso M; **wrist watch** orologio (M) da polso.

write *verb* scrivere [67]; **why don't you write to me any more?** perché non mi scrivi più?; **have you written to Richard yet?** hai già scritto a Richard?; **I wrote five letters and twenty Christmas cards today** oggi ho scritto cinque lettere e venti cartoline di Natale.

- **to write down** trascrivere [67]; **please write down all the details** per favore trascrivi tutti i particolari.

writer *noun* scrittore M, scrittrice F.

writing *noun* **1** scrittura F; **her writing is quite neat** ha una bella scrittura; **2** letteratura F; **contemporary writing is often obscure** la letteratura contemporanea è spesso oscura; **3 writing paper** carta (F) da lettere.

wrong *adjective* **1** sbagliata/sbagliato; **these calculations are all wrong** tutti questi calcoli sono sbagliati; **I'm afraid you got the wrong impression** mi dispiace ma hai avuto l'impressione sbagliata; **this is the wrong pair of shoes** è il paio di scarpe sbagliato; (*telephone*) **wrong number** numero sbagliato; **2 to be wrong** (*mistaken*) sbagliarsi [8], avere [15] torto; **she was wrong** si è sbagliata; **you're quite wrong** hai davvero torto; **3 what's wrong?** che c'è?; **4** (*false*) falsa/falso; **the news was wrong** la notizia era falsa.

X x

xenophobia *noun* xenofobia F.

Xerox *noun* fotocopia F. *verb* fotocopiare [2].

X-ray *noun* radiografia F; **would you like to see your X-ray?** vuoi vedere la tua radiografia? *verb* radiografare [1]; **they X-rayed my elbow** mi hanno radiografato il gomito.

Y y

yacht noun panfilo M.

yap verb 1 (*of dogs*) abbaiare [2]; 2 (*of humans, informal*) blaterare [1].

yard noun 1 cortile M; 2 (*measurement*) iarda F.

yawn noun sbadiglio M. verb sbadigliare [8].

year noun 1 anno M; **we spent ten years in East Africa** abbiamo passato dieci anni in Africa Orientale; **she's twenty-five years old** ha venticinque anni; (*often expressed in Italian with the suffix* -enne) **a twenty-year old man** un ventenne M; 2 (*as a period of time spent doing something*) annata F; **we've had a good year with our crops** è stata una buona annata per il raccolto; 3 classe F (year seven *in Australian schools roughly corresponds to* terza media, *and* year twelve *to* terza liceo classico *or* quinta liceo scientifico).

yeast noun lievito M.

yell verb urlare [1].

yellow adjective gialla/giallo.

yes adverb sì; **'is Giorgio Bruni here?' – 'yes, that's me'** 'c'è Giorgio Bruni?' – 'sì, sono io'; **are you coming, yes or no?** vieni, sì o no?

yesterday adverb ieri (*normally placed at start of sentence*) **what did you do yesterday?** ieri cos'hai fatto?; **the day before yesterday** ieri l'altro.

yet adverb 1 già; **have you done your homework yet?** hai già fatto i compiti?; **2 not yet** non ancora; **Giacomo hasn't woken up yet** Giacomo non si è ancora svegliato.

yoghurt noun yogurt M.

yolk noun tuorlo M.

you singular pronoun 1 (*when subject*) tu (*informal, used when talking to relatives, friends, colleagues; normally omitted in Italian, except for stress or contrast*); **are you coming?** vieni?; **will you write to her?** le scriverai?; (*when stressed or contrasted*) **you said it!** l'hai detto tu!; **you're rich and I'm poor** tu sei ricca e io sono povera; 2 (*when object*) te (*stressed*), ti (*unstressed*); **I promised a job to you, not to her** ho promesso un posto a te, non a lei; **this present is for you** questo regalo è per te; **I'll show you my award tomorrow** domani ti mostro il mio premio; **I'll call you this evening** ti telefono stasera; **I didn't know you two years ago** due anni fa non ti conoscevo; 3 (*formal, used when talking to adult strangers, aged persons or superiors in the workplace*) (*when subject*) lei F (*normally omitted in Italian, except for stress or contrast*); **would you like some coffee?** vuole un caffè?; **have you ever**

ENGLISH–ITALIAN

heard of Greta Garbo? ha mai sentito parlare di Greta Garbo?; **4** (*formal stressed or contrasted*) lei (*direct or indirect object*); **I invited you, not Norman** ho invitato Lei, non Norman; **5** (*formal unstressed*) la (*direct object*), le (*indirect object*); **I can't see you from here** da qua non riesco a vederla; **I'd like to invite you to dinner tomorrow evening** vorrei invitarla a cena domani sera; **may I offer you a drink?** posso offrirle una bibita? *plural pronoun* **1** (*subject*) voi (*normally omitted in Italian, except for stress or contrast*); **are you ready?** siete pronte?; **didn't you know where I was?** non sapevate dov'ero?; **you can come with me, but they'll have to stay** voi potete venire con me, loro restano; **2** (*when object*) voi (*stressed*), vi (*unstressed*); **I want to see you, not them** voglio vedere voi, non loro; **here's some chocolate for you** ecco del cioccolato per voi; **I'll send you the photos next week** vi mando le foto la settimana prossima; **I heard you on the stairs** vi ho sentite lungo le scale.

young *adjective* giovane; **who is younger, you or Renata?** chi è più giovane, tu o Renata?; **young people** i giovani.

your *singular possessive adjective* **1** (*informal, when talking to one person*) la tua/il tuo (*plural* le tue/i tuoi); **is this your camera?** è la tua macchina fotografica questa?; **these are your gloves, aren't they?** questi sono i tuoi guanti, vero?; **2** (*the article is omitted before names of close relatives in the singular*); **your mother** tua madre; (*the article is omitted and the possessive follows the noun with* camera *and* casa) **in your house** a casa tua; **3** (*in Italian, possessives are often omitted when the identity of the possessor is obvious; in many other cases they are expressed using personal pronouns*) **open your mouth and stick out your tongue!** apri la bocca e tira fuori la lingua!; **raise your left arm!** alza il braccio sinistro!; **go wash your feet!** va a lavarti i piedi!; **4** (*formal when talking to one person*) la sua/il suo (*plural* le sue/i suoi); **show me your ID please** mi faccia vedere il suo documento per favore; **where is your office?** dov'è il suo ufficio? *plural possessive adjective* (*when used with a group of people*) **1** la vostra/il vostro (*plural* le vostre/i vostri); **what's your flight number?** qual è il numero del vostro volo?; **where are your coats?** dove sono i vostri cappotti?; **2** (SEE **3** *above*) **empty your pockets!** vuotate le tasche!; **wash your hands!** lavatevi le mani!

yours *singular possessive pronoun* **1** (*informal*) tua/tuo; (*plural*) tue/tuoi; **is this printer yours?** è tua questa stampante?; (*formal*) sua/suo; sue/suoi; **is this newspaper yours?** è suo questo giornale?; **2** (*in*

yourself

contrasts) (*informal*) la tua/il tuo; **I can see Jennifer's hat but not yours** vedo il cappello di Jennifer ma non il tuo; **this is my umbrella and that is yours** quest'ombrello è il mio e quello è il tuo; (*formal*) la sua/il suo; **these glasses are yours, not mine** questi occhiali sono i suoi, non i miei; **3 a friend of yours** una tua amica.
plural possessive pronoun **1** vostra/vostro; (*plural*) vostre/vostri; **is this garden yours?** questo giardino è vostro?; **2** (*in contrasts*) la vostra/il vostro; **this is my room and that's yours** questa è la mia camera e quella è la vostra; **3 a relative of yours** una vostra parente.

yourself *pronoun* **1** te stessa/te stesso, ti; **do it for yourself** (*for your own sake*) fallo per te stessa; **have you hurt yourself?** ti sei fatta male?; **go and dry yourself** va ad asciugarti; **2** (*by yourself*) da sola/da solo; **did you make this bookcase yourself?** hai costruito da sola questa libreria?

yourselves *pronoun* voi stesse/voi stessi, vi; **have you cleaned yourselves up?** vi siete pulite?; **help yourselves** (*at the table*) servitevi.

ENGLISH–ITALIAN

youth *noun* **1** (*young age*) gioventù F; **2** (*young person*) giovane F & M.

youth hostel *noun* ostello (M) della gioventù.

Z z

zebra *noun* zebra F.

zebra crossing *noun* strisce pedonali F *plural*.

zero *number* zero; **their chances are zero** non hanno nessuna probabilità di riuscire; **zero tolerance** tolleranza (F) zero.

zigzag *verb* andare [17] a zigzag.

zip *noun* chiusura (F) lampo, cerniera F; **will you do up my zip please?** mi tiri su la cerniera per cortesia?

zodiac *noun* zodiaco M; **the signs of the zodiac** i segni (M *plural*) dello zodiaco.

zone *noun* zona F.

zoo *noun* zoo M.

zoology *noun* zoologia F.

zoom lens *noun* zoom M.

ITALIAN LIFE AND CULTURE

1. Italian and world geography
2. Computer terms
3. Some important acronyms
4. Holidays and festivals
5. Education
6. Numerals and fractions
7. Names
8. What to say on the phone
9. Food and drink
10. Common Italian sayings
11. Sports and games
12. Maps

1. ITALIAN AND WORLD GEOGRAPHY

Administrative divisions

The Republic of Italy, with an area of just over 300,000 square kilometres and a population of 56 million, is divided into 20 *regioni*, roughly corresponding to Australian states (for the names of all the *regioni* see the map in the back of this dictionary). The *regioni*, which by and large reflect the traditional historic divisions of the peninsula, greatly vary in size, from the tiny Valle d'Aosta (area of 3,200 square kilometres, population of 120,000) to much larger entities, such as Sicily (*Sicilia*) with an area of 25,000 square kilometres and about 5 million people.

Each *regione* is divided into a number of *province*, most of which reflect the historic importance of city-states, duchies etc. in medieval and Renaissance Italy. Here again, there are great variations in size and population, from the *Provincia di Gorizia* near the Slovenian border with 140,000 residents, to the *Provincia di Napoli* (Naples) with over 3 million. In their turn, *province* are subdivided into *comuni*, the smallest units of local administration. The number of *comuni* in a *provincia* may vary from just six (*Provincia di Trieste*) to 250 (*Provincia di Cuneo*, in Piedmont). There are approximately 100 *province* (although their number keeps growing as the result of the redrawing of boundaries) and just over 8,100 *comuni*. Each of these units is administered by elected officials who make up, respectively, the *Consigli regionali*, *Consigli provinciali* and *Consigli comunali*.

National law-making is ensured by the national Parliament, consisting of two elected Houses (*Camera dei Deputati* and Senate). Central Government is provided by the *Consiglio dei Ministri* (National Government), headed by the *Presidente del Consiglio* (Prime Minister), also known as *Premier*. The Head of State (*Presidente della Repubblica*) is elected in a joint session of Parliament every seven years.

Italian cities and their inhabitants

People who reside in Italy's cities and villages are usually referred to with an adjective, which can also be used as a noun, derived from the name of the town (for example: *genovese, i genovesi/le genovesi* from *Genova*, known in English as Genoa). Here is a list of the more important Italian towns, cities, *regioni* and their inhabitants:

Principali regioni e i loro abitanti

Abruzzo: abruzzese
Calabria: calabrese
Campania: campana/campano
Emilia-Romagna: emiliana/emiliano, romagnola/romagnolo
Friuli-Venezia Giulia: friulana/friulano, giuliana/giuliano
Lazio: laziale
Liguria: ligure
Lombardia (*Lombardy*): lombarda/lombardo
Piemonte (*Piedmont*): piemontese
Puglia: pugliese
Sardegna (*Sardinia*): sarda/sardo
Sicilia (*Sicily*): siciliana/siciliano
Toscana (*Tuscany*): toscana/toscano
Umbria: umbra/umbro
Veneto: veneta/veneto

Principali città e abitanti

Ancona: anconetana/anconetano
Bari: barese
Bergamo: bergamasca/bergamasco
Bologna: bolognese
Cagliari: cagliaritana/cagliaritano
Catania: catanese

Catanzaro: catanzarese
Como: comasca/comasco
Cosenza: cosentina/cosentino
Firenze (*Florence*): fiorentina/fiorentino
Foggia: foggiana/foggiano
Genova (*Genoa*): genovese
Lecce: leccese
Livorno (*Leghorn*): livornese
Lucca: lucchese
Messina: messinese
Milano (*Milan*): milanese
Modena: modenese
Napoli (*Naples*): napoletana/napoletano
Padova (*Padua*): padovana/padovano
Palermo: palermitana/palermitano
Parma: parmigiana/parmigiano
Perugia: perugina/perugino
Pisa: pisana/pisano
Reggio di Calabria: reggina/reggino
Roma (*Rome*): romana/romano
Salerno: salernitana/salernitano
Siena: senese
Siracusa: siracusana/siracusano
Taranto: tarantina/tarantino
Trieste: triestina/triestino
Venezia (*Venice*): veneziana/veneziano
Verona: veronese

Outside Italy

The English names of countries, continents and ethnic groups are often very similar, sometimes even identical to their Italian equivalents. The nationals of each country are usually designated by a word derived from that of the country (as in English, *Russia → Russian*). Here is a list of the more important countries and continents and their inhabitants (in the singular form) in Italian. Note that all the following names, when they are within a sentence, normally take the definite article (for example: *l'Australia, il Giappone*), with the exception of *Cipro, Cuba* and *Israele*, which do not take an article. The definite article is also omitted before all singular names preceded by the preposition *in* or, in some cases, *a* (e.g. *vado in Spagna, vivo a Cipro*).

Afg(h)anistan M: afg(h)ana/afg(h)ano
Africa F: africana/africano
Albania F: albanese (*also language*)
Algeria F: algerina/algerino
America F: americana/americano
Antartide F (*Antarctica*)
araba/arabo (*Arab*) (arabo *also language*)
Arabia Saudita (*Saudi Arabia*) F: saudita (F/M)
Argentina F: argentina/argentino
Asia F: asiatica/asiatico
Australia F: australiana/australiano
Austria F: austriaca/austriaco
Baltici (Paesi) (*Baltic States*): baltica/baltico
Belgio (*Belgium*) M: belga (F & M)
Bolivia F: boliviana/boliviano
Bosnia F: bosniaca/bosniaco
Brasile (*Brasil*) M: brasiliana/brasiliano
Bretagna (*Brittany*) F: bretone (*also language*)
Bulgaria F: bulgara/bulgaro (bulgaro *also language*)
Canada M: canadese
Cile (*Chile*) M: cilena/cileno
Cina (*China*) F: cinese (mandarino, cantonese *are the main languages*)

Cipro (*Cyprus*) F: cipriota (F & M)
Colombia F: colombiana/colombiano
Congo M: congolese
Corea (*Korea*) F: coreana/coreano (coreano *also language*)
Cuba F: cubana/cubano
Danimarca (*Denmark*) F: danese (*also language*)
Egitto (*Egypt*) M: egiziana/egiziano
Eritrea F: eritrea/eritreo
Etiopia (*Ethiopia*) F: etiopica/etiopico
Europa (*Europe*) F: europea/europeo
Figi (*Fiji*) F *plural*: figiana/figiano
Filippine (*Philippines*) F *plural*: filippina/filippino
Finlandia (*Finland*) F: finlandese (*also language*)
Francia (*France*) F: francese (*also language*)
Galles (*Wales*) M: gallese (*also language*)
Germania (*Germany*) F: tedesca/tedesco (tedesco *also language*)
Giappone (*Japan*) M: giapponese (*also language*)
Gran Bretagna (*Great Britain*) F: britannica/britannico
Grecia (*Greece*) F: greca/greco (greco *also language*)
Inghilterra (*England*) F: inglese (*also language*)
India F: indiana/indiano (hindi *is the main language*)
Indonesia F: indonesiana/indonesiano (indonesiano *is the main language*)
Iran M: iraniana/iraniano (persiano *is the main language*)
Iraq M: irachena/iracheno
Irlanda (*Ireland*) F: irlandese
Isole Antille (*West Indies*): antillana/antillano
Isole Britanniche (*British Isles*) F *plural*
Israele (*Israel*) M: israeliana/israeliano (ebraico *is the main language*)
Libano (*Lebanon*) M: libanese
Libia (*Libya*) F: libica/libico

Macedonia F: macedone (*also language*)

Marocco (*Morocco*) M: marocchina/marocchino

Messico (*Mexico*) M: messicana/messicano

Nigeria F: nigeriana/nigeriano

Norvegia (*Norway*) F: norvegese (*also language*)

Nuova Zelanda (*New Zealand*) F: neozelandese

Paesi Bassi (*Netherlands*) M *plural*: olandese, neerlandese (*also language*)

Pakistan M: pakistana/pakistano

Palestina (*Palestine*) F: palestinese

Polonia (*Poland*) F: polacca/polacco (*also language*)

Polo Nord (*North Pole*)

Polo Sud (*South Pole*)

Portogallo (*Portugal*) M: portoghese (*also language*)

Regno Unito (*United Kingdom*)

Romania F: romena/romeno (romeno *also language*)

Russia F: russa/russo (russo *also language*)

Scandinavia F: scandinava/scandinavo

Somalia F: somala/somalo (somalo *also language*)

Spagna (*Spain*) F: spagnola/spagnolo (spagnolo *also language*)

Stati Uniti (*United States*) M *plural*: americana/americano, statunitense,

Sudafrica (*South Africa*) F: sudafricana/sudafricano

Sudan M: sudanese

Svezia (*Sweden*) F: svedese (*also language*)

Svizzera (*Switzerland*) F: svizzera/svizzero

T(h)ailandia (*Thailand*) F: t(h)ailandese (*also language*)

Tunisia F: tunisina/tunisino

Turchia (*Turkey*) F: turca/turco (turco *also language*)

Ungheria (*Hungary*) F: ungherese (*also language*)

Viet Nam M: vietnamita (F & M) (*also language*)

Italian forms of non-Italian towns and cities and their inhabitants

In Europe: Amburgo (*Hamburg*); Atene (*Athens*): ateniese; Barcellona (*Barcelona*); Belgrado (*Belgrade*); Berlino (*Berlin*): berlinese; Berna (*Berne*); Dublino (*Dublin*): dublinese; Edimburgo (*Edinburgh*); Ginevra (*Geneva*): ginevrina/ginevrino; L'Aia (*The Hague*); Lione (*Lyons*); Lisbona (*Lisbon*); Londra (*London*): londinese; Lubiana (*Ljubljana*); Marsiglia (*Marseilles*): marsigliese; Monaco (*Munich*): monacense; Mosca (*Moscow*): moscovita; Nizza (*Nice*): nizzarda/nizzardo; Parigi (*Paris*): parigina/parigino; Pietroburgo (*St Petersburg*); Praga (*Prague*): praghese; Salonicco (*Salonica*); Stoccolma (*Stockholm*); Varsavia (*Warsaw*); Vienna: viennese; Zagabria (*Zagreb*); Zurigo (*Zurich*): zurighese;

In Africa: Algeri (*Algiers*): algerina/algerino; Bengasi (*Benghazi*); Città del Capo (*Capetown*); Il Cairo (*Cairo*): cairota; Mogadiscio (*Mogadishu*); Tunisi (*Tunis*): tunisina/tunisino;

In Asia: Gerusalemme (*Jerusalem*): gerosolimitana/gerosolimitano; Giacarta (*Jakarta*); Pechino (*Beijing*): pechinese; Tokio (*Tokyo*).

Note that while in some cases an adjectival form may exist for a city's inhabitants, it is rarely used; rather, the preposition *di* is placed before its name to designate its inhabitants: *Monika è di Stoccolma* (Monika comes from Stockholm, lives in Stockholm).

Other geographical terms

Seas and oceans: Mar Mediterraneo (*Mediterranean Sea*), Mar Adriatico (*Adriatic Sea*), Mar Ionio (*Ionian Sea*), Mar Tirreno (*Tyrrhenian Sea*), Mare del Nord (*North Sea*), Canale della Manica (*English Channel*). NB: Tunnel della Manica (*Channel Tunnel*).

Oceano Atlantico (*Atlantic Ocean*), Oceano Pacifico (*Pacific Ocean*), Oceano Indiano (*Indian Ocean*), Mar Glaciale Artico (*Arctic Ocean*).

Rivers: il Tevere (*Tiber*), il Po, il Reno (*Rhine*), il Rodano (*Rhone*), il Tamigi (*Thames*), il Danubio (*Danube*), la Senna (*Seine*), la Loira (*Loire*), il Nilo (*Nile*), il Rio delle Amazzoni (*Amazon River*).

Mountains: le Alpi (*Alps*), gli Appennini (*Apennines*), il Monte Bianco (*Mont Blanc*), il Cervino (*Matterhorn*), gli Urali (*Urals*), l'Himalaia M *singular* (*the Himalayas*), le Ande (*Andes*), le Montagne Rocciose (*Rocky Mountains*).

2. COMPUTER TERMS

@ (*at* sign)	chiocciola F
application	applicazione F
attachment	allegato M
backslash	barra inversa F
backup	backup M; copia (F) di sicurezza
bold (style)	grassetto M, neretto M
bookmark	segnalibro M
to bounce back (*i.e. an e-mail*)	rimbalzare [1]
browser	navigatore M
bug	baco M
to burn (*e.g. a CD*)	masterizzare [1]
burner	masterizzatore M
to cancel	azzerare [1]; cancellare [1]
to chat	chattare [1]
to click	cliccare [3]
close up	chiudi
to configure	configurare [1]
to convert (a file)	convertire
copy	copia
copy and paste	copia e incolla
to crash	piantarsi [1], crashare [1]
cursor	cursore M
hand cursor	cursore manina
arrow cursor	cursore freccina
I-beam cursor	cursore lampeggiante
data entry	inserimento (M) di dati
delete	cancella; azzera
to download	scaricare [1]; downloadare [1]
to drag	trascinare [1]
edit	modifica
emoticon	faccina F
favorites	preferiti M *plural*
file	file M
find	trova
folder	cartella F

font	fonte F
to format	formattare [1]
format	formato M
forward	inoltra
forward slash	barra F
to freeze	bloccarsi [3]
go!	vai!
hacker	cracker F & M
hard copy	copia cartacea F
hard disk	disco rigido M
hash key	cancelletto M
icon	icona F
input	inserimento (M) di dati, input M
italics	corsivo M
to justify	allineare [1]
keyboard	tastiera F
link	collegamento M, link M
mailbox	casella postale F
megabyte	megabyte M
mouse	mouse M
to name (*file, folder*)	denominare [1]
to navigate	navigare [4]
operating system	sistema operativo M
to print out	stampare [1]
printer	stampante F
laser printer	stampante laser
colour printer	stampante a colori
program	programma M
to reboot, to reset	resettare
to reconfigure	riconfigurare [1]
to rename (*file, folder*)	ridenominare [1]
refresh	aggiorna
roman (style)	tondo M
to run (a program)	far girare (un programma)
to save	salvare [1]
scan	scandire [12], scannerizzare [1]
screen	schermo M

search engine	motore (M) di ricerca
select all	seleziona tutto
settings	impostazione F
slash	barra F
software	software M; applicazioni F *plural*
space bar	barra spaziatrice F
spellcheck	correttore automatico M
spreadsheet	foglio elettronico M
to store	memorizzare [1]
to surf	surfare [1]; navigare [4]
tools	strumenti M *plural*
trash can	cestino M
to trash	cestinare [1]
underscore	trattino basso M
upper case	maiuscola/maiuscolo
to view	visualizzare [1]
window	finestra F
word processing	videoscrittura F

3. SOME IMPORTANT ACRONYMS

Italian *Autostrade* (long-distance toll roads) are designated by the letter A followed by a number, for example:

A1 = Milan–Naples; A3 = Naples–Reggio Calabria; A4 Turin-Trieste; A14 Bologna–Taranto.

ACI: Automobile Club d'Italia (*a national organisation for motorists*);

AGIP: Azienda Generale Italiana Petroli (*a state-owned oil company*);

AIRE: Anagrafe degli Italiani Residenti all'Estero (*a register of Italians living outside Italy*);

ANAS: Azienda Nazionale Autonoma delle Strade: (*a company that maintains the national highway network*);

ANSA: Azienda Nazionale Stampa Associata (*the national news agency*);

ATM: Azienda Trasporti Municipali (*in many towns, the urban transport company*);

BIGE: biglietto individuale gruppo studenti (*a concessionary ticket for young travellers*);

CONI: Comitato Olimpico Nazionale Italiano (*the Italian Olympic Committee*);

DOC: Denominazione di Origine Controllata (*used on wine bottles to show origin*);

EI: Esercito Italiano (*the Italian Army*);

ENEL: Ente Nazionale per l'Energia Elettrica (*the state electricity board*);

ENIT: Ente Nazionale Italiano per il Turismo (*the national tourism board*);

FS: Ferrovie dello Stato (*the railway company, aka* Trenitalia);

IRPEF: Imposta sul Reddito delle PErsone Fisiche (*personal income tax*).

ITC: Istit**u**to T**e**cnico Commerci**a**le (*a school that teaches bookkeeping and accountancy*);

IVA: Imp**o**sta sul Val**o**re Aggi**u**nto (*the European Union's version of GST*);

ONG: Organizzazi**o**ne Non-Governat**i**va (*non-Government organisation*);

ONLUS: Organizzazi**o**ne Non-Lucrat**i**va di Utilità Soci**a**le (*non-profit charity*);

ONU: Organizzazi**o**ne delle Nazi**o**ni Un**i**te (*United Nations*).

RAI-TV: R**A**dio-TeleVisi**o**ne Itali**a**na (*the national broadcasting authority*);

TCI: T**ou**ring Club Itali**a**no (*the national touring club*);

UE: Uni**o**ne Europ**e**a (*European Union*).

4. HOLIDAYS AND FESTIVALS

Giorni festivi

On Sundays and public holidays (*giorni festivi*), most shops are closed, although supermarkets in major cities may stay open; schools (*scuole*), public offices (*uffici pubblici*), banks (*banche*) and post offices (*uffici postali*) are also generally closed. Public transport runs normally, but some train services and long-distance buses may run to a reduced timetable. Internet cafes are generally open.

In addition to Sundays, there are some 14 national public holidays; two of these (*Anniversario della Liberazione* and *Festa della Repubblica*) are civic holidays, while the rest stem from centuries-old religious traditions.

Anniversario della Liberazione/25 Aprile

A holiday to celebrate the liberation of Italy in 1945.

Capodanno

1 January, New Year's Day. New Year's Eve is popularly known as *San Silvestro*.

Carnevale

The term refers to the festivities that traditionally preceded Lent, but the festival itself can be linked back to earlier pagan traditions. Many cities and towns throughout the country stage festivals, the most famous being the *Carnevale di Venezia*, which takes place in the 10 days leading up to Ash Wednesday and is famous for its colourful costumes and masks.

Epifania

Popularly known as *la Befana*, this religious feast day, falling on 6 January, commemorates the presentation of the infant Jesus to the *Magi* (i.e. the 'three wise men'). This is a day on which Italian children are traditionally given presents by their parents.

Festa della Mamma, Festa del Papà

Mother's Day, Father's Day.

Ferragosto

The Feast of the Assumption, popularly referred to as *Ferragosto*, falls on 15 August. A large number of shops, as well as offices, public libraries etc. shut down during most of August, particularly during the week in which the *Ferragosto* falls. However, a small number of essential services such as pharmacies remain open on a rotating basis.

Festa della Repubblica

2 June is the anniversary of the 1946 referendum that saw Italy reject the monarchy in favour of becoming a republic.

Festa del Lavoro

Labour Day, falling every year on 1 May, is dedicated to workers the world over.

Festa del patrono

Small towns and villages generally also celebrate the feast day of the local patron saint, although there are many deviations from this norm.

Natale

Christmas Day (*Giorno di Natale*) and Boxing Day (*Santo Stefano*) are official public holidays. Note also that on Christmas Eve (*vigilia di Natale*), which is not an official holiday, some businesses may shut down early.

Ognissanti

All Saints Day, 1 November.

Palio di Siena

Run on two days in July and August in Siena's *Piazza del Campo*, the Palio is one of Italy's best known festivals. Representatives wearing the colours of the city's 17 districts ride bareback around the square packed with spectators in this spectacular and often dangerous event. The event takes its name from the 'palio' (flag), which is awarded to the winning jockey and rider.

Pasqua

Easter comprises *Venerdì Santo* (Good Friday), *la Domenica di Pasqua* (Easter Sunday) and *il Lunedì di Pasqua* or *Pasquetta* (Easter Monday).

5. EDUCATION

Anno accademico
Academic (University) year.

Anno scolastico
The school year.

Bocciatura
A fail in a subject or year.

Cattedra
A chair at a university. For example, a chair of philosophy would be *la cattedra di filosofia*.

Corso
A course taken at university.

Docente
A university teacher below the level of Professor.

Esami di stato
Exams conducted in the final year of both the *scuola secondaria di primo grado* and *secondo grado*.

Laurea
A university degree. Degrees are divided broadly into two categories: *laurea breve* (*diploma di laurea*), awarded after a three-year course, and *laurea lunga*, roughly corresponding to an honours degree.

Maestra/maestro

A teacher at the *scuola dell'infanzia* and the *scuola primaria*.

Materia

A school or university subject

Professore/professoressa

School teacher or university lecturer/professor

Promozione

A pass (in a subject or year).

Scrutini

Examiners' meetings (to determine grades).

Scuola dell'infanzia

The first three years of schooling for children between the ages of three to six.

Scuola primaria

The five years of schooling that follow the *Scuola dell'infanzia*, for children between 6 and 11.

Scuola secondaria di primo grado

The three years of schooling that follow the *Scuola primaria*, for students between the ages of 11 and 14.

Scuola secondaria di secondo grado

The final five years of schooling for students between the ages of 14 and 19. There are two main streams at this level: the first is the

Licei (including *Liceo Classico,* emphasising classical subjects, *Liceo Scientifico* emphasising the sciences, *Liceo Linguistico,* emphasising languages, etc.); the second is the *Istituti professionali*, which include more practical studies such as accountancy, hospitality, trades etc.

Università

Divided into various faculties (*facoltà*), including the *Facoltà di Architettura* (Architecture Faculty), *Facoltà di Lettere e Filosofia* (Arts), *Facoltà di Giurisprudenza* (Law), *Facoltà di Economia e Commercio* (Economics and Commerce), *Facoltà di Scienze della Formazione* (Education), the *Facoltà di Ingegneria* (Engineering) and the *Facoltà di Medicina* (Medicine).

Vacanze scolastiche

Christmas holidays begin around 20 December and continue until 6 January. One week at Easter time. Summer holidays begin in the middle of June and finish in mid-September.

6. NUMERALS AND FRACTIONS

Cardinal and ordinal numbers

una F/uno M	1	prima/primo
due	2	seconda/secondo
tre	3	terza/terzo
quattro	4	quarta/quarto
cinque	5	quinta/quinto
sei	6	sesta/sesto
sette	7	settima/settimo
otto	8	ottava/ottavo
nove	9	nona/nono
dieci	10	decima/decimo
undici	11	undicesima/undicesimo
dodici	12	dodicesima/dodicesimo
tredici	13	tredicesima/tredicesimo
quattordici	14	quattordicesima/quattordicesimo
quindici	15	quindicesima/quindicesimo
sedici	16	sedicesima/sedicesimo
diciassette	17	diciassettesima/diciassettesimo
diciotto	18	diciottesima/diciottesimo
diciannove	19	diciannovesima/diciannovesimo
venti	20	ventesima/ventesimo
ventuno	21	ventunesima/ventunesimo
ventidue	22	ventiduesima/ventiduesimo
ventitré	23	ventitreesima/ventitreesimo
ventiquattro	24	ventiquattresima/ventiquattresimo
venticinque	25	venticinquesima/venticinquesimo
ventisei	26	ventiseiesima/ventiseiesimo
ventisette	27	ventisettesima/ventisettesimo
ventotto	28	ventottesima/ventottesimo
ventinove	29	ventinovesima/ventinovesimo etc.
trenta	30	trentesima/trentesimo
quaranta	40	quarantesima/quarantesimo
cinquanta	50	cinquantesima/cinquantesimo

sess<u>a</u>nta	60	sessant<u>e</u>sima/sessant<u>e</u>simo
sett<u>a</u>nta	70	settant<u>e</u>sima/settant<u>e</u>simo
ott<u>a</u>nta	80	ottant<u>e</u>sima/ottant<u>e</u>simo
nov<u>a</u>nta	90	novant<u>e</u>sima/novant<u>e</u>simo
c<u>e</u>nto	100	cent<u>e</u>sima/cent<u>e</u>simo
duec<u>e</u>nto	200	duecent<u>e</u>sima/duecent<u>e</u>simo
trec<u>e</u>nto	300	trecent<u>e</u>sima/trecent<u>e</u>simo
m<u>i</u>lle	1.000	mill<u>e</u>sima/mill<u>e</u>simo
duem<u>i</u>la	2.000	duemill<u>e</u>sima/duemill<u>e</u>simo
mili<u>o</u>ne	1.000.000	milion<u>e</u>sima/milion<u>e</u>simo

Fractions and decimals

$4 + 4 = 8$	quattro più quattro fa otto
$7 - 5 = 2$	sette meno cinque fa due
$8 \times 10 = 80$	otto per dieci fa ottanta
$12 \div 2 = 6$	dodici diviso per due fa sei
$5^3 = 125$	cinque alla terza fa centoventicinque
3/5	tre quinti
7/10	sette decimi
1/2	metà
1/3	un terzo
1/4	un quarto
3/4	tre quarti
1/8	un ottavo
5/8	cinque ottavi
0,5	zero virgola cinque
8,2	otto virgola due
9,25	nove virgola venticinque
10,385	dieci virgola trecentoottantacinque
15 per cent	quindici per cento
230 per mil	duecentotrenta per mille

7. NAMES (NOMI DI PERSONA)

Here are some of the more common personal (given) names in Italian. English equivalents, when they exist, are given only when spelling differs. There are also many diminutives (e.g. from Maria: Mariuccia, Mariella, Mariolina; and combined names: Giampaolo, Gianfranco, Giancarlo (all from Giovanni > Gianni > Gian, combined with another name).

Women's names:

Ada, Adriana, Agnese (*Agnes*), Amelia, Angela, Anna, Antonia, Assunta, Beatrice, Bianca, Bruna, Carla, Caterina (*Catherine*), Cecilia, Chiara (*Clare*), Concetta, Cristina, Elda, Elena, Eleonora, Elisabetta (*Elisabeth*), Emilia (*Emily*), Emma, Franca, Francesca (*Frances*), Fulvia, Gabriella, Gemma, Giovanna/Gianna (*Joan*), Giulia (*Julia*), Giuseppina/Pina (*Josephine*), Grazia (*Grace*), Laura, Lidia, Lisa, Lucia (*Lucy*), Maddalena (*Magdalene*), Margherita/Rita (*Margaret*), Maria (*Mary*), Marisa, Mirella, Olga, Paola (*Paula*), Patrizia (*Patricia*), Raffaella, Renata, Roberta, Rosa (*Rose*), Sara (*Sarah*), Silvana, Silvia, Sonia, Teresa (*Theresa*), Valeria, Veronica, Vittoria (*Victoria*).

Men's names:

Adriano (*Adrian*), Alberto (*Albert*), Aldo, Alessandro/Sandro (*Alexander/Sandy*), Alfredo (*Alfred*), Andrea (*Andrew*), Antonio (*Anthony*), Arturo (*Arthur*), Augusto (*Augustus*), Benedetto (*Benedict*), Bruno, Carlo (*Charles*), Cesare (*Caesar*), Claudio (*Claude*), Costantino (*Constantine*), Cristoforo (*Christopher*), Daniele (*Daniel*), Dante, Edoardo (*Edward*), Emilio, Ernesto (*Ernest*), Ettore (*Hector*), Eugenio (*Eugene*), Fausto, Federico (*Frederick*), Fernando, Filippo (*Phil(l)ip*), Francesco (*Francis*), Franco (*Frank*), Gaetano, Girolamo (*Jerome*), Giacomo (*James*), Giorgio (*George*), Giovanni/Gianni (*John*), Giulio (*Julius*), Giuseppe (*Joseph*), Guglielmo (*William*), Guido, Leonardo (*Leonard*), Lino, Livio, Lodovico/Luigi (*Ludovic*), Lorenzo (*Laurence*), Lucio, Manlio, Marco (*Mark*), Mario,

Matteo (*Matthew*), Michele (*Michael*), Nicola (*Nicholas*), Paolo (*Paul*), Pietro/Piero (*Peter*), Raffaele (*Raphael*), Renato, Riccardo (*Richard*), Roberto (*Robert*), Ruggero, Salvatore, Sergio, Silvio, Stefano (*Stephen*), Tommaso (*Thomas*), Ugo (*Hugh*), Vittorio (*Victor*).

8. WHAT TO SAY ON THE PHONE

Attenda, prego ...	*Hold on, please ...*
C'è Franco?	*Is Franco there?*
Chi debbo dire?	*Who should I say is calling?*
Con chi parlo?	*Whom am I talking to?*
Con chi desidera parlare?	*Who would you like to speak with?*
È caduta la linea.	*We were cut off.*
È in casa Claudia? No, non c'è.	*Is Claudia home? No, she's not.*
Le passo ...	*I'll hand you over to ...*
Mi chiamo Marco Fabbri, vorrei parlare con...	*My name is Marco Fabbri, I would like to talk to ...*
Mi può passare Claudio?	*May I talk to Claudio?*
Pronto!	*Hello!*
Richiamo più tardi.	*I'll call back later.*
Riprovi più tardi.	*Try later.*
Sono io.	*It's me.*
Sono Luigi.	*This is Luigi.*
Viene subito.	*S/he'll be right with you.*
Torna subito.	*She'll be back in a moment.*
È uscita un attimo fa.	*You just missed her.*

In order to minimise misunderstandings, it is common practice to use the names of Italian towns (with a few exceptions) when spelling out difficult words. The following are the most commonly used ones, although there may be some alternatives (e.g. Como instead of Catania):

A	a come Ancona
B	bi come Bologna
C	ci come Catania
D	di come Domodossola
E	e come Enna
F	effe come Firenze
G	gi come Genova
H	acca come Hotel
I	i come Imperia

J	i lunga come Jersey
K	kappa come kilo
L	elle come Livorno
M	emme come Milano
N	enne come Napoli
O	o come Oristano
P	pi come Palermo
Q	cu come Quarto
R	erre come Roma
S	esse come Siena
T	ti come Torino
U	u come Udine
V	vu (*or* vi) come Venezia
W	doppia vu come Washington
X	ics come Xeres
Y	ipsilon come yacht
Z	zeta come Zurigo

9. FOOD AND DRINK

Antipasto: many Italian meals begin with a cold plate of smallgoods (*affettati*), pickled vegetables (*sottaceti*) and other small delicacies to stimulate your appetite.

I primi (first courses): pasta, minestra or risotto

Pasta: of all the countless varieties of pasta, the best known ones are *spaghetti* with its skinny variant, *spaghettini*; *fusilli* (spiral pasta), *penne* (short and tubular), *rigatoni* (hollow and fluted), *tagliatelle* (long, narrow noodles); *fettuccine* (narrower and thicker than *tagliatelle*), *maccheroni* (tubular).

Soups: *minestrone* (rich vegetable soup), *pasta e fagioli* (beans and pasta soup), *zuppa di ceci* (chick pea soup).

Rice dishes: the best known and most popular one is, of course, *risotto*, which comes in many varieties: *alla parmigiana* (containing grated parmesan cheese); *alla milanese* (coloured yellow with saffron); *coi funghi* (with mushrooms, ideally *porcini*); and many more.

Other variants of a first course include *gnocchi* (made with potato and flour), and in some areas of Italy, *polenta*, made with maize and water.

Pasta dishes and *gnocchi* are normally served with a rich sauce, which may consist of tomatoes (*sugo di pomodoro*), minced meat (*bolognese*) or raw egg and pancetta (*carbonara*).

I secondi (second courses)

There is an enormous variety of dishes made with cooked meats, or fish, and vegetables, with many regional variants. We mention the most popular inside Italy and out.

meat: *stufato di manzo* (beef stew), *brasato di manzo* (braised beef), *polpette* (meatballs), *scaloppine*, *cotoletta alla milanese* (veal schnitzel), *costolette di vitello* (veal chops), *ossobuco* (shin of veal), *salsicce* or *cotechini* (sausages), *trippa* (tripe), *pollo arrosto* (roast chicken).

fish: *branzino* (sea bass), *orata* (sea bream), *salmone* (salmon), *gamberi* (shrimps), *calamari*, and many other *frutti di mare* (shellfish).

vegetables: *patate* (potatoes), *piselli* (peas), *fagioli* (beans), *carciofi* (artichokes), *asparagi* (asparagus), *broccoli*, *cavolfiori* (cauliflower), *melanzane* (egg plants) ...

and, of course, the ubiquitous *pizza*, known all over the world!

I dolci (desserts)

Italian cuisine provides a wide choice of desserts. In addition to an enormous variety of fresh fruit throughout the four seasons, a good dinner can be followed by *dolci* made with ingredients including apples (e.g. *crostata di mele*), almonds (*torta di mandorle*), chestnuts (*torta di castagne*), chocolate, as well as many more. Other popular and well-known specialties include *tiramisù* (made with finger biscuits, coffee and mascarpone cheese) and *zuppa inglese* (similar to trifle). Italian cake shops offer an enormous range of cakes and other sweetmeats, such as *bignés* (éclairs), *bomboloni* (large doughnuts filled with jam or *crema pasticcera*, i.e. custard), *frittelle* (fritters) etc.

And, of course, the ubiquitous *gelato*, which comes in dozens of different flavours, any of which can be combined to make up a most delicious anytime treat. Buon appetito!

Cheeses

There are many different types of Italian cheeses. Among the best known are *parmigiano* (Parmesan) and *reggiano*, respectively from Parma and Reggio in the Po Valley, typically grated on soups, pasta and rice dishes. Other well-known cheeses include *mozzarella* (commonly used on pizzas), *bocconcini* (bite-sized balls of fresh mozzarella), *pecorino* (made from sheep's milk), *gorgonzola* (a strong tasting blue cheese) and *provolone*.

Drinks

Bevande analcoliche

A typical Italian soft drink is *chinotto* (a dark coloured citrus drink not unlike cola), but there are also the more common lemon (*limonata*) and orange (*aranciata*) flavours.

Prepackaged fruit juices are *succhi di frutta*, including *succo d'arancia* (orange juice), *succo di pera* (pear juice), *succo di albicocca* (apricot juice) and *succo di pesca* (peach juice). A *spremuta* usually refers to freshly squeezed juice, hence, *spremuta d'arancia* (freshly squeezed orange juice). The term *frullato* usually refers to fruit shakes or similar freshly blended juices, whereas *frappè* can mean milkshake, smoothie or fruit shake.

Acqua minerale (mineral water) is also widely consumed in Italy; these are commonly divided between sparkling (*gas(s)ata* or *frizzante*) and still or non-sparkling (*naturale* or *non gas(s)ata*).

Bevande alcoliche

Vino (wine) is generally more popular than *birra* (beer); wines are divided between *vino bianco* (white wine), *vino rosso* (red wine) and *rosé*. If you are on a budget, you may wish to order a *vino da tavola* (table wine), which will usually be served in a carafe.

Aperitivi (aperitifs, i.e drinks taken before dinner) are also popular; they are usually alcoholic but may also be non-alchoholic. Some typical Italian aperitivi include *Cinzano* and *Martini* (vermouth taken with various mixers) and *Campari* (mixed with soda).

There are also many types of *digestivi* (spirits and liqueurs drunk at the end of a meal); some popular ones include *grappa*, *limoncello* and *amaretto*.

Caffè, tè ecc.

If you ask for a *caffè*, you will typically be given a short black, also known as *espresso* and *caffè nero*. Other types of coffee are: *caffè macchiato* (a short black with a dash of milk); *caffè corretto* (a short black with a shot of spirits, usually *grappa*); *caffè(l)latte* (a milky coffee usually served in a glass, in English-speaking countries often referred to simply as 'latte'); *cappuccino*. Other popular drinks are: *tè* (tea), *tè freddo* (iced tea) and *cioccolata calda* (hot chocolate).

10. COMMON ITALIAN SAYINGS

Literal or approximate translations are given in brackets as well as the nearest English equivalent, where possible:

A buon intenditor poche parole (*a wise person does not need long explanations*) = verb. sap.; enough said

A caval donato non si guarda in bocca = never look a gift horse in the mouth

Acqua passata non macina più (*water that has passed can no longer turn the mill*) = let bygones be bygones

A mali estremi, estremi rimedi = desperate times call for desperate measures

Ambasciator non porta pena (*it's not the messenger who is the cause of the grief*) = don't shoot the messenger

A rubar poco si va in galera, a rubar tanto si fa carriera = steal a little and they put you in gaol, steal a lot and they make you a king

Campa cavallo che l'erba cresce (*wait, horse, while the grass grows*) = (it's all) jam tomorrow

Can che abbaia non morde = a dog's bark is worse than its bite

Carta canta e villano dorme (*if it's written down you can rest easy*)

Chi ben comincia è alla metà dell'opera (*a good start is like having half the job done*)

Chi di spada ferisce di spada perisce = S/he who lives by the sword, dies by the sword

Chi disprezza compra (*it's those who seem the least interested who end up buying*)

Chi dorme non piglia pesci (*those who sleep late won't catch any fish*) = the early bird catches the worm

Chi è causa del suo mal pianga se stesso (*don't blame others for your mistakes*)

Chi la dura la vince (*persistence pays off*)

- Chi la fa l'aspetti (*if you do evil, expect it in return*) OR Il diavolo fa le pentole ma non i coperchi (*the devil makes pans but does not make lids*) = what goes around comes around
- Chi lascia la via vecchia per la nuova sa quel che lascia e non sa quel che trova (*if you leave the path you know, you don't know what you will find*) = better the devil you know than the devil you don't know
- Chi non muore si rivede (*those who are not dead will eventually pop up again*) = still in the land of the living
- Chi non risica non rosica (*if you take no risks you'll have nothing to eat*) = nothing ventured nothing gained
- Chi pecora si fa, il lupo se lo mangia (*if you behave like a sheep, you will be eaten by wolves*)
- Chiodo scaccia chiodo (*each new worry chases away the previous one*)
- Chi rompe paga, e i cocci sono suoi (*if you break something you have to pay for it and keep the pieces*) = you break it, you buy it
- Chi si contenta gode = s/he who wants little always has enough
- Chi si loda s'imbroda (*those who blow their own trumpet will be the cause of their own undoing*)
- Chi tace acconsente (*remaining silent is as good as agreeing*)
- Chi tardi arriva male alloggia (*those who arrive late get the worst accommodation*) = first come, first served
- Chi troppo vuole nulla stringe (*if you are greedy you will end up with nothing*)
- Chi va con lo zoppo impara a zoppicare (*if you make friends with the lame, you end up limping*) = if you lie down with dogs, you get up with fleas
- Chi va piano va sano e va lontano (*those who travel slowly travel healthy and far*) = slowly and surely wins the race
- Chi vuole vada e chi non vuole mandi (*if you want something done well, do it yourself*)
- Dagli amici mi guardi Iddio che dai nemici mi guardo io (*may God protect me from my friends and I'll worry about my enemies*) = keep your friends close and your enemies closer

Dal frutto si conosce l'albero (*the fruit reveals the nature of the tree*) = you shall know them by their deeds

Del senno di poi son piene le fosse (*ditches are full of the wisdom of hindsight*) = it's easy to be right with the wisdom of hindsight

Dimmi con chi vai e ti dirò chi sei (*tell me who your friends are and I'll tell you what you are*) = a man is known by the company he keeps

Fidarsi è bene, non fidarsi è meglio (*to trust people is good, not to trust them is (even) better*)

Finché c'è vita c'è speranza = where there's life there's hope

Fra i due litiganti il terzo gode (*when two people are fighting, it's someone else who will gain*)

Gatto scottato teme l'acqua fredda (*a scalded cat is afraid even of cold water*) = once bitten, twice shy

Il lupo perde il pelo ma non il vizio (*a wolf loses its fur but not its evil ways*) = a leopard cannot change its spots

Il mondo è fatto a scale, chi le scende e chi le sale (*the world is made of ladders, some people go up while others come down*)

Le vie dell'inferno sono lastricate di buone intenzioni = the road to Hell is paved with good intentions

Meglio tardi che mai = better late than never

Meglio un uovo oggi che una gallina domani (*an egg today is preferable to a chook tomorrow*) = a bird in the hand is worth two in the bush

Non c'è peggior sordo di chi non vuol sentire = there are none so deaf as those who do not wish to hear.

Ogni bel gioco dura poco (*any enjoyable game doesn't last long*) = all good things must come to an end

Paese che vai, usanze che trovi = wherever you go, you find different customs

Passata la festa gabbato lo santo (*favour granted, promises forgotten*)

Quando non c'è il gatto, i topi ballano = when the cat's away, the mice (will) play

Ride bene chi ride ultimo = he who laughs last laughs longest

Sbagliando s'impara = you learn by your (own) mistakes

Se non è zuppa è pan bagnato (*if it's not soup, it's soaked bread*) = six of one, half a dozen of the other

Tutti i nodi vengono al pettine (*all knotted hairs will get stuck in the comb*) OR Dio non paga il sabato (*God does not pay wages on Saturdays*) = the chickens always come home to roost

Tutto il mondo è paese = people are the same the world over

Val più la pratica che la grammatica (*experience counts more than theory*) = practice makes perfect

11. SPORTS AND GAMES

Here are some common sports and sporting activities as well as some related terminology.

Atletica leggera (track and field) includes such events as the *salto in alto* (high jump), *salto con l'asta* (pole vaulting), as well as various races such as the *cento metri* (hundred metres), the *centodieci metri ostacoli* (hundred and ten metre hurdles), the *staffetta quattro per cento metri* (the four by one hundred metres relay) the *cinque mila metri* (five thousand metres) and the *maratona* (marathon). An *atleta* (athlete) who partakes in *corse veloci* (sprint events) is known as a *velocista*; someone who takes part in *corse di fondo* (long-distance events) is known as a *fondista*.

For **alpinismo** (mountain climbing) one would commonly need *corde* (ropes), *scarponi* (boots), a *casco* (helmet), as well as a *zaino* (backpack).

Calcio (soccer) is widely played and followed in Italy. The *partite* (games) take place at the *stadio* (stadium) and the teams are *squadre*. Other useful terms include: *segnare una rete* (to score a goal), *calcio d'angolo* (corner shot), *primo tempo* (first half), *secondo tempo* (second half), *fallo* or *infrazione* (foul) and *calcio di rigore* (penalty shot).

Ciclismo (cycling) is a popular pastime in Italy. The most common bikes are *biciclette da corsa* (racing bikes) and *mountain bike* (mountain bikes). A *casco* is a helmet. The *Giro d'Italia* takes place in May/June and lasts for three weeks.

Culturismo bodybuilding

Deltaplano hang-glider

Footing is how some Italians refer to jogging.

Formula Uno is Formula 1 racing. The track is known as the *circuito* and drivers are referred to as *piloti*.

Golf (golf) is less common in Italy than other countries. *Mazze da golf*, or *bastoni da golf* (golf clubs) include *legni* (woods) and *ferri* (irons). The course itself is referred to as a *campo di golf* and a *palla da golf* is a golfball.

L'ippica (horse racing) occurs at the *ippodromo* (race course), which is comprised of the *pista* (track), the *tribune* (grandstands), *scuderie* (stables) and *edifici per le scommesse* (betting halls). A *fantino* is a jockey and an individual event is known as a *gara* (*ippica*).

Nuoto (swimming) includes *stile libero* (or *crawl*) (freestyle), *rana* (breaststroke), *dorso* (backstroke) and *delfino* (butterfly). The lanes of the pool (*piscina*) are known as *corsie*.

Le Olimpiadi the Olympic Games

La palestra: if you wanted to lift weights (*sollevamento pesi*) you would go to the gym (*in palestra*).

La pallacanestro basketball

La pallacanestro femminile netball

La pallavolo volley ball

Il paracadutismo parachuting

Il parapendio paraglider

Il rugby rugby

La scherma fencing

Lo sci alpino downhill skiing

Lo sci di fondo cross-country skiing

La subacquea (or *immersione*) scuba diving

Il tennis (tennis) is played on a *campo di tennis*. A player is a *tennista* and uses a *racchetta* (racquet). Some common shots are: *servizio* (service), *ace* (ace), *drive* or *diritto* (forehand), *rovescio* (backhand), *volée* (volley) and *schiacciata* (smash). Singles is known as *gioco singolo* while doubles is *gioco doppio*.

Il tuffo (diving) is done either off a *trampolino* (diving board) or *piattaforma* (fixed platform). Common dives include *tuffo in avanti* (forward dive), *tuffo all'indietro* (backward dive), *tuffo in avvitamento* (dive with a twist).

12. MAPS

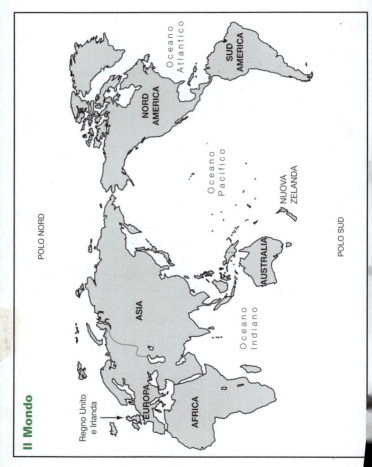